普通高等院校新闻与传播学精品规划教材

中国新闻事业史

主　编　吴廷俊
副主编　阳海洪　张振亭
参　编　陈志强　郑素侠

WUHAN UNIVERSITY PRESS
武汉大学出版社

图书在版编目(CIP)数据

中国新闻事业史/吴廷俊主编;阳海洪,张振亭副主编. —武汉:武汉大学出版社,2009.9(2014.12 重印)
普通高等院校新闻与传播学精品规划教材
ISBN 978-7-307-07105-6

Ⅰ.中… Ⅱ.①吴… ②阳… ③张… Ⅲ.新闻事业史—中国—高等学校—教材 Ⅳ.G219.29

中国版本图书馆 CIP 数据核字(2009)第 104031 号

责任编辑:陶洪蕴 王雅红 责任校对:刘 欣 版式设计:詹锦玲

出版发行:武汉大学出版社 (430072 武昌 珞珈山)
(电子邮件:cbs22@whu.edu.cn 网址:www.wdp.whu.edu.cn)
印刷:荆州市鸿盛印务有限公司
开本:720×1000 1/16 印张:29.5 字数:593 千字 插页:2
版次:2009 年 9 月第 1 版 2014 年 12 月第 3 次印刷
ISBN 978-7-307-07105-6/G·1370 定价:39.00 元

目　录

第二编　广播电视史

第三编　通讯社史

第四编　新媒体史

第五编　新闻教育与学术史

绪论：新闻史是什么

任何一门学科，它都要回答如下一个问题："它是什么?"这是一门学科最本原的问题，只有完成对这个问题的回答，才能说明该学科"是其所是"的东西，即该学科的特殊本质，才能理解它与其他学科的差别与关联，学科的内含属性、研究对象才能得到确定。本书自然不能例外，以下则是对"新闻史是什么"这一问题的简要回答。

一、"新闻史是历史的科学"

中国新闻史学会名誉会长、中国人民大学教授方汉奇先生说："新闻史是历史的科学。"① 这个论断给了新闻史研究一个非常准确的学科定位，对此我是深表赞同的。方先生的这个论断，首先界定了新闻史属于历史学的范畴；其次又指出新闻史不是综合史，而是一门专门史，是关于新闻事业发展、演变的历史；最后又阐明了新闻史"是一门科学"，而不是文学，研究新闻史，不是写小说，而是"研究新闻事业发生发展历史及其衍变规律"。既然是历史、是科学，就要求研究新闻史必须遵从历史研究的规范，抱科学态度，立足史料，尊重史实，论从史出，言必有据。

通常我们所使用的"历史"一词包含有两层意思，一是指过去发生过的事情，一是指我们对过去事件的理解和叙述。"历史"的第一层意思是历史的本体论或存在论范畴，历史研究的价值也就存在于此，史家的责任就在于揭示历史的真相。但这种意义上的历史，由于时间的一维线性，是过去了或消逝了的时空体系中发生的事情，尽管现在的世界是过去世界的延续，但这个过去世界只是历史的"物自体"，其时空特征对当下而言是缺席的或不在场的，因此我们通常所看到的历史，主要的是第二层意思上的历史，是通过史家的理解和叙述而存在的历史。如霍俊江先生所说，历史系统是一个部分特征确知和部分特征不确知所组成的灰色系统。②

---

① 方汉奇：《新闻史上的奇情壮彩》，华文出版社 2000 年版，第 301 页。

② 霍俊江：《灰色系统理论在历史研究中的应用》，华中理工大学出版社 1992 年版，第 66 页。

所谓确知，是因为历史给我们留下了丰富的史料，所谓不确知，是因为这些史料是残缺不全的，是有限的，需要史家根据有限的史料进行由表及里、去芜存菁的解释。

既然新闻史是“历史”的科学，那么新闻史也应同“史学”一样具有解释的本质，新闻史学是关于新闻史的解释之学——新闻史是个什么样子？为什么是这个样子？中国新闻史是个什么样子？为什么不是美国的那个样子？这就是历史史料、历史认识和历史叙述的统一；历史学的解释本质，承认史家在历史认识中的主体作用，承认史家的史观在新闻史研究中的作用，不同的史观，不同的历史视角，所感受到的、叙述出的新闻史就不尽相同。

二、新闻史是新闻媒介的发展演变史

传播活动特指人类社会的信息交流活动，它是人类社会交往的产物，为人类社会所特有，它的产生与发展与人类社会的产生与发展同步。“新闻传播需要一定的物质条件”①，只有在具备一定的媒介技术条件之后，新闻传播才有可能发生，而媒介技术经由了一个从低级到高级、从简单到复杂的发展过程，并且还在不断发展，处于未完成时状态；每一种新的传播技术的发明都会伴生出一种新的传播媒介，传播媒介的更新换代，不仅仅在于人类传播能力的提高，改变人们的新闻传播方式，更会促使人们的新闻传播观念发生变化。所以，从技术的视角理解和描述新闻史，一部新闻传播史就是一部传播媒介发展史，或者说是一部传播技术发展史。

首先，传播科技进步推动新闻媒介的更新和传播能力的提高。“新闻活动是人类求生存图发展的需要”②，媒介的产生、发展即源于人们对社会生产、生活信息的需要，为了尽可能地获得信息，人类不断地发挥自己的聪明才智，发展传播技术，在两个向度——时间和空间——上，提高自己的新闻传播水平。在时间上，尽可能迅速地获得信息与真实地保存信息，以传之久远；在空间上，尽可能地使信息传播覆盖广大的受众，以满足人们的信息需求。因此，翻开人类的传播进化史，可以看到，人类传播活动的发展，从物理层面来看就是在不断地更新传播媒介，以提高传播能力，就像人类在发展过程中，不断改进生产工具，以提高生产力一样。所以，我们说，一部人类新闻事业发展史归根结底是一部新闻媒介发展史；而新闻媒介的发展，又取决于传播科技的进步，传播科技每一次突破性的进展，都会大大提高媒介承载、传递信息的能力，意味着人类征服时间和空间能力的提高，因此，通

---

① 陈昌凤：《中国新闻传播史：媒介社会学的视野》，北京大学出版社 2007 年版，第 37 页。

② 李良荣：《新闻学概论》，复旦大学出版社 2001 年版，第 14 页。

常都会伴随着一种新的新闻媒介的产生。

语言的产生是人类进入文明社会的一个伟大跳板。我们现在所享受到的物质文明与精神文明处处都记载着语言的功劳。“首先是劳动，然后是语言和劳动一起，成了两个最主要的推动力，在它们的影响下，猿的脑髓就逐渐地变成人的脑髓。”① 由此，“人猿相揖别”。于新闻传播而言，它导致了口语媒介的产生，使人类的传播进入高级阶段，极大地提高了人类进行信息传播和思想交流的能力。

人类社会的第一种大众传播媒介是印刷媒介。印刷媒介是文字、造纸技术与印刷技术相结合的产物。文字的产生，标志着人类文明社会的开始，也使人类的信息传播由口头传播进入书面传播的初期阶段。较之语言媒介，书写媒介突破了传播活动中时空条件的限制，借助于文字这种信息符号，可以使不同地域的人们在不同时间接收到相同的信息，实现了传播的异域性和异时性。同时，书写媒介的出现，信息得以凝结在物质载体上，增强了信息传播的准确性，大大减少了在“口耳相传”的传播过程中“以讹传讹”的可能性。随着造纸技术和印刷技术的发明，印刷媒介正式诞生。中国最早的新闻媒介产生于汉唐之际，绝不是偶然的，它是当时印刷技术发展的产物。从雕版印刷到活字印刷，信息的“手工复制”使新闻业的“规模经济”成为可能，初步实现了人类大量复制信息的欲望，进一步克服了人类承载、传递信息的时空局限性。从汉唐之际的官报、宋代的小报，到明清时期的京报，我们清晰地看到了这种“手工作坊形态”的新闻业在中国的演进。尽管这样的“规模”还很小，但为机器复制时代的到来创造了条件。

信息的机器复制形态是现代大众传播业形成和出现的标志。15 世纪德国的谷登堡发明了金属活字印刷技术，宣告现代印刷技术的出现，标志着人类新闻传播从传统的手工复制时代进入现代的机器复制时代。在欧洲工业革命的推动下，印刷技术不断革新，西方近代报刊因此诞生了。从 17 世纪开始，西方新闻传播活动在现代印刷术的推动下迅猛发展，印刷新闻的兴起极大地改变了世界的面貌，使得人们的新闻观念发生了根本的变化。“到 19 世纪 30 年代，快速印刷技术和报纸的基本概念相结合，形成了第一批真正的大众传播媒介，现代报纸问世了。”② 大众传播媒介的出现，使得原来由贵族、精英所垄断的信息传播，开始“飞入寻常百姓家”，新闻的生产和传播能力迅速成为推动人类社会变革和前进的动力，“随着印刷时代的到来，以及书籍的广为传播，官方的敕令就无法遏止这个潮流了”③。新

---

① 《马克思恩格斯选集》，第 3 卷，人民出版社 1972 年版，第 512 页。

② 陈昌凤：《中国新闻传播史：媒介社会学的视野》，北京大学出版社 2007 年版，第 35 页。

③ 联合国教科文组织国际交流委员会：《多种声音，一个世界》，中国对外翻译出版公司 1981 年版，第 182 页。

闻媒介的大众化、市场化趋势日益凸显。

19世纪，伴随着人类传播科技的迅速发展，各种先进媒体层出不穷。依赖于无线电技术的产生，19世纪40年代，电报发明成功，70年代，电话发明成功，电报、电话作为一种电信工具开始介入大众传播，极大地推动了大众传播业的发展。无线电技术的进一步发展，则促使了广播和电视的相继问世，电子技术直接应用到大众传播中，标志着新闻媒介的划时代革命。电子三极管的出现，使语言广播成为可能；20世纪40年代，晶体管的研制成功，是无线电技术的重大突破，晶体管收音机开始出现并走进千家万户，使无线电广播发展到了普及阶段。相较于印刷媒介，广播的信息传输速度更快，并且接受信息不受文化水平的限制，降低了信息接收的门槛。

随着光电效应的发现，科学家们开始研制电视机，20世纪30年代，电视机亦正式诞生，成为新闻媒介家族中的一员。电视是一种综合媒体，它的传播是一种多维传播，声音、画面的"双管齐下"，使新闻信息更具真实感和现场感，增强了传播效果。

随着计算机技术、光纤通信技术和数字技术的发展，信息高速公路、网络多媒体出现了！作为继报刊、广播、电视三类媒体之后的第四媒体，互联网的出现是媒介进化史上的里程碑，由此，人类进入了"地球村"时代。新媒介具有前所未有的综合性，即集印刷、音响、影像等传统媒体于一身，因而具备印刷、音响、影像等传统媒体的所有优势，它所独具的数字化和交互性等特点，不仅大大提高了信息传输能力，使新闻信息得以实时、实地的传播，更重要的是，改传统的单向传播为双向传播，打破了传者和受众之间的界限，人们在信息传播过程中处于平等的地位；同时，互联网的全球化，让既往的"把关人"显得力不从心，出版自由和言论自由得以充分实现，简言之，互联网时代的到来，开始挑战人们的新闻传播观念，人类的新闻传播进入了一个新的时代！

从以上的论述，我们可以清楚地看到，每一种媒介的诞生都是传播科技进步的结果，而且科技含量越高的媒介，越具有先进性；但同时，每一种媒介的发展，又都不是简单地对前一种媒介的取而代之，而是与既往的媒介和谐共生，各展其优长之处，共同服务于人类的新闻传播。

其次，传播方式的变革促进传播观念的变化。作为人们生活中重要的一部分，传播活动的变化，同时也影响到整个社会生活形态的变化。伴随着这种生活场景的改变，人们对"传播"的理解也不断发生变化。一定的传播水平和传播模式必然会衍生出相应的传播观念和传播意识。

站在今天，当我们回溯整个新闻媒介的发展历程，可以看到，随着传播科技的进步，传播媒介的发展，社会的整体传播观念也在不断变革，出现了许多崭新的传播意识。

第一，从“地域传播观”演变为“全球传播观”。从人类新闻传播史发展来看，传播技术的每一次进步，都是人类对时间和空间的征服，都扩大了人类传播的地域范围。印刷媒介之所以比语言媒介先进，电子媒介之所以比印刷媒介先进，都在于后一种媒介比前一种媒介更能克服时空的限制，把信息传播到辽阔的空间去，而媒体空间的拓展所带来的则是传播观念的更新。

在传统的信息“手工复制”时代，世界各国的交流受限于地理限制，“邻国相望，鸡犬之声相闻，民至老死不相往来”。① 信息的流动极为不便，人类被分割在一个个“信息孤岛”上面，难以跨越地区和国家的界限。以中国为例，中国尽管产生了世界上最早的原始形态的报纸，但这种报纸成为国家整个官僚结构的组成部分，维持国家机器的有效运转。落后的传播观念所营造的是“天下中国”的世界观，在封闭保守的环境中沉醉于“泱泱大国”的美梦，对外部世界的变动茫然无知。

现代印刷技术的出现，使人类大规模复制信息成为可能，凭借新闻媒介，人类得以了解万里之遥的异国他乡所发生的事情，信息的全球流动成为可能。但在印刷技术时代，民族国家是世界新闻传播的有效主体，文化精英垄断了新闻生产，政府能有效地控制媒介的信息传播，保护国家的信息安全，信息的传播、媒介的管理与发行主要在国内进行。

电子技术，特别是互联网技术的发展，使人类第一次具有了“造成以全人类互相依赖为基础的世界交往，以及进行这种交往工具”的能力，②“各民族的精神产品成了公共的财产。民族的片面性和局限性日益成为不可能”，③ 全球传播观念开始萌生。互联网是一种“无国界”网络，网上传播是一种“无国界”传播，现代媒介技术的发展，“时空的延伸”使得跨越遥远时空距离的新闻传播活动得以组织起来，伴随着技术、资本、原材料等资源的全球流动，信息的流动也突破了民族国家的藩篱，跨国公司、媒介集团乃至网民成为世界信息流动的主体，传统意义上的新闻传播在全球化的语境下正越来越失去固定的空间，国家和民族的文化界限正在被消解。在全球化的意义上来理解新闻传播，在全球化的背景下进行新闻生产、媒介管理和媒介发行，新闻媒介在其传播形态、组织结构，以及在媒介制度、媒介政策等方面，都发生着至深且巨的变化，其前景，既充满了挑战，也充满着光明。或许这样的一个时代已经初现端倪：“每一个单个人解放的程度是与历史完全转变为世界历史的程度一致的。至于个人的真正的精神财富完全取决于他的现实关系的财富，根据上面的叙述，这已经很清楚了。仅仅因为这个缘故，单个人才能获得利

① 《老子》，第八十章，见《老子·庄子》，上海古籍出版社 1995 年版，第 43 页。

② 《马克思恩格斯全集》，第 9 卷，人民出版社 1960 年版，第 252 页。

③ 《马克思恩格斯全集》，第 4 卷，人民出版社 1960 年版，第 470 页。

用全球的这种全面的生产（人们所创造的一切）的能力。"① 简而言之，人们能够通过传播媒介得到全球范围的最大量信息，使世界的各个角落近在咫尺，如此，人们获得的才是真正的精神财富，并得到完全的精神解放。

第二，从“贵族传播观”演变为“全民传播观”。

人类进入阶级社会以后，统治阶级不仅霸占着社会的物质产品，而且也霸占着社会的精神产品。一个相当长的历史时期，书刊只是僧侣、贵族等级的特供品；出版自由也成为少数有权者的特权。产生于汉唐之际的中国古代报纸，带有农耕文明自发性和原生态的典型特征，其简单复制的手工作坊形态并未发展成大规模的机器复制，其受众对象，还是政府官员、士大夫等封建社会的上流阶层，普通民众被排除在外。

机器复制和无线通信是现代媒介的典型形态，也是工业社会时期媒介产业的标志。作为现代工业革命成果的机器复制第一次使新闻信息的规模生产和大批量复制由可能变为现实。机器复制这一新闻生产方式的革命性价值，不仅仅在于提高了人类的传播能力，更重要的在于它使新闻产品成为大众消费品，“印刷术的发明以及商业发展的迫切需要，不仅改变了只有僧侣才能读书写字的状况，而且也改变了只有僧侣才能受较高级教育的状况。在知识的领域中也出现劳动分工了。新出现的法学家把僧侣们从一系列很有势力的职位中排挤出去了”。② 这种新的新闻生产不仅一般地反映了物质生产资料的占有关系和分配关系，而且也反映了精神生产资料的占有关系和分配关系，以及这种关系背后所蕴含的政治力量和公民权利的关系。人类的新闻思想、传播观念也发生了革命性的变化，普通公民对媒介资源的占有，其所蕴含的正是民有、民办、民享等价值观念的承认与尊重。在世界新闻舞台上，官报退隐，民报勃兴，人类的新闻传播呈现出新的面貌。

互联网的崛起，其所特有的数字化和交互性特征，更使新闻传播的平民观念得以凸显，全民传播观念开始普及。网络为全民所有，向全民公开，网络传播人人平等，任何人都不能垄断和独占。

第三，从“等级传播观”演变为“平等传播观”。在媒介技术还发达的时代，媒介是稀缺资源，长时期为政府所垄断，媒介组织是官僚系统的重要构件。与此相应的是，媒介组织按照“科层制”等级制度进行组织，其信息资源也按照地位等级进行分配，所营造的是一个等级社会。

传播技术的发展，极大地丰富了信息资源，普通民众对媒介资源的占有，既往的等级观念开始淡化。媒介由政府垄断演变为文化产业，这就为不同的媒介机构提供了一个同等条件的竞争机会。在现代媒介产业中，产品生产和流通市场都是完全

---

① 《马克思恩格斯全集》，第 3 卷，人民出版社 1960 年版，第 42 页。
② 《马克思恩格斯全集》，第 7 卷，人民出版社 1960 年版，第 391 页。

开放的，对于在社会中不断运动的信息，任何一个媒介机构都可以采集和报道，并投入市场流通，增强了信息在媒介系统中平等分布的可能性。媒介资源由市场来进行配置，而不是由政府垄断，其所内含的正是对自由、平等和人权等价值观的承认与尊重。在由传统的简单复制发展到机器复制时代，我们所能看到的，是自由、平等、民主和人权等观念，构成了现代新闻思想的价值系统。

尤其是在互联网出现并发展起来之后，传播机构已经越来越脱离地域的限制，任何一个机构都只是整个世界传播体系中的一个点，它们面对的都是全世界的受众。因此，原先的“等级观念”已经逐渐失去了它赖以生存的客观基础。反过来说，在目前这种全新的传播结构的基础上，一种“平等观念”和“竞争意识”逐渐成长起来，并推动着传播事业的进一步发展。

第四，从“灌输传播观”演变为“沟通传播观”。一方面，信息的传播是以沟通为目的的，但在进入阶级社会之后，媒介被少数人所掌握，成了他们宣示思想意志、宣传政治观点、传达朝纲政令和统一国家舆论的工具；另一方面，从书籍、报刊等印刷媒介，到广播、电视等电子媒介，从传播形式看，均为从上到下的、垂直的“单向传播”，传受关系处于不对等地位，传播内容由传者决定，受众只是被动接受的容器。尽管随着媒介技术的发展，普通民众参与传播的机会增多，但还是不能改变这种传受关系中的不平等性，信息传播中沟通意识的缺失导致传者的思想上有一种强烈的“灌输意识”。

传播科技越进步和政治民主化越推进，传播媒介为民众提供参与传播的机会就越多，人们的沟通意识就越强烈。互联网的出现，使“沟通意识”深入人心成为可能。互联网是一种真正意义上的“双向互动”传播，传者和受众之间可以直接交流、直接交谈，并且传者和受众的角色成动态互换状态，这种交互式的传播活动大大增强了人们的“沟通传播意识”，传统的“把关人”理念受到严峻挑战。即使是职业传播者，他们在网上的传播活动，也只是众多网民中的成员，而不是信息的唯一来源。互联网是真正的“耳目喉舌”，是“地球村”全体“村民”的“耳目喉舌”，使每个“村民”都能向全“村”说话，也能直接听到全“村”的声音，做到“路路通”。从这个意义上讲，信息高速公路建成之日，就是全球范围内的“去塞求通”之时。

三、新闻史是人类社会发展史

生存是历史的物质前提，历史无非就是人类生存发展的展开过程。媒介生存是新闻史存在的物质基础和原初事实，新闻史无非就是媒介生存实践的展开过程。媒介生存需要占有资源，资源占有只能从环境中获取。媒介与生存环境之间进行信息、能量与物质的交流是媒介生存的前提，因此，媒介离不开其生存环境，任何媒介都是一定环境的媒介。从媒介生存的角度来思考新闻史，把“媒介—环境”作为自己思考观照的中心，便可把在场的历史和不在场的历史统一起来。在场的历史，就是新闻人围绕媒介生存的新闻实践活动，是指呈现的历史，它包括新闻生产、媒介制度和新闻观念诸层次；而不在场的历史，就是影响媒介生存的各种各样的因素，即政治、经济、文化等组成的媒介生存环境。媒介生存是一种历史性的存在，它受到既定的媒介生存环境这个“深层结构”的限制，这个深层结构决定着媒介生存的呈现方式。① 比如，在中国，官报长期处于优势地位，其所显示出来的就是农耕经济、皇权政治和宗法社会等历史特征；近代报刊在西方的出现，所显示出来的就是工业革命而来的市场经济、民主政治和人文文化等历史特征。简而言之，有什么环境就有什么样的媒体，反过来说，有什么媒体就有什么环境。媒介的生存方式，是那个时代的真实反映，所显示出来的就是那个时代的全面历史密码，这就是麦克卢汉所说的媒介即信息，透过对媒介生存的分析，能够显示出历史的全部丰富性。也正是在这个意义上，马克思说：“请不要把那些只是国家的毛病（也就是这些报纸正在力求改正的那种毛病）说成是报纸的毛病。”② 媒介只是那个时代的缩影，它在再现那个时代的生活。即使是虚假的报道，也是那个虚伪时代的真实反映。

媒介的生存一方面浓缩了历史的全部密码，显示出历史的丰富性与复杂性；另一方面，媒介为了获得丰富的信息资源，新闻媒体将自己的触角深入到社会的各个层面和各个角落，新闻报道忠实地记载了那个时代的政治、经济和文化生活。“对于媒介来说，报道是一种‘构图’，即把世界向受众图示出来。”③ 新闻是再现真实世界的一种方式，它给受众提供新近发生的、具有知悉意义的事实，消除受众的未知性，看清世界的面目，让受众感受生活的真实变化，从而给人们提供了个人无法全面看到的世界。尽管受众在每条新闻中获得的仅仅是零星的生活片段，媒介的巨量分布与报道的频繁，持续不断地提供新闻信息，追随生活本身的步伐，覆盖了生活的各个方面和世界的各个角落，因此，随着报道的增多，这些片段逐渐组合成完整的画面，整个世界就在人们的头脑中呈现出来。因此，全面、详尽、真实地记载每天发生的国内外重大事件就是新闻媒介的应有之义。在新闻媒介里，政治、经济、科学、教育、文化各方面，无所不包，重要的政治文件、条约协议、统计资料，无不刊载。中国古代官报面向皇室宫廷，“只传朝廷之事”，为一家一姓之起居注；而现代大众媒介面向“农工商贾”，既传国家大事，更传“闾里之琐屑”，

① 参见吴廷俊、阳海洪《新闻史研究者要加强史学修养——论中国新闻史研究如何走出“学术内卷化”状态》，《新闻大学》，2007年秋季号。

② 《马克思恩格斯全集》，第1卷，人民出版社1960年版，第194页。

③ 刘建明：《媒介批评通论》，中国人民大学出版社2001年版，第191页。

关心现实的世俗人生，以记载人类社会生活的方方面面作为自己的唯一任务。在新闻媒介里，每个报道都是对社会生活的序列化，新闻的绵延展示了社会历史运动的全过程，再现了人类的历史，人类的一切思想与行为在媒介的生存发展中留下了它的痕迹。在世界新闻史上，一些严肃的、勇于承担历史责任的新闻媒介，总是从历史的高度看待自己的事业，以忠实地记录历史为己任。它不但是新闻史的研究材料，也是史家研究人类历史的第一手材料，因为时代的演进、史事的变迁，都在那里得到比较切实的记载和反映。世界上一切严肃的新闻人，也总是怀着高度的历史责任感和敬业精神，为了真实地报道新闻事件，不畏艰险，甚至流血牺牲，也在所不惜。这也就是为什么说，今天的新闻是明天的历史。展开几十年来的报刊，把新闻的内容按照它运动的方向顺时针地排列，社会的历史运动则清晰、明了地呈现出来。一部《申报》史，就是一部丰富的中国近现代史，是中国近现代政治、经济、社会生活的生动记载；而一部《人民日报》史，可以说是当代中国的全景记录。

从以上两个意义来说，从媒介生存的视角理解和描述新闻史，一部新闻史，不但是一部媒介本身的生存发展史，而且是一部人类社会发展史。人类社会发展的每一个步伐，我们都能在新闻媒介上听到它的跫然足音！

四、新闻史是争取新闻自由的历史

人的思想解放是最后的解放，人类的全部活动以获得自由为其最高鹄的，对于人类的新闻活动，亦作如是观。马克思讲，出版自由是一切自由的基础，“没有出版自由，其他一切自由都是泡影”。① 新闻传播不是一般的信息传播，新闻记者不是一般的信息传播工作者。他们是这样一群人：胸怀正义，以手中之笔，激浊扬清，监督权力，抨击贪污腐败的黑暗政治，揭露社会上种种丑恶现象，表达普通百姓的呼声和诉求；介绍先进思想，传播科学观念，以启蒙民众、改良世俗为己任，以提供客观、真实、公正、全面的信息为最高职责。高度的社会责任感、历史责任感，以及强烈的平民意识，使得真正意义的新闻媒介和新闻人总是不断地受到来自社会各种恶势力的打压。在媒介生存活动的展开过程中，争取新闻自由和压制新闻自由的斗争从来都没有停止过，可以说，争取新闻自由的斗争贯穿于新闻传播事业发展的始终，并且还表现出压制愈强反抗愈烈的趋势，每一个时代，都会出现各种各样争取新闻自由的斗争和一批为争取新闻自由而斗争的新闻人。

在西方，争取新闻出版自由的斗争以资产阶级革命胜利为界分为前后两个阶段。

第一个阶段，主要的斗争是反对封建统治阶级的报刊特许制度和书报检查制

---

① 《马克思恩格斯论新闻》，新华出版社 1985 年版，第 80 页。

度，争取出版自由。从1640年出版自由的首举义旗者约翰·弥尔顿在国会发表《论出版自由》的演说开始，一直到资本主义制度的确立，争取出版自由的斗争是资产阶级革命的突破口，并伴随革命过程的始终。正如列宁所说的那样，在资产阶级反对僧侣、国王、封建主和地主的斗争中，到处都响彻着“出版自由”的口号。随着资产阶级革命运动的胜利，长期肆虐的特许制度和检查制度也随之结束，英国、美国、法国等主要资本主义国家都开始用法律的形式保障人民出版自由的权利。1789年美国国会通过的宪法前十条修正案，其中第一条规定：“国会不得制定关于下列事项的法律：确立国教或禁止信教自由，剥夺言论自由或出版自由，或剥夺人民和平集会和向政府请愿申冤的权利。”① 1789年8月法国国民议会通过的《人权宣言》比美国的《独立宣言》更进了一步，其中第十一条明确规定：“自由传达思想和意见是人类最宝贵的权利之一，因此，各个公民都有言论、著述和出版的自由，但是在法律所规定的情况下，应对滥用此项自由担负责任。”②

革命后建立的新政权虽然大多在法律上写进了出版自由的条款，但是新闻自由原则在实际上得以贯彻，还有一个相当艰苦的过程。所以，第二个阶段争取出版自由的主要斗争是抨击新政权规定的钳制报道国会新闻和批评政府官员的法规，争取报道政治新闻和批评政府的自由。

资产阶级革命胜利后，对新闻出版的控制权由原来的国王渐渐地移到国会，国会成了管制新闻出版的主要机关。国会主要是制定种种严厉的法律来压制报刊报道政治新闻和批评政府官员。如前，西方各国限制出版自由的法规主要有“煽动诽谤罪”、“侵犯国会特权”、“叛国罪”等，另外，为了压制批评、控制舆论，政府和一些政府要员还利用津贴收买的手段，来堵住报人的嘴巴。

软硬兼施使新闻事业的正常发展受到新的威胁，于是，许许多多勇敢的报人为争取国会消息报道权和对当权者的批评权而斗争。终于在1803年，英国国会正式通过决议，准许记者在国会旁听；1831年国会正式设立记者席；1868年国会又通过法案，明确承认记者报道国会消息、批评政府要员的合法性。由于美国资产阶级革命的彻底性，新闻自由原则的实行相对要顺利一些，早在1776年的弗吉尼亚《权利法案》就写有：“新闻出版自由是自由的最重要保障之一，任何政府，除非是暴虐的政府，决不应加以限制。”1791年召开的联邦国会批准了这个条款，并进一步规定：“国会不得制定下列法律：确立宗教或禁止宗教自由；剥夺人民言论自由或新闻出版自由；剥夺人民和平集会及向政府请愿申冤之权。”这个规定成为了

① 转引自孙旭培《新闻传播法学》，复旦大学出版社2008年版，第12页。

② 蒋相泽：《世界通史资料选辑·近代部分〈上〉》，商务印书馆1964年版，第124页。

美国“新闻自由的基石”。①

出版自由原则在实际上的贯彻，才使新闻事业健康地发展起来，具体表现为：冲破报纸官办独占的局面，民办报纸大量涌现；冲破民不可参政的禁令，报纸上以报道政治新闻为时髦；冲破政府、官员不能批评的禁令，报纸上大量刊登批评政府和政府官员的文章，报纸的新闻舆论监督作用得以发挥。

与西方相比较，中国争取新闻自由的斗争更艰苦一些。一方面，中国历史上本来就有深厚的“文人论政”传统，中国古代的知识分子，“宁鸣而死，不默而生”，面对不合理的社会现象，他们总是以强烈的政治责任感和历史忧患意识，关心国事，“处士横议”；另一方面，中国的专制统治和专制传统根深蒂固，“民可使由之，不可使知之”，民众知情权、言论权被抹杀，参与权、监督权更是奢望。“各个朝代的统治阶级，对言论出版活动的限制越来越严，对违规者处罚越来越重，但争取言论出版自由的斗争，此起彼伏，从未停止。”② 西方近代报纸舶来东土以后，从晚清到民国，“民主”只是空招牌，沈荩、邵飘萍、林白水、史量才以身殉报，他们的斑斑血迹使一部中国新闻史笼罩着悲怆抑郁的气氛，但新闻人争取言论自由的努力从来就没有停止过，他们为了争得“说话的权利”，进行了不屈不挠的斗争，书写了中国新闻媒介的光辉历史。通过对新闻史的审视与梳理，媒介的生存和发展史与反对专制、争取自由民主的进程是同步的，媒介在被嵌入其生存环境的同时，所显示出来的是为争取新闻自由所进行的惊心动魄的斗争过程。

新闻出版自由是新闻传播事业的本质特征之一，没有出版自由，新闻事业的正常发展便无从谈起。所以，从思想史的视角理解和描述新闻史，新闻史就是人类争取言论自由、实现思想自由的历史。对于新闻史的解释，只有把历史事件联系“思想言论自由”这一普遍价值，才能准确认识新闻传播发展的本质意义。

本书不但在抽象的意义上设定自由为新闻史的鹄的，更在具体的层面上探讨新闻自由的实现途径。“从媒介的产权形式来断定媒介自由的宽松度，是社会论自由观的立论基础。也就是说，媒介的支配权依赖于媒介的所有权，媒介自由在一定范围是媒介产权的派生物。”③ 也正是在这个意义上，这部新闻史改变了既往的从阶级属性来定义新闻媒介的历史书写方法，而是以“产权”——这个媒介自由的“依生物”——来作为新闻史的核心范畴，不同产权的媒介如何被嵌入其生存环境中，如何与其他媒介通过竞争资源以获得生存发展的资源，如何在此基础上争取媒介自由成为这部新闻史的叙述主线。

---

① 迈克尔·埃默里、埃德温·埃默里：《美国新闻史·序言》，展江、殷文主译，新华出版社2001年版，第74页。

② 马光仁：《中国近代新闻法制史》，上海社会科学院出版社2007年版，第30页。

③ 刘建明：《媒介批评通论》，中国人民大学出版社2001年版，第184页。

美国的埃默里父子在其《美国新闻史》中如是说："新闻史就是人类为了传播而进行长期斗争的历史，即发掘和解释新闻并在观点市场上提出明智的意见和引人入胜的思想的历史。公众舆论的形成在很大程度上依赖于信息和思想的流动，而为了冲破那些阻止信息和观点流动障碍，人们进行了持续的努力，这部历史的一部分内容就是以此为主题的。"① 在西方新闻史家眼中，一部新闻史就是一部"为了传播"，"为了冲破那些阻止信息和观点流动障碍"而"进行长期斗争"和"持续的努力"的历史。傅国涌对中国百年言论史进行了如下评述："他们（指报人——引者）用笔呼吸，用笔抗争，他们的笔下既流墨也流血，不断寻求'笔的解放'，一次次掀起笔底的波澜，书写了言论史上一个个有声有色的时代。"② 他把中国近现代的新闻史，视为一个"争取笔的解放的过程"。西方与中国的史家的表达基本上是一个意思，那就是说，新闻史是描写千千万万的人如何争取新闻自由，与专制、与独裁做斗争的历史。史家向我们揭示的新闻史真谛是："自由并不在于别的地方，而就在人们对于自由的不懈追求之中，正如真理只存在于人们不知疲倦的思想探索中。"③

---

① 迈克尔·埃默里、埃德温·埃默里：《美国新闻史·序言》，展江、殷文主译，新华出版社 2001 年版，第 1 页。

② 傅国涌：《笔底波澜：百年中国言论史的一种读法·前言》，广西师范大学出版社 2006 年版。

③ 彭刚：《精神、自由与历史》，清华大学出版社 1999 年版，第 70 页。

第一编 报刊史

官 报 史

第一章 古代官报

“官报”，顾名思义，是指由官方创办或经营的报纸，是官方的舆论喉舌。官报登载内容代表官方的政治意志，主要目的是统一舆论、规范视听，为统治阶级营造一个有利的舆论环境。

最早的官方新闻传播活动可以追溯到古代社会，在古文献中有许多关于氏族首领注意听取氏族成员意见的叙述。在尧舜时代，交通要道曾设置“进善之旌”、“诽谤之木”，鼓励人们发表意见。《吕氏春秋·自知篇》记载：“尧有欲谏之鼓，舜有诽谤之木。”①《史记·孝文本纪》说：“古之治天下，朝有进善之旌，诽谤之木，所以通治道而来谏者。”② 这些记载说明当时的首领都重视舆论的表达，对之进行了有效的管理与控制。因此，即使在口语时期，新闻传播就是官办新闻了，但因无文字可考，并且因为人类社会自身的不成熟，人类社会交往活动的简单，新闻传播必然十分简单，在溯源官方的新闻传播时首先要将上限限定在文字产生以后，即有文字记载的新闻传播活动。

中国有文字记载的官方新闻传播最早可以追溯到春秋战国时期，当时的新闻传播主要有两种形式：一种是史官传播，一种是乐官传播。

第一节 古代新闻渊源：史官与乐官的新闻传播活动

一、史官的新闻传播活动

史官是古代朝廷中专门收录、编纂前朝和本朝史实的官员，他们随侍皇帝左右，记录皇帝的言行与政务得失。在中国历史上，设立史官，记录国家大政和帝王言行，是一种由来已久的制度和传统。据《汉书·艺文志》载：“古之王者，世有史官。”③ 唐代刘知几在《史通·外篇·史官建置》中说，“盖史之建官，其来尚

① 《吕氏春秋》，高诱注，毕沅校，上海古籍出版社 1996 年版，第 434 页。
② 司马迁：《史记》（二十四史简体字本），中华书局 2000 年版，第 298 页。
③ 班固：《汉书》（二十四史简体字本），中华书局 2000 年版，第 1359 页。

矣。昔轩辕氏受命，仓颉、沮诵实居其职。至于三代其数渐繁……"① 商周时代，甲骨文中有"作册"、"史"、"尹"等字。金文有"作册内史"、"作册尹"的记录。据考证，"作册"和"内史"是同样的官职，其长官称"尹"，都是掌管文书、记录时事的史官。至周代，史官的建置进一步完备，"君举必书"，不仅周天子设有史官，而且各诸侯国也设有史官，有大史、小史、内史、外史、左史、右史等名目。可见，史官的分工和职责是十分细致、明确的。秦汉以后，史官的名称繁多，职务各异，但史官的设置却一直保留下来。秦有太史令，汉置太史公，唐设起居郎，还有兰台令、柱下史、著作郎、左右史等，历朝历代都有史官。

史官与新闻传播关系密切。先秦时期，史官几乎参与了当时所有的文化政治的传播活动，这种文化政治的传播活动，也是新闻的传播过程。"古代史官通过'承告'和'传闻'两种方式获得信息，所谓'承告'是指别国史官的正式通报，构成官方史录；而所谓'传闻'，则是史官私下交流的信息，其内容涉及事件发生的原因、过程等，以补充前者的不足。"② 以今天的眼光看之，这两种方式都是新闻传播活动。"承告"方式，是诸侯国史官之间正式的文件往来，接受者应原样录于典策，被记录为官方史录并成为"故"，即为以后的类似活动提供成文先例，这是一种正式的新闻发布方式。

《左传·宣公二年》记载了"晋灵公不君"这段史事，当时任晋国史官的董狐敢于直书"赵盾弑其君"一事，还与赵盾面对面地辩论之后，"以示于朝"。③ "以示于朝"是说不仅写在史书上，还要把它公之于朝堂。由此可见，当时的史官不仅记录重大的朝政大事，而且也把这些大事作为新闻加以公开传播，这就是"承告"的新闻传播方式。实际上，在史官的职责中，天子、诸侯之法令，刑罚的颁布，也由史官宣读，以告知天下，这就是以"承告"的方式传播新闻的过程。

《左传·隐公四年》记载："卫人来告乱"；④《左传·僖公五年》记载："晋侯使以杀太子申生之故来告。"⑤ 可以看到，春秋战国时期，各国发生重大事变，都有专门的使者向其他国家传递信息，这就是新闻传播。

"传闻"则是史官通过非正式的文告所得来的信息，这是一种非正式的新闻传播方式，它不能记录在典策上而成为后世的"成宪"，而只能记录在简牍上。《周礼·夏官》言"训方氏"的职责云："掌道四方之政事与其上下之志，诵四方之传

① 刘知几：《史通》，岳麓书社1993年版，第105页。
② 过常宝：《〈左传〉源于史官"传闻"制度考》，《北京师范大学学报》，2004年第4期。
③ 《左传》，岳麓书社1988年版，第120页。
④ 《左传》，岳麓书社1988年版，第5页。
⑤ 《左传》，岳麓书社1988年版，第53页。

道。"① 柯尚迁解释说："传道臣民所传说邪正利病之事，及传闻四方诸侯之事，必为王诵之，盖天子耳目之官也。"②"训方氏"既然掌四方之事，则其职责应源于史官。杜预在《春秋左传注疏述》中云："《周礼》有史官，掌邦国四方之事，达四方之志。"③ 训方氏所搜集、所"传道"的是四方诸侯之事，是史官通过正式的"承告"方式所不能获得的资料。

《墨子·明鬼篇》中记叙了杜伯追杀周宣王于圃一事："三年，周宣王合诸侯而田于圃，田车数百乘，从数千，人满野。日中，杜伯乘白马素车，朱衣冠，执朱弓，挟朱矢，追周宣王，射之车上，中心折脊，殪车中，伏弢而死。当是之时，周人从者莫不见，远者莫不闻，著在周之《春秋》。"④ 作者强调"从者莫不见，远者莫不闻"，既说明这件事是真实的，已经载入史册，又说明这件事在当时曾经作为重大新闻以"传闻"方式广为传播。

由于"承告"与"传闻"的内容相差很大，《春秋公羊传》中有"所见异辞"、"所闻异辞"、"所传闻异辞"的说法。从更宽泛的意义来理解这三句话，此处的"所见"应是指对于本国史实的了解，"所闻"则是指信息来自前来通报的史官，而"所传闻"则是指辗转相告。后者可能专指边远或人力不足的小诸侯国所发生的事情。可以相信，"传闻"在春秋时期已经形成某种契约或制度，构成了史官的知识储备，成为史官的职业性行为，故称史官是君王的"耳目"之官。"承告"与"传闻"共同构成了春秋时期史官发布新闻的两种重要方式，并行不悖，同时也形成两类文献，据学者考证，"传闻"之史是《左传》的源头之一。⑤

二、乐官的新闻传播活动

乐师是宫廷里专管礼乐歌舞的官员。春秋之前以礼乐治国，行礼奏乐是重大的社会文化或政治仪式，而乐官是礼乐文化的传播者和礼乐政治文化仪式的参与者，乐师与史官一样，都是宗教、礼仪、思想与政治知识的保存者、传承者，所以直到春秋时代，"师、史"或"瞽、史"并称。乐官的设置很早，《史记·五帝本纪》就记载舜任命"夔"为乐官，"以夔为典乐，教稚子"。⑥《周礼·春官》中"瞽

① 《周礼·仪礼·礼记》，陈戍国点校，岳麓书社 1989 年版，第 93 页。

② 柯尚迁：《周礼全经释原　卷十》，转引自过常宝《〈左传〉源于史官"传闻"制度考》，《北京师范大学学报》，2004 年第 4 期。

③ 《春秋左传正义》，卷一，见《十三经注疏》，中华书局 1980 年版，第 1704 页。

④ 《墨子》，毕沅校注，上海古籍出版社 1995 年版，第 106～107 页。

⑤ 过常宝：《〈左传〉源于史官"传闻"制度考》，《北京师范大学学报》，2004 年第 4 期。

⑥ 司马迁：《史记》(二十四史简体字本)，中华书局 2000 年版，第 29 页。

矇”一官，其职责是“讽诵诗，奠世系”，① “世系”本氏族谱系、先王世系，换言之，乐师中的“瞽矇”之官以口口相传的方式，传承着往古的世系和相应的史迹。《国语·鲁语上》曰：“工、史书世。”韦昭注：“工，瞽师官也。史，太史也。……工诵其德，史书其言也。”据韦昭所言，对“世”之传承，乐人讽诵之而史官记录之。② 古史之传承本有“记注”和“传诵”的两种形式，二者相辅相成，对于一件史实，史官记其大略于简册之上，其详情则由瞽矇传诵。这“工诵其德，史书其言”就是师、史在传承史事上的分工形式。因此，在史事的传承上，就不能不提这些“歌唱诗篇而以鼓乐伴之”的乐人的传诵之功：“对于史料的留存和史事的传播来说，瞽史的作用不能低估。”这里，讽诵史事的过程即是新闻传播的过程。

乐官在古代是掌教之官，以礼乐歌诗教育贵族子弟。他们除了自己创作之外，还要深入民间，采诗观风，以作为自己的创作素材；再者，乐官承担选举之责，那更是要深入地方，了解地方舆论，以考察官员的政绩，因而出于工作的需要，也有类似的新闻采集活动。《汉书·艺文志》说：“故古有采诗之官，王者所以观风俗、知得失，自考正也。孔子纯取周诗，上采殷、下取鲁，凡三百五篇。”③ 《诗经》上的十五国风，就是采诗官员从各地采来经孔子删定而成的，它保存了当时许多重要的社会舆论。这里说的采诗之官就是乐官，他们所采的诗就是当时的民间歌谣或宗庙祭祀的乐歌，它直接服务于国家统治的需要。采诗和传唱的过程，就是新闻传播的过程。

汉武帝时建立了专门的音乐官署“乐府”，掌管朝会、宴饮、祭祀以及道路游行时所用的音乐，兼采民间诗歌和乐曲。乐府诗中的民歌来自民间，在很大程度上，反映了劳动人民的生活情况和思想感情，类似今天的社会新闻。但在历史的分工演化中，乐官日益向“娱心自乐，快意恣欲”的技艺化方向转变，唐设教坊，以太监长之，唐玄宗更是亲下梨园，后世因“声色”而亡国者，则不知凡几，于是它与新闻传播的关系也就日益淡远了。

第二节　官报在唐代的兴起

“百代多行秦政制”，秦政制即“集权制”，中国自秦朝开始，废封建，行郡

---

① 《周礼·仪礼·礼记》，陈戍国点校，岳麓书社1989年版，第64页。

② 见阎步克《乐师与史官：传统政治文化与政治制度论集》，三联书店2001年版，第57页。

③ 班固：《汉书》(二十四史简体字本)，中华书局2000年版，第1355～1366页。

县，建立中央集权制度。这种制度的特点是“天下一统，四海为家，中央集权，分级管理，上有中央政府，下面有各级专权。这种制度，一直延续至今”。① 简而言之，即是双层专制主义的全能国家体制：皇帝对于统治阶级的专制主义；统治阶级对于人民的专制主义。这两个层面的专制，都需要统一的信息传播，而刊行官报就是统一信息的最好手段。

从第一个层面而言，高度的中央集权统治和高度的皇权专制，国家机器的正常运转必须保证政令畅通。所谓政令畅通，就是将朝廷的政令和皇帝圣旨迅速地、原原本本地传达下去。要做到政令畅通，就必须有畅通的渠道。刊行官报就是迅速传达政令的一条很好的渠道。封建王朝要使庞大的国家机器协调地运转起来，除了宣达皇命，统一思想，还需要给各级官吏提供一定的政务信息；而各级官吏为了在激烈的矛盾冲突中，平安地保存自己，进而步步往上爬，也需要了解朝廷动态，决定自己所采取的对策，这便是中国古代官报长期存在的基本原因。

从第二个层面而言，封建政治是秘密政治，是愚民政治。公元前536年，郑国的子产将刑法铸在鼎上，作为国之常法，并使“民知有辟（法）”。子产铸刑书打破了当时政府将刑书藏于官府，不向人民公布的惯例，在当时引起轩然大波，晋国大夫叔向指责道：“民知争端矣，将弃礼而征于书。锥刀之末，将尽争之。”② 叔向在这里所担忧的是：百姓知道法律条文以后，会据之维护自己的合法权益。因此，发行官报，“使朝廷命令，可得而闻，不可得而测，可得而信，不可得而诈。”③ 宣达皇权，统一思想，传达政令，协调行动，维护中央集权统治，是中国封建统治者创办和发行官报的根本目的。

凡报纸出现，先有官报，后有民报，中西皆然。在我国，官方信息的传播渊源已久，既有如上所讲的史官、乐官的新闻活动，夏朝已设有“车正”，专管车旅交通，说明当时已经有官方的信息传播活动。到了周朝，在各诸侯国内部，官方的文书、公告需要下达，各级官吏的奏报、请示需要通信，官吏与官吏之间也相互传递信息，此时已经形成了官方成体系的邮传组织，名为“遽”或“邮”，但没有形成正式的信息发布制度，也没有形成这种信息发布制度的物质成果——官报，官报的产生需要历史继续孕育。据文献记载和实物考证，我国古代官报是从唐代开始的。唐代有两种不同性质的官报：中央朝廷编发的公报性质的官报和藩镇驻京机构编发的情报性质的官报。

---

① 易中天：《帝国的终结——中国古代政治制度批判》，复旦大学出版社2007年版，第22页。

② 《左传》，岳麓书社1988年版，第289页。

③ 周麟之：《海陵集》，见戈公振《中国报学史》，中国新闻出版社1985年版，第27页。

一、中央朝廷编发的公报性质的官报

唐代的朝廷官报，由朝廷发布，称为“报状”、“报”等。在唐代的有关文献和唐人著作中，可以找到比较充足的证据。“报状拆开知足雨，赦书宣过喜无因。”① 王建这首诗大约作于唐代宗大历（公元766—779）年间。这是“报状”这个名词最早的出现。

“前数月见报，上披阁下谏疏，赐以币帛，僻左且远，莫知其故。”② 杜牧曾在会昌年间担任过唐王朝中央的中书舍人，他见到的报就是当时的朝廷官报。

从唐人孙樵所著《经纬集》卷三载《读开元杂报》中更可以找到唐代朝廷官报的线索。《读开元杂报》全文是这样的：

> 樵曩于襄汉间得数十幅书，系日条事，不立首末。其略曰：某日皇帝亲耕籍田，行九推礼。某日百僚行大射礼于安福楼南。某日安北奏诸番君长请扈从封禅。某日皇帝自东封还，赏赐有差。某日宣政门宰相与百僚廷争一刻罢。如此，凡数十百条。樵当时未知何等书，徒以为朝廷近所行事。有自长安来者，出其书示之。则曰：“吾居长安中，新天子嗣国及穷虏自溃，则见行南郊礼，安有籍田事乎？况九推非天子礼耶？又尝入太学，则丛甓负土而起若堂皇者，就视得石刻，乃射堂旧地，则射礼废已久矣。国家安能行大射礼耶？自关以东，水不败田，则旱败苗，百姓入常赋不足，至有卖子为豪家役者。吾尝背华走洛，遇西戍还兵千人，县给一食，力屈不支。国家安能东封？从官禁兵安能仰给耶？北虏惊啮边甿，势不可控，宰相驰出责战，尚未报功。况西关复惊于西戎，安有扈从事耶？武皇帝御史以窃议宰相事，望岭南走者四人，至今卿士齰舌相戒，况宰相陈奏于仗罢乎？安有延（疑为“廷”字——引者）奏诤事焉？”语未及终，有知书者自外来，曰：“此皆开元政事，盖当时条布于外者。”樵后得《开元录》验之，条条可复。然尚以为前朝所行不当尽为坠典。及来长安，日见条报朝廷事者，徒曰今日除某官，明日授某官，今日幸于某，明日畋于某，诚不类数十幅书。樵恨生不为太平男子，及睹开元中事，如奋臂出其间，因取其书帛而漫志其末。凡补缺文者十三，改讹文者十一。是岁大中五年也。③

---

① 王建：《赠华州郑大夫诗》，《全唐诗·第五册》卷三〇〇，中华书局1985年版，第3411页。

② 杜牧：《与人论谏书》，《杜牧集》卷十二，黑龙江人民出版社2005年版，第247页。

③ 转引自李彬《唐代文明与新闻传播》，新华出版社1999年版，第66~67页。

孙樵是著名古文学家韩愈的学生，在唐宣宗、僖宗年间曾作过中书舍人，他在《读开元杂报》中前后叙述了两种报。一种是他在襄汉间居留时看到的“系日条事，不立首末”的“数十幅书”，上面的内容都是朝廷政事动态，诸如皇帝行九推礼，百僚行大射礼，宰相与百僚廷争等。因“得《开元录》验之，条条可复”，故孙樵自名曰“开元杂报”。另一种是孙樵在唐宣宗大中九年中进士之后，“及来长安，日见条报朝廷事者”，“今日除某官，明日授某官，今日幸于某，明日畋于某”。这两种“报”虽然一种出现在开元，一种出现在大中，一种叙事较详，一种叙事很略，但两者有共同点：那就是由朝廷发布并且“条布于外”。从记叙内容和发布形式看，带有较为明显的政府公报性质。可见，唐代从开元到大中都有带政府公报性质的朝廷官报发行，但其名称不叫“开元杂报”，而可能叫“报状”或“报”。由此而知，唐“报”所载内容都是国家盛典和朝廷政事，由中央政府颁布，然后“条布于外”，实际上是政事堂公布于外的关于政府活动情况的文告或公告。这说明当时向全国百姓发布政令的体系正逐步规范化、体系化。

二、藩镇驻京机构编发的情报性质的官报

在唐代，除了中央朝廷官报之外，还有一种“藩镇情报”。这种“藩镇情报”，由藩镇自置于京城的“进奏院”抄发，故称为“邸吏状”、“邸报”、“进奏院状”等。“藩镇情报”是唐代进奏院职能强化的产物。唐中期以后，随着藩镇势力的发展，唐初仅供地方长官与诸侯“朝宿”之用的邸的职能进一步扩大，演变为地方派驻朝廷的办事机构。柳宗元在《邠宁进奏院记》中对唐代进奏院的由来作了重要说明：“凡诸侯述职之礼，必有栋宇建于京师，朝觐为修容之地，会计为交政之所。其在周典，则皆邑以具汤沐；其在汉制，则皆邸以奉朝请。唐兴因之，则皆院以备进奏。政以之成，礼于是具，由旧章也。……宾属受辞而来使，旅贲奉章而上谒。稽疑于太宰，质政于有司。下及奔走之臣，传遽之役，川流环运，以达教令。大凡展采于中都，率由是焉。故领斯院者，必获历閳阖，登太清，仰万乘之威而通内外之事。”① 根据柳宗元的说法，唐代的进奏院是在周的邑、汉的邸的基础上发展起来的。周邑仅仅是诸侯朝见时的招待所，汉邸除有招待所的职能外，还成了派驻朝廷的办事机构。这些邸，起初名叫“上都邸务留后院”，简称“上都留后”，后来改称为“上都知进奏院”，简称“进奏院”，进奏院的负责人称进奏官，起初名叫“上都邸务留守使”，后改称“上都知进奏院官”，简称“进奏官”、“进奏吏”，一般通称“邸吏”、“邸官”。

① 柳宗元：《柳宗元集》，第2册，中华书局2000年版，第712~713页。

唐代进奏院作为地方大臣在京师的代理机构，主持的官员都是节度使派驻的大将或亲信，随着地方节度使权力的急剧膨胀，其职能就大大强化了。进奏官只对派遣他的藩镇和诸道长官负责，不受朝廷管辖，任务是为所代表的长官呈递奏章，下达文书，办理需要和政府中枢各部门请示汇报、联系交涉的各项事宜，也为地方了解、汇集和通报各项政治消息，将京师的消息抄写成“进奏院状”直接通报给派他们出来的地方长官，这即为萌芽状态的报纸。因此，进奏院成为藩镇了解朝廷和全国情况的信息中心，是藩镇和朝廷间的联络机构。①

唐代的进奏院报状，从内容来看，其所提供的信息，绝大多数属于朝廷的政事活动；从采写方式来看，主要是由进奏官自行采集的；从受众对象看，这种“邸报”、“进奏院状”只对藩镇长官抄送，以藩镇长官为唯一读者，并且带有相当的机密性，具有情报性质。具有情报性质的唐代“邸报”材料，大部分来自朝廷官报“报状”，还有一部分或是邸吏们在京城的所见所闻，或是执行节度使交办的专门任务后的情况汇报。不列颠图书馆所藏的唐归义军进奏院状就属于这种情况。这份进奏院状是归义军节度使张淮深派驻唐王朝京城的进奏官给张淮深写的一份关于“三般专使”为张向朝廷“论旌节”一事的专题汇报。从这份实物来看，显示了唐代进奏院状的一些特点：浓厚的官文书痕迹，信息由进奏官自行采集，读者对象是进奏官的上级长官，内容也是与其长官相关的朝廷政事。

可见，唐代报纸从产生起就与官方政治结下了不解之缘，成为依附于封建政治的一种存在，终有唐一代，朝廷对类似的新闻传播活动干预不多，从未颁行过具体的管理措施，其内容亦不受限，因此，唐代的进奏院状虽以传播朝廷的信息为主要内容，由地方军政单位派驻在京城的进奏官自行采编并向地方传发，因而带有一定的官方性质，但还不是由中央政府统一审定发布的正式官报，进奏官所从事的报纸活动仅为其行政职责之一，而远非自觉的报业行为。

第三节　官报在宋代的发展

宋代出现了在政府中枢部门统一管理下统一发布的正式官报“邸报”。尽管还有诸如“邸状”、“报状”、“邸吏状”、“朝报”等名称，但“邸报”这一名称，是中国古代对封建官报最经常、最习用的称呼，它最早就产生于宋。“国朝置进奏院于京师，而诸路州郡亦各有进奏吏，凡朝廷已行之命令，已定之差除，皆以达于四方，谓之邸报。”② 这是对宋代官报的一个经典概括。宋代能出现统一的官报，与

① 黄卓明：《中国古代报纸探源》，人民日报出版社 1983 年版，第 30 页。

② 徐松：《宋会要辑稿》，见方汉奇主编《中国新闻传播史》，中国人民大学出版社 2002 年版，第 10 页。

如下两项制度密切相关：

一、进奏院职能的转变

唐自安史之乱后，政治重心全在藩镇，中央政府已经失去对军阀们的控制能力。唐末，藩镇更加横暴无忌，终于形成从唐末到宋初的军阀割据局面。赵匡胤以禁军头领的身份发动兵变，在陈桥驿黄袍加身，建立了赵宋王朝。宋王朝建立后，鉴于唐代安史之乱和自己兵变取得政权的经验教训，赵匡胤崇文抑武，削弱宰相职权，集军事权力于君主，集财政权力于中央，采取抑制地方封建割据势力的办法以巩固中央政权和实现政治统一，实行由朝廷直接控制的地方职官制度。唐代的节度使制度虽然在宋初仍然存在，但节度使实权被解除，变成了一个只代表崇高地位和待遇的荣誉性头衔，用来奖励和安置那些皇亲贵戚、文武大员，所有管理地方行政的各级官吏，皆由朝廷派遣，原来由节度使自置的进奏院也改由朝廷统一设立，由此，实现了国家权力结构中意义特别深远的转变。

在官方信息的发布上，与上述职官制度转变相应的是进奏院职能的变化。公元981年，宋太宗下诏，成立都进奏院，“总天下之邮递，隶门下后省。凡朝廷政事施设、号令、赏罚、书诏、章表、辞见、朝谢、差除、注拟等，令播告四方。令通知者，皆有令格、条目，具合报事件誊报”。① 都进奏院由中央直接任命150名进奏官办公，分管各州奏报。“都进奏院”后隶属“门下省”，由“门下省”长官之一的“给事中”直接管辖。这样，进奏院就由唐代地方官员的派出机构质变成了直隶朝廷的行政机构。这种性质的进奏院所发行的“邸报”或“进奏院状”就不再是“藩镇情报”，而是“朝廷官报”了。

二、定本制度

“所谓‘定本’，指的是根据进奏官采集来的各种发报材料，经本院监官编好，送请枢密院或宰相审查通过后的邸报样本。”进奏官们必须根据这一样本发报。即先由进奏院把编好的官报样本送中央最高军事机关枢密院审查，然后再将“定本”发给进奏院传布四方。到南宋时，又改为由中央最高国务机关之一“门下后省”编定，由门下后省长官之一的“给事中”“判报”后，再将“定本”发给“都进

① 徐松：《宋会要辑稿》，见程丽红《清代报人研究》，社会科学文献出版社2008年版，第14页。

奏院，报行天下”。① 此制从宋真宗咸平二年开始执行，此后，官报发报制度虽屡经变化，也只牵涉主管部门或官员的调整，官报活动始终处于封建中枢部门的控制之下。②“所谓定本誊报，就是一种事先检阅制度。”③“定本制度”是中国明文规定的最早的新闻审查制度，定本制度加强了政府对邸报信息的控制，从根本上改变了唐代进奏官可以自行采集信息的局面，迫使他们只能按照朝廷的意图进行信息传播活动。

因此，有宋一代，在政府集中统一管理下，邸报被控制得很严，对邸报登载的内容，有很多规定和限制。宋哲宗元祐五年（公元1090年）七月二十五日，礼部曾上言：“凡议政得失，边事军机文字，不得写录传布；本朝会要实录，不得雕刻。违者徙二年，告者赏纸钱十万。”④ 又哲宗元符元年（公元1098年）五月十五日，尚书省上言：“进奏官许传报常程申奏及经尚书省已出文字，其实封文字，或事干机密者，不得传报，如违，并以违制论。”⑤

如上所述，官报在宋代发展的主要特点是两个制度的变迁。一是形成了中央政府统一编辑和直接发行的官报制度。唐代的中央朝廷官报和藩镇情报到了宋代，基本上是合二为一而成了朝廷官报。二是制定了新闻发布“定本”制度。这两项制度的实施，将官方信息的采、编、发系统完全纳入了中央政府的直接掌控之中，唐代半官方性质的邸报由此成为纯粹的官报。这是影响官报发展的两项重大制度变革，为后世的封建统治者所效法，对中国新闻事业发展产生了重大影响。

第四节　官报在明清的延伸

一、官报在明代的发展

历代文献中，尚未见到有关元代报纸的记载。

明朝建国后，恢复了朝廷官报，使具有中央政府公报性质的原始形态报纸，在元代一度中断后又得以继承下来。明代朝廷官报一般都称为“邸报”，有时也称为“邸钞”。

---

① 陈昌凤：《中国新闻传播史：媒介社会学的视野》，北京大学出版社2007年版，第32页。

② 赵升：《朝野类要》，见戈公振《中国报学史》，中国新闻出版社1985年版，第27页。

③ 朱传誉：《宋代新闻史》，台湾商务印书馆1967年版，第19页。

④ 转引自马光仁《中国近代新闻法制史》，上海社会科学院出版社2007年版，第21页。

⑤ 徐松：《宋会要辑稿》，见程丽红《清代报人研究》，社会科学文献出版社2008年版，第14页。

明代官报在形式上有一重大发展，即活字印刷。印刷新闻早在宋代已经出现，许多非法报纸就是印刷品。北宋毕昇虽然发明了活字版，但没有推广，更没有被运用到新闻传播上，所以那时的报纸只能是雕版印刷的。到了明末，邸报印刷改为活字版，《亭林文集》中《与公肃甥书》记载："忆昔时邸报，至崇祯十一年（公元1638年）方有活版；自此以前，并是写本。"① 邸报的活字印刷是我国新闻传播技术的一大进步，也是我国新闻事业史和世界新闻事业史上的大事件，但这并未促进古代官报的发展，很长时期里，中国的报纸还是手抄的，直至清代中叶以后，印刷报纸才成为主流。

在对报纸的管理上，明代虽然恢复了邸报，但没有恢复进奏院这样的官署，官报由中央政府统一发抄，其程序如下：通政司汇集各类章奏和地方上报的消息；六科发布有关的谕旨和章奏；提塘选抄这些谕旨和章奏，复制后传发到省，省发到府县，供各级官绅阅读。编发程序环环相扣，流水作业，完全纳入了封建政府的政治组织系统之中。

第一个环节是通政司汇集选编。"通政司所以出纳王命，为朝廷之喉舌；宣达下情，广朝廷之聪明，于政体之关系甚重也。"② 来自地方和京官的章奏，绝大部分要经过通政司这个程序，通常由当朝宰辅和大宦官委派心腹人物掌管，从而可以控制臣僚章奏呈留出纳这一环节。可见，通政司因其职责的特殊性，在中央权力结构中，是一个至关重要的部门，是朝廷信息的汇集处。

第二个环节是六科发布。六科于明太祖洪武六年（公元1373年）设置，曾隶属通政司，明成祖后成为独立的机构。六科给事中的职权范围很广，处于官报抄发的关键部位。顺治元年（公元1646年）6月戊午，大学士冯铨、洪承畴奏言说："按明时旧例，凡内外文武官民条奏，并各部院覆奏本章，皆下内阁票拟，已经批红者仍由内阁分下六科，钞发各布院，所以防微杜渐，意至深远。"③

第三个环节是提塘抄传。明代驻京提塘除担任军情及各项文书的呈递下达等任务外，另一任务就是抄传邸报。"巡抚及总兵俱有提塘官在京师，专司邸报。"④ 提塘从六科抄得文报后，专程由快马递送省府，交巡抚、总兵等省级长官。省以下的各府另雇在京抄报人转录若干份，由驿站递送。因此，要经过相当长时间的传送

---

① 《亭林文集》，第3卷第15页，见戈公振《中国报学史》，中国新闻出版社1985年版，第29页。

② 陆容：《菽园杂记》，中华书局1985年版，第57页。

③ 蒋良骥：《东华录》，见吴廷俊《中国新闻史新修》，复旦大学出版社2008年版，第15页。

④ 沈德符：《万历野获编》，第24卷，见吴廷俊《中国新闻史新修》，复旦大学出版社2008年版，第15页。

才能到达省级以下的各级官员读者。①

明代对官报的管理更为严格。自胡惟庸案后，废除宰相制度，皇帝既是国家元首又是政府首脑，集所有权力于一身，因此，官报抄传的关键环节由皇帝掌控："故事，奏章非发抄，外人无由闻；非奉旨，邸报不许抄传。"②

在内容上，与唐、宋一样，明代邸报所刊载的主要内容，仍是诏令章奏及朝廷动态一类的官方文书。但到了明朝末年，邸报上开始出现少量的社会新闻，这在邸报内容上是个大的突破，其中最著名的是1626年6月间（明熹宗天启六年五月）一期邸报上关于北京一带灾异情况的长篇报道。明代黄煜撰《碧血录·天变杂记》（据《知不足斋丛书》本）及明代燕客撰《诏狱惨言·天变邸抄》（据《借月山房汇钞》本）都曾将这篇两千多字的长篇报道全文抄录下来：

> 天启丙寅五月初六日（公元1626年5月30日——引者注）巳时，天色皎洁，忽有声如吼，从东北方渐至京城西南角，灰气涌起，屋宇动荡，须臾大震一声，天崩地塌，昏黑如夜，万室平沉。东自顺城门大街，北至刑部街，长三四里，周围十三里，尽为齑粉，屋以数万计，人以万计。王恭厂一带糜烂尤甚，僵尸层叠，秽气熏天。瓦砾盈空而下，无从辨别；街道门户伤心惨目，笔所难述。震声南自河西务，东自通州，北自密云昌平，告变相同。城中即不被害者，屋宇无不震裂。狂奔肆行之状，举国如狂。象房倾圮，象俱逸出。遥望云气有如乱丝者，有五色者，有如灵芝黑色者，冲天而起，经时方散。合科道意火药局失火，缉拿奸细，而报伤甚多，此真天变，大可畏也……③

这篇报道详细记叙了地震发生那一天的情况，也追叙和补叙了事件发生前后的一些细节。整篇报道写得绘声绘色，尽管明显带有迷信色彩和夸张失实之处，但仍不失为一篇现场感很强的好新闻报道，其所记载的这次灾难亦成为历史之谜，引起后人浓厚的兴趣。

二、官报在清代的延续

清代统治者在取得全国政权以后，继承了明代邸报的编发制度，即先由内阁发布消息，再由各省总督、巡抚派驻京城的提塘官抄录，通过政府的驿递系统传送

---

① 见陈昌凤《中国新闻传播史：媒介社会学的视角》，北京大学出版社2007年版，第24～25页。

② 张廷玉等：《明史》，卷二百五十三，中华书局2000年版，第4366页。

③ 见方汉奇《中国新闻事业通史》，第1卷，中国人民大学出版社1996年版，第166页。

各省。

清代官报制度的变化，主要表现在编发环节更加严格，而在发抄环节有所松动。永瑢的《历代职官表》说："国朝定制：各省设在京提塘官，隶于兵部，以本省武进士及补候选守备为之，由督抚遴选送部充补，三年而代；凡疏章邮递至者，提塘官恭送通政司，通政使、副使参议校阅，封送内阁。五日后，以随疏赍到之牒，应致各部院者，授提塘官分投；若有赐于其省之大吏，亦提塘官受而赍至之。谕旨及奏疏下阁者，许提塘官誊录事目，传示四方，谓之邸抄。盖即如唐宋之进奏院，而法制详慎，其奉职倍为谨凛矣。"① 这说明清代官报跟前代一脉相承，邸报的主要信息来自内阁发抄的谕旨和奏疏，但在官报管理上则更加"法制详慎"，官报人员"以本省武进士及补候选守备为之"，提高其社会地位，定其考成，明确赏罚，使他们"奉职倍为谨凛"。到了雍正、乾隆年间，为了进一步严密编报系统和传报系统，奏折的进呈发抄不经过通政使司，而经由专门的收受机关——奏事处，但奏事处不能参与政务，它与通政使司的一个重要区别是，奏事处只能打开奏折外面的油纸、夹板，"黄纸则候君主亲拆"②。奏折由皇帝批阅后，发军机处拟旨，谕旨拟好后，再呈皇帝审定，然后再下发军机处，由军机处把应发抄的谕旨奏折发交内阁。军机处是直接听命于皇帝的秘书机关，当然也就成了皇帝主持官报工作的枢纽。清制准许提塘官在抄报时根据不同省份的需要在传发的大量官文书中进行自由的、有针对性的筛选，在内容抄发上有了一点自由。

官报经过近千年的发展，到清代已趋于定型，没有报头，书册式，以刊载皇室活动、谕旨、奏章等朝廷政事为主要内容，基本上是日报，较前代相比，大大提高了新闻时效，在通过庞大的邮驿网络向外发行时，其传播覆盖面也已扩及官僚、士大夫知识分子乃至乡村士子等受众群体，但还未下行至普通百姓。庞大的官员队伍和士林大军对官报有着规模化的需求，以至于乾隆后普遍采用了大批量复制的印刷技术。③

---

① 《清会典》，卷五十一"兵部"之"驻京提塘"，中华书局 1991 年版，第 470 页。

② 周询：《蜀海丛谈》，卷二"奏折"，见程丽红《清代报人研究》，社会科学文献出版社 2008 年版，第 45 页。

③ 参见程丽红《清代报人研究》，社会科学文献出版社 2008 年版，46～49 页。

第二章
清末新式官报

鸦片战争后，坚船利炮打开了中国的国门，中国面临“三千年未有之大变局”(李鸿章语)，传统中国在西方文明的挑战下，整个社会结构面临全面改组，整个文化价值面临彻底消失的威胁。① 在西方列强的环伺之下，中国将如何在这个新的世界中生存下去？于新闻传播而言，在改造传统的过程中，在新的政治构架中如何安放媒介的位置？媒介是继续成为政府机关的构成要件，还是做社会之公器？与此相连带而来的问题是，媒介在这个过程中承担何种职责，是成为政府的喉舌还是成为民意的论坛？

由于中国的历史惯性过于强大，面对这么一个巨大的时代变革，统治者固有的依然是一种中世纪式的思维。尽管相对于中国古代的“邸报”、“朝报”而言，清末出现的新式官报有其先进性，但是对于新闻媒介的思考，在民主成为世界潮流的大背景下，刊行官报，钳制舆论依然是统治者的主导思维。清末新式官报的繁荣，成为那个专制时代的历史挽歌。

第一节　洪仁玕对太平天国官报的构想

太平天国作为中国历史上最后一次农民起义所建立的政权，其政治纲领既体现了中国农民数千年来“平等”、“均贫富”思想，又不可避免地深深打下封建专制的烙印。其领导人对太平天国新闻事业的思考，既体现出某种现代精神，也存有浓厚的传统色彩。

洪秀全在开始进行起义宣传的时候，编写了《原道救世歌》、《原道醒世训》、《原道觉世训》等小册子，用浅显通俗的语言解释教义，以宣传组织群众，酝酿武装起义。这种方式，既模仿了西方传教士传道布教的方式，同时，更多地也是中国传统农民起义所惯用的宣传组织方式。

洪秀全定都天京后，为沟通中央与地方的信息，有效地指挥军事行动，设立了“提报衙”和“疏附衙”的官报系统。“提报衙”负责颁布天王诏书、法令和官文书的传递工作，“疏附衙”则专门负责传递军事消息，太平军的各级将领都依靠它

① 参见金耀基《从传统到现代》，中国人民大学出版社1999年版，第4～6页。

来了解中央和各地的情况。

太平天国对新闻事业的现代性构想，是洪仁玕从香港到达天京之后，向洪秀全提出的一个统筹全局的政治纲领——《资政新篇》来完成的。

一、洪仁玕新闻思想的内容

洪仁玕（1822—1864），字益谦，号吉甫，广东花县官禄村人，洪秀全的族弟，太平天国后期的主要领导人，也是中国近代史上最早向西方寻求真理的先进代表人物之一，第一个明确提出新闻构想的中国人。洪仁玕早年参加“拜上帝会”，但因故未参加金田起义，后转至香港，在与西方传教士的结识过程中，研究了西方资本主义社会的政治制度和思想文化，这成为他后来写作《资政新篇》的重要思想来源。1859年9月，洪仁玕抵达天京，此时，正值天国由盛转衰之际，洪秀全喜出望外，封他为“开朝精忠军师顶天扶朝纲干王”，总理朝政，“并降诏天下，要人悉归其制”。洪仁玕受任于败兵之际，奉命于危难之间，他决心施展才干，有所作为，于是写了《资政新篇》进呈天王，并经天王批准，成为太平天国后期的治国纲领。

《资政新篇》是一个资本主义性质的治国纲领，内容相当丰富，他对太平天国新闻事业的设想，是他政治上总体构想的组成部分，洪仁玕的新闻思想就集中体现在《资政新篇》“新闻篇”中，其内容大致包括如下几点：

（一）“设新闻馆以收民心公议”

设立新闻馆，既可以给朝廷制定政策提供依据，又可以教育民众，移风易俗，改变社会风气。他在《资政新篇》“法法类”中写道：“设新闻馆以收民心公议，及各省郡县物价低昂、事势常变。上览之得以资治术，士览之得以识变通，商农览之得以通有无。昭法律，别善恶，励廉耻，表忠孝，皆借此以行其教也。教行则法著，法著则知恩，于以民相劝戒，才德日生，风俗日厚矣。”

（二）“兴新闻官”收集舆论“以资圣鉴”

他在《资政新篇》中写道：“兴各省新闻官，其官有职无权，性品诚实不阿者。官职不受众官节制，亦不节制众官，即赏罚亦不准众官褒贬。专收十八省及万方新闻篇有招牌图记者，以资圣鉴，则奸者股栗存诚，忠者清心可表。于是一念之善，一念之恶，难逃人心公议矣。人岂有不善，世岂有不平哉！”

（三）“准卖新闻篇或设暗柜”使“上下情通”

《资政新篇》说：“要自大至小，由上而下，权归于一，内外适均而敷于众也。

又由众下而达于上位，则上下情通，中无壅塞弄弊者，莫善于准卖新闻篇或设暗柜也。”在洪氏看来，新闻的自由流通，“上下情通，中无壅塞弄弊”，是维系中央政权、加强太平天国集中统一领导的有力工具，如此则“由上而下，权归于一”，如果有人搞阴谋削弱天国的集权领导，通过报纸的作用，可以“禁朋党之弊，消弭各种弱本强末的离心力量。……有新闻篇以泄奸谋，纵有一切诡弊，难逃太阳之照矣”。

（四）新闻“只须实写，勿着一字浮文”

在《资政新篇》中，洪仁玕还规定：“新闻馆以报时事常变、物价低昂，只须实写，勿着一字浮文。倘有……伪造新闻者，轻则罚，重则罪。”他猛烈地抨击了当时那种“文士之短简长篇，无非空言假话；下僚之禀帖面陈，俱是谄谀赞誉”的“不务实学、专事浮文”的坏习气，提倡浅明文体，并把真实作为“新闻篇”（报纸）文风的首要标准。

二、洪仁玕新闻思想的实质

从上述洪仁玕关于新闻事业的构想中，诸如强调新闻“实写”（新闻实录）；“准卖新闻篇”（新闻的商品性）；“设新闻馆以收民心公议，及各省郡县物价低昂、事势常变”（新闻的信息性）；“新闻馆以报时势常变”（新闻的流动不居）；“有新闻篇以泄奸谋，纵有一切诡弊，难逃太阳之照矣”（舆论监督的朴素表达），从这些论述中可以看到现代西方新闻思想的因素，但更重要的是他对于报刊的热情，实质上是他政治动机的外化。《资政新篇》的目的指向，用洪氏自己的话说，是“备陈方策”，着意在于“以资圣鉴，以广圣闻”。在“治政”的总体思路下，洪仁玕勾勒了它的“新闻篇”思想，其内核在于新闻要服务于政治，“要自大至小，由上而下，权归于一，内外适均而敷于众也”。新闻官为天王直接掌控，所写新闻，目的在于“以资圣鉴”。实际上，这就是一种官办新闻的思想。洪仁玕的新闻思想的核心之点在于：

其一，洪氏创设官报的立足点是巩固太平天国的中央集权统治。《资政新篇》的立意是建立在历史反思和现实省察的基础之上的，“天京之变”和石达开出走后，后期的太平天国内部分裂严重，政治上出现“人心改变，政事不一，各有一心”的离心状态，而清军的威胁并未解除，如何加强中央集权，建设一个“廉洁稳定、指挥灵便”的高效率政府成为当务之急。新闻官要求“诚实不阿”，以对天王的忠诚为第一要求；“新闻篇”中关于“准卖新闻篇”、“兴邮亭”，设“暗柜”、“新闻馆”和“书信馆”的设想，就是为了能上情下达，下情上达，使中央制定的方针、政策和法令得以贯彻，以便达到“权归于一”，从而维护摇摇欲坠的太平天国政权。

其二，重视舆论监督是洪氏官报新闻构想的核心。这一要点也是由上一点衍生而来的。洪仁玕认为报纸可以“昭法律，别善恶，励廉耻，表忠孝”，在这里，洪氏认为报纸有监察政治的作用，能对地方政权机关和官吏进行监督，以加强中央政府的权力，于是，洪氏主张新闻官具有相对独立性，“官职不受众官节制，亦不节制众官”，因为众官无权对新闻官“褒贬赏罚”，就可保证言路的畅通，保证报纸的客观、公正，因此，即使有人要阴谋，则“有新闻篇以泄奸谋，纵有一切诡弊，难逃太阳之照矣”，从而使报纸的监察富有成效。这种新闻机构，具有独立于行政体制之外的监察机构的某些属性。

洪氏的《资政新篇》是针对太平天国后期的发展颓势所开出的改革药方。他企图学习西方，利用报纸的民主形式来克服太平天国这个农民政权所不可避免出现的封建专制的缺陷，希望通过独立的舆论监察来澄清吏治，尽管其设想没有完全摆脱中国历史上封建王朝中的言官、进谏的角色承担，洪氏所构建的，还是一个服务于既有政治权威的官报系统，但我们还是看到中国开始面向西方，在既有政治构架中纳入现代新闻媒介的努力，构成了从地主阶级革新派到资产阶级改良派先驱之间的中介环节。

第二节　光绪维新与官报

中国官报自唐代产生后，到晚清已绵延千年之久，所登载内容是皇帝上谕与大臣奏章，它的传播范围也限定在官员士绅之间，没有面向全国大规模刊行。鸦片战争后，在形势的逼迫下，晚清政府改变对近代官报的认识，从而由拒绝到同意向民间刊行官报，再到通过直接创办官报、推行阅报、讲报活动和有利于新闻业发展的法律及政策等方式来努力促进报业发展，这中间经历了一个比较曲折的过程。

一、晚清政府对近代官报的认识

咸丰年间，担任江西学政的张芾以“京报内容简略，寄递迟延，价贵难得”为由，奏请刊刻官报，发交各省，以广传播。但这个建议，不仅未被朝廷采纳，反而受到咸丰皇帝一顿申斥。咸丰三年（公元1853年）十二月谕：“丙申，张芾奏请刊刻邸钞、发交各省等语，识见错谬，不知政体，可笑之至。”①皇帝认为“刊刻邸钞”“乃私设报房之事”，而由朝廷印刷“邸钞”自古“无此体制”。

1895年的中日甲午战争，以“泱泱上国”自居的清政府败给蕞尔岛国日本。

① 戈公振：《中国报学史》，中国新闻出版社1985年版，第35页。

军事惨败、割地赔款的羞辱，唤醒了更多的中国人，同时也使清政府不得不正视现实，开始广求善后之策。来华传教士纷纷提出方策，其中重要的一条即是由清政府创办报纸。如英国人李提摩太在其《新政策》一文中多处提到创办官报之事。他说："欲使中国官民皆知新政之益，非广行日报不为功"，在各种报纸中，"国家日报，关系安危"。① 清统治集团内部一些有识之士也提出类似的建议。1896 年，刑部侍郎李端棻在《奏请推广学校折》中提出，中国民间报馆所言大多浅陋，因此政府应该在全国各地设立报馆，登载外国知识和本国政情，以开通风气。

在中外人士的呼吁下，清统治集团逐渐接受了官方创办报纸的建议。1896 年，总理各国事务衙门奏准，光绪二十二年（公元 1896 年）一月二十一日清政府将原维新派政治团体强学书局正式改为官书局，隶属总理衙门，命孙家鼐为管理大臣。开办章程规定：所办事宜为藏书籍、刊书籍、备仪器、广教肄、筹经费、分职掌、刊印信七项；不得议论时政、臧否人物和挟嫌妄议。全局分学务、选书、局务、报务四门。曾译刻各国有关律例、公法、商务、农务、制造、测算、武备、工程等各种书籍，还发行《官书局报》和选译外报的《官书局译报》。对于拟定出版的官报，史称新式官报，以区别于从进奏院状到邸报的那种只在官僚机构内部传递的封闭式旧式官报。

这两种新式官报，形式同《京报》，内容除奏折上谕外，还有"路透电新闻"、"西国近事"、"本国新闻"等，其出版章程明确规定："印送各路电报，只选择有用者，照原文抄录，不加议论，凡有关涉时政，臧否人物者，概不登载。"② 因此，康有为代宋伯鲁拟就《奏改时务报为官报折》，批评这两种官报实"未能悉用西国体例"，"多所忌讳，无有论说"，"所译西报，半多删节，平淡无奇"，"视各国规模相去远甚，非所以崇国体、广民智也"。③ 1898 年，在当时政治上较为开明的年轻君主光绪皇帝的支持下，以"公车上书"为起点，展开了一场声势浩大的变法维新运动。变法开始之后，光绪皇帝多次发布具有法律效力的上谕，正式承认官报、民报具有合法地位，官绅士民第一次得到了办报的自由权利。扶助、鼓励官办或民办报业的发展，体现了光绪皇帝对报刊及其社会功能的深刻认识。

二、《时务官报》的创办

维新期间，御史宋伯鲁奏请将维新派在上海创办的《时务报》改为官报，孙家鼐奉旨议奏，1898 年 7 月 26 日，光绪皇帝就孙家鼐所奏将上海《时务报》改为

---

① 戈公振：《中国报学史》，中国新闻出版社 1985 年版，第 37 页。

② 戈公振：《中国报学史》，中国新闻出版社 1985 年版，第 38 页。

③ 康有为：《康有为政论集》，上册，中华书局 1981 年版，第 323 页。

官报一折发布上谕："报馆之设，所以宣国是而达民情，必应官为倡办。该大臣所拟章程三条，似尚周妥，著照所请，将《时务报》改为官报，派康有为督办其事，所出之报，随时呈进。其天津、上海、湖北、广东等处报馆，凡有报章，著该督抚咨送都察院及大学堂各一份。择其有关时务者，由大学堂一律呈览。至各报体例，自应以胪陈利弊，开扩见闻为主，中外时事，均许据实昌言，不必意存忌讳，用副朝廷明目达聪，勤求治理之至意。所筹官报经费，即依议行。"① 在此上谕中，光绪皇帝同意将《时务报》改为《时务官报》，然而，《时务官报》由于汪康年的抵制，未及筹备，即在政变后被冠以"无裨治体，徒惑人心"的帽子，"即行裁撤"。② 上述《官书局报》与《官书局译报》亦随着戊戌政变的发生而夭折。

新式官报刚刚发出了一棵嫩芽，还没来得及生长，就遭到了顽固势力的摧残。

第三节 慈禧新政与官报

戊戌变法失败后，形势进一步恶化。列强瓜分中国的企图日益明朗。统治阶层中，洋务派倡导的"革新政治"倾向日渐增长，他们重弹"自强"、"求富"的调子，要求朝廷改革；19 世纪后半期兴起的民族资产阶级为求得自身的存在和发展，对清政府提出了种种要求，希望清政府能有所"变更"。1901 年，慈禧太后迫于形势，下诏表示要推行"新政"，史称"慈禧新政"。

在慈禧新政的大背景下，清政府对官报的认识有所变化，开始改变既往的僵硬立场，有利于官报的发展。一方面，随着新政的推行，政府需要媒介来宣传、解释政令，反馈新政推行后的实际情况；另一方面，面对革命舆论渐兴的局面，政府也要创办官报，在这场舆论决斗中抢得先机，以控制舆论导向；再者，自 19 世纪下半叶以来，受到内忧外患冲击的中央政府大权开始旁落，督抚和各省官员的权力逐渐增长，地方政府为了开通本地风气，加速新政进程，也纷纷创办新式官报。于是，新式官报兴起于一时。

一、《北洋官报》、《湖北官报》的创办与影响

清末正式出版的新式官报，当推《北洋官报》为最早。1901 年 11 月 7 日（光绪二十七年九月二十七日），李鸿章卒，袁世凯于次年五月四日（公元 1902 年 6 月 9 日）代替他署理直隶总督兼北洋大臣。袁世凯对新政颇为热心，将开办官报视为新政要务之一。1901 年北洋官报总局成立，1902 年 4 月袁世凯任用张孝谦为

---

① 梁启超：《戊戌政变记》，中华书局 1954 年版，第 35 页。

② 戈公振：《中国报学史》，中国新闻出版社 1985 年版，第 38 页。

总办，在保定筹备《北洋官报》。《北洋官报》于1902年12月25日（光绪二十八年十一月二十六日）创刊，直至1911年10月尚在出版。该报初为双日刊，1906年1月起改为日刊。每期一册，每册由8至10余页不等，活版铅字印刷。这是清末第一份作为地方政府机关报的行政官报。

《北洋官报》从报体上已经具备了近代报纸的特征。关于开办官报的目的和意义，《北洋官报》的序文表述得十分清楚："夫私家之报……独其间不无诡激失中之论，及或陷惑愚民，使之莫知所守。然则求其所以交通上下之志，使人人知新政新学为今日立国必不可缓之务，而勿以狃习旧故之见，疑阻上法，固不能无赖于官报也。今设直隶官报，以讲求政治学理，破锢习，浚智识，期于上下通志，渐致富强为宗旨。"① 其组织结构分工明确，北洋官报局设总办一人，总理局务，其下设有编纂处、翻译处、绘画处等六处，分别负责撰述论说、翻译"东西各国现售之新闻纸及诸杂志诸新书"、刊摹外国舆图并"旁及名人胜迹"等事项。其内容，除圣谕广训和谕旨外，"地方的政治、学务、时务、各学新理、农工商近效、教务洋务交涉、各国各省新闻，凡足以惊动人心的，无不择要登载"。② 其体例：封面右上角为"北洋官报"大字报名，旁载该期目录及报局启示之类。里页首载圣谕广训，次上谕，次本省政治、学务、军务，并报道时务各学之新理，农工商业之近效，教案洋务之交涉，各省各国之新闻。每期有告诫式序文一篇，时事及风景画一二幅，还刊发公私告白（广告）。每期免费送直隶各府厅州县及各村各学堂阅看。该报还附带发行《北洋学报》及《北洋政学旬报》。

《北洋官报》创刊后，发行很广，影响很大。各地官员纷起响应，创办官报的风气迅速兴起。

1903年，商约大臣吕海寰、伍廷芳以南方商务日繁，奏请仿《北洋官报》创办《南洋官报》，由江苏总督兼南洋大臣督办创刊。其销售范围为江苏以南沿海及长江流域各地。

湖广总督张之洞于1901年年底开始筹办官报，但是由于他在1903年入京主持学制的重新修订工作，《湖北官报》迟至1905年才出版发行。《湖北官报》为湖广总督署机关刊物，1905年4月创刊于武昌，半月刊。江汉关道梁嵩生任总办，任承纪为总撰述。湖广总督张之洞对该报创办极为重视，亲自制定宗旨、条例，要求该刊"以正人心，增学识为宗旨"。内容分为列朝圣谟、今日邸钞、重要电音、本省公牍、京外公牍、各省报章、各国报章、前人论说、时人论说、往事鉴戒、各省纪事、辨正谬误等"十二门"，内容相当丰富。该刊以重视宣达政令、鼓吹立宪、遏制革命思潮，为各地督抚所师法。每期发行量高达20000册，1911年武昌起义

① 戈公振：《中国报学史》，中国新闻出版社1985年版，第47页。

② 赖光临：《中国新闻传播史》，三民书局（台湾）1978年版，第19页。

后停刊。

由于对官报所具有的开通风气和舆论导向功能有了较为深刻的认识，地方督抚大员们大多能够奉行推广官报的政策。他们委派通达时务人员，参照已办官报成法，依托本省情形制定体例与宗旨，并根据本省财力状况选择官报的经营办理方式，相继设立官报局，根据自己的政务简繁和经济力量相继办官报，除前面所说的《湖北官报》外，还有《山西官报》、《安徽官报》、《四川官报》、《豫省中外官报》、《汉口官报》(原为商报)、《江西日日官报》(官督商办）和《山东官报》、《陕西官报》(两报后改商办)、《甘肃官报》等。①

上述各省行政官报，从体例来看，大致可分为两类。

一类为北洋型，即除了登载圣谕外，主要发布本省的政治、经济、军事、教育等方面的情况，道德教化的色彩不太明显。大部分官报体例属于此类。《北洋官报》"首载圣谕广训直解，次上谕，次本省政治，次本省学务，次本省兵事，次近今时务，次农学，次工学，次商学，次兵学，次教案，次交涉，次外省新闻，次各国新闻"。② 由于《北洋官报》首开风气之先，其体例自然成为各省效仿的对象。

另一类为湖北型，即除了登载与"北洋型"官报基本相同的内容外，还增加了思想导向与意识形态控制方面的内容，体现了明显的"卫道"与"辨邪正"的色彩。《湖北官报》体例，系张之洞亲手所订，主要登载内容包括：（1）圣训；（2）上谕；（3）宫抄；（4）辕抄；（5）要电；（6）要闻；（7）政务；（8）科学；（9）实业；（10）杂纂；（11）图表；（12）论述；（13）国粹篇；（14）新说郛；（15）纠谬篇。③ 张之洞亲自订立的《湖北官报凡例十则》也被少数省份所师法。

1906年，清廷宣布"预备立宪"后，各地出版的教育官报、政法官报、实业官报大增，中央政府一些部门亦相继创办官报。如1906年商务部及学务部分别创办旬刊《商务官报》和《学务官报》。

二、《内阁官报》的创办

"清末官报，以地方官报开办于先，中央官报继起于后。"④ 以上这些大多是地方和部门性的官报，属于清政府中央一级的官报，始于中央考察政治馆创办的《政治官报》。光绪二十九年（公元1903年）、三十年（公元1904年），四川学政吴郁生和御史赵炳麟再次奏请创办官报，并在奏折中说明创办官报与"预备立宪"

① 参见张小莉《清末"新政"时期的地方官报》，《福建论坛》2005年第11期。
② 戈公振：《中国报学史》，中国新闻出版社1985年版，第41页。
③ 戈公振：《中国报学史》，中国新闻出版社1985年版，第41页。
④ 赖光临：《中国新闻传播史》，三民书局（台湾）1978年版，第18页。

的关系："朝廷立法行政，公诸国人，拟请参用东西各国官报体例，设立官报，以仰副七月十三日懿旨，使绅民明悉国政，为预备立宪基础之意"；"窃惟预备立宪之基础，必先造成国民之资格，必自国民皆能明悉国政始。东西各国，开发较迟，而进化独速，其宪法成立，乃至上下一体，气脉相通，莫不借官报以为行政之机关。是以风动令行，纤悉毕达。或谓英国人民政治智识最富，故其宪法程度最高，盖收效于官报非浅鲜也"。建议"取东西各报敏速之意，先办日报一种"，"凡一切立法行政之上谕，及内外臣工折件、电奏，并咨牍、章程等类，除军机外交秘密不宣外，所有军机处发抄暨各衙随时咨送事件，依类分门，悉心选录"。①

此后，宪政编查馆奉命筹办《政治官报》。《政治官报》创刊于1907年11月5日，由考察政治馆办理，先出日报一册，将每日发抄咨送到政治考察馆的文件，依类登录，日后抄送渐多，再择取精要，编辑月报发行，所刊载内容分为十类：（1）谕旨、批折、宫门钞；（2）电报、奏咨；（3）奏折；（4）咨札；（5）法制章程；（6）条约、合同；（7）报告、示谕；（8）外事；（9）广告（公告）；（10）杂录。② 1911年清新官制内阁成立时，改名为《内阁官报》，成为清政府内阁的正式机关报。该报以公布法律命令为主，并规定一切法令从刊报之日起生效，"东西各国，均以官报为宣布法令之用。凡中央政府之规章条教（疑为"款"字——引者），一经拟定，即宣付官报刊登。酌量远近路程，分别到达期限。以官报递到之次日或数日为实行之期，法令即生效力。整齐迅捷。与吾国古昔读法悬书之举，同为意美而法良。而其编辑发行，由内阁主之。盖以其地为发号施令之总枢，即有宣化承流之责任。责专任重，所以谋统一而杜分歧"。③ 其发行系派销，不零售。

如上述，在地方和中央的努力下，从1902年起到清王朝覆灭的10年间，清政府共有官报近110家，在当时的近千家报刊中是一不小的报种，从形式上来看，百余家官报中，对开两面印刷的日报不到10家，其余绝大多数外观为杂志式，略窄于今之16开期刊，每期数十页，刊期从日刊到半月刊不等。

从内容上看，可分为综合性和专业性两大类。专业性官报分别以学务、实业、法政等内容为主。各类内容所占篇幅，公文34.07%，章奏23.03%，新知、实业18.09%，新闻10.88%（条数17.53），论说8.72%，谕、抄6.27%，艺文3.49%，广告1.58%。主要是些公告文札、法规章程、官场动态之类，连篇累牍，而本应作为报纸核心的新闻，比重却很少。④

① 戈公振：《中国报学史》，中国新闻出版社1985年版，第42页。

② 戈公振：《中国报学史》，中国新闻出版社1985年版，第43页。

③ 戈公振：《中国报学史》，中国新闻出版社1985年版，第43～44页。

④ 李斯颐：《晚清的官报》，http：//bbs. chinazhuyi. com/dispbbs. asp？boardid = 49&id = 46644。

若按主办单位划分，官报又可分为中央、总督辖区、省和少数州这四级。在中央一级，商部、学部、邮传部、外务部、练兵处等都设立了本部官报；在地域分布上，清末22行省除新疆外都办有各自的官报。1906年以后，清政府还在东京先后办起两份以留学生为对象的官报。

这样，最终形成了一个纵向四级两类、横向遍布各地的结构严密的官报网络，其结构方式与金字塔型的各级政权组织的分工正相吻合。从世界新闻发展史的角度来看，清末官报的规模之大和布局之细密都是世所仅见的。究其原因，正是封建专制统治体制，使得官报能够并且必然呈现出上述分布特点。清王朝覆灭后，所有这些报刊全部停刊。

三、新式官报是古代邸报的延续

新式官报的出现与发展引人注目，这里要说明一点的是，这种新式官报虽然在形式上进入了近代报刊的范畴，但是在本质上还是中国古代邸报的继续。

首先，朝廷批准创办新式官报的缘起，是朝廷对“民报”的不信任，认为“交通上下”、宣传“新政新学”，破除“狃习旧故”，“不能无赖于官报”。新式官报中有官商合办，有官督商办，有始官办而终归商办，有始商办而终归官办的，“体例大率相同”，绝大部分篇幅是用来刊载谕旨、章奏、公告、文札、法规、章程等官文牍，其他方面的新闻很少。这表明，新式官报虽然说是“交通上下”，实际上还只是朝廷“喉舌”，是各级政府传达政策法令的机构，与邸报“宣达皇权，传达政令”的功能差别不大。

其次，新式官报均不设采访部，不设专职记者，“访事”都是聘请官员兼任，不到社会上采访新闻，主要在各自工作的范围收集一些消息，反映官场动态。少数高层官报能够直接接收外电和选译外报，多数官报只是转载“私报”上的一些消息。

再次，官报的编辑工作受到朝廷的严格控制，每期刊登的稿件编辑好后，必须呈交主管部门审查批准，才可以刊行。这样的官报不能发挥舆论监督作用，与近代报刊理念相去甚远。

最后，在“开通民智”的幌子下，官报也介绍一些西学新知，尤其是那些专业性官报，在这方面做得较多，刊登介绍声光化电、发明创造、世界重要都市的商品和股票价格、国内各项实业的进展的文章。但是，这只是一些技术层面的东西，即“用”的层面，对于社会政治制度层面，即“本”的层面，则是排斥，甚至是批判的。所以，与“私报”相较，新式官报内容陈旧，不可能起到“开通民智”的作用，可读性很差。有的官报，除靠行政方式层层派销外，几乎“无一人购阅”。

第三章
民初各级革命政府的官报

1911年10月10日（清宣统三年八月十九日），武昌新军率先发动起义，打响了辛亥革命的第一枪。两个月后，全国24个省（或地区）中有14个省起而响应并宣告独立。1912年1月1日，中华民国政府在南京成立，孙中山就任临时大总统，史称中华民国南京临时政府。

武昌起义后成立的军政府和中华民国政府，这些新建政权都创办了各级的机关报以取代前清官报，建立了新的官报系统。

第一节 《中华民国公报》及各省军政府官报的创办

一、《中华民国公报》

1911年10月13日，武昌起义后三天，新任湖北军政府都督黎元洪谕令从藩库中拨元宝银2000两，着牟鸿勋、苏成章、周之翰等人筹办政府机关报，以广宣传。1911年10月16日，武昌起义后不到一周，湖北军政府利用湖北官报局的设备在武昌创办了《中华民国公报》。

《中华民国公报》是中国历史上第一个资产阶级政权的官办言论机关，为日报，设编辑、校对、发行、会计、印刷等部门。张芸天、牟鸿勋先后任社长，牟鸿勋、张越、蔡良村、胡捷先后任主编，任素（岱青）、张祝南（肖鹄）、韩玉辰、邢伯谦、朱峙三等任编辑，馆内人员多为两湖师范学堂学生和共进会会员。以黄帝纪元，同时使用公历，开办经费和每月津贴由军政府拨付。所印报纸，全部免费赠阅，分送军政府各部门、各独立省份、各府县学校及劝学所，另以200份张贴街市。每日两大张，发行量4000份左右。1911年11月1日，《中华民国公报》宣布，从11月11日起，开始收取部分报资，除武汉三镇军政府各部门仍免费送阅外，对外府州县和绅商士庶一律征收报资和邮费，每日每份取铜元一枚。1912年2月，该报每日增为三大张，售铜元2枚。

报馆门首张贴一副对联，不仅将“中华民国公报”六字镶嵌其中，而且简明扼要地揭示出了报刊宗旨。左联：“与民公好恶”，右联：“为国报平安”，横批：

"光复中华"。

创刊号上有《中华民国公报章程》：（一）本报为中华民国军政府之机关报，故定名曰《中华民国公报》，以现在注重在军政，故暂属于鄂军都督府，一俟大局既定，即改属于最高之立法机关，方符公报之名称。（二）本报主张之宗旨，以颠覆现今之异族恶劣政府，改建简单社会主义之民国为极大之愿望。（三）本报之言论，以说明现今世界之大势，陈述精密之学理，内以指导民族之进行，外以联合世界之情感为极要之手续。①

《中华民国公报》设政论、新闻、副刊三大类，政论包括论说、时评（内设民声、神州月旦、江汉阳秋三栏）；新闻包括专电、本省新闻、紧要新闻、外省新闻、各属新闻等栏；副刊包括文苑、杂俎、白话、小说等栏目，初期不登商业性广告，以显著位置大量刊载军政府颁布的各种文件和文告、檄文、军法、律令等。《中华民国公报》除了以主要版面刊登政府文告外，其内容主要有如下几项：

其一，宣传民主共和理念，为民国政府构建合法性基础。1912 年 1 月 28 日，《中华民国公报》刊发《组织民宪公会启》，宣布是会之设在于"研究大经大法"、"征集政见"，为民国立法作准备。公启谓："临时总统既经选定，共和政府确已成立，从前一切专制虐政敝法，自当革除净尽，毋使孑遗。然一国大经大法，非经多数人研究，不足以臻完善而促进行，同人等不揣固陋，特组织民宪公会，博采众议，征集政见，以为我民国立法之预备。"2 月 6 日，《中华民国公报》刊发了一篇短评，宣传政党政治："政党者立国之要素，而良政治之母也。其派别不同，而所以谋生民之幸福、求政治之进步则同。""文明各国曰组织政府，某党执政，所授引者皆其党中人，是非有所私也，所以期政策之统一也。他党则环而伺察之，监督之，有一失败则群起而诘难之，甚或推倒之，非有私也，所以谋政治之改良。""故曰：多一党派即多一竞争，多一竞争即多一善政。吾同胞欲达完全共和之目的，其庶几于此三致意乎！"②

这样的思想观念，对于一个长期以来"在位者谋政"、"君子不党"的国家来说，无疑是令人耳目一新的，使国人开始初步了解西方民主政治的基本观念。

其二，宣传民族主义思想，颂扬革命暴力。1911 年 11 月 2 日，《中华民国公报》为回答外人对"杀满"有违人道主义之批评，刊发专论《论杀满奴无碍于人道主义》(移羶)，为"革命排满"张目，在同一天的时评栏还刊发了短评《荤和

① 刘望龄：《黑血·金鼓——辛亥前后湖北报刊史事长编》，湖北教育出版社 1991 年版，第 259～260 页。

② 刘望龄：《黑血·金鼓——辛亥前后湖北报刊史事长编》，湖北教育出版社 1991 年版，第 274 页。

尚与斋和尚》，进一步颂扬革命之“杀人流血”为“最圆满主义”，呼号“荤和尚现世”，“举动又如今日义军文明，吾恐曾左诸人将欢迎之不暇，顾肯与之角智斗力乎？”①

其三，宣传现代教育思想、提供商情信息。1912 年 2 月 2 日，《中华民国公报》“江汉阳秋”栏目刊发肖鹄的时评，强调教育为“国民之母”、实业为“富强之基”，必须“竭全力以经营”。认为新政府成立以来，对于此二者有所忽视，现在必须重视此问题。1912 年 2 月 13 日，《中华民国公报》专门开辟“商情”栏目，刊发工商信息如银洋钱市、各货行情、轮船上下水班期等内容，为商家提供信息服务。

作为中国第一张资产阶级新政权的机关报，虽然功不可没，但是所出现的问题也很明显。比如，言论方针的前后不统一，甚至内部相互攻击。对待“南北议和”，《中华民国公报》反袁拥袁、拥孙反孙，观点杂存。1911 年 12 月 20 日，发表了《袁贼之反复无常》，揭露袁世凯的虚伪，12 月 29 日，《中华民国公报》主笔张祝南撰发论说《中华民国大总统当推孙逸仙论》，公开支持孙中山。12 月 21 日刊发的署名野鹤的《论汉奸发生之原因》，攻击革命党人“翻手云、覆手雨，瞬息之间化为汉奸”。1912 年 2 月 15 日刊发署名为良村的《南北统一问题之解决》的短评，促孙中山让权，拥护袁世凯“统一”中国。再如，违反新闻真实性原则，编造假新闻。1911 年 10 月 30 日，《中华民国公报》就假借孙中山名义，发表《布告大汉同胞》书（实为查光佛撰）檄讨清政府罪恶，号召直捣黄龙府，建立民主共和国。

二、各省军政府创办的公报

此后独立的一些省区的军政府与军政分府，也出版了机关报，如大汉成都军政府的《四川都督府公报》、重庆蜀军政府的《皇汉大事记》、浙江军政府的《浙江军政府公报》、广西军政府的《广西公报》、山西军政府的《山西民报》、云南军政府的《云南政治公报》、江苏常州军政分府的《新民日报》，等等。如《新汉报》即是汉口军政分府的机关报，馆设汉口熊家巷军政分府印刷处，即原《公论新报》报馆旧址，何海鸣任总经理，贡少芹任总撰述，郭寄生等参与撰稿。“以兴汉灭满，唤起国民尚武精神为宗旨。”日出一大张，颇受社会欢迎，经费由军政分府提供，使用被查封之《公论新报》的机器铅字印报。

---

① 刘望龄：《黑血·金鼓——辛亥前后湖北报刊史事长编》，湖北教育出版社 1991 年版，第 266 页。

第二节 《临时政府公报》(《政府公报》) 及中央各部机关报的创办

一、《临时政府公报》的创办

1912年元旦，孙中山在南京宣布成立中华民国，并就任临时大总统。中国历史上第一个资产阶级共和国终于诞生。

伴随着第一个资产阶级共和国而产生的南京临时政府的机关报——《临时政府公报》，亦于1912年1月29日出版，成为中国历史上第一个资产阶级共和国的机关报。该报为日刊，由临时政府公报局主编，以但焘为局长，主司其事。孙中山以临时大总统名义令各行政机关购阅公报。指出“临时政府成立，政事上一切公布性质，宜有独立机关经营，以收其效，则发行公报”。

《临时政府公报》以“宣传政令、发表中央及各地政事”为宗旨，其《本报暂行则例》如此规定：“一、本报为临时政府刊行，故定名为《临时政府公报》。二、本报以宣布法令，发表中央及各地政事为主旨。三、本报暂定门类六：曰令示，曰电报，曰法制，曰纪事，曰抄译外报，曰杂报，其子目见前。四、本报日出一册，如遇国家纪念日政府停止办公时，本报亦休刊一日。五、政府对于各地所发令示，或宣布法律，凡载登本报者，公文未到，以本报到后为有效。六、凡各官署皆有购阅本报之义务，唯具印文请领者，皆照定价五折征纳，余另详前价目表。”①

南京《临时政府公报》每日一期，一直出版到孙中山根据南北议和条件宣布解除临时大总统职务，南京临时政府结束时为止，4月5日参议院通过临时政府北迁的决议，同日南京《临时政府公报》停刊，前后共出58期。

《临时政府公报》上登载的公文通常具有政令文件的功能，其公报上印有“公文未到，以本报到后为有效”的字样，这说明《临时政府公报》本身就具有公文的属性。比如《临时政府公报》刊载了孙中山以临时大总统名义公布的具有宪法同等效力的《中华民国临时约法》(《临时政府公报》，第35号，以下凡引自《临时政府公报》者，只注卷号)。《临时政府公报》还刊载了许多具体的政策法令，其中包括：限期剪辫（第29号），劝禁缠足（第37号），禁止刑讯和体罚（第27号，第35号），开放疍户惰民、保障人权（第41号），禁止买卖人口（第27号），禁绝贩卖猪仔、保护华侨（第42号），严禁种、吸鸦片（第27号），改变官厅上下级之间、人民之间的称呼，以示平等（第27号），禁止赌博（第31号），文官

---

① 《辛亥革命资料》，中华书局1961年版，第11页。

考试、选贤任能（第19号，第21号，第24号）等。《临时政府公报》还刊载了临时政府教育部颁发的《普通教育暂行办法》和《普通教育暂行课程标准》(第4号)。

二、从《临时公报》到《政府公报》

1912年2月12日清帝退位。次日，袁世凯将清政府的《内阁官报》停止，改出《临时公报》，这个公报为清帝退位后到袁世凯组阁时期的官报，内容有政府通告、命令、布告、咨札、批呈、电报以及与各国的往来照会等，还登载了各省地方政府官员给北洋政府的公呈、报告、来函等。

南北统一后，《临时公报》于1912年4月26日停刊，北洋军阀政府于1912年5月1日改出《政府公报》，直至1928年6月北洋军阀政府垮台时停刊，共计印行5663期。

《政府公报条例》规定："第一条，《政府公报》为公布法律命令之机关。凡法令及应行公布之文电等，统由《政府公报》刊布。""第二条，中央各官署通行官外文书，既由政府公报刊布，各官署毋庸再以文书布告。其各官署单行之件，并非通行及未便公布者，仍自用文书传达。""第三条，中央各官署，均须派定专员，将应通行之文件逐件检校盖章签字，送交印铸局刊登公报。有非通行文件可以刊布者，得并送印铸局酌量刊布。各署专员与印铸局办理公报人员，得互相商订交付文件事宜。""第四条，凡未经《政府公报》刊布之章程文电，有在其他报纸及印刷品登载者，不得援据。""第五条，凡法令除专条别定施行期限外，京师以刊布《政府公报》之日起，各省以《政府公报》递到该省最高行政官署之日起，即生一体遵守之效力。其先期接有官发印电及文书者，不在此限"……"第九条，京外各官署均有购阅《政府公报》之义务，应由各该长官派定数目，开单送印铸局照寄"。①

根据上述规定，作为政府的喉舌机关，其内容略可分为如下几项：(1) 法律，所有经过国会讨论通过并经总统签署命令生效之法律均由《政府公报》发布；(2) 命令，总统签署的命令、军令，国务院的命令，各部院的命令均由《政府公报》发布；(3) 布告；(4) 公文，政府各部门之间的往来公函、呈文、咨呈等；(5) 批示；(6) 电文；(7) 通告；(8) 判词；(9) 外报，各驻外使领馆发回之报告、通信等；(10) 附录，凡是不属于上述的各类文件统归于此，如地方自治、卫生消防、治安警察等事项，并且翻译外报的材料也在此发布，只是既然在附录栏刊布，其权威性就没有正报那样有效了。以上各项内容，每天所出版的内容，视当天的具

---

① 戈公振：《中国报学史》，中国新闻出版社1985年版，第50~52页。

体情况，栏目略有增减。

《政府公报》作为北洋军阀政府的机关刊物，带有明显的法令文件与档案公布的性质，它刊载了大量文件，内容涉及内政外交各个方面，有各种法律、法令、条例、规章、制度、奖惩、任免事项、各机构办事细则；有财政经济、工矿农商、交通航运、文教卫生、军事边防资料；有与各国签订的条约、来往照会；有地方经济、生活方面资料，材料非常丰富，虽有许多严重缺点，如编排混乱等，但对研究整个北洋军阀政府时期的历史，有着重要的参考价值。

官报既为政府喉舌，作为权力链条上的一个环节，自是追随权力的律动而起舞，营造为统治者所需要的舆论环境。袁世凯担任大总统后，意犹未尽，又做起了皇帝梦。与此相呼应的是，1913 年 11 月，《政府公报》发布了袁世凯的尊孔号令，大肆吹捧孔孟之道，“如日月经天，江河行地，树万世之师表，莫与伦比”(见 1913 年 11 月 27 日《政府公报》)。1914 年伊始，《政府公报》又发布了袁世凯的祭孔指令：“孔子赅百家之精，立人伦之极，有国有家有身者率其道则治而存，迷其道则乱且亡，断无废祀之礼”，“此次议礼仪节，似应与祭天一律，方昭隆重”(见 1914 年 2 月 14 日《政府公报》)。1914 年 9 月，袁氏的祭孔指令再一次出现在《政府公报》的版面上，指令指出：“中国数千年来之国，根本在于道德，凡国家政治、家庭伦理、社会风俗，无一非先圣学说发皇流衍，是以国有治乱，运有隆替，惟此孔子之道，亘古常新，与天无极”，“可以位天地育万物”，“为万世开太平”，“如布帛菽粟之不可离”(见 1914 年 9 月 26 日《政府公报》)。一时间，全国各地封建沉渣泛起，复辟之风猛吹，《政府公报》作用显著。袁世凯大肆宣扬孔孟之道，并非在于其尊崇孔孟学说，而在于为其营造舆论环境，以遂其皇帝之私欲。《政府公报》非但没有承担其“瞭望者”角色，发挥预警功能，反而充当了袁氏的“吹鼓手”，成为匍匐在权力面前的御用工具。

除上述《政府公报》外，袁世凯政权的参议院、众议院、中央各部、各省乃至省内的一些厅局，也竞相出版了机关报，数目大大超过清代的官报。如戈公振在《中国报学史》中所说：“民国以来，事务日繁，部有部公报，省有省公报，一省之内，厅局又各有公报。其他如参议院、众议院，亦莫不有公报。其名不胜枚举，亦时势所要求也。”

与清末官报相比，武昌首义后的政府公报大多不再称“官报”而称“公报”，除官文书外，有的也登载函电、评论、纪事和广告，发行面也较广泛，这些应该说是一种进步。但究其实质，公报还是官报的延伸，或者说，它是一种新式官报。首先，两者都是由政府创办的，其次，两者都是重要的官文书发布形式。

官报小结：
官营官阅为中国官报的传统

中国官报的历史特别悠久，除了元代是否办有古代官报存疑之外，自唐代而下，这一千多年的新闻史中，在绝大部分历史时期，官营媒介处于绝对优势的地位，刊行官报成为政府的一种制度性安排。历朝历代统治者出于政治统治的考虑，都非常重视对新闻媒体的管理，把它纳入到整个官僚系统中来。官报在中国历史上瓜瓞绵延，自是中国这块土壤为其提供了丰富的资源，为其提供了良好的生长环境，使其如鱼得水，繁衍昌盛，并形成了官报官营、官报官阅的深厚传统。

官报官营，第一在于报纸以维护政府行政运转为目标。政务信息的流转是行政的重要基础，而发行以刊载官文书为主要内容的官报就是迅速传达政令的一条很好的渠道，也就是宣达皇权、统一行动最好的手段，是中央统治地方的利器。因此，政府创办官报是为统治阶级服务的，它以维护行政运转，制造有利于统治阶级的舆论氛围，抵制不利于统治的言论为最高目的。官报所刊载的官员大量升迁进退事例，尤其是圣旨廷训，足以引导官员和士子遵循封建轨道。康熙四十九年（公元1710年）来华、在宫廷服务20年的法国传教士龚当信（Cyr Contancin，1670—1733）就认为："中国的邸报对于治理国家非常有用"，因为"这种邸报在指导各地官员履行他们的职责、告诫文人和老百姓方面能起很大的作用"。①

官报官营，第二在于办报经费来源于"官"。官报开办费主要来自官拨款项，属垫支性质，需从以后的发行收入中扣还。唐代的进奏院状由藩镇提供经费；由宋延伸至明清的"邸报"、"朝报"，其办报经费来源于中央财政；"慈禧新政"时，地方督抚在创办行政官报时，一般采取由藩库拨款直接投资、委派司员直接经营的方式。如宋代负责邸报传发的部门，有上级拨给的经费，"镂板纸墨之费"每年给钱一千贯；② 黎元洪命令从藩库中提拨元宝2000两为开办经费而创办《中华民国公报》；安徽巡抚诚勋饬令所属筹备银一万两，"妥议官报章程，定期开办"；河南巡抚陈夔龙饬令属下开办官报，由藩库拨银4000两，作为经费；山东省则拨款一万两作为《济南日报》的经费。

---

① ［法］杜赫德编：《耶稣会士中国书简集——中国回忆录》，朱静等译，大象出版社2001年版，第190页。

② 方汉奇：《中国新闻事业通史·第1卷》，中国人民大学出版社1996年版，第86页。

官报官营，第三在于“媒体机关化”。唐代“报状”的编发，黄卓明先生认为是由“中书舍人”编发的，但目前尚缺乏佐证；宋代的“邸报”、“朝报”的编发机关，据现有史料来看，是由门下后省编排，给事中审定，进奏院抄发，方下行天下；明代没有设进奏院，邸报是由通政司负责抄发的；清代官报的编发与明代相似，其管理更趋严密，主持邸钞工作的是皇帝的办事机构军机处。在办报主体上，即“官员办报”。官报内部不设采访部门，一般没有专职记者，官报人员即是政府官僚，享受相应行政级别的待遇，官报的人事任免权归该报的主管政府部门，按照集权的科层式分配职能、资源和权威。清末新政期间的官报，在重要都市、口岸和政府部门聘有“访事”，访事多由官员兼任，报社人员多起用候补官员或退休官吏充任。官报是整个官僚系统的有机组成部分，是整个官僚机器中一个必不可少的零件，在控制社会、进行意识形态灌输方面发挥着不可替代的作用。

官报官营，第四在于政府对报纸内容进行严格控制。官报被赋予相当于正式法令、公文的效力，从而进一步提高了它的权威性地位。政府对官报的管理，主要通过限定官报的内容，防止官报传播偏离其统治的轨道。因此，对报纸所登载的内容，官报有很多规定和限制，基本上是经过皇帝或者主管部门批示准许发抄的皇帝起居、上谕奏折、官吏任免、政府公告等，能入官报的皆为朝廷应行下达的、便于中央与地方沟通的政府信息，凡是不利于专制统治的信息都被禁止。清末新式官报所聘请的“访事”也不能采访动态性的时政新闻，只就职权范围内的情况撰写综述性报告或提供公文类资料。至于时政新闻的来源，只有少数层次较高的官报有能力直接接收外电或选译外报，其余大多转载国内各报刊的新闻，时效性一般很差。

如此官营报纸，就决定其读者对象是各级政府官员。唐代进奏院状的受众就是藩镇长官，宋代的朝报，其受众群体有所扩大，主要面向政府官员、士大夫阶层。宋代进奏院的职能，“掌受诏敕及三省、枢密院宣劄，六曹、寺监百司符牒，颁降于诸路。凡章奏至，则具事目上门下省。若案牍及申禀文书，则分纳诸司。凡奏牍违戾法式者，贴说以尽”。① 官报将朝廷信息传达给地方各级官吏，便于各级官吏知晓政情和执行政务时的参考。官吏和士大夫阶层成为官报的主要受众群体，使得官报基本上是在金字塔式的官僚系统中封闭运转，一般老百姓是看不到官报的。雍正五年（公元1727年）浙江观风俗使王国栋上奏皇帝：“臣到浙江时访闻民间有胥役市贩合凑几家买阅邸抄者。臣思小民无知，不宜与闻国事。虽皇上所行率皆化民成俗仁育义正之事，无不可使人知者，但此辈一阅邸抄，每多讹传以惑众听。诸如此类，亦风俗人心所关。臣已严行戒饬，倘有犯者，立拿重惩”。② 可见，官报

---

① 脱脱等：《宋史》卷一百六十一，中华书局2000年版，第2532页。

② 《硃批谕旨》第十七册，见程丽红《清代报人研究》，社会科学文献出版社2008年版，第80页。

根本就不是办给“小民”看的。

官报官阅，就决定了报纸发行是以“行政派销方式”为主的。政府在创办官报后，往往由政府所垄断的驿传系统直接发行，极力扩大其影响效果，一般是运用行政手段来保证报纸的发行量，自上而下将报纸分派给下属各级机关，其订报经费也在办公费用中开支。如《湖北官报》出版后，由官派官销，派分湖北各地，并分送全国；《四川官报》发行后，各府厅州县均派订销数，为扩大影响面，还向周边几个省份如云南、贵州、陕西、甘肃、湖北等省推广，每省各一百份。

官办官营、官报官阅的特点，就使得官报失去新闻纸应有的价值。1896 年 9 月，李鸿章出访美国，在接受《纽约时报》等记者提问时如此说：

> 清国办有报纸，但遗憾的是清国的编辑们不爱将真相告诉读者，他们不像你们的报纸讲真话，只讲真话。清国的编辑们在讲真话时十分吝啬，他们只讲部分的真实，而且他们也没有你们报纸这么大的发行量。由于不能诚实地说明真相，我们的报纸也就失去了新闻本身的高贵价值，也就未能成为广泛传播文明的方式了。①

李鸿章一语道破了当时中国报纸的价值，只是李鸿章没有指明，中国官报“不能广泛传播文明”，“失去了新闻本身的高贵价值”，其真正原因不是编辑，是封建的专制制度。

① 郑曦原：《帝国的回忆：〈纽约时报〉晚清观察记》，三联书店 2001 年版，第 342 页。

民报史

第四章

古代民报：小报与《京报》

所谓民报，就是民间私人资本创办的报刊，它或是私人独资创办，或是多人合股刊行。在中国古代社会，刊行官报与封禁民报是一体的两面，尽管官报在汉唐之际就已出现，而民报——小报却直到宋代才浮出历史的地表，而且其命运遭际也与官报很不相同，一出生就面临讨伐封禁之声。

随着社会政治、经济的发展，人们对新闻的需求愈来愈迫切，邸报的读者主要是封建官吏，许多人想看而看不到。小报的产生在一定程度上满足了人们对于新闻的需求，然而由于小报是私自发行，政府很难对其施加有效的控制。出于政治上的需要，政府允许民间自设报房，翻印部分邸报稿件，公开出售，这就产生了合法民报——《京报》。

"小报"和《京报》是中国古代两种形态的民报。

第一节　非法民报——小报

小报是时人对非法民办报纸的习惯称呼，是中国新闻史上最早的、以刊载新闻和时事性政治材料为主的不定期民间报纸。它并没有报头和固定的名称，也并非出于一家一人之手。

一、历史典籍中关于小报的描述

到目前为止，还没有发现小报的原件，因此，对于小报的考察，我们只能从现存的历史典籍中找到关于小报的描述，由此勾勒出小报的轮廓。

对小报的最早记载是宋仁宗天圣九年（公元 1031 年）发布的一道谕旨："诏如闻诸路进奏官报状之外别录单状，三司开封府在京诸司亦有探报，妄传除改，至感中外。自今听人告捉勘罪决停，告者量与酌赏。"① 这里明确地说这种非法报纸出自"诸路进奏官"之手，在"京诸司"中一些政府官员有人充当"探报"，这

---

① 徐松：《宋会要辑稿》，见程丽红《清代报人研究》，社会科学文献出版社 2008 年版，第 18～19 页。

种非法报纸称为“单状”。宋英宗治平三年（公元1066年）闰十一月，监察御史张戬奏言：“窃闻近日有奸佞小人肆毁时政，摇动众情，传惑天下，至有矫撰敕文，印卖都市，乞下开封府严行根捉，造意雕卖之人行遣。”① 这里的非法报纸有了发展，竟敢“矫撰敕文”，同时还“印卖都市”。更有甚者，非法报纸为了迷惑朝廷，防备“根捉”，还伪装成朝廷官报。宋徽宗大观四年（公元1110年）六月诏：“近撰造事端，妄作朝报，累有约束，定当罪赏。”并责成开封府差人“缉捉”，还特别提醒对“进奏官密切察觉”。②

最早提出“小报”这个名称，并对“小报”的情况描述得最为详细、生动的是周麟之的《海陵集》卷四载的《论禁小报》一文：“方陛下颁诏旨，布命令，雷厉风飞之时，不无小人诪张之说，眩惑众听。如前日所谓召用旧臣，浮言胥动，莫知从来。臣尝究其然矣，此皆私得之小报。小报者，出于进奏院，盖邸吏辈为之也。比年事有疑似，中外不知，邸吏必竞以小纸书之，飞报远近，谓之小报。如曰：‘今日某人被召，某人罢去，某人迁除’，往往以虚为实，以无为有。朝士闻之，则曰：‘已有小报矣！’州郡间得之，则曰：‘小报到矣！’他日验之，其说或然或不然。使其然耶，则事涉不密；其不然耶，则何以取信？此于害治，虽若甚微，其实不可不察。臣愚欲望陛下深诏有司，严立罪赏，痛行禁止。使朝廷命令，播之天下，天下可得而闻，不可得而测；可得而信，不可得而诈。则国体尊而民听一。”③ 周麟之，在南宋第一个皇帝宋高宗时做过中书舍人、吏部尚书等官，他对小报情况的描述，显然是有根据的 。《论禁小报》原是他在绍兴二十六年（公元1156年）上呈宋高宗的一篇奏折。

“小报”这个名称正式出现在皇帝诏令中并被皇帝严加禁止是在宋孝宗淳熙十五年（公元1188年）正月二十日的诏令中：“近闻不逞之徒，撰造无根之语，名曰小报，转播中外，骇惑听闻。今后除进奏院合行关报已施行事外，如有似此之人，当重决配。其所受小报官吏，取旨施行。令临安府常切觉察禁戢，勿致违戾。”④ 足以使皇帝恐慌并引起高度重视，可见小报之盛行。

同书载绍熙四年（公元1193年）的一则“臣僚言”，更是具体地描述了当时小报盛行的状况：“近年有所谓小报者，或是朝报未报之事，或是官员陈乞未曾施行之事，先传于外，固已不可。至有撰造命令，妄传事端，朝廷之差除，台谏百官

① 徐松：《宋会要辑稿》，见程丽红《清代报人研究》，社会科学文献出版社2008年版，第19页。

② 徐松：《宋会要辑稿》，见马光仁《中国近代新闻法制史》，上海社会科学院出版社2007年版，第22页。

③ 周麟之：《海陵集》，见戈公振《中国报学史》，中国新闻出版社1985年版，第27页。

④ 徐松：《宋会要辑稿》，见吴廷俊《中国新闻史新修》，复旦大学出版社2008年版，第18页。

之章奏，以无为有，传播于外。访闻有一使臣及阖门院子，专以探报此等事为生。或得之于省院之漏泄，或得之于街市之剽闻，又或意见之撰造，日书一纸，以出局之后，省、部、寺、监、知杂司及进奏官悉皆传授，坐获不赀之利。以先得者为功，一以传十，十以传百，以至遍达于州郡监司。人情喜新而好奇，皆以小报为先，而以朝报为常，真伪亦不复辨也。"①"臣僚言"是群臣在朝廷应对时的发言。这位大臣从"小报"的"探报"多，发行快，读者兴趣高，传播范围广等多方面描述了小报盛行的情况。

在宋代及此后历朝历代封建政府查禁小报的律令不绝于史，却始终没有消除这种独立于官报体系之外的非法传媒形式，在明清两朝时隐时现。小报的屡禁不止说明它具有顽强的生命力，只是封建专制政权的本性遏制了它的生存与发展，使得它在产生后的长达1000多年里没有任何进步，成为一个早熟的侏儒。

二、小报的基本特征及其历史意义

从上述古籍关于小报的记载中，可以看到它的一些基本特征：

其一，"小报"有一支专业和业余的编排、采写队伍，在封建政府的各级部门，上自中央朝廷，下至地方衙门，都布满了为小报探听新闻的人，他们将所探新闻售给掌握印刷手段的坊间书肆主人，使报纸进入印卖流程。可见，小报之经营已相当专业化，分工明确；

其二，有较为丰富的内容，可读性较高；

其三，小报传播迅速，时效性较快，它比朝廷官报更具备新闻纸的资格；

其四，小报是适应社会需要而产生的，它的编发者以牟利为目的，它成为谋生职业，出现了"专以探报此等事为生"的行业人群；

其五，小报因为是非法的民报，因而在历代屡遭查禁，朝廷视之为洪水猛兽。从古籍中看到有关小报的记叙，几乎全是指控和禁令，但是从它诞生之日起，一直到清末，不绝如缕，可见，这种非法民报具有很强的生命力。

小报是对古代新闻传播的一项重要贡献。首先，小报作为民报身份出现，第一次打破了官方对新闻传播活动的垄断和朝政国事的封锁，打破了封建官报的一统天下，满足了一部分士大夫知识分子对朝廷政事信息的需求；其次，小报的编发者和刻印者之所以敢于冒治罪的风险，主要动机在于"获不赀之利"。因而，小报第一次突破朝廷官报作为政府政治宣传品的范围而走入市场，成为一种商品。编报发报作为一种商品生产，报纸具有商品性对于朝廷官报来讲，这无疑是一种进步。既然

① 徐松：《宋会要辑稿》，见吴廷俊《中国新闻史新修》，复旦大学出版社2008年版，第18页。

是一种商品生产，就必然讲究受众需要，就必然讲究时间性原则，就必然讲究竞争。这样做，就会大大提高报纸的可读性。

然而，小报的经营者，仍不能算作完全意义上的职业报人。小报的非法性，决定小报从业者不能以公开办报为业，因而小报发行人是一个极不稳定的社会行业群体，报业作为独立的社会行业没有获得合法身份。这一方面阻碍了小报的充分发展壮大，另一方面又必然限制其从业者自身素质的完善。另外，小报的经营者纯以获利为目的，这种单纯营利的动机，使他们不以文化角色自命，不以舆论引导者自居，报纸在他们手中，始终无法发挥舆论功能，它的内容同官报一样，仅关注朝廷政事动态，只不过追求的是官报未报之事，或者官员上奏而未曾实行之事，快报或“妄报”官报内容，吸引官僚士大夫的注意力，它的存在仅仅是作为封建官报的一个重要补充。报人本应具有的独立意志、报业理念以及文化责任感，都难以在小报经营者的报业活动中得到体现。

第二节　合法民报——《京报》

《京报》是一种以刊载朝廷官文书为主要内容的可以公开出版发行的合法民营报纸，可能是因为它起初在京城刊行而得名。

一、《京报》产生于明代中后期

在清人著作中可以发现，《京报》产生于明朝的中后期。据明万历年间顺天府宛平知县沈榜在《宛署杂记》卷十三《铺行》记载，抄报行连同其他三十一种行业一起，因本小利薄，得到皇帝特赐豁免税费的“宽恤”；清人俞正燮在《癸巳存稿》第十四卷《书〈芦城平话〉后》中说，他曾在王乔年处见到过“明时不全京报”。明朝中后期，缇骑纵横，文网稠密，非法民报于此期间获得了合法身份，只能说明，它适应了统治者的需要。据考证，明代《京报》的消息仍得自六科，或间接得自提塘报房，因而与官报内容基本一致，乃至在明代公私文献中有关邸报的记载，往往混淆两类报纸。①

二、《京报》发展于清代

产生于明代中后期的《京报》在清代得以延续。经过了由“白本报房”到“黄皮报房”，从手抄报纸到印刷报纸的发展历程，在乾隆以后的岁月里，进入它

① 方汉奇：《中国新闻事业通史》，第1卷，中国人民大学出版社1996年版，第155页。

的鼎盛时期。① 从乾隆时期到清末，见于记载和有实物可查的北京民间报房，共21家。② 报房竞争不断，其数目也起伏消长，多时五六家，少时则只剩二三家。以公慎堂为最早，以聚兴报房历史最为悠久，聚兴报房创办于咸丰年间，到民国十年（1921年）还坚持营业，跨度超过半个世纪。

《京报》在清代的发展，还表现为《京报》出现了各种地方版。所谓《京报》地方版，是指以北京《京报》为母本，通过翻印或手抄等手段在地方复制而成的报纸，面向地方官绅发行，多由各地省塘、低级胥吏和以报谋生者主持。据考证，在僻远之地的甘肃，都有人翻印《京报》,③ 这说明地方翻印《京报》的范围之宽广。除翻印《京报》外，这些地方报人还发行辕门抄，多为单张印刷的日报，其新闻来源为地方督抚衙门发抄的官文书。

三、《京报》的主要特征

1.《京报》内容是官报的翻版。《京报》之所以能成为合法民报，是因为"《京报》本身是'邸报'的翻版，只不过后者为朝廷所主持，前者为民间所经营"。④ 因此，《京报》的内容也同官报一样，主要是"宫门抄"、"上谕"、"奏折"，基本上没有自己采写的新闻，更没有言论。不同的是，《京报》为了同其他报房竞争，能根据自己的新闻眼光，对刊载大臣的奏折各取所需以适应读者的不同需求；其次，能抢发新闻，为抢时间，《京报》有时把"要闻"部分印成单页，名为"宫门钞"，当晚发行，类似后来之号外；最后，《京报》还能根据读者的需要对《京报》分有等次，以此决定报价。

2.《京报》形式比较完备。《京报》有较为固定的刊期、报名和形式，比朝廷官报与小报要完备得多。从现存的《京报》来看，一般为日刊，也有两日刊。每期一册，页数不等，书本式，封面用黄纸，上面印有红色的楷书"京报"二字，下面印有报房的字号标记，从而打破了千余年来中国古代报纸没有报头的历史。以北京"集文报房"出版的《京报》为例说明：它是长方形的小册子，宽3寸，长6寸，用黄色土纸为封面，左上方印有"京报"两字，右下方印有"集文报房"四字，都是红色楷书。里页为竹纸印刷，每页文字8行，每行23字，用木刻宋字体

---

① 方汉奇：《清代北京的民间报房与京报》，《新闻研究资料》，1990年第52期。

② 方汉奇：《〈清史·报刊表〉中有关古代报纸的几个问题》，《国际新闻界》，2006年第6期。

③ 潘贤模：《清初的舆论与钞报：近代中国报史初篇（续）》，《新闻研究资料》，1981年第3期。

④ 黄卓明：《中国古代报纸探源》，人民日报出版社1983年版，第91页。

活字印刷，无中缝和书边。

3. 报房自主经营管理。《京报》有专门从事编印和发行的独立机构"报房"。"报房"的出现，就使得中国的报业成为一个公开的专门行业。"报房"的工作分为探报、抄报、编报、印报、送报，"报房"的人员分工不太固定，由老板根据情况临时分配。

《京报》的发行，完全脱离朝廷官报的发行系统而公开发行，自由买卖。报房可以叫卖街市，也可以接受订户，读者所费报资是其主要收入来源，零售每册大约10文，订阅一月收费200文至300文。《京报》的发行也经历了逐步摸索进步的过程，由最初报房雇人送报"不肯大卖力气"，到后来由送报人承包代销，积极性高涨，送报人各有范围，不许越界。对北京的长期订户，报房均有人上门送报，送往各省的《京报》，报房专门设立报站，雇人递送。

《京报》发行量最高时达一万份左右。① 面向朝野官绅和士大夫知识分子，清末北京流行一首竹枝词："惟恐人疑不识丁，日来送报壮门廷。月间只费钱三百，时请亲朋念我听。"② 订阅《京报》竟至成为身份的象征，可见其传播面之广、社会影响之大。

尽管报房已经成为合法行业，《京报》在某种程度上也已经成为具备商品属性的新闻媒介，是中国古代报纸发展的完备形式，但其"官报翻版"特征，决定了它是从属于封建政府的，根本不代表社会舆论，统治者允许甚至鼓励民间从事报纸出版活动，使报纸经营合法化，刊载由朝廷提供的经过最高统治者把关的信息，就在于看中了民营报刊是服务于统治者的、可以驾驭的舆论工具。其从业者社会地位极低，对封建政治具有强烈的依附性，缺少独立的人文品格和报业精神，无法承担社会发展所赋予的职业报人的神圣历史使命。

台湾新闻史专家朱传誉先生曾言，有三个因素制约新闻传播活动："交通的发达"、"传播工具的发明和改进"及"思想言论的自由"。③ 从前两个因素看，中国曾长期领先于世界，但长期的封建专制，"思想言论自由"无由产生，正是这块最短的木板，决定了中国古代民报，不管是非法民报还是合法民报，在中国无法成为具有现代理念的新式报刊。

---

① 胡道静：《新闻史上的新时代·报坛逸话》，世界书局1946年版，第2页。

② 李若虹撰：《朝市丛载》卷七，见程丽红《清代报人研究》，社会科学文献出版社2008年版，第55页。

③ 朱传誉：《先秦唐宋明清传播事业论集》，台湾商务印书馆1988年版，第75页。

第五章
近代民报在中国出现：外国人在华办报

将外报视为近代民报之始，似不免有些牵强。外报在古老中国的出现，是西方殖民侵略，基督教来华的结果。最早在中国出现的办报人员，也是基督教团体所属的传教士。他们来华办报，其目的在于宣传基督教的教义，扩大基督教的影响。一部分传教士的办报经费，亦是由基督教团体提供。其发行方式，以免费派送为主。有的教会报刊，甚至刺探情报，为本国的殖民政策服务。从这一方面来看，传教士办报，显示出机关报、官报的色彩。但也有一部分报刊是由传教士自行筹资创办，并且刊载内容，从早期阐释教义，逐渐转到以传播西方政教之优越与科学之昌明上来，成为综合性的时事刊物，与教会学校、教会医院、教会出版机构一起，成为基督教在华文化事业的有机组成部分。另外，在华外报的办报主体除传教士外，还有商人。随着中国海禁大开，一些商人为了满足贸易需求，提供商业信息。这是纯粹的民报，并逐渐取代教会报刊，成为在华外报发展的主流。更重要的是，在华外报直接孕育了中国自办民报，故在此，将外报放在民报下面一并叙述，更能看出中国民报的发展脉络。

在华外报的发展轨迹大致以鸦片战争为界分为前后两个阶段：鸦片战争前，来华办报的外国人主要是传教士，由于清政府实行严厉的闭关锁国政策，他们只能在外围开展办报活动。从 1815 年到鸦片战争结束，外国人在马六甲、雅加达、广州、澳门等地一共创办了《察世俗每月统记传》、《东西洋考每月统记传》等 6 种中文报刊和《蜜蜂华报》(葡文)、《广州纪录报》(英文) 等 11 种外文报刊。鸦片战争之后，中国海禁大开，西方迫使中国发生了变化，“普天之下，莫非王土，率土之滨，莫非王臣”的封建专制制度被西方撕开了一个个口子，为在华外报开辟了良好的生存空间，工商业的兴起也为近代报刊创造了社会条件。从此，通商口岸成为新闻事业的滋生之地，外国人创办的近代报纸便在中国这块古老的大地上迅速地、大规模地发展起来。在华外报的性质也发生很大变化，战前是宗教性为主，战后商业性报刊成为主流；出版地点以香港到上海这一条沿海走廊为中心，向全国很多地区扩展，并深入到内地直至北京；报刊的数量也急剧增加，初步形成了一个在华外报网。

第一节　在华外报的嚆矢：宗教性报刊

一、《察世俗每月统记传》的创办

1815年8月5日创刊于马六甲的《察世俗每月统记传》(后简称《察世俗》)是第一份中文近代报刊，也是外国人所办的第一份以中国人为宣传对象的报刊。伦敦布道会派遣来华的英国传教士威廉·米怜（William Milne，1785—1822年）是这份报纸的创办人兼主编，英国传教士麦都思（W. H. Medhurst）为主要撰稿人，并一度兼任过主编，刻工梁发是米怜的主要助手。

《察世俗》属于宗教性质，米怜曾在《中国丛报》第二卷中如此阐明《察世俗》办刊宗旨："至本报宗旨，首在灌输智识，阐扬宗教，砥砺道德，而国家大事之足以唤醒吾人之迷惘，激发吾人之志气者，亦兼收而并蓄焉。本报虽以阐发基督教义为唯一急务，然其他各端，亦未敢视为缓图而掉以轻心。智识科学之与宗教，本相辅而行，足以促进人类之道德，又安可以忽之哉。"① 因此，从内容上看，直接宣传教义的文章占全刊的绝大部分，其次是宣传伦理道德，再其次是科学知识，主要是天文知识。该刊登载了中国近代报刊上的第一条消息，这条消息是有关天文方面的：

> 照查天文，推算今年十一月十六日晚上，该有月食。始蚀于酉时约六刻，复原于亥时约初刻之间。若此晚天色晴明，呷地诸人俱可见之。②

《察世俗》为月刊，形式如我国古代的线装书，和明清《京报》差不多，用木版雕印，每期5页，约2000字。该刊初印500册，后增至2000册，免费在南洋华侨中散发，其中一部分还由人带到广州、澳门分发。该刊于1821年停刊，先后共出版80多期。

移植来华的外报要想生存，就必须适应其生存环境，完成"中国化"的过程。《察世俗每月统记传》的"中国化"特点，体现在如下方面：

内容上，作为《察世俗》的主编和主要撰稿人的米怜，在编辑和撰稿时，尽量运用中国的传统形式，尽量迎合中国人的心理，附会儒学以宣扬基督教教义：每一期的封面上都印有"子曰：多闻，择其善者而从之"的字句；在文章中更是大

---

① 戈公振：《中国报学史》，中国新闻出版社1985年版，第57页。

② 方汉奇：《中国新闻事业通史》，第1卷，中国人民大学出版社1996年版，第259页。

量引用“四书”、“五经”和孔孟程朱的言论；经常引用儒家言论来阐释《圣经》文句，以示二者的思想和精神的一致性。米怜附会儒学的目的是要告诉中国读者：基督教义和儒家学说是并行不悖相得益彰的。米怜曾坦率地说过，对于那些于我们的主旨尚不能很好理解的人们，让中国哲学家们（指儒家）出来讲话，会收到好的效果。

米怜等人在文章的写作上常采用中国文学特别是章回体小说的表现手法，连解释天文现象的知识性文章也要在篇末用上“欲知后事如何，且听下回分解”这类句子结尾；他们总是用自家人的口气讲话，尽量做到亲切自然，不板起面孔说教，经常讲“我们中国人”如何如何，他们十分懂得，要使中国人的思想“西方化”，先得把自己装扮得“中国化”；文章短小、通俗，粗通文墨者亦可读之。

米怜等人创办《察世俗》，本是无法进入大陆传教的无奈之举，但这为后来的传教士看到了办报传教的优长之处，遂纷纷模仿办报以传播基督教教义，无意之中，开启了中国近代新闻史的序幕。《察世俗》的传播效果并不理想，中西文化之间的隔阂不可能旦夕之间消除；南洋与大陆之间的距离，也增添了传播的难度。《察世俗》的宗教宣传，对当时中国人的思想影响并不大，但它对“西学”的介绍，却无心插柳，使当时中国知识分子看到了“光明”的曙光。后来的宗教报刊，西学比重逐步增加，而宗教色彩日益淡化。《察世俗》所创立的“开智”原则，对中国近代报业影响深远。

二、《东西洋考每月统记传》的创办

查尔斯·郭士立（Charles Gutzlaff，1803—1851年），德籍传教士，1827年受荷兰布道会的派遣来华传教，起初在爪哇、暹罗等地活动，两年后，和荷兰布道会脱离关系，转而同英国在华的传教士、商人、官员建立了广泛的联系。1833年8月，郭士立以鬼神莫测的手腕在广州创办了《东西洋考每月统记传》(后简称《东西洋考》)；之后，郭士立还参加过英文报刊《中国丛报》的编辑工作。

《东西洋考每月统记传》是西方传教士打入中国本土创办的第一家中文报刊，为月刊，曾于1834年5月一度停刊，1835年2月复刊，同年7月再次停刊，转由在广州成立的“在华实用知识传播会”接办，1837年2月在新加坡再次复刊，1838年4月最后停刊。该刊虽然也属宗教性质，但“宗教内容已退居次要地位，解释教义的专文没有了，阐发基督教义已不是刊物的基本要务”。①郭士立曾如此陈述他的办报目的：

① 方汉奇：《中国新闻事业通史》，第1卷，中国人民大学出版社1996年版，第266页。

在文明已迅速发展的今天的地球上，中国仍停留在原有水平上，仍视中国以外的其他民族为野蛮人。创办这份杂志，为的是要让中国人了解我们的艺术、科学和原则，让他们知道，我们确实不是野蛮人。①

《东西洋考》是一份“西方文明的辩护书”，它将主要的旨趣转向世俗社会，大大增加了科学文化知识的比重，历史、天文、地理已经超过刊物内容的半数，旨在通过这样的方式展示西方文化的优越性，掀起了用科学知识来唤起中国觉醒的第一波。《东西洋考》在中国知识分子那里得到了回应，成为魏源的《海国图志》、徐继畲的《瀛环志略》等书的主要参考文献之一。

在报刊业务上，由于前面米怜等人的开拓、摸索，郭氏办中文近代报刊显得更加得心应手。1834 年 1 月出版的《东西洋考》刊载了《新闻纸略论》一文，这是近代中文报刊上出现的第一篇论述西方报纸的专文。全文虽然只有 331 个字，但叙述了报纸的起源、新闻自由和当时一些主要国家的报刊出版概况等问题，使中国人第一次听到了“新闻自由”这个名词。

在西方各国有最奇之事，乃系新闻纸篇也……各国人人自可告官而能得准印新闻纸，但间有要先送官看各张所载何意，不准理论百官之政事，又有的不须如此各可随自意论诸事，但不犯律法之事也……于道光七年，在英吉利国核计有此书篇共四百八十多种，在米利坚国有八百余种，在法兰西国有四百九十种也。此三国为至多，而其理论各事更为随意，于例无禁，然别国亦不少也。②

由此可知，编者已经有意识地注意并且运用西方报刊经验了，从而使《东西洋考》在业务近代化方面获得显著进展，并具有近代化报刊的一些基本特征：（1）重视言论，每期必有，且置于首页。该刊言论的重点已不在阐发教义上，而是论述政治问题，对欧美各国的政体、司法制度进而狱政改革进行了广泛评论，揭开了中国近代新闻史“政论时代”的序幕。（2）新闻成为必备的一栏。主要是刊登政治新闻，社会新闻开始出现。该刊关于酒徒打人致死的报道和一位 105 岁老翁四年前娶一个 22 岁妇女并生子的消息，是迄今所见中文近代报刊中最早的社会新闻。“在业务上，《东西洋考》已在相当程度上具有近代报刊的基本特征了。”③ 故此，

---

① 转引自熊月之《西学东渐与晚清社会》，上海人民出版社 1994 年版，第 115 页。

② 《东西洋考每月统记传》影印本，中华书局 1997 年版，第 66 页。

③ 方汉奇：《中国新闻事业通史》，第 1 卷，中国人民大学出版社 1996 年版，第 271 页。

有学者断定它“是近代中国最早的具有传媒意义的新闻期刊”。①

《东西洋考》在外报中国化方面做出了不少努力。郭士立是一位知识渊博的学者，精通中文，因此《东西洋考每月统记传》中的语言欧化的成分大大减少。其次，郭士立非常擅长取悦于读者，缩短和读者之间的距离。他熟悉中国情况，常穿中国服装，吊下一条假辫子，把自己打扮成中国人，甚至不惜拜一个福建人做干爸爸，来取得中国亲属的身份；他还采用免费给人治病的手法以笼络和取悦于中国人；他将刊物的主办者称为“爱汉者”，拉近与中国人之间的距离。另外，该刊还继承了米怜的衣钵，借重中国经典为自己的说教服务，善于利用中国文学传播西方知识，如该刊所刊行的《兰墩十咏》，这是一组共十五首律句(“兰墩”是指伦敦)，仅举其一二：

其一

海遥西北极，有国号英仑。地冷宜亲火，楼高可摘星。

意诚尊礼拜，心好尚持经。独恨佛啷嘶，干戈不暂停。

其二

山泽钟灵秀，层峦展画眉。赋人尊女贵，在地应坤滋。

少女红花脸，佳人白玉肌。由来情爱重，夫妇乐依依。

第二节 由宗教性向综合性的过渡：《万国公报》

一、《万国公报》简介

在教会报刊中，历史最长、发行最广、影响最大的是《万国公报》，最高发行量是1903年的5.4万多份，成为当时中国发行量最大的刊物，它是一份由宗教报刊向非宗教化报刊过渡的刊物。

《万国公报》，原名《中国教会新报》，1868年9月5日在上海创刊，终刊于1907年，期间因主办人林乐知事务繁忙而停刊五年。其发展可分为如下三个阶段：

《中国教会新报》周刊时期：1868年9月至1874年8月，计300期；

《万国公报》周刊时期：1874年9月至1883年8月，计450期；

《万国公报》月刊时期：1889年2月至1907年1月，计216期。

① 胡太春：《汉学家郭实腊与近代中国最早的新闻传媒》，《新闻春秋》第3期，四川大学出版社2003年版，第36页。

二、《万国公报》转轨

《中国教会新报》创刊时是一份宗教性刊物，以宣传教义、联系教友为主要目的。传教士们曾极力寻找儒学与基督教教义之间的共同点。林乐知于1869年12月4日至1870年1月8日曾发表《消变明教论》，连刊5期，开始儒学与基督教教义相结合的尝试，将儒学的五伦、五常、三戒等与基督教教义相对应，证明基督教与儒家学说“有相通，无相背”，两者是“万国一本，中西同源”，以达到传教目的。

1874年，林乐知将《中国教会新报》改名改制，刊登内容也进行了大幅度调整。在它每期的扉页上附印一行字：“本刊是为推广与泰西各国有关的地理、历史、文明、政治、宗教、科学、艺术、工业及一般进步知识的期刊。”林乐知、李提摩太等传教士从宽广的意义上来理解他们的传教，他们认为，自己的任务就是让中国人觉醒，介绍西方现代科学知识也是他们传教的重要内容。因此，宗教篇幅锐减，用大量篇幅报道中外新闻、介绍“西国制造及其军械电线天文地理格致算学”等西方文明，以满足甲午战后，国难日亟、民情激愤情势下中国知识界日益迫切的“西学”需求，并增设“论说”栏目，对中外时政进行评论，鼓吹政治革新与变法思想。《万国公报》在1889年复刊后，“专以开通风气，输入文明为宗旨”，着眼于启迪心智，将中心完全转移到论学论政上来，不再是一份宗教杂志，它也不再以教徒和教友为目标群体，而是瞄准“中国的‘为政者’、‘为师者’和‘为民者’（主要指那些掌握‘经营制造之端’的‘农工商贾’，即地主资产阶级），重点是其中的高级知识分子和各级当权人物”。① 由此也进入了它的黄金时代，“几于四海风行”。戊戌变法时，销数由原来的数千份直追四万份。

《万国公报》非常重视卷首的“论说”，内容涉及中国社会的方方面面，刊登过林乐知、李提摩太、韦廉臣、慕维廉、李佳白等介绍西学、鼓吹变法的多篇文章，提出各种新政建议和具体的措施，同中国的维新派一同发出了“不变法不能救中国”的呼声，以迎合当时中国知识界急于雪耻、力图振作的求变心理。除此之外，《万国公报》还提倡教育、改良社会风气、呼吁中国与西方交往，发表了大量有关国计民生的文章，翻译介绍了马克思的《资本论》、达尔文的进化论等西方学说，在中国的统治者和知识分子中间流传，对中国的现代化运动产生了重大影响。

《万国公报》之所以有如此大的影响，是因为它回应了中国遭遇西方之后的重大主题：中国通过何种途径来实现现代化，即如何改造儒家传统秩序以建立适应现代世界体系的民族国家，对这个“中国问题”的回答迎合了当时求索救国道路的

---

① 方汉奇：《中国近代报刊史》，山西人民出版社1981年版，第29～30页。

中国资产阶级先进分子的兴趣。林乐知、李提摩太等人学识渊博，且长期在华，与中国上层交往颇深，熟悉中国事务，他们已经开始注意到中国社会内部的变革，试图通过传播更多的西学和西艺来影响和干预当时中国的现代化运动，从而把中国纳入到西方的秩序中来，这是它比以往的教会报刊在“中国化”方面做得更好的地方。同时，《万国公报》的言论主导倾向，对形成中国近代报纸政论影响深刻。中国近代报纸的产生，并非源自经济发展对新闻的需求，而是处于“大变局”中的知识分子需要一种大众媒介，以实现其“立言救国”的人生追求。正是看到了报刊所具有的强大影响和思想引导功能，才萌发了国人自办报刊的诉求，政论成为报刊的灵魂。

第三节　商业化趋势：从《上海新报》到《申报》、《新闻报》

鸦片战争前，中文报刊几乎全为传教士所办，外文报刊多为商办。战后情况发生了很大变化，外商办报十分活跃，除外文商业报纸外，中文商业报纸发展十分迅速，并很快成为在华外报的主体。

传教士在华创办的报刊，不以营利为目的，但随着西方资本主义在华经济活动的深化，在华商人开始创办报刊，用以刊载商业广告，提供商情信息，使自己“生意兴隆”，《上海新报》是其代表。英商字林洋行创办《上海新报》的主要目的在于推动洋行的商业发展，营利只是办报的目的之一。从19世纪70年代起，上海城市建设的发展，都市化的条件使办报成了有利可图的事业，办报营利成为外国商人的共识。于是《申报》与《新闻报》开始正式步入商业化，创办人采用企业化的方式管理报纸，营利成了他们追逐的主要目标。由此，中国近代报纸进入一个新的发展阶段。

一、《上海新报》的创办

《上海新报》1861年11月创刊，是上海第一家商业中文报纸，初为周刊，自1862年5月改为每周三刊，周日停出，1872年7月又改为日刊。该报由英商字林洋行出资创办，始终由西方传教士任主笔，第一任是华美德（美），第二任是傅兰雅（英），第三任是林乐知（美）。因与《申报》竞争失败，于1872年12月31日停刊。字林洋行除创办《上海新报》外，还早在1850年8月创办了英文《字林西报》，该报直到1951年才自行停刊，前后共出版101年，它主要提供商业信息，向商人提供商业情报。

《上海新报》创办目的主要是为商业贸易服务。创刊号上刊登的字林主人的启事，阐述了该报的创办目的：“大凡商贾贸易，贵乎信息流通。本馆印此新报，所有一切国政军情，世俗利弊，生意价值，船货往来，无所不载。类如上海地方，五方杂处，为商贾者，或以言语莫辨或以音信无闻，以致买卖常有阻滞，观此新报，即可知某货定于某日出售，届期亲赴看货面议，可免经手辗转宕延，以免买空盘之误。”① 它把商情船期放在首位，每期都有广告、行情表、船期表。

《上海新报》自1868年2月1日起采用英国式的固定版面安排的方法，便于读者阅读：第一版为广告，第二版为中外新闻，第三版是广告及船期表，第四版是行情及机器图说。机器图说一项，很引人注目，所刊载的或为重型机器如火轮车、种麦轮器等，或为家常用具如风琴、铁柜（今保险箱）等，每绘一图，附以说明。机器图说的刊载，在当时很能益人智慧，唤起人们利用新式工具以节时省力的观念。尤其值得指出的是从1870年3月24日起，《上海新报》开始采用新闻标题，每条新闻上均加简明标题，如“刘提督战亡”、“种树得雨”等，用头号活字排印，正文则用4号活字。以往不按内容加标题时，一堆新闻上只刊“中外新闻”、“选录某某报”字样，用头号活字排列以代标题。加标题后，读者只看标题便可知新闻的大概内容。

二、《申报》的创办

《申报》原全称《申江新报》，1872年4月30日创刊于上海，起初由英国商人安纳斯脱·美查（Ernest Major）、伍华德（C. Woodword）、普莱亚（B. Pryer）、麦基洛（J. Mackillop）等四人合资创办，后产权归美查一人所有。1909年产权归国人所有。1949年5月《申报》停刊，先后出版77年。

《申报》的宗旨是“行业营生为计”，即办报是为了“营利”，为了赚钱。美查曾如此陈述他的办报目的：“新报之开馆卖报也，大抵以行业营生为计……若本馆之开馆，余愿直言不讳焉，原因谋利所开者耳。”② 商业报纸中出现以办报直接赚钱的《申报》，标志着在华外报开始向大众化方向发展。《申报》是中国新闻史上第一家商业报纸，也是中国新闻史上第一张真正意义的大众报纸。

《申报》大众化倾向，表现在以“新闻报道”为中心进行了一系列改革，以此满足读者的需求，扩大发行量。《申报》强调报纸的民间色彩，要面向“下”，即“农工商贾”，不能仅仅“只传朝廷之事”，而要传“闾里之琐屑”，关心现实的世俗人生，广传新闻，把及时全面、客观公正地报道新闻放在了首要位置上。

在报道内容上，它立足上海，凡本市和江南主要城市的商业、金融、贸易、交通等的发展变化的消息都有刊载。为适应上海市民的生活，《申报》在抄录《京

① 吴廷俊：《中国新闻史新修》，复旦大学出版社2008年版，第42页。

② 《论本馆作报本意》，《申报》，1875年10月11日。

报》的谕旨、奏折、宫门抄之外，开始在报纸上刊载社会新闻，有谈狐说鬼之作，亦有对当时案件如杨月楼案、杨乃武案的报道，既为酒后谈资，又能增长见识。

在新闻观念上，《申报》作为一份商业报纸，尽量采取“不偏不倚、客观中立”的立场，以争取广告来源。

在报道范围上，《申报》“立志欲将中国境内各紧要消息采录无遗”。① 为广辟新闻来源，《申报》广聘采访员。当时《申报》在北京、南京、天津、等地广招采访人员，至1887年有采访员的城市已达到三十二处，使报纸的新闻选择范围大大拓宽。

在新闻时效上，《申报》率先使用了从天津到上海的电报线路来传递新闻。1882年1月16日，从天津电传到上海的新闻是中国第一次用电报传递新闻，而在中法战争中，为了及时报道新闻，满足读者快速了解战事的需求，美查聘用了一个俄国人担任采访员前往越南前线，这是我国第一次派往外国的军事记者，这名俄国人从西贡用电报将新闻发往香港，再由香港转上海《申报》刊载，大大提高了《申报》新闻的时效性。

在新闻写作上，《申报》为了适应中国读者的文化水平，使用浅显易懂的文字，首创标点符号，使粗通文字的人都能看懂。1884年创办《点石斋画报》，“特请善画名手选择新闻中可惊可喜之事，绘制成图，并附事略”，这种“画新闻”的方式很受当时读者欢迎。为广辟稿源，还在报上刊登启事，对刊登的稿件给予稿酬。

在报纸发行上，《申报》降低报价，广设发行处，使报纸能尽快送到读者手中。

正因《申报》的这种新闻专业精神，它在读者心目中有着很高的地位。要特别指出的是，《申报》在重视新闻的同时，也重视言论、文艺稿件和广告。《申报》改变了《上海新报》没有言论的传统，而将言论放在头版头条。言论的内容范围极广，“实有系乎国计民生”，发“名言谠论”，② 达其积极用世之志，语言从八股文式改进为比较通俗的文字。文学作品成为《申报》必备的一栏，既登载文人诗词，也连载小说，颇吸引文人骚客。《申报》的广告，内容无所不包，在版面上占据相当的篇幅。在中国报刊史上，《申报》第一次将近代报纸的新闻、言论、文艺副刊及广告这四项基本内容综合在版面上。《申报》是中国新闻史上第一张形态完备的近代报纸。

---

① 《搜访新闻告白》，《申报》，1875年7月8日。
② 《本馆条例》，《申报》，1872年4月30日。

三、《新闻报》的创办

《申报》的成功，使得商业性报纸接踵而起，但因竞争不过又纷纷败下阵去，直到《字林沪报》，尤其是《新闻报》创刊后，才打破了《申报》一家垄断上海商业性报纸的局面。

《新闻报》于1893年2月17日由中外商人合资创刊于上海，英商丹福士为总董事，聘请蔡尔康等为主编，不久华商股东退出，丹福士独资经营，后丹福士经商失败，1899年11月4日将《新闻报》卖给了美国人福开森，从此，该报获得了长足发展。

福开森的英明之处，是大胆任用"既无报馆经验，又乏新闻智识"的汪汉溪为总经理，汪汉溪为报福开森知遇之恩，在《新闻报》终其一生，殚精竭虑，为《新闻报》的发展立下了汗马功劳。

如果说，《申报》的成功，充分体现了商业竞争的残酷，那么，《新闻报》的脱颖而出，则证明了商业竞争的合理性。福开森、汪汉溪为了同《申报》展开竞争，采取"同中求异、独具特色"的办报策略，针对《申报》刊载综合性时事政治新闻居多，在官绅中有较大影响的特点，结合上海工商业繁荣的情况，以"经济自立"、"无党无偏"为办报宗旨，密切注意商情报道，在商业界赢得了大量订户，走出了一条"重商轻政"的发展道路。

汪汉溪集中主要力量，开辟"经济新闻"专栏，不惜费用，不嫌烦琐，竭力把市场情况、商货行情，翔实地刊诸报端。经过一段时间的努力，《新闻报》的经济新闻的行情表整整占了两版篇幅。因此，不仅上海的工商界，大至工厂、公司、洋行，小至澡堂、理发店，都订阅一份《新闻报》，即使江南各县镇较大的商号，凡需向沪批发商品、要随时了解上海行情的，也要订阅《新闻报》。《新闻报》成为上海绅商各界每日必读的报纸，广告也源源而来，"俨然成为商业金融的机关报"。① 同时，《新闻报》降低报价，每份仅售铜钱7文，比《申报》的10文低廉；开拓上海以外的市场，将发行延伸到苏州、无锡等地。经过一段时间的努力，《新闻报》在上海市区的发行量超过了老《申报》。从此，《申报》、《新闻报》并驾齐驱，成了中国资产阶级商业性报纸的两面旗帜。

《新闻报》以经济新闻取胜，在言论方面并无多少可圈可点之处，但汪汉溪"抱定经济自立为宗旨，无党无偏，力崇正谊，不为威胁，不为利诱"，连聘用人员都很慎重，"量才使用，均能洁身自好，绝无党派关系"。这些都为后来的民报所效法。1923年，《新闻报》三十周年纪念时，不擅文章的汪汉溪亲自写下了《新

① 赖光临：《新闻史》，允晨文化实业股份有限公司（台湾）1984年版，第52页。

闻事业困难之原因》，历述办报的艰辛、经济独立的不易：

办报非经济自立，则言论记载难于自由；即使苟且敷衍，亦不能广其销路。然经济独立，言之非艰，行之维艰。中国报纸各埠姑不论，即上海一埠，自通商互市以来，旋起旋仆，不下三四百家，惟其致败之由，半由于党派关系，立言偏私，不能示人以公，半由创办之始股本不足……进退维谷之时，不得不仰给于外界，受人豢养，立言必多袒庇，甚至颠倒黑白，淆乱听闻，阅者必致相率鄙弃，销数自必日少，广告刊费，更无收入，此办报困难之一大原因也……各国对于报纸，多方维护。而中国政府，邮电两项，摧残舆论，至于此极，良深浩叹，此办报困难之又一原因也。各省军阀专权，每假戒严之名，检查邮电，对于访员，威胁利诱，甚至借案诬陷，无恶不作……①

此文道尽民报在中国生存之艰，非深入局中者，不能知其味！

四、在华外报之历史影响

从中国新闻史来看，古代报纸源远流长，但在由小农经济、皇权专制和儒家文化所构成的生存环境中，中国古代报纸无法演变成为近代报纸。中国近代报纸是西学东渐、西方殖民侵略的结果，在华外报的出现及其迅速发展，是与西方殖民势力的入侵和扩张同步进行的，在华外报中的绝大多数是为西方殖民主义侵略中国的总目标服务的。近代报刊从西方传到中国，是西方列强打开中国大门的“文器”。但是作为近代社会的产物，在华外报揭开了中国近代新闻史的序幕，催生了中国本土近代新闻事业的产生，它对中国新闻事业发展的影响，表现在如下几个方面：

其一，将近代报刊理念与办报思想传入中国。中国的古代报纸基本上是官文书，即使是明末清初出现的《京报》，虽然在形态上很完备，但还是官文书，办报人不能自己采写新闻，发表评论，表达自己的意志。来华传教士和来华商人，首倡新闻自由，最早将近代报纸移植于中土，开创了报刊引导思想文化的新时代，显示出迥异于封建报刊的独立的报业品格。在华外报所刊登的论述近代报纸的性质、作用的文章，使中国人开始对新闻纸进行重新认识与定位，萌生了创办近代报刊的念头；同时，外报为了宣扬西方政教优越与科学昌明，大力介绍西方政治制度与科学技术，为中国人吹来了“民主”、“自由”的西方之风，让中国人开始以世界的眼光来审视和改造中国。

---

① 汪汉溪：《新闻事业困难之原因》，转引自张之华主编《中国新闻事业史文选》，中国人民大学出版社 1999 年版，第 178 ~ 179 页。

中国古代报纸形式，直到《京报》仍然是很简陋的书本式、无标题、无版面、无栏目、无插图、无照片。外报的兴办，开始采用西方近代报纸的形式。在华外报从《察世俗每月统记传》的书刊式发展到后来的《申报》等商业报纸的开版式，设栏目，每篇新闻上有标题，新闻、言论、副刊和广告齐全，描绘出近代报纸的基本面目，为中国新闻事业的发展提供了模仿学习的样板。

其二，将采编业务和媒介技术传入中国。中国古代报纸没有报人自己采写的消息，自然也没有新闻采访业务（当然，宋代"小报"的"探报"可以看做中国记者、通讯员的祖先），在华外报开始采用西方近代办报的新闻采访业务。19 世纪 70 年代以前，报纸还没有专职记者，只是在报上刊登征求新闻的启事，或者碰到重大事件派访员前去采访。《申报》创办后，正式聘有本埠与驻外访员，并在省会和重要城市设特约记者，及时报道当地的有关新闻。随着电讯交通事业的发展和电报传递新闻稿件的运用，在这一时期的报纸上出现了我国新闻事业史上最早的一批新闻专电。中国古代报纸的内容大多是皇帝的谕旨、大臣的奏章，只是反映皇帝活动和朝廷动态的"宫门抄"，它们本身并非新闻文体。只有在华外报创办后，才出现近代新闻文体和新闻写作，报纸上刊登的各类新闻稿件都着眼于报道新近发生的事实，短小活泼。军事新闻、法制新闻、商业新闻的出现不仅丰富了报纸的版面，扩展了报纸所报道的社会生活面，而且促进了新闻文体与新闻写作的发展。

中国虽然发明了印刷术，但只是停留在古代技术层面，并且也没有将它运用到新闻传播上来。在华外报出版，运用了包括铅字、印刷机等在内的近代印刷设备和印刷技术，为中国的新闻事业带来了先进的媒介技术。

其三，开企业家办报的先声。中国古代报纸，是官文书，由递送朝廷文件的驿站发行，无须经营，也无须管理。在华外报的创办，特别是外商报纸的创办，使报馆成为一种企业，报馆主人成了报业资本家，他们把商业经营管理的原则运用到报纸企业管理上，按照西方大众报纸的模式来经营报业，通过降低报纸成本，提供别家报纸所没有的新闻，开展商业竞争；报纸按照市场原则操作，完全依据读者需要，适销对路，扩大发行；同时为了增加经济来源，报纸非常重视招徕广告；美查和福开森等人通过自身的办报实践，将办报营利的观念移植到了中国，在中国开辟了一条报刊企业化的道路。

第六章 近代民报新起点：早期国人办报

1840年鸦片战争的失败，使中国这个有几千年悠久历史的文明古国，暴露出种种落后腐朽的现象。如何改造传统的儒家秩序以建成一个现代民族国家，这个问题严峻地摆到了中国知识分子面前。西方政教之优越与科学之昌明，为中国近代知识分子提供了效法的榜样。在与西方接触的过程中，从林则徐、魏源等最早一批“睁眼看世界”的地主知识分子开始译报活动，到王韬等人开始创办国人第一批近代报刊，他们感受到近代报刊是个好东西，既有古代“文人论政”传统的合法性支撑，又有近代“民主”、“自由”等观念的鼓励，因此，他们开始了“吃螃蟹”的尝试，用以表达自己对现实的理解以及对未来中国的思考。换言之，早期国人办报活动是民族意识觉醒的结果。这些办报先驱们通过自己的体验与实践，充分认识到传媒控制权与舆论权之间的关系：“国之利器，不可假人。”① 爱国的情怀和对外人在华办报的不满，成为他们出资自办报纸的原动力。有新闻史家认为，早期中国近代报业史，其实就是一部中国人要求摆脱外国势力对传媒的控制，争取言论自由，从而表达国家民族意识的斗争史。②

第一节 国人办报的最初尝试

戈公振在《中国报学史》中说：“我国人自办之日报，开其先路者，实为《昭文新报》，《循环日报》次之，《汇报》、《新报》、《广报》又次之。”③ 王韬在《倡设新报小引》中也说：“我国民报之产生，当以同治十二年在汉口出版之《昭文新报》为最早。”④

---

① 陈炽：《庸书·报馆》，见赵树贵、曾丽雅编《陈炽集》，中华书局1997年版，第106页。

② 卓南生：《从近代华文报业的演变看华文报的特征与使命》，新加坡《联合早报》，2003年2月16日。

③ 戈公振：《中国报学史》，中国新闻出版社1985年版，第99页。

④ 王韬：《倡设新报小引》，《循环日报》，1874年2月5日。

一、《昭文新报》的创办

《昭文新报》是国人自办的第一家近代报纸，1873 年 8 月 8 日由艾小梅创刊于汉口。该报实物至今未见，据比它早创刊一年的《申报》报道可知，这张报纸是依照香港、上海报纸的形式创办起来的，活字木刻，每日出一期，内容“奇闻轶事居多，间有诗词杂作”。因“人情未习”，买报者少，销路不佳；两个月后改为每五日出一期，并装订成书，以便保存，销路仍不佳，经济上难以支持，不到一年就停刊了。因“当时社会情形，十人中九人可说是文盲，到乡间去更为蔽塞不堪，毫无事业之可言。至于新闻一事，更无成立之必要。若谈到在新闻纸登载广告，在商人方面，绝无此种思想，在那种情形之下，无论鼓着如何的勇气，怀抱着如何的方法，要想经营这样新闻事业，不过是虚掷金钱，付诸流水就是了”。①

二、上海《汇报》和《新报》的创办

《汇报》1874 年 6 月 16 日由容闳发起创办于上海。容闳是中国最早的留美学生，广东香山县人。有学者考证，《汇报》是在沪的香山籍的官绅们，为愤《申报》的不持平，甚至侮辱香山人而负气创办的。② 显然，争夺说话的权柄是创办《汇报》的强大动力。《汇报》每日出两张 8 页。行情、船期、广告占 4 页，新闻占 4 页。《汇报》注重论说，平均间隔一天就有一篇论说发表，提出富国强民主张。《汇报》的投资者皆为容闳的同乡，股东们怕文字惹祸，特聘请英国人葛理担任主笔；出版不到三个月，股东们仍担心出事，干脆决定以葛理的名义办报，改名《彙报》，由管才叔任主笔；后因管理不善，于 1875 年 7 月改名《益报》，请朱莲才任主笔。《益报》无论是政治倾向，还是报纸业务，比起《汇报》都有倒退。年底朱莲才辞职，《益报》也就停刊了。

一年后，上海另一家国人办的报纸《新报》创刊了。《新报》1876 年 11 月 23 日由在上海的“各省商帮”创办，为了求生存，《新报》接受了上海道台冯焌光的资助，走上了官商合办的道路。因而国人称之为“官场新报”，外人称之为“道台的嘴巴”。冯氏当时正奉朝廷命令为吴淞铁路问题而同英商交涉，该报在创刊号上就发表了《铁路会议条款》，宣布吴淞铁路由中国政府收回。起初采取中英文并排，以便吸引在华的外国读者，但是外国读者不多，第二年就取消了英文。由于得

---

① 刘望龄：《黑血·金鼓——辛亥前后湖北报刊史事长编》，湖北教育出版社 1991 年版，第 2 页。

② 马光仁：《上海新闻史》，复旦大学出版社 1996 年版，第 65、74 页。

到官府的支持，《新报》刊行得比较顺利。1882年，新任道台不愿参与其事，《新报》在当年2月14日停刊。

三、《述报》和《广报》的创办

《述报》1884年4月18日创办于广州，是该地区有重大影响的中国人自办报纸，也是广州第一家中文日报。《述报》由广州海墨楼石印书局承印。据考证，《述报》馆主人即为海墨楼石印书局的老板。① 该报每日出四页一份，逢十休刊，零售价每份一分二厘。第一、二页为中外新闻，第三页选登翻译的西方各国书籍、文章的摘要，第四页是广告、商业行情和船期。《述报》比当时上海《申报》内容还要多，它刊登新闻图片也比《申报》要早。该报为中国最早的石印报纸，通讯工作也较健全，用电报传递消息，报上刊登的消息有国内外的多方来电、专电。

《述报》刊行一年后的4月3日，突然刊登一篇《本馆告白》称："兹拟本月十九日起至念一日止，停派三天，更定章程，增聘主笔，于念二日重新派送。"但是不知是何原因，再也不见《述报》派送了。

一年后，1886年6月24日广州的第二家中文日报《广报》创刊了，创办人邝其照，先后担任主笔的有吴大猷、林翰瀛、肖竹朋、罗佩琼、劳宝胜、武子韬。后《广报》因刊登某大员被参一折触犯了广东都督李小泉，以"辩言乱政"及"妄谈时事，淆乱是非，胆大妄为"的罪名被查封。②《广报》的查封可能是近代民族资产阶级报刊遭此厄运的第一例。

自1873年8月艾小梅在汉口创办《昭文新报》开始，《汇报》、《新报》、《广报》等相继创办于上海与广州，民报开始在中国沿海城市"试水"。从办报主体来看，主要有两类：一类是如上述的容闳、冯焌光之类的洋务官员。他们办报是为自己的洋务活动制造舆论。报刊作为宣传利器的时代序幕在试水时期就已徐徐拉开。另一类是随着中国半殖民地化由传统文人转化而来的商人和口岸知识分子。他们尽管人数很少，又在官僚体制的边缘地带，但在文化传播方面，他们的能量极大，引领了那个时代的风气，成为西方先进思想的鼓吹者与实践者。

从报纸内容来看，抵御外侮、振兴民族是早期国人办报的主题之一，这些报纸在维护国家主权和民族尊严，谴责帝国主义侵略方面，态度惊人的一致。《汇报》创刊后，即宣布了其办报宗旨："本局为中华日报，自宜求有益于中华之事言之。

---

① 李磊：《述报研究：对近代国人第一批自办报刊的个案研究》，兰州大学出版社2002年版。

② 参见方汉奇：《中国新闻事业通史》，第1卷，中国人民大学出版社1996年版，第484～485页。

故有裨中国者，无不直陈，而不必为西人讳。”① 早期国人报刊，都表达了这种摆脱外人报刊操纵的强烈愿望。该报多次与在华外报《字林西报》、《申报》展开笔战，以维护民族利益。《述报》创刊于中法战争期间，发表了大量的战事报道、相关的官方和民间舆论，并发表了不少评论，谴责法国侵略者的残暴行径，呼吁清政府加强战备，具有鲜明的爱国立场。《广报》甘冒被租界当局封禁的危险，登载义和团打败八国联军的新闻。呼吁改良是早期国人办报的另一主题，这些报刊刊载了不少有关西方政治、经济和文化的文章，鼓吹变法自强。

早期国人办报，在残酷的封建专制之下，小心翼翼，“国政不可议也”，“不及于政治”。尽管如此，这些报刊存在时间还是不长，残酷的封建专制制度迫使它们或寻求官方庇护，或挂洋旗，或进入租界等方式来求得生存。这说明在半封建半殖民地的中国，民报的生存异常艰辛，道路凸显畸形。

在重重阻力前惨淡经营的国人自办的第一批报刊，唯有王韬创办的《循环日报》如一枝出墙的红杏，盛开在祖国的南天，报道了中国资产阶级走上政治舞台的早春天气的来临。

第二节　王韬与《循环日报》

一、王韬与《循环日报》概述

《循环日报》的创办人王韬（1828—1897），原名利宾，字兰卿，1862 年到香港后改名韬，字仲弢，又字紫诠，江苏甫里人，是中国近代史上早期的资产阶级改良主义思想家，也是中国著名报刊政论家、中国报刊政论时代的开拓者。

王韬出身于书香门第，从小接受儒家教育，18 岁考秀才，以后考举人屡试不中。1849 年，21 岁的王韬受雇于英人麦都思开设的上海墨海印书局任编辑。这是他走向世界的起点。他在墨海和麦都思、艾约瑟等外国传教士共事达 13 之久，受到西方资本主义科学文化和思想意识的熏陶，思想上发生很大变化。王韬青少年时代，正处于两次鸦片战争和太平天国运动时期，在亡国危机和革命风暴面前，他极力为挽救清王朝的统治而出谋划策，主张仿效西方，实行某些改革，但未被采纳。1862 年，因化名“黄畹”为太平天国上书献策而遭官方通缉，被迫逃亡香港，更名为“韬”，开始逃亡生涯。他在香港共生活了 23 年，协助英华书院院长理雅各（James Legge）翻译中国典籍，并在 1867—1870 年随理雅各游历欧洲，了解了西方国家的富强及其历史渊源、现实政治制度，体察到报纸在西方社会生活中的重要作

① 《译辩字林报》，《汇报》，1874 年 8 月 25 日。

用，认为中国应向西方学习，广设报馆，改良政治。回国后，已是改良主义者的王韬创办了《循环日报》，将西方报纸的编辑理念移植到中国的土壤里，为中国报业的发展奠定了基础。1884年4月，得到李鸿章的默许，王韬移家返沪，结束了流亡生涯。1897年王韬病逝于上海。

《循环日报》发刊于1874年1月5日，为大型日报，是中国报刊史上第一份以政论为主的报纸，也是早期资产阶级改良派宣传他们政治主张的重要阵地。《循环日报》初创时，新闻占三分之一的篇幅，用白报纸印刷；新闻版分“京报选录”、“羊城新闻”、“中外新闻”三栏。船期部分用土纸印刷。《循环日报》创刊后的头三年，由王韬亲任主编。1876年以后，由洪干甫代理，王韬“兼理报务”。

《循环日报》是王韬与黄胜等人集资购买了英华书院的印刷设备后所成立的中华印务总局创办的，因此，《循环日报》完全由国人所有，该报也一再强调：“所有资本及局内一切事务皆由我华人操纵，非别处新闻馆可比。”《循环日报》特别重视这是一份所有权真正由中国人掌控的报纸，是香港唯一一份“华人资本、华人操纵”的中文报纸。主办人王韬深知传媒控制权与舆论之间的关系，突出报纸的民族立场，强调只有中国人自办的报刊才能维护民族利益，《循环日报》的创办宗旨为“强中以攘外，诹远以师长”。因而《循环日报》的命名也颇具含义，王韬自己说：“弱即强之机，强即弱之渐，此乃循环之道然也。”他盼望中国走变法自强之路，实现由弱变强之循环。

王韬看到了创办报纸在现代政治生活中的作用，认为办报的好处很多。王韬认为，在专制制度下，君民相隔、上下不通，“民之所欲，上未必知之而与之也；民之所恶，上未必察之而勿之施也”。而创办报纸则可“民隐得以上达”，“君惠得以下逮”，如他在《论各省会城宜设新报馆》中所说：“一曰知地方机宜也”，“二曰知讼狱之曲直也”，“三曰辅教化之不及也”。同时还能“达内事于外”，① 是西方了解中国的重要窗口，于外交有莫大关系。

王韬深知西方国家报纸的重要地位，认为报纸的主编只有秉公诚正、绝伦超群者才能胜任。他说：“西国之为日报主笔者，必精其选，非绝伦超群者，不得预其列。今日云蒸霞蔚，持论蜂起，无一不为庶人之清议。其立论一秉公平，其居心务期诚正。如英国之《泰晤士》，人仰之几如泰山北斗，国家有大事，皆视其所言为准则，盖主笔所持衡，人心之所趋向也。”因此，对报纸的“秉笔之人不可不慎加遴选。其间或非通材，未免识小而遗大，然犹其细焉者也；至其挟私讦人，自快其

---

① 王韬：《论各省会城宜设新报馆》，见吴廷俊《中国新闻史新修》，复旦大学出版社2008年版，第65页。

忿，则品斯下矣，士君子当摈之而不齿”。①

二、王韬与《循环日报》的历史影响

王韬从 1874 年到 1884 年间，主持《循环日报》的笔政，以《循环日报》作为宣传改良主义的讲坛，用“遁窟废民”、“天南遁叟”、“弢园老民”、“欧西寓公”等笔名，在报上发表了大量的政论文章，系统地宣传他的政治改良思想，成为近代中国著名的报刊政论作家和中国报刊政论时代的开拓者。根据他历年在《循环日报》上发表的政论文章汇编出版的《弢园文录外编》是中国历史上第一本报刊政论文集，开“文人论政”之先河。王韬及其《循环日报》对中国新闻事业史产生的影响，具体表现在如下两点：

其一，开“以立言救国”的先河。中国近代报纸并非古代报业自然演进的结果，在严格的意义上，也并非根植于中国近代民族资本主义经济，不是资本主义市场经济的发展催生了报刊的需要，而是自鸦片战争遭遇现代性以来，中国必须改造传统的儒家秩序以适应现代社会的发展，作为得风气之先的口岸知识分子，王韬等最初的民间报人敏锐地感应到了这个变化，钦羡西方报刊的功用与力量，将其移植而成，是清末变局下“救国”、“爱国”的产物。王韬充分利用了报纸这个现代媒介以宣传自己的思想和观点，在中国固有的“文人论政”这个传统中，注入了新的生命。

王韬认为办报的目的在“立言”。他在《上潘伟如中丞》中，诉说了自己的这一观点：“韬虽身在南天，而心乎北阙，每思熟刺外事，宣扬国威。日报立言，义切尊王，纪事载笔，情殷敌忾，强中以攘外，诹远以师长，区区素志，如是而已。”② 所谓“立言”就是议论朝政，宣传政治主张，“博采舆论”使“民情之向背，政治之得失”达于上，使朝廷“措置咸宜”。因此，他以“立论一秉公平，居心务期诚正”为追求目标，针对当时晚清政府的弊病，在政治经济、文化教育、军事外交等方面都提出了系统的主张，希望学习西方，将中国改造成君主立宪政府；同时导入新思想、新知识，启蒙和促进社会风气的转化，挽救国家危堕的局面。《循环日报》是中国新闻史上第一份以政论为主的报纸，开创了报纸的政论风气，揭开了“文人论政”的政论报纸的序幕。王韬，一文弱书生，手无寸铁，仅以一管毛锥，针对当前的社会现实，评价其措置，褒贬其得失，使报刊政论文章以

---

① 王韬：《论日报渐行于中土》，见吴廷俊《中国新闻史新修》，复旦大学出版社 2008 年版，第 65 页。

② 王韬：《上潘伟如中丞》，见吴廷俊《中国新闻史新修》，复旦大学出版社 2008 年版，第 65 页。

战斗的姿态介入国内外政务大事之中，关心国事民瘼，立言以救国，表达其爱国思想，显示了民间报刊在历史转型时期，国家面临阵痛时的那种责任担当。可以这样认为，民报在中国历史舞台上一经出现，就承担了救亡图存的责任，这个超出新闻之外的沉重负荷，对后世的民间报刊产生了深远的影响。

其二，启中国“职业报人”的新曙。王韬幼承庭训，对科举功名自是孜孜以求，后为生计所迫，不得已入伦敦布道会办的墨海书馆任中文编校工作，后来又因通缉事件的影响，在这条路上越走越远，他创办《循环日报》并以此为载体，表达自己对世事时局的看法，发出批评社会、干预社会的呼声，以此不仅每月有百多银元的进项，获得了优越的生活条件，并且赢得了包括李鸿章等权贵在内的各方的尊重，影响了康有为、梁启超、孙中山等未来历史的创造者。王韬以自己的办报实践，“开启了在科举功名之外的另一条新道路，树立起了一种新的人生模式，称之为近代中国最早知识分子应该是恰当的。他不依傍朝廷，独立创造自己的事业，报刊这个舶来品，正是在他手里完成了最初的中国化过程，他把古老的农业文明传统和西方工商业文明的理想结合在一起，借助报纸这一新型载体，发出了独立的民间的声音，成为百年言论史的源头，影响深远，余音不绝”。①

古代中国的知识分子——士——舞文弄墨本是其本分，传统文化赋予他们的参政意识又使他们喜欢对公共事务进行批评；但是，因为“士”长期依附于封建政权而生存，所以始终都没有孕育出作为自由职业者的知识分子。王韬的“经验”说明，民营报业为古代文人敞开了一条传统途径之外的谋生之道，为其提供了一个恰如其分的表达空间，也改变了他们读书致仕、服务皇权的人生模式。一种新型的文人生活方式——职业报人——逐渐进入了知识分子的视野。

① 傅国涌：《前言》，《笔底波澜：百年中国言论史的一种读法》，广西师范大学出版社 2006 年版。

第七章
近代民报新发展：维新论坛和革命利器

自1895年开始，进入了思想家所讲的转型时代："所谓转型时代，是指1895—1925年初前后大约30年的时间，这是中国思想文化由传统过渡到现代、承先启后的关键时代。在这个时代，无论是思想知识的传播媒介或者是思想的内容，均有突破性的巨变。"① 甲午海战，举国震惊，儒家传统思想已经对知识分子失去了约束力与吸引力；与此相应的是，大量的西学术语和理论被引入中国，中国思想领域空前激荡，一个新的思想论域正在形成。与此同时，在民族危机日益加深的情况下，中国知识分子不断要求政治变革、寻求救国途径，由此，维新变法与革命运动相继展开。

举国图强、变法图存的社会环境，为民报提供了良好的生长空间；另外，外国列强对中国的压力由经济的掠夺扩展为领土的攘夺以及多种形式的政治军事的侵略，不仅强化了中国传统中固有的"华夷"之分，更是强化了"合群救亡"、"保国保种"的迫切感。伴随着国人空前高涨的爱国热潮，国人办报先后出现了两次高潮，并且主要是民间办报。

维新运动前后所创办的120种报刊中，唯《官书局译报》和《官书局报》以官方身份出现，其余基本上为民报。"1905年—1911年间，全国先后发行报刊约600余种之多，其中直接间接为清廷控制的不到1/10。传媒在信息来源的内容、编辑经营、发行与受众方面的民间化，加速了封建正统思想地位的旁落的趋势，导致意识形态的失范。"②

第一节 维新论坛

维新人士十分重视报刊宣传工作，将报刊视为宣扬政治观点和参政的有力工具，办报成了维新运动的主要活动。康有为1895年在《上清帝第四书》中，提出若干变法主张，其中第四条就是谈办报问题。他说："四曰设报达聪。……宜令直

① 张灏：《中国近代思想史的转型时代》，见张灏《幽暗意识与民主传统》，新星出版社2006年版，第134页。

② 桑兵：《晚清学堂学生与社会变迁》，浙江教育出版社1998年版，第959页。

省要郡各开报馆，州县乡镇亦令续开，日月进呈。并备数十副本发各衙门公览，虽乡校或非宵旰寡暇，而民隐咸达，官慝皆知，中国百弊，皆由蔽隔，解蔽之方，莫良于是。"① 在康有为看来，中国百弊丛生的原因是蔽隔阻塞，消息不灵，要解除弊病，最好的办法就是办报、译报。有人甚至表示要"以二三报馆之权力，以变易天下也"。② 在康有为、梁启超等维新志士的带动下，各地的维新报刊蓬勃发展起来；"百日维新"期间，光绪皇帝准许官民办报的诏书，更是促进了各地报刊的飞速发展。于是，国人争相办报，成为一时之风气。据不完全统计，从1895年到1898年，全国出版的120种中文报刊中，80%左右是国人自办的。多种多样的报刊，遍及全国沿海和内陆的很多城市，成为社会舆论的中心，极大地推动着维新运动的发展。

在维新变法论坛上，主要有两类报刊：一类是那些实际致力于政治活动、带有党派性质的维新人士所创办的维新报刊；一类是一些具有改良思想的人士自行创办的自由报刊。

一、维新报刊的创办与刊行

（一）《时务报》的创办与刊行

《时务报》是维新运动的一面旗帜，也是国人第一次办报高潮中最有影响的一家报纸。1896年8月9日创办于上海，其资金来源为上海强学会余款1200两，黄遵宪捐款1000两，邹凌翰捐助500两。主编梁启超，总经理汪康年，旬刊，书本式，每期20余页，约三四万字，其内容"率以变法图强为宗旨，盖至是而吾国始有论政之杂志"。③ 从创刊到停刊，共出69期。在《时务报》的筹办过程中，环绕办报方针，梁启超、汪康年之间曾发生了一场争论。梁启超主张以"言论"为主，汪康年主张以"译报"为主，后虽取折中意见，但埋下了一年之后梁、汪决裂的伏笔。

《时务报》成了以梁启超为代表的维新派的重要宣传阵地。24岁的梁启超在每期卷首发表鼓吹维新变法的4000多字的政论文章，文字通俗，切中时弊。同时除刊载一般的国外消息外，还着重介绍西方各国对中国事务的议论，以扩大国人视野。《变法通议》、《论中国积弱由于防弊》、《论君政民政相嬗之理》等一系列文

---

① 《康有为政论集》，上册，汤志钧编，中华书局1981年版，第158～159页。

② 吴恒炜：《〈知新报〉缘起》，见张之华《中国新闻事业史文选》，中国人民大学出版社1999年版，第90页。

③ 汪诒年编：《汪穰卿先生传记》卷二，文海出版社（台湾）1966年版，第12页。

章，喊出了“变亦变，不变亦变”的时代呼声，提出了“变法之本，在育人才；人才之兴，在开学校；学校之立，在废科举；而一切要其大成，在变官制”等具体措施。同时，把维新变法的合理性和必要性，提到社会进化和民权平等的理论高度予以论证，对国人进行思想启蒙宣传。这些议论，使海内耳目为之一新，舆论为之大振。

梁启超主编《时务报》期间，改革和发展了王韬的报刊政论文体，以其聪明才智和满腔热情，将古典学识和他所鼓吹的自由、民主、宪政改革理念结合起来，形成了自己的独特风格，时人称之为“新文体”、“报章文体”，或以《时务报》名名之，称为“时务文体”。梁启超在《清代学术概论》中如此总结：“启超夙不喜桐城派古文，幼年为文，学晚汉、魏晋，颇尚矜炼，至是自解放，务为平易畅达，时杂以俚语、韵语及外国语法，纵笔所至，略不检束。学者竞效之，号新文体。”

梁启超的时务文体曾风靡一时，1901 年梁启超追忆当时人们喜读《时务报》的盛况说：“一时风靡海内，数月之间，销行至万余份，为中国有报以来所未有。举国趋之，如饮狂泉。”① 《时务报》富有成效的宣传鼓动，在全国激起了强烈的反响。有的主动捐款，有的代为销售，有的帮助组稿，有些学校把报上刊登的文章定为课堂的教材，有些地方官员通令官学人员，踊跃订阅。

不仅如此，《时务报》既是维新派的重要宣传机关，也是他们推行新政、开展变法运动的重要基地。他们经常借此与社会上倾向和同情维新变法的人士联系工作，来信来访者竟日络绎不绝。不少学会团体就设在报馆内，有的还委托报馆代收会费、办理会员登记等事情。所有这些，不仅冲击了清王朝严禁士人集会结社、议论政治的传统法令，向资产阶级民主政治生活领域迈出了可贵的一步，而且也使变法维新运动从口头文字宣传走向实践行动的阶段。

在《时务报》创刊号上，梁启超发表了《论报馆有益于国事》的文章，文章提出了“耳目喉舌”论：“去塞求通，厥道非一，而报馆导其端也。无耳目，无喉舌，是曰废疾。今夫万国并立，犹比邻也，齐州以内，犹同室也。比邻之事，而吾不知，甚乃同室所为，不相闻问，则有耳目而无耳目；上有所措置，不能喻之民，下有所苦患，不能告之君，则有喉舌而无喉舌。其有助耳目、喉舌之用，而起天下之废疾者，则报馆之为也。”这些观点成了中国报纸功能理论的源头。

《时务报》的成功既归功于梁启超的言论，同时也要归功于汪康年出色的经营管理。可惜的是，1897 年 10 月，梁启超因与汪康年的矛盾，负气离沪去长沙任时务学堂总教习，自 55 期后，《时务报》上再无梁启超的文章，也丧失了那种踔厉

① 梁启超：《本馆第一百册祝辞并论报馆之责任及本馆之经历》，《清议报》，1901 年 12 月 21 日。

风发的革新精神，一个曾经创造了辉煌的知识群体就此解体。1898 年 7 月 17 日（光绪二十四年五月二十九日），康有为奏请将《时务报》改为《时务官报》，委梁启超总其事，光绪皇帝降旨同意，上谕称："报馆之设，所以宣国是而达民情，必应官为倡办……"但汪康年抢先一步，将《时务报》改名为《昌言报》出版发行，康有为设法欲夺回《时务报》，后戊戌政变爆发，《时务报》就此退出了历史舞台。

（二）《知新报》的创办与刊行

《知新报》是维新派在华南地区的重要舆论阵地，1897 年 2 月 22 日在澳门创刊。这份创办较早、出版时间最长的维新派报刊，是在康有为亲自策划下创办起来的。康选择澳门作为维新派办报基地的原因，一是能借助澳门为葡萄牙租地的庇护；二是想在华南地区建立一个舆论阵地，与上海《时务报》南北呼应，为维新运动张目；三是正好遇上热心报事的何廷光愿意出钱办报。

《知新报》初创时为五日刊，后改为周刊、半月刊，由何廷光、康广仁总理，梁启超等康门弟子任撰述，阵容相当强大。《知新报》是《时务报》的姐妹刊物，都以宣传康有为的变法主张为要旨。作为在清王朝封建统治鞭长莫及之地出版的报刊，《知新报》也有不同于《时务报》的特点：一是报道更为大胆，敢言《时务报》所不敢言者，敢载《时务报》所不敢载者，在创刊号起连载了三期的《知新报缘起》申明："报者天下之枢铃，万民之喉舌"。二是以沟通中外信息、传播西方科技知识作为重要内容，以"有助于多识"。《知新报》的历史意义，不仅在于它是维新派在华南地区的重要舆论阵地，更重要的自政变发生到 1898 年 12 月横滨《清议报》创刊之前的 3 个多月的时间里，国内各地维新派报刊扫地以尽，惟独《知新报》能幸存下来，对戊戌变法功败垂成作了大量的回顾、总结，在为维新事业辩护的同时，发表了许多文章来歌颂为变法死难的烈士，谴责发动政变的后党，竭力为光绪皇帝和康有为辩诬等，成为同封建顽固派作针锋相对斗争的唯一报刊。《知新报》一直出版到 1901 年 1 月 20 日才自动停刊，总共出了 133 期。

（三）《湘学报》的创办与刊行

《湘学报》原名《湘学新报》，是维新派在湖南地区的第一份报纸，1897 年 4 月 22 日创刊，该报由时任湖南学政的江标、徐仁铸和时任湖南按察使的黄遵宪先后督办，为综合性旬刊，出版半年后即 1897 年 11 月 5 日改名为《湘学报》。该报作为倡导新政新学的舆论机关，试图以"体用赅贯之学，导湘人士"为目的，以倡新学、开民智、育人才、图富强为宗旨，设有掌故、史学、时务、舆地、算学、商学、交涉等固定栏目。唐才常除担任主编外，还兼任"史学"、"时务"、"交涉"三栏的编辑，并以"洴澼子"为笔名，在该报上发表一系列文章，介绍西方国家的历史、议会制度等，宣传维新思想，提出在中国实行君主立宪制度的主张。

1897年下半年，黄遵宪到湖南任盐法道兼署按察使，徐仁铸继江标为湖南学政，加快了湖南新政新学的步伐。1898年2月，南学会成立，每七日集会一次，由会员发表演讲，“慷慨论天下事”，兼及省内各项新政。南学会“无变法之名而有变法之实”，“无议院之名而有议院之实”，实际上成了湖南维新运动的领导机关。南学会成立后，有鉴于《湘学报》刊期太长，文字过于艰深，不能满足省内日益高涨的维新运动的需要，便决定另办一份通俗的日刊报纸，作为南学会的机关报，于是，于1898年3月7日在长沙创办了《湘报》。关于《湘报》，在后边的党报部分有专门论述，此处从略。

（四）《国闻报》的创办与刊行

《国闻报》创刊于1897年10月26日（光绪二十三年十月初一日），在清朝政府的统治中心——京、津地区出版发行，它不仅是维新派在中国北方唯一的舆论机关，而且成为当时北方地区办得最好的一家日报，起着其他维新派报刊所无法替代的重要作用。《国闻报》出版一个月多后，又于1897年12月8日创办了一个旬刊《国闻汇编》，专门刊登“重要之事”，“足备留存考订者”，以专供“士大夫读书之人”阅读。

《国闻报》日出一大张，毛边纸单边印刷，4号铅字排印，共分8个版面，前4个版面为新闻评论，后4个版面为广告，每天还印有附张京报，随报免费赠送。该报名义上的馆主是福建人李志成，但实际上，《国闻报》是集资创办的，出资人包括严复、北洋学堂总办王修植、育才学堂总办夏曾佑、内阁中书杭辛斋等人。因为主持者都是朝廷命官，不便于公开直接办报，所以对外都不承认自己是报馆主笔。为了避免清朝政府的直接干涉，他们把报社设在天津紫竹林海大道租界地面，以便得到租界当局庇护。

《国闻报》的核心和灵魂是严复。严复（1854—1921），福建侯官（今闽侯县）人。出生于名医世家，幼年受中国传统文化的严格教育。1866年考入马江船政学堂，毕业后在北洋水师服役，1877年赴英留学，入格林尼治海军大学，全面深入地了解了西方社会和文化，1879年回国，被聘为天津水师学堂总教习，以巨大的热情投入维新宣传运动，但并不赞成维新派所提出的倡民权、开议院的主张，也很少与康梁交往，他先于康梁将西方资产阶级进化论和社会改良学说介绍过来，影响了整整一代青年知识分子，成为中国近代资产阶级初期的启蒙思想家，但由于他很少参加实际政治运动，故在政变后，终于由“趋时”的先进分子变成了“复古”的保守人物。

从1895年2月至同年6月中旬的短短三个半月时间里，他接连在天津《直报》上发表《论世变之亟》、《原强》、《辟韩》、《原强续篇》、《救亡决论》等5篇文章，抨击列强侵略，揭露封建专制制度的弊端，批评君主专制制度，提出了“鼓民力”、“开民智”、“新民德”的主张，对当时思想界产生很大影响。1897年《国闻报》和《国闻汇编》创刊后，严复以此为维新阵地，发表了许多政论文章，讲解西学渊源和西方政教之美，大力鼓吹变法维新。《国闻报》的另两位主要人物是王修植和夏曾佑，都为报纸撰写了许多关于变法维新的文章。此外，王修植还负责报纸的发行工作，是报馆业务上的实际负责人。

《国闻报》在维新派报刊中独树一帜，其特色有两点：一是“以通外情为要务”。严复认为，“塞于下情国必弱，昧于外情国必危”。“欲通外情不能不详述外事；欲详述外事不能不广译各国之报，此《国闻报》之所以继诸家而起也。”因此，《国闻报》和《国闻汇编》从创刊之日起，就特别重视对外国报刊、书籍的翻译介绍工作。他们不惜重金聘请翻译人员，大量译载西方资产阶级的社会政治学说和自然科学知识，以及外电、外报的消息和评论；而最杰出的翻译人员则是严复本人，其翻译的著作在当时起到了巨大的思想启蒙作用，特别是其《天演论》从根本上推翻了封建顽固派所奉行的“天不变道亦不变”的谬论，为变法维新提供了理论依据。二是该报在国内、国外多个城市设有特约记者，“消息确而速，又极多及详”，且颇具地方特色，尤为可贵者。此外，戊戌政变后，《国闻报》利用其日商招牌继续出版，客观报道了戊戌政变的真相，揭露清廷屠杀维新志士的暴行，并且采用同顽固派斗争的特殊策略，能在戊戌政变后全身而退。

（五）《清议报》的创办与刊行

戊戌政变后，梁启超逃到了日本。三个月后，于1898年12月23日在旅日侨商冯镜如等人的资助下在横滨创办了《清议报》。《清议报》是戊戌政变后，康梁在海外创设的第一个舆论机关，旬刊，冯镜如为发行人，梁启超为实际主持者，麦梦华、欧榘甲辅助之。

在《清议报序例》中，梁启超论述了该报的四项宗旨：“一、维持支那之清议，激发国民之正气；二、增长支那人之学识；三、交通支那、日本两国之声气，联其情谊；四、发明东亚学术，以保存亚粹。”在第11册上刊登的《本报改定章程告白》中，梁启超又将四项宗旨概括为一句话：“本报宗旨专以主持清议、开发民智为主义。”所谓“主持清议”，就是用舆论谴责“逆后贼臣”（慈禧、荣禄）发动政变、把持朝政的罪行；所谓“开发民智”，就是宣传西方近代社会政治学说和文化，对民众进行思想启蒙。

在《清议报》出满一百册后，梁启超撰文概括该报有四大特色，一曰“倡民权”，二曰“衍公理”，三曰“明朝局”，四曰“厉国耻”。并指出：“此四者，实惟我《清议报》之脉络之神髓，一言以蔽之：曰广民智振民气而已。”

《清议报》在报刊业务上也颇有创新：其一，改革言论写法，如“国闻短评”

的写法是将新闻与评论紧密结合，对报刊政论文体有重大突破，为后来风行于各报的“时评”的起源。其二，分门别类地编排稿件。创刊初期，除“本馆论说”栏外，将所有稿件按“支那人论说”、“日本及泰西论说”、“支那近事”、“万国近事”、“支那哲学”、“政治小说”六栏分门别类刊登，清晰而又丰富；第11册后设置栏目又有所增加。其三，刊登政治小说，作为政治宣传的重要手段，也是该报的首创。另外，该报最先使用了“记者”、“党报”、“机关报”等新闻名词。

作为《清议报》的实际主持人和主要撰稿人，梁启超在1898—1901年三年内，把主要时间和精力用在该报的编辑工作上。他以“哀时客”、“任公”、“饮冰子”、“饮冰室主人”、“少年中国之少年”、“定远”等笔名，为《清议报》写了350多篇论说及多篇专栏文章。

1901年12月21日《清议报》出至第100期，梁启超发表了《本馆第一百册祝辞并论报馆之责任及本馆之经历》。为了表示纪念，这一期改为特大号。特大号刚出版，报馆就遇到火灾而被迫停刊。

（六）《新民丛报》的创办与刊行

《清议报》停刊后，梁启超又于1902年2月8日在横滨办起了《新民丛报》。这是个大型综合性半月刊，内容有25类，政治经济、历史地理、宗教学术、小说文苑无所不包；东西南北，古今中外无所不谈。《新民丛报》的政治主张仍是改良，它不赞成用武装手段推翻清朝政府，认为“导中国进步当以渐”。所谓“渐”，就是办教育以“开民智”，以“新民”。在创刊号上刊登的《本报告白》宣布该报宗旨：“本报取《大学》‘新民’之义，以为欲维新我国，当先维新我民。中国之所以不振，由于国民公德缺乏，智慧不开。故本报专对此病开药治之。务采合中西道德以为德育之方针，广罗政学理论以为智育之原本”；“本报以教育为主脑，以政论为附从……惟所论务在养我国家思想，故于目前政府一二事之得失，不暇沾沾词费也”；“持论务极公平，不偏于一党派”。可见梁启超创办《新民丛报》的用意，主要在于“新民”，即对中国传统的道德、学术、风俗进行革新，因此各种新思想、新学说、新知识的介绍就自然成为它宣传的重要内容。据统计，1902年《新民丛报》共出版24期，卷首插图80幅，其中属于西方国家景物和人物的有75幅，占94%；每期首篇和第二篇文章，属于介绍西方文化思想的23篇，占总数48篇中的48%；发表各种文章、资料340多个篇目，其中评价或涉及西方资产阶级意识形态方面的180多篇，占53%。①

从政治倾向看，《新民丛报》以1904年初为界分为前后两个时期。前期的《新民丛报》积极从西方资产阶级思想界寻找武器，并以此向中国民众进行说教，

① 方汉奇：《中国新闻事业通史》，第1卷，中国人民大学出版社1996年版，第653页。

即进行“新民”的工作。并且，由于梁启超等人与孙中山等革命派人士的接触，受其影响，《新民丛报》还发表了许多论述革命的文章。1903年2月，梁启超应美洲保皇会邀请，赴北美游历，在此期间，康有为对他与革命派交往十分不满。12月，梁启超从美洲考察回到横滨后，《新民丛报》“言论大变”，连续发表文章，反对革命，公开提出与共和“长别”矣。后期的《新民丛报》则不遗余力鼓吹“君主立宪”和“开明专制”，对日益高涨的革命运动则竭力反对，并酿成了与革命派《民报》的报刊大论战。由于逆历史潮流而动，所以，《新民丛报》在论战中惨败，不得已，于1907年11月20日出至第96期后自动停刊。

《新民丛报》是梁启超一生中办得时间最长的一份报纸。他在《新民丛报》上发表了系统阐述他政治思想的代表作《新民说》，这篇洋洋10万余言的长文，从创刊号起连载34期，在该文中，梁启超强调“新民为今日中国第一要务”，号召国民摆脱奴性，树立独立、自由的思想，养成自尊、进步、利群、进取、冒险的精神。在该报上，他还发表了阐述办报思想的重要文章《敬告我同业诸君》。梁启超此时文章比维新时期更加臻于成熟，时有“新民文体”之称。《新民丛报》时期的梁启超被人称为“言论之骄子，天纵之文豪”。

梁启超在创办《新民丛报》的同年（1902年）11月还创办了我国最早刊载新体小说的刊物《新小说》月刊。梁启超创办此刊的目的，同样是“新民”。他在《新小说》第1号上发表的《论小说与群治之关系》中说：“欲新一国之民，不可不先新一国之小说。欲新道德，必新小说；欲新宗教，必新小说；欲新政治，必新小说。”以往，小说只是供人们茶余饭后消遣娱乐，而梁启超公然声称，编辑《新小说》是“专欲发表区区政见，以就正于爱国达识之君子”。把小说与国家前途联系起来，与“新民”联系起来，梁启超为第一人。在这种思想指导下，《新小说》发表了许多政治小说、历史小说、社会小说，以及戏曲、诗歌等，鼓吹改良。

事后，梁启超回忆起当年创办《新小说》的指导思想时说：“壬寅秋间，同时复办一新小说报，专欲鼓吹革命，鄙人感情之昂以彼时为最矣！”①

二、自由报刊的创办与刊行

（一）《时务日报》

1898年5月5日（光绪二十四年闰三月十五日），汪康年与曾广铨、汪太钧等在上海创刊《时务日报》，以“提倡变法为主旨”，认为“日报之制，仿于中国之

① 梁启超：《鄙人对于言论界之过去及将来》，见《饮冰室合集·文集》，第11册，中华书局1941年版，第2页。

邸抄，而后盛行于泰西，又大变其制，能通消息，联气类，宣上德，达下情。……然则处今之世，而欲使吾壅蔽顽痼之俗，一变而洞彻，而愤厉，惟日报宜也。”①因此，该报绍介新书，宣传新学，揭露朝政腐败，抨击权贵们的奸贪误国，显示出改良色彩。

《时务日报》在新闻业务上有不少建树和创新，为人所称道。汪康年办报有一个很大特点，比较重视报纸的时间性、新闻性，注意加强新闻报道。该报的章程就明确规定：“本馆之意在转圜时务，广牖见闻。”对各地“异常紧要之事，均令访友即行电告，俾阅者先睹为快”；对于西报，“凡紧要新闻及有益之论说章程，悉行摘录”。② 戊戌政变期间，为了使读者获悉最新消息，该报在9月24日还刊登启事说：“本馆凡有紧要事件，皆当发传单，以供诸君先睹为快。”这里所说的“传单”，实际就是后来报界遇重大事件随时发刊的“号外”，由此可见该报重视新闻报道和新闻时效性之一斑。

当时报纸，都采用书本式、油光纸单面印刷，版面不分栏，发排文稿，只要按谕旨、论说、纪事等，从右到左，一篇篇排下去就可以了。至《时务日报》出，耳目为之一新，它首创“版面分栏，新闻分类”的编辑方法。题文的字号有别，大小眉目一新。随着版面的改革，标题也开始改进，改变了既往的四字标题模式，或以新闻分类做标题，或从新闻稿内容出发，另拟标题，使版面悦目清爽，经过一段时间后，很受读者欢迎。同时，报纸还兼办一些服务性的公益事业，为后来报纸推行读者服务、募捐救灾之滥觞。

1906年，该报因经济困难，靠官方津贴度日，后又因批评南京军警界的腐败黑暗而触怒两江总督端方，在政治经济的双重压力下，被迫将报馆卖给上海苏松太道蔡乃煌，此后，“报格”沦丧，1911年停刊。

（二）《大公报》

《大公报》1902年6月17日创刊于天津，是我国历史悠久的报纸之一。该报主要由天主教堂总管柴天宠及朱志尧、王郅隆等人投资，由英华任社长，主持报务。英华（1866—1926），字敛之，满族人，生于北京，信奉天主教，他主持的《大公报》的办报目的是“开风气，牖民智，挹彼欧西学术，启我同胞聪明”。③这就是说，该报要打破封建顽固势力的禁锢，用西方资本主义思想对读者进行新的思想启蒙。

---

① 汪康年：《论设立〈时务日报〉宗旨》，见戈公振《中国报学史》，中国新闻出版社1985年版，第122～123页。

② 《时务日报章程》，见戈公振《中国报学史》，中国新闻出版社1985年版，第123页。

③ 英敛之：《大公报序》，见《大公报》，1902年6月17日。

《大公报》的特点有如下几点：

一是敢言。因为该报在租界出版，故有时也敢和以慈禧太后为首的后党政府作对。创刊第五天就发表言论《论归政之利》，公开要求慈禧撤销垂帘听政，归政于光绪皇帝，触及了那个时代最敏感的神经；呼吁君主立宪，伸张民权，抨击专制，笔锋犀利，经常指名道姓地批评当时权贵如袁世凯、盛宣怀等。严复曾送给英华一副这样的对联："能使荆棘化堂宇，下视官爵如泥沙。"①

二是严肃。该报多登他们认为"有益于国是民依，有裨于人心学术"的文论，反对刊载迎合市民低级趣味的猥亵琐屑之事，重视评论工作，举凡国家大政方针、宣传变法维新、抨击封建顽固势力、兴办社会公益事业等，都通过《论说》来表示它的观点。

三是爱国。该报要求民族独立，反对外国侵略，谴责沙俄长期侵占中国东三省，揭露英属南非当局虐待华工的暴行，在1905年反美续订华工禁约那场重大宣传战役中，积极鼓动天津人民抵制美货，表现出了很大的爱国热情。

（三）《时报》

《时报》1904年6月12日创刊于上海，开始是一份保皇派的报纸。康梁从保皇需要出发，十分重视这一国内的舆论阵地，派康门得力弟子狄葆贤和罗普分别担任该报的经理和主笔，还派梁启超潜回上海为之策划、定报名、撰写发刊词与发刊条例等，先后投资20万元。但《时报》始终坚持了非党派的办报方针，1908年以后，狄葆贤逐渐疏远康、梁及保皇党，最终以观点执中公允、业务前趋新锐、独资民营企业（辛亥后，《时报》由狄葆贤独资经营）的身份跻身民报行列。保皇派少了一个喉舌，但暗淡的晚清中国则多了一份真正有品质的民报。"狄氏应当说正处于中国报业家由依附性、幼稚走向独立、成熟的交接点。自他起，真正的民族报业家才陆续登上报业舞台，开始了民营报业的新时代。"②

狄葆贤自称"吾之办此报，非为革新舆论，乃欲革新代表舆论之报界耳"。该报在报纸编辑工作上，有很多改革和创新，在当时的报界有很大影响。它首创"时评"专栏，每篇一二百字，密切配合当日重大新闻，应时而发，尖锐泼辣，引人入胜。它在编排上"务求醒目"，标题和评论的主要处都加圈加点以示突出。同时，还打破报纸书本式，首创对开版式。《时报》是当时知识分子最喜欢的日报，

① 傅国涌：《笔底波澜：百年中国言论史的一种读法》，广西师范大学出版社2006年版，第38页。

② 程丽红：《清代报人研究》，社会科学文献出版社2008年版，第221页。

受到当时文艺界、教育界尤其是青年学生的欢迎，称之为：“中国智识阶级的一个宠儿。”①

1921年前后，《时报》在申、新两大报的夹缝中生存得非常艰难，年年亏损，狄葆贤不得不将他主持了17年之久的《时报》卖给了从美国回来的黄伯惠。此是后话。

（四）《京话日报》

《京话日报》是一张以市民为主要读者对象的小型日报，1904年8月16日彭翼仲创刊于北京。彭翼仲一生热心报业，典衣卖房，“呕心挖肝的苦办报”，② 办有《启蒙画报》、《京话日报》和《中华报》，而以《京话日报》声名最著，通篇用京话，“以浅显之笔，述朴实之理，记要紧之事”，③ 雅俗共赏，而且售价低廉，每份只要三个铜板。《京话日报》旨在“输进文明，改良风俗，以开通社会多数人之智识”，主张变法维新，倡导社会改革运动，以达至两个目的：一是“开发民智”，即以报纸为载体，扩大人们的见闻，增加人们的知识，提高人们的文化水平；二是建立一个能够为中国人说话的舆论阵地。彭对当时外报垄断报坛深有不满，要争回这说话的权利，他在《中华报》的发刊词中如此说道：他所办的报纸“并无洋人资本，亦不藉他国保护……成败利钝非所料焉”。④

从上述两个目的出发，《京话日报》从创刊开始就标榜自己是中国人办的报纸，在报头上印“华商”两个字，强调“作报的心是中国的”，并组织了三次大的反帝宣传战役：第一次是1904年10月到1905年4月间反对南非英国殖民当局虐待华工的宣传；第二次是1905年5月到第二年春天抵制美货的宣传；第三次是1906年二三月间关于南昌人民反洋教斗争的宣传，表现了强烈的民族感情。《京话日报》针砭时弊，倡言无忌，它从创刊起，就一再声明：“我们这《京话日报》是一个胆大妄言，不知忌讳，毫无依傍，一定要做完全国民的报”；“应该争论的，刀放在脖子上还要说”。⑤ 对官场的腐败和黑暗深恶痛绝，对社会底层民众的疾苦深表同情，敢于为被压迫被欺侮的下层人民说几句公道话。因此，该报影响很大，创刊不久就成了天子脚下最有棱角的日报，尤其受到普通市民的喜爱，《大公报》的英敛之称赞说：“北京报界之享大名与社会程度适当其可者，要推《京话日报》

---

① 傅国涌：《笔底波澜：百年中国言论史的一种读法》，广西师范大学出版社2006年版，第45页。

② 《演说》，《京话日报》，1905年4月8日。

③ 《发刊词》，《京话日报》，1904年8月16日。

④ 傅国涌：《笔底波澜：百年中国言论史的一种读法》，广西师范大学出版社2006年版，第48页。

⑤ 方汉奇：《清末的〈京话日报〉》，《新闻春秋》2004年第3期。

为第一。"①1906年，《京话日报》即因揭露官场黑暗而被清政府以“妄议朝政，容留匪人”的罪名查封，彭翼仲本人亦被发配新疆10年，1907年春天在他起程的时候，无数人赶来送行，其中一位甘愿陪他去新疆，成为民报史上极为动人的情景。

第二节 革命利器

戊戌变法失败及乃后的庚子之变，政府威信扫地，极大地启发了知识分子的民族意识，促使他们摒弃温和的改良方式而倾向反清革命。他们创办了大批报刊，宣传革命思想，鼓吹在中国建立“民主共和”制度。革命报刊以“苏报案”为分界，分为两个阶段：“苏报案”前的报刊，革命与改良的分野尚不明显，“苏报案”后，“革命”取代“改良”，成为报刊的主导声音。

一、留日学生报刊

日本明治维新的成功是中国改革派的学习榜样。20世纪初，留学日本人数就达到一万三四千名或两万名。② 这些留学生在日本接触资产阶级革命理论后，思想逐渐由改良转向革命，于是，在日本出现了一批具有革命倾向的报刊。

中国留日学生创办的第一个具有革命倾向的刊物是1900年11月在横滨出版的《开智录》，它由郑贯公、冯自由、冯斯栾创办，郑贯公主编。《开智录》以“开通民智”为宗旨，印刷、发行要依附《清议报》，内容也和《清议报》相似，初为油印，后接受革命影响和孙中山的资助改为铅印。于是郑贯公、冯自由、冯斯栾三人分别以“自立”、“自由”、“自强”（人称“三自”）的笔名发表文章，“倡自由之言论，申独立之民权”，赞扬义和团，谴责帝国主义和倡言反清革命。不久，《开智录》的革命倾向被保皇派发觉，《开智录》被迫停刊，郑贯公被《清议报》解职后由孙中山介绍去香港，成了《中国日报》的记者，后又离开《中国日报》去香港创办了《有所谓报》。

略迟于《开智录》出版的是《译书汇编》，1900年12月在东京创刊。它是我国第一个留日学生团体“励志会”的成员创办的，这些人有戢元丞、杨廷栋、杨荫杭、雷奋等。他们创办《译书汇编》是“专以编译欧美法政名著为宗旨”，宣传资产阶级思想。该刊曾发表孟德斯鸠的《万法公理》、斯宾塞的《政治哲学》、卢

---

① 英敛之：《北京视察识小录》，《大公报》，1907年11月27日。

② ［日］实藤惠秀：《中国人留学日本史》，谭汝谦、林启彦译，三联书店1983年版，第36页。

梭的《民约论》等。1903年改为《政法学报》，1904年停刊。虽然该刊没有提出民主革命的激烈主张，但它发表自由平等学说，对启迪青年思想有相当的功劳，为民主革命提供了思想武器。

《国民报》革命倾向较为明显，它是1902年5月由秦力山、沈翔云、戢元丞、王宠惠等人在东京创办的，秦力山任总编辑。秦力山等人是在1900年自立军起义失败后逃亡日本的，血的教训使他们对保皇党深恶痛绝，于是便以这份刊物为武器，揭露康梁，鼓吹革命。秦力山、杨廷栋、雷奋等人的文章猛烈抨击了数千年的封建制度，对梁启超等人的"保皇扶满"言论进行了系统的批判，"反映了新从改良主义思想的影响下解放出来的爱国知识分子的思想面貌"。① 《国民报》在出4期后因经费困难而停刊。

此外在留日学生报刊群体中，还有几种带有地方色彩的报刊。《湖北学生界》是1903年1月由湖北学生会在东京创办的，半月刊，由刘成愚、蓝天蔚等人编辑，以"输入东西之学说，唤起民国之精神"为宗旨，大力报道留日学生的拒俄运动，表现出极大的反帝爱国热情，1903年9月停刊。《浙江潮》是1903年2月在东京由浙江籍留日学生同乡会创办的，孙翼中任主编，参加编辑的有蒋方震、许寿裳等人，销量达5000份，为留日学生刊物发行量之冠。《江苏》是1903年4月江苏留日学生同乡会在东京创办的，月刊，主编是秦毓鎏，参加编辑工作的有丁文江、陈去病等人。

留日学生报刊都着力于介绍世界局势及指出中国国势阽危，输入新知，注重揭露清王朝的腐败和列强的侵华罪行，唤醒民族救亡图存，有着强烈的民族情感，诸如宣传中国历史上岳飞、郑成功、史可法和夏完淳等人的历史事迹，采用黄帝纪元，大力宣扬民族主义思想。但是这些留日学生报刊，"都还没有提出革命的或其他的激烈主张，同改良主义的政治分野实际上还不十分明显"。②

二、《苏报》与"苏报案"

《苏报》的思想演进轨迹，"由变法而保皇，由保皇而革命，草蛇灰线，层级井然"，其转变的经过充分反映出晚清政治思想的演化和趋向。③

---

① 周佳荣：《苏报及苏报案：1903年上海新闻事件》，上海社会科学院出版社2005年版，第6页。

② 周佳荣：《苏报及苏报案：1903年上海新闻事件》，上海社会科学院出版社2005年版，第6页。

③ 周佳荣：《苏报及苏报案：1903年上海新闻事件》，上海社会科学院出版社2005年版，第7~8页。

《苏报》1896年6月26日创刊于上海，日刊，“本一营业性质之小报”，创办人为旅日华侨胡璋（铁梅），其妻生驹悦系日本人，《苏报》以生驹悦的名字在上海总领事馆注册。胡璋时期的《苏报》内容多为社会新闻及黄色新闻，因此声名不佳，经营也不利，难以继续办下去。其时，适逢具有改良主义思想倾向的江西铅山知县陈范因教案被罢官后移居上海，他“愤官场之腐败，思以清议救天下”，①于是，在1899年底出资买下《苏报》，聘请妹夫汪文溥为主笔。陈范在接办《苏报》后，“初力主变法，颇为读者欢迎，嗣复中于康、梁学说，高唱保皇立宪之论，时人多以康党目之”。② 1902年后，国内舆论渐渐倾向革命，陈范也受到革命思想的影响，深感保皇之路行不通，逐渐倾向于革命，将一份原本黄色的小报，改造成思想进步、引领舆论风骚的报界巨擘。1903年初，专辟“学界风潮”专栏，尽量刊登外界尤其是青年学子的来稿，成为鼓动学潮的旗手，进而由鼓吹罢学转向宣扬革命和破坏。1903年5月27日，陈范正式邀请上海爱国学社的章士钊担任《苏报》主笔，以章太炎、蔡元培等为主要撰稿人。从5月27日到7月7日《苏报》被查封，章士钊在主持笔政的40天中，在言论主张、栏目设置、新闻报道等方面，都采取了旗帜鲜明、大胆革命的措施，发表了《康有为》、《革命军》的书评。章士钊的《读〈革命军〉》、章太炎的《序〈革命军〉》和《康有为与觉罗君之关系》(节选自章太炎的《驳康有为政见书》)等一系列具有强烈革命色彩的文章，树起了反清革命的大旗，使《苏报》面目一新，成为一家影响巨大的革命报纸。章士钊说：“查清末革命史中，内地报纸以放言革命自甘灭亡者，《苏报》实为孤证。”③

《苏报》从1903年春开始，影响日广，立论渐趋激进，已引起清廷的注意。5月初，章士钊被任命为主笔后，大量刊登反清革命文字，又对邹容的《革命军》及章太炎的《驳康有为书》极事宣扬，革命旗帜愈益鲜明，更为清廷所惊恐，遂罗织成狱，是为著名的“苏报案”。案虽以“苏报”为名，实际上却是清政府对上海激烈反清活动的一次总清算。1903年6月30日，租界工部局派军警包围了苏报馆和爱国学社，章太炎等五人被捕，邹容次日主动投案，苏报馆被查封。

“苏报案”的审理，从1903年7月15日到1904年5月22日，长达10个月前后7次开庭。最后以邹容被判处2年徒刑、章太炎被判监禁3年和《苏报》被判

① 蒋慎吾：《兴中会时代上海革命党人的活动》，《民国丛书》，第2编第98册，上海书店1989年版，第206页。

② 胡道静：《上海的日报》，见周佳荣《苏报及苏报案：1903年上海新闻事件》，上海社会科学院出版社2005年版，第13页。

③ 章士钊：《苏报案始末记叙》，见周佳荣《苏报及苏报案：1903年上海新闻事件》，上海社会科学院出版社2005年版，第55页。

“永远停刊”而结案。此案在清末政治思潮的演变过程中，成为划时代的一件大事，对于其后报刊的转向，更起了极大的作用。“此案的发生，标志着当时革命的火焰，已凭着舆论的力量，向腐朽的清政府作强烈的喷射，也暴露了清廷以毒辣又很卑劣的手段，多方乞助于帝国主义者，对当时鼓吹革命的知识分子，对上海的新闻事业，加以严重的迫害。”①

三、郑贯公与《有所谓》报

《有所谓》报，全称《惟一趣报有所谓》，1905年6月4日（光绪三十一年五月二日）创刊于香港，总编辑兼发行人是郑贯公，原名道，字贯一，笔名自立、仍旧，广东香山人。他满怀“热心救世”的爱国激情，挚爱并献身报刊宣传事业，他从20岁到辞世，专心报业，6年编辑了6个报刊，其中4个是由他艰苦创办和主编的。在这些报刊上，他“抒救时之策，鸣警世之钟”，进行了大量的开发民智、唤起民众的宣传。办报生涯虽然短暂，却为新闻事业做出了卓越贡献，当时就被誉为“民族界巨子”。②

《有所谓》报是开智社同人集资创办的，宣布要“以言论寒异族独夫之胆，以批评而褫一般民贼之魄，芟政界之荆榛，培民权之萌蘖”；并声称“异族狮睡于上，汉奸虎伥于中，同胞牛马于下，罹此专制野蛮之网罗，凡有血气，莫不怦怦焉，作无可奈何之想，日舍暗杀主义以为民除害，吾汉族将无噍类矣”。③宣称“凡于有益同胞之事，无不竭力提倡；于有损同胞之事，无不疾声警告”。④

《有所谓》报强调严肃认真的办报态度，“调查不能不周密也”，“讴歌戏本不能不多撰也”，“图画不能不浅白也”，“门类不能不清楚也”，“报费不能不从廉也”，“图画不能不多刊也”，“校对不可不小心也”，“告白不可不选择也”。⑤因此，该报思想新颖深刻，笔锋泼辣犀利，语言诙谐生动，“一纸风行，为省港各报之冠”，⑥是这一时期香港地区办得最好的报纸之一。

1906年春，《有所谓》报因坚决反对岑春煊将粤汉铁路改归官督商办，被岑春

---

① 严独鹤：《辛亥革命时期上海新闻界动态》，《辛亥革命回忆录》，第4集，中华书局1961年版，第78页。

② 丁守和：《辛亥革命时期期刊介绍》，第5集，人民出版社1987年版，第739页。

③ 丁守和：《辛亥革命时期期刊介绍》，第5集，人民出版社1987年版，第739页。

④ 方汉奇：《中国近代新闻事业史编年》，第12集，中国社会科学出版社1983年版，第217页。

⑤ 方汉奇：《中国近代新闻事业史编年》，第12集，中国社会科学出版社1983年版，第219~224页。

⑥ 丁守和：《辛亥革命时期期刊介绍》，第5集，人民出版社1987年版，第739页。

煊禁止在内地销售。同年4月，总编郑贯公不幸病逝。7月该报易名《东方报》，出版至1907年1月停刊。

四、于右任与“竖三民”

“竖三民”是和于右任的名字紧紧联系在一起的。于右任（1879—1964），名伯循，字诱人，“右任”是他1904年开始为报纸投稿时所用的笔名，是一位很有影响的报刊活动家。于右任青少年时期博览群书，中过举人。1904年，因为写“爱自由如发妻，换太平以颈血”的诗句，被人告发遭通缉而逃亡上海。同年4月到日本，会见了孙中山，加入了同盟会。不久回国，创办报刊，进行革命的鼓吹。在1907年至1912年民国成立之前的五年当中，先后创办了《神州日报》、《民呼日报》、《民吁日报》、《民立报》，并且为在东京出版的《秦陇》、《夏声》等革命刊物写稿，成为名重一时的报刊活动家。

于右任创办的第一种报纸是《神州日报》。该报1907年4月2日创刊于上海，于右任为社长。这是一张在编辑和印刷方面完全现代化的大型日报，它在“有闻必录”的口号下，详细报道各地武装起义的情况，给革命运动以舆论上的支持。《神州日报》创刊不久，发行数超过1万份，创刊仅80天，因邻居失火而报馆被毁，于右任无力恢复，自行辞出。

1909年5月15日，于右任在浙江资本家沈漫云等人的资助下，创办了《民呼日报》，于右任仍当社长，聘范鸿仙、徐血儿、戴天仇等为撰述，日出对开两张，两面印刷，该报以“大声疾呼，为民请命为宗旨。大声疾呼，故曰民呼”。《民呼日报宣言书》指出：“夫报馆者，固平民之代表也。平民者，又与贵族立于反对之地位者也。”“民呼日报者，炎黄子孙之人权宣言书也。有世界而后有人民，有人民而后有政府；政府有保护人民之责，人民亦有监督政府之权。政府而不能保护其人民，则政府之资格失，人民而不能监督政府者，则人民之权利亡。”① 因此，《民呼日报》大力揭露贪官污吏的罪行，大造清朝气数已尽的舆论。对西北地区自然灾害的严重状况和地方官吏隐瞒不报，继续横征暴敛的恶行，尤其进行了详细报道和猛烈抨击。《民呼日报》的宣传遭到清政府的仇恨，陕甘代理总督毛庆藩诬指于右任吞没救灾公款，向上海公共租界提出控告，公共租界当局拘捕了于右任，虽经14次刑讯，查明纯属诬告，但还是蛮横地判决，将于右任“逐出租界”，《民呼日报》被迫停刊，前后仅出版92天。1909年8月14日，《民呼日报》在停刊前夕发表《民呼日报辞世之宣言》，与读者告别：“虽然长别者，民呼日报之名义耳。

① 参见傅国涌《笔底波澜：百年中国言论史的一种读法》，广西师范大学出版社2006年版，第66页。

不死者，民呼日报之灵魂也。”

于右任并未屈服，在《民呼日报》停刊两个月后，1909 年 10 月 3 日，他在租界又创办了《民吁日报》，所谓“民不敢声，唯有吁耳”。于右任不便出面，便由范鸿仙担任社长，景耀月担任总编辑。该报创刊时，正值日本前首相、侵略中国和朝鲜的元凶伊藤博文访俄途中到我国东北进行阴谋活动，在哈尔滨车站被朝鲜爱国志士安重根刺死，《民吁日报》发表报道和评论，认为伊藤博文之死是罪有应得，歌颂安重根是名垂千古的“血性男儿”。日本政府恼羞成怒，指令其驻沪领事馆勾结租界当局以“有碍中日邦交”的罪名于 1909 年 11 月 19 日查封了《民吁日报》，《民吁日报》前后只存在 48 天。

于右任不气馁，又于 1910 年 10 月 11 日创办了《民立报》。报名仍以“民”字开头，表示与“民呼”、“民吁”一脉相承，人们遂称这三个连续出版的报纸为“竖三民”。《民立报》由于右任担任社长，范鸿仙、景耀月、宋教仁、邵力子、章士钊、叶楚伧、张季鸾、陈其美为编辑，人才济济，于右任、宋教仁和叶楚伧时称“民立三杰”。《民立报》提出：“是以独立之民族，始有独立之国家；有独立之国家，始能发生独立之言论。”“以提倡吾国民自立之精神”，“以培植吾国民独立之思想”，“以辅助吾国民进立于世界之眼光”。“不敢以讹言乱国是；不敢以浮言伤邦交；不敢以妄言愚弄国民。所自期者，力求为正确之言论机关而已。”该报创刊后，支持学生爱国运动和上海发起的剪辫运动，声援全国各地的保路运动，痛斥清政府伪立宪的阴谋，预言“民党”即将“战胜政府”、“改造中国”、“担负今日之国事”。1911 年 7 月 31 日，领导长江流域革命活动的“中国同盟会中部总会”在上海成立，该报便成为其机关报。

于右任青年时代因诗贾祸，后创办《神州日报》和“竖三民”，为他赢得了极大的文名，时人有誉：“先生一支笔，胜过十万毛瑟枪。”

第八章
民报新篇章：新闻专业主义兴起

从1912年袁世凯成为中华民国大总统到1927年蒋介石在形式上统一中国，这十几年时间是中华民国北京政府时期，亦称北洋军阀统治时期。在这一历史时期内，虽然军阀混战，政权更替频繁，民国变成"军国"，民主变成"军主"，但辛亥革命后，民主共和观念深入人心，由孙中山等革命人士所建构的一整套民主政治的基本框架依然存在。每一派军阀控制中央政府后，为证明自己的合法地位，在形式上保留民国约法、三权分立的政权机构以及相应的其他制度，承认"人民有言论著作刊行及集会结社之自由"；再者，军阀混战，无法形成笼罩全国的专制统治，政治控制往往松弛，客观上使思想趋于活跃，言论相对宽松，中国人几千年来第一次有了利用报刊对政府进行合法监督的机会。所以，新闻事业迅猛发展，尤其是民营报业繁荣兴盛，谱写出新的篇章——职业报人在中国出现！新闻专业主义在中国兴起！

第一节 开新闻时代的名记者

从维新论坛到革命利器，这是中国民报史上的政论时代，民报推动社会改革的功能被有意识地放大，政论成为民报的主打内容。从梁启超、严复到章士钊、于右任，他们既非古代意义上的报人，亦非现代意义上的新闻记者和编辑，他们渴望新闻自由，但不标榜新闻中立、客观，也不以新闻采写为职业追求，他们多是身兼数职、富有多重文化角色的社会活动家，其报刊活动充满政治色彩，甚至只是他们通往从政途径的跳板，他们是中国民报史上具有过渡性的人物。从清末民初到"五四"新文化运动期间，黄远生、邵飘萍、林白水、徐凌霄、刘少少等人横空出世，以名副其实的职业报人的身份登上报业舞台，他们既能承担针砭时政以监督政府的道义责任，又将报纸的最基本职能——报道新闻和传递信息——置于重要的位置，用自己的新闻实践和精神气质影响了中国人对记者这个职业的理解，开启了报纸的"新闻时代"！

一、黄远生的新闻活动与新闻思想

黄远生（1885—1915），名基，字远庸，笔名远生，江西九江人。生于书香家庭，早年就读于南浔公学，16 岁中秀才，20 岁中举，21 岁中进士，是中国最后的一批进士之一。他弃官不做，留学日本攻读法律，受梁启超思想影响较深。1909 年回国被清政府任命为邮传部员外郎兼参议厅行走和编译局纂修官。他在回忆人生道路时说："革命既起，吾之官乃与满廷俱毕。嗣后立意不作官，不作议员，而遁入于报馆……"① 他混迹官场一年后，就离职投身新闻界。

黄远生的新闻生涯是从 1912 年在北京创办并主编《少年中国》周刊开始的，后又编辑梁启超主办的《庸言》月刊，并担任上海《时报》、《申报》、《东方日报》和《亚细亚报》的特约记者，还常在《东方杂志》、《论衡杂志》、《国民公报》上发表文章。黄远生正式从事新闻工作的时间并不长，大约只有三四年光景，可是他在当时的新闻界已名声斐然，"像彗星一样，一时显著于报界"，② 与刘少少、徐彬彬（凌霄）有民国初年新闻界"三杰"之称。作为一个历史人物，黄远生是一个新旧交替时代的"过渡性"人物，在黄远生身上，一方面，新的思想在萌生；另一方面，许多封建意识还在束缚着他的头脑，他自己也说"似乎一身，分为二截，其一为傀儡，即吾此身。另自有人撮弄，做诸动作"。③ 所以他曾一度被老奸巨滑的袁世凯所利用。他曾为袁世凯的御用报纸《亚细亚日报》写过文章，也为袁世凯叫过好，甚至给袁上过条陈。到了 1915 年，袁世凯称帝野心公开暴露，黄远生渐渐醒悟，拒绝担任袁的御用报纸《亚细亚日报》上海版的总撰述和政府部长职位，并在上海各报刊登《黄远生反对帝制并辞去袁系报纸聘约启事》，以示决绝。此后，他便逃离北京，转道日本赴美。1915 年 12 月 27 日晚上，黄远生在旧金山唐人街回旅馆途中被中华革命党人林森指派刘北海枪杀，年仅 31 岁。在他被暗杀 12 周年之际，友人以诗纪念他，称其"同是记者最翩翩，脱手新闻万口传"。戈公振更称他为"报界之奇才"。

黄远生的办报主张和新闻思想，主要集中在为《庸言》杂志写的《本报之新生命》、为《少年中国》杂志写的《少年中国之自白》及《祝之欤讵之欤》、《忏悔录》、《新年闲话》等文章中。概括起来，有以下几个要点。

其一，办报是为"主持公理，指斥时弊"。黄远生认为新闻记者应该有"良心"，应该有强烈的使命感和社会责任感。在《祝之欤讵之欤》中，黄远生认为：

---

① 黄远生：《远生遗著》，卷一，商务印书馆 1984 年版，第 129 页。

② 胡太春：《中国近代新闻思想史》，山西教育出版社 1987 年版，第 247 页。

③ 参见李彬、涂鸣华《百年中国新闻人》，上册，福建人民出版社 2007 年版，第 136 页。

"有所为报者，文明机关之一也。为之言者曰：报之发达，与文明之发达成比例。"他明确认为，报纸是一种现代文明的机关。同时，他说："故远生者，作报人之人，亦即文明人也。凡作报者，皆文明人也。凡作文明机关者，一切皆文明人也。"在《少年中国之自白》中，黄远生指出，由于种种原因，"国民之精神，神州之正气日以消绝"，眼看"大难将至"，中国优秀分子，应有人站出来，创办报刊，"主持正论公理，以廓清腐秽，而养国之元气"，"使百年之后，吾黄钟犹有再兴之日"。他认为，报馆作为舆论机关，其使命应为"救国兴邦"。①

其二，新闻报道要客观、公正、真实、全面。在为《庸言》写的《本报之新生命》中，黄远生系统论述了这一观点。他认为，无论新闻还是言论，必须"客观"。他说："吾曹此后，将力变其主观的态度，而易为客观。故吾曹对于政局，对时事，乃至对于一切事物，固当其本其所信，发挥自以为正确之主张，但决不以吾曹之主张为唯一之主张，决不以一主张之故，而排斥其他主张。且吾曹所有主张，以及其撷取其他之主张之时，其视综合事实而后下一判断之主张，较之恁恃理想所发挥之空论，尤为宝贵。"他主张尽可能客观报道，不以自己的主张轻易否定排斥他人的主张，在没有大量确凿事实之前，不要轻易发议论，可以把事实摆出来，以供今天或者将来作参考。② 为了新闻的真实、客观，黄远生特别重视掌握第一手材料，他反对一些新闻记者以传闻为新闻、面壁虚造的做法，更反对"一人杜撰，万报誊写"。

其三，记者要加强自身的修养和基本功的训练，做到四能："1. 脑筋能想；2. 腿脚能奔走；3. 耳能听；4. 手能写。"黄远生强调，记者要加强"种种素养"：广博的知识与经验，正确的分析思考能力；广泛地接触社会，加强活动能力；深入调查研究，善于触类旁通，分析事物的能力；注重事实，恰如其分地叙述的能力。这既是黄远生对记者的要求，也是他自身经验的总结。

黄远生是中国新闻史上第一个以新闻采访和新闻通讯写作而负有盛名的新闻记者，他是中国报纸从政论时代向新闻时代演变的开拓者，他以他的新闻实践创造了一种新的报刊文体——新闻通讯。由于这种文体始于1912年初以"远生"署名的《申报》上的"北京通讯"，驰名中外，影响很大，故称"远生通讯"，很受当时人的欢迎，后人评价说："我国报纸之有通讯，实以黄远生为始。"③"远生通讯"具有如下基本特点：

其一，落笔政坛要事，采写内幕新闻。黄远生的知识渊博，阅历丰富，交游广

---

① 黄远生：《远生遗著》，卷一，商务印书馆1984年版，第11页。

② 黄远生：《远生遗著》，卷一，商务印书馆1984年版，第103页。

③ 黄流沙：《从进士到记者的黄远生》，见吴廷俊《中国新闻史新修》，复旦大学出版社2008年版，第142页。

阔，熟悉政坛情况，使他对当时的重大政治动向、官场内幕消息特别灵通，这为他成为一名杰出的政治记者提供了得天独厚的便利条件。因此，他善于报道读者关心的重大政治新闻，善于采写“内幕新闻”，常常能采访到他人采访不到的独家重大新闻。他以通讯为载体，对同期几乎所有民众瞩目的重大问题都进行了报道，为后人描绘了一幅晚清民国初年期间的“政坛万象图”。

其二，文章视野开阔，文笔辛辣，尖锐深刻。黄远生的通讯视野开阔，思想深刻，发微抉隐，入木三分，通讯风格亦庄亦谐，涉笔成趣，富有幽默感和趣味性。往往在诙谐中含有庄重，在戏谑中鞭挞黑暗社会。

其三，既真实可信，又形象生动。远生通讯大都来自第一手材料，不少通讯都是目击记。写作时能捕捉细节，描写形象生动，刻画入微，具有很强的现场感。

二、邵飘萍的新闻活动与新闻思想

邵飘萍（1886—1926），原名镜青，后改名振青，字飘萍，笔名阿平、素昧平生，浙江金华人。在浙江高等学校师范科读书时，引起了他对时事、报刊的兴趣和关注，并非常崇拜梁启超及其报刊政论，萌发了“新闻救国”的思想，开始给《申报》写稿，后被聘为《申报》特约通讯员。

1912 年他应杭州《汉民日报》社长杭辛斋之聘担任该报主笔，正式投身新闻界，开始了职业报人的生涯。邵飘萍曾说，他“百无一嗜，惟对新闻事业乃有非常趣味，愿终生以之”。① 从此，他以满腔的热情毕生从事新闻工作，当过编辑、主编、特约记者、社长；办过报、办过通讯社，并从事过新闻学研究和新闻教育工作，是新闻界不可多得的全才。

在《汉民日报》，他坚持“报馆可封，记者之笔不可封；主笔可杀，舆论之力不可斫”的大无畏精神，撰写了大量论说、时评、随笔，以激烈辛辣的笔调，旗帜鲜明而又幽默深刻地抨击袁世凯以及大小军阀的专横跋扈，揭露和痛斥浙江贪官污吏钻营牟利、残害人民的罪行，表现出可贵的斗争精神和过人的才华。② 1913 年 3 月，宋教仁在上海火车站被刺，邵飘萍发表评论，矛头直指袁世凯。当局立即以“扰害治安罪”查封了《汉民日报》，并逮捕了邵飘萍。获释之后，他转往上海。1914 年东渡日本，就读于政法学校，并和学友潘公弼等三人创设了“东京通讯社”，为京津沪等城市的报纸写东京通讯。适逢日本提出“二十一条”之际，邵飘萍将条款内容电发国内，以激起人民奋起反抗。1915 年邵飘萍应邀回国，在上

---

① 原载 1929 年 4 月 24 日《京报特刊》，见方汉奇《中国新闻事业通史》，第 1 卷，中国人民大学出版社 1996 年版，第 1104 页。

② 方汉奇：《中国新闻事业通史》，第 1 卷，中国人民大学出版社 1996 年版，第 1103 页。

海同时担任《申报》、《时报》、《时事新报》的主笔。袁世凯死后，1916年下半年，邵飘萍受聘任《申报》驻北京特派通讯员，以夹叙夹议、虚实结合的手法负责撰写北京通讯。从此以后，他便以北京为基地进行了一系列的新闻活动，从此，“飘萍之名大著”。

到京不久，为了改变外国通讯社“任意左右我国之政闻”的状况，邵飘萍创办了当时北京最有影响的通讯社“北京新闻编译社”，此为国人自办通讯社之始。同时也曾一度兼任章士钊主办的《甲寅》日刊的主编。1918年10月邵飘萍独立创办了大型日报《京报》，《京报》创刊时，邵飘萍欣然命笔，大书“铁肩辣手”四个字悬于编辑室正面墙上，以自勉和激励同仁。此语出自明朝杨淑山的诗句“铁肩担道义，妙手著文章”，一字之改，反映了邵飘萍胸怀真理、不畏强暴的倔强性格和办报宗旨。1919年8月《京报》因揭露段祺瑞政府的专制统治及卖国政策被皖系军阀查封，邵飘萍再次赴日本，经好友张季鸾的推荐，任大阪《朝日新闻》特约记者，并系统地考察和研究了日本的新闻事业。次年，段祺瑞政府垮台，邵飘萍即回北京，9月复活《京报》。

在从事实际新闻工作的同时，邵飘萍还热情地开拓新闻学研究和新闻教育事业，1918年与蔡元培、徐宝璜一起创立“北京大学新闻学研究会”，“是为报业教育之发端”，① 1923年受聘于北京平民大学，指导出版了有“报界罕有之出版物”称号的平民大学报学系的《新闻学系级刊》。1924年又受聘于国立法政大学报学系，讲授新闻采访学。邵飘萍结合自己的实践经验和理论知识，出版了《新闻学总论》和《实际应用新闻学》两本新闻学专著，是中国新闻教育史上最早的一批教材。

1919年5月3日，邵飘萍应邀出席北大学生集会，他号召学生“挺身而出，救亡图存，奋起抗争”，成为“五四”运动的发动者之一。1920年以后，他积极宣传马克思主义，并在李大钊、罗章龙的介绍下，于1925年秘密加入中国共产党。1926年4月26日，被奉系军阀以“宣传赤化”的罪名逮捕杀害，年仅41岁。邵飘萍为人正直，追求光明、追求真理、追求进步、追求革命，他的一生是一个正直的爱国的新闻记者的战斗的一生，也是为反帝反封建军阀的民主革命事业奋斗的一生。②

作为一名新闻记者，邵飘萍擅长采访内幕新闻、独家新闻。这是因为他在新闻采访中积累了切实可行的经验，并将它运用得游刃有余。其一是作为记者，邵飘萍随时处于角色之中，“其脑筋无时休息，其耳目随处警备，网罗世间一切事物而待其变”；其二是交游广泛，耳目众多，同时在采访中不惜小费，花钱买新闻；其三

---

① 戈公振：《中国报学史》，中国新闻出版社1985年版，第210页。

② 方汉奇：《报史与报人》，新华出版社1991年版，第401页。

是能根据现场情况随机应变，“守如处女，动若脱兔，有鬼神莫测之机”；其四是能掌握采访对象心理，把握采访时机，使别人看来不可想象的采访活动获得成功。无怪乎张季鸾如此评价邵飘萍：“北京大官本恶见新闻记者，邵飘萍能使之不得不见，见且不得不谈，旁敲侧击，数语已得要领。其有于时忌者，或婉曲披露，或直言攻讦，官僚如之何也。自官僚渐识飘萍，遂亦重视报纸。”①

邵飘萍的新闻思想，主要体现在1923年出版的《实际应用新闻学》和《新闻学总论》这两本书中，其基本观点是：

其一，邵飘萍认为新闻事业是“社会公共机关”、“国民舆论代表”。新闻业是“社会发表意见之机关”，是“国民舆论代表”。因此，邵飘萍主张新闻事业应有自己的独立性：“夫新闻社为社会机关，在社会上有独立之地位，且此种独立地位，与任何国家机关，皆属平等。”② 这种独立包括“信仰独立”、“组织独立”和“经济独立”。独立新闻业的作用，一是“必使政府听命于正当民意之前”，代表人民监督政府；二是“从政治教育入手”，唤醒民众，教育民众，使国民共起，铲除军阀。

其二，邵飘萍认为，新闻业是超然于统治阶级与被统治阶级的第三种社会因素，记者是“布衣之宰相，无冕之王”，是“社会之公人”，是居于统治者与被统治者之外的“第三者”。

其三，邵飘萍认为，应制定新闻法规以保护新闻自由。邵飘萍在新闻活动中认识到以保护新闻自由为目的的新闻法规的重要性。在《新闻学总论》一书中，他以相当大的篇幅对此作了专门论述。他尖锐地指出了新闻法与新闻事业对立的状况，抨击了专制统治者制定新闻法压制新闻事业的反动性。他要求，新闻界应通过斗争，逐步使新闻事业在“基础正当的法律保护之下”。有了“正当法律”，一方面可以使新闻界有一个武器，以保护自身的自由；另一方面可以适当地约束政府，使政府的压迫被限制在法律允许的范围和限度之内，使新闻事业“达到法律上相当自由之目的”。

其四，邵飘萍认为，“报纸第一任务，在报告读者以最新而又最有兴味、最有关系之各种消息”，“故构成报纸之最重要原料厥新闻”。他并且以“《京报》供改良我国新闻之试验”。《京报》以新闻为主，用主要篇幅刊载国内外消息，为我国报纸从政论时代向新闻时代演变作了贡献。邵飘萍强调新闻的真实性。他无论是在

① 原载1929年4月24日《京报特刊》，见方汉奇主编《中国新闻事业通史》第1卷，中国人民大学出版社1996年版，第1104页。

② 《从新闻学上批评院秘厅对新闻界之态度》，《京报》，1924年6月25日。

做记者还是主持报纸期间，始终以“探究事实不欺读者”为新闻报道的第一信条。①

三、林白水、徐凌霄、刘少少的新闻活动

林白水（1874—1926），名獬，又名万里，字少泉，号宣樊，笔名宣樊、退室学者、白话道人等，中年以后自号白水，福建侯官（今福州）闽州县人，近代著名报刊活动家和新闻记者，也是中国历史上第一批出国留学攻读新闻学的人。林白水一生曲折、复杂。他参加过华兴会、同盟会、爱国学社，辛亥革命成功后，他进入政界，担任福建省法制局局长，制定了福建第一部选举法。民国成立后，他又参加了共和党，沦为政客，也当过袁世凯总统府秘书、参政院参政、直隶总督府秘书，在《亚细亚日报》上发表过鼓吹恢复帝制的文章。官场的黑暗腐败使他最终辞官办报，但在办报过程中亦接受过北洋军阀各派系及北洋政府的津贴。林白水以笔锋尖锐、嬉笑怒骂、好揭隐私、议人短长而闻名报界，后终因刊发讽刺官僚的时评《官僚之运气》触怒了反动军阀张宗昌，于1926年8月6日以“通敌有证”的罪名被无辜杀害于北京天桥，年52岁。1985年7月30日，中华人民共和国民政部颁发证书追认林白水为革命烈士。

林白水的办报生涯是从1901年被聘为林琴南创办的《杭州白话报》编辑开始的。在此后的30多年中，共创办和主编过近10种报刊。主要有：1903年12月19日在上海创办《中国白话报》，以“白话道人”为笔名几乎撰写每期所有的栏目，大力倡导天赋人权、人类平等、百姓合群等新观点；1904年受蔡元培之聘，担任《俄事警闻》(后改名《警钟日报》)的白话主笔，发表了激烈抨击慈禧太后的诗文，赢得了很好的口碑；后来为君主立宪派的《时报》、革命派的《民立报》等报纸撰写评论文章，“政治上摇摆于君主立宪和民主共和之间”②；民国成立后，在福建主编《新中国日报》；1916年9月由段祺瑞出资与友人在北京合办《公言报》，成为安福系的喉舌，对国民党大加攻击，肆意讥弹；1919年2月，又在上海创办《和平日报》，返回北京后于1921年春创办《新社会报》(不久改名为《新社会日报》)。1922年春，《新社会日报》因攻击吴佩孚被封，林白水将报纸改名为《社会日报》继续出版，该报纸面向市民，注重社会新闻，反映民众疾苦，受到读者欢迎。

林白水办报活动的光辉点在武昌起义前，尤其是在创办《中国白话报》、参与

---

① 方汉奇：《纪念邵飘萍——在邵飘萍诞辰一百周年纪念会上的讲话》，http://www.fanghanqi.com/Article.asp?id=23。

② 方汉奇：《中国新闻事业通史》，第1卷，中国人民大学出版社1996年版，第1107页。

编辑《俄事警闻》、《警钟日报》的那一段时间。作为一名记者，林白水擅长写内幕新闻，这是值得称道的，然而他对中国报刊事业最大的贡献是把白话文运用于报刊。

林白水跻身于报界，就和白话文结下了不解之缘，他1904年创办的《中国白话报》虽出版不到10个月，但在中国报刊史上有着重要的意义。该报作为革命党人在上海地区创办的第一家白话报，“给当时的上海报界带来了一阵清新的民间气息”。林白水“用明白晓畅、浅显易懂的白话文宣传科学和民主，鼓吹暴力和暗杀，使革命思想在新军、会党、青年学生和手工业工人中有了一定程度的传播”，使革命派跨出上层社会和知识分子的圈子，扩展到社会底层。① 他认为，白话文，“妇女孩子一看也明白，不识字的一听就知道”，② 虽然将白话运用于办报并非林白水的创造，但以白话文宣传资产阶级革命思想，林白水则是第一人。

徐凌霄（1888—1961），江苏宜兴人，原名凌霄，笔名彬彬、凌霄汉阁主，是民国初年著名记者和剧评专栏作家。他生于封建士大夫家庭，伯父徐致靖、堂兄徐仁铸都是清朝官吏中著名的维新派人物。徐凌霄生长于这样的家庭，受其影响，成人后多同君主立宪派人物往来。黄远生于1915年在美国旧金山遇刺身亡后，徐凌霄于1916年继黄远生任上海《申报》、《时报》的驻京特派记者，长期为两报撰写北京通讯和随笔，由他创作的京味纪实小说《古城返照记》1928年9月至1931年2月在《时报》连载，一时洛阳纸贵，好评如潮。30年代以后徐凌霄又任《大公报》副刊《戏剧周刊》、《北京》和《小公园》的主编，设立了“凌霄随笔”、“凌霄汉阁谈荟”、“凌霄汉阁笔记”、“凌霄汉阁随笔”等专栏，写出的随笔融时事、经史和历史掌故于一体，颇受读者欢迎。他用“彬彬”笔名采写的通讯，以内容隽趣、文笔晓畅著称，尤其是他熟悉民初一些政治要员的身世经历，所写的通讯常能运用有趣的内幕材料，很受读者欢迎。

徐凌霄1961年病逝于北京，终年73岁。著有《凌霄随笔》、《凌霄汉阁随笔》、《凌霄一士随笔》等，与黄远生、刘少少一道被称为“民初三大名记者”。

刘少少（1870—1929），字少珊，笔名少少，湖南善化人。民初北京的著名记者，在当时的新闻界，有“怪杰”之称。他出身知识分子家庭，青年时代求学于岳麓书院，有文才，得到学政徐仁铸的赏识。1905年留日，学法政，曾协助杨度主办《中国新报》。1909年回国后，应邀任北京《帝国日报》编辑，取“少年中国之少年”之义，以“少少”为笔名，撰写政论，在新闻界崭露头角。武昌起义后，一度返湖南，任共和党报纸《湖南新报》和杨怀中、徐特立等教育界人士主办的《公言》杂志的编辑、记者、主笔，影响较大，“京城咸知刘少少其人”。北

① 方汉奇、林溪声：《林白水——以身殉报的报界先驱》，《新闻与写作》，2006年第9期。

② 方汉奇、林溪声：《林白水——以身殉报的报界先驱》，《新闻与写作》，2006年第9期。

京《亚细亚日报》初创时，被聘为主笔，主写时评。1915 年，上海《亚细亚日报》欲聘其为主笔，遭他拒绝。袁世凯称帝阴谋暴露后，他拒绝了袁世凯的收买，走避天津，并发表文章反对帝制，遭到通缉。1918 年应聘到北京大学任教，研究道家学说，鼓吹封建国粹，反对白话文，思想趋于保守。晚年的刘少少仍然热衷于政治活动，经常为报刊写文章，“庄谐杂出”，“时有新意”，为一部分旧知识分子所欣赏。

第二节 民报与启蒙

将报刊视为启蒙之工具，非自“五四”时期开始。西报东渐，新式传媒就承载了传播西学对中国人进行启蒙教育的重任。换言之，国人自办近代报刊开始，就认为“报之宗旨，在开风气，牖民智，挹彼欧西学术，启我同胞聪明”。①“论普通报纸之天职者，辄曰开通民智也，为舆论之母也。”② 简言之，“唤醒一般国人的爱国意识、民族情感，几乎已成为这个时代知识分子的制约反应”。③“五四”民报不仅继承此传统，而且发扬此传统。鉴于对辛亥革命失败教训的深刻反思，“五四”知识分子的结论是：辛亥革命所建立的民主制度之所以名存实亡，是因为中国国民思想还不觉悟，还没摆脱封建文化思想的束缚，中国的当务之急，是要在思想文化领域内批判封建主义，进行现代思想启蒙。所以“五四”民报对西学的介绍从原来的科学技术、政治制度层面进入思想文化领域，并由此开展了一场声势浩大的改造国民性的启蒙运动。因此，在这里，凡致力于国民改造运动的报刊都称之为启蒙报刊。

一、《新青年》等启蒙报刊对民主、科学的传播

《新青年》原名《青年杂志》，1915 年 9 月 15 日创刊于上海，16 开，月刊，每 6 号为一卷，由陈独秀创办并主编。1916 年 9 月 1 日出版至第 2 卷第 1 号便改名为《新青年》。1917 年 2 月，陈独秀应蔡元培之聘，担任北京大学文科学长，《新青年》也随之迁到北京，次年 1 月第 4 卷第 1 号开始，改为同人刊物，即实行轮值主编制，由陈独秀、钱玄同、刘半农、胡适、李大钊、沈尹默等轮流编辑。1920

① 《大公报序》，《大公报》，1902 年 6 月 17 日。

② 胡汉民：《近年中国革命报之发达》，见杨光辉等编《中国近代报刊发展概况》，新华出版社 1986 年版，第 14 页。

③ 李孝悌：《清末下层社会启蒙运动：1901—1911》，河北教育出版社 2001 年版，第 175 页。

年2月，陈独秀到上海筹建中国共产党上海发起组，从1920年9月1日出版的第8卷第1号起，《新青年》改变了它的民报性质，成为上海共产主义小组的机关刊物，到1926年7月终刊。

1920年9月以前的《新青年》对新文化运动的开展、对国民的启蒙教育所起的作用是无与伦比的。它的创刊标志着新文化运动的开始，在整个新文化运动中，它又自始至终充当运动的旗帜。《新青年》的创办人陈独秀比较清楚地认识到，辛亥革命最后失败的根本原因在于没有进行一场强大的"国民性改造"的思想解放运动，广大群众的思想没有从牢固的封建意识的桎梏中摆脱出来。因此，要在中国实现民主共和，必须在中国广泛传播民主和科学，开展彻底的反封建运动，对国民进行启蒙教育，用资产阶级民主主义思想取代封建主义思想，否则先进的政治制度即使移植过来也是徒有其名，终归失败。在《新青年》的带动下，各种提倡民主、科学，反对旧道德提倡新道德的刊物风起云涌。主要有李大钊、陈独秀主办的《每周评论》，蔡元培、李大钊支持的北京大学学生办的《国民》、《新潮》，李大钊、王光祈创办的少年中国学会主办的《少年中国》及成都分会的《星期日》等，张东荪、梁实秋主编的《解放与改造》，李石岑主编的《民铎》等。据统计，"五四"时期，全国新办的白话报刊不下400种，这些刊物大多与《新青年》同调，在宣传新思想的同时，还鼓吹思想革命甚至社会革命，形成了以《新青年》为首的启蒙报刊新战线。新战线报刊与代表封建顽固势力的重要人物林琴南、辜鸿铭、刘师培等和代表封建顽固势力的报刊《国故》月刊、《新申报》、《东方杂志》、《公言报》等展开了激烈斗争，破旧立新，势如破竹。

《青年杂志》创刊号上刊发陈独秀撰写的发刊词《敬告青年》，鲜明地提出了"人权"（民主）与"科学"两个口号，认为"近代欧洲之所以优于他族者，科学之兴，其功不在人权说下，若舟车之有两轮焉"，提出"国人而欲脱蒙昧时代，羞为浅化之民也，则急起直追，当以科学与人权并重"。随后，他在《本志罪案之答辩书》中，坚定地表示，"拥护德谟克拉西先生（Democracy）和赛恩斯先生（Science)"，即使流血也在所不惜。

以《新青年》为首的民报大力介绍西方的新思想、新道德，批判中国封建主义旧思想、旧道德，并针对当时甚嚣尘上的尊孔复古逆流，展开批判孔孟之道的斗争。《新青年》认为，孔教与民主、科学势不两立，因此，对封建专制文化展开了毫不留情地批判，旗帜鲜明地提出了"打倒孔家店"的口号，凡不合科学、民主原则的，"虽祖宗之所遗留，圣贤之所垂教，政府之所提倡，社会之所崇尚"，都在扫荡之列。同时，广泛介绍西方科学知识，进行反封建迷信，倡导用科学的态度和观点来对待社会和人生。同"民主"、"科学"的口号相适应，在一个相当长的时间，《新青年》始终没有忘记反对封建迷信，驳斥所谓"灵学"，使科学和民主在反封建斗争中进一步扩大阵地。

以《新青年》为首的民报对封建专制和封建礼教的猛烈抨击，震动了整个思想界、舆论界，引起了封建复古主义者的极大仇恨。这些封建顽固派文人在报刊上发表了一批文章，对新文化运动大肆进行诬蔑、攻击。他们把《新青年》等宣传新文化运动的报刊视作“洪水猛兽”，把陈独秀等新文化运动的战士称为“过激派”，攻击他们“铲伦常，覆孔孟”，并在《新申报》上发表文言小说《荆生》，肆意谩骂新文化运动，并表示想借军阀势力镇压新文化运动。《荆生》这篇小说一经发表，立刻遭到新文化阵营的反击。《每周评论》的编者按指出，这篇小说的中心思想是“想利用强权压倒公理”，是代表反动派的“武力压制政策的”，并且连续发表文章对《荆生》加以分析批判，如李大钊在北京《晨报》上发表《新旧思潮之激战》，对林琴南进行批判。另外，林琴南还在北京《公言报》上发表公开信《致蔡鹤卿太史书》、《再答蔡鹤卿书》，指名道姓地攻击蔡元培等人。陈独秀在1919年《新青年》第6卷第1号上发表《本志罪案之答辩书》，理直气壮地向社会宣称：本志同人请进德、赛二位先生，不仅无罪，而且有功。因为“只有这两位先生可以救治中国政治上、道德上、学术上、思想上一切的黑暗”。如果说宣扬倡导民主与科学有罪的话，那么“一切政府的压迫，社会的攻击笑骂，就是断头流血，都不推辞”。同时《晨报》、《新潮》、《国民》、《浙江评论》等纷纷发表各种文章反击顽固势力，使“民主”、“科学”思想深入民心。

二、《新青年》等启蒙报刊对各种新思潮的传播

如何改造传统儒家秩序，把国人的思想观念从儒家思想束缚中解放出来，是新文化运动的基本主题。围绕这一主题，各种社团、个人纷纷筹资创办报刊，从各个不同的方面引进西方新思想，形成一股股新思潮。西方几百年发展所产生的各种观点都引进到了20世纪初期的中国，在这么一个时空节点上，各种思潮交融激荡，展开了激烈的论战，又加速了各种新思潮的传播。

“五四”运动后的中国传媒界，主要存在三大主流思潮：马克思主义思潮、社会改良思潮和新传统主义。

《新青年》、《每周评论》、《新潮》、《学灯》、《国民》、《新生活》、《晨报副刊》、《京报副刊》等大量报刊，成为传播马克思主义思潮的主要报刊。

社会改良思潮作为思想文化政治层面的变革主张，主要存在于知识阶层，胡适、钱玄同、丁文江、傅斯年等是这方面的代表，《努力周报》、《语丝》、《现代评论》等是传播社会改良主义的主要阵地。

新传统主义，早期以杜亚泉的《东方杂志》为代表；20世纪20年代，以吴宓、梅光迪等一批留学欧美归来的学者为代表，以《学衡》月刊为主要阵地。

在这个“话语喧嚣”的时代，马克思主义以它的科学性逐渐战胜其他各种西

方思潮，最终成为领导中国革命的主导思想，从中国最早的马克思主义者李大钊开始在报刊上发表文章介绍马克思主义基本原理，马克思主义开始在中国初步传播到马克思主义成为救国真理，期间经历了三次大的论战：

（1）问题与主义的论战。1919 年 6 月，胡适在《每周评论》上相继发表了《多研究些问题，少谈些“主义”》、《三论问题与主义》和《四论问题与主义》等文章，系统宣扬实用主义和改良主义观点，反对马克思主义。针对胡适的挑战，李大钊发表了《再论问题与主义》和《由经济上解释近代中国思想变动的原因》等文章，针锋相对地指出，不应当把“宣传理想的主义”和“研究实际的问题”对立起来，两者“是交相为用的”、“是并行不悖的”。与此同时，一些重要的社团内部，如少年中国学会等，也展开了“问题与主义”论战，批判了实用主义和改良主义。

（2）关于社会主义的论战。关于社会主义的论战是在张东荪、梁启超与共产主义者李大钊、李达、陈独秀、蔡和森和何孟雄之间展开的。张梁认为，中国的唯一病症是贫乏，救中国也只有一条道路，就是开发实业，以增加富力，经由资本主义走向社会主义；中国还没有真正的劳动阶级，因此，真的劳农主义也不可能产生。而共产主义者反驳道，开发实业、增加富力是必要的，但问题在于“用什么方法去增加富力和开发实业”。中国虽然同欧美相比，产业发展程度不同，但“中国无产阶级所受的悲惨，比欧美、日本的无产阶级所受的更甚”，所以“中国不但有讲社会主义的可能，而且有急于讲社会主义的必要”。①

（3）马克思主义与无政府主义的论战。马克思主义与无政府主义的论战大致发生在 1919 年下半年到 1921 年上半年。无政府主义思潮的代表是区声白和黄凌霜，其理论核心是反对无产阶级专政和建立无产阶级政党。对此，马克思主义者进行了坚决还击，论述了在一定历史条件下保存“强权”的必要性。无产阶级就是要用“强权”来推翻资产阶级专政，依靠“强权”来建立和巩固无产阶级专政，维护广大人民群众的利益。建立无产阶级专政是必要的。

通过这三次论战，马克思主义思潮得到了广泛传播，中国最终选择了马克思主义。

三、《新青年》等启蒙报刊对文学革命的发起

思想启蒙，离不开语言革命——用活的文字（白话文）代替死的文字（文言文）。提倡白话文，创办白话报从清末就开始了。出于灌输新知、开发民智的需要，从 1901 年到 1911 年，白话报刊多达 100 余种。《新青年》发动的“文学革

① 陈独秀：《社会主义批评》，《新青年》第 9 卷第 3 号，1921 年 5 月。

命”和“白话文运动”是清末倡导白话文的继续和深化。所谓深化，就是认识更为清醒，行动更为自觉，“文学革命”和“白话文运动”成为反封建主义斗争的重要组成部分，文学革命同反封建的思想革命紧密结合。简言之，摧毁“旧文学”、建立“新文学”不单是文学本身的问题，而是整个社会政治伦理思想革命的一部分。

《新青年》从 1917 年起，首先打出了文学革命的大旗。文学革命的主要内容是反对文言文，提倡白话文。在提倡白话文方面，《新青年》的编者们做出了巨大的贡献。1917 年 1 月 1 日，《新青年》第 2 卷第 5 号发表了胡适从美国寄来的《文学改良刍议》，胡适在文中提出了以白话代替文言的“八事”：“一曰言之有物；二曰不模仿古人；三曰须讲求文法；四曰不作无病之呻吟；五曰务去滥词套语；六曰不用典；七曰不讲对仗；八曰不避俗字俗语。”胡适鲜明地提出了反对文言文、提倡白话文的主张，这是“文学革命”的主要内容之一，并为这场运动起到了理论奠基的作用。“他对白话文的提倡，也突破了清末白话文的局限，即把原来白话文只是为了便于向下层群众进行宣传，尚不足登大雅之堂的附庸性质，一下提高为正宗地位，这是有重大意义的，影响深远。”①

《文学改良刍议》拉开了“文学革命”的序幕，陈独秀随后登场。1917 年 2 月，在《新青年》第 2 卷第 6 号上发表了他的《文学革命论》，把文学革命作为开发文明、解放思想和改造国民性的利器，同思想革命、政治革命密切结合起来，直截了当地提出了“文学革命”的口号，并提出了文学革命的三项任务：推倒雕琢的、阿谀的贵族文学，建设平易的、抒情的国民文学；推倒陈腐的、铺张的古典文学，建设新鲜的、立诚的写实文学；推倒迂晦的、艰涩的山林文学，建设明了的、通俗的社会文学。陈独秀的《文学革命论》不仅明确地将文学“改良”改为“革命”，并一开始就在欧洲社会政治革命和中国社会政治革命的框架中谈及“文学革命”，将文学革命看作整个社会政治思想革命的一部分。他们互相呼应和配合，坚持以白话文学为中国文学之正宗，从而使文学革命和白话文运动迅猛发展起来。

胡适、陈独秀的文章发表后，在《新青年》上展开了文学革命问题的讨论，许多进步人士积极响应胡适和陈独秀倡导白话文的呼吁，《新青年》也成为在全国推进白话文的重要阵地。鲁迅在《新青年》上发表的《狂人日记》、《阿 Q 正传》、《孔乙己》等一系列具有独特风格的白话文学作品，“显示了文学革命的实绩”。北京大学教授刘半农、钱玄同等都是文学革命的积极拥护者。如钱玄同认为，改良中国文学应当以白话文为文学的正宗，批评古文家为“桐城谬种”、“选学妖孽”，主张文学改革。他们或者发表文章或者发表作品来声援、帮助文学革命，从而形成声势，有力地促进了新文化运动的有机组成部分——文学革命的进行。

① 方汉奇：《中国新闻事业通史》，第 2 卷，中国人民大学出版社 1996 年版，第 17 页。

第三节　民报与报纸业务改革

一、白话文和新式标点的应用

诚如上述，新文化运动之前，我国已经出现了不少白话文报刊，但当时的白话文报刊在社会上还未形成很大影响，也未引起社会的重视。白话文被封建士大夫认为是难登大雅之堂的语言，办白话报也受到轻视。《新青年》创办前，整个社会的报刊、教科书、应用文，可以说整个文化界还几乎全部盛行使用文言文写作。这种情况，到“五四”时期掀起文学革命运动后才发生比较大的变化。《新青年》最先提倡白话文，反对文言文，并身体力行，逐渐把自己改成了全部用白话文的刊物。《新青年》为白话文在新闻领域的推广打开了通道，树立了学习的榜样。在它的影响下，五四运动中涌现的数百种报刊纷纷采用白话文，如《每周评论》、《湘江评论》等。一些全用文言文的大报，如《国民公报》、《晨报》、《东方杂志》等也开始部分采用白话文。

随着白话文的广泛采用，文章结构形式也作了重大改革。过去报刊上文章不分段，也无标点，只在句读处加圈，或者用空一格的办法表示句读，看起来很不方便。随着白话文的采用，也由《新青年》等刊物带头逐步形成了一整套新式标点符号，为许多报刊所采用。《新青年》从第 4 卷起开始采用新式标点，第 7 卷第 1 号公布了《本志所用标点符号和行款的说明》，并公布了供统一使用的标点符号共计 13 种，此后报界相继使用。白话文和新式标点符号的广泛使用，使报刊宣传朝着通俗化、大众化的方向迈进了一大步。

二、副刊改革

在新文化运动中，虽然期刊首建奇功，但报纸也起到了很大的作用。当时，配合期刊宣传新文化运动最为得力者是报纸的副刊。新文化运用促使以往或刊登黄色文字，或是鸳鸯蝴蝶派重要基地的副刊进行革新，改变了副刊的庸俗面貌和低级趣味性质，成为介绍新思想、新知识、新文艺，反对封建思想文化，传播马列主义，传播新文化的重要阵地，并出现了颇有影响的所谓“四大副刊”：

(1) 上海《时事新报》的副刊《学灯》。《学灯》副刊创刊于 1918 年 3 月 4 日，是副刊改革中最早的一个，它完全抛弃了消闲的内容，而把几乎全部版面用来介绍西方新文化新思想，在宣传新思想、提倡新文学方面很有影响。

(2) 北京《晨报》的副刊《晨报副镌》。1919 年 2 月 7 日，《晨报》宣布将副刊版（第七版）改版，刊名《晨报副镌》，由孙伏园主编。该刊注重介绍新知识、新思想、新文艺，介绍西方的自然科学、社会科学，在提倡新文学、发展新文学方面作出了很大的贡献。

（3）上海《民国日报》的副刊《觉悟》。在国民党报刊史上，上海《民国日报》是继《民立报》之后的又一种影响较大的报纸，是在“二次革命”失败后，由中华革命党总务部长陈其美（英士）在1916年1月22日创办的。1919年6月16日起，《民国日报》出版宣传新思潮的副刊《觉悟》，由邵力子主编，陈望道助编。《民国日报》副刊《觉悟》是中国早期传播马列主义各种刊物中，影响最大的一家副刊。

（4）北京《京报》的副刊《京报副刊》。《京报》是1918年10月5日由民国时期著名的新闻记者邵飘萍创办的，该报副刊于1924年12月5日创刊，是《京报》十多种副刊中影响最大的一种，孙伏园主编。该刊积极支持群众爱国运动，抨击军阀专制政策和帝国主义侵略行径，同时提倡进步文化，批判封建复古思想和资产阶级自由主义思想。该副刊于1926年4月24日随着《京报》被封以及邵飘萍被害而停刊，共出477期。

在四大副刊的影响下，各地报纸副刊都不同程度地进行了改革，成为传播新思想、新文化的园地，同时也积累了行之有效的编辑副刊经验，在新闻发展史上具有一定的地位。

三、报刊文体创新

除了白话文的使用和副刊改革之外，这一时期报刊文体的创新也是报刊业务改革的一个重要方面。

首先是政论文的创新。报刊重视政论，是我国报业的传统，但是在袁世凯当政之后，却一度中断。《新青年》发起新文化运动后，报纸政论传统得到恢复，政论重新受到重视并有新的发展。各家报刊广泛采用社论、专论、代论、来论、外论等多种形式发表论说，打破民国以来报刊万马齐喑的沉闷局面，报刊政论的战斗作用得到充分发挥，并出现了一些如“述评”这样新的报刊政论文体。

其次是新闻通讯的改革。民国之后，黄远生使通讯这种新闻文体在名称和写法上得到了固定，但由于“远生通讯”是特殊历史条件下的产物，文中出现大段大段的时事分析。“五四”时期，为了及时报道爱国群众运动，出现了一种“小通讯”。这种“小通讯”的基本特点是既尊重新闻性，又适当地运用某些文学手法。

最后是“报刊杂文”的产生。这种文体是将文学的手法与新闻评论的内容结合起来，是文艺与言论相结合的一种体裁，又叫“文艺性的评论”，当时常以“随感录”名称出现于各种报刊上，它以凝练犀利的文字，对现实生活中的病态现象，进行无情的揭露与辛辣的讽刺，做到艺术性与思想性、战斗性的结合。它取材广泛，形式多样，具有短小、活泼、犀利、隽永等特点，以批评时事、世事为主题，为时人所关注。杂文问世后，就成为报刊上一种常见的、独立的文体。

此外，调查报告、报告文学等其他新闻体裁也有新发展。从总体上来说，“五四”时期是我国报刊新闻体裁发展繁荣的时期。

总之，于民报史而言，“五四”时期是一个应该大书特书的大时代。这一个时代是以“新闻专业主义兴起”和“中国第一代现代意义上的知识分子成为办报主体”为标志的，揭开了民报史的新篇章。

第九章
民报新局面：企业式经营

第一节 民报发展的黄金时期（1921—1937）

20世纪20、30年代，中国民族资本主义得到长足发展。经济的发展，促进了城市化进程，到30年代中期，中国已经有20%的非务农者。① 加之教育改革之后，国人的识字率上升。这些为报业在资本、广告和读者群等方面提供了有利的发展条件和较好的市场环境。另外，在政治上，掌权的国民党师法苏共，但徒袭苏共的组织形式，缺乏组织内聚功能，国民党成为一个“弱势独裁政党”,② 有独裁之心，无独裁之力，国民党企图以三民主义治国，但这个弱势意识形态无法匹敌自由主义或马克思主义。

尽管国民党当局曾经运用新闻的、行政的和法律的手段来限制民报的生长，但上述两个层面的理由为民报的生长提供了空间。商业性报纸明显增加，民报开始进入它发展的“黄金时期”。1921年全国定期报刊有1137种，其中日报550种，到1926年，日报增为628种，以民营商业报纸居多。③

这时的民营报纸发展很不平衡。资本主义发展的地域不平衡性，也明显反映在各地区报刊的不平衡上。同上海在全国的经济地位相适应，上海的望平街成了全国民营报业的中心。

一、《申报》、《新闻报》的发展

《申报》1909年被华人经理席子佩买下，从此，这张著名商业性大报的产权回

---

① ［英］G. N. 克拉克主编：《新编剑桥世界近代史》，第12卷，中国社会科学院世界历史研究所译，中国社会科学出版社1987年版，第485页。

② 王奇生：《党员、党权与党争：1924—1949年中国国民党的组织形态》，上海书店出版社2003年版，第2页。

③ 陈昌凤：《中国新闻传播史：媒介社会学的视角》，北京大学出版社2007年版，第188页。

归国人之手。1912 年春，史量才、张謇等五人合资从席子佩手中购得《申报》，张謇任董事长，史量才任社长。1915 年，席子佩以“未购买《申报》牌子”为由将史量才等告上法庭，史量才等人被判赔 24.5 万元。在此情景下，其他人再也无心办报，纷纷退出，只有史量才坚定不移，倾家荡产，终凑足偿银。从此，《申报》成了史量才的私人企业。而《新闻报》也在 1923 年底还清了最后一笔贷款，结束了举债办报的局面。从 20 年代初起，《申报》、《新闻报》进入了一个新的发展时期。

申、新两报都按企业的方式来经营，在市场竞争中求发展。首先是争取广告份额。《申报》聘张竹平为经理，专设广告科，改变以往等客上门的方法，派人出去延揽广告，同时加强广告设计，很受工商业主的欢迎，广告额大增；《新闻报》对广告亦是煞费苦心，广告的篇幅一般略高于《申报》，为确定每日广告应占篇幅，设立准备科以计算广告与新闻的比例，有时抽掉新闻为广告让路。其次扩大发行。《申报》在稳定本地读者的基础上，利用各地的分馆和分销处，广泛征求个人订户，精心设计发行线路；《新闻报》主打经济新闻，以工商界读者为主要对象，同时也注意扩充社会新闻的报道面，以争取一般读者，争取扩大发行量。再次是增设专刊、增刊，扩展内容，朝着更加综合化的方向发展。《申报》创办了介绍国际关系的《申报星期增刊》，介绍道德、法律、卫生和经济等方面知识的《常识》增刊，为汽车商服务的《申报汽车增刊》，报道文教消息、探讨教育方法的《教育与人生》增刊和主要刊登广告的《本埠增刊》。《本埠增刊》广告占版面的 80% 左右，是对正版广告的补充。《新闻报》在增刊大战中亦不甘落后，《申报》办《申报星期增刊》，《新闻报》便办《新新闻》，《申报》有《常识》，《新闻报》就办《新知识》，《申报》有《本埠增刊》，《新闻报》就办《本埠附刊》，如此不一而足。最后是更新设备。由于收入增加，两报还相继建筑新的办公大楼，不断添置新的印刷设备。为了抢时效，当时《新闻报》更是购进设备，设立了一个国际电讯电报房，内装最新式的收报机四部，其中两部短波，专收国外新闻，两部中波，专收国内新闻，使《新闻报》新闻的时效性大大增强。

除此之外，《申报》还扩大业务范围，开展系列服务活动。从 1932 年 7 月起，发行《申报月刊》，12 月开办“《申报》流动图书馆”，为社会下层群众自学提供便利。1933 年 1 月“《申报》新闻函授学校”正式开学；3 月“《申报》业余补习学校”成立；6 月“《申报》读者服务部”开张，代读者订购书报杂志，同年开始出版发行《申报年鉴》、《申报丛书》；年底聘请地理学专家编印出版了《中华民国新地图》，首次印制《中国分省新图》等。

事实上，竞争的确促进了发展。从发行量看，《申报》、《新闻报》1925 年均突破 10 万份大关，到 1930 年，《新闻报》突破 15 万份，而《申报》也接近了 15

万份，创两报发行顶峰。①

按企业的方式经营报业，两报施行“无偏无党”、“经济独立”的办报方针。“无偏无党”、“经济独立”的办报方针本是福开森在1899年接办《新闻报》后不久提出来的，它被确定为该报的办报方针大致是在民国初年。史量才自独占《申报》后，聘陈冷为总主笔、张竹平为经理。《申报》不与任何党派发生关系，在当时政治斗争中取超然态度，实施“无偏无党，经济独立”的办报方针，言论持重，与现实政治保持相当距离。在政治风云变幻的时代，“无偏无党”、“经济独立”的办报方针不仅为申、新两报所推崇，而且被很多同类报纸所采用，轻言论、重新闻，热衷于办增刊专刊也就成为当时商业报纸的选择。

需要指出的是，1931年“九一八”事变后，面对日益严重的民族矛盾，《申报》迅速改变了以往老成持重、回避现实政治的办报方针，提出激进办报方针，实行改革，推进发展。1932年11月30日，《申报》发表《申报六十周年革新计划宣言》，宣布将从12个方面着手改革。

史量才采用陶行知的建议，重点抓“一头一尾”，即评论和副刊改革。改革后的时评笔锋犀利，既应乎“时”，又敢于“评”。其特点是紧密联系形势发展，指出时局发展的趋势，帮助广大民众了解国内外政治军事形势的发展变化。对当时南京国民政府推行的以“攘外必先安内”为核心的内政外交政策进行了猛烈的抨击，揭露当时官场的黑暗腐败，“传达公正舆论，诉说民众痛苦”。

副刊《自由谈》的改革更是引人注目。《自由谈》是中国历史最悠久的副刊之一，创刊于1911年，一向是鸳鸯蝴蝶派文人的领地。为了改变这种状况，史量才更换了原主编周瘦鹃，起用刚从法国留学回来的文学青年黎烈文。黎烈文上任后，即宣布要使《自由谈》立足于文艺的“进步和现代化”，“决不敢以‘茶余酒后消遣之资’的‘报屁股’自限”。改革后的《自由谈》刊登杂文、随感、散文、考据、诗歌、漫画等，抨击国民党的不抵抗丑行，揭露国民党钳制舆论、进行“文化围剿”的劣迹，成为进步文化的重要阵地。《自由谈》的改革得到了鲁迅、茅盾、瞿秋白、郁达夫、郑振铎、陈望道、叶圣陶等人的大力支持，特别是鲁迅，他在《自由谈》上用40多个笔名发表了143篇文章，成了这一时期《自由谈》的一面旗帜。

史量才新办报方针和《申报》的改革，遭到蒋介石国民党反动政府的嫉恨。他们先是对史量才采取收买政策，给了他许多荣誉职衔，但史量才不领情；后采取高压，1932年夏天蒋介石曾亲自下手令“申报禁止邮递”，使得《申报》在上海租界之外无法发行。后经多方疏通，当局才撤销禁令。② 软硬兼施不能奏效，蒋介

① 方汉奇：《中国新闻事业通史》，第2卷，中国人民大学出版社1996年版，第184页。
② 方汉奇：《中国新闻事业通史》，第2卷，中国人民大学出版社1996年版，第429页。

石和国民党当局便对史量才动了杀机，1934 年 11 月 13 日，史量才被暗杀于由杭州回上海的海宁翁家埠。史量才说：“人有人格，报有报格，国有国格，三格不存，人将非人，报将非报，国将非国。”① 他用自己的行动证明了自己作为报人所应该履行的誓言。

史量才被刺后，《申报》又开始“老成持重”起来，改革的成果不复存在。

二、新记《大公报》的成功

《大公报》是中国近现代新闻史上一张极有影响的报纸。1902 年 6 月 17 日由英敛之在天津创刊，此时期的《大公报》即以敢言著称。1912 年 2 月 23 日，英敛之离开《大公报》潜心宗教和教育事业。英敛之离开后，该报每况愈下。1916 年 9 月，原股东之一的王郅隆全部买下《大公报》，聘胡政之为经理兼总编辑。胡政之经、编两行皆熟，加上他的敬业，《大公报》一时稍有起色。1918 年，胡政之以《大公报》记者身份赴欧洲采访“巴黎和会”新闻。由于王郅隆是安福系的重要人物，报纸的言论明显亲皖系军阀，并有媚日倾向，声誉很坏，为读者所厌弃；加之胡政之不在，内部管理混乱，营业也年年亏损，难以为继。胡政之于 1920 年 7 月回国后不久辞职，王郅隆也在直皖战争后逃遁日本，后死于 1923 年 9 月 1 日的关东大地震。《大公报》又苟延残喘两年后，于 1925 年 11 月 27 日停刊。

1926 年 9 月 1 日，《大公报》在停刊 9 个月后复刊。此次《大公报》的复刊，是吴鼎昌、胡政之、张季鸾三人合作的结果：吴鼎昌出资 5 万元买下了《大公报》的全部资产，并与胡政之、张季鸾合作，组成“新记公司”，以“新记公司”的名义复活《大公报》，吴鼎昌任社长，胡政之任总经理兼副总编辑，张季鸾任总编辑兼副总经理，所以，复活续刊后的《大公报》史称新记《大公报》。新记《大公报》在营业、管理等方面有自己的独到之处，符合一个现代企业的基本特征，为中国民报史增添了新的内容。

首先，“新记公司”呈现出现代企业性质。所谓“新记公司”的主要内涵包括吴鼎昌的资金、胡政之的班底(“国闻通讯社”和《国闻周报》的员工）和张季鸾的一支笔。从这个意义上说，新记《大公报》是一份私人经营的股份有限公司性质的报纸，是私人投资与智力入股相结合的新型投资结构，摆脱了政治与官僚资本的影响，可以使报纸的言论更为独立与客观。

其次，新记《大公报》的组织结构呈现出现代企业倾向。《大公报》复刊时，内部各部门互相沟通，工作效率很高。各职能部门，有职有权，有独立处理问题的

---

① 傅国涌：《笔底波澜：百年中国言论史的一种读法》，广西师范大学出版社 2006 年版，第 185 页。

能力和主动精神。

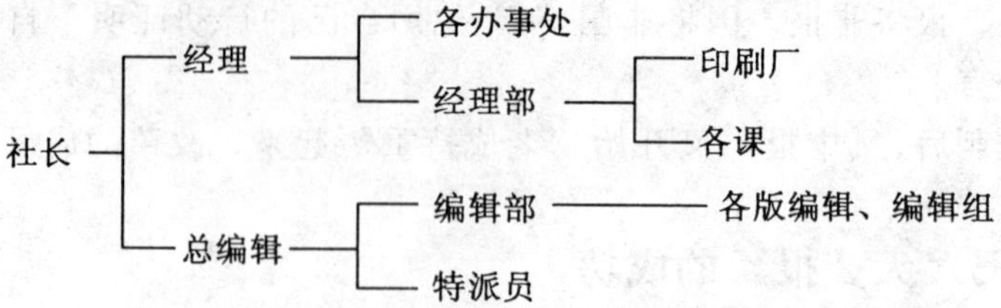

新记《大公报》的组织结构图①

如上图，在机构设置上，报馆分为编辑与经理两部，两部并重，各司其职。胡政之常说，办好报纸首先是编好报纸，但光有好的版面、好的内容，如果发行不力、广告不力，营业也无法维持。《大公报》的经理、副经理都从担任编辑、记者多年的职工中选用，这样就能沟通编辑部与经理部，不致形成“两张皮”，同时也培养了一批既懂业务又懂经营的人才，加强了报纸内部的团结。

尤其要指出的是，新记《大公报》实行的“不党”、“不卖”、“不私”、“不盲”的“四不”办报方针。这个办报方针是新记《大公报》的成功关键。

“新记公司”三位老板吴鼎昌、胡政之、张季鸾在“投身报业率十余年”后懂得了经济独立对于报纸命运的重要性，靠政治背景、靠他人津贴，要办一张像样的、能站得稳脚跟的报纸是不可能的。所以，新记《大公报》“不拉政治关系”、“不收外股”、“不兼其他职务，不拿其他的钱”。胡政之总结新记《大公报》成功的经验时，就说：“中国素来做报的方法有两种：一种是商业性的，与政治没有联系，且以不问政治为标榜，专从生意上打算；另一种是政治性的，自然与政治有了联系，为某党某派作宣传工作，但是办报的并不将报纸本身当作一种事业，等到宣传的目的达到了以后，报纸也就跟着衰竭了。但自从我们接办了《大公报》以后，为中国报界辟了一条新路径。……我们的最高目的是要使报纸有政治意识而不参加实际政治，要当营业做而不单是大家混饭吃就算了事。这样努力一二十年之后，使报纸真能代表国民说话。”② 正是由于“四不”方针落到了实处，才使得新记《大公报》不仅起死回生，而且得到长足发展。

此外，吴鼎昌、胡政之、张季鸾的敬业精神也是令人钦佩的。为了办好《大公报》，吴、胡、张三人在这一时期确实是全力以赴，尽力尽心。据当时人回忆，报纸复刊不久，胡政之经常到大街看报纸零售情况，还假装读者听取人们对《大

① 方汉奇：《〈大公报〉百年史：1902. 06. 17—2002. 06. 17》，中国人民大学出版社 2004 年版，第 311 页。

② 王芸生、曹谷冰：《1926 年至 1949 年的旧〈大公报〉》，《文史资料》第 27 辑。

公报》的反映。每天到报社后，他总是先看发行和广告情况，查对账目，了解报纸行情，下午详细阅读本市和外地报纸，并将它们与《大公报》相比较，从中找出新闻线索，发电指示驻外记者的采访行动，晚上还要到编辑部写社评或看稿件，直到截稿后才回总经理室。张季鸾每天到报社后，先翻阅中外各报，下午会客访友，晚上回到编辑部看重要稿件，审阅小样、大样，然后写社评。在报纸的编排上，胡政之、张季鸾参考了日本的《朝日新闻》等报，作了一些改革。两整版的国内外要闻，重要新闻突出，长短新闻搭配，另配有图片，标题醒目，版面美观、新颖，很能吸引读者。

功夫不负有心人，新记《大公报》不仅印刷精美，版面精妙，编排新巧，而且消息准确迅速，时评透辟深刻，因而很受读者欢迎。1926 年 9 月续刊时发行不足 2000 份，到第二年 5 月增至 6000 份，广告收入由每月 200 余元增至 1000 余元。一张历史悠久但却长期默默无闻、甚至一度破产的报纸，续刊后获得成功，很快从天津走向华北，从华北走向全国，一跃而成为一张极有影响的全国大报。

三、《世界日报》与《立报》的创办

《世界日报》、《立报》都和著名报人成舍我的名字联系在一起。1915 年，17 岁的成舍我经人介绍到沈阳《健报》做事，从此投身报界，从校对到副刊编辑，与新闻业接下了不解之缘。成舍我有志于新闻业，他想效仿美国新闻大王赫斯特当中国的新闻大王。一生孜孜于报业，并为此终身努力之。大陆解放前夕，成舍我经香港去台湾，长期从事新闻教育工作。1988 年 1 月台湾解除“报禁”，90 岁高龄的成舍我又申请继续办《台湾立报》。三年后，撒手人间，才依依不舍地离开了他所钟爱的新闻事业。

（一）《世界日报》的创办

《世界日报》是成舍我在 1924 年到 1925 年在北京先后创办的《世界晚报》、《世界日报》、《世界画报》的总称。《世界晚报》1924 年 4 月 16 日创办，为一张四开四版小报；《世界日报》1925 年 2 月 10 日创刊，为日出两张八版的大报；《世界画报》1925 年 10 月 1 日创刊，初为隔日刊，13 期以后改为周刊。

《世界日报》是一张完全沿用西方资本主义现代报纸的做法创办起来的报纸，它的历史大致可以分为两个时期：从创刊到 1937 年 7 月因抗战爆发而停刊为第一个时期；抗战胜利后，《世界日报》于 1945 年 11 月在北京复刊，到 1949 年 2 月北平解放被封禁为第二个时期。《世界日报》在第一个时期政治上能参加反对帝国主义、反对军阀政府的运动，业务上也颇有建树，成舍我也因此蜚声报坛。

和申、新两报一样，《世界日报》在发刊辞中，首先宣布了不党不偏的办报宗旨，提出报纸不受津贴、不畏强暴，保持公正立场，替百姓大众说话。1926 年的一段时间，张恨水、张友鸾、左笑鸿等人先后担任了日、晚报总编辑，革命青年张友渔也到《世界日报》任职，并担任日报主笔。该报在反对帝国主义、反对封建军阀的态度上是鲜明的，尤其是“教育界”专栏，常常通过“学潮”、教育经费等问题比较明确地反对段祺瑞政府，指名道姓地批评当时的教育总长章士钊，在知识分子中有较大的影响。1926 年“三一八”惨案发生后，从 3 月 19 日到 3 月 23 日，《世界日报》每天都以头版的全版刊登这个惨案的情况，第一天用大字标题标出《段政府果与国民宣战矣》，第二天的标题是《吊死扶伤，哀动九城》，对惨案作大规模的连续报道，并登载了刘和珍等烈士的遗体照片，在社会上产生了不小的影响。

《世界日报》的报纸业务改革的建树首先体现在副刊上。日报的副刊叫《明珠》，晚报的副刊叫《夜光》，都由张恨水主编。张恨水的几部长篇小说都是先在这两个副刊上连载的，如《明珠》上连载过《金粉世家》，《夜光》上连载过《春明外史》。张恨水的小说，笔锋犀利，描写生动，引人入胜，很多读者买到报纸后，都先看小说连载。

《世界日报》的报纸业务改革的建树还体现在版面编排上。为了吸引读者，《世界日报》打破大多数报纸把政治新闻、经济新闻作头条的惯例，常常把一些读者感兴趣的地方新闻、社会新闻、教育新闻放在头条。在做标题方面，成舍我也仿效赫斯特“黄色新闻”标题的做法：词句惊人、字体号大、排列醒目。《世界日报》上的重要新闻，一般都用大字或木刻字做通栏标题。如 1925 年 8 月 22 日，北洋政府教育司长刘百昭强行接管北京女子师范大学，学生紧闭校门，刘百昭翻墙进去的新闻标题是《刘百昭爬墙而入》；1926 年“三一八”惨案的标题是《段政府果与国民宣战矣》。

（二）《立报》的创办

20 年代创办“世界报系”大获成功，对成舍我是一个极大的鼓舞。1930 年初，成舍我游历欧美。他考察了法国的新闻业，后到瑞士的日内瓦参加万国报界公会，又到比利时的布鲁塞尔的报界公会发表演说，再经德国、英国等地到美国考察新闻事业，1931 年 2 月 19 日回到上海。成舍我在欧美游历考察期间，对西方的大众报纸和新闻自由制度很感兴趣，成为他效法和模仿的对象。这就是说，旅欧归来的成舍我最希望在中国创办一张如欧美 19 世纪三四十年代崛起的大众化报纸，这种报纸面向社会的下层群众，以刊登社会新闻为主，文字通俗，价格低廉；同时在思想上神往和追求西方那样的言论自由，希望中国的媒体有一个较高的地位，能够对政府的决策起到应该有的建言和监督的作用。

其实，对于像法国报纸那样“缩减篇幅，降低售价”的做法，成舍我早就进行过。1927 年 4 月 18 日，他就以“小报大办”方法在南京创办了《民生报》。这张 4 开“小报”，版面小，但内容丰富，新闻性强，完全不像前些时上海滩上的消闲小报，所以销售量很快超过了南京的首位大报《中央日报》。7 年后，1934 年 5 月，《民生报》因揭露当时行政院院长汪精卫的部下彭学沛贪污舞弊等事件，于 7 月 23 日被南京宪兵司令部查封，成舍我也因之系狱 40 天。

出狱后，成舍我办小型报的志趣更浓，一年后，与人合资在上海创办了另外一张 4 开小型报——《立报》，并担任社长。《立报》1935 年 9 月 20 日创刊，到 1941 年 12 月 24 日终刊，先后出版 6 年多，分为两个时期：从创刊到 1937 年 11 月 25 日停刊，为上海期；1938 年 4 月在香港复刊到终刊为香港期。《立报》的主要成就在上海期。

上海时期的《立报》小报大办，决心成为一张“立场坚定、态度公正”，“对外争取国家独立，驱逐敌寇，对内督促政治民主，严惩贪污”的报纸。在报纸业务上有颇多的独创之处：

其一，《立报》以大报的格局安排版面。《立报》虽然是一张 4 开的报纸，但在版面安排上完全不同于一般消闲小报，而是一张大报性的小型报，即将大报的主要材料加以浓缩、精编，以质胜量，比大报更为精粹。《立报》创刊时至 1937 年初，信守“本报销达 10 万份之前不载广告”的承诺，不登广告。一版登要闻，二版上半版登国内外新闻，下半版为《言林》副刊，三版上半版登本市消息，下半版是副刊《花果山》，四版上半版刊登文化、教育、体育新闻，下半版是副刊《小茶馆》。1936 年 6 月 1 日，增加两版，版面略有调整。从上述版面安排可以看出，《立报》完全采取了大报的编排方式，做到了“麻雀虽小，五脏俱全”。当时消闲小报是不能参加报业公会的，而《立报》是报业公会的成员，取得了和大报平起平坐的地位。

其二，《立报》以“精编”的方法组编稿件。对于国内外新闻，在广泛了解的基础上，摘取其主要内容，编写成简明扼要的消息，对于要发详细内容的稿件，也力求文字简洁、准确流畅。这种精编办法，该长则长，该短则短，这就使这张小型报纸的新闻内容并不比大报少。对于这种稿件精编方法，茅盾先生有过颇有见地的论述，他认为，小型报纸的编辑部就是一部提炼机，这样小型报就会成为大报的精华。

其三，《立报》最大的特色是“大众化”。《立报》从创刊起，就提出两个口号：“报纸大众化”和“日销百万为目的”，在《我们的宣言》中还着重强调：我们绝不是打着大众化的旗号牟私利，一定要把报纸办得通俗易懂，刊登的材料要与群众休戚相关，使全国国民“能读、必读、爱读，使他们觉得读报真的和吃饭一样需要”。为了使“大众化”这个办报口号为广大读者所了解，《立报》在报纸边上经常刊登一些如“报纸大众化是价钱便宜人人买得起，文字浅显人人看得懂”（二版报边），“只要少吸一支烟你准看得起，只要略识几百字你准看得懂”（四版报边）等这样醒目明了的短语。为了防止报贩从中作梗，保证群众按时阅读到报纸，《立报》自备自行车100辆，每天早晨八时前把报纸直接送给订户。

其四，《立报》的副刊富于特色。《立报》有3个副刊，《言林》、《花果山》、《小茶馆》，都为名家主编，因而各具特色。《言林》属文艺性质，每期约2500字，四五篇短文，起初由谢六逸教授主编，后由茅盾接编。《花果山》由小说家张恨水主编，除刊登长篇连载小说外，还刊登风物小志、历史掌故、世界珍闻、讽刺小品之类的短小文章。《小茶馆》副刊原名《点心》，由萨空了主编，主要刊登常识性的文章，改名《小茶馆》之后，以刊登读者来信为主，多反映下层群众生活。

其五，《立报》注视独家新闻的采访。《立报》自己有电台，这样就可以直接收到国内外各通讯社的电讯稿，可以抢在别家报纸前面刊登一些重要新闻。如轰动一时的"西安事变"、蒋介石被释放、"七君子"被捕等重要消息，在上海报纸上首先发表的就是《立报》。对一些重大新闻需要作详细报道的，编辑部不惜花大力气派记者跟踪采访，掌握第一手材料，写出精彩生动的独家新闻稿。1935年"一二·九"运动期间，上海部分学生离沪去南京向国民党政府请愿，为了反映这一全市注目的事件，《立报》就派记者与请愿学生随行。当学生被阻留在昆山、无锡时，记者就从这两地写回生动、具体的报道，甚至还出现了上海教育局长潘公展向学生下跪哀求学生勿再前行的细节。

由于《立报》在政治上主张抗日救亡，在业务上按"报纸大众化"的要求进行改革，因而颇受群众欢迎。创刊不到半年，日销量已超过10万份，到1937年上海"八一三"抗战时，日销量达20万份，创当时报纸销量的最高纪录。

四、《益世报》的发展

《益世报》于1915年10月10日在天津创刊，由罗马天主教教廷指派的天津教区副主教雷鸣远和中国天主教徒刘守荣、杜竹萱等创办并主持。1925年，奉系军阀势力进入天津，刘守荣被逮捕，报纸被强行接收，直到1928年夏天奉系被驱逐出天津，刘守荣才得以收回《益世报》，由独资经营改股份合伙经营，重整旗鼓，事业上有了新的发展。

1931年"九一八"事变后，《益世报》聘请罗隆基担任主笔，发表了大量文章抨击国民党的不抵抗政策，反映广大人民抗日救亡的意愿，"其影响一度超过《大公报》"。①《益世报》的抗日救亡立场和大量报道抗日消息、表达人民爱国主张，以及对国民党政府对日妥协的批评，受到广大读者的欢迎，同时遭到国民党当局的嫉恨。国民党中央宣传部、国民党河北省党部和天津市党部，多次出面威胁，

---

① 马艺：《天津新闻传播史纲要》，新华出版社2005年版，第136页。

要求撤换主笔，并派特务暗杀罗隆基，迫使罗隆基离开报馆。之后，《益世报》又聘清华大学教授钱端升担任主笔。钱端升上任后，继续发表抗日社论，其文章的深刻和犀利，不亚于罗隆基。蒋介石对此非常恼火，下令对《益世报》停邮和禁止电报使用，迫使钱端升离开报馆。稍后，《益世报》抓住宋哲元倾向抗日的机会，重新聘请罗隆基回到报馆。罗隆基重任主笔后，不顾个人安危，继续撰文呼吁抗日，批评国民党政府的不抵抗政策。1935 年"一二·九"运动爆发，罗隆基在《益世报》上发表题为《爱国无罪》的社论，指责当局把中国搞成"爱国有罪"的局面了。并说："到了举国的人民畏罪而不敢爱国，国家必亡。"①

《益世报》不仅在新闻和言论方面宣传抗日救亡主张，而且开辟专栏载文揭露日寇的侵华罪行，如连载《满蒙忧患史》、《万鲜残案实录》、《田中奏章》、《满蒙权益拥护秘密会议记录》等；还载文详细报道沦陷后的东北惨景，如《盗治下的沈阳》、《铁蹄下的长春》等。另外，还设置哲学、文学、经济、国际、妇女等专刊，聘请平津教育界的知名人士撰写文章，从各个方面讲述抗日救亡的道理。

1937 年 7 月 28 日，日军进入天津，天津各报除几家附逆之外都已经停刊。《益世报》因在租界，还能坚持出版。8 月 18 日，《益世报》社长生宝堂被日军杀害，报纸于 9 月 3 日被迫停刊。

五、《新民报》的刊行

《新民报》1929 年由几位四川籍的青年记者陈铭德、吴竹似、刘正华等创办于南京，他们当时都是国民党员，并且都服务于国民党的中央通讯社，对中央社刻板的工作方式和垄断新闻的做法不满意，与自己理想中的新闻自由相去甚远，产生了办民间新闻企业的想法，于是就办起了一张规模不大的同人报《新民报》，报名取"作育新民"的意思，希望继承和发扬同盟会机关报《民报》的革命精神。《新民报》创办时，陈铭德从中央社辞职，专任社长；吴竹似、刘正华以业余时间参与编辑，初始时先后任总编辑，当年冬天，聘张友鸾为总编辑。新民报社全称为"首都新民报社"，主张"为办报而办报，代民众以立言，超乎党争范围之外"。②

创刊之初，该报每天出版 4 开一张，1931 年改为对开一张，1936 年又改为对开两张。《新民报》在国家遭受日寇铁蹄践踏的时候，显示出崇高的民族气节。从 1931 年"九一八"事变到 1932 年"一·二八"淞沪抗战，报纸抗日救国的立场很鲜明，及时报道了日寇侵华消息，反映全国人民抗日救国的各种活动，敦促国民党政府放弃妥协，抗战到底，在当时产生了很大影响，报纸发行激增到 1 万多份，到

① 转引自马艺《天津新闻传播史纲要》，新华出版社 2005 年版，第 140 页。

② 《新民报七周年纪念词》，南京《新民报》，1936 年 9 月 9 日。

1936年，发行量达2万份左右。

1937年，邓季惺正式进入《新民报》，并担任副经理，建立了一系列完善的管理制度，同年6月20日成立南京新民报股份有限公司。南京《新民报》的版面编排、标题制作都较讲究，尤其副刊更具特色，《葫芦》、《新园地》、《新民副刊》、《读者呼声》等副刊在读者中都产生过较大影响。1937年7月全面抗战爆发后，《新民报》虽然坚持在南京出版，但由于对外交通阻塞、纸张供应困难，不得不压缩篇幅，到11月下旬仅出8开一张，最终在南京陷落的前16天，即1937年11月27日出版最后一张报后，宣布停刊。

六、《生活》周刊与《大众生活》的刊行

《生活》周刊、《大众生活》是与邹韬奋的名字联系在一起的。邹韬奋(1895—1944)，原名恩润，祖籍江西余江，出生于福建永安。韬奋自小阅读梁启超在《新民丛报》发表的文章，黄远生在《时报》、《申报》上发表的北京通讯，对新闻工作产生兴趣，立志当一个新闻记者。韬奋的一生，是从事新闻出版工作的一生。从1926年接办《生活》周刊开始到1944年病逝，他的新闻生涯一共18年，共主编、创办过《生活》周刊、《大众生活》周刊、《生活日报》、《生活星期刊》、《抗战》三日刊、《全民抗战》、《大众生活》(香港版)等7种报刊。他对这些报刊注入全部的心血，满腔的热情。1936年7月31日在《生活日报的创办经过和发展计划》中，他说："我平生并无任何野心，我不想做资本家，不想做大官，更不想做报界大王。我只有一个理想，就是要创办一种为大众所爱读、为大众作喉舌的刊物……要创办一种真正代表大众利益的日报。"在国民党的监狱中，他说："我在20年前想做个新闻记者，在今日要做的还是个新闻记者——不过意识比20年前明确些，要在'新闻记者'这个名词上面，加上'永远立于大众立场的'一个形容词。"从1933年起的短短的11年中，他三次被迫流亡，一次被捕入狱，但他从未放弃对新闻出版事业的追求。面对反动的专制统治，邹韬奋始终大义凛然，宣称"三军可以夺帅，匹夫不可夺志"，体现了一个报人富贵不能淫、贫贱不能移、威武不能屈的高尚节操；始终以反映人民呼声，热心为读者服务为办报宗旨；热爱新闻事业，忘我刻苦地工作，形成了"韬奋精神"，这是他留给后代报人的宝贵遗产。

(一)《生活》周刊的刊行

《生活》周刊是邹韬奋主编的第一个期刊。这个杂志是资产阶级社会教育团体中华职业教育社于1925年10月创办的，是职业教育社专门宣传职业教育、进行职业指导的刊物，主要刊登一些职业指导消息和简要的职业指导言论，发行量才2000份。邹韬奋刚主编《生活》周刊之初，刊物上的稿件几乎是邹韬奋一个人的

“产品”，邹韬奋给自己取了六七个笔名，分别放在不同的文章上。1931 年以前，《生活》周刊主要刊登有关个人修养、职业修养的文章，以期帮助青年人提高修养和找工作的能力。

“九一八”事变后，国民党实行不抵抗政策，粉碎了邹韬奋改良主义的幻想，《生活》周刊改变了以往与现实政治无涉的办刊主张。1932 年 2 月，《生活》周刊先后发表了邹韬奋的《我们最近的思想与态度》和《我们最近的趋向》两篇文章，抗日救亡成了《生活》周刊的主题，《生活》周刊由一份职业教育的刊物变为以新闻时政评述为主的新闻周刊。韬奋思想上的变化、《生活》周刊对抗日救亡运动的宣传和对国民党当局“攘外必先安内”等卖国谬论的抨击，深为国民党反动当局所不容，要对《生活》周刊采取“禁邮”措施。邹韬奋希望有所挽回，便托国民党元老蔡元培向蒋介石疏通，蒋介石拿着《生活》周刊合订本说：“批评政府就是反对政府，绝对没有商量的余地！”① 1932 年 7 月，国民党当局下令对《生活》周刊“禁邮”。邹韬奋和同事们没有被吓倒，他们通过铁路、轮船、民航托运把《生活》周刊大包大包地运出去，邹韬奋主动削减自己的薪水以补贴运资。结果，《生活》周刊的销路不但没有减少，反而增加，这年年底，《生活》周刊发行到 15 万份。

《生活》周刊的事业在斗争中不断扩大，1932 年 7 月在“读者服务部”的基础上成立了“生活书店”，1933 年又成立了“生活出版合作社”。

1932 年 12 月，邹韬奋参加了中国民权保障同盟，被推选为执委。次年 6 月 18 日，民权保障同盟执行委员兼总干事杨杏佛被国民党特务暗杀，邹韬奋也被列入黑名单。在这种情况下，他将《生活》周刊交给胡愈之、艾寒松等人，自己被迫流亡出国。就在邹韬奋出国流亡后半年，1933 年 12 月 16 日，国民党政府以“言论反动，思想过激，毁谤党国”的罪名查封了《生活》周刊。最后一期《生活》周刊是第 8 卷第 50 期。

（二）《大众生活》的刊行

1935 年 8 月，邹韬奋回国，他立即于 11 月在上海创办《大众生活》周刊。不久，“一二·九”运动爆发，《大众生活》给学生的爱国行动以热情的声援，参加救亡运动的重要作家和热血青年的重要文章都在《大众生活》上发表。《大众生活》一连好几期的封面都是“一二·九”运动场面的照片。《大众生活》受到广大人民群众的热烈欢迎，在全国产生了很大的影响，销数达 20 万份。

12 月 21 日，《大众生活》刊登了马相伯、沈钧儒、章乃器等 283 人签署的《上海文化界救国运动宣言》，提出了“人民结社、集会、言论、出版之自由”等八条要求，反对国民党当局的钳制言论的文化专制政策。1936 年 2 月，《大众生

---

① 张达：《邹韬奋》，《新闻界人物》，第 2 册，新华出版社 1983 年版，第 112 页。

活》出至第16期被查封，邹韬奋流亡到了香港，期间创办过《生活日报》、《生活日报星期增刊》(至第11号改名《生活日报周刊》)、《抗战》三日刊和《全民抗战》等刊物。1941年2月“皖南事变”后，国民党政府查封了《全民抗战》和生活书店，韬奋被迫第三次流亡，在香港复活《大众生活》，热情宣传抗战，大力鼓吹民主政治，揭露国民党的法西斯统治，对海外华侨认清国民党政府的反动本质起了很大作用。1941年底，香港沦陷，《大众生活》停刊。

七、“四社联合办事处”成立

“四社联合办事处”是张竹平发起组建的包括《时事新报》、《大陆报》、《大晚报》和“申时电讯社”在内的一个新闻传媒托拉斯。

张竹平（1886—1944），江苏太仓人，上海圣约翰大学的毕业生，笃信基督教。在史量才接办《申报》后，入《申报》馆，并被聘为经理。在积累了丰富的经验和一定的资金后，他开始谋求自己的事业。他的事业从办电讯社开始，1928年正式创立了“申时电讯社”。同年，张竹平又与汪英宾、潘公弼等人合股购下了《时事新报》并组建股份有限公司，任董事长兼经理。1930年冬天，张竹平离开《申报》，次年2月与董显光等人合股从英商伊兹拉之妻的手中购进濒临倒闭的英文报纸《大陆报》，张任经理，董任总编辑。几乎同时，张竹平又与董显光、曾虚白等人策划创办了《大晚报》。

上述四个新闻机构都是集资创办的，张竹平均占有三分之一的股份，并且事实上把握了各单位的经营权，因而张竹平一跃而成为了上海新闻界仅次于史量才、汪伯奇的报业资本家。为了谋求更大的发展，张竹平将这四个新闻机构联合起来，组建了“四社联合办事处”。“四社”的成立，在当时的新闻界影响很大。像这样一个既有报纸，又有通讯社，既有日报，又有晚报，既有中文报纸，又有英文报纸的联合体，在中国新闻史上还是空前的。

在国民党的压力下，1935年5月1日，张竹平刊出启示称，因病辞去“所有四公司总经理职务”，“暂请杜月笙先生代理”。杜月笙同时刊出启示，接受张竹平先生的委托。6月16日，“四社”同时举行股东大会，改选董事会，杜月笙为董事长。

第二节 民报的顽强生存（1937—1949）

一、在辗转播迁中办报

1937年全面抗战爆发后，中国的私营报纸绝大多数表现出了高尚的民族气节，不接受日寇的检查，果断停刊，实行战略转移。比如上海，“自11月华军退出上海后，出版物之停刊者，共30种”①。成舍我创办的大众化报纸《立报》，此时已出版两年多了，成了全国畅销的报纸，该报以文章短小，重视新闻报道及副刊、内容丰富而深受读者青睐。1937年11月24日，《立报》出版了上海时期的最后一期，在告别词《本报告别上海读者》中，分析了国内外形势和抗战前途，希望留在上海的同胞们继续坚持斗争，争取抗战的最后胜利。之后撤往香港。1938年4月1日，《立报》香港版创刊。虽然，香港《立报》在编排和内容上不比上海《立报》差，但是因为不大适合香港人的胃口，所以销路不理想。《时事新报》在接到租界工部局“劝令停刊一切反日文字”的通知后，决定自11月26日起自行停刊，迁往内地出版，1938年4月27日在重庆复刊，是上海最早迁到重庆出版的大报。

中国报界在国难当头、民族危亡的紧急关头，激发出强烈的民族气节和抗战激情，其中最具代表性的报纸是《新民报》和《大公报》。

《新民报》本是南京的报纸，抗战爆发后，1938年1月15日，《新民报》辗转迁至重庆复刊。这是抗战时期由战地西迁到重庆的第一张报纸。《新民报》在重庆出版，抗战激情不减，1938年12月《新民报》紧随《新华日报》之后，举办报纸义卖，支援浴血苦战的抗日将士。这种报纸义卖在中国新闻事业史上是一个创举。赵超构于1944年7月30日开始发表的《延安一月》，系统地报道了延安的军事、政治、财政、经济、文教、卫生等基本情况以及中共中央领导人的一些言论。在版面编辑上，报纸由对开两张的大报，改为4开一张的小报，新闻和评论短小精悍，有较多的花边新闻。内容上侧重于“社会新闻”，并根据抗战开始后文化人和学校大量迁往四川这一形势，专门设置了《艺文坛》、《学府风光》等专栏。同时加强副刊编辑，副刊主持人张恨水、张友鸾、张慧剑等均为名流高手，他们常以冷峻犀利之笔，或正话反说，或反话正说，点评时事，颇具战斗力。

《新民报》在40年代后，不断扩大事业。1941年11月1日开始增出晚刊；1943年6月18日，创办了成都版晚刊；1945年2月1日，又增出成都版日刊。到抗战后期，《新民报》重庆、成都两地4报一天的总发行量最高达到10万份，是大后方发行量最大的一家报纸。

《大公报》本是天津的报纸，鉴于全面抗战的爆发在所难免，1936年4月1日南下创办上海《大公报》，沪版创办，说明《大公报》重心南移。

1937年7月7日卢沟桥事变后，7月28日晚日寇大举进攻平津，天津对外交通断绝。30日，《大公报》上海版发表题为《天津本报发行转移之声明》，说：“天津本报决与中华民国在津之合法的统治同其命运，义不受非法统治之干涉。万

① 《1937年上海公共租界工部局年报》，见马光仁《上海新闻史》，复旦大学出版社1996年版，第826页。

一津市合法官厅有中断之日，则不论其为外国军事占领或出现任何非法的中国人之机关，本报将即日自动停刊，待国家合法的统治恢复之日，再继续出版。”也就是当日，日军猛攻天津，天津失守，《大公报》天津版苦苦挣扎了4天，于8月5日停刊了。

“八一三”上海事变，张季鸾、胡政之等人，预感到上海不可久守。8月17日，张季鸾亲自带领经、编两部骨干赶往武汉，筹备汉口《大公报》。经过一个月的紧张筹备，9月18日，“国耻”六周年纪念日，汉口《大公报》创刊出版了，署号继天津版，为“12262号”。

日军进入上海，租界沦为“孤岛”，虽然公共租界工部局警告在租界出版的中文报纸，不要用过激言论“刺激”日方，但是，各报依然如故。12月13日，南京沦陷的当日，日本占领军通知租界各中文报纸，自15日起须送小样检查。《大公报》的胡政之、王芸生等人明确表示，宁肯停版，也不接受检查。1937年12月14日，《大公报》发表了王芸生写的两篇社评，一篇是《暂别上海读者》，一篇是《不投降论》。在《暂别上海读者》中，王芸生说：“我们是中国人，办的是中国报，一不投降，二不受辱。……我们是中华子孙，服膺祖宗的明训，我们的报及我们的人义不受辱，我们在不受干涉不受辱的前提下，昨天敌人的‘通知’使我们决定与上海读者暂时告别。”《不投降论》更是表达了大公报人对国家的真挚感情：“我们是报人，生平深怀文章报国之志，在平时，我们对国家无所赞襄，对同胞无所贡献，深感惭愧。到今天，我们所能自勉，兼为同胞勉者，惟有这三个字——不投降。”这些文字，现在读起来，都令人感动不已！

《大公报》上海版停刊了。虽然汉口版还在坚持出版，但是，武汉不保在预料之中。胡政之经过周密思考，认为可在香港建立一个新的基业。港馆的筹备工作由胡政之亲自出马。克服了重重阻拦，1938年8月13日，上海抗战一周年纪念日，《大公报》香港版与港粤人见面了。

1938年中秋后，日军逼近武汉。《大公报》汉馆对撤离早有准备。1938年10月17日，《大公报》汉版出了最后一张报纸，署号12656号。1938年12月1日《大公报》重庆版正式创刊，署号继汉版。《大公报》渝馆由张季鸾直接领导。在此后7年多的时间内，它成为当时重庆发行量最大的一家报纸。

1940年，日本帝国主义疯狂推行南进政策，企图向太平洋和东南亚地区扩张。胡政之从为《大公报》香港馆找一个退路着想，1941年3月15日创刊桂林版。馆址在桂林东郊星子岩，日出对开一大张，1942年4月1日又出《大公晚报》。1944年6月，桂林实行第一次大疏散，《大公晚报》于6月27日停刊，《大公报》桂林版则延至9月12日停刊。

从天津到上海、到武汉、到重庆，从上海到香港、到桂林，整个抗战时期，《大公报》不惜毁掉一个又一个基业，坚持抗日救亡，发表了大量控诉日本帝国主义血腥罪行的文章和战地通讯。同时也发表过一些揭露国民党政府腐败、黑暗的文章。1941 年 5 月 15 日，《大公报》获美国密苏里大学新闻学院授予的 1940 年度外国报纸荣誉奖章，这是现代中国报界第一次获国际新闻奖。

1945 年 8 月 15 日，抗战胜利。《大公报》重庆版在当天第 2 版刊载通栏特大字号标题的消息《日本投降矣!》。8 月 16 日第 2 版发表社评《日本投降了》，一开头就引用杜甫《闻官军收河南河北》一诗，喜悦之情，溢于言表。

在大部分民报如《新民报》、《大公报》一样坚持民族气节，为民族命运辗转播迁、四处办报的同时，也有一些报刊，如老牌大报《申报》、《新闻报》，先是挂洋旗，以“不偏不倚”为幌子，回避现实的民族斗争，在租界委曲求全求生存；后落入日军之手，沦为日军侵华的工具，在汉奸道路上越滑越远。抗战胜利后，被国民党以附逆罪名接管，再后来又被共产党用反动报纸名义查封或改组，都是情理中的事情了。

二、为和平民主而办报

（一）民营报刊的恢复与发展

抗战胜利，原有的民营报刊很快得到恢复，并获得发展。发展较好的有《大公报》、《文汇报》、《新民报》、《益世报》、《华商报》和《世界日报》等。

早在 1945 年 4 月，胡政之利用作为中国代表团的成员赴美国旧金山出席联合国创立大会的机会，会后在美国定购了三部轮转印报机和部分通信器材、卷筒纸及办公用品，为战后大展宏图做好了必要的物质准备。1945 年 8 月 22 日，是《大公报》发行 15000 号纪念日。纪念会开过，负责恢复沪、津两馆的干部同人随即分别启程了。1945 年 11 月 1 日，《大公报》上海版复刊。复刊号上发表了《重来上海》的长篇社评，说：“我们是一张民间报纸……二十年来，饱经忧患，同人等不揣谫陋，始终固守‘不私、不盲’的社训，对建国大业，尽其平凡之努力。现在我们也随着国家复员而复员，上海版今日首先复刊，我们今后一本过去不畏强权，不媚时尚的传统，继续为国家服务，为社会服务。”

随后，1945 年 12 月 1 日复刊出版《大公报》天津版。1946 年 1 月在上海成立《大公报》总管理处，统摄上海、天津、重庆三馆的工作。1948 年 3 月 15 日复刊出版香港版，设立台湾办事处负责对上海版航空印行。《大公报港版复刊词》说：“本报是民间组织，营业性质，现在总社在沪，天津、重庆均有分版，台湾，以上海纸版航空递寄，到台印行，连同香港本版，一共虽有五个单位，事业却是整体的……言论方针是各报一致的。”

上海《文汇报》本来是一张在抗日救亡时期创办起来的进步报纸，1939 年 5

月被迫停刊后，创办人严宝礼长期滞留上海，等待时机复刊。抗战胜利后，《文汇报》作为第一家民主报纸于 1945 年 8 月 8 日在上海复刊了。8 月 23 日，在《今后的本报》的社论中，宣布今后的办报方针："宗旨纯洁，完全站在民众的立场发言"；"本报本着言论自由的最高原则，发表社论，力求大公无私"；"报道新闻，迅速翔实"；保持"富贵不能淫，威武不能屈之高尚报格"；"报纸为发展社会之工具"，"本报同人必竭尽所能，为社会服务"。1946 年 4 月，徐铸成从大公报回到《文汇报》任总主笔。在徐铸成、宦乡、柯灵、孟秋江等人的主持下，《文汇报》迅速、健康地发展起来了。

抗战胜利后，陈铭德、邓季惺将《新民报》总管理处迁回南京，发展成为拥有南京、上海、北平、重庆、成都 5 个分社、报纸（日报、晚报）8 种的报团，报纸日销总量 12 万份，是大后方发行量最大的一家报纸。

《益世报》战后很快在天津复刊，刘浚卿之子刘益之为总经理，原总编辑兼总经理刘豁轩再度受聘担任社长兼总编辑。《益世报》复刊后，在政治上标榜所谓"不偏不倚"，以争取读者，因此，事业发展较快，同时在天津、北平、南京、上海、重庆等地出版，日销量达 8 万余份。

《华商报》原是 1941 年 4 月 8 日由廖承志、范长江领导在香港创办的一张爱国统一战线报纸，因日寇进攻，于当年 12 月 12 日停刊。日本帝国主义投降，《华商报》于 1946 年 1 月 4 日复刊，董事长是香港华比银行副经理、爱国民主人士邓文钊，总编辑是著名国际问题专家刘思慕，总经理是民主同盟负责人萨空了。《华商报》在复刊词中说："本报匆匆在港复刊，仍当一本人民的立场，与我海内外同胞，共揭和平、团结、民主的大旗，为创造一个幸福、富强与民主的新中国而奋斗。"《华商报》一复刊，便高举和平、民主的大旗，代表人民说话，反映人民希望和平、民主的意愿，揭露国民党反动派假和平真内战的阴谋。每逢时局发展到关键时刻或是节日，《华商报》都邀请著名民主人士发表谈话或写文章。例如国民党革命委员会领袖李济深、何香凝，民主同盟南方总支部领导人李章达，民主促进会领导人马叙伦、蔡廷锴，农工民主党负责人彭泽民以及著名作家郭沫若、茅盾等都在该报上发表过谈话和文章，号召人民起来反对国民党的法西斯政策。当李公朴、闻一多两位民主人士被国民党暗杀后，《华商报》用大量篇幅揭露国民党特务的卑劣行为，连续发表社论抨击国民党当局庇护特务、操纵暴徒的无耻行径，号召人民团结起来，与民主的敌人作斗争。当国民党反动派撕毁政治协商会议决议并在南京召开伪国大，而民盟中央发表严正声明拒绝参加伪国大时，《华商报》发表社论拥护民盟的正义行动。

《华商报》身处香港，深切地关心华侨，为爱国归侨说话，在东南亚一带华侨中有较大影响。华侨领袖陈嘉庚先生积极为《华商报》写文章，号召爱国华侨从事民主运动，反对蒋介石独裁统治。《华商报》于 1949 年 10 月 15 日终刊。

《世界日报》的老板成舍我本来早有战后发展规划，所以抗战一胜利，成舍我立即飞往北平，于 1945 年 11 月 20 日复刊了《世界日报》和《世界晚报》。

在一批老牌报纸恢复发展的同时，一批新的民营报刊破土而出。这批新创办的民营报刊有一个共同点，就是性质偏重时政。其具代表性的有《客观》(储安平创办，1945 年 11 月至 1946 年 4 月在重庆出版)、《观察》(储安平 1946 年 9 月创办于上海)、《联合日报》(1945 年 9 月 21 日创刊于上海)、《民主报》(民盟 1946 年 2 月创刊于重庆) 和稍后的《新路》(1948 年 5 月创刊于北平)、《大学评论》(1948 年 7 月创刊于南京) 等。这些报刊的情况后面还要专门论述。

(二) 民营报刊争取民主、自由的斗争

经过长期的战乱，全国人民迫切希望和平。1946 年 6 月蒋介石国民党冒天下之大不韪打响内战第一枪，十分不得人心。为了钳制舆论，国民党加强了新闻统制，国统区进步报刊以及一切不利于国民党统治的新闻媒体都遭到迫害和摧残，激起了民营报刊争取民主、自由的斗争。

1. 关于上海《联合晚报》、《文汇报》的斗争

《联合晚报》即《联合日报》晚刊。《联合日报》于 1945 年 9 月 21 日创刊，这是上海的进步人士在战后创办的第一家民间报纸，陈翰伯任主编，冯宾符任主笔，陆诒任采访部主任。日销 20 万份。因得不到国民党当局的承认，于 11 月 30 日被迫休刊。1946 年 4 月 15 日发行《联合日报》晚刊，人们称之为《联合晚报》。晚报出版后，在上海的舆论界做了大量的有益工作。1947 年 5 月 25 日，被国民党当局以刊登学潮消息的“罪名”，勒令停刊。

《文汇报》1945 年 9 月复刊后，随着宦乡、陈虞孙等相继进入报社并担任重要工作，徐铸成回报社担任总编辑、孟秋江担任采访部主任，该报政治立场日趋进步，积极参加反对内战、要求和平民主的斗争。1946 年 7 月，反对国民党实行“警管区制”，被上海市警察局长兼淞沪警备司令宣铁吾以“挑拨员警感情”的罪名，勒令从 17 日起停刊一周。之后，国民党当局企图以重金收买《文汇报》，遭到拒绝，于是恼羞成怒，于 1947 年 5 月 25 日勒令《文汇报》停刊。

2. 关于南京《新民报》的斗争

复刊后的《新民报》由于有共产党人参加工作，所以该报政治倾向日趋进步，反映了民族资产阶级反对帝国主义和官僚资本主义的立场。对下关事件、对中共代表团撤离，该报都作了较为公平详尽的报道。1946 年 2 月，重庆“较场口事件”发生后，国民党中央社播发颠倒是非、混淆黑白的报道，《新民报》协同《新华日报》，联名发表公开信，揭露事实真相。1947 年南京发生“五二〇”血案，《新民报》通过报道，揭露国民党军警殴打学生的罪行，以整版篇幅报道事实真相，有力地支援了广大青年学生的正义斗争，因而该报有 9 人被列入黑名单。1948 年 7

月8日被勒令永远停刊，浦熙修等3人被捕，陈铭德、邓季惺逃往香港。

（三）《观察》破产与民报“新闻自由”梦想的破灭

自由主义自19世纪中叶传到中国，虽然很有些诱惑力，但是无论是在学术界还是在新闻界，终究是一次幻灭接着一次幻灭。抗战胜利后，中国的政治局势处于大变动时刻，国共两党军事和政治对决，自由知识分子以为又是他们大显身手的机会，希图在两极对决中走出第三条路来。于是，自由主义报刊盛行一时，其表现就是时政期刊一个接一个创办起来。结果如何呢？看看其代表储安平创办的《观察》周刊就能知道全貌。

储安平的《观察》曾被认为是现代中国自由主义“最后一次悲壮的回光返照”中的一面旗帜。

先从《观察》的前身《客观》周刊说起。《客观》周刊于1945年11月11日创刊于重庆，发行人张稚琴，主编储安平，编辑为吴世昌、陈维稷、张德昌、钱清廉、聂绀弩。① 该刊设有“客观一周”、“专论”、“各地通讯”、“经济一周”、“文学·艺术·音乐·戏剧”、“副叶”副刊、“珊瑚”副刊等栏目，1～12期还设有“长篇连载”一栏，分期刊登储安平的《英国采风录》。该刊共出17期，储安平负责前12期，后6期则由吴世昌负责。

在储安平的设想中，《客观》应能成为一份进步的自由主义刊物。创刊号上，在以“本社同人”之名发表的《我们立场》一文中，储安平说：“编辑部同人每周聚餐一次，讨论每期的稿件支配，并传观自己的及外来的文章，我并不承认我们彼此的看法、风度和趣味完全一致，我们也不要求彼此什么都一致，我们所仅仅一致的只是我们的立场，以及思想和做事的态度。我们完全能够对于一个问题作无保留的陈述，而服从多数人所同意的意见，其权仍在作者；其间绝不致引起‘个人的情绪’问题。我并愿在此郑重声明：在《客观》上所刊的文字，除了用本社同人的名义发表者外，没有一篇可以被视为代表《客观》或代表我们一群朋友‘全体’的意见，每一篇文字都是独立的，每一篇文字的文责，都是由各作者自负的。”

考察刊物的宗旨、名称、栏目设计、主要撰稿人等诸因素，《观察》与《客观》存在延续性。储安平也曾指出：“精神上，我们未尝不可说，《客观》就是《观察》的前身。”

主编《客观》期间，储安平以“安平”为名撰写的“客观一周”专栏文章，颇为引人注目。前12期中的“客观一周”的文章，除第6期由吴世昌撰稿外，其

① 20世纪40年代晚期，中国有三种名为《客观》的刊物。除本文所论的《客观》周刊外，另外两种一为上海《客观》半月刊，代表人为贾开基；一为广州《客观》半月刊，凌维素为发行人兼主编。

余11期皆由储安平执笔，共54篇。综合而言，这些政论从一个自由主义者的角度，一方面尖锐地揭露国民党当局战后腐化堕落的黑暗政治，委婉地提出自己的批评与建议；一方面理性地分析共产党的优缺点，指出其优点在于“他的社会主义”和“共产党的吃苦精神”，同时也指出其过度地宗举苏联，丧失独立意志，对共产党治下能否真正地推行民主、自由的政治制度表示怀疑。他从个人的自由、民主梦想出发，期盼进步中产阶级崛起，“近代的民主政治可说是一种以中产阶级为骨干的政治，自本世纪以来，虽然社会主义的思潮汹涌澎湃，劳工阶级在社会中所占的地位日见重要，但政治运动，大体上仍由中产阶级在领导着。……工商界人如能与知识分子取得联系，对于中国的民主运动，将易发生有实质的力量。要中国有健全的民主政治，先得使中国有一个有实力的中产阶级。这个中国的中产阶级现在正在缔造之中”。①

储安平等从1946年初即开展《观察》的筹备工作，1月6日在重庆举行第一次发起人会议，决定刊物的名称、缘起及征股简约。虽然当时办刊艰难，但储安平等人深感在此国事殆危、士气败坏的时代，实在急切需要有“公正、沉毅、严肃”的言论，以挽救国运、振奋人心。因此，该刊具有如下两个宗旨：其一，“要对国事发表意见”，但“背后另无任何组织”；其二，“希望对一般青年的进步和品性的修养能够有所贡献”。② 在1947年1月21日——当年农历除夕之夜——致胡适的信中，储安平对宗旨的表述更为明晰：“我们创办《观察》的目的，希望在国内能有一种真正无所偏倚的言论，能替国家培养一点自由思想的种子，并使杨墨以外的超然分子有一个共同说话的地方。”③ 在此宗旨之下，该刊“放言论事的基本立场”被确立为“民主、自由、进步、理性”。

1946年9月1日，《观察》在上海创刊，16开本，每期6万字。1948年12月24日，《观察》遭遇“查封”之厄，至此共出5卷18期。

《观察》是一份纯粹的同人刊物，主要经营管理者是储安平，资金则由他的一批“多是以教书为生”的朋友集股而成，具有“超党派性”和“纯粹民营性”特征。其最高发行量曾达到10.5万份（包括华北航空版及台湾航空版）。储安平曾不无骄傲地写道：“假定每份平均以10个人阅读计算，它的实际读者约在100万人以上。就读者的阶层来说，它的主要的读者包括着广大的学生群众、公务人员、工商业者、自由职业者，以及军队里的将领士兵。国民党政府的不少高级官员如立法院院长孙科等人都是《观察》的读者。就发行的分布来说，除华东、华北、华南沿海一带的大城市，以及华中、华西、西北、西南的内地大城市以外，它的发行广

① 张新颖编：《储安平文集》(下)，东方出版中心1998年版，第48～49页。

② 储安平：《我们的志趣和态度》，《观察》第1卷第1期，1946年9月1日。

③ 张新颖编：《储安平文集》(下)，东方出版中心1998年版，第324页。

泛地渗入了广大的内地城市乡镇，一直达到边疆省份的辽远角落。”①该刊在盈利方面亦很可观，1947年9月22日，储安平致信胡适，信中写道：“去年一年，盈余2.33亿万……1000万的本钱，在一年中赚了20倍。”②

储安平《观察》时期的“政论”能以超然客观的姿态关心政治，以理性公平的立场发表意见。除了批评国民党腐败政治和支持学生运动外，从新闻出版角度看，有如下两点尤需注意：

一是维护言论自由的价值。1947年5月24日，《文汇报》、《新民晚报》和《联合晚报》同时被淞沪警备司令部查封，理由为“连续登载妨害军事之消息，及意图颠覆政府破坏公共秩序之言论与新闻”。对此，储安平写下《论文汇·新民·联合三报被封及〈大公报〉在这次学潮中所表示的态度》。在这篇文章中，尽管他“对于文汇新民两报的作风”有许多地方“不敢苟同”，认为这两家报纸“编辑态度不够庄重，言论态度不够严肃”，还直言“很少在《文汇报》上读到真有重量的文字”；尽管就私人感情而论，四报之中他与《大公报》最为亲厚，但还是严厉批评《大公报》对查封的反应“显然失态，至可遗憾”；面对国民党一日查封三报的专制政策，他掷地有声地表示：“我们仍旧不避危险，挺身发言，实亦因为今日国家这仅有的一点正气，都寄托在我们的肩上，虽然刀枪环绕，亦不能不冒死为之；大义当前，我们实无暇顾及一己的吉凶祸福。”储安平这种不顾私人恩怨的仗义执言的风格让人敬佩。

1947年10月24日，国民党政府行政院临时会议通过《出版法修正草案》，欲以行政手段干预、限制新闻出版事业。对此，储安平除邀韩培德撰文从政治和法律角度加以评析外，自己还写了一篇《评〈出版法修正草案〉》，从条文本身予以批评。他表示：“在根本上，我们反对另设《出版法》来约束出版事业；出版品的一切责任问题，尽可按照民刑法的规定予以处理。假如在实际的情形之下不能达到这个理想的地步，则出版法的制订，应力求合理。”

1948年7月，南京《新民报》遭受“永久停刊”命运之后，《观察》亦将被查封的消息随后传出。在刊物“存亡难卜”之际，储安平发表《政府利刃，指向〈观察〉》一文，历数国民党对言论的管制，言辞异常激烈。他嘲讽道：“我们不相信封了一个《新民报》，再封一个《观察》，社会即能趋于安定。《文汇报》被封，业已一年，社会秩序又何尝因《文汇报》被封而稍改善。我们在此忠告政府，你们要挽回你们的颓局，就得全盘检讨，痛改前非，人民受你们的迫害，已经到了历史上少见的程度，假如你们以为封几个报纸刊物就能挽回你们的颓局，那就大错特错！”

---

① 《我们的自我批评·工作任务·编辑方针》，《观察》第6卷第1期，1949年11月1日。
② 张新颖编：《储安平文集》（下），东方出版中心1998年版，第327页。

二是执著追求言论“干政”之梦。从《客观》到《观察》，储安平为办刊备尝艰辛，但始终孜孜以求，追求心中那个理想的梦——追求言论“干政”。何谓“干政”？在《观察》创刊半年之际，他曾有一段说明：

> 我极其赞同张东荪先生所言：士的使命是“干政”，而不一定要“执政”。（张东荪：《士的使命与理学》，第1卷第13期）“干政”就是一种“舆论”的做法，而“执政”必须是一种“组党”的做法。我们无意组党，所以我们谈不上“具体主张”；我们无意组党，所以我们无意担任组训青年的工作。我们做的是一种影响思想的工作，这个工作是替“国家”做的，不是为了“我们”做的，我们绝无意思要本刊的读者成为我们的“群众”。我们的目的乃是替国家培养一点自由思想的种子，因为我们替国家培养这种“种子”，就是替国家培养元气。①

由于积极“干政”，“查封”犹如一柄达摩克利斯之剑，时刻威胁着《观察》的存在。对此，储安平无畏无惧，他在第3卷报告书中指出：“编者的根本原则是：生死之权操之于人，说话之权操之于我。刊物要封，听命封，遇到大问题时，我们是无法躲避，无法退让的。在这混乱的大时代，中国需要的就是无畏的言论，就是有决心肯为言论而牺牲生命的人物！假如我们只能说些含含糊糊没有斤两的话，那老实说，今日中国的言论界，担当这一部分工作的人已经很多，用不着我们再来献身言论，从事于争取中国的自由、民主、和平的言论工作。我们的编辑方针素来是主动的，我们的目的乃在改变环境，而非欲为环境所改变。”②

自由主义的追求不能说不美妙，但在当时两极对垒的政治局势下难以找到存身之所，为国共两方所不答应。首先，共产党不允许“第三条道路”的宣传。1948年5月22日，新华社发表题为《旧中国在灭亡，新中国在前进》的社论指出：“在中国人民和人民敌人的生死斗争中间，没有任何‘第三条道路’存在。”面临穷途末路的国民党蒋介石反动派，也不容忍所谓“第三条道路”的宣传，它不希望“第三种势力”来与它争权夺利，更不希望“第三种势力”来取而代之，因而对自由主义报刊毫不客气，在查封了《文汇报》、《新民报》后，又查封了《观察》周刊。

---

① 储安平：《辛勤·忍耐·向前——本刊的诞生·半年来的本刊》，《观察》第1卷第24期，1947年2月8日。

② 储安平：《风浪·熬炼·撑住》，《观察》第3卷第24期，1948年2月7日。

（四）民营报刊的最后抉择

随着国共两极在军事和政治上的对决时刻的临近，民营报刊面临最后一次抉择的机会。在这次抉择中，绝大多数民营报人和报刊选择了加入人民报刊行列的发展道路，这以王芸生和《大公报》最为典型。

王芸生在1941年9月张季鸾病逝后，就任《大公报》总编辑。王芸生早年经博古介绍参加共产党，但在1927年因党组织被破坏而与党失去联系。在《大公报》工作期间，因张季鸾感蒋的知遇之恩，张季鸾时期的《大公报》就与蒋介石政权走得比较近，王芸生承袭了这一言论倾向，曾于1945年、1946年先后发表过《质中共》、《可耻的长春之战》等社论为蒋介石的内战政策张目，遭到共产党的批驳。

随着形势的变化，王芸生和《大公报》也出现了转折。1947年2月，王芸生访日回国，接连发文章，对美国扶植日本的政策表示不满。1948年7月《大公报》对国民党勒令南京《新民报》停刊一事发表评论，主张废除钳制人民言论自由的《出版法》，“给新闻界以言论出版的自由”。由此，《中央日报》接连发表社评，指控《大公报》是新华社的应声虫，向《大公报》攻击，“三查王芸生”，列举了王芸生的大量“罪状”。

三查王芸生，这对他是一个极大的震慑。就在他犹豫、彷徨、苦闷、痛惜时，共产党向他伸出友谊之手。1948年10月30日，《大公报》地下党员向他转达毛泽东的口头邀请，通知他去北平参加新的政治协商会议。王芸生听到后，考虑了几天，他感谢共产党宽恕他以前的过失，他下定决心，投奔共产党。11月5日，王芸生只身到了台湾，三天后又飞到了香港，发表了题为《和平无望》的社论，又在共产党员和进步人士帮助下，领导了《大公报》香港馆起义，在国内外引起了强烈反响。1949年1月，他和文化界知名人士郭沫若、马寅初、黄炎培等人一起从香港来到北平，5月27日同解放军一起回到解放了的上海。《大公报》6月17日发表了王芸生写的《大公报新生宣言》，宣告《大公报》已获得新生，为人民所有。

随着《大公报》的“新生”，几乎所有有影响的民营报刊都作出了“留下来”的选择，只有成舍我和他的《世界日报》等极少数的报人报纸跟随国民党蒋介石撤离大陆，跑到台湾去了。

第十章
民报的转折：在大陆的终结与在台港澳地区的发展

在经过一场中国历史上规模最大的内战之后，中国并没有实现统一，民报的生存与发展亦呈现出不同的情况。简言之，大陆民报在经历社会主义改造之后退出了历史舞台；台湾民报则在长达近四十年的“报禁”之中竭蹶挣扎，而报禁解除之后则繁荣发展，创造了一片新天地；香港、澳门民报在西方新闻体制下，发展平稳，即使在回归之后，民报也按照它生命本身的节奏律动。

第一节 民报在大陆的终结

随着人民解放战争的胜利，如何对待民营报业的问题摆到了共产党的面前。按照“保护人民的言论出版自由和剥夺反人民的言论出版自由”的基本原则，中共中央分别于1948年11月8日、20日、26日作出了《关于新解放城市中中外报刊、通讯社处理办法的决定》、《对新解放城市的原广播电台及其人员的政策决定》、《关于处理新解放城市报刊、通讯社中的几个具体问题的指示》。这些文件规定了对新解放城市中报刊和通讯社的处理办法：对国民党反动新闻机构一律没收和封闭；对进步新闻事业加以保护；对不反共的中间新闻事业不禁止，依靠其自身力量继续出版。同时对外国在华的新闻事业也规定一些相应的处理办法。

人民解放军进入城市后，军事管制委员会立即封闭当地国民党反动新闻机构，并利用这些机构的物资设备开展革命宣传工作。对于民主党派、人民团体主办的新闻机构，不仅允许登记出版，而且予以保护和支持。对于私营商业性新闻机构，则根据其政治态度区别对待。解放初期，大陆民营报刊发展比较正常。据1950年2月对当时发行的各类报纸进行统计，在总计281种报纸中，私营报刊55种，公私合营1种，合计约占20%，① 但是，时隔不久，民营媒介便进入了生存困境。

① 中国新闻学会联合会、中国社会科学院新闻研究所编：《中国新闻年鉴：1988》，中国社会科学出版社1988年版。

一、民报面临生存困境

中华人民共和国成立后，新生政权虽然允许民营报刊刊行，但是，形势的变化使民营报刊的生存与发展遇到困境。

（一）新闻来源匮乏，报纸失掉个性

"通讯社原则上应归国有，除新华社外无须鼓励成立其他的通讯社。"① 官方重大消息都由新华社发布，未经新华社发布之前，任何媒介都不能提前发布，如此，民报本身所擅长的"超党派"新闻、内幕新闻没有了，即使报道官方发布的消息，党和政府对媒介规范的制定，形成了一些固定的"套套"，私营媒介不能越雷池一步。如长沙解放之日，《文汇报》已在无线电中收到确讯，第二天刊出消息，但因新华社尚未正式公告而被指责为抢新闻，是"资产阶级的办报作风"；毛泽东《论人民民主专政》发布，《文汇报》按所列问题作分题以醒眉目，也被指责为离经叛道。② 同时，在采访新闻上，一些党政机关也对民报深具戒心，很难采访到有价值的新闻。

缺少新闻来源的民报被纳入到党和政府的宣传结构中，按照统一的分工来进行新闻生产，承担党和政府所指定的宣传任务，各家报纸失去个性。比如《新民报》在上海解放后一两日内就由军管会发给"新字第五号登记证"，并接受上海中共市委领导，由市委宣传部统一布置任务。1949 年 9 月中旬，《新民报》举行"经理、职工代表联席会议"以决定报社的报道方针，9 月 20 日，中共中央宣传部和上海市委宣传部部长夏衍应邀到会讲话，代表党对《新民报》如何适应新形势，完成宣传任务，作了指示。他希望《新民报》能够办成一份"通俗的机关报"。按照这样的指示，《新民报》"从总编辑开始，编辑记者都来改写当天新闻（新华社稿）为口语化的读报材料。其中有的新闻还由姚苏凤、钱谷风改编成里弄报用的几十个字的短篇，有的改编成'说说唱唱'的快板诗。至于对报纸的内容、新闻报道本身却没有改进。经常见报的内容，还是重登日报的'要闻'、'文件'，连解放前《新民报》赖以'叫座'的社会新闻也销声匿迹"。③ 徐铸成先生回忆道："当时'三反'、'五反'运动不断展开，每一'战役'都事先部署，我奉命参加旁听，

---

① 中国社会科学院新闻研究所：《中国共产党新闻工作文件汇编》上册，新华出版社 1980 年版，第 280 页。

② 徐铸成：《徐铸成回忆录》，三联书店 1998 年版，第 190 页。

③ 张林岚：《我们的探索：解放前的上海〈新民报〉》，见陈铭德、邓季惺等《〈新民报〉春秋》，重庆出版社 1987 年版，第 407 ~ 409 页。

自然也要写些遵命的社论和长短文章。”① 由于既缺少新闻，又缺乏特点，这样报纸当然也就没有多少读者了。

（二）新闻观念跟不上形势

1949年后，中国共产党对旧社会来的知识分子采取的是争取、团结和改造政策，其中隐藏的是不信任态度，把他们看成一个有待争取、有待教育、有待改造的异己力量。在当时的思想改造运动中，民报报人必须一次一次地检讨，才可勉强过关，如王芸生说“他头一次感受到了‘丧失自尊’”。② 在这样的氛围中，当时在民报中工作的报人地位低下，受到歧视，在每次政治运动中都是首当其冲，成为改造和批斗的对象。另外，从民报的历史来看，成功的民报都以“议政而不参政”，以超脱、客观、公正的态度报道新闻为办报宗旨。但是，1949年以后，这些所谓民主、自由、中立、理性的观念都被列为“资产阶级”的新闻观念，因而受到严肃批判。民报中的新闻人，接受的是旧新闻观念的熏陶和旧新闻方法的训练，对共产党的报纸风格不太适应。为了让他们彻底完成思想转变，政府不断通过办学习班、学习文件等方法，帮助他们改变观念，适应新的形势。1950年春，中央召开新闻工作会议。“会议的主题，是围绕‘联系实际’、‘联系群众’、‘开展批评与自我批评’这三个问题，作为办好人民报纸的基本方针，反复讨论。从此提出报纸要反对刊载社会新闻，不得发表抒发个人感情及黄色、迷信的报道和作品；反对‘资产阶级办报思想’，报纸宣传要为党的当前政策服务；新闻‘宁可慢些’，但要‘真实’。总之，一大套苏联模式的清规戒律确定下来了。”③ 对这一套苏联模式，民报报人一时难以适应，觉得无法把握，因而消沉避世，不想再来经营报纸。陈铭德和邓季惺主动放弃了对报纸的所有权，从1949年8月到1951年，先后不下十余次带着财产证明找政府，要求政府将《新民报》收归国营或者公私合营。王文彬在谈到重庆《大公报》停刊原因时说，“他们（指《大公报》总管理处——引者）对重庆《大公报》感到无暇兼顾深恐发生政治原则性错误”；同时作者也认为自己对办好这张报纸缺乏信心，因而不愿再办。④

（三）旧的报馆组织运转不了

同人办报被定性为资产阶级办报模式，受到批判，民报报馆已经不能自主地聘用人员，共产党和政府通过“掺沙子”和直接指派等方式向民报报馆进人。如

---

① 徐铸成：《徐铸成回忆录》，三联书店1998年版，第228页。

② 王芝琛：《一代报人王芸生》，长江文艺出版社2004年版，第206页。

③ 徐铸成：《徐铸成回忆录》，三联书店1998年版，第212～213页。

④ 王文彬：《建国初期的重庆〈大公报〉》，《新闻研究资料》，1987年第40期。

1949 年后，上级指示重新复刊《观察》，实际上，除主编储安平外，基本上是换了全班人马。往日那种理性客观的《观察》不见了，办了半年多，就办不下去了。同时，为了体现党对新闻媒介的领导，民报报馆内开始建立党团组织。比如《大刚报》，“在中共中央中南局宣传部的亲切关怀下，在中共武汉市委宣传部的直接领导下，报纸继续出版，报社的一切经费的支出和所需的新闻纸张，全部由武汉市人民政府拨付和供给。中共《大刚报》支部（当时尚未公开）负起了编辑出版的全部责任。汉口《大刚报》从此真正成为一张人民的报纸了”。①

（四）民营报刊发行不了

新政权对私营报贩和报摊进行集中整顿，实行“邮发合一”的发行政策，造成私营报刊对政府邮局的高度依赖性。而一些邮局只承揽公营报刊而拒绝私营报刊的发行业务，使私营报刊陷入发行困境。1950 年 8 月，《文汇报》发行量由原来的 2 万多份下跌到不足 1.3 万份，这时报社请华东邮政管理局协助办理外埠的发行，没有成功，于是直接向各地邮局发出 1200 多封信件，结果只有百十处邮局接受了代销《文汇报》的任务。②

（五）广告市场萎缩

政府机关基本上不在私营媒体上刊登广告，同时，国家对广告市场进行规范。“广告方面，那时有一项规定：报纸不得刊登商品广告，而刊登的那些文娱戏目广告又收费低廉。”③ 即使允许刊登商业广告，从当时的经济政策来看，政府在经济上通过加工订货、代购代销等国家资本主义形式，市场日益萎缩，资本主义市场经济对国营计划经济有着高度的依赖性，并且其份额在国民经济的比重中也日益缩小，最后实行“一化三改”的社会主义改造，在中国建立了计划经济体制，计划的时代是不需要广告的。

民营报刊依托市场，以发行和广告收入作为经济命脉。发行数量和广告收入的萎缩使民报生存艰难。随着国家统购统销和社会主义改造的推行，在国家体制之外谋求民报的经济独立，已经完全不可能了。

二、民报“自动”退场

由于面临上述生存困境，民报生存艰难，日益萎缩：

---

① 杨坤潮：《走向进步，走向人民：汉口〈大刚报〉的战斗历程》，《新闻研究资料》，1984 年第 25 期。

② 朱正：《报人浦熙修》，湖北人民出版社 2005 年版，第 99～100 页。

③ 朱正：《报人浦熙修》，湖北人民出版社 2005 年版，第 99～100 页。

上海《大公报》，中华人民共和国成立初期日销曾达16万份，以后逐渐减少，到1952年降到6万份。①

《文汇报》，“当时（指1950年初——引者）销数总在十万份左右徘徊”。② 但到1950年8月就下跌到不足1.3万份了。③

《新民报》，1950年“报纸的发行量也由解放时的一万几千份下降为八千份左右，经济陷入了困境”。④

如前所述，1950年2月，私营报纸是55家，但到当年6月，减为43家，到11月底为39家，到12月底为34家，到1951年4月底为31家，到8月下旬则只剩25家。⑤ 在这种情况下，许多民报不得不合办或者停刊，有的最终走上公私合营的道路，并通过社会主义改造成为公营报纸。随着社会主义改造的完成，民报基本上退出了大陆的新闻舞台。1966年9月14日，《大公报》被永远关闭，再也没有恢复，民报在大陆就此成为一个历史名词。

第二节 民报在台港澳地区的发展

一、民报在台湾的发展

1949年12月，蒋介石集团败退台湾，以反共为名，从1949年到1987年实施了全世界最长的戒严，新闻界生存在恐惧之中，所谓法律所保障的言论、出版、集会、结社自由全部冻结。但是，蒋介石对外还是要树立“自由中国”的形象，以有别于“共产中国”，加上美国民主、自由的“影响”，因此，当局还承认民报的存在，只是从1951年6月10日实施“报禁”政策起，不再发放新的报纸登记证，至1987年“解禁”前，台湾的报业数目还是维持在1952年的31家。在这31家报纸中，八成是官报，其中尤以国民党的《中央日报》为核心，多数民营报纸生存艰难，商业广告微乎其微。

从20世纪60年代到70年代末，台湾经济发展较快，广告增长迅速，使民营报纸增添活力。80年代中期，台湾两家最大的民营报纸——王锡吾的《联合报》

① 王芝琛：《一代报人王芸生》，长江文艺出版社2004年版，第207页。

② 徐铸成：《徐铸成回忆录》，三联书店1998年版，第212页。

③ 朱正：《报人浦熙修》，湖北人民出版社2005年版，第99页。

④ 张林岚：《我们的探索：解放前的上海〈新民报〉》，见陈铭德、邓季惺等《〈新民报〉春秋》，重庆出版社1987年版，第407～409页。

⑤ 施喆：《建国初期私营报业的社会主义改造》，《新闻大学》，2002年第4期。

和余纪忠的《中国时报》发行量都在100万份以上，它们掌握了台湾报纸发行量和广告收入的三分之二，有财力逐步收购报纸登记证，建立报团以形成寡头垄断。同时，中产阶级队伍崛起，他们要求有相对独立的报纸和更多的政治参与，因此，民间政论杂志勃然兴起。50年代雷震等人创办《自由中国》，掀起“自由中国”运动，大力宣传“民主”、“自由”等价值观念，沿袭了中国民报的“文人论政”传统，从“诤友”的角度批评蒋介石的独裁专制，寄希望于国民党当局进行民主改革，论点之坦诚、广泛和尖锐，前所未有，终为蒋氏所不容，雷震被捕入狱，《自由中国》被封。但是，《大学》、《台湾政论》等各种政论杂志仍如雨后春笋，纷纷创办，《联合报》亦出版了《中国论坛》，《中国时报》出版了《时报杂志》，这些杂志冲破国民党对真理的封锁，挑战当局设立的政治游戏规则，破解国民党的政治神话，启迪民智，表达自己的政治诉求，营造民主的文化气氛。

1988年1月，“报禁”解除，当局对新闻媒介的控制随之发生变化，主管机构由原来的警备部门改为由“行政院”的“新闻局”具体负责，强化其服务和沟通功能。行政主导力量减弱，新闻政策比较宽松，自由开放，市场竞争，资本力量发展，促使民营报业迅猛发展。

首先，党报式微。解禁以后，“国库”不再直通党库，党国媒介因断了财政津贴而日趋式微。“官报”、“军报”努力通过转化为民营报刊谋求出路，如原来隶属台湾省的《台湾新生报》和《台湾新闻报》就在2000年底，彻底脱掉了“官服”，成为民营报纸，参与市场竞争。2006年6月1日，国民党党报《中央日报》因亏损连连，国民党中央常委会决定不再补助，因而于是日停刊，终结了党报在岛内的存在。

其次，大量新民报创刊。“解禁”当年就有122家报纸登记，到了1990年增至211家，1992年达到270家，至1998年累计发出报纸登记证高达883张。虽然新创办报纸的淘汰率非常高，维持正常经营的只有58家，但毕竟比报禁前的31家多出一倍。

再次，三大报团鼎立格局形成。报禁开放后，在市场规律的支配下，报纸所有权逐渐集中在两类经营者手中：一类是延续解禁前优势并持续成为品牌的中国时报系和联合报系，目前仍为企业型超级大报团；另一类是实力雄厚的财团出资创办或收购的报纸，如《自由时报》。

联合报系旗下包括8报9公司。该报系以现代经营理念和管理理念相结合，精心培育延伸自己的产业，构建庞大的报团企业网。无论从报团经济结构还是规模等方面来看，联合报系都已经成为全球最大的华文报业媒体企业集团。

《中国时报》于1988年新增《中时晚报》，1989年成立时报资讯公司。1995年《中时电子报》正式上网，为世界华人提供多媒体服务，目前已经成为华人世界最大新闻网站之一。中时报系集团的事业扩充迅速，经营领域覆盖报纸、期刊、书籍、出版、运输、行销、广告传播、旅游娱乐、生活艺术、网络科技等不同行业。

1989 年，拥有雄厚财团背景的《自由时报》，凭借自杀式的价格战以及随赠来争夺《联合报》、《中国时报》两大报系市场，在市场上立足并迅速成为台湾三大报之一。1996 年 7 月《自由时报》引用 SRT 市场调查数据，显示该报读者阅读率超过《中国时报》和《联合报》，自此使台湾报业市场变成三足鼎立的局面。

2003 年是台湾报纸一个重要的转型时期。原在香港发行、以“煽腥色”及八卦新闻起家的《苹果日报》进驻台湾，实施“攻台计划”。《苹果日报》进入台湾，台湾报业市场很快出现了“苹果现象”。《苹果日报》及其《壹周刊》，完全照搬香港的办报方针，以“扒粪”、“色情”、“流血”等耸人听闻的内容为主，无所不在的“狗仔队”，捕捉各类能够满足读者“感官刺激”的新闻。这种以情色、刺激、休闲为主的编辑与办报方针，完全超越了台湾原来民报中比较严肃的文人办报传统。《苹果日报》进入台湾，重组了台湾报业市场，在一定程度上使得台湾报业再次洗牌，报业市场出现四雄称霸的局面。

台湾狭小的市场空间不足以提供四个大型报业集团的有效运营，结果造成了台湾报业市场日益激烈的恶性竞争，到了 2005 年，台湾报业市场困境全面显现。这年 11 月 1 日，中国时报集团旗下的《中时晚报》宣布停刊，象征着台湾主流纸质媒体衰落，岛内不少纸质媒体在《苹果日报》八卦震波下纷纷倒地。

为了力挽狂澜，报纸开始进行跨媒体经营，即由纸质媒体扩张为涵盖电子、平面等相关领域的跨媒体集团。早在 1999 年 2 月“立法院”就公布了“卫星广播电视法”，放宽部分跨媒体经营限制。中国时报集团，早在 2002 年就开始向电视进军，收购了有线中天电视台，扭亏为盈；2005 年 12 月 24 日，再以 58 亿新台币收购了国民党的三大党营媒体“中国电视公司”、“中国广播公司”与“中国电影公司”（简称“三中”），使中国时报集团成为一家拥有两份日报、两家电视台以及包括中时网络科技公司、时报周刊股份有限公司、中时旅行社、时报出版公司等在内的跨媒体集团，成为台湾最大的媒体集团。跨媒体集团的出现，预示着台湾民报的未来发展之道。

二、民报在香港的发展

1997 年前，作为英国管制下的香港，“有自由无民主”。香港令人艳羡的“新闻自由”，在回归前无非只有批评国共的自由，但很难批评港英当局，港英政府设立的新闻处以向媒介提供周到服务的方式来把握媒体的舆论导向。

香港的报纸基本上是民营的，但是，这些民营报纸大都有较鲜明的政治倾向性。港英当局允许国共双方在香港的架构内建立舆论基地，因此，当时各种政治势力都在港建立了自己的宣传阵地。从1949年中华人民共和国成立到香港回归前，香港中文报纸可分为左、中、右三大派别，其中中间报纸又可分为中间偏左、中间偏右和中立三种，所以当时报纸堪称五类并存。① 左派报纸指的是拥护新中国、支持中国共产党的报纸，主要有《大公报》、《文汇报》等；所谓中间报纸是在政治上处于中立地位的报纸，主要是些商办报纸，有《成报》、《田丰日报》、《明报》、《信报》、《东方日报》、《苹果日报》等；右派报纸是拥护蒋介石国民党的报纸，除国民党的正统机关报《香港时报》外，民报中主要是老牌的商办报纸《工商日报》等。

首先看左派报纸。在新中国成立初期，左派报纸在办报思想、手法上适合香港读者的口味，部分报纸销往内地，但在60年代后期受内地"文革"的不良影响，左派报纸名声下降，销量也一落千丈。80年代中期，《大公报》和《文汇报》根据香港人口结构的变化，实行本地化政策，同时加强对中国内地的报道，在内地设立记者站，极力开拓中国市场。尽管有中资和内地地方政府提供的丰厚的广告收入，但由于两报互争的是相同的读者群，随着1997年香港回归，香港媒介愈来愈亲近内地，两报所拥有的优势已经不再那么明显。

其次看右派报纸。右派报纸《工商日报》50年代影响力很大，但它无视香港人口结构和政治环境的变化，继续僵硬反共，以致70年代，其读者群倒向新兴的中间报纸，而于70年代末再也没有办法攀升回去，终于在1984年11月停刊。国民党的官方喉舌《香港时报》因台湾解除戒严后，国民党不肯补贴，也于1993年停刊。

最后看中间报纸。中间报纸崛起于20世纪60年代末，其时由于香港经济起飞，社会稳定发展，人口快速增加，教育水平普遍提高，伴随着中产阶级力量的抬头，以及香港土生土长的第一代力量的增强，香港报纸的本地意识开始兴起，报业的视线从国共斗争和对内地的兴趣拉回到对香港本身的关注上。最明显的是出现了一批本地化的商业性报纸，这些报纸以市场为导向，崇尚本地意识，关心社会民生，走大众化信息的路线而获得成功。在这些中间报纸中，《明报》、《信报》等以知识分子为取向，以中国报道见长，以为读者提供深刻的时事分析取胜；而《东方日报》、《成报》等则走通俗路线，它们用生动的、庸俗的、耸动的犯罪新闻，再加上大量的娱乐界八卦新闻以招揽读者，内容大同小异。而后这个平衡被黎智英的《壹周刊》打破，《壹周刊》走性和暴力路线获得成功后，黎智英更是斥巨资创办《苹果日报》，《苹果日报》以"淫、赌、毒、黑、邪"为主题制造新闻，大打割喉价格战，成功地挤占了市场。

两家最重要的中间偏右的报纸《华侨日报》和《星岛日报》，分别创刊于

---

① 陈昌凤：《香港报业纵横》，法律出版社1997年版，第22页。

1925 年和 1939 年，报头一直用“中华民国”年号。随着政权的嬗变，它们逐渐淡化党派倾向，向市场靠拢，以至于和中间报纸合流。在激烈的市场竞争中，生存十分艰难。《华侨日报》于 20 世纪 80 年代中期每年损失 4000 万港元，1991 年以 4600 万港元价格被默多克收购，但不久，默多克放弃报业，转而经营星空卫星电视，《华侨日报》转卖给马来西亚富商郭鹤年，后又转让多次，于 1995 年停刊。《星岛日报》于 1985 年迁移澳洲，经营状况也不佳，也是辗转出卖多次。

1997 年 7 月 1 日，香港回归祖国的怀抱。虽然香港比以往更加受到中国大陆的影响，但是在“一国两制”的政策下，香港保留原有的社会制度与生活方式，香港的新闻体制稳定，享有很大的新闻自由。香港报业呈现出如下特点：

1. 行业格局基本稳定。截至 2005 年 3 月，香港已有 47 种报纸、762 种杂志及其他刊物，形成了以《东方日报》、《苹果日报》和《太阳报》等为主导的报纸市场，并拥有各自的读者群。

2. 新闻日益娱乐化。以《苹果日报》、《太阳报》等为代表的通俗报纸，以精明的商业手段来包装报纸，化政治为商品，借用犯罪新闻的巧妙手法来处理政治议程，一切以“市场”为主，在提供大量有用的生活资讯的同时，在“市场”的驱动下关闭了新闻理想的大门，追求娱乐新闻，将一些流言蜚语、性、暴力、丑闻粉饰为新闻。香港原为全球华人知识分子的政治论坛，在这股娱乐化浪潮的冲击下，政论杂志前途暗淡。

3. 晚报成为历史。自 20 世纪 80 年代以后，香港基本上只有两份晚报。由于报业技术手段的突破，日报不断趋向休闲化娱、乐化，再加上广播电视业的发达，晚报的优势逐渐消失，《星岛晚报》和《新晚报》终于在 1996 年底和 1997 年 7 月 26 日先后停刊。在市场机制的作用下，香港成为没有晚报的都市。

4. 媒介融合成为潮流。于民报而言，一个方向是通过兼并、控股等方式将经营领域伸向其他媒体，形成具有多种媒介单位组合的传媒集团；另一个方向是在网络技术的支持下，实现“报网互动”、“报纸数字化”。1997 年 2 月，有两份英文报纸和 6 份中文报纸利用互联网出版。1998 年有两份英文报纸和 6 份中文报纸利用互联网出版。1999 年有 2 份英文报纸和 8 份中文报纸利用互联网出版。2000 年有 3 份英文日报、6 份中文日报和 6 份中英文双语日报利用互联网出版。①

5. 免费报纸出现。地铁免费报纸《都市早报》在 2002 年 4 月创刊出版，内容包括时事新闻等资讯，对象是 200 多万乘地铁上班的乘客。《都市早报》未受到“非典”的影响，在 2003 年 6 月首次获得盈利。该报是香港首份免费派发的大众化报纸，根据香港出版销量公证会核查并证实，该报每日派发量超过 30 万份，成为全香港发行量第三大报纸。

---

① 彭兰：《中国网络媒体的第一个十年》，清华大学出版社 2005 年版，第 353 ~ 354 页。

6. 与内地关系日益紧密。回归后，随着香港和内地的关系进一步融合，内地不但成为香港最大的新闻源，而且香港传媒业已经开始进军内地市场。内地媒体也积极进入香港，如母公司为《北京青年报》的新股北青传媒就在2004年12月在港上市，成为第一家上市的内地传媒股。

7. 竞争日益激烈。香港弹丸之地，却拥有如此之多的报纸，报纸竞争呈白热化的趋势。为了在激烈的竞争中占有立足之地，香港报业经常研究读者的兴趣，奇招迭出，报纸版面越来越多，版面内容日趋杂志化，创办各类副刊和专刊，以招徕读者，经营日益多元化，除经营报业外，在房地产、餐饮、印刷、文化出版等各个领域投资，不断更新媒介技术，争取以最快速度将新闻传播给读者。

三、民报在澳门的发展

澳门报业受内地的影响很大。在中华人民共和国成立以后，形成了以《澳门日报》、《华侨报》、《大众报》为核心的民报体系。

《澳门日报》创刊于1958年8月15日，其创刊词所揭示的办报宗旨是：竭尽所能，宣传爱国正义，宣扬一切真正引人向善的科学思想，并且用人们喜闻乐见的方式，报道一切澳门同胞所需要的知识。该报后来发展为澳门地区最大的报纸，30余版，日出对开7至9张，发行量近4万份，约占澳门中文报纸发行量总数的70%。该报重要消息大多来自新华社和中新社电讯稿，设有20多个专刊和副刊。该报除在澳门本地销售外，还广销至香港、广州、珠江三角洲一带及海外。

《华侨报》是创刊于1937年11月20日的中文日报，以“立足澳门、客观报导、服务社会”为办报宗旨，原为香港《华侨日报》所有，并派赵斑斓在澳门负责《华侨报》报务。后赵斑斓买下《华侨报》全部股份，由赵独资经营，并自任社长，成为澳门第二大报。《华侨报》多采用美联社电讯稿，除在澳门销售外，也销往香港、台湾和珠海、中山及广州等地。

《大众报》创刊于1933年7月15日，在中华人民共和国成立后真实客观地报道内地新闻，成为澳门三大中文报之一。《大众报》于1982年开设葡文版，成为澳门唯一一家中、葡文双语报纸。

从20世纪60年代到80年代，澳门新创办了《星报》、《正报》等报纸。

澳门自1999年12月20日回归后，在“一国两制”基本法的框架下，民报的新闻自由得到尊重和保护，同时，为增强报业竞争力和进一步走向现代化、国际化，特区政府延续葡澳政府对报业的资助制度，由政府提供财政支持，协助本地报业在业务培训、专业能力、技术设备等方面提高水平，并且在培训学习和社会保障方面提供多种优惠政策。这是否会导致报纸言论的保守，缺乏多元化的舆论以及降低报纸对政府的监督作用，值得澳门民报思索。

澳门报业发展的难题在于，除了本地竞争之外，澳门报业还要面对强大的香港媒体对手的竞争，香港约有20多份中文报纸每天运销澳门，在本来市场容量就不大的澳门报业拥有相当的读者群，使澳门报纸的竞争更趋激烈。

《澳门日报》在回归后依然是澳门地区发行量最大、最具影响力的报纸，而且该报注重在版面设计、新闻采写、标题制作等方面提高水平。《澳门日报》在澳门率先出版"电子版"，后又与海外报纸合作，发行"美洲版"、"东南亚版"，将澳门回归后社会发展、政府施政、民众生活信息传播至海外，以扩大国际影响力。其后，《华侨报》也推出"电子版"，报纸上网后，更有助于这些报纸拓展海外华人读者群，扩展国际影响力。

除中文报刊外，澳门还有葡文和英文报纸。1979年，中国和葡萄牙建交后，葡文报刊在原来两家的基础上，骤增了5家。由于澳门土生葡萄牙人数量少，以及回归后葡人影响力减弱，葡文媒体的声音越来越低，几乎都是在亏本经营，销量最高的葡文报纸也不够2000份。2004年8月，回归后的首份英文报纸——《澳门邮报》创刊。"英文报纸的出现，显示出澳门正式迈向国际化，该报也表明会以客观和中肯的报道和言论向外展示澳门情况、特色、价值及观点，为市民捍卫社会正义和公民权并致力于保护澳门多元化特色和族群和谐。"①

综上所述，澳门报业有三个特点：第一，报纸的本地化程度较高，注重当地新闻和突发事件的报道，积极参与社会活动；第二，澳门报社的规模虽小，但效率较高；第三，报纸开展多种经营，并注重新科技的应用。比如《澳门日报》其实是一个以报纸为主，在投资、资讯、贸易等领域开展多种业务的综合性企业。

民报在两岸四地生存发展的不同结局表明了民营报刊与政治制度之间的相关性，简言之，民报的生存基础来自于对公民言论自由权的承认与尊重。台湾地区在"解禁"之后，消除行政干预，实施新闻自由，推行法治新闻事业，民营报刊按市场规律优胜劣汰，一时间迅猛发展；港澳地区在殖民政府统治期间，享有较为充分的新闻自由，主权回归后，中央政府推行"一国两制"政策，沿袭了原有的新闻自由制度，港澳地区的民营报刊也按照市场本身的规律在生长、发展。

但问题的另一面也必须予以重视，在权力退隐之后，资本的力量大大加强，市场竞争的生存压力对民报的职业操守是一个严峻的考验，台港澳地区的民营报刊在享受权利的同时，如何承担相应的社会责任，遵守职业道德，这是一个长期的问题。

---

① 《中国新闻年鉴》(2004年)，见吴廷俊《中国新闻史新修》，复旦大学出版社2008年版，第587页。

民报小结：
铁肩道义是中国民报的精神

中国民营报刊的历史，充满了正义，充满了血泪，充满了可歌可泣的斗争。一部中国民报史，既是一部被封禁的历史，又是一部争取自由的历史。

一、中国的民报在压迫中生长

中国古代政治是秘密政治，政府与官员形成了“民可使由之，不可使知之”的威权习性，决策模式自上而下，采取各种手段限制不利于自己的言论出版行为，逐渐形成了“禁言”、“禁书”、“禁报”的一系列法律文字。因此，中国古代民报一产生就与禁令、处罚紧密相连。民报始现的宋代，统治者将民间“小报”视为非法出版物，下令严加禁止和取缔，且法令一个比一个严酷，处罚越来越重，处罚手段也多种多样，有“决配”、“编配”、“流放”、“杖刑”等。明清沿袭了宋朝的做法并“发扬光大”之，对言论的管理，更加残酷。以明律为蓝本的《大清律历》对言论出版（包括报刊）的违规行为，都以“造妖书妖言”罪加以重罚，具体条文有三点：

（一）凡妄布邪言书写张贴，煽惑人心，为首者，斩，立决。为从者，斩，监候。若造谶纬妖书妖言，传用惑人，不及众者，改发回城，给大小伯克及力能管束之回子为奴。至狂妄之徒，因事造言，捏成歌曲，沿街唱和，及以鄙俚亵慢之词，刊刻传播者，内外各地方官，即时察拿，审非妖言惑众者，坐以不应重罪。

（二）凡坊肆市卖一应淫词小说，在内交与八旗都统、督察院、顺天府，在外交督抚等，转行所属官弁严禁，务搜板书，尽行销毁。有仍行造作刻印者，系官革职，军官杖一百，流三千里；市卖者杖一百，徒三年；买看者杖一百，该管官弁不行查出者，交与该统，按次数分别议处。仍不准借端出首讹诈。

（三）各省抄房，在京探听事件，捏造言语，录报各处者，系官革职，军民杖一百，流三千里。该管官不行查出者，交与该部，按次数分别议处。其在贵近大臣家子弟，倘有滥交匪类，前项事发者，将家人子弟亦不行约束之家主，并照例议处治罪。①

---

① 转引自马光仁《中国近代新闻法制史》，上海社会科学院出版社2007年版，第27~28页。

根据上述规定，凡是被认为是“妖书妖言”的出版物都要受到严厉查禁，其发行人要受到严酷处罚。清朝前期，文字狱不绝于书，何遇恩、邵南山以“捏造小钞，刊刻散播，以无为有”的罪名被杀，成为中国新闻史上最早因办报获罪而被杀害者。

鸦片战争后，西学东渐，近代报刊被传教士带到了中国，中国先进的知识分子开始接受西方的民主法制观念。郑观应、康有为等人发出了制定新闻法律的呼声，1898年“戊戌变法”期间，光绪皇帝在康有为的奏折中批谕同意制定报律，这是中国封建统治者第一次同意制定新闻法，后因变法失败，报律胎死腹中。后来，迫于内外压力，清政府于1905年宣布预备立宪，制定各项法律就成为立宪运动的重要内容。1906年制定的《大清印刷物件专律》及随后补充的《报章应守规则》、1907年制定的《报馆暂行条例》、1908年出台的《大清报律》便是立宪运动在新闻立法方面的重要成果。宣统二年（公元1910年），清政府民政部再次修订《大清报律》，经资议院复议后，改名为《钦定报律》于宣统二年十二月二十九日（公元1911年1月29日）颁布。

清政府所制定的新闻法规第一次以法律的形式允许民报的存在，国人可以按照法律所规定的程序创办报刊，揭开了中国近代新闻法制建设的第一页，这是中国新闻史上的一大进步。“在晚清和民国的新闻制度建立中，作为制度选择，它本身保持了进步性，当时的法律和事实都可以证明，作为言论自由的一个基本制度形式，当时的民间报纸获得了合法的生存空间。”①

晚清政府的新闻立法，虽然使民报有了一个名义上的合法的生存空间，但是这些以控制为本位的新闻立法，并没有从根本上改变民报受压迫的处境，报馆被封、报人被抓，甚至被杀害的事情接二连三发生：

1905年，《警钟日报》因“污蔑中国皇太后、皇上”被封；同年8月，直隶总督袁世凯下令禁阅《大公报》，直到11月初才解禁；秋，汉口《楚报》中文版主笔张汉杰，因刊载张之洞与美国签署的粤汉铁路借款合同密约全文，并撰写文章进行抨击，被判处10年监禁，报纸遭查封。

1906年春，因香港各报批评广东官绅勾结把持粤汉铁路，逮捕股东黎国康，两广总督岑春煊下令禁止《中国日报》、《世界公益报》、《维新日报》、《日日新报》等在内地的发行；9月29日，巡警部以“妄议朝政，捏造谣言，附和匪党，肆为论说”等罪名封禁了《中华报》，逮捕了彭翼仲、杭辛斋，《京话日报》连带被封；10月31日，杭辛斋被押送回原籍浙江海宁；11月8日，彭翼仲先被判监禁，不久改为流放新疆；11月23日，汉口《江报》被查封，经理李伯敬被捕。

1907年2月27日，《北洋官报》刊出了直隶总督袁世凯销毁、严禁“悖逆书

① 谢泳：《历史困境中的记者命运》，《南风窗》，2007年第18期。

报”令，认为这些书报“较洪水猛兽尤为惨酷”；11 月 13 日，卢谔生在广州创办《二十世纪军国民》周刊，出版 7 期即遭查禁。

1908 年 6 月 12 日，《重庆日报》创办人卞小吾在成都狱中被残杀，身中数十刀，成为继沈荩之后晚清中国第二个言论自由的殉道者。

1909 年 9 月，清廷民政部以泄露交涉机密、妨碍邦交为名，封禁北京《国报》、《中央大同日报》；11 月，《神京白话报》因刊载宫廷新闻被封。

1910 年 3 月，山西《晋阳公报》揭露巡抚丁宝铨以禁烟之名，屠杀交城、文水两地百姓 100 多人的暴行，被以“簧鼓革命、摇动人心”等罪名被查封，记者张树帜、蒋虎臣被捕；4 月，李伯元创办的上海《世界繁华报》因一则社会新闻被控，主编任董叔被捕，报纸停刊；同月，汉口《雄风报》因“有违报律”被查封，汉口《商务报》因反对铁路国有政策遭查封。

1911 年 2 月，汉口《夏报》被封；3 月，奉天《大中公报》因刊出评论谴责巡警无理干涉妇女坐车而遭捣毁；同月，成都《工会日刊》被查封。①

以上所列，仅仅是清政府在立宪运动蓬勃展开、法治新闻媒介期间对待私营报刊的冰山一角。

辛亥革命后所建立的中华民国造就了民初报业的繁荣，但繁荣的好景不长。袁世凯上台之后，采取了一系列严重步骤，封建专制回潮，对看不顺眼的，或与其持不同意见的报纸采取强力镇压，动辄抓人封报，或是一张纸令，或是被军警捣毁、查封，全无法制观念，其草率与随意，比起清末来可以说是有过之而无不及。据统计，在袁世凯的摧残下，到 1913 年底，全国继续出版的报纸只剩下 139 家，和民国元年的 500 家相比，锐减了 300 多家。1913 年是阴历癸丑年，当时人把这一年报纸遭到的浩劫称为“癸丑报灾”。对于反对自己，而又不能直接施加行政权力的报纸，袁世凯政府则采取禁售与禁邮的手段，从经济上来摧残报业。此外，袁世凯为了掩人耳目，制定严刑峻法，发布命令、通告、禁令来钳制媒体，使媒体动辄得咎，大肆摧残报业。经过袁世凯的摧残，中国报界不成样子。据统计，在 1912 年 4 月至 1916 年 6 月袁世凯统治时期，全国报纸至少有 71 家被封，49 家受到传讯，9 家被军警捣毁。全国报纸总数始终维持在 130～150 家上下，形成了持续四年的新闻事业的低潮。新闻记者中至少 24 人被杀，60 人被捕入狱。②

1927 年，国民党在南京建立了国民政府，在全国实行“一党专政”，将全国的新闻事业都纳入“一党专政”的轨道，通过各种途径打压民营新闻媒体的生存空间，对民营新闻媒体实行严格控制。首先是制定新闻法规，控制媒体。在国民党统

① 上述引文见傅国涌著《笔底波澜：百年中国言论史的一种读法》，广西师范大学出版社 2005 年版，第 49～83 页。

② 丁淦林主编：《中国新闻事业史》，高等教育出版社 2002 年版，第 165 页。

治中国的22年时间里，南京国民政府制定了一系列新闻出版法律法规，其数量之多，管理控制之苛，是以前任何统治者所无法比拟的。其次利用行政手段来统制新闻传播，1933年前实行出版登记制和事后追惩制，1933年之后推行事前预防的新闻检查制，1935年又成立了独立于中央宣传委员会之外的、专门管辖各地新闻检查所的中央新闻检查处，在全国形成了完整的新闻检查系统。此外，还通过“邮电检查”、“禁止邮递”、特务暗杀、建立民营报纸顾问制等手段，对新闻媒体进行统制。

二、中国民报在斗争中生长

自古以来，中国读书人非常重视言论报国，他们在朝以“谏”，在野以“议”，或通过书院讲学等口语媒介，或通过诗文著述等印刷媒介，品评得失，臧否人物。这种“文人论政”成为我国知识阶层的深厚传统。近代以来，西报东渐，“文人论政”最有效、最成功的形式就是“办报论政”。所以，议论国事，言论报国成为中国民报的主题和推动力。然而，在专制政体下，“议论国事”又特别不为统治者所容许。公元前213年，一个叫淳于越的人，在朝堂上对“郡县制”发表不同意见，不仅自己招致杀身之祸，而且致使460多名儒生被坑。一方不准议政，一方偏喜议政；一方要办报，一方要禁报，这就形成了一对解不开的矛盾。中国民报史从一个侧面看是一部压迫史，从另一个侧面看则是一部斗争史，一部争取言论自由的斗争史。

1902年11月1日，梁启超在《新民丛报》发表《敬告我同业诸君》一文，提出著名的报馆“两大天职”说：“一曰，对于政府而为其监督者；二曰，对于国民而为其向导者是也。”为言论自由思想奠定了基础，随后，争取言论自由的斗争不绝如缕。

在中国百年民报史上，出现过三次争取言论自由的浪潮。

第一次是北洋军阀统治时期。为了废除袁世凯制定的《出版法》，经过近十年的斗争，“五四”之后形成高潮，从1921年到1926年，中华全国报界联合会、上海书报联合会、日报工会等多次向北洋政府提出废止《出版法》的要求，并先后成立了言论自由期成会、新闻界争自由大同盟，最后，迫使段祺瑞政府在1926年废止了《出版法》。

第二次发生在1933年。1933年1月21日，镇江《江声报》的经理兼主笔刘煜生被国民党江苏省政府主席顾祝同以“宣传共产”的罪名枪杀了，证据仅仅是《江声报》副刊上发表的《当》、《下司须知》、《涛声》、《端午节》等几篇描写社会生活的小说。上海《申报》首先披露了这一消息，舆论界及整个文化界愤怒了，中国民权保障同盟两次发表宣言，指出，“刘煜生之死，非死于描写社会生活之文字，而实死于揭载鸦片公卖之黑幕”。全国律师协会决定提出上诉。上海日报记者公会召开会议，商讨采取行动，200多名记者联名发表宣言，谴责顾祝同“毁法乱纪，摧残人权”，要求予以制裁。南京的首都记者协会也要求“严惩苏省当局，以保人权”。在强大舆论压力面前，国民政府监察院在对此案进行调查后，表示要“弹劾”顾祝同。但到了2月，监察院又说顾祝同是军人，不宜办理此案，更激起了民众的愤怒。为了平息民愤，9月1日，国民政府行政院发布《保护新闻从业人员》的训令：训令“内政部通行各省市政府，军政部通令各军队或军事机关，对于新闻从业人员，一体切实保护”。1934年8月，杭州记者公会向新闻界发出倡议，公定9月1日为记者节，每年届时举行庆祝活动，以保护新闻记者的权益。杭州的倡议发出后，得到了许多地区新闻界的响应，当年9月1日，北平、杭州、太原、厦门、长沙、南京、青岛、绥远等地新闻界举行了庆祝活动，北平新闻界庆祝大会还致电国民党中央，要求“实行去年9月1日的命令，保障记者安全，维护言论自由”。从1935年起，“九一”记者节得到了全国新闻界的承认。从此，我国的新闻记者有了自己的节日！这个节日，直到1949年才完成了它的历史使命。

第三次高潮是1945年的“拒检运动”。1945年8月7日，重庆国讯书店因未经国民党当局检查而自行出版了黄炎培的《延安归来》而遭到搜禁后，张志让、杨卫玉等三人起草了重庆杂志界宣布“拒检”的声明，在征得《宪政》、《国讯》等16家杂志社签名后，于8月17日正式发表，宣布自9月1日起不再送检，并将这一决定函告国民党中宣部、宪政实施协进会和国民参政会。10天后，重庆杂志界联谊会集会，在拒检声明上签名的杂志社增至33家。重庆的拒检声明得到了全国的响应，由生活书店、新知书店等19家出版社组成的出版业联合总处宣布坚决支持重庆杂志界的拒检声明，叶圣陶等发表了《我们永远不要图书杂志审查制度》。9月1日记者节这一天，重庆《新华日报》发表社评《为笔的解放而斗争》，抨击国民党当局实施的图书审查制度，号召新闻文化界为争取新闻出版与言论自由而斗争。9月8日，成都的16家新闻出版机构，一致决定以行动响应重庆出版界的斗争，发表《致重庆杂志界联谊会公开信》予以声援。9月15日，昆明《民主》周刊等11个新闻出版单位宣布响应重庆、成都两地的拒检斗争，并决定成立昆明杂志界出版界联谊会。到9月下旬，拒检运动已成燎原之势。9月22日，国民党中央第10次常委会通过了废止新闻出版检查制度的决定与办法，拒检运动取得了胜利。

1926年被北洋军阀杀害的著名记者邵飘萍，在他的办公室内曾悬挂一副对联：“铁肩担道义，辣手著文章。”这副对联鲜明地体现了我国民报报人在从事办报活动时的态度与责任承担。他们将“道义”与“文章”结合在一起，“做一位仗义执言的‘无冕之王’，做一位良知灼然的‘社会公人’，以新闻警世，以新闻救国，以新闻记者终其身……”① 一部中国民报史所展现出来的是这样的图景：报人以手中之笔，激浊扬清，监督政府，抨击贪污腐败的黑暗政治，揭露社会的种种不公现象，表达普通百姓的呼声和诉求，为底层民众的利益而呼吁奔走；报刊介绍西方社会先进思想，传播科学观念，反对封建专制制度，以启蒙民众，改良世俗为己任；报人视报纸为生命，议政而不参政，营利而不唯利，以提供客观、真实、公正、全面的信息为报纸的最高职责；报人在国家利益面前，总是能以国家利益为重，为民族利益奔走呼号，在历史选择的关头，民营报刊也总是能追随时代的脚步，做出合理的选择！

---

① 《引言：理想主义者的哀伤与宿命》，林溪声、张耐冬：《邵飘萍与〈京报〉》，中华书局 2008 年版。

党报史

第十一章
清末“会报”

在“君子不党”的文化环境中，中国近代意义的政党开始被称为“会”，把成立政党叫做“开会”。所以中国近代意义的政党始于清末会党；同样，政党报纸始于清末会报。戊戌变法前后，主张变法的维新派逐渐登上了政治舞台，为了便于开展政治运动，他们就开始成立政治团体（政党前身）如强学会、南学会等。这些学会大多创办了机关报，它们是中国政党报纸的发端。随后，资产阶级革命团体如兴中会、光复会、中国同盟会等，也先后创办了机关报。

第一节　维新会党的机关报

中日甲午战争后，民族危机严重。康有为等资产阶级改良派发动的“公车上书”没有收到预期的效果，于是认为：要推行变法维新，必须先“合群”以开风气；而要合大群，“非开会不可”；若要想开会，“非有报馆不可。报馆之议论既渍于人心，则风气之成不远矣”。“合群”、“开会”、“办报”这一系列工作思路的形成，使中国政党机关报的出现顺理成章了。

一、强学会的机关报

1. 北京强学会和《万国公报》、《中外纪闻》

清光绪二十一年（1895 年），康有为在北京成立强学会。强学会又名强学书局或强学局、译书局，是我国最早的资产阶级维新派政治团体。经费来源主要是康有为和陈炽、沈曾植、沈曾桐、丁立钧、张孝谦等人的“义捐”。以陈炽、沈曾植为正董，沈曾桐、文廷式为副董，实际负责的则是张孝谦。列名会籍或参与会务者还有梁启超、麦孟华、汪大燮、王鹏运、陈仰垣、袁世凯、徐世昌、杨锐、张权等共 22 人，并得到帝党官僚首领、光绪帝师翁同龢、孙家鼐，军机大臣李鸿藻，直隶总督兼北洋大臣王文韶，两江总督刘坤一，湖广总督张之洞，武将宋庆、聂士成以及英、美传教士李提摩太、李佳白，英使欧格讷等人支持和赞助。强学会之性质，“实兼学校和政党而一之”；每 10 日集会一次，每集会必有演说。康有为特为强学会作序，阐述成立学会的宗旨在于“广联人才”、“创开风气”，以挽救时局。

为阐明组织学会的必要性，康有为决定先办一份报纸，遍送在京官吏和士大夫，使之“渐知新法之益”、“告以开会之故”，以争取他们的支持。

8月17日，强学会主办的报纸《万国公报》正式创刊。因英、美传教士在上海组织的广学会很有影响，其所办之《万国公报》在晚清官吏和士大夫中行销有年且颇得好评，故袭用其名，以利发行。《万国公报》是维新派在国内出版的第一家政治报纸，由梁启超、麦孟华任编辑；报纸每隔一天出版一期，共出了45期；委托京报房木版印刷，随京报免费赠送给在京的官员。该刊主要围绕“公车上书”的主旨进行宣传，设有上谕、外电、各报选录、译报、评论等栏目；经常转载上海广学会《万国公报》上介绍西方政治制度和经济概况的文章，论述富国强兵之道、振兴国家之策、教民新民之法，阐释救亡图存的变法主张，在官员中产生了很大影响。正如康有为所说：“报开两月，舆论渐明，初则骇之，继亦渐知新法之益。”① 不少官员正是在阅读《万国公报》之后，才对维新运动采取支持态度。

后来，为了“以报事为主”，《万国公报》于1895年12月16日易名为《中外纪闻》，作为强学会的机关报。《中外纪闻》以梁启超、汪大燮为主笔；双日刊，木版印刷，每次一册，期发约二三千份，月底取回，装订成册，以便保管；与《万国公报》免费赠阅不同，《中外纪闻》为购阅：京中购阅者，每月收银三钱；京外购阅者，除报费外，另按路程远近，酌加寄费。《中外纪闻》的内容比《万国公报》丰富，“首恭录阁抄，次全录英国路透电报，次择译外国各报，如《泰晤士报》、《水陆军报》等类，次择录各省新报，如《直报》、《沪报》、《申报》、《新闻报》、《汉报》、《循环报》、《华字报》、《维新报》、《岭南报》、《中西报》等类，次译印西国格致有用诸书，次附论说”。② 《中外纪闻》的编辑业务、经营业务也都有改进，比如转载、采用各国各省日报上的文章，一定标明出处。

《中外纪闻》着重介绍西方资本主义国家政治经济情况及自然科学知识，“论说”一栏尤其重视考察各国强弱之原，反映了资产阶级维新派学习西方的政治倾向，因而遭到后党忌恨。在李鸿章的怂恿下，御史杨崇伊于1896年1月20日上疏弹劾强学会“植党营私”、《中外纪闻》“贩卖西学”，“请饬严禁”。于是，强学会被封禁，《中外纪闻》被迫停刊。后经李鸿藻、张孝谦等力争，强学会才又改成官书局，但逐渐被封建官僚所把持，维新派遭到排斥；在内容方面，也“渐讳时政”即不议论时政、不臧否人物，转而以翻译各国书籍为主，从而偏离了强学会原有之宗旨。

2. 上海强学会和《强学报》

为了扩大维新声势、推进变法运动，康有为在北京强学会成立后，就来到南北

---

① 康有为：《我史》，江苏人民出版社1999年版，第28页。

② 《中外纪闻·凡例》，转引自陈玉申《晚清报业史》，山东画报出版社2003年版，第75页。

交通枢纽和"士大夫走集之所"的上海，筹备成立强学会上海分会。在两江总督张之洞的经费支持和黄遵宪、梁鼎芬、龙泽厚等维新党人的协助下，上海强学会于1895年10月底11月初成立。列名会籍者有康有为、黄体芳、黄绍箕、屠仁守、张謇、汪康年、黄遵宪、章炳麟等共24人。康有为拟定的《上海强学会序》，号召有识之士踊跃入会，合群体之力，共图维新大计。不久，他又和黄体芳、梁鼎芬、龙泽厚等16人发布"公启"，宣布该会以"联人心，讲学术，以保卫中国"为宗旨，"专为中国自强而立"。《上海强学会章程》规定了"最要者四事"：(1)译印图书，学习西学，去塞求通；(2)刊布报纸，了解外国情况；(3)设立图书馆，搜集中外学术著作；(4)开办博物院，置办仪器，讲求制造。康有为"尤急欲办报"，调门人徐勤、何树龄由粤来沪筹备相关事宜。

1月12日，上海强学会出版《强学报》，以为其机关报。徐、何任主笔；以孔子纪年，五日一出，铅字排印，竹纸印刷，装订成册；强学会上海分会书局发行，初期的发行办法亦为免费赠送。① 内容有"上谕"、"论说"等项，以"论说"为主，政治色彩较北京强学会之《万国公报》和《中外纪闻》更为鲜明。创刊号的封面上注明本报创刊于"孔子卒后二千三百七十三年"，并将这个日期置于"光绪二十一年"之前，同时刊出《孔子纪年说》，这些表明了康有为"托古改制"的政治立场。在这种思想指导下，《强学报》发表了一系列鼓吹设会办报、力言科举制度之积弊、倡导维新变法的文章，并鲜明地提出了开设议院以通下情的政治主张。

强学会上海分会的活动和《强学报》的宣传，也引起了封建顽固派的恐惧和仇恨。他们纷纷上书弹劾，诬陷强学会及其报刊蛊惑人心，图谋不轨。光绪皇帝在慈禧太后的高压下，1月25日下旨命令《强学报》停刊。《强学报》仅存在了14天，出版了2期（第3期未能面世）。

《万国公报》、《中外纪闻》和《强学报》虽然出版的时间都不长，但它们是中国资产阶级维新派创办的第一批报刊，因此也是第一批中国政治团体的机关报，标志着中国政党报纸的萌芽。通过这三个刊物的创办，维新派宣传了自己的主张，扩大了自己的影响，为以后的办报活动和登上政治舞台奠定了基础。

二、南学会与《湘报》

南学会是资产阶级维新派在湖南创建的讲求新学的政治团体，由谭嗣同、唐才常等人发起，得到湖南巡抚陈宝箴和湖南按察使黄遵宪等开明官吏的支持。

1. 南学会的成立

---

① 《强学报》创刊号上刊登的《本局告白》说："现当开创之始，专以发明强学之意为主。派送各处，不取分文，一月以后，乃收报费。"

1897年11月，德国强占胶州湾，其他帝国主义国家纷起效尤，强占租借地，划分势力范围，中国面临被瓜分的危险，国家命运危在旦夕。湖南维新志士谭嗣同等认为一旦中国被列强瓜分而亡国，则须“做亡后之图，思保湖南之独立”，使“南支那”“可以不亡”。他们的具体办法是成立一个学会，宣传救亡，发展地方自治，并联络广东，以湘、粤为中心，实行变法，而后再图救中国。

他们的想法得到康有为和梁启超的支持。康有为认为若中国被列强瓜分，则湘省“可图自主”，即使中国被“割尽”，也可留下湖南一片净土，“以为黄种之苗”。梁启超也认为：为今日计，必有腹地一、二省可以自立，然后中国有一线之生路；赞成湘、粤联合，以为“湖南之士可用，广东之商可用”。故所立之学会，取名南学会，而不名湘学会。南学会为挽救瓜分危机而设，明显地带有救亡性质。

经过一个冬天的筹备，南学会于1898年2月21日正式成立（以开会讲学为成立标志）。会址设在长沙孝廉堂，延聘今文经学家皮锡瑞（1850—1908）为学长，黄膺、戴德成为佐办，主会者则为陈宝箴。由上海来湘的《时务报》主笔梁启超也参与筹划，并为南学会作叙。叙文强调在民族危机空前严重的形势下，极有必要建立学会以挽救危亡；并援引欧洲各国历史上设立各种“会”而洗刷国耻的实例加以证明，从而突出强调了南学会御侮救亡的性质。

南学会“专以开浚知识，恢张能力，拓充公益”为主义，以“同心合力，振兴中国”为宗旨，积极提倡改革，讲求内治；于地方重大兴革事项时加讨论，提出方案，供政府参考。南学会的主要活动方式是讲学。有记录可查的讲学共有13次，内容涉及政教、学术、中外大势、保种保教、交涉、自然科学等各个方面；每次讲学者一人或数人，先后作讲演的有皮锡瑞、陈宝箴、黄遵宪、徐仁铸、谭嗣同、熊希龄、欧阳中鹄等，其中学长皮锡瑞讲的次数最多，每逢讲期必讲。讲演人大力阐释了在民族危机的严重关头设立学会以开风气、以广民智的极端必要性，借以宣传维新变法；大肆宣扬“孔子改制”，试图借用孔教名义，“托古改制”，“翻然一变”，“易贫弱为富强”；提倡地方自治，呼吁湖南士绅“自治其身，自治其乡”，兴利除弊，规划新政，强调官民上下，同心同德，群策群力，共同治理湖南；强调采用新法，发展资本主义经济，以保利权，抵抗侵略；号召清除中外畛域之见，防止仇洋排外衅端。讲演颇具感染力，听者亦很踊跃，每会集众千数百人。可见，南学会“无变法之名而有变法之实”、“无议院之名而有议院之实”，实际上成了湖南维新运动的领导机关。

南学会在长沙成立后，湖南各府县州纷纷响应，竞相成立各色学会。各府县州学会的活动内容虽有不同，但都抱定“联通群力，振兴新学”的共同宗旨。所以南学会不但促进了湖南新政的开展，而且促使湖南省“民智骤开，士气大昌”，对社会风气的转变及知识分子思想的解放起了推动作用。

由于宣传新学、推行新政，南学会遭到湖南顽固派的切齿痛恨。岳麓书院院长王先谦及乡绅叶德辉大肆攻击南学会，皮锡瑞也被迫离湘赴赣。5月，南学会开讲仅三个月即告辍，南学会历史至此结束。

2.《湘学新报》和《湘报》的创办

《湘学新报》是维新派在湖南地区创办的第一份报纸，1897年4月22日创刊，由时任湖南学政的江标、徐仁铸和时任湖南按察使的黄遵宪先后督办。该刊为综合性旬刊，出版半年后即1897年11月5日易名为《湘学报》。作为倡导新政新学的舆论机关，《湘学新报》试图以"思以体用赅贯之学，导湘人士"为目的，以倡新学、开民智、育人才、图富强为宗旨；在内容上，设有掌故、史学、时务、舆地、算学、商学、交涉等固定栏目。唐才常除担任主编外，还兼任"史学"、"时务"、"交涉"三栏的编辑；而且发表了一系列的文章，或介绍西方国家的历史、议会制度等，或宣传在中国实行君主立宪等维新主张。

如前所述，南学会成立前，湖南有一份新报《湘学报》。南学会成立后，有鉴于刊期太长，文字过于艰深，不能满足省内日益高涨的维新运动的需要，便决定另办一份通俗的日刊报纸，作为南学会的机关报，这便是1898年3月7日创刊于长沙的《湘报》。

《湘报》是集资办起来的，设董事会，由唐才常、谭嗣同、熊希龄、梁启超、李维格任董事，熊希龄为董事长，唐才常任主编。《湘报》为书册式，每日一册，页数不等，有论说、奏疏、电讯、公牍、本省新闻、各国时事、商务、杂事等栏目，通过南学会各州县分会或新派学堂免费赠送，不取报资。

《湘报》以政论为主，发表了大量鼓吹变法维新的言论，明确提出了变法维新的一系列主张，还刊登中外报刊关于维新运动的评论，以及各地维新派团体的文告、章程、启事，如实地反映了湖南地区变法维新运动的历史进程，深受读者欢迎。其发行量一度仅次于《时务报》，被康有为誉为"全国最好的一张维新报纸"。戊戌政变后，《湘报》于1898年10月15日停刊，历时7个月，共出版177期。

三、女学会与《女学报》

1840年鸦片战争后，外国传教士所办报刊对中国传统重男轻女的封建观念进行了抨击，传播了男女并重和男女平等、发展女子教育、女子参加社会活动等主张。外报外刊披露的有关西方妇女解放运动的信息，客观上促进了一部分中国知识女性的觉醒。同时，在中国近代化过程中，资产阶级维新派也从国外接受了许多新的观念。与妇女解放运动的悄然兴起相适应，中国出现了妇女报刊。

1897年11月，近代中国著名企业家、慈善家和资产阶级维新人士经元善筹议创办中国女学堂，得到了许多有识之士的支持。梁启超在《事务报》发表《创设女学堂启》，并亲自为学堂制定了办学章程。严复在《国闻报》就此事撰写文章，从理论上阐述女子接受学校教育的重要性。洋务大员盛宣怀曾表示愿意为学堂捐款，并动员他人为之捐款。南洋大臣刘坤一批准学堂的创立，并提供经费补助。为了广泛听取中外各界人士尤其是女界人士的意见，1897 年 12 月 6 日，经元善专门召开了有中外妇女参加的“裙钗大会”，商议创办中国女学堂的有关事宜。

中国女学堂初名“桂墅里女学会书塾”，在向清政府申请刻制学堂公章时正式定名“中国女学堂”，通常称“经正女学”或“经正女塾”。1898 年 5 月 31 日，学堂正式开学，以“启其智慧，养其德性，健其身体，以造就其将来为贤母为贤妇”为办学宗旨。课程分为中文、西文两类：中文课有《女孝经》、《女四书》、唐诗、古文等，西文课有英文、算术、地理、图画、医学等。学生还学习体操、缝纫、刺绣、棋琴书画等，学堂教职员工全由女子担任。在女学堂筹办过程中，李闰（谭嗣同妻）、黄谨娱（康广仁妻）等人还于 1897 年夏秋之交提议成立了女学会。

1898 年 7 月 24 日，《女学报》创刊。它既是中国女学堂的中文校刊，又是女学会的机关报。《女学报》主张女子与男子一样，应有救国之志：“男女共此志，治内治外，各展良图，则国之贫弱，又何足患？”① 《女学报》还鲜明地宣传了男女平等的思想，公开提出女子参政、受教育和婚姻自主的要求。该报从多方面揭露了男女不平等的种种社会现象后认为男女平等是“自然之理”，即“凡物无能外阴阳者矣。光有白黑，形有方圆，质有流凝，力有吸拒，数有奇偶，物有雌雄，人有男女，未有轩轾者也”。② 在婚姻方面，《女学报》主张婚姻自主，认为妇女“凡事皆可自主，父母之权，即不能抑制”；男女择偶，只要“两厢契合”，即可“永结爱心”。为了开拓广大妇女的眼界，《女学报》还发表了以《医学论》为题介绍有关科学知识的论文，刊登了体操图。

报刊的主编、主笔全是女性，她们当中大多是接受过资产阶级教育甚至是留学回国的知识女性。主笔们不仅自己撰稿，而且把每期主编的真实姓名和籍贯都刊登在报头上。二十多位主笔中较为著名的有康同薇（康有为的女儿）、李蕙仙（梁启超的夫人）以及中国第一位女报人——《无锡白话报》创办人裘毓芳等，她们都是当时妇女界的知名人士，实际也是中国新闻史上的第一批女编辑、女记者。该报还是中国近代最早提倡和使用白话文的报刊之一。

《女学报》每期用对开白色洋连史纸单面石印一大张，可以裁叠成四页装订，旬刊。端楷缮写正文，所附插图均由主笔之一刘可青所绘，兼有中西之美，颇可玩味。《女学报》在当时是有一定影响的。据该报第 8 期《本报告白》说：“本报价廉物美，每期益处，海内称赏，远近来购者云集。每印数千张，一瞬而完。”③ 可

① 薛绍徽：《女教与道台相关说》，《女学报》，第 4 期。

② 康同薇：《女学利弊说》，《女学报》，第 7 期。

③ 《本报告白》，《女学报》，第 8 期。

见，它当时是颇受知识妇女欢迎的。但是，它的主要读者是上层妇女，“本报现今销路，以绅宦公馆居多。致市商零卖，除上海外，外岸尚无定处”。

“百日维新”失败后，《女学报》仍坚持刊行。出至1898年10月第12期时，被迫停刊，前后历时3个月。虽然发行时间不长，出版期数有限，但《女学报》是近代第一份由女子主办而又面向妇女的报刊，直接反映了妇女要求自身解放的强烈呼声，改变了广大妇女与社会隔绝的状况，促进了广大妇女的思想启蒙。它倡导民主与独立，促进广大妇女的觉醒，标志着中国女性正式登上了中国近代的历史舞台，同男性一道为社会的变革和妇女的解放摇旗呐喊，从而在中国近代报刊史上写下了光彩夺目的一页。

四、其他维新学会的机关报

1. 蜀学会的《蜀学报》

1897年，四川维新派人士、成都尊经书院院长宋育仁和退职官吏潘祖荫在四川成立“蜀学会”。蜀学会的章程明确提出要学习西方，注重自然科学的研究，呼吁要“效西方之人，以学会开大智慧”，以挽救中国不为列强所灭；提出先在成都成立化、农、矿、商、电、气、光、水、地、医、蚕、工程、工艺、博物等学会。戊戌变法失败后，学会解散。1898年5月15日，宋育仁创办了成都第一家近代报刊《蜀学报》，协理为杨道南（范九），主笔为吴之英，总纂述为廖平（季平）。初为半月刊，同年6月第4期起改为旬刊。每期30页左右。报头经常换字体，以篆书为主，还用过空心字，木版活字双面印刷，采用绵竹洁白棉料纸张，线装。9月出版至第13期后被查禁。

该报大量刊载维新变法的文章。声称：“《时务》、《求是》各报既已畅行，蜀中更立此报者，意在昌明蜀学、开通邻省，故与各报体例略有不同。”栏目有：谕旨、奏折、论文、新闻（从第5期开始分海外、中国和蜀中近事三栏）等。第4期发表了《康主政有为呈请代奏及时发愤革旧图新折》和康有为的《保国会序》，还附刊《保国会章程》，并加编者按语：“今者，事亟矣，变深矣，如火之燎毛，艾之灼肤，而痛不可忍矣……断未有国不可保，犹得以自保其身家者”。《蜀学报》上已开始刊登广告，并规定“凡登本报后幅告白，第一次每字取钱四文，第二、三次每次每字取钱三文”。第12期刊登了该刊第一则有关经售文具、教具的“学制山房告白”商业广告。每期的发行数在2500份左右。

《蜀学报》是维新派的喉舌，对推动维新运动在四川的开展起了积极作用。近代报纸的出现及发展，是四川文化事业进步的表现，不仅带动了四川印刷技术的革新，而且产生了一批新式印刷企业，并为后来四川新闻事业的发展奠定了基础。

2. 圣学会的《广仁报》

《广仁报》是桂林也是广西最早出版的具有近代报刊特征的报纸，也是在资产阶级改良派领袖康有为的直接影响和亲自参与下创办的，同时还得到了当时广西清政府的支持。1897 年 2 月 11 日，康有为在北京的维新活动受挫，来到桂林。除开办广仁学堂、讲求新学外，他还成立了圣学会，创刊了《广仁报》。

康有为认为报纸是变法的舆论工具，而“桂林僻远，尚无报馆，何以开耳目而增识见”，因此应该开设报馆，“有日报以言学”，使“将来风气日开，见识日广”。为了扫除政治改革的障碍，康有为着手创办报纸并使之成为刚成立的广西圣学会的机关报，即“专以讲明孔道，表彰实学，次级各省新闻，各国政学，而善堂美举，会中事务附焉。即就此义，创办报刊，定名曰《广仁报》”。创刊后的《广仁报》因此成为桂林以至广西鼓吹维新变法的舆论工具。

在唐景崧、岑春煊和广西巡抚史念祖、按察使蔡希邠的巨资资助下，圣学会成立一周后的 4 月 15 日，《广仁报》创刊发行。由康有为的弟子曹硕、赵廷飏、况仕任、龙应中、龙朝辅等担任编辑、出版、发行事务。报纸为 36 开，木刻版，直排，土纸印刷，线装成册；每月取纸墨费贰角，定阅全年取费贰元肆角，先交费者取费贰元。内容有论说、上谕恭录、中外新闻、地方新闻、自然科学知识、中西译述、杂谈、告白等。论文多以外患日迫、急应变法维新以救中国为主题，充满了爱国主义和反对外国列强侵略的激昂情绪。该报坚持出版了一年多，对唤起广西人士发愤图强、推动维新改良运动产生了很大影响。1898 年戊戌变法失败之后停刊。

《广仁报》效仿上海《时务报》和澳门《知新报》模式，不仅专门刊登当时重大事件的新闻，而且刊登翻译的外国新闻；对于重要的治国方略、先进的科学技术，亦详加报道。这种思路，为广西当局所认同，并发出公文指出：“广西地方官吏，见闻狭隘，于各国近事，毫末通晓……兹有以广东澳门《知新报》所译各国近事，至详至细，亟应随时阅看，以广见闻。”

3. 上海农学会的《农学报》

中日甲午战争后，振兴农业已成为人们的共识。1895 年孙中山曾在广州筹建农学会，并写有《创立农学会征求同志书》。张謇在所撰《请兴农会奏》一折中，主张立国之本“在乎工与农，而农为尤要”，提倡讲求农学，行西国农学所得之法。1896 年梁启超任主笔的《时务报》在上海创刊后不久，罗振玉等人就联名在《时务报》刊出公启，发起成立农学会。

《农学报》原名《农学》，又自称《农会报》，是农学会（务农会）于 1897 年 5 月 25 日创办的机关报刊，也是中国最早传播农业科学知识的杂志。罗振玉、蒋黻等主编，主要栏目有农事奏折、条陈、农事（农业生产情况）、西报、东报（译文）、会事等；翌年增加了禀牍、事状栏目，并改成旬刊。到 1900 年，《农学报》的篇幅每期减半，内容改为文篇和译篇两种，罗振玉《农事私议》各文，多在此年各期刊载。1902 年，刊头开始加“江南总农会印”字样。罗振玉在主编《农学报》时，组织力量，收集国内和翻译国外农学书籍，汇编成为《农学丛书》，署“江南总农会”编，分七集，清光绪末年石印出版。这套丛书汇集了我国古代农业科学技术的不少要籍，增添了不少民间农业生产调查内容，反映了当时中国传统农学及其发展趋向，颇受维新人士的欢迎。它又通过译述欧、美和日本农书，较全面地引进实验农学的丰富材料。《农学报》、《农学丛书》也以此确定了它在中国近代农业科学技术历史上的重要地位。《农学报》连续出版了近9年，到1906年12月才停刊，共发行315册。

《农学报》所刊内容，并不限于农业知识，而是借此结集团体，推动农业经济变革。《农学报》从创刊号起，连载了《英伦奉旨设立务农会章程》和徐树兰、张謇、马相伯、朱祖荣、叶瀚、陈虬等执笔的关于如何在中国组织农会的讨论。在“条陈录要”中刊出很多建议，其中有：请开北方利源总公司，筹办海门荒滩，组织自来水灌田公司，创设湖中水利公司，建立农工商矿各学堂，创办酿酒公司等，反映了从农业着手改良经济和革新农业经营方式等要求。

农学会的创办和《农学报》的发刊，都曾得到《时务报》的支持和协助。农学会通过汪康年与梁启超的联络，得到了张之洞助银五百元。梁启超还为《农学报》撰序，提前在澳门《知新报》发表。时务报馆也一直为其积极推广，有时还联名刊登广告。

综上所述，清末维新派的“会报”以反对殖民主义、宣传变法自强为宗旨。投身“会报”的人，主要是康有为的学生或亲友，其次就是具有维新思想的知识分子。所办的刊物品种多样，以综合性为主，专业性的为辅；以政治性为主，游艺性的为辅；既有文言的，也有白话的；既有以普通读者为对象的，也有以青年、妇女、儿童为读者对象的；既有文字报刊，也有画报……而且，资产阶级维新派办报与办学会、办学堂互相配合，如湖南的南学会、时务学堂和《湘报》；广西的圣学会、广仁学堂和《广仁报》；上海的女学会、女学堂和《女学报》等。三者之间相互有机联系，密不可分：报刊的编辑既是学会的骨干又是学堂的教师，学会为报刊出版和学堂开办提供条件，学堂为报刊和学会培养和输送人才。

第二节 革命会党的机关刊物

一、兴中会机关报《中国日报》

1894年底，孙中山在檀香山成立兴中会，这是中国资产阶级成立的第一个会党组织。但是，在此后的一个较长时间内，兴中会没有办起自己的机关报。

其实，孙中山对新闻宣传是很重视的。在兴中会筹备过程中，他就把当地华侨报纸《隆记檀山新报》的工作人员全部吸纳进兴中会，并以报馆为秘密聚议的机关。1895 年香港兴中会成立后，更明确宣布："拟办之事"，首在"设报馆以开风气"。但是，由于人才缺失、资金匮乏，加之革命活动屡遭清政府镇压，孙中山的办报计划未能实现。革命派早期的革命宣传形式主要是口头演讲和翻印《扬州十日记》、《嘉定屠城记》、《黄书》等小册子，主要内容是痛斥清兵残暴屠杀汉族同胞的情形。此外，也翻译过卢梭、孟德斯鸠、斯宾塞等西方资产阶级思想家论述资产阶级民主思想的书籍。这些小册子和书籍，因印数有限，宣传的对象面窄人少，效果不大。靠演讲、游说来宣传革命思想，效果也不佳。1896 年孙中山第一次到檀香山进行革命宣传时经常在华侨中演讲，但是"劝者谆谆，听者终归藐藐，其欢迎革命主义者，每埠不过数人或数十人而已"。①

由于这几种宣传方式声势小、效果差，国人同情革命者不多，支持革命者就更少。1895 年第一次广州起义失败，孙中山回忆当时的惨状时说："举国舆论莫不目予辈为乱臣贼子，大逆不道，咒诅谩骂之声于耳，吾人足迹所到，凡认识者，几视为毒蛇猛兽，而莫敢与吾人交游也。"② 直到《中国日报》创刊，这种状况才有所改变。

《中国日报》是兴中会的第一个机关报，也是中国资产阶级革命派创办的第一张报纸，1900 年 1 月 25 日创刊于香港，报名取"中国者，中国人之中国"之义。冯自由称之为"革命党组织言论机关之元祖"。

《中国日报》的创刊是由孙中山先生在日本亲自筹划的。由于当时香港港英当局禁止孙中山入境的禁令尚未解除，他不能亲自来港主持报纸工作，但报纸的筹办工作一直是在他的领导和参与下进行的，诸如为报纸筹措经费、选派编辑记者、拟定报名等。1899 年秋，孙中山派陈少白到香港主持《中国日报》创刊工作。《中国日报》初出版时，陈少白任社长兼总编辑。

陈少白（1869—1934），原名闻韶，号夔石，笔名天羽、黄溪、无咎，广东省新会县外海乡人。文思敏捷，在兴中会有"才子"之称，是革命派早期报刊宣传工作的主要人物。从 1895 年起协助孙中山开展兴中会的工作，准备武装起义，同年第一次广州起义失败后随孙中山流亡日本。1899 年冬，奉孙中山之命赴香港，化名服部次郎筹办《中国日报》。1905 年中国同盟会成立时，被选为香港分会会长。辛亥革命后，一度出任广东都督府外交司长。不久辞职，脱离政界而投身实业。1924 年孙中山逝世后，回到新会任外海乡乡长，热心于家乡建设，还创办了我国最早的乡镇报纸《外海报》。1934 年 12 月病逝于北平。遗著有《兴中会革命史要》等。

---

① 孙中山：《孙文学说》，第八章，《革命原起》。

② 孙中山：《孙文学说》，第八章，《革命原起》。

《中国日报》创刊后的半年内，因不明英人对清政府的态度，还不敢打出推翻清政府的旗号，所以《中国日报》在发刊词中说："欲使中国维新之机勃然以兴。"半年以后，八国联军侵略中国的罪恶行径和清政府丧权辱国的丑陋表现激起了全国人民的无比愤慨，《中国日报》的言论也因此日趋激烈。该报接连发表了章太炎的文章《拒满蒙入会状》、《解辫发说》等，指责腐败无能和卖国投降的清政府是一个"强盗政府"，明确提出了推翻清政府、实现民族革命的主张。

此后，《中国日报》的革命色彩日趋强烈。其革命宣传主要集中在以下几个方面：

其一，报道内地革命党人的活动。1900 年惠州革命党人的武装起义，1903 年上海革命党人的反满活动，《中国日报》都作了详细报道。这些报道，如实地记述了起义军的英勇战斗，歌颂了起义者的革命精神。

其二，揭露清政府的腐败无能和政府官员的卖国罪行。1904 年 5 月，该报发表了《清宫之近况与中央政府之前途》一文，尖锐地揭露了清王朝的种种卖国罪行；对广西巡抚王之春出卖广西主权给法帝国主义的罪行，也作了详细的报道和严厉的声讨。

其三，呼吁反帝救亡和对保皇势力展开论战。《中国日报》把帝国主义对中国的鲸吞蚕食的罪恶活动公诸报端，号召中国人民奋勇抗争，救亡图存。1902 年，《中国日报》与保皇派在广州创办的《岭南报》展开论战，批驳保皇派的主张。这次论战是中国近代报刊史上革命派同保皇派第一次有影响的论战。

其四，宣传留日学生的革命活动。1902 年到 1903 年间，留日学生的革命运动空前高涨，《中国日报》驻东京记者详细报道了这方面的情况。1902 年春，章太炎在东京发起"支那亡国二百四十二年纪念会"。《中国日报》不但发了消息、全文刊登了该会宣言，而且还在中国日报社内召集粤、港、澳三地同情革命的人士举行了响应性集会。

中国日报社不仅是兴中会的宣传机关，同时也是兴中会的起义联络机关。如：1900 年，孙中山派陈少白、杨衢云等策划广州、惠州起义，"大本营"就设在报馆三楼，大量的革命党人出入报馆，在此开会、议事、居留。起义失败后，这里又成为起义善后的收容所。1902 年初，孙中山由日抵港，也在中国日报社下榻。

与同时期的报纸相比，《中国日报》在编排上作了重大的改革，其中最明显的是采用横排短行的"日本版式"，从而打破了中国报纸直排长行的老版式。在《中国日报》的子报《中国旬报》上，还开辟了一个《杂俎》专栏，运用广东民间喜闻乐见的文艺形式，揭露讽刺和鞭挞昏庸腐朽的清朝官吏。《中国旬报》停刊后，这个《杂俎》专栏移入日报，改名《鼓吹录》，成为中国报纸最早的文学副刊之一。

《中国日报》于 1913 年 8 月停刊，历时 13 年 8 个月。从创刊到 1906 年 8 月由陈少白主持，1906年9月到1909年由冯自由主持，之后由中国同盟会南方支部主持。

二、中国同盟会的机关报《民报》

1. 中国同盟会的成立与《民报》的创刊

1905年7月，孙中山由欧洲抵达日本东京，中国留日学生1000多人为他举行了盛大的欢迎会。孙中山与黄兴、宋教仁等感觉到，革命团体的分散活动不能适应革命形势日益高涨的需要，因此急需建立统一的政党和制定完整的纲领来领导和规范革命运动。7月30日，各革命团体70多位代表在东京召开了联席会议。会议决定建立中国同盟会，并提出了“驱除鞑虏，恢复中华，建立民国，平均地权”的革命纲领。8月20日，同盟会正式成立，选举孙中山为总理。黄兴在会上提议以《二十世纪之支那》作为同盟会的机关报，得到大会批准。该刊是留日学生于1905年6月24日创办的刊物，由宋教仁主持；8月27日出版的第2期发表了揭露日本侵略我国辽东半岛野心的《日本政客之经营中国谈》一文，被日本政府查禁。在这种情况下，同盟会决定另办《民报》作为机关报。

经过两个多月的筹备，同盟会的第一个大型机关报——《民报》在孙中山的亲自主持下，于1905年11月26日在日本东京创刊。《民报》是大型政论型月刊，也是革命派在海外的主要宣传阵地。该报的创办及其宣传壮大了革命派的声势和同盟会的队伍，并逐渐成为进步舆论的中心。

《民报》出版到1910年2月停刊，共出版26期。第1期至第5期主编是胡汉民。1906年6月，章太炎出狱，被同盟会迎到东京，主编了《民报》的第6期至第18期和第23期至第24期。此外，第19期的主编为张继，第20期至第22期的主编是陶成章。经常撰稿人有朱执信、廖仲恺、陈天华、宋教仁、黄侃等。1908年10月出版了第24期之后，被日本政府以“激扬暗杀”为由予以封禁。后来汪精卫于1910年1月秘密编发了第25期与第26期，声称在法国出版，实际还是在日本印刷。《民报》除在日本发行外，大部分秘密运回国内销售。创刊号重印了6次，累计达6000份。以后各期的最高发行量达1.7万份。

《民报》初为月刊，因经常脱期，改为不定期。设图画、社论、时评、译丛、谈丛、小说、纪事、说林、来稿等栏目。以宣传同盟会的宗旨、传播西方资产阶级社会政治学说为使命。每期六七万字，150页左右，内有铜版照片数张，还有少量广告。

孙中山为《民报》撰写了发刊词。在发刊词中，他第一次把同盟会纲领概括为民族、民权、民生三大主义。《民报》从创刊起，就希望把民主革命的思想“灌输于人心，而化为常识”，“三大主义”因此成为《民报》宣传的主要内容，即：

宣传以排满为中心的民族主义，宣传以建立共和政体为中心的民权主义，宣传以土地国有为中心的民生主义。

为了革命宣传的需要，《民报》还积极地介绍了世界各国的资产阶级革命运动和民族解放运动，以及西方的进步文化和各种新思潮（其中包括早期社会主义理论)。此外，《民报》还发表过不少章太炎撰写的提倡佛教、阐发佛学、研究国学、整理国故的文章，“以国粹激动种姓，增进爱国热肠”。

2.《民报》与《新民丛报》的大论战

早在《民报》创刊之前，革命派和改良派就已经开始了小规模的论战。如《中国日报》与《岭南报》及《商报》、《檀山新报》和《新中国报》的论战等，但这些论战还未形成规模。相对而言，保皇派在社会上仍有很大优势和影响。但《民报》与《新民丛报》论战之后，局面发生了变化。

《民报》第1期，就发表了“思黄”(陈天华）的《论中国宜改创民主政体》、汪精卫的《民族的国民》，点名对康、梁的保皇主张进行批驳。保皇派立即应战，梁启超在《新民丛报》上先后发表《申论种族革命与政治革命之得失》、《开明专制论》、《驳某报土地国有论》等文章，并于1906年春将《新民丛报》上新近发表的反对革命的文章汇集成册，题为《中国存亡一大问题》，印行1万多册，广发散发。这样就形成了两军对垒的阵势。

两报之间的大规模论战是从1904年4月开始的。《民报》第3期发表《〈民报〉与〈新民丛报〉辩驳之纲领》一文，列举了双方在12个问题上的根本分歧，认为这些是攸关中国存亡的大问题，并表示“自第四期以下，分类辩驳”。

双方主要围绕三个问题展开论战：

第一，要不要推翻清政府，实行反清的民族革命。《民报》揭露了满洲贵族封建统治集团对国内各民族的压迫，指出《新民丛报》鼓吹的“爱国不必反满”的主张，实质是“变相保皇”；只有“实行民族革命推翻民族牢狱，才能真正达到爱国的目的”。至于《新民丛报》认为革命必将导致内乱和亡国，《民报》认为：这次革命只“革”本国独裁政府的“命”，并不笼统排外，可以避免帝国主义的干涉与瓜分；倒是如果不革命，国家越来越弱，必会遭到瓜分。

第二，要不要实行民主革命，建立共和政体。《民报》指出《新民丛报》之要求立宪和“开明专制”，只不过是为了稳定已经动摇了的清朝封建政权，欺骗和麻痹人民群众。《民报》主张用暴力手段推翻封建政府，建立资产阶级民主共和国。

第三，要不要废除封建土地制度，实行民生主义及土地国有。《民报》驳斥了《新民丛报》反对“平均地权”、否认封建剥削和土地贫富悬殊现象等维护封建土地制度的观点，指出贫富不均乃是客观存在的事实。因此土地私有制度必须改变；只有实行平均地权和土地国有，发展生产，解决社会民生问题，才能取得民主革命的胜利。

在论战中，《民报》的很多文章，以事实为依据立论，深刻地揭示清朝政府的腐败无能；而《新民丛报》的许多为清廷及皇帝辩护的论点都缺乏事实根据。此外，从论战阵容上看，《新民丛报》几乎只有梁启超一人，而《民报》则有章太炎、胡汉民、汪精卫、陈天华、朱执信、汪东、黄侃等多人；从声势上看，《民报》显然占了压倒《新民丛报》的优势。1907 年 11 月，不堪招架的《新民丛报》在清廷宣布预备立宪后自动停刊，两刊论战宣告结束。

《民报》和《新民丛报》之间的大论战具有积极的历史意义，主要表现在：论战使革命思想得到进一步传播，同盟会的纲领逐渐地深入人心，得到了愈来愈多的支持；而保皇派的声望大大降低，力量大大减弱。尤其在青年学生中，以谈革命为时髦，从而为辛亥革命的爆发奠定了思想基础。论战还促进了革命报刊的大发展。1905 年 8 月以前，革命派期刊不足 30 种，报纸 10 多种；论战后期，期刊增加到 40 多种，报纸增加到 65 种以上；论战也促进了报刊政论文的进一步发展，尤其是在写作上注重引证、辩驳和逻辑的驳论文得到了明显的广泛应用。

三、文学社机关报《大江报》

1911 年 1 月 30 日，在武汉振武学社的基础上成立了革命团体文学社。詹大悲为文学社文书部长，负责报刊宣传工作。

詹大悲（1889—1928），名潮，字质存，笔名大悲，湖北蕲春人，中国近代资产阶级革命家。中学毕业后，他便参加湖北地区的民主革命活动，是群治学社、振武学社、文学社等革命团体的骨干，也是辛亥革命时期湖北地区革命宣传战线上的一员主将；武昌起义爆发后，他一度任鄂军军政府汉口分府的主任。1912 年参加改组后的国民党，出任国民党汉口交通部部长，后又被选为湖北议会的议长。1922 年又担任孙中山在广州的大元帅府的宣传员。1927 年任大革命时期的湖北省政府财政厅厅长。1928 年 1 月 9 日，被桂系军阀以“赤化分子，阴谋暴动”的罪名杀害于武汉。

詹大悲也是著名的报刊活动家。1908 年出任武汉《商务日报》的总主笔，开始他的报刊活动。在他的主持下，《商务日报》渐渐成了群治学社的机关报。该报日出两大张，言论激烈，被称为汉口报界倡导革命的急先锋，同时，报社也成了革命党人策划起义和进行联络的机关。不久，群治学社败露，《商务日报》也被封闭。《商务日报》被封后，詹大悲等人心急如焚。在他们的积极奔走下，终于重建了自己的舆论机关——1910 年 12 月 14 日创办了《大江白话报》。该报是在何海鸣所办的《大江》、《白话》两刊合并的基础上创办的，胡为霖任总经理，詹大悲任总编辑，何海鸣任副总编辑。发刊后，大胆敢言，凡武汉官厅各种黑幕无不尽情揭露，胡为霖胆怯退出报馆，馆务一度陷于停顿。詹大悲集资于 1911 年 1 月 3 日接办该报，自任总经理，去掉“白话”二字，改名为《大江报》，编辑有何海鸣等。文学社成立后，《大江报》被指定为文学社的机关报。从此《大江报》在文学社的指导下，激烈抨击清政府的反动统治，大力鼓吹只有推翻反动腐朽的清政府，中国才有出路。尤其是它以清政府的新军下级官兵作为主要宣传对象，取得了显著效果。

使《大江报》享有盛名的是它所刊载的两篇时评：《亡中国者和平也》和《大乱者救中国之妙药也》。《亡中国者和平也》一文发表于1911年7月17日的时评栏，署名“海”，为何海鸣所作。该文着重驳斥了保皇派企图用请愿等“和平”手段来抵制革命的倒行逆施，指出所谓“和平”之道是“亡中国之道”，鼓吹只有“大乱”即革命才能拯救中国。《大乱者救中国之妙药也》是前文的姊妹篇，刊载于1911年7月26日的时评栏，署名“奇谈”，出自黄侃的手笔。全文共计才231字，然字字千钧，颂扬革命的态度热情洋溢。全文如下：

> 中国情势，事事皆现死机，处处皆成死境，膏肓之疾，已不可为。然犹上下醉梦，不知死期之将至。长日如年，昏沉虚度。软痈一朵，人人病夫。此时非有极大之震动，极烈之改革，唤醒四万万人之沉梦，亡国奴之官衔，行见人人欢然自戴而不自知耳。和平改革既为事理所必无，次之则无规则之大乱，予人民以深创巨痛，使至于绝地，而顿易其亡国之观念，是亦无可奈何之希望。故大乱者，实今日救中国之妙药也。呜呼！爱国之志士乎！救国之健儿乎！和平已无可望矣。国危如是，男儿死耳！好自为之，毋令黄祖呼佞而已。

作者旗帜鲜明地告诉人民，只有“大乱”即革命，才是拯救中国的唯一出路。文章号召爱国志士们、救国健儿们，勇敢地、积极地投身革命！文章文辞质朴、气势昂扬，很富有感召力，特别是它的标题鲜明生动，一个比喻修辞的运用使文章的内涵既浅显而又深刻地得到了表现。

《大江报》的革命宣传使清朝统治者恨之入骨，1911年8月1日，巡警包围《大江报》社，逮捕了詹大悲；何海鸣不在报社，次日闻讯自行投案。詹大悲在法庭上表现得大义凛然，在回答为何发表如此激烈文章时说：“国民长梦不醒，非大乱不足以惊觉，望治情殷，故出此忿激之语。”当法官追查作者时，詹大悲则勇敢承担一切责任，只是说系“外间投稿”，经其过目后“选定刊载”，“一切责任均归我负”。最后，詹大悲、何海鸣被判监禁18个月，《大江报》被查封。詹大悲和《大江报》把人们心中的革命激情推到了沸腾的地步，它实际上吹响了武昌起义的号角——在《大江报》事件发生后不到3个月，武昌起义便爆发了。

第十二章
“政党报刊”和民主党派报刊

第一节　民初蜂起的“政党报刊”

作为报业发展过程的一个阶段，“政党报纸”特指五花八门的资产阶级政党为了竞选的需要而创办起来的报纸，又可以称之为“议会党报”。据法国政治学者杜瓦杰的定义，这种政党以“俱乐部”为基层组织，以赢得各级议会、地方政府行政首脑职位之选举为目的的政党，其组织松散，平常没有规律的组织生活，干部以志愿工作者为主，主要工作是从事选举募款与政纲宣传。如美国民主党、共和党。中国的民国初年，一度试图效法西方，实行议会政治，在很短的时间内，全国就涌现了几百个“党”。为了竞选，有些“党”创办了自己的“党报”，形成了中国新闻史上的“政党报纸”时期。

一、民初“政党报纸”的蜂起

民初，政党林立，据统计，自1912年1月南京临时政府成立至1913年之间，全国各地号称为“党”的组织有300多个，其中具有自己的政治纲领及一定规模的有30余个。① 它们虽然名义上“咸与共和”，但是暗中对立，各自立党营私，相互明争暗斗。为了争权夺利的需要，这些政党大都创办了自己的“党报”。这些“党报”，为本党能在政府和议会中多一点利益常常争吵不休、互相攻讦，影响极坏。

蜂起的政党报纸，绝大部分属于当时国会中的两大党——同盟会（国民党）和共和党（进步党）。1912年8月11日，同盟会与其他四党合并，成立国民党。作为国内第一大党，国民党系统的报纸遍布各大城市。在革命党人势力较大的上海，国民党拥有辛亥革命前后创办的《民立报》、《天铎报》、《大陆报》和新创办的《太平洋报》、《民国西报》、《中华民报》、《民国新闻》等。其中《民立报》影响最大，实际上成为国民党的总机关报。该报日出对开三张半，14版，以刊登社

① 张玉法:《民初政党的调查与分析》,《近代史研究所集刊》(台湾)，第5期。

论、选论、译论、时评为主，承担着宣传国民党纲领、路线、方针的任务。创办于1912年7月25日的《民国新闻》，以“保障共和政体、宣扬民生主义”为宗旨，与《中华民报》及自由党主办的《民权报》同时以言论激烈著称，报名中又均有“民”字，被合称为“横三民”。此外，在北京、武汉、广州、重庆等地，除原有报刊外，国民党又积极创办了一批政党刊物。这些报纸拥护共和，反对专制，对袁世凯、黎元洪进行过抵制和斗争，表现了一定的民主精神。后来，由于内外矛盾交错，上述报纸革命的调子越来越低。

1913年5月，共和党、民主党、统一党合并组建进步党。进步党的成员大多是立宪党人、旧官僚、同盟会中的分裂分子；他们合并的目的，就是为了和国民党相抗衡。主要领导人有梁启超、章太炎、张謇等。进步党在政治上支持袁世凯，并得到袁世凯的扶持，所以进步党人创办的报纸就成了袁世凯的拥护者。老牌的私营报纸《申报》、《新闻报》等在言论大多标榜“促进共和政治”、“保证民权”、“为民请命”，但实际上也倾向于这一派，敌视孙中山和国民党，反对共和，一味袒袁、拥袁，为袁世凯篡权和实行强权统治效力。1912年2月中下旬，《申报》、《新闻报》、《时报》、《神州日报》、《时事新报》、《爱国报》、《民报》、《民声日报》等大肆鼓吹“建都北京”，以便早日实现“安宁”和“秩序”，为袁世凯留在北京大造舆论。1913年2月康有为创办《不忍》月刊，以尊孔教为国教、复辟清室、实行君主立宪为宗旨，攻击革命与民主共和是中国的根本祸患，污蔑民主革命使民生“多艰”、国土“沦丧”、纪纲“亡绝”、人心“堕落”、教化“陵夷”、国粹“丧失”。①

国民党和进步党在国会内外的一切方面都针锋相对，因而它们的机关报也势不两立。《民立报》和《大共和日报》两大党报代表两党大唱高调，极力标榜自己如何拥护民主共和，如何为民请命、关心民瘼，如何“平心允当”、“不偏不倚”，但本质上都是在积极地为“本党”造声势，目的就是希望在议会和政府机关的权力之争中谋求更多的利益。正如亲眼目睹了这场斗争的著名记者黄远生当时评论的那样：“今以大借款为例，甲党之报今赞成而前反对，乙党之报则今反对而前实赞成。甚至同在一时，赞成唐绍仪之借款者而不赞成熊希龄之借款；赞成熊希龄之借款者，而不赞成唐绍仪之借款。又试以对于政府之态度而论，于其未入国民党之先，则甲党赞成，而乙党思推倒之；于其既入国民党之后，则乙党赞成，而甲党思推倒之。同此一人，而前后有尧桀之别，同此一事而出入有霄壤之分。大略竖尽古今，横尽万国，所谓政治家者，未有如吾国今日之政客之无节操之无主张，惟是一以便宜及感情用事。推其原因所由来，不外所争在两派势力之消长，绝无与于国事

① 康有为：《不忍杂志序》，《不忍》，1913年2月第1号。

之张弛而已。”①

二、政党报刊的纷争与堕落

两派报纸除了论争之外，还互讦阴私，互骂为“贼党”，“贼报”。人身攻击之不足，又发展为殴人毁报的武斗。国民党派的《长沙日报》和共和党派的《湖南会报》因相互敌视，酿成武斗，以致两报记者出入时，均带手枪一支。北京也发生过两派党报人员武斗的事件。1912 年 7 月 5 日晚，共和党在北京的机关报《国民日报》因攻击南京临时政府为“南京假政府”，同盟会所属报纸《国光新闻》的总经理田桐就率领同盟会系统的《民主报》、《国光报》、《民意报》、《女学报》、《亚东新报》等 7 报工作人员 20 余人，前往国民日报报馆问罪，并将报馆经理徐佛苏、主笔蓝公武殴至“口鼻流血，面青气喘，两足跟筋露血出”，“内外受伤，咯血不支”；承印该报的群化印书馆也被全部捣毁，损失达 3600 余元，连带该馆承印的数家报纸也被迫停刊。

不仅两党报纸之间因争权夺利而辩论不休，就是同一党内的报刊之间，也经常因意见分歧而发生笔战。比如，辛亥革命后，同盟会——国民党系统的报纸，虽然发展很快，遍布全国，在数量上始终占有较大的优势，但在宣传上却一盘散沙，互不通气，各自为政。甚至同一张报纸，因内部分歧也会刊登前后矛盾的言论。

这场势同水火的政党报纸之间的斗争，实质是资产阶级政党之间争夺权力的工具，是为本党在议会和政府中获得更多的席位和更多的权力而进行的斗争。没有原则、不讲艺术地相互攻讦，使得政党报纸威信扫地。共和党（进步党）报纸处处吹捧袁世凯、黎元洪，贬抑孙中山、黄兴，并不时发表文章反对《中华民国临时约法》，诋毁共和，被视为立宪余孽的喉舌，遭到人们的唾弃。国民党报纸，由于妥协色彩越来越浓，致力于议会党派之间的权力意气之争，置国民革命事业于脑后，沉湎于无谓的纷争，亦为人们所不齿。

政党报纸的混乱局面也给一些低级庸俗、以牟利为唯一目的的报纸以可乘之机。这些报纸没有明确的政治主张，言无定见，见利忘义，更为人们所不屑。他们要么把主要的精力用来刊登低级趣味的文字，“以营业为前提”；要么就是钻各政党、派别之间纷争不断的空子，换取办报津贴以敛财。业务上，全是抄袭其他报刊上的新闻，编辑全仗“剪刀、糨糊、红水笔”。即便是京中报馆，也往往极为简陋，“内中多数报纸，既无机器以印刷，又无访员之报告。斗室一间，即该报之全部机关；编辑、仆役各一人，即该报之全体职员。印刷者托之印字局……由此观

① 黄远生：《远生遗著》，上册，卷一，商务印书馆 1984 年版，第 84 页。

之，凡具数百元资本，即可创设报馆，无怪报纸日出日多也”。① 更有甚者，上海还出现了“马路小报”，北京也出现了“鬼报”。所谓“马路小报”，就是连“一间斗室”都没有，往往在出版前夕，在旅馆开一房间作为临时主笔房，靠剪报等方式胡乱对付一些文字，不负责任地随便拉登广告，交付印厂，“以报费收入，即充印刷、纸张之需，印多印少包与印刷者，广告费作为执笔者润笔，发行所则在四马路拐角报贩摊上”。② 所谓“鬼报”，就是由一批报界中人办的“滑头报纸”，这种报纸每天只印 30 到 50 张，一半贴在指定的贴报处，四分之一送给可能送干薪的大人先生，藉此向津贴办报的军阀、官僚交差要钱，身边留下几份证明自己确是新闻从业人员；因这种报纸在大街上买不到，所以有人叫它“鬼报”。“办份‘鬼报’，只需制作一块某某报社的牌子挂在门口，买一令白报纸，然后参加‘联合版’组织，便可开张。”③“联合版”组织内部报纸的内容都是一样的，由各报纸的负责人轮流编辑新闻，再冠以不同的报刊名称即可出版。报业之乱，报人素质之低，新闻道德之沦丧，由此可见一斑。

第二节　民主党派的报刊和出版活动

一、关于中国民主党派

在论述民主党派报刊发展史之前，有必要对民主党派做点说明。民主党派是中国的“土特产”。当初，在国民党“一党专政”的政治体制下，一些自由知识分子为了表达自己的政治主张和参与实际政治活动而创建政党组织。这种自由知识分子的组党活动在抗战胜利后达到高潮。据统计，至 1946 年底，至少有近百个政党在国内外宣布成立或公开活动。④

在中国实现民主政治是这些民主党派的基本政治共识，所以这些民主党派自成立之日起就高举“民主”的旗帜。正因如此，民主党派与中国共产党在推动建立国民参政会、开展民主宪政运动、召开政协会议、拒绝参加伪“国大”等方面，

---

① 熊少豪：《五十年来北方报纸之事略》，《最近之五十年》纪念特刊，申报馆 1922 年初版，上海书店 1987 年影印。

② 景学铸：《报界旧事》，转引自刘家林《中国新闻通史》，上册，武汉大学出版社 1995 年版，第 335 页。

③ 王新命：《新闻圈内四十年》，转引自刘家林《中国新闻通史》，上册，武汉大学出版社 1995 年版，第 335 页。

④ 张育仁：《自由的历险——中国自由主义新闻思想史》，云南人民出版社 2003 年版，第 442 页。

有着一致的行动。各民主党派或者积极创办自己的机关报，或者利用其他报刊来表达自己的政见和直接参与政治活动。在抗战时期，民主党派报刊支持共产党的全民抗战主张，广泛宣传抗日民族统一战线。在解放战争时期，民主党派报刊对国民党打压民主、迫害民主党派的行径进行了坚决的斗争，从而削弱了国民党的统治，扩大了人民政权的社会政治基础。但是，由于国民党的限制尤其是经费的掣肘，各民主党派的机关报普遍篇幅不大，刊期相对较长，发行量也较少。

中华人民共和国成立后，中国共产党取得了政权，国家实行一党执政、多党协商的体制。共产党为执政党，中国国民党革命委员会、中国民主同盟、中国民主建国会、中国民主促进会、中国农工民主党、中国致公党、九三学社、台湾民主自治同盟等八个民主党派为参政党。为了更好地参政议政，各民主党派也相继创办了报刊——从中央到各省一级，都出版有刊物。这些民主党派的报刊积极利用自身优势，结合自身的特点来组织报道，取得了积极的效果。具体而言，就是一方面紧紧围绕国家建设这个中心，参政议政，参加国家各种形式的政治协商、民主监督活动，深入调查研究，为各级政府建言献策，为群众排忧解难，对一些社会热点、焦点、难点问题，提出高质量、前瞻性的建议；另一方面，努力为促进国家统一、民族昌盛营造团结、祥和的氛围。

二、民主党派及其报刊和出版活动

1. 中国民主同盟（简称民盟）及其报刊和出版活动

中国民主同盟成立于1941年3月，当时称“中国民主政团同盟”；1944年改组，并改名为“中国民主同盟”。它是以从事文化教育方面工作的知识分子为主体的劳动者和爱国者的政治联盟。民盟成立后，根据自己的特点和优势以及斗争的需要，创办了许多报刊。

1941年9月18日，第一张政团同盟的机关报——《光明报》，在香港正式出版，社长梁漱溟，总经理萨空了，总编辑俞颂华。该报原拟在内地出版，由于“皖南事变”后国民党当局加强对进步新闻事业的控制，改在香港编印发行，为新成立的中国民主政团同盟提供了一个发表政治主张的舆论阵地。创刊不久，《光明报》发表“启事”，宣告中国民主政团同盟已在重庆成立，公布了中国民主政团同盟的“十大政治纲领”，并发表了《中国民主政团同盟成立宣言》、《中国民主政团同盟对时局主张纲领》等重要文献。这样，就向海内外公开宣布了民盟的政治主张和斗争目标。同时，该报还着重宣传了坚持抗日、反对妥协，实行民主、励行法治，以及尊重学术自由与保障言论、出版、集会、结社自由等主张。1941年12月太平洋战争爆发后，自行停刊。1946年8月和1948年3月两度在香港复刊，督印人分别为萨空了和陆诒。

1943年9月，各民主党派掀起了第二次民主宪政运动。民主政团同盟领导人纷纷出面主办刊物，宣传民主宪政，如黄炎培创办、张志让主编的《宪政》月刊，左舜生主编的《民宪》(1944年11月起，正式由中国民主政团同盟接办，由张澜、沈钧儒、左舜生等组成编委会)，章伯钧主编的《中华论坛》，闻一多、李公朴创办的《自由评论》等，从而在国统区形成了一股声势浩大的社会舆论。

1944年9月19日，中国民主政团同盟全国代表会议在重庆召开。会议决定改组民主政团同盟，将“中国民主政团同盟”改为“中国民主同盟”，以扩大民盟的社会基础。此后，民盟的地方组织得到了迅速的发展壮大，并纷纷出版机关刊物。主要有：民盟西北总支部主办的《秦风日报·工商日报联合版》，云南省支部的《民主周刊》(吴晗任社长)，广东省支部的《民主》周刊（陈此生主编）和《民主与文化》(黄药眠主编)，重庆市支部的《民主星期刊》(邓初民主编）等。1946年初，广西省支部成立后，出版刊物《民主星期刊》。这些刊物为推动民盟的活动，广泛地发动抗日民族统一战线起到了重要作用。

1946年2月1日创刊于重庆的中国民主同盟总部的机关报《民主报》，是这一时期创办的最重要的报刊。该报发行人为张澜，社长为罗隆基，总编辑为马哲民，编辑部负责人为叶丁易；郭沫若、马寅初、陶行知、张申府、邓初民、张君劢、章伯钧、张东荪、梁漱溟、周鲸文、孙宝毅为社论委员。《民主报》创刊前，《新华日报》在1月10日的要闻版上，发表了引人注目的消息：《民主号角！民主报下月一日发刊》。《民主报》在发刊词中说：《民主报》是“一切民主信徒的共同工具，我们愿努力担负起代表民主信徒意见这个责任”。2月10日，国民党特务制造了“较场口事件”，《民主报》当天出版“号外”，大标题是《今晨较场口庆祝会上暴徒捣乱演成血案》，眉题是《政协成功，人民无庆祝自由》，副标题是《强占会场，殴打主席团，郭沫若、李公朴、马寅初、罗隆基、施复亮、章乃器及群众多人受伤》。第二天，《民主报》又发表社论《民主的耻辱》。7月12日，西南联大教授李公朴被特务暗杀，消息传来，举国震惊，第二天《民主报》发表了社论《抗议！抗议！抗议！》。7月15日，闻一多又倒在国民党无声手枪下，《民主报》不仅报道了血案的真相和人们的控诉，还连续发表社论《血债》、《最严重的关头》，刊登《中国在屠杀中》、《闻一多先生的道路》、《血债要用血来还》等文章。这些报道、社论和文章，既鞭挞了专制的丑行，也表达了人们对民主的向往。1946年9月以后，国民党反动派几次向东北、华北大举进攻，《民主报》接连发表社论：《不要把人民当作炮灰》、《政府决心要打》、《拿出人民的力量，制止祸国殃民的内战》、《假道学与假民主》、《万税，万税》、《天南地北一团糟》……表示谴责。《民主报》的主张和态度，激怒了当局。1947年2月28日，国民党在封闭《新华日报》之后，又指使特务捣毁了《民主报》印刷设备，迫使《民主报》停刊了。10月23日，国民党特务包围了民盟南京总部；27日，国民党政府内政部宣布民盟为“非法团体”，强令解散。

民盟被迫解散后，各地组织和广大盟员转入地下，坚持斗争。1947 年 12 月，民盟上海市支部秘密成立。不久，恢复了《沪盟通讯》，秘密发行，以指导上海民盟的工作和斗争。解放战争时期，民盟地方组织与中共地方组织取得密切联系，在国统区与国民党展开了针锋相对的斗争。其中，利用报刊宣传中共的有关政策、揭露国民党的黑暗统治是民盟参与斗争的重要方式。民盟苏州市分部出版油印小报《光明报》、《民工通讯》，刊登了解放区的广播新闻和中共的工商政策、《约法八章》等重要文件；民盟广东省中山县分部创办《群声》通讯，向广大盟员介绍马列主义的基本知识，并主张以辩证唯物主义和历史唯物主义的基本观点作为“革命实践斗争的指针”。此外，西康省①支部的《光明》旬刊、重庆市支部的《反攻》等，也都积极地宣传中共中央的各项政策，做好迎接解放的准备。

1948 年 1 月，民盟一届三中全会在香港召开，标志着民盟在中国革命道路上迈开了新的一步。会议决定，民盟的宣传工作首先是接办民盟南方总支部机关刊物《光明报》，作为民盟总部机关刊物；其次是加强开展对海内外的宣传活动，扩大民盟的影响。同时，民盟海外组织也积极开展民主斗争，做了大量的革命工作。民盟海外组织支持和主办的马来西亚《南侨日报》、《风下》、《新妇女》，缅甸《人民日报》，暹罗《曼谷商报》、《民主新闻》、《光明》月刊，英国《民讯》，印尼《民主日报》，越南《中华日报》等报刊，大力声援祖国人民的解放斗争。

1949 年 6 月 16 日，民盟中央机关报《光明日报》在北平出版，由章伯钧任社长，胡愈之任总编辑，萨空了任秘书长，林仲易任总经理。毛泽东、朱德、周恩来分别为《光明日报》创刊题词祝贺。1953 年起，《光明日报》改为各民主党派报纸，直到“文革”为止。1956 年 11 月，为贯彻中共中央制定的“长期共存，互相监督”，“百花齐放，百家争鸣”的方针，民盟中央出版《争鸣》月刊，并公开发行。1985 年 4 月，民盟中央主办的《群言》杂志创刊，并在国内外公开发行，编委会主任委员为陶大镛，这是一份兼有政治和学术性的综合刊物。

中华人民共和国成立后，民盟中央及各省市民盟组织均办起了《盟讯》，作为机关刊物，为加强民盟组织建设和思想建设做出了应有的贡献。

目前，民盟中央主办有群言出版社（创建于 1989 年），有向盟内发行的机关刊物《中央盟讯》和向国内外公开发行的月刊《群言》。

2. 中国国民党革命委员会及其报刊和出版活动

1948 年 1 月 1 日，中国国民党革命委员会（简称“民革”）在香港成立。在《成立宣言》中宣布：民革“脱离蒋介石劫持下的反动中央，集中党内忠于总理忠

---

① 民国时期及中华人民共和国成立早期的一个省，所辖地主要为今天的川西及西藏东部，多数地区是以藏族为主的少数民族聚居地。

于革命之同志，为实现革命的三民主义而奋斗，并表示愿与全国各民主党派、民主人士携手并进，彻底铲除革命障碍，建立独立、民主、幸福之新中国”。11 月 1 日，内部刊物《自由》（通讯版）在香港正式出版。

1949 年 11 月，民革总部迁至北京。1950 年 6 月 30 日，民革中央编印的内部刊物《民革汇刊》创刊。该刊每月出 1 期，至 1956 年因筹办出版《团结报》而停刊，共出了 57 期。1952 年 9 月，《民革汇刊》发表短论，动员在司法机关和政法教育机关工作的民革党员，要自觉地积极地参加全国司法改革运动。1954 年，《民革汇刊》为使民革成员更明确地认识国家过渡时期的总路线、总任务以及民革工作的方向，组织了笔谈会，何香凝、熊克武、谭平山、蔡廷锴、蒋光鼐、陈绍宽、朱学范、赵祖康等分别发表书面谈话。

1956 年，在统一战线进一步扩大的新形势下，时任民革中央宣传部部长的王昆仑，向民革中央常委会提议创办一个公开发行的周报。1956 年 4 月 25 日，民革中央委员会主办的《团结报》正式创刊。《团结报》是民革中央机关报，同时也是唯一一张由民主党派主办、向国内外公开发行的参政党党报。社长由王昆仑兼任，在谈到给报纸取名为“团结”的意义时，他说：“‘团结’是毛主席的一贯战略思想，干革命，搞建设，总是团结的人越多越好。”1957 年，该报由民革党内系统发行改为向国内公开发行。1966 年 6 月 25 日，“文化大革命”开始，民革中央常务委员会举行的第 52 次会议决定《团结报》暂行停刊。1980 年 2 月 2 日，民革第五届中央常委会举行第 3 次会议，决定恢复出版《团结报》。2 月 29 日，《团结报》复刊，对开四版，暂定为双周刊。1981 年 5 月 2 日后，《团结报》向国内公开发行。1982 年 10 月 2 日，改为每周出版，版面由四版扩充为八版，并向海外发行。《团结报》也从一张报道民革党内工作的内部小报发展成为以宣传爱国统一战线和中国共产党领导的多党合作和政治协商制度，重点报道民革和其他民主党派履行政治协商、参政议政和民主监督职能的综合性大报。

创刊后尤其是 1980 年 2 月复刊以后，《团结报》积极拓宽报道领域，延伸报道范围，紧紧围绕中国共产党和国家的工作重点及社会热点焦点问题，从民主党派的角度，反映民主党派组织及成员的意见建议，扩大了民主党派的社会影响。目前，《团结报》设有“国内要闻”、“参政议政”、“民主监督”、“团结论坛”、“见闻随感”、“党派人物”、“社会聚焦”、“经济生活”、“热点报道”、“团结视点”、“台湾信息”、“两岸时评”、“理论探讨”、“文史长廊”、“读书”、“茶馆”、“百花园”等栏目。

《团结报》的办报宗旨是：力争成为“民主党派的喉舌，多党合作的媒介，参政议政的论坛，民主监督的阵地”。为充分体现这一办报宗旨，更好地发挥作用，《团结报》确立了立足民革、面向兄弟党派，立足统一战线、面向社会生活的办报方针。在上述宗旨和办报方针的指导下，《团结报》明确了自己的主要任务：宣传好中国共产党的基本路线和国家的大政方针，宣传好爱国统一战线的理论、方针、政策，宣传好共产党领导的多党合作和政治协商制度，宣传好以“一国两制”方针推动祖国的和平统一，宣传好民革和其他民主党派在履行职能和加强自身建设上所做出的贡献和取得的成绩。《团结报》以其独具特色的宣传重点和报道内容在我国政治思想领域产生了重要影响，并在众多的新闻媒体中占有不可替代的一席之地。

1987年12月25日，团结出版社成立。该出版社以出版社科类图书为主，出书范围包括：有关孙中山思想、业绩的研究著作；辛亥革命和民国时期著名人物的传记、专著；国共历史及其研究著作；民革党史及资料；民革创始人、领导人的回忆录及有关著作等。

3. 中国农工民主党及其报刊活动

中国农工民主党（简称农工党）于1930年8月9日在上海成立，是一个以医药卫生界高、中级知识分子为主、具有政治联盟特点的政党，是民主党派中历史较久的一员。

大革命失败后，1927年11月宋庆龄、邓演达等人在莫斯科以“中国国民党临时行动委员会”的名义，发表了《对中国及世界革命民众宣言》(即《莫斯科宣言》)，号召在孙中山精神领导下，团结被压迫被剥削的革命民众，向一切反动仇敌进行斗争。1930年8月9日，中国国民党临时行动委员会在上海正式成立，机关刊物《革命行动》半月刊和《革命行动日报》先后创刊。《革命行动》的编委会以邓演达为主任，宗旨是“唤起全国被压迫被剥削的平民群众，在我们的革命纲领下面团结起来，准备向仇敌斗争”，主要内容是“阐明临委会的《政治主张》，评述国内外的政治事件”。邓演达亲自撰文，从第1期到第5期，每期都有他一篇文章。邓演达从回国到被捕前的15个月里，在《革命行动》上发表了起草的文件、宣言及论文计20多篇，近20万字。此外，在《革命行动》的创刊号上，还公开发表了该党的政治主张。认为：中国社会的性质是封建势力和帝国主义势力双重支配的前资本主义社会，这决定了革命的对象是帝国主义、封建军阀和依附他们的反动资产阶级；革命的任务是以民族、民权、民生三项任务结合在一起，以社会主义为归宿的革命。《革命行动》出版后，影响较大，发行量递增。但发行到第4期，即被国民党当局勾结租界的帝国主义者予以查禁。第5期改用《银行周报》为封面继续出版，仍被查禁。1931年4月，在上海改出《革命行动日报》，作为临时行动委员会的机关报。该报刊登了不少在国统区的其他报刊上很难看到的国内外新闻和时事评论，群众争相传阅，发行量很快由每天500份激增至1万份，就连国民党的立法院和监察院都能看到此报。1931年8月17日，邓演达因叛徒出卖而被捕，《革命行动日报》旋即停刊。

1935年，日本帝国主义制造“华北事变”，中华民族危机日益加深。为适应已经变化了的形势，11 月，“中国国民党临时行动委员会”易名为“中华民族解放行动委员会”。1938 年 2 月 1 日，机关刊物《抗战行动》(旬刊）创刊，以宣传抗日和民主为主要内容。之后，委员会部分成员又编辑出版了《抗战农村》、《抗战妇女》、《抗战青年》、《抗战华侨》等刊物，旨在宣传抗日救国，联络各方面抗日力量。

在抗日战争接近胜利之际，中国共产党提出了“立即废除国民党一党专政，成立一个由国民党、共产党、民主同盟和无党无派分子的代表人物联合组成的临时中央政府”的主张。中华民族解放行动委员会表示完全支持，并于 2 月创办了《中华论坛》(半月刊)，揭露和抨击国民党的反动独裁统治。8 月 14 日，日本政府宣布无条件投降。随着民族矛盾的解决，和平建国成为全国人民的共同愿望。中华民族解放行动委员会发表了《抗战结束后对时局宣言》，反对内战并呼吁全国人民组织起来，制止内战。1947 年 2 月，中华民族解放行动委员会正式改党名为中国农工民主党。

1950 年 12 月，中国农工民主党中央学习指导处为指导全党普遍进行马列主义的思想教育，创刊了《学习通讯》月刊，作为指导全党学习的期刊。各省市组织也分别创办了《京讯》、《沪讯》、《粤讯》、《学习与工作》等类似的期刊。社会主义改造时期，《学习通讯》大量刊出辅导资料，解答学习过程中的问题。1956 年，《学习通讯》改为《前进报》。

1961 年 4 月 15 日，《前进报》由报纸改为杂志，成为农工党正式党刊。在宣传中国共产党和人民政府的各项方针政策、推动全党同志及所联系的群众致力于社会主义建设方面，该刊发挥了重要作用。

1979 年 8 月，在“文革”期间被迫停刊达 12 年之久的《前进》复刊，并于 1995 年起更名为《前进论坛》。作为参政党的论坛，《前进论坛》充分展示农工民主党的新形象，已经成为反映该党各级组织和党员思想动态、凝聚党员力量的重要载体。

4. 中国民主促进会及其报刊和出版活动

中国民主促进会（简称民进）是以从事教育、文化出版工作的高、中级知识分子为主的、具有政治联盟性质的政党。主要创始人大多是在抗日战争时期留居上海的文化教育界进步知识分子，如马叙伦、王绍鏊、周建人、许广平、林汉达、徐伯昕、赵朴初、雷洁琼、郑振铎、柯灵等。他们在中国共产党的帮助下，坚持抗日救亡斗争；抗战胜利后，又积极投入反对内战、争取和平，反对独裁、争取民主的爱国民主运动。根据当时斗争的需要，经过充分协商，他们决定成立一个以“发扬民主精神，推进中国民主政治之实现”为宗旨的政治组织，定名为中国民主促进会，并于 1945 年 12 月 30 日在上海正式宣告成立。

民进的主要成员积极创办报刊，进行宣传活动。主要有：柯灵等主编的《周报》(创刊于1945年9月8日)，郑振铎主编、生活书店经理徐伯昕支持的《民主》(10月13日出版)等。民进的主要领导人马叙伦也是《周报》和《民主》的热心支持者和主要撰稿人，几乎每期都发表署名文章。在这两个刊物的周围，还聚集了一大批文化界的知名人士如周建人、林汉达、许广平、李平心、傅雷、严景耀、董秋斯、罗稷南及郭沫若、柳亚子、宦乡、夏衍等。他们经常在刊物上发表文章，揭露国民党当局的罪行，抨击蒋介石的独裁统治，大声疾呼并鼓动群众起来争取和平民主，在社会上产生了很大的影响。

目前，民进中央主办有向国内外公开发行的月刊《民主》杂志，并有开明出版社和开明音像出版社。

《民主》是中国民主促进会中央委员会主办的综合性月刊。创刊于1989年8月，以“立足民进，面向社会，服务统战”为宗旨。2000年以后，调整了栏目，扩大了信息量，主要或常设栏目有：“理论研究”、“民主论坛”、“教育园地”、“缅怀故人”、“百家之言”、“人物通讯”、“文化纵横”、“史海钩沉”、“文史漫笔”、“海峡两岸”、“域外一瞥”、“出版视野”、“锦绣中华”等；2001年以后，又陆续开设了“放眼世界”、“议政回音”、“法制天地”、“专题访谈”等新栏目；2006年的改版增设了“学习与探索”、“国是论衡”、“文化视点”等一系列栏目。《民主》杂志还通过举办征文、有奖征答活动和“地方专页”，竭诚为各省市级组织服务。

开明出版社是由民进中央委员会主办并主管、以出版文教图书为特色的出版机构，1988年12月在京成立。该社的宗旨是：“发挥民进在教育和出版领域中的人才优势，通过编辑出版优秀出版物，为我国社会主义现代化建设特别是社会主义精神文明建设服务；为协助党和政府贯彻新时期教育方针，推进我国社会主义教育事业的发展，普及九年义务教育，提高全民族素质和培育社会主义现代化建设的合格人才服务；以为争取祖国早日统一，实现中华民族的腾飞服务。”所出图书，80%以上为教育类图书，形成了自身鲜明的教育特色。开明音像出版社也是民进中央委员会主办并管理的出版单位。经营范围是制作、出版、发行教育、文化、科技方面的音像制品，出版了大量的中小学、幼儿、文艺教学方面的音像制品。

5. 九三学社及其报刊和出版活动

1944年11月，中共代表林伯渠代表中共中央，在重庆国民参政会上提出了“立即结束国民党一党专政，成立民主联合政府”，以利团结抗日的主张，得到社会各阶层人民的热烈响应。重庆的一部分文教科学技术界的人士，为响应中共的主张，由许德珩、褚辅成、税西恒、潘菽、黎锦熙、黄国璋等发起成立了“民主科学座谈会”。该会以继承和发扬1919年五四运动的反帝、反封建和民主、科学精神为宗旨，争取政治民主，在重庆高等学校和知识界有一定的影响。1945年9月3日日本投降签字正式生效，“民主科学座谈会”举行扩大座谈会。会上决定以九月三日给组织命名，称“九三座谈会”。1946年1月9日，九三座谈会为促进政治协商会议的召开，举行扩大座谈会。至此，九三座谈会具有了明显的政治色彩，以学术界人士为主要成分的组织特点也已经形成。为了保护组织，加强团结，决定以“学社”名之，并成立了“九三学社筹备会”。1946年5月4日，在重庆举行了九三学社的成立大会。

“九三学社筹备会”成立后，先后在重庆《新华日报》刊登了对政治协商会议的意见（1946年1月23日）、对东北问题的意见（4月10日）、九三学社领导人立即停止内战的主张（5月24日）、要求蒋介石立即下令永远停止内战以求真正的和平民主等六条意见（10月31日）、反对召开非法国大（11月5日）等一系列声明，阐述了学社筹备会对时局的主张。

现在，九三学社中央主办有向国内外公开发行的刊物——《民主与科学》和内部刊物《九三中央社讯》，设有学苑出版社、学苑音像出版社。

《民主与科学》的前身，是《九三社讯》。1950年12月1日至5日召开的九三学社第一次全国工作会议，决定创刊《九三社讯》为学社中央的机关刊物。抗美援朝运动中，九三学社的各级组织，先后在《九三社讯》上发表宣言、声明、谈话等文件60余篇，推动社员参加抗美援朝、土地改革、镇压反革命三大运动。九三学社还根据自身的特点和任务，以中上层知识分子为主要对象，宣传爱国主义和国际主义，肃清亲美、崇美、恐美思想。1958年11月28日至12月15日，在“左”的错误影响下，九三学社召开了学社的第二届全国社员代表大会，通过了《九三学社改造规划》。同时，决定将社刊《九三社讯》改刊为《红专》。文革开始后，《红专》停刊。1980年1月，《红专》复刊，并于1988年6月更名为《民主与科学》；1989年12月，该刊向全国公开发行。1988年7月，九三学社中央又出版了机关刊物《九三中央社讯》。

现在的《民主与科学》杂志是一份面向知识界、以思想文化评论为主的综合性刊物，设有“民主与法制”、“科学博议”、“快语诤言”、“科文交汇”、“调查与研究”等栏目。该刊以高、中级知识分子为主要服务对象，坚持弘扬民主与科学精神，紧扣时代的脉搏，推进思想文化的深入思考和研究。

学苑出版社成立于1987年10月12日，以“弘扬民主、促进科学”为宗旨，以成为“名副其实的科学成果荟萃之地、科学文化传播之桥”为目标，致力于中国特色的传统文化、民间文化、医药学、考古学领域的图书出版。学苑音像出版社也是直属于九三学社中央的中央级教育音像教材出版单位，创办于1992年，以支持普通义务教育的出版开发为核心和主导，致力于为全国中小学、大中专院校和各级社会团体提供教学软件及音像教材服务。

6. 中国民主建国会及其报刊和出版活动

中国民主建国会（简称民建）是主要由经济界人士组成的、具有政治联盟特点的政党。抗日战争胜利后，以黄炎培为首的“中华职教社”和以胡厥文为代表的“迁川工厂联合会”及与其相联系的文教界上层知识分子和民族工商业者，酝酿成立代表他们利益的政治性组织。1945 年 12 月 16 日，民主建国会在重庆宣告成立，其基本政治纲领的核心是“民主”和“建设”。

《民讯》是民建中央主办的机关刊物，创刊于 1946 年 10 月。此时，虽然国共双方签订了停战协定，但蒋介石打内战的方针早已确定，并在美国的大力支持下，加紧布置全面内战。为了挽救时局，揭露国民党发动内战的阴谋，民建进行了坚决的斗争，《民讯》成为当时的舆论阵地。1946 年 10 月 11 日，民建发表了《对当前时局的意见》，谴责国民党反动派“不惜陷全国于长期内战，生灵涂炭的惨境”，要求实行全面停战，坚决反对美国的军火支援和美军驻华。①

1949 年，由于政治、军事形势急剧变化，中国人民解放军很快就要进军大西南，创刊于 1946 年 10 月的《民讯》停刊。中华人民共和国成立后，民建恢复了会刊《民讯》。

1955 年，民建召开了第一次全国代表大会，确定了保持民建成立之初以工商业资本家和资本家代表人士作为吸收会员的主要对象的传统做法，也确定了推动工商界的社会主义改造的中心任务和贯彻总路线的具体行动。民建总会的会刊《民讯》和地方组织的内部刊物一道，宣传总路线，配合社会主义改造。1966 年 5 月，“文化大革命”开始，《民讯》停刊。

“文化大革命”结束后，《民讯》复刊。创刊 60 多年来，《民讯》秉承传统，着力反映民建的发展过程，同时面向民建各级组织和民建全体会员，是民建重要的思想理论宣传阵地，也是推进会务、沟通中央和各地组织及会员的桥梁。

目前，民建同时主办内部发行的月刊《民讯》和经济理论杂志《经济界》。《经济界》创刊于 1996 年，面向国内外公开发行，是民建发挥经济界成员优势、扩大社会影响的重要舆论工具。

1994 年，民建中央委员会创办了面向全国的中央级出版机构——民主与建设出版社，主要出版经济、社科以及科普文化等方面的图书。

7. 台湾民主自治同盟及其报刊和出版活动

台湾民主自治同盟，简称“台盟”，是由台湾省人士组成的劳动者和爱国者的政治联盟。1945 年 8 月以后，台湾国民党当局垄断政权，独裁专制，欺压台湾同胞。1947 年 2 月，台湾民众爆发了“二二八起义”。据不完全统计，在这次起义中及起义失败后被杀害的民众约 2 万人。参加起义的幸存者，有的在台湾坚持斗争，有的转移到上海、香港等地，继续从事爱国民主运动。之后，一部分从事爱国民主

---

① 黄小荣：《中国民主建国会在解放战争时期的历史作用》，《广东省社会主义学院学报》，2004 年第 2 期。

运动的台湾省人士，根据当时台湾人民反对国民党独裁统治、实现民主政治和地方自治的愿望，于11月12日在香港发起成立“台湾民主自治同盟”。其宗旨是：反对帝国主义侵略中国，反对“联合国托管台湾”和“台湾独立”，主张实行人民民主制度。

台盟建立后，主要的工作和活动是对台湾进行政治号召和宣传工作，在香港参加中国各民主党派的活动，争取他们的支持；组织台籍人士学习，发展盟员，介绍台籍青年进解放区参加革命；明确反对美蒋反动统治和反对美国支持的所谓台湾“托管”和“独立”的阴谋。同时将原“新台湾出版社”改为台盟的宣传机构，先后出版了《新台湾》、《明天的台湾》、《自治与正统》、《台湾二月革命》、《台湾人民的出路》、《愤怒的台湾》等书刊。另外，还向香港和海外一些报刊投寄文章。这些书刊和文章的内容主要是向国内外介绍台湾的现况，揭露国民党的反动统治和美国侵略台湾的阴谋。另外，也担负着向台湾人民介绍国统区和解放区的情况、战局发展和中国共产党的方针政策的任务。

台盟中央于1949年由香港内迁，先在上海，1955年迁到北京。台盟的组织发展以祖国大陆的台湾省籍的中上层人士为主。目前，台盟中央有内部双月刊《台盟》。另外，台盟中央还主办了《海峡快讯》、《台情分析》两个刊物，以快捷、客观、多角度的特点，通过对台湾岛内各种重大事件的及时报道与客观分析，为开展涉台研究工作提供参考。台海出版社是台盟中央委员会主管的中央一级出版社，成立于1997年。该社坚持“架设文化桥梁，促进两岸统一”的办社宗旨，积极开展对台宣传和两岸文化交流活动。

8. 中国致公党及其报刊活动

中国致公党于1925年10月10日成立于旧金山。当初，该党是一个以洪门致公堂为基础，以归侨、侨眷为主的民主党派。到1931年，致公党已拥有300多个支部，“合计已登记之党员当有40余万”。

“九一八”事变后，中华民族的危机日益加剧，海外华侨发扬同侨居地人民共同反抗外来侵略的斗争精神，或运用原有报刊、团体大力进行抗日救亡宣传工作，或组织华侨抗日武装、参加当地人民的抗日军，或以其他各种形式抵抗侵略者。致公党中央号召“海内外各处党员，一致参加抗战工作，出钱出力，以尽职责”。太平洋战争爆发后，香港沦陷。致公党总部活动被迫停顿，但各国各地区的致公党组织仍然和所在国或地区的人民一道共同抗击日本侵略军。

在抗战胜利前夕，美洲各地致公党办的报纸与其他爱国华侨办的报纸联合发表《十报宣言》，号召“中国要结束国民党的一党专政，还政于民，并召开国民代表会议，成立民主政府”，表现了广大致公党成员和海外华侨对抗战胜利后建立什么样的政府和国家的关注和期望。

1945年5月，美洲致公党组织的负责人司徒俊葱等顶住国民党的压力，发动当地华侨热烈欢迎并公开为参加联合国会议的中国代表团中的中共代表董必武及其随员举行招待会，组织演讲会，宣传中国共产党的主张和活动，以及负责保护中共代表的人身安全。1947年4月29日至5月1日，致公党在香港举行了具有重大历史转折意义的第三次代表大会。到会的四十余名代表讨论修改了《中国致公党政纲》和《中国致公党章程》，并一致决议加入中国共产党领导的人民民主统一战线。1948年1月6日，致公党在《华商报》、《文汇报》、《大公报》发表《中国致公党最近对时局之声明》，响应毛泽东在1949年的新年献词中发出“将革命进行到底”的伟大号召。

1949年底，致公党总部从香港迁移广州，并积极利用报刊，投入到恢复国民经济和巩固新生政权的斗争中。致公党中央在1952年9月创刊了《致公通讯》，此后不断扩大篇幅，充实内容。

目前，中国致公党中央主办的刊物主要有《中国致公》杂志（前身为《致公通讯》，内刊）和《中国发展》杂志。为积极开展海外联谊和交流工作，在凝聚侨心和促进我国对外友好等方面，这些杂志发挥了独特的作用，取得了显著成效。

中国致公出版社是隶属于中国致公党中央委员会的中央级出版社。该社坚持为致公党中央服务、为爱国统一战线服务的原则，始终坚持正确的出书方向，以出版文史类、经济管理类、生活休闲类、教育类图书为主。

第十三章 国民党党报

在论述中国国民党党报之前，有必要先简要回顾一下中国国民党的历史。中国国民党源远流长，其前身可追溯到1905年成立的中国同盟会。袁世凯当选民国总统后，与共和党越走越近，从而给同盟会很大的压力。1912年8月11日，同盟会联合统一共和党、国民公党、国民共进会和共和实进会等五个政团，组建国民党，以为应对之策。13日发表的宣言说："共和之制，国民为国主体，吾人于使人不忘其义，故其名曰国民党。"25日，国民党成立大会举行，推选孙中山为理事长，实际上由代理理事长宋教仁主持党务工作，以"保持政治统一，发展地方自治，厉行种族同化，采用民生政策，维护国际和平"为纲领，可见，此时的国民党属于议会党。1913年2月，作为国内第一大党的国民党在议会选举中获胜。袁世凯为推行独裁政治，派人暗杀了宋教仁，并下令解散国民党。孙中山发动了讨袁的"二次革命"，可是很快失败。兵败后，孙中山流亡日本，并于1914年7月8日在日本组建中华革命党，坚持反袁斗争，重建中华民国。1916年袁世凯死后，中华革命党党部迁到上海，1919年10月改组为国民党。1924年1月，国民党在广州召开第一次全国代表大会，政治上确立新三民主义，组织上实行国共合作。从此，国民革命被推向高潮。1927年4月，国民党领导的南京国民政府成立。1928年6月，北洋军阀统治结束，南京国民政府宣告"统一告成"，国民党成为了中国的执政党，一直统治大陆至1949年。1949年12月11日，国民党中央党部由大陆迁往台北。1987年，蒋经国宣布"解严"，实行政治民主，1990年国民党在选举中失败成为在野党，2008年重新成为台湾地区的执政党。

如果从1912年算起的话，国民党的历史至今已有97年。近百年的党史大致上可以分为三个时期：执政前时期、一党执政时期（此时期以1949年迁台为界分为两个阶段）和"解禁"后的时期。

第一节 执政前的国民党党报

一、"五四"以前的党报活动

辛亥革命推翻清王朝的封建专制统治后，中国政坛政党林立，报章丛生。在五花八门的政党报刊中，国民党的党报占有重要地位。

1912年8月中国国民党成立后，国民党的机关报及国民党人经营的报刊蓬勃一时，遍布于国内各大城市，主要有：北京的《国风日报》、《亚东新闻》、《国光新报》、《民主报》、《民意报》、《民权报》、《中央新闻》等，上海的《民立报》、《天铎报》、《民权报》、《大陆报》(英文)、《太平洋报》、《民国日报》、《中华民报》、《民国新闻》等，南京的《民生报》等。由于一开始国民党迷恋"议会政治"和"政党内阁"，这些报纸与这一时期的另一大党共和党党报展开论争，积极宣传自己的纲领与对时局的主张。在袁世凯刺杀宋教仁和企图瓦解国民党以加强自己的统治之后，这些报纸为巩固革命的胜利果实、反对袁世凯的篡权活动，也都进行过积极的斗争。也正因如此，在袁世凯蛮横摧残新闻事业的时候，首当其冲的自然是各地国民党系统的报刊。随着1913年9月4日《民立报》被迫停刊后，国民党报刊已是百花凋零了。

为了重新组织反袁势力，孙中山一方面创办报刊，开展革命宣传。1914年5月10日，孙中山在东京创办《民国》杂志，以揭露袁世凯"袭民主之名，行帝制之实"和残害革命党人的罪行。另一方面，于7月8日重组中华革命党，积极准备武装讨袁。1916年1月22日，为了加强向国内渗透的力度，中华革命党人陈其美(英士)在上海发起筹办了《民国日报》。由叶楚伧任总编辑，邵力子任经理和副刊编辑，主要撰稿人有胡朴安、姚鹓鹤、徐谦(佐治)、成舍我、管际安等。由于中华革命党经费紧张，《民国日报》的开办费仅500元，情形十分窘迫。但是社中人员热情很高，兢兢业业，报纸的实力不断增强。开始时日出3大张12版，销量7000份；不久就扩大到4大张16版，销量增加到2万份左右。

《民国日报》创刊后，紧随孙中山的主张，高举反袁护法的旗帜，推动全国讨袁浪潮一浪高过一浪。其发刊词尖锐指出："帝制独夫暴露之春，海内义师起义之日，吾民国日报谨为全国同胞发最初之词曰：专制无不乱之国，篡逆无不诛之罪，苟安非自卫之计，姑息非行义之道"；还明确提出，"发扬民国之精神，延长民国之寿算，祓除民国之恶皮，此民国日报之所由作也"。① 纵观1919年"五四"运动以前乃至1923年以前的《民国日报》，反袁护法一直是其主旨所在，破除人治、建立法治是它宣传报道的重点。②

国民党人反省辛亥革命迅速失败、袁世凯轻而易举地复辟帝制的原因，就是国民头脑里存留着封建思想，缺乏民主共和的意识。洗刷干净国民脑子里反对共和的封建思想，是建立资产阶级共和国的前提。因此，《民国日报》一方面号召武装推

① 《本报发刊辞》，上海《民国日报》，1916年1月22日。
② 蔡铭泽：《中国国民党党报历史研究》，团结出版社1998年版，第11页。

翻复辟的封建帝制，另一方面激烈地抨击了封建帝制、君权神授等思想，响亮地提出了“破除人治主义迷梦，建立法治国家”的口号，并认为要建立法治国家，必须坚持主权在民的原则。后来还把两者结合了起来，以“实现法治”和肃清全国人民头脑中的封建愚昧意识作为宣传重点。此外，《民国日报》还主张开发实业、兴办教育，以开阔人民的眼界，启迪民智。

上海《民国日报》对复辟帝制的猛烈批评和对资产阶级法治思想的宣传，极大地冲击了封建专制思想，洗涤了民众的心灵，在为“五四”新文化运动的产生和发展扫清道路方面，作出了一定的贡献。

二、“五四”时期的党报活动

五四运动爆发后，中国社会发生了重大转折。一方面，各种新思潮、新学说纷纷传入，广泛传播，相互激荡，形成了一次思想解放的热潮。另一方面，各派政治力量急剧分化，重新组合。在这新旧交替、波澜壮阔的历史时期，中国国民党人主办的政治机关报（特别是上海《民国日报》和广州《民国日报》），在声援北京学生运动、传播新文化运动等方面发挥了重要的积极作用。

1919 年 5 月 4 日，北京学生为反对“巴黎和会”瓜分中国山东主权，举行了大规模的请愿、游行示威运动，但学生的爱国行动遭到了北洋政府的镇压。孙中山及其国民党人对学生的爱国行动给予热情的赞扬和坚决的支持。“五四”运动爆发时，《民国日报》总编辑叶楚伧、邵力子于 5 月 5 日凌晨接到北京的电报，立即在当天出版的报纸上以《北京学生界之奋起》为题作了报道。孙中山也指示《民国日报》要大力宣传报道北京学生开展的反帝爱国运动，以发动上海学生起来响应。6 日，《民国日报》刊出了总编辑叶楚伧亲撰的社论《五月四日之神——北京学生》，对北京学生的爱国运动给予高度的评价：“在万钧压力之下，（北京学生）做出惊天地、泣鬼神的事业来；这是五月四日之神，这是中国的恩人，这是山东问题濒危中救命的方舟，这是留得一份良心的国民的模范。”同时，社论还呼吁声援北京的学生运动：“应该代表国民，向北京学界，伸出一百二十分的谢忱，并且誓与被捕学生，共生死。”邵力子甚至拿着当天出版的《民国日报》去复旦大学散发、演讲，鼓动上海学生起来示威游行，支持北京的学生运动。

与此同时，《民国日报》还通过广泛宣传西方政治思想特别是马克思主义和社会主义思想，积极推动新文化运动。而这一任务，实际上是由其副刊《觉悟》来承担的。五四运动爆发后，在原《救国之声》等副刊的基础上，《民国日报》创刊了《觉悟》副刊。《觉悟》最早见报于 1919 年 6 月 16 日，主编是邵力子和沈玄庐。沈玄庐在发刊词中说：“现在的世界，是什么世界？是已经觉悟的世界。觉悟点什么？觉悟‘解放’的要求。觉悟了，要求了，能不解放么？”① 从创刊一直到“五卅”运动时期，《觉悟》的内容表现出比较彻底的民主主义思想和初步的社会主义倾向。一创刊，就积极投身于新文化运动，发表了一批鼓吹推翻旧文化、反对旧文学和提倡新道德、新文化、新文学的文章。尤其是1920年邵力子开始接触《共产党宣言》等马克思主义书籍、参加陈独秀在上海组织的“马克思主义研究会”并成为中国共产党早期组织的成员之后，《觉悟》实际上接受了中国共产党的影响。从1920年5月起，《觉悟》扩大了篇幅，增设了一些栏目，并成为上海共产党发起组的宣传阵地。1924年，《觉悟》积极宣传孙中山的“三大政策”，为国共合作做了许多有益的工作。

此外，国民党还于1919年创办了两份理论刊物——《星期评论》和《建设》杂志。《星期评论》创刊于6月8日，由沈剑侯、孙棣三、戴季陶主编，随《民国日报》免费附送。在发刊词中，宣称：“一切世界，都从心里的思想创造出来。这个心原是我一个人的心，却凡是人都有心，就都有我，合众我众心的思想和意识，就是创造或改造世界的根本。”② 换言之，就是主张“要把人的究竟，国家的究竟，社会的究竟，文明的究竟，有个彻底的思索，明白的理论，切实的主张”。③《建设》杂志创刊于8月1日，由孙中山亲自主持，撰稿人主要有胡汉民、朱执信、廖仲恺、戴季陶等。该刊致力于鼓吹建设常识，主张“使人人知建设为今日之需要，使人人知建设为易行之事功，由是万众一心以赴之而建设一世界最富强最快乐之国家”。④

总之，“五四”运动前后，国民党人主要以《民国日报》及其副刊为主要宣传阵地，一方面高举反封建专制统治的旗帜，另一方面积极探寻救国救民的新路，在民主革命的道路上留下了深深的印痕。

三、第一次国内革命战争时期的党报活动

1924年1月，孙中山在共产国际和中国共产党的帮助下，召开了国民党第一次全国代表大会。大会接受了共产党反帝、反封建的主张，为国共合作的实现奠定了坚实的基础。国共合作实现后，国民党的宣传机构逐渐建立起来，党报活动较前

① 上海《民国日报》，1919年6月15日。
② 沈玄庐：《星期评论发刊词》，1919年6月8日。
③ 《本报附送星期评论启事》，上海《民国日报》，1919年6月7日。
④ 《〈建设〉杂志发刊词》，1919年8月1日。

更加丰富。由于有共产党员参加编辑和出版工作，所以这些国民党报刊的政治态度多是革命的。

1.《民国日报》系列的创办

第一次国内革命战争时期，以“民国日报”命名的国民党党报有多家。其中主要有广州《民国日报》、上海《民国日报》、汉口《民国日报》和北京《民国日报》。这些《民国日报》，为国共合作作了大量的积极的宣传。

广州《民国日报》是在广州《新民国报》的基础上改组而成的，正式出版于1923年6月，和黄埔军校、广东省银行一起被称为孙中山在粤创办的三大事业，也是国民党改组后创办的第一张党报；由国民党中央宣传部主持，起着国民党中央机关报的作用。开始，该报以国民党员吴荣新等集股的个人名义出版，接受广州市党部和政府津贴，社长兼总编辑为孙仲瑛，编辑有吴荣新、甘乃光、汤澄波、黄鸣一，日出四开八版。该报拥护孙中山国民革命的主张，积极报道孙中山建立广州国民政府的消息。在第一次国共合作以及北伐之时，及时报道时政大事。但是也曾因“遇事敢言”、“不服某部委员之检查”，被广州市政府以“登载军事之行动”、“泄露秘密”的罪名，勒令停刊三日。① 复刊后，该报仍表示坚持以“改造舆论，监督政府为职志”。② 这说明，初创时的广州《民国日报》同人们与国民党当局是保持了一定距离的。为了改变这种状况，国民党于1924年7月改组了报纸，把主办者改为国民党广州市执行委员会。10月，该报收归国民党中央宣传部接办，由孙仲瑛、客容新等任社长和总编辑。改组后的广州《民国日报》明确表示以“阐扬主义”、“鼓励同志”、“唤起民众”、“介绍思潮”为宗旨。同时又扩大版面，由4开8版扩充为对开16版，讲求版面美化，新闻综合排列，各种专栏、副刊琳琅满目，很受读者欢迎③，并成为当地发行量最大的报纸。但在成为国民党的机关报后，该报的政治倾向经常随着国民党核心人物政治态度的变化而变化。1927年“四一五”广州“清党”时，该报就完全站在了国民党右派的立场上。

国共第一次合作前后，“联俄联共”成了上海《民国日报》宣传的基调。1922年8月25日，该报发表总编辑叶楚伧撰写的社论《今后时局的展开》。该文秉承孙中山的旨意，提出了联合各民主力量的设想。次日，又在社论栏发表共产党总书记陈独秀的文章——《对于现在中国政治问题的我见》，正式提出了国共合作的主张。对此，《民国日报》特加“编者按”表示认同。恽代英、向警予、瞿秋白等著名的共产党人，陆续参加了《民国日报》的编辑、发行工作，并发表了一系列推

① 《本报复版感言》，广州《民国日报》，1923年9月3日。

② 《本报复版感言》，广州《民国日报》，1923年9月3日。

③ 蔡铭泽：《中国国民党党报历史研究》，团结出版社1998年版，第19页。

动国共合作的文章，这标志着国共合作进入了最佳时期。但是，孙中山逝世后，随着国民党内左派、右派斗争的不断升级，《民国日报》也转而偏袒右派，逐渐蜕化为国民党右派——西山会议派的机关报。1925 年下半年，该报大量发表戴季陶等人的反共文章，登载西山会议派的文件，成为反苏（俄）、反共并对抗广州国民党中央的旗帜。在 1926 年初，国民党右派人士陈德征接任总编辑后，《民国日报》的转向变得更为严重。以《觉悟》副刊为例，在 1926 年 1 月 7 日刊出了署名葛建时的《忠告我们的好朋友——共产党》这样的反共文章后，一发而不可收。以前马克思主义的宣传阵地，后来几乎成了反共专刊。

汉口《民国日报》创刊于 1926 年 11 月 25 日，是北伐军攻占武汉以后，由国民党湖北省党部、北伐军总政治部和汉口特别市党部联合创办的。1927 年 3 月，又确定为湖北省党部的机关报。该报由中共湖北省委委员、国民党湖北省党部常务委员、湖北省政府常务委员兼农工厅厅长董必武任经理，中共汉口市委宣传部长宛希俨任总编辑（继任者为高语罕、沈雁冰）；编辑有石信嘉、马哲民、孙际旦、李达可等。报社工作人员除一人外都是共产党员，因此被称为"共产党办的第一张大型日报"。在内容上，主要刊登国内外重要新闻、北伐军胜利进军的消息，以及国民党中央党部、国民政府、军事委员会和湖北省党部、省政府的公报性消息、决定、指令等。在 1927 年初发生的"迁都之争"中，该报旗帜鲜明地反对蒋介石，拥护武汉国民政府，主张提高党权、反对军事独裁。在业务上，刊载的新闻数量多而且时效快、消息灵，报纸逐渐发展成为武汉地区最受欢迎的报纸之一。初创时每日发行 4000 份，不久增加到八九千份，最高达到 1 万多份。

1927 年"七一五"反革命政变后，国民党汪精卫集团实行分共政策。汉口《民国日报》被迫改组，共产党人全部退出编辑部，由国民党中央宣传部指派曾集熙为社长兼总编辑。改组后的汉口《民国日报》，虽然仍然声称反对蒋介石和拥护工农利益，但实际上执行的是反共的方针。1928 年初，桂系军阀胡宗铎接办，更名为《湖北民国日报》。1929 年 4 月，报纸因桂系倒台而停刊。

北京《民国日报》于 1925 年 3 月 25 日出版，是为了适应孙中山北上、推动国民会议运动的需要而筹办的，由邵元冲、刘成禹负责。孙中山逝世后，因登载《上海国民会议策进会宣言》遭到北洋军阀查封，3 月 17 日停刊。该报虽然仅存在了 12 天，但由于是南方国民党势力在北洋军阀势力范围内创办的唯一一份党报，因而具有重要影响力。

2. 国民党中央各部和地方党组织创办报纸

在国共合作的大好形势下尤其是在共产党的积极帮助下，国民党中央各部都创办了自己的报刊。如宣传部的《政治周报》，农民部的《中国农民》、《农民运动》，工人部的《革命工人》，青年部的《革命青年》、《青年工作》，军人部的《军人周报》，妇女部的《妇女之声》等。在共产党人或国民党左派人士的主持下，这些报刊的政治面貌焕然一新。

《政治周报》创刊于1925年12月5日，是国民党中央宣传部的机关报。主编由时任国民党宣传部代理部长的毛泽东担任，5至14期由共产党员沈雁冰、张秋人接编；1926年6月5日停刊，共出版14期。1925年11月，国民党右派在北京西山召开会议作出了《取消共产党在国民党中之党籍》、《开除国民党中央执行委员会中之共产党员》等反动决议，公开进行反共、反统一战线的宣传。针对这种情况，毛泽东在《〈政治周报〉发刊理由》中提出：不能放任反革命的宣传，必须向反革命派发起反攻；同时还强调"我们反攻敌人的方法，并不多用辩论，只是忠实地报告我们革命工作的事实"。从第1期起，《政治周报》就设有一个"反击"专栏，专门刊登反击国民党右派的短文。毛泽东用"子任"的笔名为这一专栏写了一系列犀利杂文，尖锐地揭露了国民党右派勾结帝国主义和军阀的罪恶活动，以及他们的反革命实质。《政治周报》在打破国民党右派的反革命宣传、维护国共合作和巩固广东革命根据地等方面，起了突出的作用。

与此同时，国民党各级党部还建立工人部、农民部，开展工农运动，创办工农报刊。比如工人报纸就有国民党湖南省、山西省执行委员会创办的《湖南工人》和《山西工人》等。在共产党的帮助下，国民党中央军事机关、国民革命军的各级政治部及军事院校也创办了大约30多种军人刊物，其中最有影响的是《中国军人》和《军人日报》。

《中国军人》1925年2月20日创刊于广州黄埔军校，是黄埔军校青年军人联合会出版的，刊物主编是共产党员王一飞。这个刊物在黄埔军校政治部主任周恩来的关怀指导下出版，出版宗旨是："鼓吹革命军人，团结革命军人，唤醒全国军人，促进全国军人的觉悟。"

《军人日报》的前身是1925年创刊的《政治日刊》，创刊之初隶属于广州国民政府军事委员会政训部。该部宣传处处长吴明荐任总编辑，编辑有罗伯先等。创刊不久，该刊扩展篇幅，更名为《军人日报》继续出版。1926年7月1日，国民革命军誓师北伐，军委会政训部改为国民革命军总司令部政务处（后又更名为政治部，邓演达为主任），政务处宣传科科长郭沫若兼任总编辑，日出8版。10月，《军人日报》迁武汉出版并扩大了篇幅和编制，潘汉年、杨贤江前后担任主编。该报除大量刊登北伐军事新闻外，还注重报道国内外政治新闻，积极宣传共产党员和国民党左派人士的政治主张。"马日事变"后，曾发表过一些抨击蒋介石背叛革命的文章。

国民党地方党部也出版了一批报刊，除前面提及的以《民国日报》命名的报纸外，还有湖北的《楚光日报》、《武汉星期评论》，湖南的《新民》，江西的《贯彻日报》，北京的《国民日报》等。有些中小城市的县党部也出版了报刊，如琼崖、汕头、梧州、宁波、无锡、松江等地方都出版了《民国日报》。据国民党中央组织部调查显示，到北伐战争前夕，国民党各省市党部共出版了66种报刊。① 这些报刊，大多拥护国共合作，维护工农利益，掀起了南中国轰轰烈烈的大革命运动。

第二节　在大陆专政时期的国民党党报

在大陆执政期间即从1927年到1949年，国民党党报经历了从出现、发展到消失的过程。其中，20世纪20年代末到30年代中期即十年内战时期，是国民党党报体系的建立时期。到1936年底，各级各类国民党党报达600家以上，占全国报刊总数1468家的40.5%。② 抗日战争时期是国民党党报的发展时期。抗战初期，国民党党报大规模西迁，数量有所减少，规模有所缩小。但是经过一段时间的恢复，到1944年重新达到600家左右，占当时国统区报纸总数1100家的53.9%，③ 大大高于战前的比例。国民党党报的发展不仅表现在数量方面，而且也表现在精神方面。在全民族奋起抗战的激昂情绪的鼓舞下，国民党报人克服困难，逐渐养成了为国牺牲、团结合作和艰苦创业的精神，并且初步提出了党报企业化经营管理的设想和三民主义的新闻思想。第三次国内革命战争时期是国民党党报迅猛扩张和旋即消失的时期。抗日战争胜利后，国民党党报在大量接收敌伪新闻事业和侵吞民营新闻事业的基础上迅速膨胀，并很快建立起《中央日报》、《和平日报》等几个大的报系。同时，由于实施企业化经营管理，国民党党报的物质基础进一步增强。但是，由于它顽固地为独裁专制统治服务，很快在经济上、宣传上、精神上彻底破产。随着国民党在大陆统治的瓦解，国民党党报也在中国大陆消失。

作为大陆执政党党报的国民党党报，主要有三个方面的特点：（1）党政重视，财力雄厚。由于国民党最高当局的重视，国民党党报经费充足，人员齐整，并且在采访、发行、广告等方面享有许多特权。如果仅从表面上看，国民党党报版面宏阔，内容充实，堪称国内第一流的大报。（2）控制严密，矛盾重重。高度重视，意味着严密控制。在国民党看来，“中央日报是代表政府发言的机关”，因此难免“稍有差错，必遭训斥”。为了更有效地控制和指导国民党党报的运作，国民党中央宣传部制定了一系列规章制度，从宣传方针、人事制度、经费来源、组织纪律等各个方面严格掌控所属党报。这种做法，保证了国民党党报的工具属性，但是也严重地束缚了国民党党报的手脚，削弱了它们作为新闻媒介应起的作用。（3）注重经营，讲求管理。20世纪二三十年代的中国报业呈现出多元化的舆论环境，国民

① 马光仁：《第一次国共合作与报刊》，《新闻大学》第9期，1985年3月出版。

② 蔡铭泽：《中国国民党党报历史研究》，团结出版社1998年版，第4页。

③ 蔡铭泽：《中国国民党党报历史研究》，团结出版社1998年版，第4页。

党党报之外还有外国人在华报刊、民营报刊、共产党及其他政党报刊。在这种特定的舆论环境中，国民党党报除坚持其党派属性外，还必须具有时代特色。事实正是这样，受报业多元化舆论环境的影响，它不得不采取多层次结构，并自诩为“民众喉舌”，以“淡化”党报色彩；另一方面，在激烈的竞争中，它必须注意经营管理和内部改革，以求得生存和发展，争夺舆论的领导权。①

一、十年内战时期的国民党党报

十年内战期间，中国国民党建立起来的以党报为核心的新闻事业，规模之大、分布之广是前所未有的。国民党中央和各省创办的党报，依托国民党政权，在政治上、经济上获得特殊支持，在新闻界处于全面垄断地位。

1. 制定党报条例，扶持党报发展

在 1928 年 2 月 2 日召开的国民党二届四中全会上，蒋介石当选为国民革命军总司令、军事委员会主席，不久又出任中央政治会议主席、第一集团军总司令，蒋介石从此牢牢地掌握了国民党中央大权。为了分化和打击党内其他派系势力，1928 年 6 月，国民党中央常会第 144 次会议通过并颁布了《设置党报条例（草案）》、《指导党报条例》、《补助党报条例》等三个条例。设置三个条例的目的，主要是为了加强国民党中央对新闻事业的领导权。三个条例涉及的面很广，规定得也很细，使得国民党党报的设置和领导体制、党报的宣传内容、党报的组织纪律和津贴标准等都纳入国民党中央的掌控之中。

《设置党报条例（草案）》规定：国民党党报包括“党报”、“半党报”、“准党报”三种。其中“党报”指的是“由中央及国内外各级党部所主持者”，“半党报”指的是“由本党党员所主办而受党部津贴者”，而“准党报”就是指“完全由本党党员所主持者”。《设置党报条例（草案）》规定国民党各级宣传部都必须设置一种日报，期刊则依环境之需要“酌量办理”。条例还明确规定了国民党组织同党报的关系：“（国民党）中央宣传部特设指导党报委员会，专司党报之设计、管理、审核考查及其他一切指导事宜。”中央党报和各级地方党报，实行分级管理：中央直属的党报，由中央宣传部直接指导；各级地方党部的党报，由各级党部秉承中央的旨意指导。条例还规定：各级党报的人事任免权，归国民党中央党部和各级党部负责，从而保证了国民党中央对各级党报的直接控制。

在党报的内容上，条例规定：言论、新闻、副刊、广告，都必须以“本党主义及政策为最高原则”。具体说，就是新闻要“利用事实阐扬本党主义及政策”；言论要解释国民党的政纲政策，并以“一贯之精神”分析各种实际问题；副刊要

① 蔡铭泽：《中国国民党党报历史研究》，团结出版社 1998 年版，第 5 ~ 6 页。

“尽量利用理论的、事实的、艺术的方法宣传本党主义及政策……辟除纠正一切反动的、谬误的主义及其政策”。

在宣传纪律上，条例规定：“各党报须绝对站在本党的立场上，不得有违背本党主义、政策、章程、宣言及决议之处；各党报须完全服从所属各级党部之命令，不得为一人或一派所利用；各党报对于各级党部及政府送往发表之文件，须尽先发表，不得迟延或拒绝；各党报对于本党应守秘密之事件绝对不得发表。”否则将分别予以警告、撤换负责人员甚至改组编辑部的处罚。这些规定表明，国民党中央试图以党的纪律来约束党报宣传。

在党报津贴上，条例规定：凡是“言论及记载随时受党之指导”、“完全遵守党定言论方针及宣传策略”的党人报纸，就可以领取津贴。“听话就给钱”的规定为国民党中央在控制党报的时候多了一条合法的经济的手段。

三个条例的颁布，保证了国民党中央可以以党内文件、党的纪律的形式来规范和约束党报的经营和管理，从而有利于实现舆论一律，建立起对全国的新闻统制。

2.《中央日报》的创办和改组

在成为全国执政党以前，国民党已创办过许多党报，而且上海《民国日报》和广州《民国日报》等传统党报仍在出版发行。不过，这些报纸大多属于国民党内不同的派系，如西山会议派、汪精卫集团等，或为共产党人所掌握。因此，南京国民党中央虽然在政治上和军事上占据优势，但在舆论宣传方面却处于相对劣势。为了改变这种状况，急需创办自己的言论机关。

1926 年 12 月，随着北伐战争的顺利推进，广州国民政府迁到武汉。1927 年 3 月 22 日，国民政府在汉口创办了《中央日报》。该报初期是在国共合作条件下，由国民党中央党部宣传部主办的国民党党报，社长由国民党中央宣传部部长顾孟余兼任，具体主持其事的是杨绵仲，总编辑为陈启修。陈启修为共产党员，所以编辑队伍中有不少是共产党员或左翼人士，如沈雁冰、孙伏园等。初创时日出 4 开 5 张，分别刊登上海特派员发来的电讯、党政要闻、武汉本埠新闻、国际新闻和副刊。除中文报外，还出有英文《中央日报》，由林语堂、沈雁冰等负责编辑，内容皆译自中文版。在国民党左派人士主持下，报纸坚持“指示国民革命之理论与实践，以领导全国民众实现国民革命”① 的宗旨，忠实地传达了武汉国民党中央的声音，并发表过大量反对蒋介石和南京国民政府的文章。1927 年 7 月 15 日武汉“分共”之后，该报立即转变初衷，发表过不少反共文章，成为拥汪拥蒋的工具。“宁汉合流”后，国民党中央决定另在上海出版《中央日报》，武汉《中央日报》遂于 9 月 15 日停刊，共出版 176 号。

早在 1927 年 4 月南京国民政府成立时，就有设立机关报的筹议。为出版上海

① 《武汉市志·新闻志》，武汉大学出版社 1991 年版，第 58 页。

《中央日报》，南京国民党中央做了充分的准备。1927 年 8 月，蒋介石因国民党内派系斗争下野出国，次年 1 月回国复职。在上海逗留期间，他和吴稚晖等国民党要人商谈过建立《中央日报》的事宜。其时恰逢与陈布雷关系密切的《商报》因经营不善而倒闭，国民党中央立即拨出近 5 万元巨款，将其全部机器、设备、纸张等买下，由汇商公司盘给《中央日报》。于是，上海《中央日报》得以于 2 月 1 日顺利创刊。该报日出 3 大张 12 版，报头系集孙中山墨宝而成。孙科任董事长，国民党中央宣传部部长丁惟汾任社长，国民党东路军前敌总指挥部政治部主任潘宜之兼任总经理，彭学沛任总编辑。《中央日报》的编辑委员会由胡汉民、吴稚晖、戴季陶、李石曾、陈布雷、叶楚伧、蔡元培、杨杏佛等组成，胡汉民任主席；同时设撰述委员会，邀请党内外知名人士胡适、邵力子、罗家伦、傅斯年、邵元冲、唐有壬、马寅初、王云五、潘公展、郑伯奇等担任撰述委员。① 出至 11 月 1 日停刊。

上海版《中央日报》发表了不少反对共产党及其纲领、路线、方针、政策的文章，并不厌其烦地宣讲和阐释国民党中央框定的“三民主义”。在创刊后的一段时期内，该报忠实地充当南京国民党中央及其国民政府的喉舌。但是，随着国民党内派系斗争的纷起，《中央日报》也表现出了和国民党中央特别是蒋介石个人日益明显的分歧。正是这些离异倾向，导致了上海《中央日报》的停刊。

1928 年 10 月国民党中央常委兼中央宣传部部长叶楚伧提议，将上海《中央日报》迁南京出版。31 日，上海《中央日报》在出版最后一期后终止发行。以彭学沛为首的全体编校、经理人员 26 人发表声明，称自即日起全体“脱离中央日报职务”，“一切契约及往来账目由继任者负责清理”。②

南京《中央日报》于 1929 年 2 月 1 日发行，序号接上海《中央日报》。该报日出 3 大张 12 版，售洋 3 分 5 厘，版面同上海版，但是明确强调了其国民党机关报的身份。发刊词公开表示：“本报为代表本党之言论机关，一切言论，自以本党之主义政策为依归。”《中央日报》迁址南京后，归国民党“中央宣传部党报委员会”领导，中宣部部长叶楚伧兼任该委员会主席，下设经理、编辑两部。1929 年到 1930 年间，总编辑先后为严慎予、鲁荡平；1931 年，由赖琏接任总编辑；曾集熙任总经理（后由周邦式、贺壮予接任），王平陵任副刊编辑。南京《中央日报》特别强调以“拥护中央，消除反侧，巩固党基，维护国本”为职责。③ 这表明，迁宁后的《中央日报》主要充当国民党蒋介石集团的喉舌，为巩固南京国民党政府的地位服务。

“九一八”之后，面对新局势，国民党在第四次全国代表大会举行前夕，特地

① 方汉奇：《中国新闻事业编年史》，福建人民出版社 2000 年版，第 1095 页。
② 《本社同仁启事》，《中央日报》1928 年 10 月 31 日。
③ 赖光临：《七十年中国报业》，台湾“中央日报社”1981 年版，第 124 页。

召开中央执委会临时会议，通过了关于《改进宣传方略案》和《改进中央党部组织案》的决议，对改进和加强新闻宣传提出了很多意见。据此，《中央日报》率先改组。1932年3月，《中央日报》改为社长制，蒋介石委任37岁的上海《时事新报》总编辑程沧波为首任社长，言论报道上直接对国民党中央负责，行政上独立。内部管理实行社长领导下的总编辑、总经理负责制。同年，先后增出《中央夜报》和《中央时事周报》。

程沧波出任《中央日报》社长后，力图有所革新，明确提出："经理部要充分营业化，编辑部要充分学术化，整个事业当然要制度化效率化。"① 他主要从以下四个方面实行改革②：

第一，在领导体制上，改总编辑负责制为社长负责制。此前，兼任《中央日报》社长一职的国民党中央宣传部部长根本无暇管理社务，实际负责报务的是总编辑和总经理。但是报社的经理部和编辑部各不统属，俨然独立。对此，程沧波主张将《中央日报》和中央宣传部在名义上脱离关系，并仿照美国《纽约时报》的管理体制实行社长负责制，由社长直接向国民党中央党部负责。这个建议得到了国民党中央和蒋介石的批准，从而在中国确立了党报社长负责制的管理体制。这样，《中央日报》虽然仍然还是国民党中央的喉舌，但在形式上却成了独立的法人。从而对外改变了人们对党报的固有看法，对内又统一了人事权，提高了行政效力。

第二，在编辑方针上，加强采访力量，充实新闻内容。在此之前，整个《中央日报》只有一名专职采访记者，各地通讯员每月供稿也不过三四篇，稿源严重不足。程沧波提出了"人人做外勤，个个要采访"的口号，并且以身作则，坚持每天亲自跑新闻。同时，他又着手刷新报纸版面，增辟《读者之声》专栏和《中央副刊》。紧凑的版面安排和充实的内容让《中央日报》焕然一新。

第三，在言论方针上，既强调"党派性"，又标榜"人民性"。此前的《中央日报》一再公开宣称"本报为代表本党之言论机关，一切言论，自以本党之主义政策为依归"，给人以只替政党做宣传的印象。革新后的《中央日报》虽然仍强调"党性"，但也表示要充当"人民的喉舌"。1932年5月8日，该报刊发了程沧波社长亲自撰写的《敬告读者》的社论，明确表示要兼顾"党的利益"和"人民的利益"："依吾人之见，党之利益与人民之利益，若合符节。换言之，人民利益即党之利益，为人民利益而言，即为党之利益而言。故本报为党之喉舌，即为人民之喉舌。"

第四，在经营管理上，完善会计制度，积极更新设备，增设地方分版。虽然国

---

① 转引自方汉奇主编《中国新闻事业通史》，第2卷，中国人民大学出版社1996年版，第366页。

② 蔡铭泽：《中国国民党党报历史研究》，团结出版社1998年版，第54～57页。

民党中央每月拨付8000元经费，但由于管理混乱，《中央日报》仍“职工欠薪，煤炭费用等欠歇，为数颇巨”。为了摆脱困境，程沧波决定立即“确定馆内各种会计制度，特别是加强广告发行单据的管理，使其完全制度化”。在此基础上，报社又重新修订了各地分销处简章和广告刊例，并积极催收各地拖欠的广告费和订报款。这些措施的实施，改善了报社的经济状况，增强了报社的经济实力。经济情况的好转，为报纸的扩大再生产奠定了坚实的基础。在设备更新方面，购进了天津《庸报》的一台轮转印报机；争取到了近17万元的国民党中央财政的拨款，在南京新街口建筑现代化大楼一座。到1935年，该报日出3大张，日发行量由改组前的9000份左右增加到3万份以上。蒋介石为推行“攘外必先安内”的政策，在庐山创办了“庐山军官训练团”，一时间军政人员云集庐山。1937年6月，《中央日报》特为此增设了第一个分版——庐山版，由曾虚白主持。

经过革新，《中央日报》成了一家比较正规的新闻舆论机关，作为中国国民党中央最高党报的地位也名副其实地建立起来了。正如国民党主管新闻宣传的权威人士陶希圣所言：“在抗战以前，能够代表中央发言的，是程沧波先生的时代。”①

3. 国民党中央直辖党报的纷纷创建

南京国民政府成立之初，中国政坛依旧矛盾重重。共产党人举行了大规模的武装起义，知识界不断发起争民主、争自由的运动。在国民党内部，反蒋各派别时而联合时而分裂，或明或暗地称兵竞雄，粤桂战争、蒋桂战争、蒋冯战争此起彼伏。南京国民党中央坚持认为，导致这种局面的原因主要是宣传工作的“散漫而不统一”。因此，在加强扩充《中央日报》的同时，南京国民党中央又致力于在各地建立中央直辖党报，以加强和统一各地的宣传工作。

1928年9月，国民党中央常务委员会第165次会议专门讨论了在各地设置中央直辖党报的问题。会议决定，在北平、汉口、广州各设置一党报，由中央特别管理。按照会议精神，在全国一些城市迅速出版了一批国民党中央的直辖党报，主要有：

北平《华北日报》。创刊于1929年1月1日，社址在北平王府井大街。李石曾任社长，安馥音、沈君默等任总编辑，报务委员会由李石曾、段锡朋、沈君默（即沈尹默）、肖瑜等组成。报纸以“铲除旧污，恢复美德”为宗旨，日出3大张12版，以刊登政治、经济和党务要闻为主。在中原大战期间，国民党地方实力派阎锡山下令封闭南京国民党中央在平津的所有党报，《华北日报》由于此前的拥蒋反阎立场，首当其冲被查封。直到1930年10月10日中原大战结束后，《华北日报》才得以复刊。复刊后的《华北日报》，再次以“反共”、“训政”宣传为中心，明确表示：“本乎中国国民党之立场，在中央领导下，奉行三民主义的理论，以拥

① 陶希圣：《遨游于公卿之间的张季鸾先生》，台湾《传记文学》第30卷第6期。

护统一，拥护国民革命为生命”；并对社会风气和国民精神“整饬之，振作之，革正之，以遂维新之业”。① 抗日战争爆发后，北平沦陷，该报被日伪劫收改出《武德报》。抗战胜利后，该报于1945年10月1日复刊，张明炜任社长。同时创刊日文版，供日本战俘阅读。1948年12月25日增出晚刊。1949年2月1日停刊。

汉口《武汉日报》。1927年底宁汉战争后，李宗仁、白崇禧等乘机控制了两湖地区，并以此为基地开始和南京对峙。为了强化对武汉地区的统治，蒋介石集团在对桂系军阀实行武力打击和政治分化的同时，也加强了舆论的导引和控制。1929年春，蒋介石打败了桂系，控制了湖北。6月，在湖北《民国日报》原址并利用其设备，创办了《武汉日报》。该报由曾集熙、张廷休负责筹备，萧若虚任总编辑。不久，改由CC派崔唯吾担任社长，实际事务由总编辑胡伯玄负责。30年代初，报纸尝试改革：在版面方面效法《大公报》，头条新闻用超号字做醒目的标题，登载的稿件，力求精炼、迅速、准确；为了扩大新闻来源，增聘全国各大报驻各大城市特派员兼任本报特约记者。同时还约请小说家张恨水撰写长篇连载小说《屠沽列传》；并效法《大公报》开辟“星期评论”栏，约请武汉大学教授王星拱、周鲠生、皮宗石、陈西滢等撰写专论。改革取得了明显的成效，发行量由7000份上升到2.3万份，在华中地区居首位。

广州《中山日报》。其前身是陈济棠统治广东时期的广州《民国日报》。1936年蒋介石吞并广东，即将广州《民国日报》改组为《中山日报》。国民党中宣部派李伯鸣为社长，李伯鸣任命陈淦为总编辑，谢元恺为经理，陈恩成为主笔，胡春冰为副刊主编。广州沦陷后，该报迁韶关出版；抗战后期迁东江，设有梅县分社（社长陈燮勋）、梧州分社（社长刘帆声）。抗战胜利后，由东江迁广州复刊，胡春冰继续担任社长。

此外，国民党中央宣传部在各地创办的直辖党报还有：《天津民国日报》（原名《河北民国日报》，1928年6月创刊于北平，年底迁天津并改名），《西京日报》（1933年3月10日创刊于西安），《福建民报》（1928年11月创刊于福州，初由国民党福建省党部主持，1934年3月改为直属中央党部）。1930年1月10日在北平创刊的英文《北平导报》，是国民党直辖党报中唯一的一份外文报纸。

《中央日报》和其他国民党中央直辖党报，构成了国民党党报的主力军。“它们直接听命于国民党中央宣传部，为反对共产党、排除异己，而挥戈上阵，而大打出手；为维护和巩固南京国民政府的统治而效力。同时，也积极反抗日本的侵略，在一定程度上反映了全国人民的抗日要求。”②

4. 地方党报遍地开花

① 《华北日报》，1930年10月10日。

② 蔡铭泽：《中国国民党党报历史研究》，团结出版社1998年版，第62页。

《设置党报条例》要求一般的省会所在地以及重要城市都必须设立国民党党报，因此，在国民党兴办中央直辖党报的同时，全国各地也纷纷创刊了由地方党部管辖的国民党地方党报。这些报纸大都由国民党省、市、县各级党部所办，数量之多在历史上是空前的。这些报纸，大多采用“民国日报”这一名称，如山东《民国日报》、河南《民国日报》、绥远《民国日报》、宁夏《民国日报》、甘肃《民国日报》、云南《民国日报》、杭州《民国日报》、宁汉《民国日报》、温州《民国日报》、嘉兴《民国日报》、九江《民国日报》、厦门《民国日报》、南宁《民国日报》……在江浙沿海和中南地区，县级以下（含县级）的党报更是多如牛毛。当时有人形容，北伐战争以后各地新创办的报纸，国民党党报占十之六七。据不完全统计，至1934年，江苏有报纸225种，浙江有79种，湖南有57种，其中多半是国民党党报。①

上述国民党地方党报完全是为了政治宣传的需要而创设的，在新闻宣传上与国民党中央党报保持高度一致。其新闻大多来自“中央社”，言论口径又往往与《中央日报》相似，从而形成了“千报一面”的局面。此外，地方党报经常随政局变化、经费来源的变动而变化，所以总体上看起来数量很多，实际上长期坚持出版的并不多，影响也很有限。但是，国民党通过地方党报的兴办，构建了一个遍及全国的党报网。通过这张网，国民党加强了对全国新闻舆论的控制。

二、抗战时期的国民党党报

1. 抗战初期国民党党报向大西南迁移

抗战爆发后，华北、华东大片国土沦陷，绝大多数国民党党报因此跟随国民党政权向西南地区大规模迁移。在迁移的过程中，人员尤其是物质设备蒙受了巨大损失。

国民党党报的播迁是从南京《中央日报》开始的。卢沟桥事变后，《中央日报》在社长程沧波的安排下，立即采取应变措施，留下部分人员继续坚持出版报纸，大部分人员及主要设备分水陆两路分别向长沙、重庆转移。淞沪会战爆发后，南京也沉浸在战时氛围之中。11月22日，《中央日报》发表题为《告南京市民》的社论，号召南京市民“凝定意志，勿自惊扰，为民族生存而奋起，为国家独立而抗战”，“国家到了这个关头，国力的支持全靠民力作后盾，民众能多出一份心力和物力，政府不但可以从容应敌，并且还有转败为胜、转弱为强的把握……大家照着这样凝定意志，长期奋斗，这样力量的总和是绝对不可侮的，我们期待着前途

---

① 方汉奇主编：《中国新闻事业通史》，第2卷，中国人民大学出版社1996年版，第360页。

光明，由此种力量发挥出来”。26 日，《中央日报》开始撤退。1937 年 12 月 13 日，南京沦陷。1938 年 1 月 10 日，长沙《中央日报》创刊，编号继南京版，为 3405 号，由张明炜担任社长。9 月 1 日，《中央日报》重庆版出版，程沧波任社长兼总主笔，编号继长沙版；长沙版改为分版，设分社主任。此后，又相继增设了昆明版、成都版、西康版、贵阳版、屯溪版、桂林版、福建版。国民党政府向西南转移的过程中，《中央日报》是最重要的官方报纸，也是传达国民政府信息的唯一管道。该报曾多次采访蒋介石、宋美龄、盟军统帅马歇尔、美国驻华大使司徒雷登等人，对中日战事报道也非常详尽。

《扫荡报》是中国国民党军队的报纸。其前身是 1931 年 3 月由贺衷寒在南昌创办的《扫荡三日刊》，1932 年 6 月 23 日扩版为《扫荡日报》，1935 年 5 月 1 日迁汉口出版，改名为《扫荡报》；同时发行《扫荡旬刊》、《扫荡画报》、《扫荡丛书》。该报早期以“攘外必先安内，抗日必须剿匪”为宗旨；迁汉口后更新设备，扩充版面，加强反日色彩，颇受读者欢迎，营业额也呈上升趋势。抗日战争爆发后，武汉成为战时首都，《扫荡报》划归国民政府军事委员会第三厅领导，陈诚、周恩来、郭沫若等部厅领导经常过问报社事宜。第二次国共合作也使该报的“扫荡”目标转而对准日本侵略者，因而其作用也显得日益重要。1938 年 10 月 25 日武汉沦陷当日的清晨，《扫荡报》才开始撤离。在武汉诸多报纸中，《扫荡报》与《新华日报》是最后撤退的两家，两报的告别社论《武汉永远是我们的》和《告别武汉的父老兄弟》是由周恩来授意、郭沫若和陈家康分别执笔撰写的，也都表达了期盼凯旋的心愿：“我们还要回来的，最后胜利一定是我们的！”《扫荡报》的迁移，是分两步进行的。武汉撤退前一两个月，该报抽调大部分人员和器材，分别沿长江和粤汉铁路向西、向南两个方向转移。向西的一路于 1938 年 10 月 1 日在重庆出版了重庆版，由黄卓球、刘威风等人负责。武汉版停刊后，重庆版被确定为总社，由黄少谷任社长；向南的一路于 12 月 25 日在桂林出版桂林版。1939 年 5 月 6 日至 8 月 12 日重庆版参加“重庆各报联合版”。1942 年 6 月 1 日至 1943 年 3 月 31 日与《中央日报》出联合版，1942 年 10 月 1 日又创设昆明版。1944 年 11 月、12 月，桂林版西撤途中又出版了金城江版、独山版。1944 年 8 月重庆版改组为报业股份有限公司，实施企业化经营管理。

此外，《武汉日报》于 1938 年 1 月 26 日在宜昌出分版。武汉沦陷后，该报的人员设备分两路西迁：一路撤至贵阳，于 12 月改出《中央日报》贵阳版；一路撤至战时湖北省会恩施，发行《武汉日报》恩施版。1937 年 12 月杭州沦陷后，《东南日报》先后迁至金华、丽水、江山、云和以及福建南平等地出版，广州《中山日报》曾先后迁往梧州、梅县等地出版……由于仓促动身，大部分西迁的国民党党报饱受了艰辛。但是，抗战初期的国民党党报及其报人，多数能够在播迁的过程中为抗战鼓而歌。

2. 相持阶段后国民党党报的大发展

1938年10月抗日战争进入相持阶段后，尽管局势稍有安定，但由于环境艰难、物质缺乏、人员大减，内迁的各国民党党报还是元气大伤。无论是印刷的精美程度，还是纸张的质量，无论是新闻的数量，还是报纸的版数，都远逊色于战前。但是，由于国民党中央的高度重视，特别是采取了加大经费投入、统一编发新闻言论稿件、要求各级党政军机关为党报提供一切便利等措施，一个庞大的国民党党报体系很快在大后方、抗敌前线和上海、香港等地建立起来。

除《中央日报》在重庆获得了较大的发展以外，国民党中央直辖党报也由战前的9家发展为1944年的18家，主要有：重庆《中央日报》、贵阳《中央日报》、芷江《中央日报》、成都《中央日报》、昆明《中央日报》、《西京日报》、南郑《西京日报》、《武汉日报》、《中山日报》、梅县《中山日报》、福建《中央日报》、福州《中央日报》、湖南《中央日报》、广西《中央日报》、安徽《中央日报》、西康《民国日报》、青海《民国日报》、宁夏《民国日报》等。① 此外，国民党中央宣传部还在上海创办过直辖党报《中美日报》和《正言报》，在香港也创办过直辖党报《国民日报》。

与此同时，国民党地方党报也逐渐得到了恢复和发展，据国民党中央宣传部1944年的统计，国统区省、特别市一级党报已发展到41种，县级党报397种，其数量已超过战前；此外，还有《扫荡报》、《阵中日报》、《扫荡简报》等三大类的军队报纸170家。这样，国民党党报已达到600家左右。数量有了明显增加，但由于战时物资条件的限制，国民党党报的总体规模还是小于战前。②

3. 国民党党报的抗日宣传

卢沟桥事变发生后，国共两党立即发表声明，表明自己坚持抗战的严正立场。1937年7月17日，蒋介石在庐山发表谈话："临到最后关头，便只有拼民族的生命，以求国家的生存，那时即再不容我们中途妥协，须知中途妥协的条件，便是整个投降、整个灭亡的条件"，因此，"战端一开，那就地无分南北，年无分老幼，无论何人，皆有守土抗战之责任，皆应抱定牺牲一切之决心"。③ 在对日问题上，国民党第一次坚定而明确地提出了抗战应敌的方针。1938年10月国民参政会第二次大会通过的战时新闻政策进一步指出：战时新闻界应加强抗战必胜信念的宣传，同时要突出团结全国人民抗战、坚持抗战到底等既定国策的宣传。

由于立场明确，国民党党报及其报人在抗战爆发后全体出动，为神圣的抗战呐

---

① 蔡铭泽：《中国国民党党报历史研究》，团结出版社1998年版，第202页。

② 方汉奇主编：《中国新闻事业通史》，第2卷，中国人民大学出版社1996年版，第633~634页。

③ 《中央时事周刊》第6卷第23期，1937年7月24日出版。

喊助威。1937年7月9日，《中央日报》在要闻版以整版的篇幅报道了日军制造卢沟桥事变的消息，并刊登消息赞扬国军的正当防卫。7月12日的社论，严厉驳斥了日军失踪的谣言，指出卢沟桥事件的真相就是日本军队借故攻击中国军队，侵占中国领土。7月17、18日，又连续发表了社论《和战之最后关头》、《鲜明的态度》，及时传达和阐释了国民党中央的抗战立场，从而有效地鼓舞了军心和士气。8月1日，又刊登《平津浩劫中之国民》一文，愤怒地谴责日军所犯下的滔天罪行："平津两地三日来的现象，轰炸、烧杀、屠戮、阴谋，各幕活剧同时表演，这是中国近百年来极大的创痛，也是黄种人毁灭文明的开始。"

抗战一开始，《中央日报》便开辟了"各地通讯"专栏，以全面报道中国军队英勇抗击日寇的事迹。其中，既有战场的英勇抵抗，也有人民群众的踊跃支援；既有国民党军队的胜利，也有共产党军队的大捷；既有对抗战勇士"民族忠魂"的褒扬，也有对汉奸败类"丧心病狂"的鞭挞。平津军民与敌浴血奋战的场面、上海前线国军痛歼敌寇的情景、八路军平型关大捷……《中央日报》报道在一定程度上反映了抗战初期全民抗战的盛况，也进一步提升了民众的抗战激情。

但是，国民党战时新闻宣传政策的基本点是要"统一言论"。国民党政府为了突出自己的地位，一直强调"一个党、一个政府、一个领袖"，因此在如何抗战、如何处理国共关系等问题上，国民党党报亦步亦趋地始终坚持"一个党、一个政府、一个领袖"的宣传，从而同当时舆论界普遍主张的"全民抗战"主张格格不入。到后来，由于国民党政府不断制造反共摩擦，国民党党报也紧锣密鼓地施放反共暗箭，公开地破坏统一战线。尤其是1941年"皖南事变"发生后，以《中央日报》和《扫荡报》为代表的国民党党报阵营，更是不断宣传"政令统一"、"军令统一"、"整肃纲纪统一"，对共产党及其领导下的全民抗战行动百般曲解与指责。总之，抗战时期的国民党党报一直在宣传抗日和叫嚣反共的矛盾中生存。

三、解放战争时期的国民党党报

1. 抗日战争胜利后国民党党报的扩展

1945年8月15日，日本天皇宣布无条件投降。随后，国民党党、政、军机关忙着东迁，国民党党报也急于复员。国民党中央宣传部和各直辖党报更是抢得了先机。9月初，国民党派出了第一批接收特派员：陈训畲为南京特派员，詹文浒为上海特派员，王亚明为武汉特派员，张明炜为北平特派员。9月27日，国民政府行政院转发了由国民党中央宣传部拟订的《管理收复区报纸通讯社杂志电影广播事业暂行办法》，明确规定："宣传部政治部各级党部政府原在收复区各地沦陷前所办之报纸通讯社应在原地迅即恢复出版，以利宣传"，"敌伪机关或私人经营之报纸……一律查封，其财产由宣传部会同当地政府接收管理"。接收特派员根据上述规定，利用中宣部的名义，接收所有当地的报纸。因为接收了收复区所有报纸的房屋、印刷设备和物资，所以收复区最早恢复出版的是清一色的国民党中央直辖党报，然后就是国民党系统的团报、军报。其中，较早恢复的有：上海《中央日报》(8月30日)，南京《中央日报》(9月10日)、北平《华北日报》(10月1日) 等。

除国民党中央宣传部直辖党报快速恢复并得到了发展之外，国民党各级各类党报在各级军政机关的大力扶植下，利用接收的收复区敌伪报业的设备资财，也迅速发展起来。“如果说，从抗战结束到1946年底是中国报业的‘复兴时期’，那么从1947年起中国报业则进入了所谓‘扩充时期’。”① 在“复兴时期”，国统区登记出版的报纸只有984家，发行量在200万份左右，不及战前的水平；但到了1947年8月，登记出版的报纸总数增加到了1781家，其中主要是各级各类国民党党报。战后国民党党报体系主要包括四个系统②：

一是以南京《中央日报》及其各地分版为核心的中央直辖党报系统，共23家。在抗战时期发展的基础上，《中央日报》的阵营进一步扩大，采用《中央日报》名称出版发行的有南京、上海、重庆、贵阳、昆明、桂林、南宁、长沙、福州、厦门、沈阳、长春等地的分版，共12家。此外，还有北平的《华北日报》、《英文时事日报》，汉口、宜昌的《武汉日报》，广州、梅县的《中山日报》，西安的《西京日报》，成都的《中兴日报》，天津、南昌、西康的《国民日报》。23家中央直辖党报是国民党党报的主体，总发行量在45万份左右，占了全国报纸总发行量的20%，而且各直辖党报的发行量在所在地都占据首位。这些党报在形式上按企业化的原则各自独立经营，但在言论方针、新闻政策上完全秉承国民党中央的意旨，由国民党中央宣传部统一指挥。

二是以《和平日报》为首的军队党报系统。《和平日报》的前身为《扫荡报》。抗战胜利后的1945年11月12日，国民党军事委员会政治部部长和《扫荡报》社长黄少谷为了渲染“和平”气氛，把《扫荡报》改名为《和平日报》。《和平日报》首先复刊了汉口版，接着创设了南京版（11月12日）、上海版（1946年1月1日）。1946年5月国民政府“还都”后，《和平日报》总社亦由重庆迁南京，黄少谷任总社社长兼南京版社长。此外，各地还有以《党军日报》、《黄埔日报》、《阵中日报》命名的军队党报以及一批内部发行的军事简报。

三是地方党报系统。国民党地方党报在战后纷纷新办或得到恢复。国统区的地方党报有三个层次：省级党报，省党部宣传部直接指导的区党报和县级党部主办的党报。其中县级党报多达890家左右，约占全国报纸总数的一半左右。在各省中，江苏和湖南的党报数量最多。江苏60余县中有40多家县级党报，湖南更是几乎县

---

① 蔡铭泽：《中国国民党党报历史研究》，团结出版社1998年版，第267～268页。
② 蔡铭泽：《中国国民党党报历史研究》，团结出版社1998年版，第268～273页。

县有党报。地方党报虽没有中央直辖党报和军队党报的实力和优势地位，但也为国民党中央及其国民政府政令之宣行起到了一定的作用。

四是以国民党党员个人名义主持的“民间党报”系统。国民党有资助党员个人出版报纸、以“民间”身份替国民党做宣传的传统，这种报纸在战前被称为“半党报”和“准党报”。由于以“民办报纸”面目出现却又直接听命于国民党中央宣传部，社会实际影响力也远在一般中央直辖党报之上，“民间党报”因此备受重视。抗战胜利，“民间党报”约有20家，总发行量在50万份以上。其中主要有：胡健中主持的上海、杭州《东南日报》，吴绍澍主持的上海《正言报》，胡朴安主持的上海《民国日报》，吴任沧主持的上海《中美日报》，吴望及主持的杭州《正报》，余烈主持的杭州《大同日报》，龚德柏主持的南京《救国日报》，张一寒主持的南京《中国日报》，袁雍主持的汉口《华中日报》等。

在全面接收敌伪宣传事业和扩展自身党报的同时，国民党也将曾经陷于敌手的民间报纸据为己有。战前，《申报》和《新闻报》是发行量最大而极具影响力的两家民间报纸，国民党也一直试图影响和控制两报而始终未能如愿。上海“孤岛”沦陷后，两报均为日本军部接收并改组，为侵略中国张目。抗战胜利后，国民党当局趁机封闭了两报并加以接收。1945年9月初，国民党中央拟订了《管理〈申报〉〈新闻报〉办法》和《〈申报〉〈新闻报〉报务管理委员会组织规程》。其中规定：《申报》、《新闻报》两报的名称保留，但“暂时在（国民党中央）宣传部管理下恢复出版”。随后，国民党中央宣传部往两报各派驻了10余人，分别成立了以潘公展为首的《申报》管理委员会和以程沧波为首的《新闻报》管理委员会，负责接管经营并筹划报纸的改组事宜。11月22日，申、新两报同时复刊，报名依旧，但内容全非，国民党实现了控制两大报的夙愿。从此，《申报》、《新闻报》在“以民营报纸立场，为国家尽宣传职责”的办报方针下，被纳入国民党党报体系。

2. 国民党党报的企业化改革

抗日战争胜利后，国民党宣布从“训政”阶段进入到“宪政”阶段。为适应从“训政”到“宪政”的转变，国民党党报也做出了一些变更。其中主要的变化，就是国民党直辖党报实施企业化改革，自主经营、自负盈亏地参与报业竞争，以谋求独立自主的发展和争取读者。

1946年3月，国民党中央在六届二中全会上宣布“本年四月一日直辖党报一律开始实施（企业化的经营管理体制）”。之后，各直辖党报立即着手准备。率先实施企业化改革的是国民党中央直辖党报成都《中央日报》。该报于7月1日刊出启示声称报社改为公司组织运作，“期以独立之精神，发挥企业化之功用”。

南京《中央日报》的企业化改革规模最大、力度最大。该报于1945年复刊之初即开始企业化改革的准备工作。除将敌伪产业和国民党中央一次性投资作为“党股”外，该报还把1946年1月至6月职工生活补助费及全年盈余作为“职工股”的基金参股报社，使得报社的总资产达12亿元以上。该社社长马星野在国民党六届二中全会上“建议南京中央日报首先实施企业化，并率先自动停止领津贴”。1946年4月，南京《中央日报》草拟了公司章程，并拟定党股代表人和董事长名单，送呈中央宣传部及中央财经委员会核定。经过一年的筹备，1947年5月30日，国民党“中央日报社股份有限公司”正式成立，陈果夫为董事长，于右任、胡健中、陈布雷、马星野等15人组成董事会，陈诚为监察长，戴季陶、程沧波等5人组成监察会，任命马星野为社长，黎世芬为总经理。“中央日报社股份有限公司”的成立，标志着国民党党报企业化改革筹备过程的结束和国民党党报企业化经营管理体制进入确立和实施阶段。

南京中央日报社股份有限公司成立后，国民党各大型党报都组建了报业股份有限公司，按照企业管理报纸，形成了一个个报业集团。其中，规模最大的是中央日报报业集团和和平日报报业集团。中央日报报业集团拥有12家报纸，以《中央日报》分版的名义在南京、上海、重庆、贵阳、昆明、桂林、长沙、福州、厦门、海口、沈阳、长春等12个城市同时出版。军报《和平日报》也发展成为一个拥有南京、上海、汉口、重庆、兰州、广州、沈阳、台湾和海口等9个分版的全国性大型报业集团。

国民党党报实施企业化的经营管理体制是中国新闻事业史上的一件大事。党报实行股份制改革，体现了财产所有权和经营权的部分分离，报社因此有了更多的经营自主权。面向市场且自负盈亏，又迫使党报社必须科学地规划报纸的产、供、销诸环节，从而有效地克服了“报馆象衙门，办报象作官，人手多而效率反低，事务不能开展，更谈不到自力更生”① 的弊端。这比政党直接下拨经费办报并负责摊派发行的党报经营模式，无疑是一大进步。

国民党党报实施企业化的经营管理体制，成效也比较显著。具体表现就是报社的资产急剧膨胀，竞争意识更为浓烈。以上海《中央日报》为例，实施企业化改革之前，其资本总额仅为7亿元，1947年5月组成股份公司后，资本总额迅速增加到16.8亿元。其他各党报亦大致如此。

3. 国民党党报在大陆的消亡

国民党党报在战后的发展刚刚有一个好的开头，马上就走向了衰败。

全面内战尤其是1947年下半年国民党对解放区发动重点进攻失败后，国统区的通货膨胀越来越严重。货币贬值、物价飞涨，不但严重地威胁着人民的生存，而且使报业陷入了深深的危机，国民党党报也不例外。尽管在纸张配给方面得到了国民党政府的有力扶植，严重通货膨胀下的纸价、邮电和铁路运输价格的节节攀升，还是大幅度地增加了报纸的生产成本。南京《中央日报》日出3大张，每份售价

---

① 陶百川：《我们的信息》、《中央日报·扫荡报》联合版，1942年4月1日。

为100元（如批发，惯例是7折）；当白报纸每令1万元时，每份3大张的白报纸成本就达30元；此外，每份报纸平摊的印刷、编辑、发行成本，也达40元。这样，方勉强持平。但是，当白报纸每令涨到10万元乃至15万元时，仅白报纸成本每份就亏损230元至380元之多！从1946年11月开始，国民政府又宣布对邮电、铁路大幅度加价，平邮每50公分报纸加价10元，航邮加价160元，新闻电报每字加价200元，长途电话3分钟加价1500元至32000元，火车运费加价75%。①

报社支出成倍增加，而报社收入却随着经济的日益萧条而减少。近代尤其是现代以来，广告是报社的生命线。但是，国统区在1947年以后一月数易甚至一日数易的物价，使得商品根本不愁销路，商家更是热衷于囤积居奇。在这样的背景下，广告刊费即便廉价，也很难有市场。而开支飙升收入减少的直接结果，只能是报社越发困窘。

正是日益严重的经济危机，动摇了国民党党报的生存根基。从1947年2月16日起，南京《中央日报》开始减张、加价和裁员。由原先日出3大张改出2大张半，“食货”、“科学”、“文史”等周刊相继被迫停刊。但是，报纸价格却不断上涨：日出3大张的报纸，1946年以前只卖100元，到1947年1月7日就涨到200元，一个月之后的2月10日涨至300元；3月1日，报纸减了半张，售价却涨至500元。两个月之内，上涨了6.6倍。② 报纸涨价，订户大幅下滑，报社的困难自然依旧。1947年7月5日，国民政府发布《戡平共匪叛乱总动员令》。同时，为了“加强勘乱宣传”，国民党政府增加了一大笔经费。这些增拨的经费一度改善了国民党党报的处境，但1948年以后更为剧烈的通货膨胀再一次把国民党党报推到了破产的境地。

与此同时，国民党对党报的宣传尤其是“反共”叫嚣却一直抓得很紧。国民政府行政院新闻局曾指示各报馆广为“搜集罪证”，以“揭露共匪祸国殃民事实”。为了达到目的，有时不惜造假中伤，如南京《中央日报》有关共产党“十六刑三十六杀”的报道；有时甚至指鹿为马、虚张声势，把活人说成死人，把失败说成胜利。一旦事实真相大白于天下，国民党党报的威信也就跌落到低谷。

尤其重要的是，虽然国民党党报迈出了企业化发展的第一步，但是并没有从根本上改变党报的依附性，它不可能摆脱党报与党共荣共损的规律。国民党的党报体系，必然随着国民党在军事上的节节败退和政治上黑暗腐败而解体。国民党党报体系的解体，开始于1948年。最初，表现为几份党报出版联合版。随着国统区范围的缩小，停刊的国民党党报越来越多。1948年，大约有70家停刊，其中不乏广州《中山日报》、广州《和平日报》、南昌《民国日报》、青海《民国日报》、南京

① 蔡铭泽：《中国国民党党报历史研究》，团结出版社1998年版，第302页。

② 蔡铭泽：《中国国民党党报历史研究》，团结出版社1998年版，第303～304页。

《中国日报》、上海《正言报》这样重要的国民党党报。1949 年春，随着时局的急转直下，国民党党报尤其是中央直辖党报纷纷停刊，而它们留下的房屋、设备、纸张等被接管后，成了共产党出版省级党报的重要基础。

第三节 在台时期的国民党党报

1949 年 12 月 7 日，南京"国民政府"败退台北，国民党党报和接近国民党的报纸也相继迁入台湾。加上原有的报纸和新创办的报纸，全台湾的报纸增加到 30 种。这些报纸，一半左右在台北出版，其余的分布在高雄、台中、台南、澎湖、马祖、金门、嘉义、花莲等县、市。国民党党政军机关直接经营的有《中央日报》等 12 家，与国民党关系密切的民营报纸有 11 家。

一、在台专政时期的国民党党报

国民党迁台后，严格限制报业。1951 年 6 月 10 日，"国民政府行政院"以全省报纸"已达饱和点"和"节约用纸"为理由，宣布对新申请创办的报纸"从严限制登记"。次年 4 月 11 日，更是颁布了"停止报纸登记"的行政命令。此后 30 余年，除了 1952 年 10 月 10 日台湾"国防部总政治部"主办的《青年战士报》(后改称《青年日报》）之外，没有任何一份创办新报的申请获得批准。1952 年 12 月 9 日，台湾"行政院"公布了《新闻用纸供应办法》，根据各报申报的用纸数量，核实后按低于市价三分之一的优惠价格供应。由于报社每年都要花大笔资金购买白报纸，优惠价格供应的做法无疑有利于当局掌控报纸的部分经济命脉。1955 年 4 月 21 日，台湾"行政院"进一步公布了《战时新闻纸节约办法》，采取一刀切的方式，规定各报一律日出对开一大张半。此后，也是整齐划一地增张：1958 年 9 月 1 日增加到日出对开两大张，1967 年 4 月 1 日放宽为日出对开两大张半，1975 年再增加为三大张。此外，还规定每一家报纸只能有一个印刷所及发行所，而且必须在原登记的印刷所和发行所印刷发行，不得随意变更，从而给南报北运、北报南运增加了极大的人力和物力上的负担。"限证"、"限张"、"限印"，被台湾新闻界称为"一报三禁"。

控制报纸数量，并没有影响到报纸销量随着社会经济的持续发展而大幅增加。从 1952 年到 1987 年，台湾的报纸种数长期维持在 31 种，但是报纸的总发行量不断攀升：1951 年为 21 万份，60 年代后期发展到 56 万份，1971 年为 125 万份，1978 年为 210 万份，1982 年为 250 万份，1987 年为 370 万份（其中《中央日报》达 55 万份)。

在31种报纸中，比较重要、影响较大的国民党党报有①：

《中央日报》：国民党中央委员会的机关报。1949年3月12日在台北开始发行。身为国民党党营媒体，享有一些特殊地位。所有“政府机关”、学校，奉国民党各地方党部指示，一律订阅《中央日报》，这就为报社提供了稳定的收入来源。由于有党国体制支持，再加上公费订户客源稳定，《中央日报》在20世纪50年代曾风光一时，与民营的《联合报》、《中国时报》并称为台湾三大报。1979年，改用彩色印刷。

该报除在台湾发行五个分版外，还在香港和世界几十个城市发行航空版，另外还出版《中央星期杂志》和旧金山的《少年中国晨报》。台北《大华晚报》，实际上就是它的晚刊。《中央日报》迁台后的历任社长有马星野、胡建中、陈训畬、曹圣芬、潘焕昆、姚朋、石永贵等。其中马星野和曹圣芬等人，不只是办报，更是经常捉笔的报人。《中央日报》标榜以“国家、主义、责任”为办报准则，言论反映国民党当局的观点。以《中央日报》为核心的台湾官办报业集团，直接控制了台湾三分之一的报纸，成为台湾当局在舆论界的基本力量。

20世纪60年代起，蒋经国主政，台湾进入了经济快速发展的时期，《中央日报》也因此迎来了自己的“黄金时期”。《中央日报》的社论，是全台湾中小学生、公务员阅读的“作文模板”；副刊，拥有最多的著名作家文章；记者队伍阵容强大。在台湾被逐出联合国、台日断交、蒋介石去世、台美断交、美丽岛事件等一系列重大的历史事件中，《中央日报》扮演了“为党国代言”的角色。

《新生报》：台湾省政府的机关报。1945年10月25日创刊于台北，是台湾各报中读者面最宽、订户最普及的一份报纸。内容以报道台湾省各项建设为重点，注重地方通讯。1949年成立新生报股份有限公司，并成立高雄分社，发行南部版。1961年改组为台湾新生报业股份有限公司，同时将南部版更名为《台湾新闻报》并单独发行，成为同属一家公司的两个报纸。《新生报》的历任社长有谢然之、王民、沈岳等，总编辑为徐昶等。

《中华日报》：国民党台湾省党部的机关报。1946年2月20日创刊于台南，1948年2月20日迁台北出版，原台南版改称南部版。1957年该报还投资接办了台南的《成功晚报》。《中华日报》的分支机构以台中市为界，台中市以北和台湾东部及金门、马祖等地，属北部版管理；台中市以南和澎湖地区归南部版管理。此外，它还在香港、纽约、旧金山、马尼拉等地设有特派员。1982年，该报进行了改版：在评论上，改每天刊载一篇社论为双社论；在新闻报道上，增加了省市新闻的篇幅和有关“大众文化生活”方面的内容。1986年后，又强调以消费者和妇女、

① 方汉奇主编：《中国新闻事业通史》，第3卷，中国人民大学出版社1999年版，第635~636页。

家庭为主要对象，大幅度地减少了政治方面的新闻，以示和《中央日报》有所分工。《中华日报》的历任社长有卢冠群、李冠礼、叶明勋、曹圣芬、黄肇珩等，总编辑有王晓寒等。台湾著名作家高阳曾任该报的主笔、总主笔。

此外，《台湾新闻报》、《台湾日报》、《青年日报》、《忠诚报》等9家国民党的党政军报纸，也都有一定影响。

台湾各报的版面安排大体相同，即前面几版通常用来刊载国内外要闻、社论、短评、通讯、特写、专栏和地方新闻，后面各版则用来刊载综合性副刊、长篇连载和有关体育、文艺、影视、家庭、儿童、医药、保健等方面的稿件及广告。除国际新闻和国内要闻外，社会新闻和文艺新闻在内容上也占有较大比重。

国民党党报有关国内问题的言论主张，延续了大陆后期的一贯做法甚至有所强化。在宣传方面，坚持"国家立场、领袖立场、国军立场"，以"宣扬三民主义和反共复国国策，贯彻政府主张，达成复国建国任务"为宗旨。就是其他报纸，在国民党当局的严密控制下，基本上也以"拥护国策"、"宣扬国策"为基调，为"贯彻政府主张和立场"作宣传。

对大陆情况的报道，国民党党报在迁台后的相当长一段时期以贬义性的宣传为主。常常让所谓的"反共义士"来"现身说法"，利用共产党工作中的失误大作文章。这种局面，直到20世纪80年代才有所松动，而突破口是政治属性稍淡的体育报道，大陆健儿在洛杉矶奥运会上勇夺15枚金牌，更被当作炎黄子孙的骄傲而广为传播。1985年以后，有关祖国大陆包产到户政策的执行情况、航天事业发展情况、京剧界新秀们赴港演出情况、考古上的新发现、电影界推出的优秀新影片等，都时有介绍。

1987年春天以后，围绕允许台胞去祖国大陆探亲问题，在台湾报界掀起了一股"大陆热"。不少报纸通过公布民意调查、开座谈会和发表读者投书等方式，表示了对国民党"三不"政策的不满。《中央日报》也发表过与祖国大陆"作有节制的民间往来"的主张，公开呼吁：断掉的民族脐带，趁失血尚未殆尽，得赶紧连接起来。

在业务和经营管理方面，国民党党报有了明显的改进。具体表现有①：（1）增加信息量，增设专栏和副刊。为了吸引读者、增加报纸的可读性，《中央日报》新办了一批专栏和副刊，其中有《中央副刊》、《晨钟》、《主流》、《地图周刊》、《大陆透视》、《儿童周刊》；《中华日报》新办了《中华副刊》、《中华儿童》、《影艺》、《家庭生活》、《旅游》、《中学生》、《中国医药》、《出版界》、《今日问题》、《海峡对岸》、《金融天地》、《市声》、《房地产》等。除少数栏目带有一定的政治

① 方汉奇主编：《中国新闻事业通史》，第3卷，中国人民大学出版社1999年版，第643～645页。

色彩外，多数副刊和专栏知识性和趣味性较强，颇受读者欢迎。（2）更新设备，提高印刷质量。随着现代科学技术的发展，到20世纪80年代，各报都广泛地使用了专线中文文字传真电报设备、照片传真设备和自动化检字排版设备。50年代中期，《新生报》最先换用高速多色轮转机，印出彩色报纸。到70年代以后，《中央日报》、《中华日报》等陆续装备了新式彩色印刷机。其中，《中央日报》以4个版的版面实行套红或彩色印刷。（3）改进发行工作，缩短发行时间。各党报也和民营报纸一样，自设营业网点，自办发行。《新生报》、《中央日报》在国内外普遍设有办理发行的分支机构。如《中央日报》在110多个国家和地区设有发行点。为了吸引更多的订户和扩大发行数字，各党报也积极在减少中间环节、缩短送报时间上下工夫。

二、解除报禁之后的国民党党报

“南京国民政府”自迁台之日起，就开始严格地限禁台湾的报业。1949年6月，修订公布了“国家总动员法”和“惩治叛乱条例”，对新闻事业严加监控。1950年1月，借口台海形势紧张，台湾当局依据“戒严法”，宣布在全省实行戒严，并对新闻事业实行军事管制。作为“戒严法”的补充，国民党当局还公布了“戒严期间新闻纸杂志图书管制办法”(1954年4月28日）和“台湾地区戒严时期出版物管制办法”(1960年5月22日），对报刊的内容作了十分苛刻的限制。这些管制办法，除了禁止泄露所谓国防、政治、外交等机密和发表内容猥亵的文字外，凡被认为有“为共匪宣传”、“诋毁国家元首”、“违背反共国策”、“淆乱视听足以影响民心士气或危害社会治安”和“挑拨政府与人民情感”等嫌疑的新闻和评论文章，都严禁刊载。① 国民党的党务部门，也以执行“三民主义的新闻政策”为名，颁布了一些“准则”，要求各报“（为）国策作宣传之义务”，“促成反共复国之使命”和“以民族的利益、国家的利益为报业的最高利益”。以上种种，表明台湾的新闻事业处于国民党当局的严密控制之下。

对台湾当局的上述做法，台湾的新闻工作者曾经进行过一定的斗争。尤其是20世纪60年代末以后，随着民众民主意识的不断觉醒，台湾省内要求当局解除戒严令的呼声此起彼伏，台湾当局却一再借口“反共”，坚持“戒严”不变。1986年，由于民众争取政治民主的声势日渐强大，台湾当局表示将考虑解除戒严。1987年7月14日，台湾当局发布“总统令”，宣布自次日零时起解除台澎地区的“戒严令”，自1988年1月1日起解除报禁。1987年12月1日，台湾“行政院新闻

---

① 方汉奇主编：《中国新闻事业通史》，第3卷，中国人民大学出版社1999年版，第664～665页。

局”局长邵玉铭召开新闻记者招待会，宣布解除报禁：自 1988 年 1 月 1 日起，开始接受新设报纸登记；对报纸印张数的限制，由每天不得超过 3 大张，放宽为不得超过 6 大张，印刷的地点也不加限制；广告刊登的数量，没有限制。这样，在台湾实施了 36 年之久的报禁，宣告解除。

由于考虑到报禁解除后，台湾报业将有较大幅度的发展，竞争将日趋激烈，不少报纸尤其是报禁时代获益最多的国民党党报在解禁之前就开始了调整。首先，调整了组织机构。国民党文工会首先对党营各报动了手术，对重复设置、经营不善、亏损严重、缺乏竞争力的《中华日报》（北部版）、《现代日报》、《民族晚报》、《大华晚报》等报实行关停并转；同时，进一步充实了《中央日报》以及一些经营较好并有一定竞争力的地方党报。其次，调整人事制度。为了适应解禁后业务发展的需要，《中央日报》等党报与民营报纸一道，着力于扩大编制、增加人手。再次，更新设备。《中央日报》投资 5.7 亿元台币购进了新式机械设备，《青年日报》投资 6000 万美元实现了排字工作的电脑化，等等。此外，《中央日报》还抢在解禁前夕建成了 19 层的新闻大楼。

但是，尽管准备比较充分而且有针对性，国民党党报在报禁解除后还是面临着极大的危机。以《中央日报》为例。报禁解除后，《中央日报》的企业化经营，以国民党为最大股东；实际编辑团队，亦以国民党干部为主。与多数同业一样，每日出刊的总张数增加为 6 大张。但因传统官营色彩浓厚，《中央日报》编辑版面不及其他报纸灵活生动，发行量因此每况愈下。当时网络媒体开始盛行，读者阅读习惯改变，实体报纸发行量普遍下滑，各报均进入衰退期，《中央日报》亦无法幸免。李登辉上台之后，《中央日报》在岛内的地位更是急剧下滑，影响力日趋式微。此外，由于一贯坚持反“台独”立场，也深受陈水扁势力的打压。陈水扁担任台北市长任内，以“《中央日报》对民进党的报道不公”为由，下令台北市机关学校停止订阅《中央日报》，更加重了报社的危机。报禁解除前《中央日报》发行量超过 20 万，但报禁解除后不到 10 万；许多商家均不愿代销，其零售量也大大减少。20 世纪 90 年代后，只剩下公营机构、政府机关、军队等地可以看到《中央日报》，一般小报摊已很难见到。《中央日报》逐渐从一家赚钱盈利的报纸，慢慢变成了一份必须由国民党中央年年补贴的报纸。为节约开支，《中央日报》在 1999 年 4 月宣布台湾各县市只保留 2 名记者，这是《中央日报》创刊 70 年以来最大规模的裁员方案。

报禁解除后，台湾国民党党报有一些新动向。其主要表现，一是减张。解除报禁以后，各报普遍实行增张，《中华日报》就出 5 大张。但随着张数增加，报价也随之上调。解禁以前，报纸售价多为每份 5 元，解禁前 3 个月调至每份 8 元；解禁后，台湾报业协会规定每份 6 大张的报纸定价为 12 元，5 大张的为 10 元。报价调整后，增加了读者的负担，订户和零售额开始大幅度下降，报纸因此出现了严重亏损。增张的冲动随后开始降温，《台湾日报》、《青年日报》从6大张减为4大张，《中央日报》也已减至5大张。二是对新闻报道和言论，谨慎“开放”。报禁解除后，党营、官营和军营的报纸多数仍按当时的旨意和官定的调子行事，开放的程度较低，步子迈得较小，在很多方面显得拘谨和保守。① 但是，民营报纸和以民营的姿态出现的报纸，开放的程度很高，步子迈得也大，并因此使国民党党报处于越来越尴尬的地位。

20世纪80年代后期，《中央日报》的处境愈发艰难，被认为只有三个可取之处：一是比其他报纸更详尽地刊载“执政党”和“政府”的文件，可充当记录纸；二是它的文艺副刊对台湾多数知识分子来说，尚可一读；三是由于行政部门和公共机关必须订阅，随处可见，实属免费报。② 还有一点值得肯定，就是随着台湾民营报的畸形发展，不正当竞争、庸俗新闻、不负责任的言论泛滥报界，退居二线的《中央日报》仍坚持新闻不哗众取宠，不随波逐流，注重新闻的重要性、影响性、教育性，对社会犯罪新闻则“注意维护社会道德标准，避免产生传染作用”，③ 以发挥党营文化事业的制衡功能。

1990年，国民党下台，一党专政时代在台湾结束。由于过多政治版面、内容与社会脱节，《中央日报》除传统国民党员及图书馆外，一般民众罕有订阅甚至阅读，零售点也大量减少。《中央日报》开始出现赤字，平均月亏844万元，累积亏损8亿余元。进入21世纪后，台湾报业竞争更为激烈。2002年5月起，《中央日报》与《中华日报》以“共同编采”的方式合作，以节省开支。这种做法虽然稍稍改善了《中央日报》的生存环境，但其发行份额和版面数量已远低于其他报纸。

2006年5月24日，国民党中常会通过《中央日报社股份有限公司股权处分案》，停止挹注《中央日报》每年9000万元的补助经费，避免实体报纸的出刊继续造成《中央日报》财政负担。停止经费补贴，无疑是要《中央日报》的命。熬到2006年6月1日，这张出版了79年的报纸停刊了。

---

① 方汉奇主编：《中国新闻事业通史》，第3卷，中国人民大学出版社1999年版，第690页。

② 刘燕南：《台湾报业争战纵横》，九洲图书出版社1999年版，第70页。

③ 王天滨：《台湾报业史》，亚太图书出版社2003年版，第228页。

第十四章 共产党党报

十月革命一声炮响，给中国送来了马克思列宁主义。经过五四运动的洗礼，中国无产阶级大步登上政治舞台。马克思列宁主义与中国无产阶级相结合，便孕育出了中国共产党。1921 年 7 月 1 日，中国无产阶级的先锋队——中国共产党宣告成立。从此，中国共产党领导中国人民开始了一系列艰苦卓绝的斗争，于 1949 年 10 月建立了中华人民共和国。之后，作为执政党，又领导了中国人民积极探索社会主义建设之路。

中国共产党十分重视意识形态斗争和政治思想工作，也非常重视报刊宣传工作。近 90 年来，中国共产党的报刊宣传活动十分丰富。为了方便起见，对中国共产党的报刊历史分为革命时期和执政时期来加以论述。

第一节　革命时期的共产党党报

一、建党工具：早期的党报活动

（一）各地共产主义小组与其报刊

为了筹备成立中国共产党，陈独秀等人成立了中国共产党上海发起组。随后，北京、武汉、广东、湖南、东京、巴黎等地的共产主义小组纷纷成立。为了学习和宣传马克思主义，这些共产主义小组大多创办了自己的报刊。比如中国共产党上海发起组成立后，就将《新青年》改组成为无产阶级的刊物；随后，又创办了《共产党》月刊。

作为启蒙报刊的旗舰，《新青年》为新文化运动的开展作出了巨大贡献。随着共产主义运动的兴起，《新青年》于 1920 年 9 月进行了改组，由一份资产阶级的民主启蒙刊物转变成为无产阶级的社会主义刊物。

《新青年》的改组始于五四运动后陈独秀的思想发生的巨大变化。1919 年 12 月，他在《新青年》第 7 卷第 1 号上发表《本志宣言》说："我们相信世界上的军阀主义和金力主义已造成了无穷的罪恶，现在是应该抛弃的了。"宣布抛弃封建主义和资本主义，表明《新青年》开始向社会主义转变。1920 年 2 月，陈独秀秘密离开北京到了上海，并开始筹建中国共产党上海发起组，《新青年》也随之迁到上海出版。5 月，《新青年》出版的第 7 卷第 6 号成了“劳动节纪念号”，上面刊载了陈独秀写的《劳动者彻底觉悟》和李大钊写的《五一运动史》，还以大量篇幅反映了各地工人阶级生活和斗争情况。“劳动节纪念号”是《新青年》宣传马克思主义与工人运动相结合的一个里程碑，表明《新青年》同人中的激进民主主义者逐渐与无产者接近，向无产阶级的立场转变。此时正值共产国际派代表魏金斯基到中国了解政治情况，并帮助中国建立共产党。在共产国际代表的帮助下，中共上海发起组于 1920 年 7 月成立，陈独秀为负责人。从 9 月出版的第 8 卷第 1 号起，《新青年》被改组成中国共产党上海发起组的机关刊物。第 8 卷第 1 号发表了陈独秀的《谈政治》一文，明确表示拥护无产阶级革命和无产阶级专政，从而划清了与无政府主义的界限。与此同时，《新青年》还特地开辟了《俄罗斯研究》专栏，以译载有关苏俄革命的理论和实际的各种材料，介绍苏联政府的各种政策。《谈政治》一文的发表和《俄罗斯研究》专栏的开辟，标志着《新青年》的改组基本完成；而《新青年》改组的完成，标志着中国无产阶级报刊的诞生。

《共产党》月刊的创办，是中国共产党筹建时期的一件大事。在各地共产主义小组纷纷成立之际，为了加强先进知识分子的共产主义和共产党知识的教育，直接推动建党工作，中国共产党上海发起组于 1920 年 11 月 7 日又创办了《共产党》月刊。该刊是一个半公开的理论性机关刊物，由李达主编，16 开本，每期约 50 页。

《共产党》月刊用大量篇幅刊登了有关共产党知识的介绍文章，还特别重视介绍列宁的建党学说和苏联共产党的建设经验。《共产党》月刊在中国历史上第一次树起了“共产党”的大旗，并进行了关于中国革命问题的初步探讨。

（二）中国共产党早期的机关报刊

《向导》周报是中共中央的第一个政治机关报。1922 年 9 月 13 日创刊于上海，从第 6 期起迁到北京出版。1926 年后奉系军阀加紧了对中国共产党的迫害，《向导》编辑部与发行部先后迁到广州、武汉等地。1927 年“七一五”汪精卫叛变革命后，《向导》周报被迫于 8 月 18 日停刊。前后历时近 5 年，共出版 201 期。第一任主编是蔡和森；1925 年 6 月，蔡和森因病离职，由当时中宣部主任彭述之兼任主编；1927 年 4 月后，由党中央负责宣传工作的瞿秋白兼主编。主要撰稿人有陈独秀、李大钊、毛泽东、罗章龙、赵世炎等。

创办之初，《向导》的主要任务是集中宣传中共“二大”的路线、方针、政策，指导工人阶级的革命斗争。《向导》第 1 期刊登了《中国共产党第二次全国代表大会宣言》，旗帜鲜明地提出中国人民当前的主要任务是：打倒帝国主义，打倒封建军阀，建立一个统一的真正民主的共和国。

1923年6月，中共“三大”确立了与国民党建立革命统一战线的政策，《向导》便把统一战线政策作为宣传重点。为了推动国共合作的实现，《向导》反复阐明了民主革命时期无产阶级建立统一战线的重要性和可能性，以及关门主义对革命的危害性；同时还发表一系列文章，帮助孙中山在总结以往革命失败教训的基础上，认识到只有联合无产阶级、发动广大民众才能取得革命胜利。

《向导》是大革命时期中共最有影响的报刊之一，受到广大读者的热烈欢迎，发行量逐渐上升。创刊初期，每期发行仅2000份，后增加到4000份，两年后增加到2万份，到1926年为5万份，武汉时期最高发行量达10万余份。

继《向导》之后，中共中央还在1923年创刊了《新青年》(季刊）和《前锋》(月刊)。它们和《向导》一样，都是中共中央机关刊物。

1923年6月15日，《新青年》(季刊）在广州创刊，瞿秋白任主编。1926年7月出版第5期后停刊。《新青年》(季刊）以宣传马克思主义理论为基本任务，创刊号就发表了瞿秋白执笔的《〈新青年〉之新宣言》，其中指出：“《新青年》的职志，要与中国社会思想以正确的指导，要与中国劳动平民以知识的武器。”《新青年》(季刊）不仅重点介绍了马克思主义的有关著作和国际无产阶级革命运动的经验，而且从理论上论证了中国共产党在民主革命中的纲领和主张。

《新青年》（季刊）积极参加了当时理论界的论争。1923年，哲学界发生了“科学与玄学”的讨论，著文讨论的张君劢、梁启超和丁文江等人，他们都站在唯心主义立场上说话。1923年12月出版的《新青年》(季刊）发表了瞿秋白写的《自由世界与必然世界》、《实验主义与革命哲学》和陈独秀写的《〈科学与人生观〉序》等文章，从辩证唯物主义和历史唯物主义的角度对唯心主义的错误观点进行了批判，同时科学地阐释了世界观、历史观、人生观等问题。

中共中央在出版《新青年》(季刊）的同时，还于1923年7月1日在上海创办了《前锋》杂志，亦由瞿秋白主编，陈独秀、张太雷、向警予等是主要撰稿人，1924年2月1日出版第3期后停刊。该刊的基本任务是：通过对中国与世界政治经济形势的分析，宣传中国共产党的纲领和主张。

《向导》周报、《新青年》(季刊)、《前锋》杂志三份刊物相互配合，在思想上、理论上形成了一个强大的中国共产党早期的宣传阵营。

（三）中国社会主义青年团的早期报刊

与中国社会主义青年团组织的发展相适应，青年团的报刊首先是由地方团组织创办起来的。其中，影响最大的是北京青年团组织的《先驱》，该刊于1922年1月15日创办。由于遭到北洋政府的迫害，自第4期起迁至上海出版。北京时期，担任主编的有邓中夏、刘仁静，上海时期担任主编的是施存统、蔡和森、高君宇等，其中施存统担任主编的时间最长。1923年8月15日停刊，共出版了25期。主要宣传内容，一是介绍马列主义的基本原理，二是大力宣传世界各国青年运动的消息和中国社会主义青年团中央的文件精神、各地团组织活动的情况。

1922年6月，赵世炎、周恩来、陈延年等人在法国巴黎成立了青年团组织"中国少年共产党"；8月1日，中国社会主义青年团旅欧支部机关刊物《少年》在巴黎出版，赵世炎、周恩来先后担任过主编。1924年2月1日，《少年》改名为《赤光》，成为时事评论性半月刊，由中共旅欧支部与中国社会主义青年团旅欧支部合办，周恩来主编。1925年6月出至第33期后停刊。周恩来在《赤光》前10期上曾用"伍豪"、"翔宇"、"飞飞"等笔名发表过几十篇政论和时评，邓小平也一度担任过该刊的编撰和刻印工作。

1923年8月25日，中国社会主义青年团在南京召开第二次全国团代会。大会在讨论宣传工作时，决定停办《先驱》，另外出版团中央机关报《中国青年》。

1923年10月20日，《中国青年》创刊于上海，1927年10月被迫停刊，最后一期为8卷3号。恽代英、萧楚女先后任主编，林育南、邓中夏、任弼时、李求实、张太雷等曾参加过编辑工作，同时也是主要撰稿人。

《中国青年》除积极配合《向导》等党报宣传马克思主义，宣传党的路线、方针、政策，以及对国内外重大政治事件发表评论外，还特别注意与各种反动思想作斗争，以提高广大青年的政治觉悟，增强他们识别是非的能力，从而更加坚定地投身于反帝反封建的革命斗争。《中国青年》周刊以青年为对象。发刊辞宣称，《中国青年》要供给青年"忠实的友谊的刊物"，要引导一般青年到"活动的路上"、"强健的路上"和"切实的路上"，使青年"百尺竿头，更进一步才好"。① 它的编排生动活泼，内容尽量适合青年特点。

《中国青年》是当时最受青年人欢迎的刊物，最高发行量达3万多份，在广大青年中产生了很大影响。不少人是从读《中国青年》的文章，开始接受马克思主义而走向革命的。

（四）国共合作时期中国共产党报刊的发展与变化

中国国民党第一次全国党代表大会召开后，中国出现了第一次国共合作的大好局面。在此期间，共产党的报刊有了新的发展。这种新发展，首先表现在《向导》等中央机关报得到了加强，其次是各级地方党组织纷纷创办自己的机关报。

第一个地方党委机关报是北京地委于1924年4月27日创办的《政治生活》（后改为北方区委的机关报），由赵世炎主编，1926年7月停刊，共出版79期。该刊的主要内容是反对日本侵略，反对军阀内战。随着1925年农民运动逐渐出现高

---

① 《中国青年》创刊号，1923年10月20日，转引自复旦大学新闻系新闻史教研室编《中国新闻史文集》，上海人民出版社1987年版，第130～131页。

潮，《政治生活》又密切关注农民运动，发表了李大钊撰写的《土地与农民》、《豫鲁陕等省的红枪会》等重要文章，对农民运动进行宣传。

此外，广东区委于1926年2月在广州创办了机关报《人民周报》；湖南区委于1925年12月在长沙创办了《战士》周报；湖北区委于1926年10月在汉口创办了《群众》周报；河南区委于1925年8月在开封创办了《中州评论》，还有江西的《红灯》周刊、浙江的《火曜》、福建的《革命先锋》等。这些报刊的创办，初步形成了一个从中央到地方的党报系统，大大加强了中国共产党和各地群众的联系。它们的形式和宣传中心，一般都与中共中央机关报《向导》大致相似，但也因所在地区的具体条件不同而各有特色。

在党报网形成后，中国共产党开始创办日报。中国共产党的第一张日报是《热血日报》。

1925年5月30日，上海发生了震惊全国的“五卅”惨案，但新闻界却一片沉寂。帝国主义的新闻机构百般歪曲事实，上海的国人商业报纸欲言又止。为了引导舆论，中共中央决定由蔡和森、瞿秋白、李立三、刘华等人组成行动委员会，领导群众的斗争，同时决定创办《热血日报》，加强对运动的政治鼓吹和有效指导。《热血日报》1925年6月4日在上海创办，由瞿秋白主编，这是我们现在看到的第一张由中国共产党创办的日报。该报日出4开一张，设有“社论”、“本埠要闻”、“国内要闻”、“紧要消息”、“国际要闻”、“舆论之制裁”和副刊“呼声”。创刊后，该刊立即投身于“五卅”运动中，积极支持群众的反帝斗争。它的发刊辞向广大劳动人民宣告，“创造世界文化的是热的血和冷的铁，现在世界强者占有冷的铁，而我们弱者只有热的血；然而我们心中果然有热的血，不愁将来手中没有冷的铁，热的血一旦得着冷的铁，便是强者之末运”。《热血日报》两旁印有“全国各界联合一致对外”、“各业罢工者联合起来啊”、“中国人不能受外国人统治”、“中国人的上海归中国人管理”等醒目口号，以引起读者的注意。

《热血日报》在“五卅”运动中坚决支持广大人民的正义斗争，反对帝国主义的暴力，受到了广大群众的欢迎，发行量达3万多份。帝国主义和封建军阀对《热血日报》却恨之入骨，下令通缉瞿秋白等人，使得该报仅出版了20多天就被迫停刊。目前有实物能够确定的最后一期是6月27日出版的第24号。

二、党存在与发展的标志：十年内战时期的党报活动

（一）国统区内共产党报刊秘密出版

由于蒋介石和汪精卫先后发动“四一二”、“七一五”反革命政变，轰轰烈烈的大革命失败了，全国一片白色恐怖，中国共产党人的活动被迫转地下。在这种生

存环境下，中国共产党迅即着手重建自己的报刊系统——秘密出版地下报刊，继续传播革命声音。其中，影响较大的是《布尔塞维克》与《红旗日报》。

1.《布尔塞维克》的创办

《布尔塞维克》1927年10月24日创刊于上海，是中共中央的政治理论机关刊物，瞿秋白、罗亦农、王若飞等组成编委会，瞿秋白任主编。该刊初为周刊，后改为半月刊；1928年11月改为月刊。1932年7月出到第5卷第1期停刊，共出版了52期。中共中央常委会1927年10月22日作出的关于出版《布尔塞维克》的决定指出："《布尔塞维克》报当为建立中国无产阶级的革命思想之机关，当为反对资产阶级及一切反动妥协思想之战斗机关。《布尔塞维克》报并且要是中国革命新道路的指针——反对帝国主义军阀、豪绅、资产阶级的革命斗争的领导者，它应当做工农群众革命行动的前锋。"

《布尔塞维克》创刊时，正值蒋介石、汪精卫叛变革命后不久。为了突破国民党反动派的查禁，该刊采用伪装封面的方法，曾先后用《少女怀春》、《中央半月刊》、《新时代国语教授书》、《中国文化史》、《金贵银贱之研究》、《经济月刊》、《中国古史考》、《平民》、《虹》等九个化名。国民党反动派颠倒黑白，将他们叛变革命、血腥屠杀共产党人及革命群众的倒行逆施说成是"革命"行动，对民众进行欺骗宣传。为了粉碎国民党反对派的欺骗宣传，《布尔塞维克》在《发刊露布》中义正辞严地指出："国民革命因为国民党领袖的背叛革命而受着非常严重的打击——国民党，中国最早的革命党已经因而灭亡了"，"此后民众所看见的国民党，已经不是从前的革命的国民党，而是屠杀工农民众、压迫革命思想、维持地主资本家剥削、滥发钞票紊乱金融、延长乱祸、荼毒民生、屈服甚至于勾结帝国主义的国民党"。发刊词特别指出："此后中国的革命，只有无产阶级的政党能够担负起领导责任。"①

《布尔塞维克》在宣传报道中，经常揭露国民党的反动本质，指出他们实质上是新军阀；还揭露了国民党反动派投靠帝国主义的罪行，把他们投降帝国主义的奴才嘴脸暴露于光天化日之下。

《布尔塞维克》是在中国共产党机关报《向导》周报停刊后、党中央还没有宣传机关的情况下创刊的，因此它的创办和出版具有重大意义：首先，安定了党心民心，明白地表示中国共产党仍然在战斗；其次，对国民党蒋介石集团的揭露和抨击，既教育了党员和人民，又为以后的斗争指明了方向。

2.《红旗日报》的创办

《红旗日报》是由《红旗》和《上海报》合并而成的。《红旗》1928年11月

---

① 《布尔塞维克》之《发刊露布》，转引自张之华主编《中国新闻事业史文选（公元724年—1995年）》，中国人民大学出版社1999年版，第383~385页。

20日创刊于上海，为中共中央的政治机关报，由中共中央宣传部主办。第1期至第4期为16开本，第5期改为32开本，第24期又改为8开的单张报纸；改成报纸之前为周刊，之后为三天出一期。《红旗》前期注重鼓动性，每周对新发生的政治事件都发表评论；后期加强指导性，大量刊登党的文件。因为是秘密发行，所以发行量只有2000多份，而且集中在上海。

《上海报》是中国共产党继《热血日报》之后出版的报纸，原名《白话日报》。1929年4月17日创刊，由中共江苏省委主办，李求实主编；一个月后，改名《上海报》，秘密出版。为了逃避敌人的迫害，曾化名《天声》、《晨光》、《沪江日报》、《海上日报》等出版。1930年8月15日，根据中共中央的决定与《红旗》合并为《红旗日报》，仍由李求实主编，1931年3月8日停刊。

（二）中华苏维埃的崭新新闻事业

1927年10月，毛泽东率领秋收起义的部队——工农红军第一军第一师向井冈山进军，走上工农武装割据斗争的新道路。1928年4月，朱德与毛泽东会师，不久即创建了工农红军第四军，建立了第一个革命根据地。1931年9月，中央主力红军取得第三次反军事“围剿”的胜利后，赣西南、闽西革命根据地连成一片，形成以瑞金为中心的中央革命根据地。11月，中华苏维埃临时中央政府（又称为中央工农民主政府）在瑞金成立。毛泽东当选为中央政府主席，朱德当选为中央革命军事委员会主席。从此，在人民政权下，根据地新闻事业进入新的发展阶段。1933年秋，仅中央根据地就有大小各种报纸34种。其中，影响较大的是《红色中华》、《红星》、《青年实话》、《斗争》。

1.《红色中华》的创办

《红色中华》1931年12月11日创刊于江西瑞金。它的出版可以分为前后两期：从创刊到1934年10月因红军长征暂时休刊为中央根据地时期；1936年1月在陕北瓦窑堡复刊到1937年1月改名《新中华报》为陕北时期。其中，在中央根据地时期又可分为两个阶段：第一阶段为1931年底创刊到1933年初，即第1期到第49期。这一阶段的《红色中华》为苏维埃中央政府机关报，一般是一周出一期，由政府副主席项英掌握，先后任主编的有周以栗、王观澜、李一氓。第二阶段从1933年春到1934年10月，即第50期到第240期。1931年初，党中央机关由上海迁到中央苏区后，迅速把《红色中华》改造为党中央、团中央、中央政府、全国总工会的联合机关报，周二刊，开始时由沙可夫担任主编，1934年初又改由中央政府教育人民委员瞿秋白兼任社长和主编。中央根据地时期的《红色中华》报与“红中社”实行“报社合一”的体制，编辑部的成员既编报纸，又编文字广播稿件，参与领导和编辑工作的除周以栗、王观澜、李一氓、沙可夫、瞿秋白等人外，还有李伯钊、谢然之、杨尚昆、任质斌、徐名正、韩进、贺坚等人；版数不定，一般为8开4版到8版，但最少时仅2版，多时有10版；设有“社论”、“要闻”、“来电”、“小时评”、“红色区域建设”、“中央革命根据地消息”、“党的生活”、“工农通讯”、“赤色战士通讯”、“工农民主法庭”、“突击队”、“红色小辞典”等栏目，从第70期起增加了“红角”专栏，刊登识字课和文艺短文；从第72期起又增加了文艺副刊“赤焰”，不定期出版。

《红色中华》是党在革命根据地创办的第一张历史较长的中央级的铅印报纸，它有两个明显的特点：其一是紧密配合党政的中心工作积极组织宣传报道。创刊后，《红色中华》就大力进行了有关建设和巩固工农民主政权的宣传。当时中央要求各地从1931年底开始展开一个以建设基层政权为中心的建政运动，《红色中华》便发表社论，说明加强基层政权建设的重要性，号召全体干部动员起来，搞好基层的建设，巩固中央革命根据地。《红色中华》从第5期起还增辟了一个专栏经常报道政权建设的情况，介绍先进经验，及时指出运动中存在的缺点和出现的问题。其二是坚持群众办报的方针。创刊不久，就在党、政府和群众团体中发展了200多名通讯员，后来又在报社内部建立通讯部，加强对通讯工作的指导；从第56期起，还增设了“写给通讯员”专栏，以加强与通讯员的联系。《红色中华》的工作人员最多时也不过十几个，大部分通讯工作都依靠通讯员和工农读者来做。群众办报路线不仅有利于提高报纸的质量，而且有助于扩大报纸的发行量。

1934年10月中央红军开始长征，《红色中华》由留在江西坚持工作的瞿秋白、韩进主持，继续沿用原来的期号出版，以迷惑敌人、掩护主力红军转移。1935年2月，由于形势恶化，中央分局和中央办事处改为分散活动，《红色中华》因此停刊。

《红色中华》1935年11月25日在陕北瓦窑堡复刊，沿用长征前的期号。复刊后的《红色中华》与红色中华通讯社仍然是一个机构，两块牌子。由于没有铅印设备，只好改成油印。1937年1月，《红色中华》更名为《新中华报》。

2.《红星》的创办

《红星》是中国工农红军军事委员会的机关报，1931年12月创刊，由中国工农红军总政治部出版；邓小平是前期主编之一，遵义会议后由陆定一主编。开始为铅印报，在长征途中由于条件限制改为油印报；4开4版，特殊情况出8版，有重大捷报则加出“号外”。在长征途中，《红星》是唯一一份坚持出版的报纸，每期印七八百份发至连队。

《红星》的性质、任务和作用，创刊号上的《见面话》做了形象说明：“《红星》要是一面大镜子，凡是红军里一切工作和一切生活的好处坏处都可以在它上面看得清清楚楚。它要是一架大无线电台，各个红军的斗争消息，地方群众的斗争消息，全中国全世界工人农民的生活情形，都可以传到同志们的耳朵里。它要是一个政治工作指导员，可以告诉同志们一些群众工作、本身训练工作的方法，可以告诉哪些工作做得不对，应当怎样去做。它要是红军党的工作指导员，把各军里党的工作经验告诉同志，指出来哪些地方做错了和纠正的方法。”它还要“成为红军的政治工作讨论会”、“全体红军的俱乐部”和“一个裁判员”，“总之，它担负很大的任务，来加强红军里的一切政治工作，提高红军的政治水平线、文化水平线，实现中国共产党苏区代表大会的决议，完成使红军成为铁军的任务”。①

《红星》的办报行动实践了它的诺言。纵观《红星》的创办过程，它的特点主要有两个：一是版面虽小，但栏目多，内容丰富。它的版面编排除了有“社论”、“要闻”、“专电”、“前线通讯”、“国内时事”、“国际时事”等栏目外，还辟有十多个固定的小专栏，其中有“党的建设”、“列宁室工作”、“军事测验”、“军事纪律”、“红军生活”、“红星号召”、“响应红军号召”、“扩大红军”、“俱乐部”、“红军歌”等；二是面对战争现实，面向战士实际，文章短小，通俗生动。该报上的消息、通讯一般只有二三百字。如小通讯《王家烈叫救命》：“遵义之战王家烈险些被我活捉，幸得脚快逃跑，连鸦片枪和大衣都抛掉了。他的队伍第一、第五、第六、第八、第九、第十五等六个团和特务营全被红军消灭驱散。王家烈逃到贵阳之后，就打电报向蒋介石叫救命，电报里说：遵义之战部队损失极大，子弹用光了，伙食都没有了，军心涣散，快快送钱送子弹来，否则士兵没有饭吃就要造反了。”这篇通讯全文150多字，内容具体，行文活泼，描写生动，把王家烈被红军打得惶惶然若丧家之犬的丑态写得活灵活现。

3.《青年实话》的创办

《青年实话》是少共苏区中央局（即中国共产主义青年团苏区中央局）的机关报，于1931年7月1日在江西永丰县龙岩创刊。总编辑部一度设在江西于都，后迁到瑞金。由阿伪任主编，少共苏区中央局宣传部长陆定一、少年先锋队中央总队长王盛荣等人是编委。少共苏区中央局历任书记顾作霖、何凯丰，秘书长张家萍，儿童局书记曾饶冰、陈丕显等都是该报的主要撰稿人。该刊先后为半月刊、旬刊、周刊。开始是8开一张，采用便于张贴的单张壁报形式；后来改为油印32开本小册子，有插图封面。主要的宣传内容和《红色中华》大体相当。不同的是它具有鲜明的青年报刊特色，编排形式和内容活泼多样，文字通俗生动，适合青年特点。如在栏目设置上，除社论和一般论说外，还有“青年生活素描”、“前线通讯”、“白区青年生活”、“青年卫生顾问”、“自我批评”、“轻骑队”、“工农大众文艺”、“体育”、“游戏”、“测验”、“悬赏征答”、“歌曲”等多种栏目，有时还有漫画。它刊登的《十劝郎当红军》、《共产青年团礼拜六歌》、《打倒日本帝国主义歌》歌曲，在青年中广泛流行。

---

① 《红星》之《见面话》，转引自张之华主编《中国新闻事业史文选（公元724年—1995年）》，中国人民大学出版社1999年版，第395～396页。

三、宣传抗战与统一思想的武器：抗战时期的党报

抗战烽火中天，民族矛盾上升。在国共第二次合作错综复杂的局势中，共产党报刊显示出强大的战斗力。在党中央领导下，共产党人一方面努力在国统区办好报刊，另一方面积极在抗日根据地出版报刊。中国共产党的报刊不仅成为统一全党思想认识的阵地，而且成为宣传抗战、揭露国民党顽固派破坏国共合作、巩固抗日民族统一战线的武器。

（一）《新华日报》：在国统区合法出版发行的中共中央机关报

《新华日报》是抗战时期中国共产党在国统区公开出版的第一个机关报，1938年1月11日创刊于汉口，1938年10月25日迁至重庆出版，1947年2月28日被国民党当局查封。

抗日战争开始后，以周恩来为首的中国共产党代表团抵达南京，与国民党政府就国共两党合作抗日相关事宜展开谈判。谈判的重点之一就是中国共产党要求在国统区公开出版自己的机关报，得到了蒋介石的允诺。中国共产党筹备出版《新华日报》的工作很快就绪，但因南京、上海相继沦陷，没有来得及出版。《新华日报》社的筹备人员随国民党部分政府机构西迁至武汉，在中共中央长江局的领导下，先后出版了公开机关刊物《群众》周刊和机关报《新华日报》。

《新华日报》在武汉共出了258期，每日对开一张，发行1万余份。社长潘梓年，总编辑华岗，总经理熊瑾玎，编辑人员有许涤新、章汉夫、杨放之、朱世纶、何云等。在发刊词中，该报明确表示要力求使自己成为全国民众共同呼声的代表："本报愿在争取民族生存独立的伟大战斗中作一个鼓励前进的号角"，"将尽其所能为巩固与扩大抗日民族统一战线而效力"，并"无情地抨击一切有害抗日与企图分裂国内团结之敌探汉奸及托派匪徒之阴谋"。

在武汉期间，《新华日报》、《群众》周刊最主要的宣传成绩是驳斥了"亡国论"和"速胜论"，宣传了持久抗战的思想，从而指明了抗战的前途，坚定了国统区人民坚持抗战、抗战必胜的信心。1938年初，华北大片国土沦陷，上海、南京相继失守，日本帝国主义在加强军事进攻的同时，对国民党政府开展诱降活动；加上汪精卫集团大肆宣扬再战必败的论调，因此蒋介石虽然口头上说要抗日到底，实际上却没有打消与日本和谈的念头，"亡国论"一时间颇有市场。针对这种情况，《新华日报》和《群众》周刊多次发表社论和专论，揭露了日本帝国主义新的侵略阴谋，打击了投降派的活动。在局部获胜后，原来唱"亡国论"的人一下子又不顾客观情况唱起"速胜论"来了。为了使蒋介石集团清醒过来，《新华日报》根据毛泽东《论持久战》一书的观点发表了一系列论文，驳斥了"亡国论"与"速胜

论”的错误观点，科学地分析了中国抗战的形势，指出中国人民只有坚持持久抗战，才能够取得抗战的胜利。

《新华日报》在汉口创刊后，便在广州设立分馆。同年10月，广州沦陷后，广州分馆工作人员则溯西江而上迁到桂林，于1938年12月在桂林设立《新华日报》桂林分馆，由邝达芳、沈毅然、张尔华等先后负责。分馆的主要任务是翻印重庆《新华日报》总馆航寄来的纸型，并负责把报纸发行至广西、广东、湖南等省份。1940年4月8日，国民党政府禁止其翻印《新华日报》，但桂林分馆仍继续接收订户，照常营业，千方百计把报纸送到读者手里。1944年秋，桂林紧急疏散民众，桂林分馆也停止了工作。

武汉沦陷前夕，《新华日报》、《群众》迁到重庆。不久，便迎来了创刊一周年纪念。中共中央借此机会对《新华日报》提出了新的要求：希望“新华日报在扩大的六中全会决议的正确方针指导之下，对于克服困难渡过难关、增加力量争取更大胜利的伟大工作，对于巩固和扩大全民族团结和巩固国共长期合作的伟大任务，对于争取民族独立、民权自由、民生幸福的新的中华民国的伟大事业，更能尽其应尽的作用”。还希望报纸要在“内容的改进，加强与读者的联系”等方面再下工夫，这就指明了《新华日报》今后的发展方向——巩固全民族团结和国共长期合作。

重庆时期的《新华日报》是一种在特殊条件下出版的共产党机关报：既要坚持中共中央独立自主的原则立场，又要维护国共合作的抗日民族统一战线；既要宣传八路军、新四军抗击日寇的英雄事迹，又要与国民党的新闻检查机关周旋。抗日战争进入相持阶段后，国民党为了限制和迫害共产党和进步新闻事业，除制定各种极为苛刻的新闻检查条例外，还设置了“新闻检查局”，并专门派一位副局长负责检查《新华日报》。国民党对付《新华日报》的基本原则是：“让你办报，不让你讲话；让你印报，不让你发行。”《新华日报》在周恩来的指导下，把合法斗争与非法斗争巧妙结合起来，同国民党当局进行了长期的有理、有利、有节的斗争。

一是在编辑上反检查。国民党新闻检查机关对《新华日报》宣传共产党的抗日主张与方针政策的内容进行严格审查，任意删削或扣留稿件，给报道造成了极大的困难。《新华日报》充分利用合法斗争的一手，但在重大问题上也不惜冒着被封的危险使用“非法”斗争的一手。1939年9月11日，毛泽东在延安对中央社、《扫荡报》、《新民报》记者发表了谈话，对国民党制造摩擦、破坏团结抗日的事实表示了中国共产党的严正态度和坚定立场。若要送审这篇谈话，国民党新闻检查机关肯定通不过，于是就干脆不送检，直接刊出。1941年1月“皖南事变”后，《新华日报》既要发表有关事变真相的报道、评论，也要发表周恩来的题词：“为江南死国难者志哀！”“千古奇冤，江南一叶；同室操戈，相煎何急！”为了反对国民党的检查，编辑部和印刷厂的同志排了两个不同的报版，一个是没有周恩来题词的报版以应付检查；一个是载有周恩来题词的报版，抓紧印报并及时送到市内售卖。为了抨击国民党法西斯新闻检查制度，《新华日报》还经常采取“暴检”的方式。如果一篇稿件部分被删，就在文中被删处注上“被略”、“遵检”、“以下奉命删登”等字样，或代以“×××”“……”等；如果整篇稿件被扣发，或将稿件题目刊出，以透露稿件的一些内容，或在版面上留下大块空白，名叫“开天窗”。“暴检”是国民党最害怕的一种反检查斗争方式，因此一再被严禁，但是“暴检”的事仍然经常出现。

二是在新闻来源上反封锁。国民党政府规定，《新华日报》记者只能在重庆一地采访，而且还有很多限制：国民党反动派的党政机关不向《新华日报》记者提供消息；《新华日报》记者到学校、团体、工矿采访经常有特务盯梢。尽管困难重重，《新华日报》记者还是千方百计地进行采访，出色地完成报道任务。《新华日报》的记者突破新闻来源封锁的手段主要有：依靠中共驻重庆代表团，从内部电台抄收党的重要文件和有关延安和敌后根据地的报道素材；依靠地下党组织，在读者中物色可靠的人担任通讯员；搜集和利用国统区的地方报纸，将其中的一些材料进行改写；与国外有关方面联系，开辟国际新闻来源……从而有效地粉碎了国民党对新闻来源的封锁。

三是在发行上反阻挠。国民党虽然被迫同意《新华日报》公开出版，但是想方设法阻挠它的发行。他们假手“重庆市报贩工会”，不准报贩卖《新华日报》。为了抵制国民党的破坏和阻挠，《新华日报》自己招收和培养了一批穷苦劳动人民出身的报丁、报童，依靠他们或把报纸直接送到市内及郊区乡镇订户的手中，或在街上零售。在共产党的培育下，这支队伍开始只有七八个人；四五年后，发展到100多人。他们不畏艰险，勇敢机智地进行斗争，胜利完成了任务，其中一些人日后还成了坚强的革命战士。

中共中央和南方局十分关心重庆《新华日报》的工作。在组织领导上，除周恩来亲自兼任董事长外，还配备了党性强、水平高的领导干部和工作人员，如潘梓年担任《新华日报》社长达10年之久；在政治方向上，中共中央和南方局更为关心，中共许多领导人经常为《新华日报》写文章，毛泽东的著作也经常在《新华日报》上转载，如《论新阶段》、《新民主主义论》、《在延安文艺座谈会上的讲话》、《论联合政府》、《驳白皮书》等。总之，《新华日报》作为共产党的喉舌，在国统区忠实地坚决地宣传了共产党的路线、方针、政策，发挥了团结群众、组织群众、分化敌人和打击敌人的历史作用。

（二）边区首府延安的报刊活动

抗日战争进入相持阶段，延安和各抗日民主根据地进入了极端困难的时期。在这种严重复杂的形势下，中共中央为了更有力地进行政治宣传斗争和更有力地指导各抗日根据地的抗战建设工作，采取了一系列调整新闻宣传的措施。其中的重点，一是加强首府延安的宣传力量，二是加强对各抗日根据地宣传工作的统一领导。

1. 《解放》周刊和《新中华报》的加强

《解放》周刊1937年4月24日创刊于延安，1941年8月31日停刊，是中共中央的政治理论机关刊物；初为周刊，后改为半月刊；由张闻天负责。该刊的宣传重点，一是大力宣传中国共产党的抗战方针与路线。1937年7月23日出版的第12期发表了毛泽东的重要政论《反对日本进攻的方针、办法和前途》，对指导抗战起了极大的作用。二是刊登文章，指导各解放区的建设工作和进行马克思列宁主义的宣传。

《红色中华》1936年1月在陕北瓦窑堡复刊，身份是陕甘宁边区政府的机关报，"西安事变"后不久的1937年1月29日，该报改名为《新中华报》。由于条件的限制，仍为油印报，1937年9月才改为铅印报。1939年2月7日，中共中央将《新中华报》改组为中共中央和陕甘宁边区政府的联合机关报，这就改变了当时延安没有中共中央机关报的状况。毛泽东给《新中华报》题词："把新中华报造成抗战的一支生力军。"次年2月10日，毛泽东又给《新中华报》写了一篇题为《必须强调团结和进步》的文章，明确地传播了中国共产党"坚持抗战，反对投降；坚持团结，反对分裂；坚持进步，反对倒退"的政治主张。

2. 《八路军军政杂志》等杂志的创办

陕北抗日民主根据地建立后，根据抗战形势的需要，在延安先后创办了一批新的报刊，主要有以下几种。

《八路军军政杂志》：1939年1月15日创刊，八路军总政治部出版，时任八路军总政治部宣传部长的萧向荣担任主编。毛泽东为之写的发刊词指出，创办出版《八路军军政杂志》的意义是"为了提高八路军的抗战力量，同时也为了供给抗战友军与抗战人民关于八路军抗战经验的参考材料"。1942年3月停刊，共出版了39期。

《中国青年》：1939年4月16日创刊的半月刊，全国青年联合会延安办事处主办，胡乔木主编。该刊是大革命时期的《中国青年》的继续。新《中国青年》创刊后的第2期上发表了毛泽东的论文《五四运动》，第3期上又刊载了毛泽东的演讲稿《青年运动的方向》。1941年3月停刊，共出了3卷。

《共产党人》：1939年10月20日创刊，这是中共中央出版的以党的建设为中心内容的中央机关刊物，由张闻天主持。毛泽东写的《〈共产党人〉发刊词》指明了刊物的宗旨："帮助建设一个全国范围的、广大群众性的、思想上政治上组织上完全巩固的布尔什维克化的中国共产党。"并在系统总结中国共产党18年来的革命经验的基础上，指出"统一战线、武装斗争、党的建设"是中国共产党在中国革命中战胜敌人的三个主要的法宝。1941年8月停刊，共出了19期。

《中国工人》：1940年2月7日创刊，中共中央职工运动委员会主办，邓发主持。毛泽东为之写了发刊词，其中对群众办报问题作了论述："一个报纸既已办起来，就要当作一件事办，一定要把它办好。这不但是办的人的责任，也是看的人的责任。看的人提出意见，写短信短文寄去，表示欢喜什么，不欢喜什么，这是很重要的，这样才能使这个报办好。"在形式上，要"多载些生动文字，切忌死板、老套，令人看不懂，没味道，不起劲"。1941年3月停刊，共出了13期。

《中国文化》：1940年2月15日创刊，陕甘宁边区文化协会主办的机关刊物，由艾思奇主编。在创刊号上发表了毛泽东的重要著作《新民主主义论》。其中指出："科学的态度是'实事求是'，'自以为是'和'好为人师'那样狂妄的态度是决不能解决问题的。""真理只有一个，而究竟谁发现了真理，不依靠主观的夸张，而依靠客观的实践。只有千百万人民的革命实践，才是检验真理的尺度。我想，这可以算作《中国文化》出版的态度。"这一论述后来成了指导革命斗争与办好党和人民新闻事业的重要指导思想。1941年8月停刊，共出了15期。

《边区群众报》：1940年3月25日创刊，陕甘宁边区党委机关报，谢觉哉任社长，胡绩伟任主编。该报以农村基层干部和农民为读者对象，其主要特点是通过通俗、多样性、活泼有趣的方式宣传党的重大政治任务。识字少的人看得懂，不识字的人听得懂，被称为"念着顺口，听着顺耳"的报纸。

上述报刊以及新华通讯社刊载新闻电讯稿的小报《今日新闻》、边区政府教育厅出版的推广拉丁化文字的小报《新文字报》等都在延安出版，延安逐渐成了抗战宣传的一个中心。

3. 延安《解放日报》的创办与改版

《解放日报》1941年5月16日创刊于延安，是中共中央机关报，也是共产党在解放区出版的第一个大型日报和我国民主主义革命时期贡献最大、影响最大的革命报纸。该报对开4版，第一任社长博古，第一任总编辑杨松（次年11月陆定一继任）。1947年3月27日停刊，共出版2130期。

《解放日报》创刊之前的中共中央机关报《新中华报》只是一张一周出版两次的4开4版的小型报，不能适应抗战形势发展的需要，毛泽东因此倡议创办大型机关报《解放日报》。1941年5月15日，中共中央发出通知："五月十六日起，将延安《新中华报》、《今日新闻》合并，出版《解放日报》。一切党的政策，将经过《解放日报》与新华社向全国传达。《解放日报》的社论，将由中央同志及重要干部执笔。"为了集中力量办好《解放日报》，中央还决定停办《解放》周刊、《中国青年》、《中国妇女》、《中国工人》等报刊。

《解放日报》的发刊词在谈到出版使命时说："本报之使命为何？团结全国人民战胜日本帝国主义一语足以尽之。这是中国共产党的总路线，也就是本报的使命。"《解放日报》创刊不久，国际上爆发了苏德战争，报纸立即提出建立反法西斯国际统一战线的主张，围绕苏德战争的性质发表评论，对战局的发展作了观点明确、论述清晰的分析。

《解放日报》社长博古认为：《解放日报》应该有大报作风，不能像苏区打游击时办的小报那样只登载自己的党政军民活动，而应着眼世界，把国际新闻放在首位。① 简而言之，就是要“立足全党全国、放眼世界”。因此，新创办的《解放日报》呈现以下特点：在版面安排上，一版主要刊登国际新闻，二版是远东新闻，三版是国内新闻其中主要是国统区新闻，陕甘宁边区和各抗日根据地新闻则集中放在第四版上半部分，下半部分是副刊。在社论问题上，博古和首任总编辑杨松都主张每天发一篇社论。在新闻的价值取向上，创刊后的《解放日报》更多地表现出“一切经过统一战线，一切服从统一战线”的痕迹；在发布国外和国民党中央社新闻时，一般不加以改写。这样的版面安排与办报思路，使得报纸在反映边区人民群众生活方面不仅稿量少，而且脱离群众实际生活；不仅没有承担起引导和教育群众的责任，而且还不时刊登一些脱离实际、夸夸其谈的长篇大论。

博古的上述办报思路和《解放日报》的编排模式与毛泽东要求的“真正的党报”有着明显的差距。比如1942年春，为了彻底肃清王明错误路线的影响，中共中央决定在全党开展一场深刻的整风运动，《解放日报》对此认识不够，因而反映迟缓、宣传不力。2月1日，毛泽东在陕北延安中共中央党校开学典礼上作了《整顿党的作风》的报告。《解放日报》对此只是在第三版右下方发了个三栏题的消息，作为一般新闻处理。几天后，中央宣传部召开整顿文风的会议，毛泽东作了《反对党八股》的演讲。《解放日报》仍未引起足够的重视，只是在第三版左下方发了个三栏题的消息。为此，毛泽东在不同场合对《解放日报》的办报方针进行批评和指导。毛泽东说：“我们在中国办报，在根据地办报，应该以宣传我党的政策、八路军、新四军和边区、根据地为主，这样才能区别于国民党的报纸。”② 1942年3月8日，毛泽东为报纸题词，“深入群众，不尚空谈”。正是由于距离“名副其实的党报”的要求甚远，《解放日报》的改版势在必行。

1942年3月16日，中共中央宣传部发出《为改造党报的通知》。通知指出：“报纸的主要任务就是要宣传党的政策，贯彻党的政策，反映党的工作，反映群众生活，要这样做，才是名副其实的党报。如果报纸只是或者以极大的篇幅为外国通讯社登载消息，那么这样的报纸是党性不强，只不过是为别人的通讯社充当义务的

---

① 王敬：《博古与〈解放日报〉改版》。收入丁济沧、苏若望主编《我们同党报一起成长》，人民日报出版社1989年版，第6～7页。

② 新闻研究所中国报刊史研究室：《延安〈解放日报史〉大纲》（征求意见稿），《新闻研究资料》总第17辑，第13页。

宣传员而已，这样的报纸是不能完成党的任务的。"①

《解放日报》改版从1942年3月开始到1944年2月结束，两年的时间分为三个阶段。

第一阶段：1942年3月至8月，改革的重点是革新版面。4月1日，《解放日报》正式宣布改版，报纸发表了由博古执笔的改版社论《致读者》。社论指出："改革的目的，就是要使《解放日报》能够成为真正战斗的党的机关报。"然后，社论对报纸创刊以来的工作做了检讨。检讨认为："尤其重大的弱点是，最近中央号召全党反主观主义、反宗派主义、反党八股，进行思想革命与改造全党工作的时候，党报没有能尽其应该的责任。"为此，"我们认为需要使我们的工作，有一个彻底的改革"。此后，《解放日报》的版面安排有了明显的改观。一版成为要闻版，取代了过去的国际新闻版面，二版是边区新闻和国内新闻版，三版是国际新闻版，四版是副刊；一天一篇社论的做法也被取消。在对敌斗争策略上，开始贯彻"以我为主"的宣传方针，有意识地增加了党的政策与人民群众生活的报道。

《解放日报》改版把新闻的关注点从国际转到国内特别是边区，更多地反映了边区和其他根据地的实际情况。每日一篇社论的取消也意味着社论重要性的增加，社论写作权也因此向更高的政治核心层转移。《解放日报》版面的变化使报纸在联系实际、贴近群众等方面前进了一大步。此外，改版使报纸的文风也发生了显著的变化，具体表现是：充满生活气息的新内容、新题材不断地出现在报纸重要版面。

第二阶段：1942年8月至1943年3月，重点是确立党性观念。尽管《解放日报》改版后面目焕然一新，但是其精神内核还是没能达到中央的要求，即党报在整风改革中"没有能成为这个巨大的工作的鼓手和先锋……党报本身还未能尽除主观主义、宗派主义与党八股的余毒"。② 于是，毛泽东派陆定一担任《解放日报》总编辑，并且参加政治局会议。从8月中旬开始，陆定一就根据中央和毛泽东的指示精神进一步改造《解放日报》。

1942年8月29日，中央政治局会议就《解放日报》问题作出了相关决议。9月5日，陆定一在编委会上传达了毛泽东对报纸的具体批评指导意见。意见内容是：《解放日报》有很大进步，但是尚未成为真正的党中央的机关报。第一，日常政治必须报告中央。小至消息，大至社论，须与中央商量，报社内部亦须如此。有些负面消息是不应该刊登的。第二，报纸不能有独立性。自由主义在报社是不能存在的。第三，起草《党报工作条例》和《报馆管理规则》，交中央讨论。第四，

---

① 中国社科院新闻研究所：《中国共产党新闻工作文件汇编》(上)，新华出版社1980年版，第126页。

② 张之华主编：《中国新闻事业史文选（公元724年—1995年)》，中国人民大学出版社1999年版，第274页。

《解放日报》同时又是西北局的机关报。西北局应积极参与管理党报。① 毛泽东的批评使大家意识到，党报的核心使命是党性原则。党报工作人员党性观念的缺乏，是《解放日报》没有能够成为一张真正党报的症结所在。

《解放日报》党性观念逐渐强化的具体表现就是编委会形成了一系列制度，如报纸检查条例；中央领导同志和报社负责同志看大样制度；对社论、专论、各版及头条新闻实行签字负责制；根据个人工作表现实施奖惩制；编委会成员联系党、政、军各领导机关的分工负责制等。这些制度成为以后中共新闻工作的核心原则。

第三阶段：1943 年 3 月至 1944 年 2 月，重点是树立全党办报观念。1944 年 2 月 16 日，《解放日报》因创刊 1000 期而发表社论，对改版以来的工作进行系统回顾和全面总结，得出的重要结论是："这一年又十个月中间，我们的重要经验，一言而蔽之，就是'全党办报'四个字。由于实行了这个方针，报纸的脉搏就能与党的脉搏呼吸相关了，报纸就起了集体宣传与集体组织者的作用。"毛泽东要求《解放日报》不仅成为全党的宣传者，而且要成为全党的组织者；而"全党办报"的实际内涵，就是各级党委都要关心报纸，不仅是领导报纸，还应亲自参与办报；把报纸工作列为党委工作的重要议事日程，以便更直接地掌控报纸。至此，党报与党的工作系统完全融为一体了。

《解放日报》改版后，根据地的其他各报也先后行动起来。《新华日报》(华北版)、《抗战日报》，甚至新华社和重庆的《新华日报》也都以《解放日报》为榜样，进行整风和新闻改革，使得党和人民的新闻事业呈现一派欣欣向荣的景象。经过整风改革，抗日民主根据地新闻事业加强了对党的方针政策和党的中心工作的宣传，比较深入地反映了群众斗争的实际，加强了思想斗争，加强了对于敌对思想的批判，大大提高了党报的党性、群众性、组织性和战斗性。

（三）各敌后抗日民主根据地党报的整顿与发展

1939 年以前，随着敌后抗日民主根据地的建立和发展，出现了一个创办根据地小型报刊的高潮。据不完全统计，从 1937 年到 1939 年，仅华北、华中两个敌后抗日民主根据地就创办了 700 余种小型报刊。这些以油印为主的小型报刊，在向敌后人民进行武装起来反对日本帝国主义侵略的宣传教育等方面起了重要作用，得到了广大群众的支持与爱护。但是由于大部分报刊基本上是同一时期创办的，相互之间又没有定位、读者对象、宣传重点等方面的合理安排，因此分工不明，力量分散；加之各方面条件的限制，这些报刊的政治表现和宣传水平得不到保证。为了改变这种局面，中共中央于 1939 年 5 月 17 日发出了《关于宣传教育工作的指示》，

① 王敬：《陆定一在延安〈解放日报〉》。收入田方、午人、方蒙主编《延安记者》，陕西人民教育出版社 1993 年版，第 58～59 页。

要求“从中央局一直到省委、区党委，以至比较带有独立性的地委、中心县委止，均应出版地方报纸”，而且规定“党委与宣传部均应以编辑、出版、发行地方报纸为自己的中心任务”。根据这个指示，大约从1939年下半年到1941年上半年，各地停办了或合并了许多小型报刊，集中力量创办或加强了各级党委的机关报。

整顿后，各抗日民主根据地的报刊主要有《新华日报》(华北版)、《晋察冀日报》等5家。

《新华日报》(华北版)：中共中央北方局的机关报，1939年1月1日创刊于晋东南沁县，是敌后抗日民主根据地出版的第一个铅印日报。第一任社长兼总编辑是何云，继任者为陈克寒。该报一部分编辑及印刷工人由武汉《新华日报》调来，因此这张报纸办得较好，发行量曾经达到5万份，华北各个抗日根据地都有其读者。1943年，中共中央北方局撤销，成立中共中央太行分局，该报也于10月1日改为《新华日报》(太行版)，成为中共中央太行分局机关报。太行版一直出版到1949年8月20日，因撤销太行区建制而终刊。①

《大众日报》：1939年1月1日创刊于沂水县王庄，初为中共苏鲁豫皖边区委员会机关报，不久，中共中央山东分局成立后改为分局机关报。该报在发刊词中强调要“为大众服务”，因此，这个报纸十分注意联系群众，建立强大的通讯员队伍，即使在战争十分激烈的情况下，报纸仍能按期出版，而且内容丰富多彩。首任社长为刘导生，第一任总编辑是匡亚明。以后，匡亚明、陈沂先后担任社长。1949年4月由农村迁入济南。1955年改为中共山东省委机关报出版至今，是中国共产党党报中连续出版时间最长的一家。

《抗战日报》：1940年9月18日创刊于山西兴县。创刊词提出该报的主要宣传任务是：“抗战到底，团结到底，建设晋西北。”第一任总编辑是赵石宾，继任者为郝德青、常芝青。1944年12月20日，毛泽东对《抗战日报》作了改进报道工作的指示，明确指出：“排新闻的时候，应以本地为主，国内次之，国际又次之”，“不是给新华社办报，而是给晋绥边区人民办报，应根据当地人民的需要（联系群众，为人民服务），否则便是脱离群众，失掉地方性的指导意义”。② 1946年《抗战日报》改名《晋绥日报》。

《晋察冀日报》：初名《抗敌报》，1937年12月11日创办，1940年11月7日改为本名，4开4版，一直坚持出版到1948年6月14日终刊，总共出版2854期，为中国共产党在华北敌后各根据地中创办时间最早和出版时间最长的党报。邓拓任社长兼总编辑。该报从创办起就十分注意报纸的党性、群众性与地方性，在指导反“扫荡”的军事宣传方面以及根据地生产运动中发挥了显著的作用。1938年，《抗

① 方汉奇：《中国新闻事业编年史》(中)，福建人民出版社2000年版，第1406页。

② 中共中央文献研究室编：《毛泽东新闻工作文选》，新华出版社1983年版，第120页。

敌报》连续报道了“刘庆山事件”。刘庆山是当时灵寿县有名的抗日积极分子。他检举了区长粟怀王、助理员梁世昌的贪污恶行，但县长蓝天轻信区里提供的虚假报告，不调查研究、不向上级请示，随意将刘庆山枪杀，造成冤案。灵寿人民召开锄奸申冤大会，要求政府惩办贪污分子，撤换县长。《抗敌报》坚决站在群众一边，连续14天发表消息、通讯、来信、诗歌等谴责蓝天的不法行为和官僚主义作风。边区政府接受民意，最后将蓝天撤职，粟、梁贪污犯被依法查办。整个事件的报道轰动了边区，既显示出舆论的威力，又密切了党和人民的联系。

《江淮日报》：1940年12月2日创办于苏北盐城县，是苏北根据地的第一张日报。4开2版，1941年6月1日改版出对开4版。初创时为中共中央中原局机关报；次年5月，中共中央中原局和东南局合并成立华中局，成为华中局机关报。该报社长由中共中央华中局书记刘少奇（胡服）兼任，副社长兼总编为王阑西。胡服题写报头，陈毅撰写发刊词。陈毅在发刊词中说，《江淮日报》既是党报，又是华中人民的喉舌，是党联系广大群众的纽带，是建设华中敌后抗日根据地的有力宣传工具。该报在刘少奇、陈毅的亲自领导下，在宣传抗战和根据地建设等方面发挥了党报的组织作用；特别是对“皖南事变”的详细报道，及时揭露了国民党反动派的反共阴谋。该报最初发行4000份，后增至1.5万份；除华中根据地外，还秘密发行至日伪占领区。由于日寇和国民党军队的夹击，办报条件十分困难，《江淮日报》最终于1941年7月22日停刊。

四、党的“第二方面军”：国共对决时期的党报工作

抗战甫胜利，内战又告急。在国共决战中，共产党的报刊与广播电台、通讯社一道，成为与国民党势力最后较量的“第二方面军”。

与军事上的较量进程相应，中国共产党报刊在解放战争时期的发展可以分为三个阶段：1945年9月至1946年6月为第一阶段。共产党一方面利用国共在形式上的合作，积极在收复区创办报刊，另一方面努力发展解放区的报刊。1946年6月至1947年7月为第二阶段。由于解放区面积的暂时缩小，共产党报刊有所减少，在最困难的时候，中共中央机关报《解放日报》和《新华日报》分别于1947年3月27日和2月27日被迫停刊。1947年8月至1949年10月为第三阶段。随着解放战争的胜利，共产党主要机关报由农村进入城市，并迅速在全国建立起党报体系。

第一阶段：在与国民党抢夺“收复区”新闻阵地的过程中，共产党报刊获得了显著发展。

首先，利用第二次国共合作达成的协议，中共积极在国统区创办自己的报刊。1945年9月14日，正在重庆谈判的毛泽东、周恩来致电中共中央并转华中解放区负责人，提出尽快派人去上海等地办报的要求：“上海《新华日报》及南京、武

汉、香港等地以群众面目出版的日报，必须迅速出版。根据国民党法令，可以先出版后登记。早出一天好一天，愈晚愈吃亏。”电报还指出：到上海等地去，“要多去，快去”。①

根据电报精神，中共中央立即派人到上海、北平、南京等大城市办报。《新华日报》也派人到上海、南京分别成立了筹备处，筹备出报事宜。在《新华日报》因国民党阻挠无法在上海等地出版的情况下，《群众》杂志1946年6月从重庆迁到上海，担负起中共中央机关报的任务。

在中共上海地下党组织的领导下，一些中共地下党员和进步人士，还创办了《文萃》周刊、《消息》半周刊等杂志。但由于国民党当局的迫害，《文萃》只出了10期即被查封，编辑陈子涛、骆何民、吴承德三人后来还被捕并惨遭杀害。《消息》也只出了14期就被查封。在北平，中国共产党于1946年1月取得合法条件后，立即筹办报纸。2月22日，公开的机关报《解放》报创刊。《解放》报以“致力于和平民主建设”为宗旨，开辟了“群众呼声”、“读者通讯”、“问与答”等专栏，同国统区人民建立了广泛的联系，发行量达5万份。5月29日，《解放》报被反动当局查封了。由于国民党的迫害，中国共产党在国统区勉强维持出版的公开报刊只有重庆《新华日报》和上海《群众》杂志，但它们也分别于1947年2月28日、3月2日被国民党查封。

其次，共产党报刊在解放区迅速发展。为了反对国民党篡夺胜利果实，中国共产党领导的解放区军民坚决执行党中央制定的“针锋相对、寸土必争”的方针，大举向沦陷区进军。到1945年10月10日，人民解放军已控制了热河、察哈尔两省的全部地区和河北、绥远、山西、豫北、淮北、淮南、苏北、苏中等大部分地区以及东北部分地区，原来被分割得支离破碎的解放区迅速扩大而连成一片，形成了几个大的战略区。随着解放区的扩大，党的报刊也有了迅速的发展，特别是各大战略区都创办或改出了大型报纸。1945年8月15日，山东解放区的《大众日报》由两日刊改为日刊。是年冬，中共中央华东局成立，《大众日报》又改为华东局机关报（1949年3月，该报又成为山东分局机关报）；1945年9月，《晋察冀日报》迁到新解放的城市张家口出版，并扩版为对开大报；1945年11月1日在新建的东北解放区，中共中央东北局机关报《东北日报》在沈阳创刊；1946年5月16日，随着晋冀鲁豫解放区扩大并连成一片，中共中央晋冀鲁豫分局在邯郸市创办了全区性的机关报《人民日报》。

第二阶段：面对国民党军队的大举进攻，共产党报刊作暂时收缩与艰苦斗争。

1946年6月下旬，国民党悍然发动全面内战。在战争的开始阶段，处于优势

---

① 毛泽东：《尽快去上海等地办报》。《毛泽东新闻工作文选》，新华出版社1983年版，第131页。

地位的国民党军队暂时攻占了一部分解放区，从而使这些地区的新闻事业特别是报刊事业受到了很大的损失。

为了准备突围，中原解放区的《七七日报》于国民党进攻前夕的6月24日停刊。随着国民党军队在苏皖的全线进攻，皖中的《大江报》、淮南的《淮南日报》也停刊了，《苏中报》、《江海报》等报刊或随军撤退，或在极端艰苦条件下出版；9月，华中版《新华日报》随军撤离淮阴，12月26日被迫停刊；10月11日张家口被占领，《晋察冀日报》退至山区出版，由对开改出半张。1947年初，对解放区的全面进攻改为对陕北、山东两大战场的重点进攻，使解放区的新闻事业进一步遭到严重破坏。在山东，由于解放区一再缩小，《大众日报》进入山区坚持出版，其他地区性报纸几乎全部停刊；在陕北，大多数报纸也停刊了。1947年3月19日，中共中央和人民解放军总部撤出延安，《解放日报》也跟随撤离，坚持到3月27日出版第2130号之后停刊。

总之，在国民党发动全面内战后，解放区随之缩小，一批在城市出版的报纸大都撤回农村或停止出版了。也就是说，1947年以前中国共产党新闻事业的主体依然在农村。尽管如此，为了配合党的中心工作，共产党对新闻媒体尤其是党报的改革与发展依然抓得很紧，解放区开展的反“客里空”运动就是例证。

所谓反“客里空”运动，是1947年4月到9月解放区新闻界开展的一场以反对不真实新闻报道和报道中弄虚作假现象的新闻改革运动。“客里空”是苏联剧本《前线》中一个品质恶劣、捏造新闻的新闻记者。

1947年4月，中共中央新组成的工作委员会在刘少奇等人的领导下到达晋绥解放区，深入了解土地改革进行的情况及其出现的问题。在调查中，他们发现土地改革过程中有明显的“右”的倾向，同时也发现了新闻宣传中的缺点——主要是包括中共中央晋绥分局机关报《晋绥日报》在内的一些报刊在宣传土改工作时，有些新闻严重不真实，因而造成了农民对党报的不信任。6月，在中共中央晋绥分局的领导下，《晋绥日报》着手解决新闻报道不真实的问题。25日和26日，《晋绥日报》用整版篇幅发表了编辑部文章《不真实新闻与“客里空”之揭露》，公开揭露了该报的缺点，指出：有些人在实际新闻工作中，凭空制造“英雄模范”，采访时道听途说、捕风捉影，编辑随意删改，校对马马虎虎；有人甚至站在地主的立场上反对农民。文章要求人民群众对报纸提出批评、进行检举，反“客里空”运动由此开始。9月1日，新华社发表社论《学习晋绥日报的自我批评》。社论首先肯定了“《晋绥日报》的这一倡导是非常有意义的”，接着又分析了不真实新闻出现的根本原因，就是新闻工作者的思想和立场有了毛病；最后，号召全国报刊“学习《晋绥日报》的自我批评”的做法。

随后，反“客里空”运动迅速扩展到全国，全国各解放区的新闻战线都开展了反“客里空”运动。《东北日报》发表了题为《加强新闻的自我批评精神》的社论，强调好新闻必须是真实而又正确地反映客观实际的新闻。山东《大众日报》在反“客里空”运动中，检查了该报工作中的缺点和错误，并发表社论指出：“我们编辑同志在处理稿件时，还缺乏反复思考、分析的慎重、严肃、科学的态度，也就是缺乏对党对人民真正负责的态度”，“我们记者和特约通讯员，大都是采访会议、采访干部，大都是在干部会议、会议干部中打圈子，很少直接采访群众”。

解放区新闻战线上的反“客里空”运动有着重要的意义。一是纠正了土地改革中的错误宣传，推动了土改运动的健康发展；二是促成了解放区新闻界的自我教育，从思想上组织上纯洁了党的新闻工作队伍，大大地增强战斗力；三是维护了新闻工作的真实性原则，既挽救了党报在群众中的威信，又丰富了党的新闻理论。

第三阶段：随着解放战争的节节胜利，一个又一个的城市和交通枢纽被相继解放，中国共产党的报刊的发展也开始了它的新的历程，即由农村进入城市。

1947 年 11 月 12 日，在刚刚解放的华北重镇石家庄创办了《新石门日报》(后改名《石家庄日报》)，这是共产党在大城市创办的第一张大型日报。之后，共产党在大城市相继创办了一批报纸，其中最主要的是中共中央华北局机关报《人民日报》的创办。该报由原中共中央晋察冀分局机关报《晋察冀日报》和原晋冀鲁豫分局机关报《人民日报》合并而成，沿用《人民日报》报名，1948 年 6 月 15 日在石家庄创刊出版。

随着解放战争的胜利推进，中国共产党加快了地方党报的建设步伐，各中央局和省级党委机关报因此纷纷创刊。1948 年 4 月 30 日，中共南京市委机关报《新华日报》在南京创刊；5 月 27 日，中共中央中南局机关报《长江日报》在武汉创刊；5 月 28 日即上海全市解放的当天，中共中央华东局和上海市委联合机关报上海《解放日报》创刊；6 月 1 日，中共中央西北局机关报《群众日报》由延安迁西安出版。另外，中共中央东北局机关报《东北日报》于 12 月 12 日由哈尔滨迁至沈阳出版。

为了保证党报工作在进入大城市后能沿着正确的道路顺利、健康发展，中共中央除了作出必要的指示外，还采取了一些特别的举措。比如党的领导人毛泽东、刘少奇，就在这段时间先后面对面地直接对新闻工作者做了明确的指示。

1948 年 4 月 2 日，毛泽东在山西兴县接见了《晋绥日报》工作人员，并发表了重要谈话。毛泽东在谈话中总结了土地改革中报刊宣传工作的经验教训，肯定了《晋绥日报》反“客里空”运动后的进步。在谈话中，毛泽东还着重阐述党报的作用、任务、办报的路线、办报方针和党报的风格等一系列问题。

在谈到党报的作用、任务时，毛泽东说：“马克思列宁主义的基本原则，就是要使群众认识自己的利益，并且团结起来，为自己的利益而奋斗。报纸的作用和力量，就在它能使党的纲领路线，方针政策，工作任务和工作方法，最迅速最广泛地同群众见面。”因此，“办好报纸，把报纸办得引人入胜，在报纸上正确地宣传党的方针政策，通过报纸加强党和群众的联系，这是党的工作中的一项不可小看的、有重大原则意义的问题”。①

在谈到报纸的风格时，毛泽东说：“我们必须坚持真理，而真理必须旗帜鲜明。我们共产党人从来认为隐瞒自己的观点是可耻的。我们党所办的报纸，我们党所进行的一切宣传工作，都应当是生动的，鲜明的，尖锐的，毫不吞吞吐吐。这是我们革命无产阶级应有的战斗风格。”②

毛泽东在谈话中还强调了新闻工作者“要向群众学习”，“报社的同志应当轮流出去参加一个时期的群众工作”，“慢慢地使自己的实际知识丰富起来，使自己成为有经验的人”。这样，“工作才能够做好”，“才能担负起教育群众的任务”。③

在这次谈话中，毛泽东第一次完整地阐述了党的办报路线：“靠全体人民群众来办，靠全党来办”，即全民办报、全党办报，“不能只靠少数人关起门来办”。④进一步丰富了无产阶级的党报理论。

1948年九十月间，党中央在西柏坡专门召集人民日报社、新华社华北总分社的部分记者进行学习，10月2日，刘少奇在学习会上作了重要讲话（这次讲活通常称为《对华北记者团的谈话》）。刘少奇在讲话中，首先阐明了新闻工作的重要性，他说，新闻工作是党和人民群众联系的一个重要桥梁，党依靠它联系群众，指导人民，指导各地党和政府的工作；又依靠它把人民的一切活动、情绪反映上来，帮助党了解情况。刘少奇还指出，新闻工作者不仅要宣传党的路线、方针以及马列主义观点，而且有权利考察党的政策对不对。刘少奇在谈话中，着重详细地阐述了人民的新闻工作者要做好工作所必须具备的四个条件：“第一要有正确的态度。”他说：“你们是人民的通讯员，是人民的记者，要全心全意为人民服务。”“第二，必须独立地做相当艰苦的工作。”他强调：“首先思想上要艰苦，要做理论的、系统的工作，而且是独立地去做。”“第三，要有马列主义理论修养。”他指出：“要做马克思主义记者，却不大懂马克思主义，基本问题就在这里。你们不提高理论修养，工作是做不好的。”“第四，要熟悉党的路线和政策。”他指出：“为了及时地正确地宣传党的路线和政策，就要经常学习、研究，时刻注意党的各项方针政策的执行情况。”

---

① 毛泽东：《对晋绥日报编辑人员的谈话》，《毛泽东选集》，第4卷，人民出版社1991年版，第1318~1319页。

② 毛泽东：《对晋绥日报编辑人员的谈话》，《毛泽东选集》，第4卷，人民出版社1991年版，第1322页。

③ 毛泽东：《对晋绥日报编辑人员的谈话》，《毛泽东选集》，第4卷，人民出版社1991年版，第1320页。

④ 毛泽东：《对晋绥日报编辑人员的谈话》，《毛泽东选集》，第4卷，人民出版社1991年版，第1319页。

毛泽东、刘少奇的讲话，为共产党党报进城发展从理论上指明了道路。

第二节 执政时期的共产党党报

毛泽东在1949年6月30日发表的《论人民民主专政》一文中指出：在即将建立的国家内，要建立起“工人阶级（经过共产党）领导的以工农联盟为基础的人民民主专政”。① 中华人民共和国成立后，中国共产党成了执政党。

执政后的中国共产党一如既往地重视政治思想工作，重视党报宣传工作，重视发展党报事业，强调党领导一切，尤其是对新闻事业的绝对领导。中华人民共和国成立伊始，中共中央随即对在革命战争中发展起来的党报党刊进行调整、充实。经过有领导、有计划地发展，很快就在全国形成了以《人民日报》为首、以中国共产党党委机关报为核心的公营报刊体系。

一、中华人民共和国成立初期的党报——党报体系的建立及党报改革

（一）中华人民共和国成立初期党报体系的建立及党报宣传

随着解放战争的胜利推进，中国共产党开始了对新解放城市旧有新闻事业的清理整顿。在没收、接管原有国民党报刊的基础上，人民报刊尤其是中国共产党党报迅速发展起来，并很快组建了以共产党党报为核心的报业体系。这个体系有四个层次：

第一个层次是中国共产党中央委员会的机关报，即中共中央党报《人民日报》。1949年2月2日，作为中共中央华北局机关报的《人民日报》增发“北平版”，作为中共北平市委机关报；3月15日，人民日报社迁北平。8月，《人民日报》被改组为中共中央机关报。中华人民共和国宣告成立后，《人民日报》随即成为全国最大的报纸，并向国外发行。在这一过程中，该报经历了由地方性报纸向全国性报纸的发展。开始时日出对开6版，有时出8版；1951年起改出对开4版。1949年底时，发行量为9万份；1950年为19万份，1955年为71万份，1956年更是增加到近90万份。作为中共中央机关报，《人民日报》的主要内容是：报道和评论国内外重要时事和重要方针、政策问题；介绍全国各地及首都的情况与中心工作；交流经验，开展各种思想与工作问题的讨论；刊登文艺作品和介绍文艺工作经验；发表读者来信等。首任社长和总编辑分别是胡乔木和邓拓。

---

① 毛泽东：《论人民民主专政》，《毛泽东选集》，第4卷，人民出版社1991年版，第1480页。

第二个层次是大行政区的机关报。中华人民共和国成立初期，全国共设有六大行政区。除华北区的《人民日报》外，其余均创办有自己的党委机关报，即东北局的《东北日报》(沈阳)、西北局的《群众日报》(西安)、华中局的《长江日报》(武汉)、华东局的《解放日报》(上海)和西南局的《新华日报》(重庆)。1954年，各大行政区建制被撤销，所属的机关报即或停或转。

第三个层次是省级党委的机关报，包括省、直辖市和自治区的党委机关报。新中国成立后，每一个省、直辖市或自治区很快创办了一份机关报，到1952年已有将近30家，主要有:《大众日报》、《吉林日报》、《内蒙古日报》、《天津日报》、《新华日报》(南京)、《浙江日报》、《河南日报》、《黑龙江日报》、《江西日报》、《湖北日报》、《新湖南报》、《福建日报》、《甘肃日报》、《青海日报》、《南方日报》、《宁夏日报》、《新黔日报》、《广西日报》、《新疆日报》、《云南日报》、《安徽日报》、《四川日报》和《北京日报》；从1953年到1956年，又创办了《辽宁日报》、《陕西日报》(由《群众日报》改组而来)、《西藏日报》等。上述党报，有的是在原有机关报的基础上扩充而成的，更多的是新创刊的。各大行政区撤销后，所属机关报如《解放日报》、《长江日报》也改组成了省级党报。这些报纸多是对开4版，综合编排；在内容上，兼顾城乡读者。

第四个层次是地（市）级党委机关和县党委机关创办的机关报。由中国共产党各级党委机关报组成的党报系统，成为中华人民共和国成立之初公营报刊体系的主体。据1950年春的新闻工作会议调查统计，当时各级党委共有机关报151家，约占全国报纸总数的59%，居各类报纸首位。党报系统的建立，可以迅速传达党和政府的声音，有利于各项工作的展开。

在数量增加和在新闻战线地位上升的同时，党报也日益完善了自身的体制建设。1950年全国新闻工作会议明确指出联系实际、联系群众、开展批评与自我批评是改进报纸工作的三个主要方面，这就为改进党和人民的新闻事业尤其是党报指明了方向。人民日报社总编辑邓拓说，这三条应该是人民报纸的方针，对于党报来说，更是唯一的方针。①

党报的各种体制和机制也逐渐形成。在党报体制方面，中共中央明确规定：党委机关报是党委的一个工作部门。党报的总编辑、副总编辑和编辑委员由同级党委任命并经上一级党委批准（中央一级由中央直接任命，党报总编辑一般由同级党委委员兼任)；编辑组长和记者由同级党委任命并报告上级党委备案。报社实行总编辑责任制，设立编辑委员会，总编辑对党委负责。党委定期讨论报纸工作，并指定一位党委书记负责直接领导，在重要问题上及时给予指示。党委指导报纸工作常

① 方汉奇主编:《中国新闻事业通史》，第3卷，中国人民大学出版社1999年版，第121页。

用的一种方式是发表报纸述评，如《人民日报》受中共中央之命经常发表报纸述评，各省（直辖市、自治区）委机关报也经常发表对下级报纸工作的述评。在编辑部建设方面，解放初期，一般报纸的编辑部通常设有编辑、采访、通讯联络三大平行的机构。1950年新闻总署发出《关于改进报纸工作的决定》，要求改变编辑、采访、通讯联络工作各自为政的状态，建立编辑部门统一集中领导、按照社会生活的不同方面实行适当分组的管理体制。遵照这一要求，各级党报的编辑部普遍下设了国内政治、工商（或财经、工业）、农村、文教、文艺、国际新闻、理论、群众工作等部（或组）。① 从而有效地加强了党报与党政实际工作、社会生活的联系。

1956年以前，中国共产党的党报在实际宣传工作中取得了很大成绩。经济宣传报道方面的成绩主要表现在以下几个方面：

一是紧密配合党和政府的中心工作。《人民日报》等新闻机构在中华人民共和国成立之初，紧密配合恢复国民经济这一党和政府的中心工作，重点宣传报道统一全国财政工作、调整工商业、精简节约等方面的情况。为加强针对性和权威性，《人民日报》发表了一批切合实际、解决重大问题的评论和新闻，其中有的是邀请中央主持财经工作的领导同志和专家撰写的。

二是突出报道国家重点建设的成就，展示经济建设的新变化。在苏联的帮助下，自1953年起，我国开始实行经济建设的“一五”计划。党报担负起动员组织人民投身国家经济建设，尤其是参加支援重点建设的重大任务。《人民日报》、新华社等新闻机构通过新闻、评论、通讯、报告，真实地展示了一幅幅国家重点工程建设的壮丽景象，充分地反映了重工业和交通、水利建设的空前规模和声势，生动地阐明了重点建设工程在国家经济发展中的重大意义和作用，突出地展现了现代化工程的复杂性、艰巨性和科学性，显示了新中国人民的聪明才智。在具体表现手法上，相关报道克服了业务技术性强、报道面狭窄等缺点，力求报道内容生动有趣、报道形式丰富多样、报道角度新颖多重，从而让读者真切地感受到经济建设的变化。

三是人民群众尤其是先进人物与先进事迹成了宣传报道的主角。《人民日报》等新闻机构，把介绍先进人物和先进经验看做经济宣传密切联系实际和群众的一个重要报道方针。大批先进人物、先进经验在读者心目中留下了光辉的形象，成为推动生产建设的强大的精神力量，“各种新闻工具大力报道组织工业、农业战线开展劳动竞赛的热潮，注意介绍先进人物和先进经验。‘李顺达互助组’发起的农业战线爱国增产竞赛，‘马恒昌小组’提高工业产品质量的经验，曲耀离的棉花丰产经验，郝建秀的细纱操作法，等等，在全国范围广泛传播推广，有力地推动了全国增

---

① 方汉奇主编：《中国新闻事业通史》，第3卷，中国人民大学出版社1999年版，第121～122页。

产节约运动的开展”。①

《人民日报》等新闻机构在政治宣传报道方面取得的成绩主要是成功地报道了开国大典、第一次全国人民代表大会、《中华人民共和国宪法》、日内瓦会议和万隆会议等重大政治、外交活动，为塑造一个人民民主专政制度的新中国的光辉形象作出了重要贡献。

此外，党报还强化了政治理论的宣传。一方面，注重运用各种灵活有效的方式来普及马列主义尤其是毛泽东思想，另一方面，对社会各界学习马列主义、毛泽东思想的行动进行了广泛的报道。20世纪50年代初，《人民日报》等新闻机构将介绍马列主义经典著作、普及马列主义基本知识作为自己的重要宣传任务。《人民日报》用大量篇幅介绍马列主义经典著作，发表单篇原著，刊登学习和介绍原著的文章，特别是突出宣传了《毛泽东选集》第1卷至第3卷的出版发行和全国人民学习毛泽东著作的热潮。与此同时，报刊还普遍开展了各种思想讨论。1950年春夏之交，《人民日报》在“党的生活”栏目里开展了《赵桂兰应不应该扔雷汞》的讨论，部队、机关、工厂、学校、街道100多位读者来信来稿参加了这场讨论。赵桂兰是大连化工厂青年女工、共产党员，为了维护工厂机器财产，她在工作中晕倒在地时，仍不肯扔出手中的雷汞，宁肯自己被炸伤致残。经过讨论，许多读者得到了如何正确处理个人利益与国家利益之间关系的教育。1958年5月至7月，《北京日报》在其《共产党员》专刊上，开展了共产党员应不应该有个人意愿的讨论。此外，《人民日报》、上海《解放日报》分别组织的《没有周密的勘察和调查就不能设计和施工》、《为什么工人阶级是中国革命的领导阶级》的讨论，也对读者进行唯物主义思想教育、坚持无产阶级领导权等方面的教育。这些讨论，活跃了思想，加强了报刊的思想性，也进一步密切了报刊与群众、实际的联系。

但是，由于党报等媒体在总体上对成为执政党后的定位、功能和使命认识不足，在经济、政治宣传工作中不可避免地出现了一些问题。问题的集中表现是“片面强调报道的指导性与思想性，大多从领导角度看问题；指示、教训的口吻多，而从群众的角度提问题、满足群众需要和兴趣的报道少；介绍生产过程多，反映职工生活少”。这些弱点，在一定程度上限制了党报宣传力量的发挥。特别是在“左”的思想影响下，建国初期在党报上进行的3次较大规模的学术文化讨论就出现了上纲上线的错误做法，产生了很坏的后果。这3次文化讨论是：关于电影《武训传》的批判，关于《红楼梦》研究和胡适派资产阶级唯心论思想的批判，对“胡风反革命集团”的揭露和批判。本质上，这些问题都是学术文化层面的问题，对他们的讨论应该限制在学术讨论的范围内；但是，由于采用了领导政治斗争的方

① 方汉奇主编：《中国新闻事业通史》，第3卷，中国人民大学出版社1999年版，第74～75页。

式因而造成了严重的失误。下面仅以对电影《武训传》的批判为例说明之。

电影《武训传》上映后的几个月内，各地报刊发表的表扬性文章多达一二百篇。后来，毛泽东亲自撰写了《应当重视电影〈武训传〉的讨论》一文，于1951年5月20日作为《人民日报》的社论发表；同日还发表专论《共产党员应当参加关于〈武训传〉的批判》。随后，《人民日报》一连7天在显著位置报道上海等地文化界开展批判活动的动态新闻。6月，《人民日报》报道了教育部指示全国教育机关讨论《武训传》和“武训精神”的消息，并在报上发表两篇专论，号召全国省级报纸、出版工作者展开《武训传》的讨论。在此期间，《人民日报》发表了一批基本上是赞成批判的“读者来信”。7月下旬，《人民日报》在第三版连续6天刊载了署名“武训历史调查团”的长达4.5万字的《武训历史调查记》，以“盖棺定论”。对于电影《武训传》的讨论，“实为政治批判，其错误在于它是依据中央个别领导人意见自上而下发动并辅以指令性的行政手段、以新闻工具为主要阵地、采取群众运动的方式进行的，是非常片面、极端和粗暴的”，① 从而给思想战线的“斗争”，开了一个不好的头。

（二）1956年《人民日报》的改版

新中国成立后，共产党报纸的功能和读者对象都发生很大变化，但报社没有及时地进行深入分析研究和开展相应的改革，面对出现的新情况束手无策，甚至出现严重失误。另外，中华人民共和国成立初期照搬苏联的新闻工作经验产生了报纸单一化、可读性减弱等负面效果，社会各界要求新闻改革的呼声因此越来越大。为了适应形势的变化，新闻界开始了“内省式”的改革。作为中共中央的机关报，《人民日报》走在了新闻改革的前列。

早在1956年初，《人民日报》就开始酝酿改革事宜。4月2日，改革正式展开。先是人民日报社编委会讨论通过《关于讨论改进〈人民日报〉工作的计划》，对改革的内容、时间、步骤作出具体详细规定。4月6日，中共中央宣传部副部长胡乔木代表中央到报社宣布《人民日报》进行改版。此后，改版工作全面展开。具体工作包括：向各方面读者——其中既有机关党政领导，也有普通读者——广泛征求意见。征求意见方法包括个别访问、召开小型座谈会，个别写信和发公开信等方式；撰写《解放前报纸的特点》报告，供改版参考；举办国内外报纸展览，并整理国外报纸简介，以资借鉴。

经过一个多月的紧张工作，《人民日报》编委会在5月中旬向中央提交了改版报告。报告提出：改革的目的是“要使《人民日报》能够多方面地反映客观情况和群众意见，及时地深入地宣传解释党和政府的政策，更多地反映和交流地方工作

① 丁淦林：《中国新闻事业史》，高等教育出版社2002年版，第420页。

的经验，对于广大人民迫切关心的工作上、生活上、思想上的问题展开讨论，使《人民日报》成为受群众欢迎的生动活泼的报纸”。报告还提出了扩版、扩大报道范围、开展自由讨论、满足读者需要等具体意见。

1956年7月1日，经中共中央批准，《人民日报》正式宣布改版。其改版社论《致读者》首先总结了该报创刊八年来的成绩，同时也公开承认报社工作“仍然有很多缺点”，存在教条主义和党八股等严重缺点，缺乏生动活泼的作风，不能适应形势发展的需要，因而必须进行一场深入的改革。社论还着重阐述了改版的目的、意见与重点，强调“《人民日报》是党的报纸，也是人民的报纸”，“我们的报纸名字叫作《人民日报》，意思就是说它是人民的公共的武器，公共的财产。人民是它的主人”，“期望全国广大的读者给我们更多的帮助，更多的批评和指示”。社论还把改版的重点内容归纳为三个方面：“扩大报道范围”、“开展自由讨论”、“改进文风”。从这一天起，《人民日报》的篇幅由过去对开4版改为对开8版，版面安排也相应做了调整，第1版仍为要闻版，第2、3版为国内经济版，第4版为国内政治版，第5、6版为国际版，第7版是学术文化版，第8版上、下半部分分别为副刊和广告版。

《人民日报》改版后，给人耳目一新的感觉。首先，反映在新闻报道上，新闻数量大大增加。改版前，报纸新闻数量少，内容又多半是外交、会议、公告等硬新闻。改版后，新闻数量明显增多。改版后的第一个月，《人民日报》平均每天登出新闻74条，共4万字，占全部版面的40%。新闻报道的题材变得广泛，开始提倡报道社会生活中的新闻，探讨解决生活中的问题，更加关心和贴近读者的生活。

其次，报纸言论、副刊和通联工作有了明显改进。与以往相比，《人民日报》的社论以及其他评论文章，题材广泛，且大多短小生动，出现了一些针对性较强的好文章。特别是关于“百家争鸣”方针的讨论，不拘一格，文风多样，一扫教条主义的文风，表现了独立思考、发表意见的自由，引起了知识界极大兴趣。副刊与通联工作得到了进一步加强。《人民日报》创办了文学性副刊，刊登活泼、明快、尖锐的短文和文艺作品；同时，还认真编发群众来信，按照其内容性质分别刊登在有关各版上，改变了过去设立读者来信专版、专页集中刊登读者来信来访的做法。改版后第一个月里，《人民日报》平均每天发表读者来信近10篇。

最后，版式活泼了。版式是报纸特有的语言，文章、照片在版面上的排列组合往往能反映报纸的风格。严谨、端庄、朴素是我国报纸版式特有的传统。在版面处理上，《人民日报》一改往日单调的做法，在继承传统的基础上进行大胆创新。新闻、言论、图片有机组合，尤其是在照片的使用上，或在报眼位置刊登图片新闻，或将大幅照片改为两幅小照片，或是图片在文章中灵活穿插，显得生动活泼，赏心悦目。

《人民日报》改版后，赢得了全国各阶层读者的欢迎。为了推广《人民日报》

改革的措施与经验，促进新闻改革的全面展开，中共中央于1956年8月1日向各省、直辖市、自治区党委批转了《人民日报》编辑委员会向中央呈送的关于《人民日报》改版的报告，各省级党报随之开始改革。中央和地方党报一起努力，积极探索办报新思路，充实内容、做活版面，开展百家争鸣，努力满足读者需求，一些党外报纸和其他公营报纸受此影响，也在调整办报思路，以期适应读者的口味。

由《人民日报》带头进行的党报改革，在新闻实践上迈出了可喜的一步，成果也非常显著。具体表现在：新闻报道的"量"有了明显增加，"质"有了显著提高，时效性有了增强，新闻对社会现实干预的程度明显加深，这些做法都是符合新闻规律的表现；改革也受到了广大读者和群众的欢迎和支持，表现之一就是报纸发行量特别是自费订阅数量明显增加。

二、社会主义建设探索时期的党报——作为阶级斗争的工具

（一）鼓动"鸣放"、指导"反右"

苏共"二十大"后，国际，主要是东欧局势动荡。在苏共批判斯大林浪潮的冲击下，1956年下半年发生波兰波兹南事件和匈牙利事件（史称"波匈事件"）。为避免波兹南、匈牙利之类的事件在中国发生，毛泽东提出了用"无产阶级大民主"帮助党"整风"的办法。

1957年3月6日，中共中央在北京召开了有党外人士参加的全国宣传工作会议。8—10日，毛泽东分别邀请教育界、文艺界、新闻出版界的部分代表座谈；12日，又在大会上讲话，鼓励大家"鸣放"。全国宣传工作会议后，毛泽东于3月16日出京，17日在天津、18日在济南、19日在上海，继续动员"放"和"鸣"。此时，报纸上开始了对"双百"方针大张旗鼓的宣传。

《人民日报》在4月10日也加紧跟进，发表了以《继续放手，贯彻"百花齐放、百家争鸣"的方针》为题的社论，首次在报纸上正面阐述了毛泽东2月27日在最高国务会议上的讲话。社论说："'百花齐放、百家争鸣'并不是什么一时的、权宜的手段，而是为发展文化和科学所必要的长时期的方针。"此后几天，又连续发表了4篇社论，宣传毛泽东的《关于正确处理人民内部矛盾的问题》和《在中国共产党全国宣传工作会议上的讲话》的精神。这4篇社论是：《怎样对待人民内部的矛盾》(4月13日)、《从团结的愿望出发》(4月17日)、《工商业者要继续改造，积极工作》(4月22日)、《从各民主党派的会议谈"长期共存，互相监督"》(4月26日)。

在紧锣密鼓地宣传"双百"方针的1957年4月27日，中共中央作出了关于在全党范围内进行一次以反对官僚主义、宗派主义、主观主义为内容的整风运动的指

示。4 月 30 日，毛泽东约请民主党派负责人和无党派人士在天安门城楼上谈话，要求民主党派帮助共产党整风。5 月 1 日《人民日报》和全国的报纸都刊登了《关于整风运动的指示》。指示要求把正确处理人民内部矛盾问题作为这次整风运动的主题，要求检查“百花齐放、百家争鸣”方针和“长期共存、互相监督”方针的执行情况；宣布实行“开门整风”，即欢迎党外人士自愿参加，帮助中国共产党整风。

整风运动开始后，全国各大报纸都围绕它进行报道。当时把提出批评和意见称为“鸣放”。从 5 月 8 日到 6 月 3 日，中共中央统战部邀请各民主党派负责人和无党派民主人士举行座谈会，征求对党的工作与整风的意见。先后开会 13 次，发言的党外人士达 70 多人。13 次座谈会分为两个阶段，5 月 8 日至 16 日为第一阶段，5 月 21 日至 6 月 3 日为第二阶段。《人民日报》对这些发言做了全面详尽的报道。

就在一些民主党派负责人和无党派人士畅所欲言，向共产党提意见、帮助整风的时候，毛泽东于 5 月 15 日撰写了《事情正在起变化》一文，并发给党内高级干部阅读。毛泽东在文章中说：“现在右派的进攻还没有达到顶点，他们还在兴高采烈”，“我们还要让他们猖狂一个时期，让他们走到顶点。他们越猖狂，对我们越有利”，这叫做“诱敌深入，聚而歼之”。这就表明座谈会后一阶段的任务就是让“右派”“任意鸣放”，“愈嚣张愈好”。此时的《人民日报》实际上成了政治斗争的工具。

1957 年 6 月 8 日，中共中央发出了毛泽东起草的《关于组织力量准备反击右派分子进攻的指示》，向全党发出了反击“右派”的动员令，而且对整个斗争做了周密的部署。同日，《人民日报》发表了题为《这是为什么?》的社论。社论说：“在‘帮助共产党整风’的名义之下，少数的右派分子正在向共产党和工人阶级的领导权挑战，甚至公然叫嚣要共产党‘下台’。他们企图乘机把共产党和工人阶级打翻，把社会主义的伟大事业打翻……这一切岂不是做得太过分了吗？物极必反，他们难道不懂得这个道理吗?”《这是为什么?》的发表，标志着反“右派”斗争正式开始。

为了指导和推动反“右派”斗争，《人民日报》在 6 月 8 日以后，几乎每天发表一篇反“右派”的社论。6 月 9 日，发表《要有积极的批评，也要有正确的反批评》，进一步阐明了对右派分子“破坏性的批评进行正确的反批评”的必要性。6 月 10 日，发表社论《工人说话了》，支持工人反驳“右派分子”的言论，号召觉悟的工人群众“起而应战”。6 月 11 日发表《全国人民在社会主义基础上团结起来》，说：“要不要社会主义？要不要人民民主专政？要不要共产党的领导？这是我们的国家生活中最根本的是非问题。中国人民的大团结就是建立在对这样的问题的共同认识上面。右派分子企图混淆人们在这种根本问题上的认识。”这实际上是公布了划“右派分子”六条标准的最重要的三条。

6月14日，《人民日报》又发表了由毛泽东撰写、署名人民日报编辑部的文章《文汇报在一个时期内的资产阶级方向》，公开批评《文汇报》和《光明日报》，认为："这两个报纸的基本政治方向，却在一个短时期内，变成了资产阶级报纸的方向。这两个报纸在一个时间内利用'百家争鸣'这个口号和共产党的整风运动，发表了大量表现资产阶级观点而并不准备批判的文章和带煽动性的报道，这是有报可查的。"文章指出："这两个报纸的一部分人……混淆资本主义国家报纸和社会主义国家报纸的原则区别。在这一点上，其他有些报纸的编辑和记者也有这种情形，一些大学的一些新闻系教师也有这种情形。"

当日，《文汇报》在转载了人民日报编辑部文章的同时，发表了题为《明确方向 继续前进》的社论，作了自我批评，并承认"在整风运动期间所犯的资产阶级方向错误"。16日又发表社论，表示"欢迎督促和帮助"。7月1日，《人民日报》发表了第二篇批判《文汇报》的社论《文汇报的资产阶级方向应当批判》，这篇由毛泽东撰写的社论说："文汇报在六月十四日作了自我批评，承认自己犯了错误。作自我批评是好的，我们表示欢迎。但是我们认为文汇报的批评是不够的。这个不够，带着根本性质。就是说文汇报根本没有作自我批评。相反，它在十四日社论中替自己的错误作了辩护。"社论断定，《文汇报》有"一个民盟右派系统"，说"文汇报在春季里执行民盟中央反共反人民反社会主义的方针，向无产阶级举行了猖狂的进攻，和共产党的方针背道而驰。其方针是整垮共产党，造成天下大乱，以便取而代之，真是'帮助整风'吗？假的，真正是一场欺骗"。

可见，在"反右派"斗争中，《人民日报》实际上扮演了指挥棒的角色。

（二）发动"大跃进"，鼓动"浮夸风"

1957年"反右派"斗争以后，全国党报高度地一元化和高度地政治化。报纸基本上丧失了新闻专业精神，新闻人也基本上丧失了新闻职业操守。具体表现在：违反新闻工作的"真实性"原则，不顾事实说大话、不讲科学说胡话。新闻报道不核对事实，不思考问题。

10月27日，《人民日报》发表了一篇题为《建设社会主义农村的伟大纲领》的社论。这篇社论是为宣传毛泽东亲自主持制定的《一九五六年到一九六七年全国农业发展纲要》（简称《四十条》）而写的。社论要求"有关农业和农村的各方面的工作在十二年内都按照必要和可能，实现一个巨大的跃进"，"这是党中央通过报纸正式发出'大跃进'的号召，也是第一次以号召形式使用'跃进'一词。"① 当然也就是在报纸上正式宣传"大跃进"的开始。

---

① 转引自薄一波《若干重大决策与事件的回顾》（下卷），中共中央党校出版社1993年版，第680页。

11月13日，《人民日报》又发表社论《发动全民，讨论四十条纲要，掀起农业生产的新高潮》，再次提出要在生产建设上“来一个大跃进”。1958年元旦，《人民日报》发表社论《乘风破浪》。社论要求全国人民“鼓足干劲，力争上游，充分发挥革命的积极性和创造性，扫除消极、怀疑、保守的暮气”，“争取1958年农业生产的大跃进和大丰收”。2月2日，《人民日报》发表社论说：“我们国家现在正面临着一个大跃进的新形势，工业建设和工业生产要大跃进，农业生产要大跃进，文教、卫生事业也要大跃进。”2月12日，《人民日报》为第一次全国人民代表大会第五次会议闭幕而发的社论，题目就是《一次争取大跃进的大会》。社论提出：“我们口号是苦战三年，争取三年内使全国大部分地区的面貌基本改观。”5月，中共八大二次会议提出“鼓足干劲、力争上游、多快好省地建设社会主义”的总路线，各条战线“大跃进”形势迅猛发展，新闻界对“大跃进”的宣传也是高潮迭起，违反科学的新闻报道和社论俯拾即是。

“大跃进”中，新闻宣传报道反科学的主要表现是任意编造数字，浮夸成风。肆意宣传农业高产“放卫星”就是典型的例子。因为苏联发射了两颗人造地球卫星，在全世界引起很大震动，于是人们就将造假的所谓高产典型也叫“放卫星”，以期和人造地球卫星一样震动全世界。经过新闻媒体的宣传，“放卫星”在很短的时间内就成为全国最流行的时髦语言，也成了新闻报道中出现频率最高的一个词。第一颗高产“卫星”是河南遂平县嵖岈山人民公社放的。嵖岈山公社负责人把20亩试验田里已经成熟的小麦移植到2.9亩地里，从而“亩产”3521斤。6月18日，《人民日报》、《河南日报》均在头版头条发布了这条高产新闻。《人民日报》还专门套红发了号外。随后，“卫星”越放越大：河南西平县城关镇和平农业社试验小麦“亩产”7320斤、青海蹇什克农场“亩产”小麦8585斤、湖北麻城县建国第一农业社“亩产”稻谷36956斤、广西环江县红旗公社中稻平均“亩产”130434斤10两4钱！此外，《人民日报》还连续发表了玉米、高粱、谷子、番薯、芝麻、南瓜、芋头、蚕豆、苹果等28种农作物和蔬菜、水果的高产“卫星”；为了更有说服力，有的新闻报道还配发4个儿童端坐在稻穗上和“科学家正在丰产田里考察”等图片。

对工业的报道也是如此。1957年11月，毛泽东提出“十五年后，我们可能（在钢铁生产指标方面）赶上和超过英国”。① 为了实现“雄心壮志”，全党全民大办钢铁。1958年元旦，《人民日报》发表社论提出：“我们要在15年左右的时间内，在钢铁和其他重要工业产品产量方面赶上和超过英国”，“再用20年到30年的时间在经济上赶上并且超过美国”。2月1日，《人民日报》发表文章论证了赶超

① 转引自薄一波《若干重大决策与事件的回顾》（下卷），中共中央党校出版社1993年版，第691页。

英国的可行性。文章对比了中英两国的钢、生铁、煤、电力、水泥、硫酸、氮肥等重工业原材料的产量情况，结论是：解放后我们的增长速度快，因此“超英赶美”是可以做到的。于是，钢铁生产指标方面的赶超英国就发展成为各行各业全方位的赶超。6月22日，毛泽东在一个批示中说：赶超英国，不是十五年，也不是七年，只需要两年到三年，两年是可能的。① 于是，赶超的时间大大缩短。1958年8月，中共中央决定1958年的钢产量要比1957年翻一番，达到1070万吨。为了实现这个目标，新闻单位开始大规模地宣传。8月8日《人民日报》发表社论《“土洋并举”加速发展钢铁工业的捷径》，号召全党全民办小型钢铁工业。9月1日《人民日报》发表社论《立即行动起来，完成把钢产量翻一番的伟大任务》。5日，又发表社论《全力保证钢铁生产》，要求与钢铁生产无直接关系的部门“停车让路”。经过《人民日报》大张旗鼓地宣传，全党全民大炼钢铁运动在全国各地迅速全面铺开。8月以前，全国已建起一批10万吨以下的土高炉、小高炉；9月后，又新建了几十万座。从中小学生到七八十岁的老人，都积极投身其中。各类报纸和各地电台，也继续为之大造声势。1958年12月22日，《人民日报》居然以套红通栏大标题刊登了《一〇七〇万吨钢——党的伟大号召胜利实现》的报道。报道说：据冶金工业部12月19日的统计，今年全国生产钢1073万吨，比1957年的钢产量“增加”了一倍还多。但实际上，这样生产出来的“钢铁”根本就是废钢废铁。以《人民日报》为代表的新闻媒体不讲科学研究、不顾客观事实的“发热”，完全违反了新闻工作根本原则，一味无限制地夸大人的主观意志作用，既在国内外造成了不良的影响，又极大地破坏了环境、浪费了资源。

面对各行各业“大跃进”的形势，新闻界也提出了自身的“大跃进”规划。1958年2月27日，人民日报编委会制定了《人民日报苦战三年工作纲要》，提出了该报气魄宏大的二十三条发展纲要。《人民日报》的跃进口号是：苦战三月，使报纸面貌焕然一新；苦战三年，使报社面目大改观。纲要要求《人民日报》对中央路线、方针和重大决策的宣传做到及时、准确、系统，真正成为党中央机关报。

该纲要对新闻评论、新闻报道、版面和标题、干部队伍、群众工作、写作文风以及同各地省市委的关系等都提出了很高的标准和很严的要求，要求各部门和每个人都制定“跃进规划”，并开展挑战、应战、竞赛、评比活动。报社成立报纸研究组，天天评报插红旗，评好新闻、好标题、好版面、好评论。② 这一纲要得到了毛泽东的首肯：“人民日报提出二十三条，有跃进的可能。我们组织和指导工作，主

---

① 薄一波：《若干重大决策与事件的回顾》(下卷)，中共中央党校出版社1993年版，第699页。

② 聂眉初：《头脑发热的日子》，《人民日报回忆录》，人民日报出版社1988年版，第147页。

要依靠报纸，单是开会，效果有限。"① 除此之外，《人民日报》还把版面下放，让各省分别自编一些版面，同时在新闻写作上搞群众运动，写一篇稿子有时要发动几十人甚至几百人来集体“讨论”。

在《人民日报》的带动下，其他报纸也纷纷行动，加入到“大跃进”的行列。《中国青年报》提出的战斗口号是：苦战两月，提高质量刷新版面；苦战三年，报纸工作全面“大跃进”。总编室、采访部、夜班编辑部均提出了各自的跃进计划。《解放日报》为了搞“大跃进”，由原来的4个版增加到6个版，他们的战斗口号是：为办好一张具有鲜明党性的生动活泼的名副其实的党报而奋斗。许多省、市报纸也不甘落后，制定计划，以期实现“飞跃”。

党报“大跃进”报道中的种种问题，毛泽东和中共中央从1958年11月的“郑州会议”开始有所觉察。11月底在武昌召开的中共八届六中全会期间，毛泽东对记者说：“记者的头脑要冷静，要独立思考，不要人云亦云”，“不要人家讲什么，就宣传什么，要经过考虑”；他还特别叮嘱新华社和《人民日报》记者不能道听途说，要有独立判断能力，要防止弄虚作假，力戒虚夸。② 1959年1月22日，中共中央在《关于目前报刊宣传工作的几项通知》中指出：对“大跃进”成就和人民公社优越性的宣传，要注意科学分析，力戒浮夸。与此同时，《人民日报》和新华社在总结1958年报道经验时，对这一问题亦有所认识。

但1959年的“庐山会议”和此后全国性的反“右倾”斗争改变了一切。1959年7月2日至8月16日，中共中央政治局扩大会议和中共八届八中全会先后在庐山召开。会议本来是为纠正“大跃进”中“左”的错误而召开的。但是，彭德怀对“大跃进”提的意见触怒了毛泽东，会议立即转向，即由反“左”转为反“右”，并由此在全党和全国展开了一场声势浩大的“反右倾”斗争。在批判彭德怀和批判“右倾”机会主义分子的斗争中，新闻界的新闻报道和言论高度地“一边倒”：批驳“右倾”观点，宣扬总路线、大跃进、人民公社“三面红旗”的优越性，鼓吹“继续跃进”。

1959年8月以后，新闻界内部也开展了反对“右倾机会主义”的斗争。一些在1958年“大跃进”运动中敢于讲真话、坚持原则的新闻工作者被戴上“右倾机会主义者”的大帽子，或被撤销职务，或被下放劳动。他们的精神遭到打击，心灵饱受伤害，工作受到影响，多数同志直到1962年方得以平反。

总体上看，在整个“大跃进”年代，以《人民日报》为首的党报所扮演的角色不是很光彩。不讲科学，不顾及新闻工作的根本原则，丧失了新闻媒介的责任

---

① 转引自吴冷西《忆毛主席——我亲自经历的若干重大历史事件片断》，新华出版社1995年版，第61页。

② 《毛泽东新闻工作文选》，新华出版社1979年版，第212页。

感，一味地跟风，给党和人民的事业造成了严重损失。1959 年 6 月 20 日，在中央政治局会议上讨论宣传工作时，刘少奇指出：报纸、通讯社和广播电台应当认真总结去年宣传工作的经验教训。毛泽东也承认，报纸上“去年吹得太凶、太多、太大。现在的问题是改正错误”。① 1961 年 5 月，刘少奇在同《人民日报》、新华社负责人谈话时更是严厉地指出了《人民日报》的错误：“你们《人民日报》上登的新闻，有多少是真的？你们天天用大字登头条新闻，今天说哪里生产如何好，昨天说哪里的公共食堂办得好，究竟有多少是真的？你们想用这些典型事例来指导实际工作，典型本身就不真，怎样能指导实际工作呢？”三年来，《人民日报》“在宣传生产建设方面的浮夸风，在推广先进经验方面的瞎指挥风，在政策和理论宣传方面的片面性，对实际工作造成很大恶果。你们宣传了很多高指标，‘放卫星’，在这个问题上使我们党在国际上陷于被动”；“大跃进”中的错误，“中央负一半的责任，《人民日报》也要负一半的责任”。②

(三)“兴无灭资”和“反修防修”

1962 年 9 月，中共八届十中全会强调抓阶级斗争和反对修正主义、防止“和平演变”的斗争。作为党的喉舌，各级党报便成了“兴无灭资”和“反修防修”的阵地，具体做法是从正面报道各种典型，从反面批判修正主义。

1. 关于典型报道

在 1960 年 12 月 24 日至 1961 年 1 月 13 日召开的北京工作会议和随后召开的党的八届九中全会上，毛泽东号召全党一切从实际出发，大兴调查研究之风，要求 1961 年成为“实事求是年”、“调查研究年”。1961 年 1 月 29 日，《人民日报》以《大兴调查研究之风》为题发表社论，阐释开展调查研究的重要性、目的和意义。5 月 1 日刘少奇对《人民日报》工作发表谈话时也强调：报纸工作人员是“调查研究的专业工作人员”，报纸上的一切文章都应当是调查研究的结果。③ 新闻界在积极宣传大兴调查研究之风的同时，自身也开展了调查研究。广大新闻工作者深入群众、深入实际、深入采访，采写了一批内容翔实、实事求是的新闻通讯和典型报道。

1963 年起关于先进人物典型雷锋的宣传报道，是这个时期规模最大、影响最

---

① 转引自吴冷西《忆毛主席——我亲自经历的若干重大历史事件片断》，新华出版社 1995 年版，第 137 页。

② 刘少奇：《关于人民日报工作的谈话》。北京新闻学会编印：《刘少奇同志关于新闻工作的几次讲话》，1980 年版，第 26 页。

③ 方汉奇主编：《中国新闻事业通史》，第 3 卷，中国人民大学出版社 1999 年版，第 289 页。

大的有关先进人物典型的报道。雷锋是一名优秀的中国人民解放军战士，共产党员，1962 年 8 月因公殉职。他不同于战争年代像董存瑞、黄继光那样壮烈牺牲的英雄人物，而是助人为乐、无私奉献，在平凡的工作和生活中表现出了崇高的共产主义品德和情操。他生前，《解放军报》、《中国青年报》就对他进行过一些报道。1963 年 1 月 7 日，国防部命名他生前所在班为“雷锋班”。《辽宁日报》立即开始连续的、突出的宣传雷锋。2 月 7 日，《人民日报》发表通讯《毛主席的好战士——雷锋》，以及《雷锋日记摘抄》和反映雷锋生活的一组图片，并配发评论员文章《伟大的普通一兵》；2 月 8 日，《解放军报》又发表由特约记者采写的通讯《伟大的战士》。其中，《中国青年报》的报道最为集中：5 月 4 日，《中国青年报》用一、二版两个整版的篇幅发表长篇社论《论雷锋——“五·四”中国青年节献辞》；1963 年 3 月至 10 月 7 个月间，关于雷锋的宣传达 50 多万字，占这个时期整个报纸版面的十分之一。3 月 5 日，《人民日报》发表毛泽东的题词，“向雷锋同志学习”。毛泽东的题词极有力地推动了学习雷锋活动的开展。党报在宣传雷锋先进事迹的基础上，进一步加大了学习雷锋宣传的力度。宣传重点主要集中在：号召人们学习雷锋全心全意为人民服务，毫不利己、专门利人的精神；学习雷锋乐于做平凡工作，做一个永不生锈的螺丝钉精神；学习雷锋勤学苦练，又红又专，做什么就专什么、爱什么的精神；学习雷锋艰苦朴素、永不忘本的精神。各地、各行各业学习雷锋的好人好事，也成了各报竞相报道的重点。一些报纸根据自己的情况，有特点、有重点地进行了某方面的宣传。如《光明日报》反映了大中学校学生学习雷锋后严格要求自己、服从分配的事迹；《山西日报》报道了全省民兵学习雷锋后提高了阶级觉悟；《大众日报》、《新华日报》报道了农村青年学习雷锋后更加热爱集体；《解放军报》则开展了“向雷锋同志学习”征文的活动，集中发表了来自全国各地部队、不同岗位不同职务人员的来稿来信 1.5 万多件……通过媒体的宣传，雷锋的名字家喻户晓，雷锋精神深入人心，全国掀起了一个“向雷锋学习”的高潮，社会风气也为之一变。

1964 年，毛泽东发出“工业学大庆”和“农业学大寨”的号召后，全国新闻单位进一步对其进行了大力宣传，工业战线的大庆油田和农业战线的大寨大队因此成了这一时期最重要最有影响的两个先进集体典型。《人民日报》记者袁木、范荣康采写的通讯《大庆精神大庆人》是其中的代表作。该通讯宣传了大庆人从油田的实际出发，认真学习和运用毛泽东思想，在实际斗争中作出重大贡献；宣传了大庆油田一批以“铁人”王进喜为代表的先进人物为祖国争光、为民族争气的爱国主义精神；宣传了大庆人独立自主、自力更生、艰苦奋斗的创业精神，以及讲求科学、一丝不苟的求实精神和忘我劳动的无私奉献精神。大庆和王进喜因此在以后很长一段时间成了自力更生、没有条件创造条件也要搞社会主义建设的先进典型。大寨的宣传则塑造了一个用革命精神战天斗地、同穷山恶水进行百折不挠斗争，自力更生艰苦建设美好家园的典型。大寨是山西昔阳大寨公社的一个生产大队，自然条件非常艰苦。1964 年 2 月 10 日，《人民日报》发表通讯《大寨之路》，介绍了大寨人克服险恶的自然条件发展生产的事迹，并发表社论《用革命精神建设山区的好榜样》。报道使“战天斗地、百折不挠、艰苦创业、奋发图强”的大寨精神在神州大地颂扬，“农业学大寨”运动在全国兴起。

1966 年关于焦裕禄的报道也产生了很大的社会反响。焦裕禄，河南省兰考县县委书记，全心全意为人民服务的好干部，1964 年病逝在工作岗位上。焦裕禄是这一时期新闻报道中另一个影响很大的先进人物典型。1966 年 2 月 7 日，《人民日报》发表了穆青、冯健、周原采写的通讯《县委书记的榜样——焦裕禄》，介绍了焦裕禄的感人事迹，并配发社论《向毛泽东同志的好学生——焦裕禄学习》。社论指出：“焦裕禄同志的事迹，对于全国各地的县委书记同志和各行各业的领导干部，是一个巨大的启发”，“焦裕禄同志为我们树立了一个完全、彻底为人民服务的典范”。通过媒体宣传，一个不怕苦、不怕死、不图名、不图利，全心全意为人民服务的共产党的干部形象展现在全国人民面前。通讯《县委书记的榜样——焦裕禄》真挚感人，使焦裕禄的事迹打动了千千万万读者的心。

此外，还有发奋图强建设新农村的邢燕子、舍身救火英雄向秀丽、“一不怕苦、二不怕死”的战士王杰，以及拒腐蚀、永不沾的“南京路上好八连”、创造并推广棉花芽苗移栽法的吴吉昌……都是新闻媒体宣传的先进典型。这一时期不断涌现的先进人物，成了时代的显著标志；反映他们先进事迹的新闻报道，既宣传了先进个人、先进集体，又传播了先进思想、好经验，有些后来还被收入中小学语文教材，产生了很好的社会效果。

2. 关于批判苏联修正主义

在当时的话语中，苏联是修正主义的代表，简称“苏修”。从 1956 年到 1966 年的 10 年间，过去“亲密无间”的中苏两党突然翻脸相向。1963 年 7 月 14 日，中苏两党代表在莫斯科会谈期间，苏共中央发表了一份长达数万字的《给苏联各级党组织和全体共产党员的公开信》。在这封公开信里，苏共中央首次系统地、详尽地叙述了两党的分歧和争论，并公开点名指责中共领导的“特殊路线”。公开信列举了关于战争与和平、热核战争、和平共处、反对个人迷信和批判斯大林、世界革命、社会主义阵营和国际共产主义运动的团结、阿尔巴尼亚、南斯拉夫等问题，阐述了苏共中央在这些问题上的看法，并尖锐地抨击了中共中央的立场。随后，苏联的全国性报刊又发表了几百篇攻击中国共产党的文章，使中苏两党之间的分歧公开化。7 月 20 日，《人民日报》全文发表了苏共中央的公开信，并配发了“编者按”。“编者按”指出：“这封信的内容是不符合事实的，它的观点是我们不能同意的。这封信采用了马克思列宁主义者绝对不能允许的歪曲事实、颠倒是非的手法”，明确表示“将在以后的文章中提供材料，加以澄清”。毛泽东从 1963 年 9 月

6日至1964年7月14日亲自主持发表了九篇评论苏共中央《公开信》的文章，即“九评苏共”，两党之间的论战由此达到顶峰。中共中央以《人民日报》、《红旗》编辑部名义发表的“九评”认为：苏联资本主义已经复辟，中国应该和苏联以及华沙条约国家的共产党划清界限；苏联已不再是社会主义国家，中国则是反帝反修的世界革命中心。

虽然每一篇文章都写得大气磅礴，极具煽动力。但是，那毕竟是特殊时代、特殊背景下的产物。1980年4月2日，《人民日报》就发表文章反省到：在“九评”苏共中央的公开信里，“修正主义的起因和性质已被错误地阐述”，“甚至错误地提出，无产阶级政党执政后，提出致力于发展生产力的理论是修正主义”。

3. “以阶级斗争为纲”的宣传和批判文化领域的“封资修”

1962年8月，毛泽东在党的八届十中全会上提出“党的基本路线”时指出：“社会主义是一个相当长的历史阶段。在社会主义这个历史阶段中，还存在着阶级、阶级矛盾和阶级斗争，存在着社会主义同资本主义两条道路的斗争，存在着资本主义复辟的危险性”，因此强调“千万不要忘记阶级斗争”，指出“我们从现在起，必须年年讲、月月讲、天天讲”，① 实际上是提出了以阶级斗争为纲的宣传策略。在这样的思想指导下，新闻宣传中的“左”倾错误重新抬头且有所发展，具体表现就是开展了许多对意识形态领域的过火的批判。主要有：

对小说《刘志丹》的批判。1956年，工人出版社约请作家李建彤写作小说《刘志丹》。李建彤于1962年春写出第5稿，并印成样书广泛征求意见。小说受到了好评，中宣部主管文艺的副部长周扬甚至认为：小说写得很好，可以出版，还可拍成电影。1962年7月28日，《工人日报》开始连载《刘志丹》第2卷；《中国青年报》、《光明日报》也发表了作品的部分章节。但同年9月，康生诬指《刘志丹》是“为高岗翻案的反党大毒草”，并得到了毛泽东的认同。毛泽东说：“利用小说进行反党，是一大发明。凡是要推翻一个政权，首先是制造舆论，搞意识形态，搞上层建筑。革命如此，反革命也如此。”② 于是，小说受到批判，有关人员被立案审查。而且此事株连甚广，酿成了波及万人的大冤案。《工人日报》的党组织多次检讨仍不能过关，有关编辑受到审查，不仅要检查思想，而且还要从组织上彻底追究。这表明，意识形态领域的“左”倾错误又泛滥起来了。

对昆曲《李慧娘》的批判。1961年，北京上演了孟超改编的昆曲《李慧娘》，讲的是南宋奸臣贾似道害死美女李慧娘，李化为厉鬼报仇的故事。长安剧院舞台

---

① 《中国共产党历次重要会议集》，上海人民出版社1983年版，第196～197页。

② 《关于建国以来党的若干历史问题的决议注释本》(修订)，人民出版社1985年版，第369页。

“女鬼”亮相，受到了一些认同。但此时正逢毛泽东讲“不怕鬼”的问题，他把“鬼”比作“帝国主义”、“修正主义”和“各国反动派”，号召全党“与鬼斗”，并责成社科院文学所编纂了一本《不怕鬼的故事》，发行海内外。当时任北京市委统战部部长的廖沫沙以“繁星”的笔名在《北京晚报》上发表了一篇《有鬼无害论》，意在说明古今文学作品中，好的鬼故事很多，演一演也没有害处。1963年5月，《文汇报》发表江青组织的长篇文章《“有鬼无害”论》，开始在全国批判“鬼戏”，公开批判了昆曲《李慧娘》和廖沫沙的评论文章。这些批判乱扣帽子，无限上纲，诬指孟超、廖沫沙是借厉鬼“向共产党复仇”。批判文章不仅使剧作者、导演、演员和一些剧评家遭受迫害，而且大规模地波及了影视戏剧界。

对多部电影的批判。1964年，《人民日报》等报刊发表文章批判《北国江南》、《早春二月》、《林家铺子》等多部影片。《北国江南》本是一部“描写人民群众在党的领导下，依靠自己的力量，改造自然，变塞外为江南的赞歌式的电影”，塑造了一批并无惊天动地业绩但忠厚朴实的共产党员形象。但批判者认定影片“在怎样正确反映农村阶级斗争，怎样塑造正面英雄人物的形象，怎样正确对待中间人物在创作中的地位和作用等根本性的问题上，都存在着严重的错误”。《早春二月》是根据“左联”作家柔石1929年创作的中篇小说《二月》改编而成的，但影片被批评为“散布阶级调和思想，在精神上毒化人民，腐蚀人民”，电影主人公被认定为逃避阶级斗争。1964年8月14日，中宣部向中共中央书记处报告说，《北国江南》和《早春二月》是两部思想内容有严重错误的影片；其共同特点是宣传资产阶级的人性论和人道主义，抹杀和歪曲阶级斗争，着重表现中间状态的人物并以这种人物作为时代的英雄。《北国江南》、《早春二月》遭到批判后，《舞台姐妹》、《红日》、《兵临城下》、《革命家庭》、《林家铺子》、《聂耳》、《怒潮》、《不夜城》、《两家人》、《球迷》、《逆风千里》、《抓壮丁》等许多电影被拉入这场批判运动之中。

对“反动学术权威”的批判。从1964年夏季开始，意识形态领域“左”的批判还扩大到哲学、经济学、历史学、教育学、医疗卫生等各个学术领域。首当其冲的是哲学方面批判了杨献珍的“合二而一”论，在经济学方面批判了孙冶方有关重视价值规律、重视利润和扩大企业权限等经济思想，在历史学方面批判了翦伯赞的“让步政策”论和“清官”问题等史学理论……当时，对这些学术观点不是根据“百家争鸣”的精神开展讨论，而是根据政治需要任意提高到两个阶级、两条道路、两条路线的斗争上来进行批判。如《人民日报》、《红旗》杂志就给杨献珍扣上“修正主义”、“阶级调和论”、“资产阶级在无产阶级内部的代理人”等大帽子，结果杨献珍被错误地打成“反党分子”，其他被批判的同志也大多遭到了类似的打击。连续不断的“批判”，使学术与文化遭到了严重的贬值。

4. 点燃“文化大革命”的导火线——关于对《海瑞罢官》的批判

对吴晗的新编历史剧《海瑞罢官》的批判，是“文革”前夕意识形态领域声势最大、影响最坏的批评，后来更发展成为“文化大革命”的导火线。需要说明的是在这次批判中，上海的《解放日报》、《文汇报》和北京的《解放军报》发挥了特殊作用。

1959年4月，毛泽东在上海召开工作会议，提出要学习海瑞“刚正不阿，直言敢谏”的精神。6月，吴晗根据毛泽东的讲话精神，为《人民日报》写了《海瑞骂皇帝》一文。下半年，北京京剧团的著名演员马连良央请吴晗为他们写一出关于海瑞的戏。1961年1月，《北京文学》发表了吴晗写的剧本《海瑞罢官》，反响很好。同年初，根据吴晗剧本《海瑞罢官》排练的京剧正式演出。1962年7月，江青看过之后认定《海瑞罢官》有严重的政治问题，是一株借古喻今的“大毒草”，要批判；1964年，康生也诬指《海瑞罢官》同庐山会议有关，同彭德怀问题有关。1965年，在北京组织人写批判《海瑞罢官》的文章无果后的江青跑到上海，找到了张春桥、姚文元合谋，由姚文元执笔起草批《海瑞罢官》的文章。写作是在高度保密的情况下进行的。不久，姚文元写成《评新编历史剧〈海瑞罢官〉》一文，于11月10日在《文汇报》上发表。文章把明朝海瑞的“退田”、“平冤狱”与1962年的“单干风”、“翻案风”牵强附会在一起，从而在政治的高度上认定《海瑞罢官》“是一株毒草”。

姚文元的文章发表后，《人民日报》、《北京日报》、《解放军报》等北京的主要报刊在十多天后的11月29日才转载这篇文章，而且转载时都加了编者按语。《人民日报》的“编者按”说：《海瑞罢官》是学术问题，欢迎文学界、哲学界、文艺界和读者踊跃参加《海瑞罢官》和有关问题的辩论；“我们的方针是既容许批评自由，也容许反批评自由；对于错误意见，我们也要采取说理的方针，实事求是，以理服人”。这个“编者按”是根据彭真的意见写的，并由周恩来修改和审定的。《人民日报》转载时把姚文元的文章放在第五版《学术讨论》专栏发表，显然是把它作为一个学术问题来处理的。①《北京日报》的“编者按”强调：有不同意见应该展开讨论，但“要实事求是地弄清是非”。《解放军报》则指出：《海瑞罢官》是一株“大毒草”。此后几天，北京的报纸也陆续发表了一些文章，但基本上是控制在学术讨论的框架内。但也正是这种方式，引发了毛泽东的不满及更猛烈的批评。

1965年底，毛泽东在杭州同身边的秘书田家英、胡乔木、陈伯达说：“《海瑞罢官》的要害问题是‘罢官’；嘉靖皇帝罢了海瑞的官，我们罢了彭德怀的官。彭

---

① 陈明显、张恒等：《新中国四十年研究》，北京理工大学出版社1989年版，第348~349页。

德怀也是‘海瑞’。”① 这就使对《海瑞罢官》的批判，具有非常严重的政治性质。1966年初，这场批判运动在全国范围内逐渐推向高潮，报刊上发表的批判吴晗的文章也越来越多。不过，“文化革命五人小组”组长彭真2月主持召开的会议仍试图“淡化”《海瑞罢官》和吴晗的问题，会后起草了《文化革命五人小组关于当前学术讨论的汇报提纲》（即《二月提纲》）也试图把已经开展起来的批判运动限于学术讨论的范围。但3月底，毛泽东明确表态：《文化革命五人小组关于当前学术讨论的汇报提纲》是错误的。形势从此急转直下。中央军委批准了江青主持制定的《林彪同志委托江青同志召开的部队文艺工作座谈会纪要》。该纪要全面否定了中华人民共和国成立以来文艺战线上的成绩，认定文艺界“被一条与毛主席思想相对立的反党反社会主义的黑线专了我们的政”，并表示要“坚决进行一场文化战线的社会主义大革命，彻底搞掉这条黑线”。

4月2日，《人民日报》、《光明日报》同时发表戚本禹的文章《〈海瑞骂皇帝〉和〈海瑞罢官〉的反动实质》，从政治上对吴晗进行了进一步的批判。5月8日，《解放军报》在江青的策划下发表了署名“高炬”的文章《向反党反社会主义黑线开火》；《光明日报》发表了署名“何明”的文章《擦亮眼睛 辨别真假》。10日，上海《解放日报》、《文汇报》同时发表姚文元的文章《评“三家村”——〈燕山夜话〉〈三家村札记〉的反动本质》，污蔑邓拓、吴晗、廖沫沙“合股开了黑店”，是继《海瑞罢官》之后有组织、有步骤、有指挥地向党进攻。全国报纸奉命都转载了姚文元这篇文章。5月16日，中共中央政治局扩大会议通过了经毛泽东7次修改而成《中国共产党中央委员会通知》（通称为《五·一六通知》）。通知撤销了以彭真、陆定一为正副组长的中央文化革命五人小组，取而代之的是新成立的、以陈伯达为组长“中央文化革命小组”。

5. 吹响“无产阶级文化大革命”的号角

1966年4月18日，《解放军报》发表《高举毛泽东思想伟大红旗，积极参加社会主义文化大革命》的社论，将江青炮制的《林彪同志委托江青同志召开的部队文艺工作座谈会纪要》的精神公之于众，在全国提前吹响“文化大革命”的号角；同时，为了“造神”的需要，打破常规版面安排格局，在报眼位置每天刊登“毛主席语录”；在行文中，凡引用毛泽东的话，均用黑体字处理；凡有毛泽东活动的新闻，一律用套红大字标题……这些都成为全国报纸效法的样板。

1966年5月31日，陈伯达带人到《人民日报》，改组了该报的领导班子。此后，《人民日报》“重显威风”。“文革”全面爆发后，全国最有影响的报刊是中共中央机关报《人民日报》、中共中央机关刊物《红旗》杂志和《解放军报》。完全

---

① 《关于建国以来党的若干历史问题的决议注释本》（修订），人民出版社1985年版，第394页。

被“中央文化革命小组”所掌控的“两报一刊”成为了“无产阶级专政的工具”，威力无比，所向披靡。它们发布了一个又一个“战斗”指令，在全国掀起了一场接一场批判运动，发表一篇又一篇整人“檄文”，全国从党的高级干部到普通老百姓，许多人倒在“两报一刊”的“檄文”下。

在“文化大革命”期间，党报及其从业人员也成了被摧残的重灾区——新闻机构的权被夺、人被整，受到种种迫害。由于江青和“中央文革”认定：新中国成立后的十七年，刘少奇等人“疯狂推行反革命的资产阶级新闻路线，把叛徒、特务、走资派安插到各个新闻单位中，妄图使新闻事业变成颠覆无产阶级专政、复辟资本主义的工具”，新闻界成了“中国赫鲁晓夫及其代理人把持的反革命独立王国”。① 新闻界很快遭受了灾难性的摧残。1966 年 5 月中旬，《北京日报》、《北京晚报》、《前线》杂志等领导班子被撤换；5 月底，《人民日报》被接管；1967 年 1 月，上海《文汇报》和《解放日报》先后被造反派夺权接管。此后不久，全国各级党报均被改组为“红色政权”——革命委员会的机关报。有的报纸还更改了报名，或者重新印制了报头；有的甚至重新更改了出版编号，以示与旧党委机关报彻底决裂。据统计，1965 年全国邮发的中央和地方报纸共计 413 种、杂志 767 种，1966 年分别减少为 390 种和 248 种，1967 年再减至 334 种和 102 种。② 到 1970 年，报纸只剩下 42 种。

随着新闻界夺权之风愈演愈烈，一批正直的党报工作者被迫离开了新闻战线。“文化大革命”刚刚发动，1966 年 5 月 18 日，“人民新闻家”邓拓含冤自杀，酿造了新闻界的第一起悲剧。在随后的“夺权”斗争及长达十年的迫害中，老一辈新闻工作者孟秋江、金仲华、范长江、章汉夫、潘梓年等先后被迫害致死。同时，还有大量的新闻工作者以种种“莫须有”的理由被打成反革命分子。轻者撤换工作，下放到“五七”干校进行劳动改造；重者投进监狱，经受非人的折磨甚至被迫害致死。这一切，给中国的新闻事业造成了难以弥补的损失。

三、社会转型时期的共产党党报——走向产业化

1976 年 10 月 6 日，中共中央作出决定，将作恶多端的王洪文、张春桥、江青、姚文元“四人帮”逮捕归案，结束了持续十年之久的“文化大革命”，在经过了两年的徘徊期之后，从 1978 年 12 月中共十一届三中全会起，中国的历史翻开了

① 《人民日报》、《红旗》杂志、《解放军报》社论：《把新闻战线的大革命进行到底》，1968 年 9 月 1 日。

② 方汉奇主编：《中国新闻事业通史》，第 3 卷，中国人民大学出版社 1999 年版，第 332 页。

新的一页，随着改革开放的进展，中国社会进入深刻的转型时期。转型时期中国的政治、经济、科技、文化等各项事业快速发展，中国的报业结构也发生了重大变化，已由比较单一的中国共产党机关报结构发展为以中国共产党机关报为主导的多层次、多品种的报业结构，并且中国共产党机关报也加紧了改革步伐，在保证正确舆论导向的前提下，步入了产业化的轨道。

（一）扬弃“阶级斗争工具”观念，确认党报的“双重属性”

1979年1月13日，《光明日报》发表《阶级斗争“任何时候”都是“纲”吗?》一文，第一次公开否定“以阶级斗争为纲”的口号。新闻界根据解放思想、实事求是的精神，总结中国共产党新闻工作正反两方面的经验教训，大胆否定了“报纸是阶级斗争的工具”这一长期指导党的报刊工作的论断，认为在剥削阶级已经消灭、阶级斗争不再是社会主要矛盾的社会主义建设时期，报纸的主要功能不再是阶级斗争的工具。

1980年2月，中共十一届五中全会为刘少奇平反昭雪。北京新闻学会举行了刘少奇新闻理论学术讨论会，通过重新学习和研究，充分肯定了刘少奇有关新闻事业的性质、功能、风格等论述的时代意义，有力地推动了新闻思想的解放，为确认党报的“双重属性”找到了理论根据。

长期以来，认为党报只具有单一的事业属性，习惯上被称为“新闻事业”，即基本上按国家事业单位的规定和要求，承担党和政府赋予的宣传报道任务。十一届三中全会后，市场和经济因素在经济活动中的作用重新被肯定，新闻界也萌生了摆脱单纯地依靠国家财政支持、借助市场和经济的因素谋求生存和发展的欲望。1978年底，人民日报社等首都8家报社联名向财政部递交了要求试行“事业单位，企业化管理”的经营方针的报告。这个报告成了中国传媒业由单一的事业性属性向兼有事业性和产业性双重属性转变的标志性事件。报告的核心内容是实行企业式的经营和管理方式，即党报按照企业的运作方式来从事经营和管理，但不改变其事业单位的性质。

党报实行企业化管理，在行政运行上实行“三放开”，即编制放开、机构放开、分配放开；在经营机制上，随着国家拨款的减少，迫使党报在做好新闻报道的同时还要搞好经营管理，打破“大锅饭”、实行聘任制等举措催生了党报从单纯生产型向经营型的转变；在具体的业务操作上，党报或通过刊登广告，或开始自办发行，或从事多种经营……开始了变革内部机制和经营模式的尝试，在市场化改革的路上稳步推进。

首先，恢复广告经营。恢复广告是党报由计划经济走向市场的第一步。1979年1月4日，《天津日报》在第3版下半部分，刊登了天津牙膏厂五种牙膏产品的广告，从而开创了新时期党报刊登广告的新纪元。随后，越来越多的党报加入了刊载广告的行列：1月28日，上海的《解放日报》在第2版和第3版的下端刊登了两条通栏广告；3月15日，《文汇报》刊登了中国报界第一条外商瑞士雷达表的广告；3月20日，《工人日报》在全国大报中首开广告刊登的先河；4月17日，《人民日报》在第4版刊登了商品广告……广告的刊登，既增加了党报社的收入，又满足了读者商品信息的需求，因此也得到了认同。党报收入增加了，就可以根据自身的需要，调整工资制度以吸引人才、调动员工的积极性；可以将利润用于扩大再生产，从而有效地拓展了党报的发展空间，从而有力地支撑了党报的纵深改革。

其次，实施自办发行。虽然邮发合一减轻了报社发行的压力，网络稠密的邮政网也有效地把报纸送到了千家万户，但是，邮局收取的约占报纸订费35%的发行费越来越成为报社的负担，而整齐划一的送报时间也不利于市场竞争。为了提高发行速度和降低发行成本，《洛阳日报》在1985年率先宣布脱离邮局，走上了自办发行的道路。《洛阳日报》取得成功后，1986年、1987年又分别有6家和11家报社开始实行自办发行。此后，《天津日报》、《吉林日报》、《广州日报》等党报加入自办发行的队伍。1991年，全国除少数边远省份外的省会城市的党委机关报普遍实行了自办发行，城市报纸的自办发行体制基本确立。实行自办发行的党报缩短了投递时间，增加了发行数量，也提高了市场竞争实力。

再次，开展多种经营。1988年3月16日，新闻出版总署和国家工商局联合发布《关于报社、期刊社、出版社开展有偿服务和经营活动的暂行办法》，规定从4月1日起，党报在履行国家规定的审批手续后，可以开展下列有偿服务和经营活动：兼营广告业务；利用经济、科技、文化、教育、法律、卫生、生活等方面的信息，为社会提供有偿咨询服务；举办有关的文化交流活动或文艺活动；同企业或企业的主管部门联合举办新闻发布会、信息发布会，以及技术交流推广活动；面向社会开展摄影、复印、影印、洗（扩）印、制版等有偿服务业务；成立读者服务部；举办各种讲座、培训班、辅导班、函授学校等文教活动；举办经济实体（如造纸厂、印刷厂等）。据此，全国各级党报根据自身条件，开展了一系列与自身业务有关的有偿服务和经营活动。以《南方日报》为例，除了创办子报子刊外，还陆续成立了广东南美印刷有限公司、南方广告有限公司、南方经济贸易发展有限公司等7个经济实体，真正实现了“一业为主，多种经营”的发展模式。

企业化管理的试行，使党报各个方面都发生了显著的变化。原先在计划经济体制下，国家对党报的经营实行指令性安排，办报经费由政府统一划拨，生产物资由有关部门统一配给，工作人员由有关部门统一分配，党报发行由党政部门统一派订。这种模式限制了党报其他功能的发挥。实施企业化管理后，政府的拨款逐年减少，财政的最终“断奶”把报纸推向了市场，党报的产业属性及特征在这样的背景下逐渐形成。

(二) 横向拓展

1989 年春夏之交的政治风波之后，党报正面宣传和正确的舆论导向的功能得到强化，党报企业化发展的重点逐渐转向扩版和创办面向市场的周末版与子报。

1. 扩版潮的兴起

中华人民共和国成立以来，我国的报纸一般为四版，多的也只有 6 版或 8 版。到 1981 年，全国中文日刊报纸中，对开 8 版的只有一家《人民日报》，对开 4 版的也只有 42 种报纸。除中央几大报外，各省市、自治区党报基本是对开 4 版，其余各报全是 4 开小报。1987 年初，《广州日报》率先由 4 版扩为 8 版；1988 年，《解放日报》也扩至 8 版。扩版之后，虽纸张成本不菲，但两报的发行和广告获得了全面丰收。进入 90 年代后，由于经济的快速发展以及社会信息量的激增和人民信息需求的增长，狭小的版面限制了服务功能的发挥，党报掀起了扩版浪潮。1991 年，《广州日报》推出了 12 版大报；《文汇报》、《福建日报》、《黑龙江日报》则扩为 8 版。1993 年，《解放日报》、《经济日报 》、《光明日报》、《辽宁日报》、《大众日报》、《沈阳日报》等，纷纷扩为 8 版。扩版不仅树立了党报的新形象，而且增加了报道的信息量和广告收入，党报社因此获得了良好的经济效益和社会效益。不过，扩版应是报纸发展过程中实际需要的选择，如果非理性地盲目跟风，就必然会增加报纸成本，同时也不能保证党报的质量。

在扩版的同时，党报还突出强调了形式多样的报道。有价值、有意义的重要新闻，越来越多地占据了党报的头版头条；时政述评、深度报道、解释性报道或大特写等手段的运用，也更加丰富了党报的新闻呈现样式。

2. 周末版、星期刊的兴盛

1981 年 1 月 1 日，《中国青年报》推出了全国第一家星期刊。1984 年 2 月，《南京日报》创办了全国第一家周末报《周末》，《南方日报》创办《南方周末》，从而改变了市民因党报周末不出版而无报可读的局面。1985 年 1 月 1 日，《经济日报》星期刊问世……到 90 年代初，《光明日报》、《工人日报》、《北京日报》、《大众日报》、《贵州日报》等一批省级以上党报，分别出版周末增刊或星期刊，使中国内地的报纸结构发生了深刻的变化。据统计，在 1991 年，全国 100 多家大报中有 54 家开办周末版，到 1993 年，全国创办了周末版的报社达到 200 多家。与党报主要传播硬新闻不同，这些周末版、星期刊强调贴近生活、贴近读者，很受欢迎。党报社因此不仅可以提供党的路线、方针、政策以及一些国内外重大信息，而且还能够提供娱乐、知识、文化等诸多方位的服务，因而适应了经济发展以及人民生活水平提高的客观要求。党报创办周末版的热潮，还给党报日后改革做了铺垫和准备。

3. 都市报热

都市报是由党委机关报主办，面向城镇居民，以反映和服务市民生活为主的综合性新闻报。最早以都市报命名的城市综合性日报是1993年8月由贵州日报社创办的《贵州都市报》和1994年1月由陕西日报社创办的《三秦都市报》。1995年1月，四川日报社创办《华西都市报》，并在广告收入和发行方面屡创佳绩，引发了省级党报主办或主管创办都市报的热潮。都市报以新的办报理念、经营机制与营销方式，在新闻界产生了一股冲击波，形成一种令人瞩目的“都市报现象”。都市报以千家万户的市民生活报为定位，以全方位、多角度、立体化地报道和展现与市民日常生活密切联系的各种信息为目标，以市场为导向增加信息容量，强化报纸的服务功能和信息的实用性，从而名副其实地成了传播信息的现代媒介。

（三）向集团化道路迈进

虽然改革开放以来，我国报业发展取得很多成绩，但从总体上看，是报社数量多而规模普遍偏小，而且条块分割严重，整体竞争力弱。为了有效地降低生产成本和节约管理成本，增强党报的市场竞争力和抵御风险的能力，只有走集团化道路。因此，在市场竞争日益激烈的氛围下，以党报为中心组建报业集团以壮大实力、扩大社会影响力，就不仅是新形势下党报生存的需要，也是党报谋求发展的迫切要求。单份报纸孤军奋战难以抵挡国外超级报团甚至传媒集团的挑战，而要形成与国外传媒集团相抗衡的实力，报业也必须与其他企业一样有计划地朝着集团化、产业化、规模化的方向发展。

从现实情况看，进入90年代后，组建报业集团的条件逐渐成熟。一方面，出现了一批具备较强经济实力和传播实力的报纸。比如，90年代初，广告收入超亿元的报纸有《广州日报》、《羊城晚报》、《新民晚报》、《深圳特区报》、《海南日报》等；一些大报开始拥有多个子报，如《经济日报》下辖有《经济日报》、《花卉报》、《服装时报》、《名牌时报》4报和《中国经济月刊》和《中国企业家》2刊，《广州日报》也拥有《老人报》、《广州英文早报》等6报1刊。在报业自身的积极探索与管理部门的扶持下，以党报为中心的报业集团迅速浮出水面。

我国报业集团的发展分为三个阶段：

1994年到1997年底是第一阶段，是报业集团发展的探索起步阶段。1994年6月10日至12日，为探索建立适应社会主义市场经济体制的报业集团模式，新闻出版总署在杭州召开了“全国首次报业集团问题研讨会”。《光明日报》、《经济日报》、《浙江日报》、《四川日报》、《解放日报》、《南方日报》、《北京日报》、《湖北日报》、《辽宁日报》和《新华日报》共10家报纸的负责人参加了会议，并就组建报业集团的必要性、可行性，以及组建报业集团的条件作了一番探讨。会议认为，建立报业集团是加强正确舆论导向的需要，是壮大报业经济实力的需要，是强化报业管理的需要，也是推进报社内部体制改革的需要。会议提出了以党报为主组建报业集团试点的设想，初步拟定了组建报业集团必须具备的传媒实力、经济实力、人才实力、技术实力、发行实力等五个基本条件，从而拉开了组建报业集团大幕。因为有了明确的组建报业集团的指导思想和具体要求，各级党报都对照组建报业集团的五项条件积极准备。1996 年 1 月 15 日，中宣部、新闻出版总署正式批准《广州日报》作为全国组建报业集团的第一个试点单位。

1998 年到 2002 年底是第二阶段，是报业集团进入数量快速增长阶段。1997 年 12 月，新闻出版总署和中国报协在北京顺义召开了组建报业集团座谈会，有了《广州日报》两年的实践，加上学术界两年来的深入研究和探讨，在这次会议上，业界、学界和政府部门三方将理论、实践和政策对接，从组建原则、组建条件到集团性质、组织结构、运作模式以及社会意义等方面对报业集团的组建进行了探讨。广州日报报业集团试点所取得的明显成效，激发了国内各大报社争相申请组建报业集团的热情——1998 年有羊城晚报报业集团、南方日报报业集团、光明日报报业集团、经济日报报业集团、文汇报新民晚报联合报业集团等 5 家报业集团经新闻出版总署批准挂牌成立；1999 年有哈尔滨日报报业集团、辽宁日报报业集团、沈阳日报报业集团等 3 家获准挂牌；2000 年有北京日报报业集团、浙江日报报业集团、河南日报报业集团、四川日报报业集团、大众报业集团、解放日报报业集团等 6 家获准挂牌；2001 年有湖北日报报业集团、长春日报报业集团、杭州日报报业集团、云南日报报业集团、吉林日报报业集团、长沙晚报报业集团、江苏新华日报报业集团、重庆日报报业集团、湖南日报报业集团等 9 家获准挂牌；2002 年有宁波日报报业集团、天津日报报业集团、福建日报报业集团、成都日报报业集团、河北日报报业集团、深圳特区报业集团、济南日报报业集团、甘肃日报报业集团、青岛日报报业集团、黑龙江日报报业集团、南京日报报业集团等 11 家获准挂牌；2003 年有安徽日报报业集团、苏州日报报业集团、无锡日报报业集团、长江日报报业集团等 4 家获准挂牌；2004 年有山西日报报业集团、海南日报报业集团、温州日报报业集团和贵州日报报业集团等 4 家获准挂牌。截至 2004 年，全国共有 43 家报业集团。

2004 年以后为第三阶段，是报业集团进入总结经验、多元经营阶段。2004 年以前，我国报业集团一直致力于数量增长，力求做大；2004 年以后，报业集团则开始在做大的基础上实现做强。

我国的报业集团是以党报为中心建立起来的报业实体，而党报又负有宣传党的政策方针的责任，因此，新组建的报业集团仍必须坚持不改变党报的特色，即：党对报纸的领导不能变，党委机关报的性质不能变，基本理论、基本路线、基本方针的指导不能变，“政治家办报”不能变，党的新闻工作的基本原则不能变，社会效益和经济效益相统一，以社会效益为主的原则不能变，新闻宣传工作集中统一领导的原则不能变。这就表明我国报业集团的实质还是党委机关报。

经过几年的建设，报业集团取得了不俗的成绩。主要表现在：在领导体制上，虽然目前报业集团实行的还是党委领导下的报纸宣传管理和报业经营管理体制，由上级党委来决定报业集团领导的任免，但各报业集团可以根据自身特点建立多种领导管理制。当前，我国报业集团管理体制主要有两大类：一是编委会领导体制。由上级党委任命编委会成员，以编委会作为报业集团的政治领导核心，成立新的集团领导机构，集团委员会成员主要由编委会组成。在编委会的领导下，集团委员会下设采编系统、经营系统、行政系统。光明日报和经济日报报业集团是这类领导体制的代表。二是集团委员会领导体制。集团党委书记和党委委员由上级党委任命，党委会是报业集团的最高领导机构。各报业集团的领导机构的名称略有不同：广东、上海的报业集团多称社务委员会，实行社长责任制，书记兼社长，社长是法人代表；山东、河南、四川等地的报业集团称为集团董事会，书记兼董事长，董事长为法人代表；黑龙江、辽宁的报业集团则实行社委会领导下的总裁责任制，社长担任总裁，作为报业集团的法人代表。在内部组织上，各报业集团都形成了编辑和经营两大运作系统：编辑系统一般由编辑委员会组成，经营系统由经营管理委员会组成。编辑委员会实行总编负责制，管理新闻宣传业务；经营管理委员会实行总经理负责制，管理产业经营和开发。部门之间分工明确、各司其职、共同推进报业集团事业的发展。在用人机制上，报业集团打破了"大锅饭"体制，建立起平等竞争、鼓励先进、鞭策后进的竞争机制。集团的中下层干部实行聘任制，职工实行全员合同制，全员竞争上岗。在财务管理体制上，报业集团基本上改变了党报传统的收支管理做法，成立了财务结算中心，实行财务统一管理、财务人员统一委派，二级单位独立核算等制度，同时又享有充分的财务自主权。在具体的运营方面，也屡有创新，连锁经营就是一个典型的例子。广州日报报业集团首先以连锁经营的方式来进行自办发行和多种经营，其连锁店的主要业务是集团报纸征订、批发和零售以及分类广告的代收，此外兼营图书零售、文化服务器具、音像制品以及百货生活用品、代印名片、代办民航和铁路订票业务、代订宾馆酒店客房、代办旅游服务、举办文化讲座与专题培训等。随后，解放日报报业集团、黑龙江日报报业集团、重庆日报报业集团、安徽日报报业集团等也先后建立了类似的连锁公司。2003 年 7 月 1 日，天津日报报业集团与"津工超市"全面合作，将旗下报纸送进市区、摆上货架供顾客自选，在全国报界率先实行了报纸超市销售点。

实践表明，报业集团的经济效益和社会效益也有了显著的提高。经济效益方面，报业集团的经济实力有了较大幅度的提升。通过兼并、重组，报业集团的规模迅速扩大，并且各具特色。2000 年，广州日报报业集团的广告收入达 12.5 亿元；文汇报新民晚报联合报业集团的利润收入为 4.8 亿元，销售总收入达 12.02 亿元。经济收益增加后的报业集团开始寻求社会效益的拓展，解放日报报业集团在联合国和欧盟设立了记者站，深圳特区报业集团和四川日报报业集团把业务拓展到北美、欧洲和澳洲等地。

当然，在报业集团的发展过程中，也出现了一些问题。比如：虽然集团是企业组织的高级形式，但是报业集团在政策、用人等方面还享有特权，还依赖政府的扶持；人事制度改革困难重重；集团内存在“小报养大报”的尴尬局面；党报的公信力、影响力有待进一步提高；发行仍主要依靠行政手段；自主经营空间不大，自负盈亏机制没有真正实施，等等。

此外，转型时期，报界出现的“虚假报道”、“有偿新闻”、“低俗之风”和“不良广告”等问题，也有党报的份。虽然主管部门多次开展了专项治理，如20世纪80年代强调新闻的真实性，90年代要求“新闻与广告必须严格分开”、“新闻活动与经营活动必须严格分开”和治理“有偿新闻”泛滥、“红包”现象屡禁不绝等问题。进入21世纪之后，主管部门又展开了一波又一波的治理整顿，但仍然不够理想。

以上这些问题，都是改革中出现的问题，也只能用改革的方式加以解决。

党报小结：
特色鲜明、生命力旺盛的中国党报

从广义上说，由政治派别和政党创办的报纸，都属于党报的范畴。按照与政权的关系，党报可以分为革命党报、议会党报和执政党报。以变更政权为目的的党报是革命党报，以竞选获胜为目的的党报是议会党报，掌握政权的政党所办的党报是执政党报。在中国，党报几乎贯穿了中国新闻事业史发展的全过程，并且占据着重要的地位。在长期的发展过程中，中国的党报形成了自己鲜明的特色。

一、党报贯穿于中国近现代报纸产生与发展的全过程，而且主要政党尤其是执政党的党报长时间地占据着当时报业的主流地位

在西方资本主义国家，革命胜利后——无论是议会制还是总统制——的报业都先后进入了“政党报纸”时代。被“政党政治”滋润起来的“政党报纸”，为了实现本党的政治主张或上台执政，代表各派利益相互倾轧，以党派宣传取代信息报道，以中饱私欲代替客观公正。但是，随着各国工业革命和政治改革的推进，“政党报纸”迅速被大众化报刊所取代。执政党一般不办报纸。

与此相比，中国党报发展的情况有些特殊：品种齐全，延续时间长，优势很明显。如果从以康有为、梁启超为首的资产阶级维新团体——强学会——1895年在北京、上海创办的《中外纪闻》和《强学报》等第一批中国政治团体的机关报算起，中国党报的历史已超过了110年。为了夺取政权，革命党办起了革命党报；革命后，为了议会竞选掌握权力，议会党办起了议会党报；夺取政权之后的执政党，也热衷于创办党报。因此，党报在中国近代出现之后，便一直是报纸发展的主流。无论是资产阶级维新派（保皇派）或资产阶级革命派的党报，还是国民党党报或共产党党报，都相继在报业史上占据着绝对优势的地位。

党报屡受政党重视并占据着报纸发展的主流地位的原因，一方面，是中国独特的历史背景使然。进入近代以来，反帝反封建就成了中国人民的时代主题。为了唤醒民众，团结更多的人起来抗争，维新思想家便以报刊政论为武器，来启蒙民众和应对“武器的批判”；为了寻求救国救民之路，信奉各种主义的仁人志士们，组建了一个又一个的政治派别和政党，在提出自己纲领的同时批驳异己的主张——资产阶级改良派和革命派、国民党和共产党创办的大量报刊以及它们之间的激烈论争，

即是明证。中国著名的报人、记者多与党报党刊直接相关，也从另一角度说明了这一点。从19世纪末20世纪初的康有为、梁启超、唐才常、谭嗣同和孙中山、陈少白、章太炎、于右任、汪精卫、朱执信、廖仲恺等，到20世纪二三十年代的毛泽东、周恩来、蔡和森、瞿秋白、萧楚女、恽代英、邓中夏……都是以政治派别或政党主要成员的身份投身报界的。他们办报的目的，不是为了营利，而是营政。换言之，办报是为了实现自己的政治理想和政治抱负，是他们投身政治活动的一个组成部分。所以，无论是资产阶级维新派，还是资产阶级革命派；无论是国民党，还是共产党，都把所办报纸视为自己的宣传机关甚至是组织队伍的联络机关和开展政治运动的指挥机关。

另一方面也是更为主要的原因，是各政党领导人的高度重视。维新派的康有为、梁启超，国民党的孙中山、蒋介石，共产党的毛泽东等人，都有不少有关重视党报的论述。康有为认为，要救国必须变法自强；要变法自强必须开通风气、广联人才。梁启超在给友人的信中进一步提出："度欲开会，非有报信不可，报馆之议论既浸渍于人心，则风气之成不远矣。"① 孙中山则把党报称为"舆论之母"，要求革命派报刊以宣传革命主张为己任，将同盟会的纲领宣传到民众中去，使之化为一种"常识"。蒋介石认为："报纸是国民的导师，报纸的言论记载，影响国民的心理甚大……所以舆论界的责任，比任何（事业）都大。"② 毛泽东对党报的认知更有代表性。他一直非常重视报刊，不仅经常读，而且还经常动笔修改或撰写稿件。③ 政党领导人的高度重视和革命胜利之后执政的国民党和共产党的超群实力，也造就了执政党党报占据报纸发展的主流地位。

从某种意义上说，政党领导人对党报的重视，是基于维护统治的需要。在极权统治时期，统治者禁止官报以外的报刊的创办，以"于己民则禁之，于他国则听之"的思路来阻隔信息的流通。但政治的近代化尤其是办报门槛的降低、知识的

---

① 丁文江、赵丰田编：《梁启超年谱长编》，上海人民出版社1983年版，第40页。

② 《蒋主席对记者之演词》，《中央日报》，1929年7月11日。蒋介石的高度重视，使得国民党党报经费充足、人员齐整且还拥有新闻采访、报刊发行方面的诸多特权。但即便如此，蒋介石还不满意。退至台湾后，在接见美国南伊利诺伊大学朗豪华教授（Howard Long）时就曾表示：他在大陆所犯的错误之一，就是给人民"以过多新闻自由"，因此，"我不会犯同样的错误"。（见曾虚白《中国新闻史》，台北政治大学新闻研究所1977年版，第873~874页。）

③ 1919年，毛泽东创办《湘江评论》并自任主笔，继而接编《新湖南》。建党初期，他先后在长沙创办湖南自修大学的校刊《新时代》，为党的刊物《向导》撰稿；在苏区，他经常在《红色中华》、《红星》上发表理论文章；抗战时期和解放战争时期，他亲自为延安《解放日报》、《共产党人》等报刊撰写发刊词，拟定出版方针。据不完全统计，毛泽东解放前就新闻和宣传工作所发表的论述、指示和谈话，仅收入《毛泽东选集》前4卷的就有120多篇；中华人民共和国成立后，仅收入《毛泽东新闻工作文选》的有关论述，就有20多篇。

普及，使得蛮横的禁止越来越难于实现。于是，如何将民间的信息传播引入有利于维护自身统治的可控范围内，就成了执政者必须解决的重要问题。大规模地创办党报既可以宣传自己又能够引领舆论，自然成了政党领导人的首选。

二、党报发展的明显趋势：党性的要求越来越严格

中国的政党报纸，有一个很明显的特点，就是“党性”的要求越来越严格——越来越强调旗帜鲜明地宣传本党的纲领路线和方针政策，替本党做宣传。关于这一点，不仅党报视为自己的当然使命，就是各个政党的领导机构和负责人，也视为当然。

近现代的中国党报在内容上都必须围绕着政党的纲领和现实需要展开宣传。早期的维新派（保皇派）和“同盟会”是为了开展政治运动而成立的，因此他们的党报也就把政治宣传功能发挥到了极致。维新派（保皇派）主张在保留光绪皇帝的前提下进行局部的、渐进的改良，因此既痛斥慈禧、荣禄、袁世凯等“逆后贼臣”，也与主张武力推翻清政府的革命派论战（甚至污蔑革命派就是要杀尽满人，散布革命派的革命举动将引起内乱、仇杀和帝国主义的干涉与瓜分等言论）。革命派也针锋相对，创办报刊历数清政府的黑暗、无能和腐败，主动挑起并派出绝大多数精兵强将与保皇派论战。国民党在掌握政权后不久，就颁布条例明确规定：党报必须以“本党主义及政策为最高原则”，“各党报须绝对站在本党的立场上，不得有违背本党主义、政策、章程、宣言及决议之处；各党报须完全服从所属各级党部之命令”；党报的新闻“要利用事实阐扬本党主义及政策”，言论要解释党的政纲政策，副刊要“尽量利用理论的、事实的、艺术的方法宣传本党主义及政策……辟除纠正一切反动的、谬误的主义及其政策”。中国共产党一贯强调党的党报要坚持党性。1921 年中国共产党“一大”通过的第一个决议案中，就明确提出：“任何中央地方的出版物均不能刊载违背党的方针、政策和决定的文章。”① 1942 年 4 月 1 日《解放日报》的社论《致读者》，更是第一次明确地提出：党报要“贯彻坚强的党性”，要成为党手中最锐利和最有力的武器；刊载的一切文章，都要贯彻党的观点、党的见解；报纸必须与党的政策党的动向密切相连，呼吸相通；报纸应该成为实现党的一切政策、一切号召的尖兵和倡导者。毛泽东也多次论述了党报的党性问题，使得党报“党性”的解释在“宣传必须符合党的政策”的基石上变得系统化。具体而言，就是：党报工作者必须无条件地服从党的领导，严格遵守党的宣传纪律，绝对不允许闹独立性；党报必须无条件地宣传党的路线、方针、政策，在政治上同中央保持一致；党报必须有利于加强党的领导，有利于巩固无产阶级专政。

---

① 《中国共产党新闻工作文件汇编》，上册，新华出版社 1980 年版，第 1 页。

上述线索很清晰地说明，政党在掌握政权之前，其党报最主要的功能是政治宣传功能，即宣传自己的政治主张。为了阐述政党纲领、路线的合理性，证明只有自己的政治主张才代表着“救国方略”，政党报刊经常与其他党派的报刊展开论战。而执政党的党报，其言论往往要求成为党的纲领和路线的解读者，其新闻报道甚至副刊都必须成为政府施政行为的拥护者和诠释者，党报必须绝对服从本党的立场和所属党组织的命令，并成为党手中最锐利和最有力的武器。

党报忠实履行政治宣传的职能，无疑是党和人民之间沟通的桥梁。党报对于唤醒民众进而把民众组织、团结在政党的纲领和路线之下，对于政党意志的宣扬，对于执政党执政理念的传播……无疑具有积极的作用，但其单纯的宣传思维也会引发问题。突出强调党的纲领、路线和政策的如实记录与解读，可能会妨碍其作为大众传媒所应有的预警功能、前瞻功能的发挥；片面重视正面的宣传和诠释，可能会导致舆论监督功能的缺失以至于影响党的执政能力的提高；对党性的过分追求，也可能会在市场竞争中日益处于边缘化的地位；在党的路线出现偏差的时候，亦步亦趋的党报也就不可避免地跟着犯错误（“文革”期间的党报异化为少数人进行权力斗争的工具，以“阶级斗争工具论”抹杀了新闻媒介的其他职能就是例证）。

如果说，在夺取政权的过程中，党报重点致力于全面展示政党的吸引力来赢得更为广泛的支持是一种当然选择的话，那么执政党的党报仍仅仅突出政治宣传功能就必然难以适应社会发展的需要。这种不适应，在社会节奏明显加快、传媒市场日益发达和社会信息量与受众的信息需求持续增加的背景下，就会显得更加突出。也正因如此，国民党在20世纪三四十年代进行了改革。中国共产党党报在十一届三中全会后开始、现在仍如火如荼地进行着的改革，初衷也是紧扣时代脉搏、发挥更大作用。

三、执政党党报应与时俱进，改革创新，保持旺盛的活力

一般来讲，党报只讲政治效益，不讲经济效益。办报经费由政党津贴，无须讲求营业；发行多靠摊派，无需经受市场的考验。因此，多数党报办了一段时间之后，往往陷于呆板缺乏活力。此外，由于党报多以替政党做宣传为天职，在读者看来新闻性不强、可信度不高，并因此产生抵触情绪。所以，党报改革尤其是执政党党报改革成为新闻事业发展的重大问题。执政党党报为了保持旺盛的活力，既要很好地履行自己的职责，更应与时俱进不断改革。

在中国近代史上，执政党的党报改革屡获佳绩。1931年“九一八”事变之后，中国面临抗日救亡的新局势，《中央日报》推行了社长负责制和“淡化党报面孔，推进党报‘民间化’”的改革。程沧波提出《中央日报》不仅要当党的喉舌，还要当人民的喉舌：“人民利益即党之利益，为人民利益而言，即为党的利益而言。故

本报为党之喉舌，即为人民之喉舌。”在办报实践中，他要求党报要避免板起面孔进行说教，在内容上要反映民众生活，揭露某些贪官污吏的罪恶，有通俗易懂的文风。改组后的《中央日报》在一定程度上缓解了民众对国民党新闻媒体的戒备和逆反心理，拉近了和部分读者的距离，发行量由原来的8000份增加到30 000份。抗日战争胜利后，国民党声称结束“训政”阶段准备进入“宪政”阶段，国民党直辖党报也因此实施了企业化经营管理，自主经营、自负盈亏地参与报业竞争，从而科学合理地协调了党报的产、供、销诸环节，有效地克服了“报馆像衙门，办报像做官，人手多而效率反低”的弊端。只可惜国民党的党报改革不彻底，在国民党腐败崩溃过程中没有发挥应有的制衡作用。当然，那是国民党的反动本质决定的，非报纸的过错。

中国共产党执政后，非常重视党报改革。虽然明确规定党委机关报是党委的一个工作部门，但是党报也一直在探索经营管理等方面的问题。1949年12月，刚组建不久的新闻总署就在北京召开了全国报纸经理会议，研究改善党报的经营管理问题。在这次会议上，报纸的经理们决定采用两个主要的措施：一是报纸经营采取“企业化”方针；二是报纸的发行实行“邮发合一”方针。这次改革取得了明显的效果：各地报纸的亏损现象明显好转，1952年以后省级以上报纸基本做到了自给自足。

在基本上完成社会主义改造，实现从新民主主义到社会主义的转变后，1956年，中共中央机关报《人民日报》进行了改革，改版社论中强调“《人民日报》是党的报纸，也是人民的报纸”，“我们的报纸名字叫作《人民日报》，意思就是说它是人民的公共的武器，公共的财产。人民是它的主人”。这次《人民日报》在“扩大报道范围”、“开展自由讨论”、“改进文风”等三个方面进行改革，取得了可喜的成绩，赢得了全国各阶层读者的欢迎。

党的十一届三中全会后的中国又经历着一个重要的转型时期，共产党党报的改革也如火如荼。新时期党报的改革始于20世纪70年代末，先是1978年《人民日报》等首都八家大报给国家财政部联名打报告，要求实行“事业单位，企业化管理”，获得批准，党报的市场化经营从此有了制度保障和政策支持；接着，1979年后各大党报陆续刊登中外广告，党报的内部改革和持续发展因此有了经济方面的保障。进入80年代以后，党报的改革既有了“企业化”与“市场化”的政策支持与认可，也使得党报的产业化运作有了现实的可能。此后的党报在业务和经营管理等方面不断推进改革，党报的面貌也发生了巨大的变化：在理念上强调党报同时具有宣传属性和产业属性，在办报指导思想上坚持兼顾宣传规律和新闻规律，在报道上讲究信息量和辐射面，在经营管理上采取了分配激励机制、人员全员聘用机制和“一业为主，多种经营”机制等。

在市场化的大潮中摸爬滚打了30年后，随着社会经济的发展和中国特色社会主义市场经济体制的逐渐成熟，党报实力剧增。同时，今天的党报又面临着新的问题和压力，主要是：报刊数量急剧增加，但绝大多数规模小且条块分割；和国外同行比，党报社的实力明显偏弱，不利于在开放的环境中参与市场竞争；在发行上，尽管有行政手段的支持，但党报发行量的持续走低态势已是不争的事实；在广告方面，多数党报的广告收入低于同级非党报，而且以公费形象广告为主；读者对党报的认可度也不如以前。所有这些问题使党报面临着越来越大的压力，需要更为纵深的改革来解决。

世纪之交，我国以党报为中心组建了报业集团。报业集团的组建——可视为党报改革史最有意义的事件之一——使党报进入了规模扩张、多元经营阶段，党报的活力与实力进一步提升。但是，与用现代企业制度打造的国外报业集团相比，当前的报业集团责权利方面的不清晰成了产业化改革的掣肘。进一步明晰产权，使报业集团真正能够按照市场规律和新闻规律、自主经营自负盈亏地参与市场竞争，应该是党报深化改革的方向。

第二编　广播电视史

第十五章
早期广播的建立与发展

第一节　世界上第一座广播电台的出现

作为一种大众传播媒介，广播的问世有赖于无线电技术的新突破。因此，广播媒介的史前史是无线电通信技术发展的历史。其中，下述里程碑式的事件值得写进广播发展史：

1862 年，英国物理学家麦克斯韦（J. C. Maxwell）提出了电磁理论，并于 1865 年预言了电磁波的存在。

1887 年，德国物理学家赫兹（H. R. Hertz）证实了电磁波的存在。

1895 年，俄国科学家波波夫（A. C. Попов）和意大利科学家马可尼（G. Marconi）分别独立研制出最初的无线电接收机。

1899 年，一条穿越英吉利海峡的无线电报线路建成并试验成功。

1901 年，无线电报技术从欧洲传到美洲。

1904 年德国物理学家威德尔特（A. Winrt）研制出整流二极管。

1906 年，美国物理学家福雷斯特（L. D. Forest）研制出三极管，是无线电技术的一次重大突破，使语言广播的产生成为可能。

同年圣诞夜，从 1889 年就开始研制语言传播技术设备的费森登（R. A. Fessenden）利用自己的实验广播发射台，播出了演说和音乐。这是世界上第一次语言广播，是以无线电直接广播声音的开始。但由于设备本身还不完善，无线电广播并没有马上进入实用阶段，而是经过了 10 多年继续试验调试阶段。期间，福雷斯特做过多次尝试。1908 年，他在巴黎设立无线电试验电台。1910 年 1 月 26 日，他在美国纽约市大都会歌剧院利用无线电台播送一个歌唱家的演唱。1916 年，他在纽约州设立试验广播电台，曾播出过演说、音乐等，还根据一家报纸提供的简讯，广播了威尔逊（W. Wilson）和休斯（C. E. Hughes）在总统竞选中的票数，可能是最早的广播新闻。

1920 年，美国马可尼公司研制出最初的收音机——“无线电音乐盒”，为广播技术进入家庭铺平了道路，也使其成为大众传播媒介有了可能。同年，美国出现了两座实用性广播电台。一座是 8 月 20 日，在《底特律新闻》报馆办公楼上建立的广播电台。这家电台天天广播新闻、讲话和音乐，于次年10月获得正式营业执照。另一座是1920年11月2日西屋电气公司（Westinghouse）在匹兹堡建立的KDKA广播电台。这是美国，也是世界上第一家正式取得营业执照的广播电台，标志着广播完成了从实验到营业的蜕变，一种新型的大众传媒从此正式诞生。1920年也被认定为世界广播事业的开元之年。

第二节　外商在上海开设的广播电台

仅两年又两个月后，广播就来到了中国——1922年12月，美国人奥斯邦(E. G. Osborn)在上海设立了“大陆报—中国无线电公司广播电台”，并于1923年1月23日晚实现了首次播音。这是中国境内开设的第一座广播电台。该台发射功率为50W，频率为1500千赫，呼号为XRO，每天晚上播音1小时，内容有英文《大陆报》提供的国内外新闻，娱乐节目，周日播出的宗教节目，还有为出售收音机而播出的无线电知识讲座。开播后的第四天，即1月26日，该台广播了孙中山当日在上海发表的《和平统一宣言》，天津和香港均可听到。孙中山在收听广播后称赞说，“此诚为可惊可喜之事”。

根据北洋政府相关法规，该台属于非法电台，于1923年四五月间被取缔。但其在上海租界的中外听众中引起了一阵“无线电热”，不少外商纷纷开办广播电台。1923—1927年，在上海开设的广播电台，除奥斯邦电台外，还有新孚、开洛等。① “新孚”由美商新孚洋行主人戴维斯（Davis）于1923年5月30日开办，1923年8月被北洋政府取缔，发射功率为50W。“开洛”由美商开洛公司所办，呼号为KRC，发射功率为100W，1924年4月23日在英文《大晚报》分站播音，1929年10月因亏损停办。该台还与《申报》合作，在报馆安装播音室以利报告新闻。

上述电台主要由外国（主要是美国）公司所办，发射功率较小，信号不稳定，促销收音机是其主要目的。广播的内容主要是新闻、音乐，还有宗教、科教等节目。没有记者、编辑等专门人员，而是通过与报社合办的方式获取新闻。由于不合法或经营亏损等原因，存在的时间都非常短。听众主要是外国人，后来才慢慢有了中国听众。尽管如此，其在我国，尤其是上海，产生的影响是巨大的。据统计，当时上海已有收音机上千台。②

---

① 上海广播电视志，http://www.shtong.gov.cn/node2/node2245/node4510/node10159/node10168/node63808/userobject1ai54370.html。

② 赵玉明主编：《中国广播电视通史》，北京广播学院出版社2004年版，第11页。

第三节 中国人开办广播电台的历程

我国使用无线电报始于清朝末年。① 1905 年，时任北洋大臣的袁世凯在天津开办无线电训练班，培养无线电报务人员，同时购置无线电报装置，安装在舰艇上，用于沟通军事情报。1906 年，清政府设邮传部，其内政司掌管电报电话事宜。1918 年，北洋政府海军部通过向日本三井洋行借款的形式，在北京建立大型无线电台。同年 8 月，陆军部和英国马可尼无线电公司签订军用无线电借款合同。1921 年，交通部也通过与国外公司签订合同的形式，在北京、上海、哈尔滨等地建立无线电台。

上述无线电报技术在我国的早期发展，是北洋政府丧权辱国、帝国主义列强试图通过无线电报技术进行军事和文化侵略的表现之一。另外，无线电报技术主要用于军事领域，主要目的是传播情报，不属于大众传播的范畴。

中国人自办广播最早始于 1923 年。是年，我国早期无线电专家刘瀚在奉系军阀的支持下，在哈尔滨举行过无线电广播试验。刘瀚利用军方的马可尼野战电话机改作广播发射机，自装话筒和收音机，进行广播试验获得成功。因此，也有人将刘称为中国广播之父。② 经过筹备，在南岗转角楼（当时的莫斯科商场满洲里街一侧）开始了临时广播，呼号为 XOH，功率为 50W，用汉语和俄语广播。1926 年 10 月 1 日，哈尔滨广播无线电台正式广播，呼号仍用 XOH，功率提高到 100W，每晚广播两小时。广播内容为社会新闻、政令、市场信息、金融动态、曲艺和音乐节目。

1928 年 1 月 1 日，新建的哈尔滨广播电台正式启用，发射功率为 1kW，呼号更改为 COHB，办有汉语、俄语、日语三种语言的广播节目。同日，沈阳广播电台开始正式播音，发射功率为 2kW，呼号为 COMK。

1927 年 3 月，华侨刘锠基、李敏周创建的新新公司在六楼设立新新广播电台并正式播音，这是中国第一座民营广播电台。电台功率 50W，呼号为 XGX，播音设备由该公司电器部部长兼无线电师邝赞设计和装配。节目有新闻、商情报告、粤调等。

1927 年 3 月，天津广播无线电台开始播音，发射功率为 500W，呼号为 COTN。

1927 年 9 月，北京广播无线电台开始播音，发射功率初为 20W，后增至 100W，呼号为 COPK。

在这之前，北洋政府当局曾进行过筹建广播电台的努力，但进展缓慢，迟迟没

① 赵玉明主编：《中国广播电视通史》，北京广播学院出版社 2004 年版，第 4 页。

② 参见陈尔泰《中国广播之父——刘瀚传》，中国广播电视出版社 2006 年版。

能建成。

1925 年 2 月，交通部派人在北京、天津筹建广播电台，并在北京进行过广播试验。试验虽然成功了，但由于政局动荡，建立广播电台的计划并没有实现。1926 年 10 月，北洋政府派员出席在华盛顿召开的国际无线电信会议。我国代表提出扩充无线电台呼号原定数额的要求获得通过。我国代表还声明，不承认外国人在我国私设的无线电台。会后，他们访问了欧、美、日等国，考察无线电在各国的发展状况。回国后，他们再次向政府当局呼吁筹建广播电台，虽得到当局的响应，但一直踌躇不前。

第四节　早期关于广播电台的法规与管理

1907 年 6 月，清政府将原属农工商部的交通及邮政事务单独划出，新设邮传部作为最高交通运输管理机关，其中，内政司掌管电报电话事宜。

1915 年 4 月，北洋政府公布《电信条例》。这是中国历史上第一个涉及无线电的法令。该条例规定由交通部电政司实施对有线和无线电信事业的管理；无线电器材为军用品，非经陆军部特别许可不得自由输入我国。据此，当无线广播电台及收音机在上海首先出现后，交通部曾采取取缔措施，并严禁无线电材料进口。直到 1924 年 8 月，北洋政府才有条件地允许民间装设、使用收音机，但仍严禁民间私设广播电台及进口无线电材料。《电信条例》还规定，未经政府有关当局批准，不允许外国公司在中国境内私设无线电台。但这些规定效力有限，外国公司根本无视中国主权，私自输入无线电器材，私设无线电台有增无减。军阀不同派系之间为了自身利益，与外国势力相勾结，也私设无线电台。

1923 年，东北无线电监督处在奉天（今沈阳）成立。这是我国最早的广播管理机构。除哈尔滨广播电台和沈阳广播电台外，该处还筹建了天津、北京最早的广播电台。不仅如此，1926 年 10 月，经张作霖批准，该处还颁发了《无线电广播条例》、《装设广播无线电收听器规则》和《运销广播无线电收听器规则》三个法律法规。这三个条例主要阐明了以下几个问题：（1）建立广播无线电台的目的是普及文化，传布商情；（2）传播的内容主要是新闻、商情、音乐、歌曲、演讲等；（3）在规定的时间内播音；（4）只要遵守条例，凡居住在东三省的公众均可收听；（5）只要遵守条例，中外商行均可运输销售收听器、收听器附属品及零件；（6）严禁任何人或机关在东三省境内私运、私售或私设任何无线电机器或经营广播无线电事业；（7）私人或团体可以通过广播无线电台发表宣告或演讲，但底稿需经该台许可，并缴纳一定费用；（8）销售收听器的商行和装设收听器的用户，须缴纳执照费。

第十六章 民国统一时期的广播事业

1927 年“四一二”政变后，蒋介石在南京建立国民政府，否认以汪精卫为首的武汉国民政府。7 月 15 日，武汉国民政府宣布正式与共产党决裂，并表示愿意与南京国民政府“和平统一”，终促成“宁汉合流”。1928 年 2 月 3—7 日，国民党二届四中全会在南京召开，会议通过了改组国民政府等议案。1928 年 6 月 15 日，南京国民政府成为统一的中央政府。与此同时，共产党作为一种政治力量逐渐自主壮大。中国形成了国民党政府、共产党和第三势力三种政治力量共存的政治格局，广播事业也出现了三种不同的情况：官办广播事业、民营广播事业和共产党在革命时期的广播事业。

第一节 官办广播事业

一、中央广播电台的成立和发展

国民党筹办广播电台始于 1926 年 7 月国民革命军在广州誓师北伐之时。北伐军开始使用无线电作为军事通信联络工具。首创者是时任国民党中央监察委员、组织部代部长的陈果夫。他拟在广州建立广播电台，后因经费不足而作罢。1928 年 2 月，陈果夫同时任国民党宣传部部长的戴季陶、叶楚伧提议筹建广播电台。7 月，国民党中央常务会议通过了宣传部提出的《设立中央广播无线电台计划书》。

经过持续的筹备，在国民党二届五中全会开幕之日，即 1928 年 8 月 1 日，国民党营中央广播电台在南京开始播音。开播当天，蒋介石、陈果夫、戴季陶等均前往致辞。该台的全称为“中国国民党中央执行委员会广播无线电台 ”，隶属于国民党中央宣传部，呼号为 XKM（“X”为国际无线电公会当时指定给中国无线电台专用的第一个字母，“KM”为国民党的英文缩写），发射功率为 500W，机器设备均系从美商开洛公司购得。这是国民党中央继中央通讯社、中央日报之后创办的第三个全国性中央宣传机构。早期，该台每天下午、晚间各播音一次，共 3 个小时。内容主要是演讲、新闻、教育、娱乐，以及国民党中央的重要决议、宣传大纲以及通令、通告。其中，所有新闻稿件均由中央通讯社提供。表 16-1 是中央广播电台

1928 年 9 月的播音时间表：①

表 16-1　　中央广播电台播音时间表

寻常节目	星期三除外	上午	8：10—8：30	新闻
			10：00—10：30	通告通令
		下午	12：15—13：00	唱片
			14：00—14：45	宣传大纲
			17：00—17：45	报告决议案
			19：00—19：15	气象报告
			19：30—20：00	唱片
			20：30—21：30	重要新闻
特别节目	星期一	上午	9：00 起	中央纪念周
	星期二	下午	15：00—16：00	名人演讲
	星期五	下午	15：00—16：00	科学演讲
	星期六	下午	19：15—20：30	特别音乐
			20：30—21：00	重要新闻
	星期日	下午	14：00—14：45	唱片
			19：00—19：15	气象报告
			19：15—20：00	重要新闻

播出时间表于 1934 年、1947 年都做过调整，② 播音时间不断加长，但内容仍以新闻（后增加商业新闻）、音乐（包括唱片、西乐、乐队演奏、军乐、音乐会、歌咏、戏曲等）、科教（包括科学知识、科学演讲、名人演讲、无线电常识、公民常识、军事常识等）和政令通告为主。

① 《江苏省志 · 广播电视志》，http：//www.jssdfz.com：8080/dfz/book/index.jsp?bookName=book/gbdsz/DEFAULT.html。

② 《江苏省志 · 广播电视志》，http：//www.jssdfz.com：8080/dfz/book/index.jsp?bookName=book/gbdsz/DEFAULT.html。

作为三大宣传机关之一，中央广播电台颇受国民党当局的重视。一方面拨给各省、各特别市党部一台收音机，提供器材上的保证；一方面开办广播收音员训练班，分赴各地担任广播收音、抄收并选送各报刊刊登的工作，提供人员上的保证。国民党当局规定，1936 年 4 月 20 日起，全国各广播电台每日均须转播该台晚间约 1 小时的新闻、演讲和娱乐节目（星期日除外），无转播设备者届时一律停播。这为中央广播电台的广播提供了时间上的硬性保证，着力塑造其核心宣传机关的地位和形象。

1932 年 11 月，中央广播电台的发射功率扩大为 75kW，更改呼号为 XGOA。这是当时亚洲发射功率最大的广播电台，① 故又称“强力广播电台”。②

成立之初的中央广播电台隶属于国民党中央宣传部，后由国民党中央广播事业管理处直接管辖，是国民党的主要宣传工具之一。1931 年 11 月后，由宣传部划出，成为独立机构，直属于国民党中央常务委员会。1932 年夏，中央广播无线电台管理处正式成立，直属于国民党中央执行委员会。1936 年夏，该处改称中央广播事业管理处，直接负责中央广播电台，并管辖一部分地方台。

1937 年 11 月，日本侵略军进犯南京，中央广播电台奉命广播《国民政府移驻重庆宣言》，国民党军政机关及人员大部分撤离南京，移驻武汉。23 日深夜，中央台作“告别广播”，在南京停止播音。24 日，该台播音任务由长沙和武汉广播电台接替。中央台的员工分批撤离南京，并将发射机等重要而可以搬运的广播机器设备拆卸运往汉口，再转运重庆。一些无法拆运的机器设备作了破坏。

1938 年 3 月 10 日，中央广播电台在重庆恢复播音，发射功率为 10kW。1946 年 5 月，抗日战争胜利后，中央广播电台随国民党政府迁回南京。5 日，中央广播电台在南京恢复播音。

1943 年，中央广播事业管理处拟订战后发展广播事业方案时，提出成立中国广播公司，实行企业化经营的草案，但因意见分歧而搁浅。1946 年 1 月，该提案获得通过，并于 2 月 6 日获行政院批准。12 月 12 日，中国广播股份有限公司（简称“中广”）召开成立大会。1947 年 4 月，经济部核准中国广播公司章程备案，但因推选的公司董事长戴季陶没有就职，公司未能正式成立，一切事务仍由中央广播事业管理处办理。直到迁往台湾后的 1949 年 11 月 16 日，“中广”才算正式成立。

1948 年冬，中央台部分设备开始拆迁运往台湾。1949 年 4 月改在台湾播音，至今仍是台湾地区最具代表性的广播电台。

---

① 赵玉明主编：《中国广播电视通史》，北京广播学院出版社 2004 年版，第 21 页。

② 《江苏省志·广播电视志》，http：//www.jssdfz.gov.cn/dfz/book/index.jsp？bookName = book/gbdsz/DEFAULT.html。

二、地方广播电台发展概况

全国主要城市建起的官办广播电台，分属中央广播无线电台管理处、交通部以及各省市地方政府和国民党党部。按照这种属性，为叙述的方便，本书把除中央广播电台以外的电台都称为地方台。

中央广播无线电台管理处管辖的广播电台主要有：福州台、河北台、西安台、南昌台、汉口台和南京台。

交通部管辖的广播电台有：北平台、上海台和成都台。

各省市地方政府和国民党部建立广播电台的有：浙江省、山西省、云南省、四川省、山东省、广西省、福建省、湖南省、河南省、江苏省、新疆边防督办公署交通处、广州市政府、上海市政府等。

表 16-2 是上述各台的基本概况：①

表 16-2 地方电台基本概况

台名	所属机构	开播时间	呼号	发射功率	备注
福州台	中央广播无线电台管理处	1934.7.1	XGOL		使用国语、福州话、厦门话广播
河北台		1934.7.1	XGOT	500W	当时设在北平；1935 年夏天停播
西安台		1936.8.1	XGOB	500W	利用河北台迁来的设备建成
南昌台		1933.10	XGOC		后移交江西省政府接办
汉口台		1935.2	XGOW	5kW	发射功率仅次于中央广播电台
南京台		1936.1.23	XGOX	500W	国内唯一的短波广播电台；办有广州话、厦门话和英语、马来语节目。

① 以赵玉明主编的《中国广播电视通史》为主要依据（参见该书第 22～24 页），参考各地地方志整理而成。

续表

台名	所属机构	开播时间	呼号	发射功率	备注
北平台	交通部	1928 年为交通部接收	XGOP①	100W	原系北洋政府时期所办。1928 年为交通部接收，后经过多次转手，1932 年复被交通部接收
上海台	交通部	1935. 3. 9	XQHC	500W	后扩充为 2kW，上海第一座官办电台
成都台	交通部	1936. 9. 16	XGOG	10kW	办有藏语、英语节目
浙江省广播电台	浙江省	1928. 10	XGY，后改为 XGOD	250W，后增至 2kW	国民党当局开办的第一座地方广播电台
太原台	陕西省政府	1931	XGOT	50W	
云南无线电局广播台	云南省政府	1932	XGOY	250W	
重庆广播电台	四川善后督办公署	1932. 12	XGOS	1kW②	该台曾一度中断，1934 年恢复。1936 年 12 月，督办公署撤销，该台归四川省政府管辖。1937 年，中央广播电台迁至重庆，该台被撤销
山东省会广播电台	山东省政府	1933. 5	XOST	500W	
南宁广播电台	广西省政府	1933	XGOZ		办有国语、广州话节目

① 此系 1932 年的呼号。

② 此系 1934 年恢复时的发射功率。

续表

台名	所属机构	开播时间	呼号	发射功率	备注
福州广播电台	福建省政府	1934. 7. 1	XGOL	250W	1933 年 10 月 16 日试播，后一度由"中华共和国人民革命政府"使用、由国民党中央广播事业管理处接管，1934 年 7 月 1 日正式播音；除福建省外，还注重对华侨的宣传。1945 年发射功率增至 1kW
湖南省广播无线电台	湖南省政府	1934. 5	XGOH	100W	
河南省广播电台	河南省政府	1934. 5	XGOX	200W	地点在当时的河南省省会开封
江苏省广播无线电台	江苏省政府秘书处	1935. 7. 1	XGOZ	100W，1936 年增至 1kW	地点在当时的江苏省省会镇江
迪化有线广播电台	新疆边防督办公署交通处	1935			一直播音至 1949 年 5 月
广州市播音台	广州市政府	1929. 5. 6	初为 CMB，后改为 XGOK	1kW	以粤曲和广播方言为主，也办有国语、英语新闻节目
上海市政府广播电台	上海市政府	1936. 3. 8	XGOI	500W	

由此可见，各地方广播电台大多建于 1933—1936 年间，发射功率大小不一，多为省政府管辖，设在省会城市，除普遍用国语广播和办有新闻节目外，在语言和节目内容上还体现出一定的地域特色。表 16-3 是江苏省广播无线电台的播音节目

表（1935 年 7 月 1 日起）：①

表 16-3　　**江苏广播电台节目表（节选）**

日期 节目 时间	星期日	星期一	星期二	星期三	星期四	星期五	星期六
8：30～8：33		党　歌	党　歌	党　歌	党　歌	党　歌	党　歌
8：33～9：00		暑期补习	暑期补习	暑期补习	暑期补习	暑期补习	暑期补习
9：00～9：20		党政联合	农人常识	工人常识	商人常识	电信常识	警政常识
9：20～9：40		纪念周	国语练习	国语练习	国语练习	国语练习	国语练习
9：40～10：00		党务报告	休　息				
10：00～12：00		休　息					
12：00～12：20		嘉言 西乐	嘉言 西乐	嘉言 西乐	嘉言 西乐	嘉言 西乐	嘉言 西乐
12：20～12：45		新闻 歌曲	新闻 歌曲	新闻 歌曲	新闻 歌曲	新闻 歌曲	新闻 歌曲
12：45～13：00		平　剧	平　剧	平　剧	平　剧	平　剧	平　剧
13：00～16：00		休　息					
16：00～16：30			政令	救灾常识	施政报告	政令	
16：30～17：00		休　息					
17：00～17：15		医药卫生	医药卫生	医药卫生	医药卫生	医药卫生	医药卫生
17：15～17：35		保甲宣传	导淮宣传	禁烟报告	保甲宣传	导淮宣传	禁烟报告

再如山东省会广播电台的办台方针是：以政令新闻为主，知识娱乐为辅，并服务于商情、气象等公众事业。该台每天两次播音，一次本省新闻，一次国内外新闻，三次政令报告，都是自办的，不转播当时国民党中央电台的政治性节目。文艺广播主要是播放京剧唱片，有时也请人到电台演唱曲艺，如请邓九如演唱《山东琴书》、杜大桂演唱《梨花大鼓》，还请过艺名“盖河南”的乔清秀演唱《河南坠子》等。1937 年 9 月，张瑞芳等组成的北平学生移动剧团到济南，曾在省会广播

① 《江苏省志·广播电视志》，http：//www.jssdfz.com：8080/dfz/book/index.jsp? bookName = book/gbdsz/DEFAULT.html。

电台演播过《打回老家去》、《流亡三部曲》、《放下你的鞭子》等抗战歌曲和话剧。①

第二节　民营广播事业

20世纪30~40年代，我国的民营广播电台按照其开办者的属性和开办广播电台的目的，可以分为三类：一是由教育机构开办的教育广播电台，广播内容主要是文化教育方面，收听范围有限，基本上属于内部广播电台。这类广播电台在今天的高等院校中也普遍存在。二是由教会组织开办的宗教性广播电台，广播内容主要是教义，以传播宗教为主要目的，如由上海基督教同人组织的福音广播社所建的福音广播电台和由中国佛教会主办的佛音广播电台。这类广播电台在今天的香港、台湾和澳门地区广泛存在。三是由公司或个人开办的商业广播电台，广播的内容包括新闻、戏曲、音乐、广告和其他节目，内容五花八门、光怪陆离，以营利为主要目的，以广告收入维持日常运行。

商业性电台数量多，分布也较广，其中半数以上集中在上海（见表16-4），如亚美、大中华、天灵、东方、国华、鹤鸣、中西、华东、华美、明远等。天津、北平、杭州、无锡、苏州等工商业发达城市均有。据统计，当时全国共有商业广播电台45座。② 这些广播电台的发射功率较小，一般在50~500W，也有小至7.5W的。收听范围和播音效果没有保证。

抗战前的1932年、1933年和战后的1946年是商业广播电台创办较多的时间。战时大多停办。在性质上，多为公司，尤其是电器公司所属，也有部分社会组织和独资创办的，后期较多地采用合伙经营、股份制等经营管理方式。

表16-4　　民国期间部分上海民营电台概况③

台名	所属机构	开播时间	呼号	功率	备注
新新	新新公司	1927.3.18	XGX,后改为XLHA	50W	主要目的是通过播音宣传新新公司的商品，特别是招徕顾客购买该公司装配的矿石收音机；1941年10月31日停播

① 山东省情资料库·广播电视库，http：//sd.infobase.com：8080/bin/mse.exe？seachword=%u5E7F%u64AD&K=a&A=73&rec=2&run=13。

② 转引自赵玉明主编《中国广播电视通史》，北京广播学院出版社2004年版，第29页。

③ 根据《上海广播电视志》整理得到，参见http：//www.shtong.gov.cn/node2/node2245/node4510/node10159/node10168/node63808/userobject1ai12104.html。

续表

台名	所属机构	开播时间	呼号	功率	备注
亚美	亚美公司	1929. 12. 23	XGAH	50W	以学术为主，以娱乐为辅，并致力于公众事业。“八一三”事变后于同年12月1日起停止播音。抗战胜利后，1946年9月8日复业播音。复业后先与麟记电台合并，后又与大陆、大中华4家合用频率940千赫播音。1948年10月恢复亚美麟记电台，合用频率860千赫播音
大中华	大中华电器公司	1931. 1	XHHU	100W	
东方	东方饭店	1932. 1			
华美	港粤沪华美电器行	1932. 6	XHHI	100W	
元昌	元昌广告公司	1932	XLHM	50W	以教育为主，曾举办过空中教育及知识讲座
鹤鸣		1932. 2. 2	XLHQ		自称以研究学术、普及教育、辅助工商业发展为宗旨
富星	富星电器行	1933. 6. 4		100W，后增至1000W	
福音	上海基督教同人组织	1933. 12. 2	XHHA	150W	经费由发行人自行捐助，电台无广告收入。后改为公开募捐
佛音	中国佛教会	1934. 1. 24	XMHB	500W	以阐扬佛理，宣扬佛教为宗旨
大陆	中法药房	1935. 12. 21	XHHK	100W	
麟记	麟记蓄电池制造厂	1946. 1. 4	XQHG		为提倡国人采用国产蓄电池及引起无线电研究之兴趣而创设
大美	大美晚报	1934. 1		500W	前身是华侨电台，后售予大美晚报，再后来又为华商所购

续表

台名	所属机构	开播时间	呼号	功率	备注
中联	中国国民党上海市文化运动委员会	1946.3.10	XGCA	500W	这是唯一由中共地下组织主办，以民营商业电台为掩护的广播电台
亚洲	张寿椿	1946.6		300W	创办人张寿椿（久记木材公司监察人）在呈请创办电台呈文中称：拟“经常广播中英文商务节目及有关建国大业之国内外新闻节目”
九九	国民党上海特别市第三区执行委员会	1946.8.16			目的为“宣传党义，启迪民智”
大中国	合伙经营	1946.10		200W，后增至500W	1948年该台以借款入股方式合伙经营。创办时负责人李凤霖（太乙化学制造厂经理兼利丰企业公司副经理）
合众	民营独资，负责人王丹青	1946.2			
中华自由	抗战前由中华无线电研究社，后为合伙经营			战后为500W	
民声	合伙经营			500W	

除了上述特征外，商业电台还有一个特征，那就是其广播的节目内容一般比较庸俗、低级，主要是迎合小市民阶层的收听口味。茅盾主编的《中国的一日》书末附录里收集有1936年5月21日上午商业电台播出的歌曲、戏剧节目：歌曲节目有《爱往何处寻》、《爱如花月》、《粉红色的梦》、《双料情人》、《爱情是什么》、《小野猫》、《定情歌》；戏曲节目有《火烧红莲寺》、《劈三棺》、《济公传》、《英雄难过美人关》等。① 由此我们可以窥见当时的这类电台播出内容的格调。新闻成了

① 转引自赵玉明主编《中国广播电视通史》，北京广播学院出版社2004年版，第30页。但据笔者翻阅此书发现，当时放映的电影也多是此类内容。因此，广播播出的这些内容只是当时整个大众娱乐的一个缩影。

附属品，低层次娱乐成了主要内容。这些电台之所以如此定调，主要是借此来吸引听众，从而招揽更多的广告。

但也有一些民营广播电台格调较高，并致力于服务社会公共利益，如亚美广播电台、中联广播电台等。

亚美广播电台于1929年12月23日正式播音，呼号为XGAH，发射功率50W。该台节目以学术为主，以娱乐为辅，并致力于公众事业广播。1930年，全国运动会在杭州举行，该台与浙江广播电台联络，及时转播运动会消息。是年秋，远东运动会在日本举行，该台转播运动会当日消息。“八一三”事变后，日军侵占上海，亚美公司广播电台于同年12月1日起停止播音。①

中联广播电台于1946年3月10日正式播音，呼号为XGCA，发射功率500W。这是唯一由中共地下组织主办，以民营商业电台为掩护的广播电台。电台是以“中国国民党上海市文化运动委员会”名义主办的。电台定名为“中联广播电台”，寓意联合中国的一切进步力量。电台广播部主任钟沛璋，广告部主任沈正光，工务部主任钟信耀，工程师赵铮、缪德培，播音员张明华、陈文琴，均为中共地下党员。电台在配合当时上海学生运动方面做了宣传报道。②

上述民营广播电台均为中国人所办。

民国政府对外国人创办广播电台采取的是从严审批的办法。《中华民国广播无线电台管理条例》第十三条规定，“凡不属于中华民国国籍之人民或团体或机关，绝对不得在中华民国国境内设立置有发讯机之电台”。③《民营广播无线电台暂行取缔规则》规定：“非完全华商之公司及非完全华人国籍之团体，须经在国民政府注册领有注册证书者始得领取许可证，在中国境内设立广播电台”，④但仍有一些广播电台在此期间创办。

据1932年10月统计的数据，外国人所办广播电台有6座，5座在上海，1座在北平。⑤如美灵登广播电台（1931年5月14日）、法商法人广播电台（1932年8月19日）、美商华美广播电台（1933年6月21日在交通部注册）、德国广播电台（1940年6月14日）、苏联呼声广播电台（1941年9月27日）等。这些外商广播电台中，有经交通部登记注册的，也有未登记注册的。这些广播电台在抗日战

---

① 《上海广播电视志》，http://www.shtong.gov.cn/node2/node2245/node4510/node10159/node10168/node63808/userobject1ai12104.html。

② 《上海广播电视志》，http://www.shtong.gov.cn/node2/node2245/node4510/node10159/node10168/node63808/userobject1ai12104.html。

③ 《中华民国法规汇编——第十编》，中华书局1934年版，第143页。

④ 《民营广播无线电台暂行取缔规则》，《中华民国法规汇编——第十编》，中华书局1934年版，第168页。

⑤ 转引自赵玉明主编《中国广播电视通史》，北京广播学院出版社2004年版，第32页。

争期间，多为日本侵略者接管，抗战胜利后又被国民政府接管。由于这些广播电台均为外商所办，所以其在性质上仍属于民营商业电台。

第三节　民国时期广播电台法规与管理

1928 年 7 月，国民党建立政权之初，国民党政府的建设委员会设立无线电管理处，管辖包括中国国内及国际间广播电台在内的全部无线电事业，并颁布了《中华民国广播无线电台管理条例》。11 月，颁布《中华民国无线电台呼号条例》和《中华民国船舶无线电台条例》，12 月颁布《中华民国广播无线电台条例》。制定和颁布的相关法律法规还有：《试验及业务无线电台条例》(1928 年 12 月)、《无线电材料进口护照临时办法》(1930 年 5 月)、《装设广播无线电收音登记暂行办法》(1930 年 7 月)、《中央广播无线电台管理处组织条例》(1931 年 7 月)、《限制民营电台暂行办法》(1932 年 1 月)、《各县市保送中央广播无线电台管理处收音员训练班学员办法》(1932 年 10 月）等。由此可见，国民党政府从一开始就非常重视对无线电台的管理和法律法规的制定，而且涉及范围较广、方面较多。

《中华民国广播无线电台管理条例》明确规定，建设委员会为促进无线电事业发展，特设立无线电管理处，国内及国际间无线电事业统归该处管理。《中央广播无线电台管理处组织条例》规定，该处直属国民党中央执行委员会，宣传事项受国民党中央宣传部指导。

《中华民国广播无线电台条例》规定：（1）政府机关、公众或私人团体和私人均可设立无线电台，但事前须经国民政府建设委员会无线电管理处的特许，否则由当地政府制止其设立；（2）营业执照 5 年一换；（3）广播电台的业务范围包括公益演讲、新闻、商情、气象报告；音乐、歌曲和其他娱乐节目；商业广告，但所占时间不得超过当日广播总时间的十分之一。①

《装设广播无线电收音登记暂行办法》规定，装设无线电收音机需“请求登记”，登记证不准顶替及租借。没有登记证的，一旦查出除没收全部机器设备外，酌情处于 10 元以上 200 元以下罚款。

《民营广播无线电台暂行取缔规则》规定广播电台不得触犯下列任何一项：(1）扰乱或妨害国有海陆空及公众通讯电台之业务；（2）不服从交通部所派检查员之指导与监督；（3）播送不真确之消息或新闻；（4）与任何一电台叫通，有类如通报情事；②（5）传递私人消息；（6）播送危害治安或有伤风化之一切言论消

① 《中华民国法规汇编——第十编》，中华书局 1934 年版，第 150～152 页。

② 即电台之间串通，传递情报。

息、歌曲、文词；（7）扰乱其他广播电台之播音。① 但从上述关于民营电台节目内容不高雅的事实中我们不难发现，这些法规执行起来是非常困难的。

1936年2月，国民党成立了国民党中央执行委员会广播事业指导委员会（简称指导委员会），进一步加强对广播事业的管理和控制，陈果夫任主任委员。该委员会由国民党中央广播事业管理处、宣传部、交通部、教育部、内政部等有关部门组成，主要任务是“谋广播事业之统一运用，整齐其步伐，健全其组织”。②

1936年10月，交通部公布了指导委员会通过的《指导全国广播电台播送节目办法》，规定自12月15日起由该委员会接管审查各电台播音节目。

1937年3月，指导委员会通过了《全国广播电台系统及分配办法》，将全国广播电台分为中央台、区台、省市台和地方台。

1937年4月，交通部又颁布了《民营广播电台违背〈指导播送节目办法〉之处分简则》和《播音节目内容审查标准》。

从上述法规法律来看，抗战前后，国民党政府对广播节目采取审查制度，并要求转播中央广播电台的节目，以此加强管理和控制。在这种体制下，党办、官营广播电台一枝独秀，民营电台发展的空间较小。

第四节　共产党革命时期的广播事业

作为一种现代信息传播工具，广播很早就为中国共产党革命领袖所注意和运用，但建立正式的广播电台还是中共六大以后的事。1928年11月，时任中共党中央政治局常委委员、组织部长并负责军事部工作的周恩来着手筹划在上海建立秘密电台。1929年秋，共产党的第一部秘密电台在上海建立，但呼号为业余无线电台呼号，发射功率只有50W，以尝试、练习和接收共产国际电码为主。1930年6月，共产党在上海成立“上海福利电器公司工厂”，作为开办地下无线电训练班的掩护。1933年初，中共中央由上海迁往江西中央根据地后，电台仍被保留。1934年10月，电台被国民党当局破坏。

在几次反“围剿”的战斗中，红军缴获了国民党军队的一些器材、设备，也有国民党军中的电务人员参加了红军，并训练了一些专业人员。据统计，1931年底，红军已有无线电台16部，电务人员80多名。③ 这使得共产党建立无线电台有了初步的硬件和软件准备。

1931年11月，新华社的前身、共产党第一个播发文字广播的通讯社——红色

---

① 《中华民国法规汇编——第十编》，中华书局1934年版，第168～171页。

② 转引自赵玉明主编《中国广播电视通史》，北京广播学院出版社2004年版，第37页。

③ 赵玉明主编：《中国广播电视通史》，北京广播学院出版社2004年版，第75页。

中华通讯社（简称“红中社”）在江西瑞金成立，呼号为CSR，并于7日首次对外广播。作为文字广播机构的通讯社，后面有专门的论述。

1940年春，中共中央决定成立广播委员会，领导和筹建广播电台的工作，周恩来任主任。是年12月30日，中央人民广播电台的前身、共产党领导下的第一座广播电台——延安新华广播电台开始播音，呼号为XNCR，发射功率约300W，①电台的地址是延安王皮湾村。这一天被定为中国人民广播事业创建纪念日。12月3日，该台还开办了日语广播，这一天被定为中国人民对外广播事业创建的日子。

电台刚开始时每天播音一次，共2个小时，后增至两次3小时和三次4小时。播音的内容主要有中共中央重要文件、《新中华报》、《解放》周刊、《解放日报》等报刊上的重要社论和文章、国内外时事新闻、名人演讲、科学常识、革命故事、音乐、戏曲等。由于设备非常简陋，机器和设备经常出现故障，导致播音效果和传播范围有限，但其在揭露国民党真相、宣传抗日民族统一战线政策、扩大我党影响和激发革命热情等方面都起到了特定作用。1943年春，由于战斗环境愈发艰苦，再加上播音效果没有保证，不得不暂停播音。

随着抗日战争最后取得胜利，从1945年9月11日起，延安广播电台开始恢复播音，呼号仍为XNCR。广播稿件由新华社提供。新华社还成立了口播组，负责编写口播稿件。解放战争期间，曾先后转移到陕北、太行、平山等地，并于1947年3月21日改名为陕北新华广播电台，但播音一直没有中断过，并逐渐发展壮大，发射功率后达到3kW，编播队伍扩大，编播制度也得以建立和完善。还在东北、华东、西北三大解放区建立了本地区中心广播电台：东北新华广播电台（1946年9月23日）、华东新华广播电台（1948年11月20日）、西北新华广播电台（1949年1月5日）。据1949年3月的统计数据，全国解放区共有广播电台24座。②

与此同时，解放区军民利用接管和缴获的日伪和国民党属无线电台设备，先后在哈尔滨、张家口、长春、安东、鞍山、吉林、大连、齐齐哈尔、承德和河北涉县等地，建起了地方人民广播电台。

延安广播电台虽然立足解放区，面向全国，但其主要听众是国统区听众。主要原因是他们有收听设备，且对中国共产党的主张、政策和解放区的情况知之甚少，甚至存在不少误解。为此，延安广播电台的宗旨是使他们了解人民政党、军队和解放区的情形，了解中国共产党的主张和政策。节目内容主要包括：时事新闻、解放区消息、言论、通讯和故事、记录新闻、文艺节目（歌曲、戏曲、秧歌等）。在办

---

① 徐光春主编：《中华人民共和国广播电视简史（1949—2000）》，中国广播电视出版社2003年版，第2页。

② 徐光春主编：《中华人民共和国广播电视简史（1949—2000）》，中国广播电视出版社2003年版，第5页。

台策略上，它还提出了“大家办广播”的口号，要和广大听众一起努力，办成“人民的喉舌，民主的呼声”。

全面内战爆发后，宣传内容侧重揭露国民党发动内战的罪恶行径，号召国民党军队退出内战，声援国统区的爱国民主运动。总之，作为舆论机关，广播很好地服从和服务了我党的革命事业，为夺取抗日战争、解放战争的胜利起到其应有的作用。

第十七章 共和国时期的广播电视事业

第一节 中华人民共和国成立初期的广播事业

一、中华人民共和国成立前夕的广播事业

1949 年 3 月 25 日，陕北新华广播电台随中共中央、新华社一起迁进北平，更名为北平新华广播电台，开始担当起中央电台的使命，面向全国广播。1949 年 12 月 5 日，北京新华广播电台第一台定名为中央人民广播电台，成为名副其实的中央台和中共中央、人民政府和全国人民的喉舌。

1949 年 6 月 5 日，中共中央发出通知，将原新华总社语言广播部扩充为中央广播事业管理处，领导和管理全国广播事业，廖承志任处长。按照通知精神，管理处与新华社为平行组织，同受中共中央宣传部的领导。各中央局所属广播电台受各中央局宣传部和管理处的双重领导，与各地新华分社关系也是平行关系。这表明广播与人民日报社、新华社一起成为中央三大新闻机关。

进北平之初，北平新华广播电台每天播音 5 小时。至 9 月份，播音时间增加到 13 个小时。除重要讲话、文件和新闻外，播出的节目内容还有讲座、曲艺等。为了提高宣传效果，除普通话广播外，还有广州话、潮州话、厦门话广播；除英语节目外，还办有日语广播。

1949 年 4 月渡江战役之后，人民解放军利用接管的电台和设备，在已解放的大中城市新建了一批人民广播电台。截至中华人民共和国成立前夕，全国各地已有人民广播电台近 40 座。① 从 6 月 20 日起，各地人民广播电台在晚间 8 点半至 9 点半转播北平新华广播电台的节目。

在广播内容上，发布新闻和传递政令、社会教育和文化娱乐是中央广播电台的三项主要任务。地方台除转播中央电台的节目外，还设有一定数量的地方性节目。

---

① 《中华人民共和国广播电视简史（1949—2000）》，中国广播电视出版社 2003 年版，第 9 页。

全国性和世界性的重要新闻主要由新华社提供，也有自己的一些新闻采访和评论。

此阶段北平新华广播电台的“重头戏”是关于新的政治协商会议和开国大典的报道。

关于政治协商会议的报道，电台较多地播出了毛泽东、朱德、周恩来等领导同志的讲话录音、文章和演讲，如6月15日播出的毛泽东在新政治协商会议筹备会上的讲话录音、周恩来的开幕词等。30日晚，电台首次播出了毛泽东《论人民民主专政》一文。7月1日，朱德亲临电台发表了纪念广播讲演。7月6日，周恩来亲临北平新华台，宣读了新政协各界纪念“七七”抗日战争12周年宣言。9月21日，中国人民政治协商会议第一届全体会议开幕当日，北平新华台和各地人民广播电台对此进行了全面、系统的报道。

1949年10月1日，中华人民共和国开国大典隆重举行。北平新华台作了实况广播，各地人民广播电台同时转播。这次大型报道从下午3点开始，到晚上9点25分结束，持续6个半小时，是当时中国广播史上最宏大、持续时间最长的大型事件广播，充分彰显了人民广播的巨大魅力。

二、过渡时期广播事业的发展

政务院第十一次会议决定，正式成立广播事业局，负责领导全国广播事业并管理国家广播机构。1949年12月21日，中央广播事业管理处发出通告，“兹以中央人民政府新闻总署广播事业局成立，奉中宣部之命即日结束处务”。首任局长是李强。① 1950年1月22日，新闻总署批准《广播事业局暂行组织条例》。该条例规定，广播事业局的职权有：（1）领导全国各地人民广播电台；（2）直接领导中央人民广播电台对国内和对国外广播；（3）普及人民广播事业；（4）指导和管理各地私营广播电台；（5）培养和训练广播事业干部。

1952年2月，新闻总署撤销后，广播事业局由政务院文化教育委员会直接领导，宣传业务则由中共中央宣传部领导。从1954年11月起，广播事业局成为国务院直属机构之一，宣传业务仍由中央宣传部领导。

1955年9月，国务院出台《关于地方人民广播电台管理办法的规定》，明确了广播事业局领导和管理地方人民广播电台的职责。

---

① 李强（1905—1996），原名曾培洪，江苏常熟人。根据周恩来同志的指示，他在1929年自制出我党第一部无线电收发报机，创建了我党第一部秘密电台，为开创我党无线电通讯事业作出了历史性贡献。1947年12月，他任中央军委电讯总局副局长，领导广播电台大功率发射机等建设。1949年4月兼任中央广播管理处副处长，是新中国广播事业的开拓者之一。1955年当选中国科学院首批学部委员（后称院士）。

1956 年 2 月，国务院发出《关于农村广播网管理机构和领导关系的通知》，规定广播事业局要设立一相应机构负责全国农村广播网建设，各地人民委员会可设立广播管理局或处，负责全省农村广播网点建设，并管理省属市的人民广播电台。省级广播局或处一般与省级台合署办公。

20 世纪 50 年代初期，中央电台主要设置了三类节目：新闻节目、知识性节目和文艺节目。1949 年时，中央电台的新闻节目每天只有 4 次，1956 年已增至 15 次。出现了一些为听众耳熟能详的新闻栏目，如 1950 年 4 月 10 日开办的《首都报纸摘要》(1955 年 7 月 4 日更名为《新闻和报纸摘要》）和 1951 年 5 月 1 日开办的《全国各地人民广播电台联播》节目（1955 年 7 月更名为《各地人民广播电台联播》、1995 年 10 月更名为《全国新闻联播》）等。除新华社和报刊提供的新闻源外，中央电台设有记者组，负责采写国内外重大新闻。遇有重大事件，还会推出特别、专题新闻节目。1954 年 7 月，经中央宣传部批准，中央电台开始建立地方记者网。知识性节目主要是针对特定对象的节目和专题性节目，如《对少年儿童广播》、《部队节目》、《经济生活》和《文化生活》等。文艺节目主要设有音乐、戏曲、曲艺、文学和电影、话剧的录音剪辑等。文艺性节目所占比例不断扩大，20 世纪 50 年代初占节目总量的 10% 左右，1956 年则增至 30% 左右。除上述三大类节目外，还有《天气预报》、《听众服务时间》等服务性节目，但没有广告。

此阶段，地方广播电台经历了三次大调整。第一次大调整是五大区广播电台随着五大行政区的撤销而撤销。第二次大调整是随着八个省级建制和九个行署区建制的撤销而停办了一批省级和行署级广播电台。第三次大调整是将一批直辖市台改为省辖市台。经过调整和优化，截至 1956 年底，全国共有地方广播电台 56 座，省级广播电台 27 座，① 初步建成了以中央广播电台为中心的全国性广播宣传网。

在此期间，另一个重要事务是对私营广播电台的社会主义改造。

1948 年 11 月，中共中央发出《对新解放城市中原有之广播电台及其人员的政策决定》，规定“新中国之广播事业，应归国家经营，禁止私人经营”，对某些私人经营的广播电台及其设备，可由国家付给适当代价以购买；私营电台在军事管制期间，一律归军管会统一管理。按照有关规定办理登记手续，经批准后可以开始广播。1949 年 5 月，上海解放时有私营电台 23 座，经新闻出版处登记审核后，准许其中 22 家电台继续播音。根据 1950 年 4 月统计，全国尚有私营电台 33 座。②

党和政府对私营电台的社会主义改造采取的是积极、稳妥的步骤，针对不同性

① 《中华人民共和国广播电视简史（1949—2000）》，中国广播电视出版社 2003 年版，第 18 页。

② 《中华人民共和国广播电视简史（1949—2000）》，中国广播电视出版社 2003 年版，第 20 页。

质的私营电台采取不同的改造方式：第一，接管或查封名为私营台，实际上是国民党党政军或其派系经营的广播电台；第二，因违反军管会条例和人民政府法令而被明令停止播音的；第三，根据私营台主的申请，由人民政府出资收购其广播器材而随后停止播音的；第四，实行公私合营，最后根据私方代表的申请，由人民政府出资收购私股，从而完成改造。截至 1953 年前后，中国大陆的广播事业已全部实现了由国家经营，私营电台的社会主义改造基本完成。

除无线广播电台外，中央还创建和发展了有线广播网。

1950 年 4 月，新闻总署发布了《关于建立广播收音网的决定》，指出“无线电广播事业是群众性宣传教育的最有力的工具之一，在我国目前交通不便，文盲众多，报纸不足的条件下，作用更为重大”，各地要普遍建立广播收音站，抄收中央和地方电台的记录新闻，向群众介绍和预告广播节目，并组织群众收听重要节目。① 1953 年底，全国已建有收音站 2.05 万个。②

中华人民共和国成立以前，东北、华北等一些城市已经开始着手建立有线广播站。1952 年，新中国开始在工矿企业、部队、机关和学校发展广播站。是年 4 月 1 日，全国第一座以县为区域范围的广播站——吉林省九台县广播站正式开始播音。12 月召开的第一次全国广播工作会议提倡发展面向农村、以全县为服务对象的有线广播。1954 年底，全国共建成县广播站 101 座，中小城镇广播站 705 座，有线广播喇叭超过 5 万只。③ 1955 年召开的全国农村广播工作座谈会强调，发展农村有线广播是建设农村广播网的主要方向。党中央、国务院对普及农村有线广播网非常重视，毛泽东、刘少奇等都曾对此做过指示和部署。1955 年 12 月召开的第三次全国广播工作会议制定了农村广播网的建设方针：依靠群众的积极性，充分利用现有设备，因陋就简，分期发展，逐步正规，先到村社，后到院户。此后，农村广播网发展迅速。1956 年 6 月底，全国建有农村有线广播站的县市达 783 个（占当时县市总数的 34.4%），共有喇叭 19 万多只。④

此阶段，对外广播（包括对台湾广播）也得以初步实现。

1949 年 8 月 20 日，上海人民广播电台第一台开办了对台湾广播，拉开了中国广播史上祖国大陆对台湾广播的序幕。该台每天晚上播音 30 分钟，闽南语和普通

---

① 《中国共产党新闻工作文件汇编（中）》，新华出版社 1980 年版，第 64～65 页。

② 《中华人民共和国广播电视简史（1949—2000）》，中国广播电视出版社 2003 年版，第 22 页。

③ 《中华人民共和国广播电视简史（1949—2000）》，中国广播电视出版社 2003 年版，第 25 页。

④ 《中华人民共和国广播电视简史（1949—2000）》，中国广播电视出版社 2003 年版，第 27 页。

话节目各15分钟。稍后，对台广播的业务由1950年4月成立的华东人民广播电台承担。1952年，播出时间增加至90分钟，播音语言增加了日语。1954年8月15日，“中央人民广播电台对台湾广播”正式播音，对台广播改由中央人民广播电台承担，标志着对台广播进入一个新阶段。播出时间大幅增加，每天播音4小时，语言则采用普通话和闽南话。1955年5月，播音时间延长至10小时15分钟。1956年10月又延长至13小时15分钟，设置新闻性、知识性、文艺性和服务性节目，其中文艺节目占28%左右。

1950年初，广播事业局建立了国际广播编辑部，负责对国外广播事务。4月10日，承担对国外广播的“北京广播电台”开办了越南语、缅甸语、泰语和印尼语四种外语广播。6月，中央人民广播电台开办了服务于海外华侨的广州话、厦门话和潮州话三种方言广播节目。稍后朝鲜语广播也开始播出。至1956年底，北京电台已有15种语言节目，其中外语10种，另有普通话和4种方言，每天播音共24小时。①

第二节 作为阶级斗争工具的广播电视事业

从1957年4月开始至1976年底“文革”结束，由于我党工作方针的严重失误，此起彼伏的政治斗争成了中国社会的主题。包括广播在内的新闻传播事业成了阶级斗争的工具，新闻本身的规律性遭受严重破坏，广播事业的发展也是异常曲折、艰辛。

一、“反右派”斗争期间的广播事业

1957年4月27日，中共中央发出《关于整风运动的指示》，决定在全党进行一次以反官僚主义、宗派主义、主观主义（简称“三反”）为内容的整风运动。6月上旬，中共中央开始组织力量反击右派分子的进攻。全国规模的反右派运动开始了。由于过于严重地估计了当时的形势，反右斗争开始扩大化。一大批知识分子、爱国人士和党内外干部被错化为“右派分子”。

按照中央部署，全国广播系统不少人士在整风运动中提出了很多善意的批评意见，但都被视为向党和社会主义进攻，被划为“右派分子”。1957年底的统计数字显示，全国广播系统共批判、斗争了364名“右派分子”，大部分是编播人员，其

---

① 《中华人民共和国广播电视简史（1949—2000）》，中国广播电视出版社2003年版，第42页。

中广播事业局被划为“右派分子”的有83人,[①] 包括主管对外广播的副局长、党组成员温济泽和对外部负责人邹晓青、张纪明，三人被扣上了“反党小集团”的帽子。1958年10月8日，广播电视局党组召开扩大会议，宣布温济泽为右派分子，开出党籍，撤销党内外一切职务，直到1978年上半年才得到纠正。广播与其他新闻媒体一样，按照中央的要求，先是大量广播“鸣放”的意见，并不批驳，即所谓“引蛇出洞”。1957年6月8日之后，则开始连篇累牍地大肆批判，有些电台还制作了专题节目，对“反右”运动起了推波助澜的作用。

二、“大跃进”和“人民公社”运动期间的广播事业

1958年5月，中共八大二次会议正式通过了“鼓足干劲，力争上游，多快好省地建设社会主义”的总路线。全国各行各业掀起了“大跃进”的热潮。

在此之前，广播事业局召开的第五次全国广播工作会议被定位为“促进全国广播工作大跃进”的会议，认为“广播是阶级斗争的工具”，提出的方针是“多、快、好、省地办节目，办事业，为教育和团结广大人民，为保卫祖国、灭资兴无、促进社会生产力的发展服务”，并强调广播应站在全国各方面的前头。局长梅益以《政治是广播工作大跃进的统帅》为题作了总结发言：（1）关于广播工作“大跃进”的方针，指出节目工作“大跃进”主要是质量和数量的问题，“必须大力提高节目的质量，同时在兼顾需要和可能的条件下适当增加节目的数量”[②]；提出广播有三个任务，即宣传政治、普及知识和文化娱乐，同时要注意改进文风；（2）关于广播事业的“大跃进”问题主要是规模和速度的问题；（3）广播工作“大跃进”的关键在于干部，提出必须从政治上、思想上、组织上建立一支又红又专的广播工作的队伍。

1958年8月，中共中央政治局通过了《关于在农村建立人民公社问题的决议》，决定在农村普遍建立人民公社。

在总路线、“大跃进”和人民公社化运动“三面红旗”的指引下，全国人民、各行各业被一种非理性的、急于求成的冒进氛围所包围，一系列搞运动式的方针、路线和做法严重违背了事物发展的客观规律。在此背景下，作为党的宣传机关的广播电台，一是为“大跃进”推波助澜，一是自身“大跃进”式发展。

根据第五次全国广播工作会议精神，全国广播电台都大力宣传总路线、“大跃

---

① 《中华人民共和国广播电视简史（1949—2000）》，中国广播电视出版社2003年版，第91页。

② 广播电影电视部政策研究室等主编：《梅益谈广播电视》，中国广播电视出版社1987年版，第139页。

进”和人民公社化运动。如中央台举办了《大跃进凯歌》、《三面红旗万万岁》等专题节目。1958年夏天，安徽电台组织了五次《庆丰收特别节目》，为早稻亩产万斤的“卫星”敲鼓打锣庆贺，以至于出现了亩产3万斤的浮夸报道。中央台在《钢铁战线上》节目中，报道了广西罗城县36小时生产生铁26.6万吨的虚假消息。河北电台1958年7月报道了河北一个村庄打井班创造了8小时打一眼井的新纪录，这个纪录随即被打破，先后出现了6小时、4小时15分钟和3小时35分钟的“新纪录”。广播电台一定程度上成了浮夸风的推动者，“日日充满前进的战斗声，天天传出振奋人心的大捷报”。新闻节目如此，文艺节目也不例外，主要表现就是文艺的政治化。1958年3月，地方电台的政治性文艺节目占15%，9月份上升到49%。① 对外广播也是浮夸风盛行，引起国外听众的反感。

有的地方甚至把广播电台办成了生产指挥部门，不切实际地瞎指挥。吉林电台举办的《钢铁高产日特别节目》，全天24小时播音，要求当地在一夜之间使“钢铁元帅升帐”。在宣传“大跃进”过程中，不少广播电台还采取了广播大会的形式，以扩大宣传声势。1958年6月30日，广播电台举办报丰收、庆丰收广播大会，全省约有1000万人收听。全国地方台在1958年共举办广播大会303次，其中江西电台一家就举办了11次。1959年4月至1960年4月，中央电台也举办过19次广播大会，动辄几百万人收听。②

1958年11月，毛泽东在很多场合提出警告，告诉记者“头脑要清楚、要冷静”，“记者到下面去，不能人家说什么，你就反映什么，要有冷静的头脑，要作比较”，“记者的头脑要冷静，要独立思考，不要人云亦云”。③ 他在《关于当前宣传工作中应该注意的几个问题的指示》中指出：“宣传要始终保持冷静的头脑，要实事求是，反对浮夸作风，要做出检查，实事求是地宣传‘大跃进’。”1959年2月，广播事业局召开第六次全国广播工作会议。局长梅益作了题为《广播要更大更好更全面地配合大跃进》的报告，认为1958年工作的成绩是主要的，紧密地配合了“大跃进”；主要经验是政治挂帅，为中心工作服务，当促进派，走群众路线是办好广播的关键；存在的缺点是宣传中的浮夸和片面性；1959年广播宣传还要继续为“大跃进”服务，做好经常性的宣传，办好文艺节目，注意广播节目的思想性、艺术性、多样性、口语化。此后，中央人民广播电台和各地广播电台作了一些纠偏工作，但由于“反右倾”运动的开展而没有深入下去。

---

① 《中华人民共和国广播电视简史（1949—2000）》，中国广播电视出版社2003年版，第99页。

② 赵玉明主编：《中国广播电视通史》，北京广播学院出版社2004年版，第259页。

③ 《记者头脑要冷静》，见《毛泽东新闻工作文选》，新华出版社1983年版，第211～212页。

三、电视事业的创办及初步发展

1926年，被称为“电视之父”的英国科学家J. L. 贝尔德（John Logie Baird）成功地完成了画面传送和接收的完整组合实验，并于1月26日在伦敦公开表演。1929年，英国开始了实验性电视广播。1930年，英国广播公司与贝尔德合作，进行声像同步播出获得成功。1936年11月，英国广播公司建成一座实用电视台。这是英国第一家，也是世界上第一家电视台。此后，苏联、法国、美国、德国、意大利、日本等相继开办电视台。

中国电视诞生相对较晚。1955年2月，中央广播局提出在北京建立电视台的建议，并被列入文教五年计划中讨论。1956年，中央广播局提出在第二个五年计划期间试办电视问题，得到中共中央的重视。1957年8月17日，中央广播局决定成立北京电视台（1978年5月1日更名为中央电视台）实验台筹备机构。同年12月，中央广播局派出中国电视工作者代表团访问苏联和民主德国，考察两国电视节目的设置情况。1958年春，中国第一套黑白电视广播设备试制成功。

1958年5月1日，“北京电视台”开始试验播送节目。利用的是广播大楼西侧四层楼上的一个60多平方米的由排练厅改建成的简陋的导演控制室。9月2日正式播送。这是我国第一座电视台。电视台开播后，我国先从苏联进口了200部黑白电视机。天津生产的第一批“北京牌”电视机很快投入市场。

试播期间，每周播出两次节目，每次2~3小时。节目内容除新闻性节目、社会教育节目和文艺节目外，全是直播。1958年6月15日，北京电视台播出了我国电视史上第一部“电视剧”《一口菜饼子》。6月19日，还转播了一场篮球比赛。正式播出后，节目由每周两次增至每周四次。从1960年1月1日起，北京电视台试行新的固定节目时间表，每周播出八次，星期日上午增加一次节目。设置了十几个固定栏目，既有面对广大观众的栏目，又有特定对象栏目；既有新闻性栏目，又有知识性、娱乐性栏目。这些尝试是在设备、场地异常艰苦的条件下进行的，节目（包括电视剧）大多采取直播的方式，任何一个环节的差错都会打乱整个播出。在这样的环境下，中国电视事业的创办显得异常难能可贵。1960年5月，北京电视台新楼落成，建有一个600平方米的演播室，还有两个小演播室，条件得以大幅度改善。

继北京电视台之后，各地电视台也纷纷建立。1958年10月，上海电视台成立，12月，哈尔滨电视台开始播出。5月27日至6月1日，全国电视工作经验交流会召开，不顾当时的实际困难而要求各地大力发展电视事业。此后，西安、福州、合肥、乌鲁木齐、昆明等都创办了电视台。但由于国民经济遭遇严重困难，大部分电视台停止播送节目。① 1961 年底，全国已建立电视台、实验电视台和转播台 26 座，并且预计到 1962 年发展到 50 座。20 世纪 50 年代末全国有电视机约 17 000部，大多数安装在公共场所集体收看。②

四、广播电视事业的调整与发展

“大跃进”、人民公社化、“反右派”斗争以及自然灾害、苏联突然中断对我国的援助使得我国经济面临严重的困难。针对这种局面，中共八届九中全会（1961 年 1 月 14 ~18 日）提出了“调整、巩固、充实、提高”的八字方针，提出大兴调查研究之风和恢复实事求是的作风，成为新中国成立以来纠正“左”倾错误的一个重要转折点。

从 1961 年开始，广播系统按照“紧缩规模、合理布局、精简人员、提高质量”的方针，以提高广播节目质量为主，对广播节目、播音时间以及中小城市广播电台、电视台和有线广播站作了调整。调整的主要内容包括：撤销各省、自治区和直辖市广播电台所属的广播文工团、中等技术学校；省会城市的市台与省台合并；除林牧渔区、少数民族地区等特殊情况外，1958 年后开办的广播电台均停办；撤销各省、自治区、直辖市的广播管理机构，但可以保留名义，并入省区市广播电台；保留部分电视台，其余停办；农村有线广播站整顿后停办一部分，保留一部分。

1962 年初，全国有地方广播电台 145 座，经过调整后还有 81 座。1962 年，全国广播电台共办有 134 套节目，比原来减少 53 套。原来办有两套节目的，大多停办了第二套节目而集中力量办好第一套节目。1960 年，中央电台停办了 5 种少数民族语言节目。1961 年，中央电台对台湾广播节目时间从 16 个小时压缩为 13 个小时 30 分钟。1962 年，全国广播电台全年平均每天播音时间由原来的 1614 小时 12 分钟减少为 1 306 小时 25 分钟，减少了 19. 07%。③ 1961 年农村广播站有 2 万多个。经过调整，减少为 1962 年的 7 020 个。④ 广播系统职工由 3. 3 万人（1961 年数据）压缩为 2. 8 万人。⑤

---

① 吴廷俊：《科技发展与传播革命》，华中科技大学出版社 2001 年版，第 150 页。

② 赵玉明主编：《中国广播电视通史》，北京广播学院出版社 2004 年版，第 249 页。

③ 《中华人民共和国广播电视简史（1949—2000）》，中国广播电视出版社 2003 年版，第 109 页。

④ 《中华人民共和国广播电视简史（1949—2000）》，中国广播电视出版社 2003 年版，第 110 页。

⑤ 《中华人民共和国广播电视简史（1949—2000）》，中国广播电视出版社 2003 年版，第 110 页。

压缩规模后，全国只保留了北京、上海、广州、沈阳和天津五座电视台。这些电视台也作了调整，主要包括：(1) 加强了各电视台新闻节目的协作。保留下来的地方台只摄制少量的新闻片，寄送给北京电视台；北京电视台则向地方台寄送播出片的拷贝。(2) 拓展电视的多种功能。继北京电视台1960年初创办北京电视大学之后，其他电视台也相继创办了电视教育节目。(3) 对电视文艺作了有益的探索；(4) 制作和播出了一些电视剧，如上海电视台的《红色的火焰》、广州电视台的《谁是姑爷》等。

从1963年调整基本完成至1966年“文化大革命”开始的一段时间内，我国经济和社会获得了可喜的发展，广播电视事业也有所进步和发展。

1963年底，全国有广播电台89座。中央电台办有4套对内广播节目，每天播音达59小时。同年，电视台恢复到8座。至“文革”前，全国正规电视台已有10座。1966年春，全国有县级广播站2 001个，放大站8 435个，广播喇叭848万只，超过了历史上的最高水平。① 1964年3月，中央广播局党委提出宣传业务整改提纲草案《为进一步提高广播、电视宣传的质量而奋斗》，着重提高广播电视节目的质量。

中央电台集中力量办好十大名牌节目：《新闻和首都报纸摘要》、《各地人民广播电台联播》、《国际时事》、《科学常识》、《在祖国各地》、《文艺信箱》、《广播剧院》、《星期演讲会》、《少年儿童节目》、《小喇叭》，新闻性、知识性、娱乐性内容都有。新闻报道的时效性得以提高。1963年5月，刘少奇主席访问柬埔寨，中央电台基本上都在当天的新闻节目中有报道。在对第28届世界乒乓球锦标赛(1965年4月，南斯拉夫) 的报道中，最快的报道在比赛结束5分钟后就播出了。录音报道大量采用，录音新闻、通讯、特写、讲话等形式丰富了广播新闻的报道样式。新闻来源逐渐摆脱了依仗新华社和《人民日报》的局面，分期分批建立了一批记者站。1965年底，已建立省、自治区和直辖市地方记者站17个。②

地方台也注重办好重点节目，并在播音形式上作了一些有益的探索。1963年3月，河南电台在《对农村广播》节目中设立了《王秀英读报》、《老赵谈时事》等栏目，充分发挥广播“说”、“谈”的优势。

文艺节目内容广泛，形式多样。1964年六七月间，全国省、自治区、直辖市广播电台文艺节目交换工作在北京举行，参加活动的33个电台共播放文艺节目

---

① 以上数据均据《中华人民共和国广播电视简史 (1949—2000)》，中国广播电视出版社2003年版，第122～123页。

② 《中华人民共和国广播电视简史 (1949—2000)》，中国广播电视出版社2003年版，第127页。

213 小时。①

20 世纪 60 年代中期，对外广播加强了针对性，节目质量也有所提高，得到了不少国家听众的正面评价。到 1965 年，对外广播时间由 80 多个小时增加到 100 个小时左右，广播规模仅在苏联、美国之后，名列世界第三位。

电视作为一种新型大众媒体通过一系列报道显示出独特的优势。北京电视台在新兴力量运动会（1963 年，雅加达）、1963 年底至 1964 年 3 月周恩来总理访问亚非 14 国、我国第一颗原子弹成功爆炸、第 28 届世界乒乓球锦标赛等重大事件报道中，不但摄制了新闻和专题，还把节目寄往国外交流。北京电视台还与很多国家建立了交换和互购节目关系。

从 1945 年延安新华广播电台创办到 1965 年，中国人民广播事业整整走过了 20 个春秋。1965 年 12 月 9 日的人民日报发表了毛泽东、刘少奇、周恩来、朱德、邓小平等党和国家领导人对中国人民广播事业创建 20 周年的题词②，肯定了广播事业在社会主义革命和建设中的作用，并就指导思想和服务宗旨做出指示。不仅如此，党和国家领导人还做出具体指示，如周恩来总理指示中央广播电台创办面向农村的节目等。1966 年 3 月 20 日至 4 月 9 日，第九次全国广播工作会议在京召开，周总理到会讲话。在这次会议上，广播事业局书记丁莱夫在讲话中指出，我们的电台是阶级斗争的工具，必须保证党对电台的绝对领导。周恩来指出，全国省、市、自治区的广播电台，主要工作应该面向农村，为农民服务；要注意支援、教育、鼓舞；要使城市人民注意农村，趋向农村，支援农村，这是全国地方台的中心问题。遗憾的是，随着“文化大革命”的很快爆发，这些指示都无法落实了。

五、“文化大革命”期间的广播电视

1966 年 5 月开始的“文化大革命”，使中国陷入长达十年之久的全面混乱期。包括广播电视在内的新闻媒体几乎完全沦落为所谓“无产阶级专政”的工具。

在 5 月 16 日中共中央通过的《五一六通知》中，新闻界属于被彻底批判的行业之一。24 日，广播事业局召开全局职工大会，动员开展文化大革命。27 日，局

① 《中华人民共和国广播电视简史（1949—2000）》，中国广播电视出版社 2003 年版，第 126 页。

② 毛泽东的题词是：努力办好广播，为全中国人民和全世界人民服务。刘少奇的题词是：高举毛泽东思想红旗，把广播工作做好，使全国人民和全世界人民都得到鼓舞。周恩来的题词是：高举毛泽东思想伟大红旗，发扬艰苦奋斗、自力更生的革命精神，为发展人民广播事业而努力。朱德的题词是：联系群众、联系实际，进一步把广播宣传工作做好，为社会主义革命和建设服务、为世界革命服务。邓小平的题词是：高举毛泽东思想红旗，更好地为社会主义建设和社会主义革命服务，为马克思列宁主义和无产阶级国际主义服务。

里贴出了第一张大字报。31 日，以陈伯达为组长的"中央文革小组"进驻人民日报社，"掌握报纸的每天版面，同时指导新华社和广播电台的对外新闻"，标志着其基本上控制了全国的舆论工具。6 月 1 日，中央电台全文播送了由陈伯达亲自拟定题目的人民日报社论《横扫一切牛鬼蛇神》。6 月 9 日，陈伯达派人在广播事业局大会上宣称，广播事业局存在"反党反社会主义反毛泽东思想的黑线"和"资产阶级保皇派"，为批斗局长梅益定了调。7 月 13 日，梅益被责令停职。11 月 2 日，北京广播学院少数造反派学生冲进广播事业局大楼，大肆破坏，抢夺所谓的"黑材料"。1967 年 1 月 17 日，江青在广播事业局大会上诬陷该局书记丁莱夫为"敌人"。

与此同时，各地广播电台也在上演夺权斗争。虽然周恩来总理曾做过专门的指示，告诫"不许再播'夺权宣言'"。但场面大有不可控之势，全国广播电视系统乱成一团。

面对这种情况，1967 年 1 月 11 日，中共中央发出《关于广播电台问题的通知》，决定对全国地方广播电台实行军事管制，要求进入广播电台的群众组织立即退出。根据规定，军管后的广播电台一律停止播出自办节目，全体转播中央电台的节目。23 日，又补充通知，支持各省市电台成为无产阶级革命派大联合的喉舌；左派不能控制局面，实行军管，军管期间，除转播中央台节目外，允许地方电台有条件地自编一部分节目，自办节目有所恢复。1972 年 8 月之后才陆续结束军管。

1967 年 12 月 7 日，中央决定对广播事业局也实行军事管制，直到 1973 年 1 月才结束军管。期间军管小组为稳定广播电视系统，确保安全播出起了积极作用。但军管小组是在"中央文革小组"的领导下工作的，再加上"文革"总的指导思想是错误的，因此，它没有改变江青一伙操纵、利用广播电视系统的事实。地方广播电台的情况与此类似。

"文革"期间，广播电视台自己采访、制作的节目很少，基本上都来自"两报一刊"(《人民日报》、《解放军报》和《红旗》杂志)。1968 年 4 月 10 日，姚文元在中央广播事业局军管小组《请示北京市台的宣传口径》的报告上批示："凡广播电台（中央和地方）的宣传，均应以毛主席审定的、人民日报公开发表的社论和消息为标准。"陈伯达、江青都写了"同意"。① 此后，又有几个文件强化上述要求和规定。不仅如此，广播电视对"两报一刊"的社论、通知和文件等要重复、不断播出，有的播出次数累计达到 175 遍。② 由于"两报一刊"扮演着发号施令的

---

① 《当代中国的广播电视》编辑部：《中国广播电视大事记》，北京广播学院出版社 1987 年版，第 222 页。

② 《中华人民共和国广播电视简史（1949—2000)》，中国广播电视出版社 2003 年版，第 142 页。

角色，广播电台相应地也是在为文革推波助澜，成为江青篡权的工具。

“文革”期间，一大批为观众喜爱的栏目、节目，如《小喇叭》等，统统被认为是“封、资、修的大毒草”而遭停播，增办了一批如《毛主席语录》、《革命大批判》等毫无新意的节目。东方红、毛主席语录、毛主席像、文革口号等充斥广播电视的时段和荧屏，竭力鼓吹“文化大革命”好，宣扬极端个人崇拜主义。对毛泽东极端个人崇拜的各种做法，直到1970年中期以后才有所收敛，林彪叛逃事件发生后进一步降温，但直到批倒“两个凡是”后才算基本清除。

“文革”开始之前，广播电视的对外传播还是能够根据国外受众的特点，采取内外有别的策略进行的。1966年3月，广播事业局就决定不对外广播关于学术批判问题。这种差别等陈伯达操纵广播事业局以后就被否定了，认为对外广播电视的性质同样是无产阶级专政的工具，根本任务是传播毛泽东思想、支援世界革命，对象则是对准左派。《横扫一切牛鬼蛇神》、《触及人民灵魂的大革命》等用各种外语都播出了。北京电台从1966年底开始，全台各种外语节目，每天在节目开头均选用配合当天节目的毛主席语录。不少国外听众，对此提出尖锐批评，认为内容空洞，千篇一律，不考虑对象的具体情况，生搬硬套。毛泽东本人也不同意这种做法，他在《关于答复新西兰共产党主席威尔科克斯对我国对外宣传工作的批评的请示报告》上批示：“此事我已说了多次，对外（对内也如此）宣传应当坚决地有步骤地予以改革。”此后，虽有所改进，但内外不分的根本做法并没被纠正。

电视的对外宣传也受到严重破坏。这从北京电视台“出国片”① 的情况可以看出来。1964年，北京电视台向33个国家寄送476条电视新闻片和纪录片，而1969年该台只向16个国家寄送了86条“出国片”。②

“文革”期间的广播电视文艺一片萧条，充斥着空洞的说教和无任何艺术美感的革命题材节目。中央电台将近90%的外国音乐胶带被消磁，一大批世界经典作品被当作“毒草”销毁，令电台工作人员痛心不已。这阶段录制了诸多“文化大革命”的歌曲，如《歌唱十六条》、《文化大革命就是好》等，以及“毛主席诗词歌曲”和“毛主席语录歌曲”。此外，播出较多的8首革命歌曲是：《国际歌》、《东方红》、《大海航行靠舵手》、《三大纪律八项注意》、《三八作风歌》、《敬祝毛主席万寿无疆》、《歌唱社会主义祖国》、《我们走在大路上》。占领整个电视屏幕的是8个革命“样板戏”：现代京剧《红灯记》、《沙家浜》、《智取威虎山》、《海港》、《奇袭白虎团》，芭蕾舞剧《红色娘子军》、《白毛女》，交响音乐《沙家浜》。

---

① 20世纪五六十年代，我国的电视对外宣传主要依靠向外国寄送电视新闻片，业内人士称为“出国片”。

② 数据来自《中华人民共和国广播电视简史（1949—2000）》，中国广播电视出版社2003年版，第151页。

样板戏播出时间占全天文艺节目总播出时间的85%以上。① 时常还会出现五花八门的“忠字舞”。电影荧屏反复播映的是“三战”：《地雷战》、《地道战》、《南征北战》。本应丰富多彩的广播电视电影文艺被反复播出的几部屈指可数的所谓作品所取代，广播、电视的娱乐功能丧失殆尽，作为阶级斗争工具的政治功能却被无限放大。

“文革”期间，唯一令人庆幸的是，广播电视的技术手段的改进受影响不太大，而且取得了一定的发展，使得我国广播电视技术进一步朝现代化迈进。

我国对内无线广播主要使用中波。至1965年底，我国的中波广播网已初具规模。在收听区域上，中波广播分地波服务区和天波服务区。天波服务区只有在晚间才会出现，白天听不到广播，且易被干扰，收听效果差。因此，中央广播事业局技术部门提出改善中波广播的初步设想。为此，该局与河南、安徽、江苏、浙江等省广播事业局联手，顶着“文革”期间的压力，坚持进行中波同步广播②试验。试验分两个阶段，分别在华东（1969年12月—1970年1月）和河南（1970年底—1973年初）进行，并取得成功。在此基础上，1973年9月下旬至10月上旬，中央广播事业局召开全国广播规划座谈会，提出了新的技术政策：中波广播采取大、中、小功率相结合，以中、小功率为主，地面覆盖，同步广播。从此，我国中波广播网不再依靠天波服务。1973年至1976年，山东省广播事业局在全省范围内进行了中波同步广播的中间试验，取得成功。以此为基础，1976年我国制定了中波广播网的技术发展规划。该计划1978年付诸实施，进展顺利。从1978年11月23日开始，全国中波广播网进入同步工作状态。

调频广播③发展迅速。我国从20世纪50年代已开始试验调频广播，但“文革”初期受到批判，发展受到影响，但并没有半途而废。山东省、中央广播事业局在河北进行的试验都没有停止。中央广播事业局决定从1969年开始建设三条以北京为中心的调频节目传送线路，为以后大面积覆盖打基础。1974年10月，中央人民广播电台调频广播正式播音。进入20世纪70年代，全国先后有24个省、自治区的广播事业局兴建了以省会、首府为中心的调频线路。1976年至1978年，一些省级电台纷纷建立了调频发射台，但直到20世纪70年代末始终没有形成很大的影响。

---

① 《中华人民共和国广播电视简史（1949—2000）》，中国广播电视出版社2003年版，第156页。

② 所谓同步广播，是指两个或多个广播发射台使用同一频率，在不同地点播出同一节目的广播方式。以此减少干扰，改善收听效果。

③ 中波、短波广播属于调幅广播。与调幅广播相比，调频广播具有噪音小、音质优美、抗干扰能力强、同等发射功率覆盖范围大等优点。

也是在“文革”期间，彩色电视节目正式播出。我国的彩色电视研究和试验起步于1959年，即黑白电视开播后的第二年。1962年，研究工作被迫暂停，文革开始后又被批判为“修正主义”路线的产物，是为“城市老爷”服务的东西。直到1969年，彩色电视的研究和试验工作才得以恢复。1972年，中央广播事业局派出考察团出国考察。1972年底至1973年初，我国终于研制出彩色电视转播车和彩色电视中心设备。1973年4月14日，北京电视台第一次试播彩色电视。5月1日，该台用八频道面向北京地区试播彩色电视，10月1日正式播出。8月1日，上海电视台也开始试播彩色电视节目。1977年7月，北京电视台二频道的黑白电视节目改成彩色电视播出。至此，该台的两套节目全部实现了彩色化。电视其他方面的技术也有进步。1976年底，全国电视台增加到39座，将近3亿人口居住的地方可以看到电视。①

第三节　社会转型时期的广播电视事业

一、拨乱反正期间的广播电视事业

1976年10月6日晚，中共中央采取果断行动，“四人帮”被隔离审查，江青反革命集团覆灭，“文化大革命”宣告结束。这天晚上，中共中央就派人去中央广播事业局，迅速掌握了被“四人帮”长期霸占的广播电台、电视台。广播电视照常播出，并且不再宣传“按既定方针办”，不管什么节目，这句话都得删掉。10月14日，党中央公布了粉碎“四人帮”的消息，举国欢腾。中央电台播送了首都和上海、天津等地群众庆祝游行的录音报道，北京电视台播放了相关的电视片。24日，中央电台、北京电视台转播了首都群众在天安门举行的庆祝大会的实况。国外电视台纷纷播出了有关的电视片。

中央电台和地方电台注重完整、准确地宣传马克思列宁主义、毛泽东思想的基本原理和知识。1977—1978年，中央电台在《学习》节目中举办了18期理论讲座，如《党的建设》、《理论与实践问题——实践是检验真理的唯一标准》等，一共207讲，102万字。② 地方台也举办了类似的讲座。

一大批深受受众喜爱的节目陆续恢复，如中央电台的《小喇叭》、北京电视台

① 《中华人民共和国广播电视简史（1949—2000）》，中国广播电视出版社2003年版，第173页。

② 《中华人民共和国广播电视简史（1949—2000）》，中国广播电视出版社2003年版，第186页。

的《文化生活》等，并且创办了一些新的专题节目。广播电视文艺逐渐丰富。1976年12月21日，转播的诗歌朗诵音乐会上，王昆、郭兰英、王玉珍、常香玉等在“文革”中遭受迫害的艺术家登台表演。一批被禁播多年的优秀歌曲等重新回到广播电视上。对外宣传也开始根据国外受众的特点，从内容、风格和形式上做了改进。1978年5月1日，中央广播事业局对国外广播部更名为中华人民共和国国际广播电台。同一天，北京电视台更名为中央电视台。中央电台、国际广播电台、中央电视台简称“中央三台”。与此同时，西安、哈尔滨等电视台陆续更改为以省名命名的电视台。

“四人帮”垮台后，党中央在指导思想上依然没有彻底清理“左”的错误，华国锋又坚持“两个凡是”的方针，除了陆续纠正“文革”遗留下来的问题外，各项工作几乎徘徊不前，直至1978年12月中共中央十一届三中全会召开。

二、改革开放起步期间的广播电视事业

1978年12月18日至22日，党的第十一届中央委员会第三次全体会议在京举行。全会做出了把全党工作重点转移到社会主义现代化建设上来的战略决策，确立了解放思想、实事求是的思想路线，否定了“两个凡是”的错误方针，果断地停止使用“以阶级斗争为纲”的错误口号。全会提出，要在解放思想、实事求是、有错必纠的方针指导下，审查和解决历史上遗留的重大问题和一些重要领导人的功过是非问题。这次会议是中华人民共和国成立以来我党历史上具有深远意义的伟大转折，开创了我国社会主义事业发展的新时期。

为了贯彻十一届三中全会的决定和关于宣传工作的指示精神，与第九次全国广播工作会议相隔14年后，中央广播事业局于1980年10月在北京召开第十次全国广播工作会议。中共中央宣传部部长王任重到会讲话。局长张香山作了报告，题目是《坚持自己走路，发挥广播电视的长处，更好地为实现四个现代化服务》。会议总结了建国30年来广播事业建设广播电视宣传工作的成就、经验和存在的问题，确定了新时期广播电视工作的基本任务和奋斗目标。

会议否定了广播是“阶级斗争工具”、“无产阶级专政的重要工具”的错误提法，认为广播电视是“新闻舆论工具”、“宣传教育的工具”，“无条件地为党和人民的利益服务”是我国广播电视宣传的唯一宗旨。在党的工作重点已经转移到社会主义现代化建设上来的新时期，广播电视的中心任务“就是为经济建设服务，为实现四个现代化服务”。会议制定的奋斗目标是，“到本世纪末建成完整的、自成体系的广播和电视宣传网”，电台和电视台应成为新闻舆论中心之一，电教、科普、文娱的重要阵地；国际广播电台应成为“世界各国人民心目中一支可以信任的舆论力量”。会议认为，要把加速发展电视放在优先地位。为此，中央决定发射

广播卫星，建设卫星广播系统，并把中央电视台彩色电视中心列为“六五”期间的重点工程。各地政府也加大了对电视的投入。会后，全国新建了一批广播电台和电视台。1982 年，全国广播电台、电视台分别增加到 118 座和 47 座。电视发射台、转播台增加到 5635 座。全国收音机和电视机的社会拥有量分别为 18476 万台和 2761 万台。广播和电视的人口覆盖率分别为 64.1%、57.3%①。

20 世纪 50 年代初由时任新闻总署署长的胡乔木提出的广播要“自己走路”的业务指导方针进一步被强化。中央电台台长左漠野在 1979 年 5 月的一次会议上正式重新提出“自己走路”的口号。第十次全国广播工作会议再次确认了这一方针。所谓自己走路，一是要自己动手，自力更生，根据党的路线、方针、政策，确定自己的报道思想和计划，开展新闻、评论工作；二是要注意广播电视的特点，稿件的编写、节目的制作，都应体现出广播电视的特色和风格。1982 年，这一提法又加上了“开门办广播电视”的提法，在坚持自己走路的同时，要依靠社会力量。在第一次全国广播电视工作会议上，又补充了两句话：“扬独家之优势，汇天下之精华”，从而进一步完善了上述提法。

“自己走路”的方针推动了广播电视在改革开放之初的发展，广播电视的优势进一步显现。这主要表现为节目形式的多样和质量的提升。

新闻节目方面，与整个新闻界提倡“真、短、快、活、强”的做法相一致，广电新闻在自制节目和时效性上有了很大提高。中央电台《各地人民广播电台联播》栏目中播出的“本台消息”所占比例稳定在 60%～70%；《新闻和报纸摘要》栏目中“本台消息”也占据 35% 左右的份额。各地电台也做到了以自采自编新闻为主。中央电台的新闻，除个别政令、文件外，消息类新闻的字数一般不超过 500 字②。字数的减少意味着信息量的增加。在时效性上，“今天”的新闻增多。遇有重大新闻，基本上能实现及时播出。为此，《人民日报》专门发文赞扬广播新闻的改革，注重时效性，认为“快是振奋精神的标志之一，广播电台这次带了个好头”。1978 年 1 月 1 日，中央电视台《新闻联播》栏目正式创办。从 7 月 1 日起，该栏目播出的新闻每条一般不超过 3 分钟。各地电视台传送的新闻节目一般也能在当天晚上播出。由于与国外电视新闻社合作，国际新闻的时效性也提高了不少。1982 年 9 月 1 日，中共十二大召开，时任总书记的胡耀邦明确指示《新闻联播》首先发布这一重大新闻。从此，该栏目成为重大新闻首发的一个窗口。电视开始有了权威性和一定的独立性——不再过分依赖新华社和人民日报。

---

① 《中华人民共和国广播电视简史（1949—2000）》，中国广播电视出版社 2003 年版，第 191 页。

② 《中华人民共和国广播电视简史（1949—2000）》，中国广播电视出版社 2003 年版，第 196 页。

除消息外，新闻中另一种重要体裁——广播电视新闻评论得到重视。1979 年 4 月 26 日，中央电台在《各地人民广播电台联播》中播出了新时期该台的第一条广播评论——郭平的文章《改善中越关系的根本办法》，也是广播史上第一篇署名“本台评论员”的文章。这一年，中央电台《各地人民广播电台联播》和《新闻和报纸摘要》两栏目中播出的广播评论达 132 篇。① 国际台 1980 年正式组建了评论队伍。每年撰写的国际评论、述评、时事分析多达四五百篇。② 除在一条新闻播出后配发的短评外，中央电视台创办的专门的评论性栏目《观察与思考》于 1980 年 7 月 12 日正式播出。该栏目的宗旨是通过对具有普遍意义的或群众关心的事件、问题、人物进行调查、介绍和分析，说明某种道理，引起观众思考，起到影响舆论、推动舆论和引导舆论的作用。内容涉及政治、经济、法制、文化、教育和社会道德各方面，在社会上产生了很大影响。它的创办，改变了中央电视台新闻节目只有报道没有评论的格局，成为电视新闻改革的一个里程碑。

在中央电视台第一期《观察与思考》栏目中，中国的电视荧屏上第一次打出了“主持人”这个称谓。主持人节目自此出现，并很快为其他电台、电视台所采用。主持人栏目、节目的出现是中国广播电视“自己走路”方针的鲜明体现之一。

1978 年 5 月，在“文革”中被迫中断的电视剧开始恢复。中央电视台在这一年就播出了 8 部电视剧。1979 年 8 月，在第一次全国电视节目会议上，中央广播事业局副局长李连庆提出要大办电视剧。1980 年开始，我国每年举办一次全国优秀电视剧评选（1983 年后称为“飞天奖”）。这些都促使电视剧生产规模明显扩大。据统计，1981 年全国生产的电视剧达 150 部左右。从 1979 年至 1982 年，中央电视台制作的电视剧分别是 18 部、103 部、117 部、235 部，③ 呈现出高速增长趋势。该台还从国外引进了一些电视剧和电影进行译制。这一是说明“文革”之后人民群众的娱乐需求之高涨，二是说明了电视剧的魅力之大。当然，也有一些粗制滥造之作。1982 年，电视剧艺术委员会成立；1983 年，中国电视剧制作中心成立，这都标志着电视剧生产开始迈向专门化、专业化。

这期间，出现了两股思潮。一是以“左”的面目攻击党的十一届三中全会以来的路线、方针、政策违反马列主义、毛泽东思想；一是趁党中央集中纠正毛泽东晚年及“文化大革命”“左”的错误时，从右的方面恶意诽谤毛泽东，否定毛泽东

---

① 《中华人民共和国广播电视简史（1949—2000）》，中国广播电视出版社 2003 年版，第 198 页。

② 《中华人民共和国广播电视简史（1949—2000）》，中国广播电视出版社 2003 年版，第 199 页。

③ 《中华人民共和国广播电视简史（1949—2000）》，中国广播电视出版社 2003 年版，第 205 ~ 206 页。

思想和中国共产党，否定党的领导和社会主义制度。1979 年 1 月，在中央召开的长达 2 个多月的理论工作务虚会上，也出现了一些贬低甚至否定毛泽东和毛泽东思想，怀疑甚至否定共产党的领导和无产阶级专政的观点。新闻界也出现了一些问题。广播电台直接宣传马列主义、毛泽东思想的理论节目受到非议，认为“理论节目没人听”，应该取消这类节目。虽然中央电台的理论节目基本上没受到影响，但一些地方电台的理论节目却就此停办了。1980 年 1 月 16 日，邓小平在《目前的形势和任务》的讲话中指出，“要大力宣传社会主义的优越性，宣传马克思列宁主义、毛泽东思想的正确性，宣传党的领导、党和人民群众团结一致的威力，宣传社会主义中国的巨大成就和无限前途，宣传为社会主义中国的前途而奋斗是当代青年的最崇高的使命和荣誉”，“报刊、广播、电视都要把促进安定团结，提高青年的社会主义觉悟，作为自己的一项经常性的、基本的任务”。① 1981 年 1 月 29 日，中共中央发布《关于当前报刊新闻广播宣传方针的决定》，要求“报刊、新闻、广播、电视要认真进行关于坚持四项基本原则的宣传”，“必须严格按照十一届三中全会以来党的路线、方针、政策进行宣传。当前和今后一个时期，最主要的任务就是要坚决维护和发展安定团结的政治局面，保证国民经济进一步调整的顺利进行”。

三、全面改革与发展期间的广播电视事业

1. 广播电视总体概况

1982 年 5 月，中央广播事业局升级为中华人民共和国广播电视部（简称“广电部”），吴冷西任首任部长。各地广播事业局也相应地升级为广播电视厅或广播电视局。1983 年 3 月 31 日至 4 月 10 日，第十一次全国广播电视工作会议召开。中共中央书记处书记邓力群到会讲话。吴冷西作了题为《立志改革，发挥优势，努力开创广播电视新局面》的报告。会议提出了“立志改革，在改革中调整，在改革中提高，在改革中整顿，在改革中发展，全面开创广播电视工作的新局面”的口号。确定了到 20 世纪末“进入世界先进行列”的奋斗目标以及近期规划和实施步骤。认为广播电视改革，应当从宣传工作入手，宣传工作改革则要以新闻改革为突破口。会议确定全国实行“四级办广播、四级办电视、四级混合覆盖”的事业发展方针。② 除了中央和省（自治区、直辖市）外，凡是有条件的省辖市和县都

---

① 邓小平：《目前的形势和任务》，见《邓小平文选》，第 2 卷，人民出版社 1994 年版，第 255 页。

② 之前实行的是“四级办广播、两级办电视、分级覆盖”的方针。中央、省、市三级办无线广播，县办有线广播。

可以根据当地的需要和可能开办电台和电视台，其主要任务是转播中央和省级广播电台、电视台节目，也可以播出自办节目，共同覆盖该市、县。边远省、自治区的地区一级如果有需要也可以办广播电视。会议还决定上马卫星广播技术工程，大力发展调频广播等。9月，广播电视部就第十一次全国广播电视工作会议讨论的几个问题向中央作了书面汇报。10月26日，中央转批了汇报提纲，并发了一个通知，再次明确了广播电视工作的根本性质、任务以及努力的方向，强调了广播电视的特点和功能，并对广播电视系统工作人员提出了要求。以此为契机，我国广播电视进入全面改革和快速发展期。

1987年，全国广播电台、电视台分别增加到386座、366座；广播发射台、转播台增加到1 016座；电视发射台、转播台增加到17 570座；调频广播发射台增加到392座。① 1984年4月，我国自行研制的第一颗试验通信卫星发射成功。广播电视信号开始用卫星传递。1987年底，一个以卫星传送为主，微波、地面收转和差转相结合的广播电视节目传输覆盖网逐渐形成。广播覆盖率提高到70.5%，电视人口覆盖率达到了73%。1987年底，全国收音机、电视机的拥有量分别达3.3亿台和1.16亿台。② 1987年，8.4万平方米的中央电视台彩色电视中心基本完工。地方电视台也陆续兴建了广电大楼和广播电视塔。广播电视硬件条件进一步改善，并逐渐现代化。1988年10月上旬召开的全国广播电视厅局长会议充分肯定了“四级办广播、四级办电视、四级混合覆盖”方针取得的成绩，同时也指出一些市、县不顾自身条件，盲目上马以及对有关规定执行不力的现象，因此要不断完善。会议决定此后一个时期，地区、县级市和县一级一般不再新建电视台。广播电视事业建设要量力而行、注重效益、协调发展。1991年，全国电台、电视台的数量分别为724座、543座。电视人口覆盖率提高到80.5%。发射台、转播台都大幅度增加。广播、电视节目制作能力比1987年分别提高74%和82%。③

除无线电视外，有线电视迅速崛起。我国有线电视技术研究起步于20世纪60年代，但直到20世纪80年代才开始规模化。一开始是一些大型厂矿、企业安装了共用天线电视系统，并建起企业内部有线电视台。之后，行政区域性有线电视系统在一些地方试点，并成立有线广播电视台。1988年之后迅速在农村推广。广东、四川、福建、湖北等省份的农村地区着手建设有线电视。根据1991年底的不完全

① 《中华人民共和国广播电视简史（1949—2000）》，中国广播电视出版社2003年版，第327页。

② 《中华人民共和国广播电视简史（1949—2000）》，中国广播电视出版社2003年版，第328～329页。

③ 《中华人民共和国广播电视简史（1949—2000）》，中国广播电视出版社2003年版，第331页。

统计，全国行政区域性有线电视网达451座，用户达1500万户。① 由于各地竞相发展有线电视，节目来源复杂，也出现了一些混乱情况。1990年11月，国务院批准《有线电视管理暂行办法》。1991年4月，广播电影电视部又颁布了该办法的实施细则，使我国有线电视走上了法治轨道。

2. 广播电视新闻报道的发展

新闻报道方面，注重增加信息量，进一步提高新闻的时效性，在题材和形式上有所突破。

重大事件、活动、演出和球赛基本上实现了现场直播，做到了“零时差”。ENG（电子新闻采访设备）和电子编辑机的投入使用，也减少了摄制编辑的时间，提高了时效性。

电视台采用字幕新闻。把字幕打在屏幕的下方向左移动，可在不改变正常播出节目的同时，随时发布重要新闻。

驻地记者站和各级电视台为中央电台、电视台提供了可靠、通畅的消息来源。到20世纪90年代初，中央电台已经在全国各地（包括香港和澳门）建立了39个驻地记者站，② 其提供的新闻成为“中央台消息”的主要来源。随着各地各级电视台的建立，它们向中央电视台提供的新闻约占该台播出新闻总数的一半，成为该台扩大报道面、增加信息量、提高时效性的有力保证。

新闻节目的次数大增，受众获得的信息量更大。从1983年元旦起，上海电台在5：00～24：00之间的整点都播出一次新闻节目，开创了整点播报的先河。1984年5月，广东电台的新闻节目每天达45次，基本上实现了整点播报、半点播报。从1988年元旦起，中央电台也开始在第一套节目中整点播报新闻。不少省级电台、大城市电台也采用了这种方式。

电视新闻栏目增多。1982年1月，上海电视台打破了中国电视新闻一天一次的格局，在每天的21点开办了《晚间新闻》栏目。1986年10月，该台又创办了英语新闻。1982年7月，广东电视台率先开办了《午间新闻》。1984年元旦，中央电视台开办了《午间新闻》，1985年3月开办了《晚间新闻》。此后又开办了《英语新闻》、《经济新闻》、《体育新闻》、《早间新闻》等新闻栏目。20世纪80年代初，中央电视台每年播出的新闻有三四千条，80年代末跃升为2万条，90年代

① 《中华人民共和国广播电视简史（1949—2000）》，中国广播电视出版社2003年版，第339页。

② 《中华人民共和国广播电视简史（1949—2000）》，中国广播电视出版社2003年版，第223页。

初则达到4万条，一些省级电视台每年播出的新闻也在1万条左右。①

广播电视开始关注重大题材的报道，直面改革开放中出现的矛盾和问题。1986年，中央电视台对六届全国人大第十七次会议的报道打破了“只见嘴动、不听人声，而是由播音员作概括性解说”的惯常做法，真实记录了委员们争相发言，敢说真话的场景，播出后反响强烈。一位观众在来信中认为“无论在形式上、内容上都开了新闻改革之先河，是迄今为止最为成功、最有影响的一次会议报道”。“以多年来从未见过的真实的声音、生动的画面、纪实采访的形式，消除了人们对立法过程的神秘感与不信任感。”“缩短了人大代表与老百姓的距离，使人们真正参与了国家政治民主生活，看到了国家的希望。”天津电台播出的《市长办公会议实况录音剪辑》也采取了类似做法。针对住房、物价等重大社会问题，广播电视台组织公开讨论，邀请政府有关领导人通过广播电视做出解答。这些做法都令受众耳目一新，取得了较好的宣传效果。1988年9月，广播电影电视部党组在总结时基本上肯定了上述做法，但也指出“舆论引导不够”等一些偏颇之处。

推出新闻深度报道，创新广播电视新闻报道形式。随着社会的发展进步，受众不再满足于仅仅知道发生了什么事情，还想知道它为什么会发生，过程和意义如何以及对他们的价值和影响，这是简明新闻无法实现的。于是，深度报道（连续报道、系列报道）应运而生。1984年，中央电视台推出了《北京乘车难》连续报道。广东电视台、四川电视台、湖南电视台都有大型连续报道。1987年，在对大兴安岭特大火灾的报道中，中央电台在《新闻和报纸摘要》等新闻栏目里共发稿71篇；中央电视台播发了100多条新闻，② 既有消息的连续跟踪报道，又有思考和述评。1989年，中央电视台进行了大型系列报道《弹指一挥间》。湖北电视台从1985年至1991年，摄制了《汉江行》、《长江行》、《情系大别山》等系列报道，都是深度报道的典范。深度报道的推出，是广播电视“自己走路”、彰显自身优势的体现，也是不同媒体间竞争发展的结果。

加强批评性报道，发挥舆论监督和引导作用。批评性报道是新闻媒体的天职之一，是其应担负起的社会使命，也是我党新闻事业的优良传统之一。但由于各种政治运动不断，人们对批评总是抱有戒心，不愿将有关信息公之于众，部分领导同志认为批评性报道就是为地方抹黑，影响形象，对新闻批评不但不支持，反而百般阻挠，再加上报纸不能批评同级政府的宣传纪律，导致批评性报道匮乏，人民群众对

① 《中华人民共和国广播电视简史（1949—2000）》，中国广播电视出版社2003年版，第225页。

② 《中华人民共和国广播电视简史（1949—2000）》，中国广播电视出版社2003年版，第230页。

此也有意见。改革开放之后，尤其是1984年之后，批评性报道有所增加。1979年9月，中央电视台曾播出过一条题为《北京王府井百货大楼停车场见闻》的批评性报道，舆论哗然。各电视台纷纷开办以舆论监督为主要内容的新闻专题栏目。1983年，中央电台报道了“黑龙江省双城堡火车站野蛮装卸问题”，引起国务院副总理万里的重视。1984年，中央电台和《吉林日报》合作，组织了关于吉林北站扩建工程扯皮的批评报道，促使该问题圆满解决。1988年，中央电视台的《观察与思考》栏目与《社会瞭望》栏目合并，更名为《观察思考》，每周日黄金时间播出，反映和述评社会热点问题，成为批评性报道发展的新方向。地方电台、电视台也推出一批类似栏目。

与全国经济建设热潮相适应，各级广播电视机构都把经济报道放在突出的位置，经济常常占据新闻题材的一半以上。电台、电视台纷纷成立经济部，有关节目、栏目不断涌现。1983年，中央电台先后开办了《大众经济》、《经济信息》栏目，并于1991年成立经济部。中央电视台则早在1984年就成立了经济部，并于1985年元旦创办了我国第一个电视经济栏目《经济生活》(1987年2月1日更名为《综合经济信息》)。同一天，以传播综合经济信息为特点的第二套节目（经济频道）向全国传送。党的十三大（1987年10月）后，《综合经济信息》更名为《经济半小时》，并于1989年12月18日起通过卫星向全国传送。此后，上海电视台、辽宁电视台等地方电视台相继开办了经济栏目。

与此同时，专业经济电台、电视台开始筹建。1986年12月15日，珠江经济电台开播。它是广东人民广播电台的一个分台，也是我国建立的第一家经济广播电台。珠江经济电台提出了“大众型、信息型、服务型、娱乐型”的办台方针，实行以新闻、信息为骨架，以大时段节目为肌体，主持人直播，高度参与和互动的传播模式。开播不久就引起了轰动，受到广泛好评。这种定位、模式也被称为“珠江模式”。

珠江经济电台不仅是一个专业经济电台，它还标志着我国大众传媒的功能开始多样化，产业性质初现端倪；表明广播在面临电视的挑战下开始寻求自己的出路；还表明随着时代的发展和媒体的多样化，受众接收信息时的主动性明显增强。

1987年至1990年，全国掀起创建经济电台的热潮。除经济台外，教育台、文艺台、音乐台、交通台等专业电台也纷纷创办，系列台的叫法由此产生，并成为广播电台的一种基本态势。

珠江经济电台和珠江模式的出现在一定程度上还是被逼无奈的结果。从延安新华广播电台创建到20世纪80年代中期之前，我国广播电台一直沿袭传统的录播形式，基本上是单向传播，听众只能被动地接受。这种方式在改革开放之后、特别是20世纪70年代末期到80年代中期受到了严重的挑战：当时广州地区乃至珠江三角洲地区几乎七成以上的听众都喜欢收听主持人个性化播出、内容生动活泼的港澳地区的广播节目。这昭示着我国广播发展正直面前所未有的冲击和挑战，改革已势在必行。① 这种自下而上的被动改革一直是我国新闻改革的基本路径。

3. 广播电视文艺

除新闻节目外，科教节目、纪录片、体育赛事直播、法制节目也都办得风生水起。尤其值得一书的是广播电视文艺的繁荣，因为这类节目与最广大的受众密切相关，其一波三折的发展历程又是我国广播电视事业发展的真实写照。

1981 年 1 月，中共中央在《关于当前报刊新闻广播宣传方针的决定》中明确指出，广播电视的文艺节目有重大的社会影响。1982 年 5 月 7 日，广播电视部部长吴冷西就广播电视文艺节目的特点、作用、地位和对它的要求做过长篇讲话，认为文艺节目要有一个大发展。这都为广播电视文艺的发展提供了理论支持。

1984 年 3 月，中央电台联合相关部门和媒体举办了全国相声评比。1984 年 6 月，中央电台发起举办《全国广播音乐厅》专栏节目展播活动，连续开展了三年，创造了全国电台联合举办文艺节目的新做法。1985 年，中央电台创办了“戏曲广播大奖赛”这一节目形式。类似的活动后来又举办了不少。同一年，中央电台开办第三套节目，正式播出调频立体声文艺节目。地方台也尝试过横向联合。

电视方面，创办文艺栏目成为电视文艺发展的先导。1981 年元旦，广东电视台开办了一个杂志型的文艺栏目——《万紫千红》，一炮打响，在电视界引起连锁反应，有不少电视台效仿。等到 20 世纪 80 年代后期，更多的地方电视台开始创办文艺栏目。

1983 年，中央电视台第一次举办大型春节联欢晚会。自此，中央电视台的春节联欢晚会就成了中国人年夜饭中一道必不可少的“大菜”。不仅如此，每逢重大节日、纪念日，基本上都有电视晚会陪伴人们一起度过。

1984 年，中央电视台举办了首届全国青年歌手大赛。该活动每两年一届，直到今天仍在举办。它既活跃了荧屏，又发现和推出了很多优秀歌手。此后，举办大型文艺活动成为电视台的又一业务。

1987 年元旦，中央电台《今晚八点半》播出，被认为是我国第一个“综艺节目”。它在内容上包括了音乐、戏剧、曲艺、文学等多种文艺形式，融欣赏性、知识性、趣味性、新闻性、娱乐性、服务性于一体，由主持人穿针引线，很快拥有了一大批听众，很快为不少地方台所借鉴。电视综艺中影响最大的当属中央电视台于 1990 年先后创办的《综艺大观》和《正大综艺》。

电视剧发展迅速。1983 年，全国共制作电视剧 502 部（集），1988 年则达到

---

① 陆景峰、李英元：《广东电台：“珠江模式”20 年跨越式发展》，http://media.people.com.cn/GB/40606/5199317.html。

4 258部,① 增长了9倍多。1985年，电视连续剧《四世同堂》播出，轰动全国，也揭开了把文学名著搬上荧屏的序幕。之后，四大名著被改编成电视剧，掀起电视剧收视的高潮。1987年起，电视剧生产部门开始贯彻“控制数量，提高质量”的方针，纠正一窝蜂拍摄电视剧引起的混乱状况，着重提高其思想性和艺术性。之后，电视剧生产虽有所下降，但质量有所提高。

与电视剧相对应的是广播剧。1980年5月，中央电台开办了《广播剧院》(1983年1月更名为《广播剧》）节目。1984年，大型广播剧《红楼梦》播出。之后，《窦娥冤》、《桃花扇》等问世。地方电台也制作了一大批广播剧。1988年，全国一共生产广播剧574部1 513集，地方电台制作的占95%左右。②

4. 广播电视对外传播

随着中美关系的正常化，大陆与台湾的关系也出现了改善的迹象。广播电视的对台传播也调整了基调，节目内容和形式做了相应调整。1984年，中国人民解放军福建前线广播电台更名为“海峡之声”广播电台，每天用十多个中波、短波和调频广播播出。1987年底，全国对台湾广播的电台增至4家。1991年底则增至11家。电视方面的对台传播则主要依靠福建电视台。该台1983年成立了专门的编辑部。

《关于广播电视工作的汇报提纲》指出：“对国外广播要努力为全世界人民服务，做到有的放矢，在宣传中准确而又鲜明地树立社会主义中国的形象，实事求是地向各国听众介绍中国的情况，宣传我国的政策和主张，增进各国人民对中国的了解。”③ 国际广播电台在对外广播中坚持以正面宣传为主、以事实为主、以我为主的方针，把握内外有别、外外有别的原则，区别对象，加强针对性，按对外传播规律办事。1980年4月，国际电台奉命筹建为中央三台服务的驻外记者站。至1991年底已在各主要国家建立记者站17个,④ 并派出常驻记者。驻外记者站的建立，扩大了国际新闻中自采新闻的比例，提高了时效性，在重大国际事件中开始有了中国媒体的独立声音。1984年，国际台被外交部、中央办公厅确认为采访党和国家领导人活动的中央新闻单位之一。随后，该台组建了一支外事采访队伍。

很久以来，对外传播的重任主要由电台承担，随着电视的发展壮大，它也开始

---

① 《中华人民共和国广播电视简史（1949—2000)》，中国广播电视出版社2003年版，第272页。

② 《中华人民共和国广播电视简史（1949—2000)》，中国广播电视出版社2003年版，第276页。

③ 《方向与实践——第十一次全国广播电视工作会议文件和典型材料选编》，中国广播电视出版社1984年版，第6页。

④ 《中华人民共和国广播电视简史（1949—2000)》，中国广播电视出版社2003年版，第293页。

参与对外传播。1983 年 8 月，广播电视部召开第一次全国电视对外宣传工作会议，专门研讨电视对海外传播的问题。会议强调，电视宣传要内外并举。一年后的 10 月，第二次工作会议召开，总结电视对外传播的经验，部署下一阶段的任务。1984 年底，中央电视台同 69 个国家的 86 个电视机构恢复或建立了业务联系。① 上海电视台、江苏电视台、山东电视台等地方电视台也参与到对外传播中。

5. 89 风波与广播电视整顿

1987 年 1 月 28 日，中共中央发出《关于当前反对资产阶级自由化若干问题的通知》，指出"新闻、舆论阵地必须坚持正确的思想政治方向"，广播电视"是党和人民的喉舌，必须在党的领导之下，无条件地宣传党和政府的路线、方针、政策"。1988 年 10 月，全国广播电视厅局长会议召开，总结经验，充分肯定了第十一次全国广播电视工作会议以来广播电视事业的成就，也提出了"坚决治理环境、整顿秩序"的问题。会议认为应从三个方面入手：第一，克服认识上的混乱，坚定不移地当好党、政府和人民的喉舌；第二，正确处理宣传与经营、社会效益和经济效益的关系，以宣传为中心，把社会效益放在第一位；第三，整顿宣传秩序，加强纪律性，严格执行各种规定和制度。

1989 年春夏之交，北京发生了政治风波。期间，广电部的领导多次强调广播电视必须同党中央保持高度一致。4 月中旬后的一段时间，中央三台的舆论导向基本没多大问题。之后，中央领导层出现了不同声音，广播电视宣传也一度失控，产生了恶劣影响。②

1989 年 11 月底，中共中央举办全国省、自治区、直辖市党报总编辑新闻工作研讨班。江泽民、李瑞环代表党中央分别作了《关于党的新闻工作的几个问题》和《坚持正面宣传为主的方针》的重要讲话，重点阐述了党的新闻工作的性质、地位与基本方针。讲话强调新闻事业是党、政府和人民的喉舌，它的基本方针是为社会主义服务、为人民服务；新闻工作是党的整个事业的重要组成部分，必须坚持党性，要反对所谓人民性高于党性的主张；新闻宣传必须在政治上与党中央保持一致，必须旗帜鲜明、坚持不懈地反对资产阶级自由化。

广播电视部门坚决贯彻上述精神，进行思想整顿，总结经验和教训，以"团结、稳定、鼓劲"为基调，坚持以正面宣传为主，在庆祝中华人民共和国成立 40 周年、北京亚运会等宣传报道中都有不俗表现。

1990 年 12 月 30 日，是中国人民广播事业诞生 50 周年纪念日。邓小平为中央

---

① 《中华人民共和国广播电视简史（1949—2000）》，中国广播电视出版社 2003 年版，第 306 页。

② 《中华人民共和国广播电视简史（1949—2000）》，中国广播电视出版社 2003 年版，第 317 页。

人民广播电台题字“中央人民广播电台五十年”。江泽民、杨尚昆、李鹏、彭真、邓颖超、李瑞环也分别为中国人民广播事业暨中央人民广播电台创建50周年题词，表达祝贺、要求和期待。

四、市场经济体制的建立与中国广播电视业的新发展

1. 发展概况

1991年，广电部确定“八五”期间（1991—1995）广播电视事业发展的重点是加快广播电视覆盖网和节目传输网的建设，进一步提高人口覆盖率，特别是少数民族地区和广大农村地区。1994年底，全国还有22.6%和16.7%的人口听不到广播、看不到电视。针对这种状况，“九五”期间（1996—2000）广播电视事业发展的重点依然是提高覆盖率，重点是农村。1998年初，广电总局正式提出：到20世纪末基本实现通电行政村“村村通广播电视”的目标和要求，“村村通”工程上马。2000年又启动了“西新工程”，着力解决西部地区，尤其是西藏、新疆等省区广大牧民接收广播电视信号的问题。

据2007年国家统计公报，我国广播电台有263座，电视台287座，教育台44个，有线电视用户15 118万户，广播和电视的综合人口覆盖率分别为95.4%、96.6%。①

在技术手段上，由模拟技术逐渐向数字化迈进。1992年6月，广电部通过了在我国开展数字音频广播的可行性报告。1996年12月，这一重大科研项目正式启动。1997年，中国国际广播电台实现了全数字化的节目制作和播出。1995年，中央电视台把一个800平方米演播室改成一个开放式全功能数字化演播室。之后虚拟演播室、虚拟场景、非线性编辑系统、数字录像机、数字SNG、数字转播车以及一些配套设备不断被引进并投入使用。1996年，该台又引进两套数字EFP系统（数字现场采集制作系统）。同年底开始应用数字卫星新闻采集（DSNG）。1999年，数字高清电视转播试验成功。节目传输领域的数字化始于1996年。该年，广电部决定以后上星的省电视节目一律采用数字压缩方式。到1999年7月，除几个省外，其他省都已采用数字压缩方式。2001年，广电总局制定了《广播影视科技“十五”计划和2010年远景规划》，作为新世纪初指导广播影视科技发展的行动纲领，并提出全面实施数字广播电视计划，加快数字化进程的时间表：2010年，全面实现数字广播电视。2015年，停止模拟广播电视的播出。2003年6月，广电总局正式发布了《我国有线电视向数字化过渡时间表》。2006年8月，国家标准化管

① 中华人民共和国国家统计局：《2007年国民经济和社会发展统计公报》，2008年2月28日发布。

理委员会正式发布了我国具有自主知识产权的《数字电视地面广播传输系统帧结构、信道编码和调制》标准，于2007年8月1日正式实施。2005年3月，上海文广传媒集团获得第一张IPTV（交互式网络电视）牌照，数字电视正式进入实质性运营阶段。由于数字电视涉及诸多部门的利益关系，进展的速度和发展的规模都没有预想的那么顺利。但从世界范围内广播电视发展的现状来看，我国仍应从速发展数字广播电视。

相对于电视快速发展而言，广播却遇到了不少困难。1993年12月18日北京交通广播的推出给广播界指出了一个新方向：交通广播。交通广播最早于1991年在上海广播电台推出，但并没有多大亮点。1993年，交通广播成为热潮，尤以北京交通广播最为成功。

2. 新闻立台

1992年10月召开的党的第十四次全国代表大会明确提出建立社会主义市场经济体制的目标。我国新一轮改革开放的大幕自此拉开。作为宣传机构和第三产业的广播电视，一方面坚持正确舆论导向，提高节目质量；一方面积极探索产业化发展之路，更新技术手段，增强自身竞争力，取得了新的发展和进步。

1992年秋冬，广电部部长艾知生强调，广播电视新闻报道在内容上应更好地服从和服务于经济建设这个中心；要努力地去适应受众，而不是让他们来适应广播电视。1993年初，丁关根在一次电视宣传工作座谈会上也强调，要从群众的需要出发，开辟新栏目，在形式上创新；要增大信息量，增加新闻播出次数。由此可见，转变被动意识，养成从受众角度出发安排节目的主动意识，成为全新的广播电视传播观。另外，狠抓新闻报道，增加信息量仍是一种基本发展思路。

1993年3月1日，中央电视台打破第一套节目每天只有四档新闻的格局，将新闻播出增加到12次。播出方式也大胆改革，除《新闻联播》外,① 全部采用直播和滚动播出，以提高时效性和到达率。1994年，中央电视台先后改版《晚间新闻》、推出《世界报道》、改革《午间新闻》(更名为《新闻30分》)，使第一套节目中新闻播出量和新闻栏目都显著增加，且在编辑方式上做了大幅度改革。1995年5月5日，该台推出早6点新闻。至此，在第一套中播出的新闻每天有13次。再加上《东方时空》、《焦点访谈》、《新闻调查》等，新闻已成为第一套节目的主体。由于采用了高科技传播手段，来自新闻现场的图像明显增多，记者、主持人有时就在现场通过连线的方式发回现场报道。

新闻也逐渐成为地方电视台第一套节目的主体。1993年开办的上海东方电视台，开播时就将新闻确立为该台的主体。其中，晚上直播的《东视新闻》除信息多、容量大、时效快，还采用平民化叙事方式，形成了以知识阶层和年轻人为主要

① 《新闻联播》于1996年元旦起开始直播。

收视对象的受众群，收视效果良好。20世纪90年代中后期，各地有线电视台也办有新闻节目，成为新闻传播的一支生力军。

从1997年元旦开始，辽宁、广东、广西、湖南、湖北、河南、青海、江西、福建、内蒙古、安徽、江苏、陕西、黑龙江、北京和山西等省级电视台的节目陆续上星。1997年8月，国务院批准所有省、自治区、直辖市的省级电视台节目均可上星传送。从1998年10月起，宁夏、重庆、上海、甘肃、河北、天津、吉林的电视节目也陆续上星。1999年10月，我国大陆地区最后一个省份——海南省的电视节目上星。至此，我国所有省级台的节目全部实现了通过卫星播出。电视上星，开始是高原、山区等地方信号传输、提高覆盖率的需要，后来很快演化为一种竞争态势。与都市报的区域化竞争不同，卫星电视是在全国范围内进行竞争。

在新闻传播上，广播电台也有新发展。1992年，中央电台推出《全天要闻简报》，引起听众，尤其是知识分子听众的注意，虽然是在夜间零点播出，收听的人仍然很多。1994年，中央电台充实、完善整点新闻滚动播出机制，平均日发稿量130多条。1998年，该台的综合性新闻节目播出增加到24次。该台影响力最大的新闻节目《新闻和报纸摘要》在20世纪90年代加强了对典型人物的报道，“汇天下之精华”的口号进一步落实到新闻实践上。从1995年起，它摘编介绍的报纸多达110家。1997年后，它日常状态下一般单发稿180字左右，简讯在40字左右，条数则大幅增加。①

大多数地方广播电台也开办了整点新闻，增加了直播节目，新闻时效性进一步提高，在某些方面走在中央电台前头，如广东电台每天自办纯新闻节目30次，广州电台甚至提出“消灭昨日新闻”的口号。②

除时效性、信息量外，新闻杂志型栏目、谈话节目的创办则进一步体现了电视新闻的优势和特色。

1993年5月1日，中央电视台《东方时空》栏目开办。它是一个40分钟的杂志型新闻节目，设有《新闻》、《东方之子》等五个板块，③ 每天一期。该栏目播出伊始就产生了广泛影响，改变了中国大陆观众早间不收看电视节目的习惯，④ 被誉为“开创了中国电视改革的先河”。不仅如此，《东方时空》还在运作方式上作了大胆探索：在人事管理体制上实行聘用制，既解决了编制问题，又带来了竞争机

① 《中华人民共和国广播电视简史（1949—2000）》，中国广播电视出版社2003年版，第386页。

② 《中华人民共和国广播电视简史（1949—2000）》，中国广播电视出版社2003年版，第383～384页。

③ 该栏目经历了几次大的改版，板块设置和编辑方式都有所变化。

④ 以往受众媒介接触的习惯是“早晨听广播，白天看报纸，晚上看电视”。

制，大大调动了员工的积极性；实行节目制作经费承包制；实行制片人制。制片人是栏目的负责人，有人员、经费、设备使用权，同时负责宣传原则、栏目风格和节目质量。1996 年 1 月，《东方时空》第一次改版。新版节目集新闻报道、评论、专题于一体；取消了各子栏目的主持人，设总主持人，统一串联，统一包装。2000 年 11 月，《东方时空》再次大改版，时间从 45 分钟增为 150 分钟，以演播室为调度中心，用直播方式将新闻、实用资讯、新闻专题等诸多内容有机串联，更加突出信息的时效性和服务性，还推出了《东方时空》所独有的周末版节目，构成浑然一体的大型早间新闻杂志型节目，被兄弟媒体评价为"中国新闻晨报"，中国"新世纪传媒新动向的代言人"和"电子媒体发展的趋势"。不到一年，《东方时空》再次改版，将新闻及资讯节目分离出去，在保留原有的《东方之子》、《百姓故事》、《世界》、《纪事》各子栏目的基础上，推出新的子栏日《时空连线》。2004 年 9 月，《东方时空》移至晚间黄金时段，联手央视一套《新闻联播》、《焦点访谈》，推出晚间强档新闻板块。社会环境的不断变化，观众收视取向的日益多元，媒体竞争的不断加剧尤其是网络等新媒体的兴起都给《东方时空》提出了新的挑战。2008 年 3 月，《东方时空》再次改版。改版后，时长缩短为 30 分钟，首播由央视一套下午时段移入新闻频道晚间黄金时段。在节目构架上取消了原有的《东方之子》、《百姓故事》、《时空连线》三个子栏目，使之成为一个相对通透和完整的板块，更加突出了其新闻专题特质。进一步明确了深度报道的定位，致力于打造央视新闻频道晚间时段的封面文章。在选题上更加追求新闻的高度与硬度，在关注热点社会新闻的同时，充分发挥国家电视台的资源优势，积极关注国家政治、经济领域的重大新闻。在报道手段上，将围绕当天或近期的新闻热点进行全景式、多维度的报道。同时，充分运用多样化的电视技术和包装手段，使节目在传播方式和手段上更显现代感和时尚感。①

1996 年 3 月，中央电视台推出新闻谈话节目《实话实说》。节目形式为群体现场交谈，通过主持人、嘉宾、观众的共同参与和直接对话，在生动活泼的气氛中，展开社会生活或人生体验的某一话题。经过叙述、讨论或辩论，达到各抒己见、增进参与者之间交流和理解的目的。除了谈话这种形式外，该栏目在节目定位上，摈弃居高临下的说教模式，秉持平民化主张；在选题上，贴近生活、贴近百姓、紧跟时代；在主持风格上，注意衣着朴素、语言平和、态度亲切、机智幽默，从而营造一个开放、轻松的谈话氛围。

1994 年 4 月 1 日，中央电视台推出一档以深度报道为主、以舆论监督见长的

① 本书用较大篇幅记述《东方时空》的发展历程，最主要的目的是借此反映中国电视新闻发展的轨迹，以及在多种媒体竞争的生态环境下，电视新闻如何生存、发展以及凸显自身优势。

电视新闻评论性栏目——《焦点访谈》，旋即在全社会产生重大影响。该栏目之所以产生那么大的影响，除风格、形式外，主要是因为其所起到的舆论监督作用，即批评性报道以及问题被揭露出来后领导层的关注和事实上促使问题迅速解决的功能（人称“焦青天”）。1998 年 10 月 7 日，时任国务院总理的朱镕基为《焦点访谈》题词：“舆论监督、群众喉舌、政府镜鉴、改革尖兵”。这类节目大受欢迎，一方面反映了批评性报道的整体性缺失，一方面说明媒体的舆论监督在促进社会进步中确能起到其应有的作用。

1996 年 5 月 17 日，中央电视台又推出一档以调查见长的电视新闻栏目——《新闻调查》。其基准节目样态可以概况为：双机拍摄、记者现场采访、现场评述，对事件多角度分析、递进式探究。该栏目同样注重舆论监督作用的发挥。

从《东方时空》到《焦点访谈》，再到《新闻调查》，中央电视台逐步走向深入的新闻栏目改革，标志着中央电视台正向国际大台迈进。

1994 年 10 月，中央电台开办了《新闻纵横》节目，也属于新闻述评性舆论监督节目。《焦点访谈》、《新闻调查》、《新闻纵横》的成功极大地促进了类似节目遍地开花，各地电台、电视台纷纷效仿，涌现出一批类似节目，几乎每家省级电视台都办有类似节目。《实话实说》栏目开办前后，全国电视台推出的谈话节目有 80 多个①。这再次反映了中国广播电视发展中的一种现象，即一个栏目的成功往往迅速引起诸多模仿者，期间难免出现粗制滥造者，不久就使得观众收视疲劳，结果是这种模式或做法“速朽”。因此，各台根据自身条件开办有自己特色的栏目、节目是我国广播电视发展过程中最缺失的。“自己走路”，不仅仅广播电视系统要贯彻，各广播电台、电视台都应落实在自己的办台实践中。

新闻播出方式进一步多样化，现场直播被电台、电视台广泛采用。1997 年，中央电视台率先引进 SNG（卫星新闻采访车）系统，为直播提供了设备保证。这一年，大范围、长时间的重大事件直播比较多，如香港回归等，该年也被称为央视的直播年。中央电台香港回归直播报道共有七场，其中《百年长梦今宵圆》长达 7 个小时。② 此后，1999 年的国庆 50 周年庆典、澳门回归、1998 年抗洪抢险、2003 年伊拉克战争、2008 年四川汶川特大地震以及每年的“两会”、党代会等重大事件的直播报道则标志着我国电视直播的水平和质量达到了一个新的高度。重大事件的现场报道，已经可以做到从事件发生现场的各个地点，近乎全景式地再现现场。除实况直播外，还有现场采访、背景插播、专家评述等，做到了历史地、立体地报道新闻、解读新闻。这种多场面、多样式、综合性的播报方式，需要制作团队进行事

---

① 赵玉明主编：《中国广播电视通史》，北京广播学院出版社 2004 年版，第 433 页。

② 《中华人民共和国广播电视简史（1949—2000）》，中国广播电视出版社 2003 年版，第 403 页。

前的周密规划，过程中导播的合理调度，以及主持人的总揽全局。主持人，已成为广播电视新闻传播过程中的一个重要构成要素。

标志着我国电视新闻节目发展成熟的标志是全天候新闻频道（频率）的推出。1999年5月23日，福建电视台推出了24小时全天候新闻频道，定位于为初中以上文化程度观众提供最新最快新闻的大众化专业频道。2003年5月1日，中央电视台试播新闻频道，7月1日正式播出。该频道全天24档整点新闻，以最快的速度提供第一手的国内国际新闻资讯，突出时效性和信息量，实现滚动播出。专题节目包括新闻背景、新闻评论、新闻调查、舆论监督、民意调查、法制等各种节目形态。该频道经过2004年、2006年几次改版，已成为世界上有影响的专业新闻频道。

2004年1月1日，中央人民广播电台第一套节目以“中国之声”为呼号全新登场，定位于专业新闻频率。该频率全天播音21小时30分，以全天31次整点新闻、半点快报为发展主线，早中晚三大新闻密集区为重点支撑，清晨、午前、午后、夜间、午夜五大板块为延伸，30档背景式新闻专题和谈话节目为两翼，上下贯通、前后呼应，共同构成立体推进的动态新闻模式。

3. 经济、文艺和对外传播

除新闻节目外，经济、文艺和对外传播等节目也值得一提。

1992年8月31日，中央电视台《经济信息联播》正式开播。这是由全国电视台联合协办、按照《新闻联播》模式打造的一档经济新闻节目。节目播出后，观众反响强烈，国务院几个部门和领导同志也很赞赏。邓小平同志几乎每天看，认为它开办得及时，内容丰富，节奏明快，信息量大，将对我国经济发展起到积极作用。① 同一年，中央人民广播电台也开办了经济节目《经济生活》。1993年12月，中央电台开办《股市传真》节目；1994年10月，该台又开办《证券广播网》节目。这表明，随着我国社会的发展，尤其是市场经济的深入推进，经济不再仅仅是一个综合而单一的概念，而是变得多样、具体而专业，经济新闻报道也开始走向专业化，如证券、房地产、电脑、时装、国际经济，等等。不仅在节目上专业化，1997年5月5日，中央电视台第二套节目全面调整，定位为“经济频道”，标志着经济报道迈向一个新台阶。2000年底，中央电台二套节目也定位为以“经济、科技、生活”为主。

1996年，中央电视台文艺频道（第八套）和戏曲·音乐频道（第三套）开播，标志着综艺节目也开始专业化。1999年，这两个频道整合为综艺频道（第三套）。1993年，音乐电视开始起步。为了发展有中国特色的音乐电视，中央电视台

① 《中华人民共和国广播电视简史（1949—2000）》，中国广播电视出版社2003年版，第407页。

每年举办中国音乐电视大赛。1997 年 7 月，湖南电视台开办了《快乐大本营》综艺节目。它以清新、自然、真实、健康及具有一定知识含量为内容定位；形式上以娱乐性为主，包容文艺、游艺、新闻、访谈、猎奇、绝技等于一体，融知识性、趣味性于其中，强调贴近生活、贴近群众，尤其是年轻观众。播出三四期后，即在观众中引起反响，迅速占据全国电视市场的周末黄金时段。《快乐大本营》现象在当时被专家、媒体称为“快乐旋风”，同时引发了全国电视界的一场“综艺变革”，不久全国各地电视台出现了近百档类似栏目。电视的娱乐功能开始彰显。2004 年，湖南卫视主办了名为《超级女声》的大众歌手选秀赛。它接受任何喜欢唱歌的女性个人或组合的报名。其颠覆传统的一些规则，使之受到了许多观众，尤其是年轻观众的喜爱。2005 年、2006 年，更是风靡全国，掀起一股娱乐选秀风潮，一时成为茶余饭后的谈资，同时也引发了纷纷争议，被称为“超女现象”。当然，它引起了诸多电视台的模仿，各种选秀节目占据了周末电视的黄金时段，大有愈演愈烈之势。这类节目的开设因应了观众从电视节目中获得快乐的需求，同时也是电视文艺发展的一个新形态。2007 年，广电总局出台了相关管理规定对此进行规范。

电视剧继续保持快速发展。1990 年 12 月，《渴望》热播。它是我国第一部室内连续剧，通俗、健康，高扬传统的道德伦理和与人为善、宽厚待人的行为规范；通过主人公的命运和行为，呼唤爱心，弘扬民族传统的道德精神。它的成功标志着中国电视连续剧迈向大众化、通俗化方向的新阶段。此后，系列剧（情景喜剧）《编辑部的故事》，当代都市情感剧《过把瘾》，当代海外题材剧《北京人在纽约》等大众化电视剧相继掀起电视剧观看热潮，且都引出了不少相应的类型剧。电视成了大众文化的一种主要载体，为其推波助澜。电视剧也成为我国大众文化中令人瞩目的景观。1994 年，我国制作电视剧 6 000 集，基本上能满足晚间黄金时间播出的需要。1995 年突破了 1 万集，① 并提出了强化精品意识的质量要求。此后，《三国演义》、《水浒》、《雍正王朝》、《康熙王朝》、《大宅门》、《激情燃烧的岁月》、《家有儿女》、《士兵突击》、《金婚》等都显示了中国电视剧的高水准，其中既有中央电视台摄制的，也有地方台录制的。历史、现实、军旅、文学名著、都市情感、儿童剧等各种题材都有涉及，显示出电视剧收视的分众化，也说明各种题材、类型的电视剧都达到一个相当高度。除此之外，国外电视剧（如韩国电视剧《大长今》）等也被大量引进。1999 年，中央电视台成立了电视剧频道（第八套），标志着电视剧播出也开始专业化。

2007 年，获得国产电视剧发行许可证的剧目为 529 部，14 670 集，与 2000 年相比，电视剧年产量翻了一番。目前，全国平均每天生产电视剧 40 集左右；在全

---

① 《中华人民共和国广播电视简史（1949—2000）》，中国广播电视出版社 2003 年版，第 437 页。

国 1 974 个电视频道中，播放电视剧的频道有 1 764 个，电视剧制作机构由 2001 年的 432 家发展到今天的 2 511 家，电视剧广告收入占全国各级电视台广告总收入的 50% 以上，成为大多数电视台举足轻重的经济来源；观赏电视剧已成为我国大众最主要的文化生活方式之一，全国电视剧观众数以亿计，人均每天收看电视剧时间为 1 小时。我国已成为名副其实的世界电视剧生产和消费大国。①

广播电视技术手段的改进为对外传播提供了便利，但信息渠道来源的多样化也为广播电视对外传播带来挑战。

两岸三地的新闻界同行互动增强。1992 年 9 月，大陆第一个新闻记者代表团访问台湾。1993 年，大陆第一个广播记者代表团赴台湾采访。1996 年，全国八家对台湾广播机构横向联合，共同举办大型系列报道《中国统一大家谈》。1998 年 5 月和 1999 年 8 月，中央电台对台湾广播分别举行台湾听众座谈会，听取他们的意见，借以不断改进和完善节目的安排。

1992 年 5 月，中央对外宣传小组、广电部邀请国务院港澳办公室、文化部等单位负责人，举行了加强对香港、澳门广播电视宣传座谈会。会议认为，中央电台应尽快开办专门对港澳地区听众的节目。从这年 10 月起，中央电台分步实现了对港澳广播计划。1994 年 6 月 18 日起，第七套节目以“中央人民广播电台华夏之声”的呼号开始播音。香港和澳门回归后的 2000 年，“中央人民广播电台华夏之声”更名为“华夏之声”，成为一套独立的节目。“华夏之声”以新闻报道和文化娱乐为主，着重发挥其互相了解、双向沟通、增进感情的功能。

标志着电视对外传播发展的里程碑事件是国际频道和英语国际频道的开办。1992 年 10 月中央电视台第四套节目（国际频道）开播。它是专为台港澳地区及海外华人华侨服务的专业化频道。2000 年 9 月，英语国际频道开播。央视对外传播频道增加到 2 个，传播对象扩大到英语文化圈。此后还开设了西班牙语频道、法语频道，并在北美建立了中文电视节目平台——“长城平台”。现在的中央电视台共设有 18 套节目，通过有线网络和卫星网络覆盖，成为一家国际性大型电视台，与世界 134 个国家和地区的 208 个媒介机构建立了合作关系，全球派驻记者站增至 14 个。② 2002 年，中国国际广播电台每天能用 43 种语言播出 211 个小时的广播节目，覆盖 200 多个国家和地区，已进入世界对外广播三强之列，成为世界上最有影响的国家广播电台之一。③

① 《市场报》，2008 年 2 月 29 日，第 32 版。

② 央视索福瑞：《中国电视新闻节目市场报告（2007—2008）》，第 14 页。

③ 郭可：《当代对外传播》，复旦大学出版社 2003 年版，第 23 页。

五、新时期广播电视经营管理与法制建设

关于地方广播事业管理，1957 年之后采取的是“地方政府和广播电视部双重领导，以地方政府为主”的体制。1980 年 5 月，国务院同意继续实行这种领导体制。第十一次全国广播电视工作会议重申了这一体制，并补充了地方广播电视宣传工作受地方党委和广电部双重指导的规定；同时认为，广电部的管理主要是做好服务工作。1988 年 10 月，《广播电影电视部“三定”方案》① 明确重申了该部既是新闻宣传单位，又是事业管理机关。1986 年 1 月 20 日，广播电视部正式更名为广播电影电视部，文化部电影事业管理局和直属各电影单位划归广播电影电视部领导。但省级电影单位和广播电视部门的合并迟迟没有完成。

法制建设方面。1986 年 1 月，广电部成立了法规领导小组，并设立法规处。之后又成立了行政复议委员会等法制机构。1987 年 8 月，广电部召开了第一次全国广播影视法制工作会议，落实该部“七五”期间的立法计划。此后三年，广电部完成了《广播电视设施保护条例》、《卫星地面接收设施接收外国卫星传送电视节目管理办法》、《有线电视管理暂行办法》三部行政法规以及一些规章、规范性文件，同时加快了《广播电视法》、《电影法》的立法进程。1987 年全国人民代表大会第五次会议上曾有代表提出要尽快制定《广播电视法》的提案。但由于条件不成熟而延期。此阶段，一批地方性广播电视法规、章程得以出台。1991 年，广电部召开了第二次全国广播电影电视法制工作会议，认为缺乏《广播电视法》这个核心，就难以形成广播电视法规体系，难以从根本上改变广播电视无法可依的状况。

1979 年 1 月 28 日，上海电视台播放了中国大陆的第一条商业广告。3 月 5 日，上海人民广播电台率先在广播界恢复了广告业务。11 月，中央宣传部发布《关于报刊、广播、电视台刊播外国商品广告的通知》，对媒体登载广告给予了认可。一个月后，中央电视台同时在第一套和第三套节目中推出了商业广告。1980 年 1 月，中央电台开办广告节目，地方各电台、电视台纷纷效仿。广告业务经过多年的中断之后又成为包括广播电视在内的媒体的重要业务之一。1982 年 2 月，国务院颁布《广告管理暂行条例》，为广播电视广告提供了法制保障。

1983 年召开的第十一次全国广播电视工作会议提出对广播电视经费管理体制进行改革，在经费来源上放开搞活，争取多元化，广开财源，以弥补国家拨款的不足。会议提出的措施包括：广播电视机构可以成立服务公司或服务部，开展器材、设备经销、维修和咨询服务；对农村有线广播实行收取维护费；扩大社会集资办广

---

① “三定”即定机构、定编制、定职责。

播电视。这些办法得到了中央的认可。

1984 年，中央电视台成立了“中国电视国际服务公司”。1985 年我国国家统计局把广播电视电影业置于第三产业行列。1986 年 12 月，上海市政府外事办和上海电视台联合举办了“上海国际友好城市电视节”，提供了一个电视节目交流、交易的平台。1987 年，上海市广播电视局率先提出了“只有发展产业，才能建设事业”的口号。5 月，上海市委批准上海人民广播电台和上海电视台实行重大体制改革，引入社会化专业生产模式。1988 年 1 月，广东省广播电视厅提出“让广东电视台实行企业化管理，让它自我积累、自我壮大”的体制改革思路。后来得到广东省委的批准。

1988 年召开的全国广播电视厅局长会议强调了上述要求，并提出了若干经营的新思路：把一些广播电视节目投向市场，收回制作成本，增强再生能力；电台、电视台同音像单位合作，增加音像制品的出版和发行量，开展出租业务，占领音像市场；同社会各界合办节目，实行有偿服务；积极、慎重地与国外合作，增加外汇收入。

1989 年，四川广播电视实业开发公司与美国百事可乐公司达成合作协议，生产百事可乐。

1992 年，上海广播电视局打破了原有一家广播电台一家电视台的格局，新建了东方广播电台和东方电视台，要求这两个台实行全新的管理体制和运作机制，原有的两个台也进行管理上的改革。不仅如此，上海广播电视发展公司联合上海电台、电视台等机构，组建了全国第一家文化企业股份有限公司——上海东方明珠股份有限公司，经营范围包括广电传播服务，广告，环保、气象、地震、公安、消防、邮电等综合服务设施的租赁，旅游观光，特色餐饮，健康娱乐，商业服务，房地产经营和出租汽车经营等。

上海广电局的改革引发了我国广电事业新一轮的改革。1992 年 11 月，全国省级电视台行政管理工作经验交流会召开。这是我国广播电视系统首次召开专门会议探讨行政管理改革。会议认为，行政管理改革就是用人制度、分配制度和财务管理制度改革，方向是“事业单位，企业化管理”。

1995 年 2 月，全国广播电影电视工作会议召开，我国广播电视业开始探讨加强行业管理，依法行政的问题。这是广播事业迅速发展的必然和迫切要求。这一年，广电总局对全国的电台、电视台进行了全面检查，处理了一些违规广播电台，并决定暂时停止批建新台和增加节目套数。对播出内容也进行了严格管理，并制定了一些规范性文件。同时，聘用制开始实施。1996 年，我国开始实行年检制，将检查制度化和日常化。同年 12 月，中央办公厅、国务院办公厅发布《关于加强新闻出版和广播电视业管理的通知》，全面规范广播电视业的管理，并提出尽快制定《广播电视管理条例》。1997 年 9 月 1 日，该条例正式实施，为广播电视管理提供了法律依据。不仅如此，它还是国务院第一部全面规范管理广播电视事业的行政法规，是迄今为止法律效力最高的广播电视管理法规，具有里程碑意义。

1999年，我国开始实施地（市）广播电视播出机构职能转变，有线电视网、台分离，有线台和无线台合并的重大举措。

1999年6月，无锡广播电视集团成立，标志着我国广播电视改革进入又一个新阶段。组建广播电视集团体现了实现广播电视资源配置、节目统筹的优化安排，实现“宣传抓紧，经营放开”，“事业单位，企业化管理，实行经济核算，自收自支，自负盈亏”的新的改革发展思路。2000年11月，广电总局下发了《关于广播电影电视集团化发展试行工作的原则意见》，确定电子媒体在以新闻宣传为中心，以繁荣创作为重点的前提下，“可兼营其他相关产业，逐步发展成为多媒体、多渠道、多品种、多层次、多功能的综合性传媒集团”。2001年8月，《关于深化新闻出版广播影视业改革的若干意见》也进一步强调要积极推进集团化建设。之后，一些广播电视集团相继建立。至2005年，我国共有18家广电集团成立。

2002年，我国开始加大文化体制改革的步伐。2003年，文化体制改革试点工作开始在全国9个省市的35家单位试点，其中包括深圳广电集团、厦门广电集团等。2004年，广电总局出台《关于促进广播影视产业发展的意见》，提出深化体制机制改革，培育发展市场主体；扩大投融资渠道，放宽市场准入；依托高新技术，促进产业升级；积极实施“走出去”工程，谋求国际化发展；建立健全法律法规，强化政府监管等具体促进产业发展的措施，并提出了“要积极推行广播影视产业领域公有制经济的多种有效实现形式，大力发展和积极引导广播影视产业领域的非公有制经济，凡是法律法规未禁入的领域都要允许非公有资本进入或参与”的指导思想。这既是广播电视自身体制改革，促进产业化的要求，也是加入WTO之后应对国外广电传媒挑战的战略需要。

1996年6月召开的全国第三次广播电影电视法制工作会议，提出到2010年，要基本形成以《广播电视法》和《电影法》为纲，以专项法规和配套法规为目的的广播电影电视法规体系的设想。我们期待着这两部法律尽快出台。

第十八章
1949年以后台港澳的广播电视事业

第一节 1949年以后台湾的广播电视事业

总体上看，台湾广播电视的发展历程可以分为这样几个阶段。第一个阶段是1949年国民党迁台之前，广播电视事业为日本人创办，是日本殖民统治的工具。第二个阶段，从国民党迁台到解除戒严（1987年）的戒严时期，国民党党、政、军把持广播电视，党、政、军营广播电视发达，民营广播电视处于地下和弱势状态。第三个阶段，是解除戒严之后，台湾广播电视逐渐放开，实行商业化运作，以营利为主要目的，广播电视数量多，规模大，竞争激烈。

一、广播业

台湾的广播电视事业起步于日据时代。台湾光复前夕，共有5家广播电台，均为日本人所办。1945年，南京国民政府接管了这些电台，并入官办的中国广播公司（中广）。1949年国民党迁台后，部分电台随之迁入台湾。国民党迁台时，台湾共有5家11座广播电台。

1952年，国民党当局设立“广播事业管理委员会”，负责管理广播电台事业。该委员会成立后，审批了一批新的广播电台，主要是公营、军营电台，也包括私营电台。1952年，台湾的广播电台共有21家，1958年则增至52家。①

20世纪60年代以后，台湾经济起飞，一批专业电台相继成立，如警察台、交通台、教育台、新闻台、渔区台、市政台等专业电台。1968年，“中国广播公司”（“中广”）台北调频电台正式播音，台湾广播自此进入调频时代。

1987年7月，台湾解除“戒严”，台湾社会和传媒事业都进入一个新阶段。20世纪90年代初，台湾的广播依然有党营、军营、公营、民营四大体系。1993年，台湾当局开放广播频率，广播电台迅速增加，全岛共有188座，收音机超过1

① 陈扬明等：《台湾新闻事业史》，中国财政经济出版社2002年版，第144页。

848.8 万台，平均每户 4 台。有 10 多家电台实行 24 小时全天候播音。① 尽管广播逐渐多样化，但国民党党营电台依然占据主导地位。“中广”凭借其政治背景和强大的实力仍是台湾第一大电台，广告收益和收听率一直高居榜首。

1999 年，台湾获准有执照的广播电台达 121 家，使得广播市场呈现出饱和状态。

在台湾广播史上，尤其要提及的是“中国广播公司”，它的历史在一定程度上就是台湾广播的历史。

1949 年，“中广”随国民党当局迁台，继续担负文化传播的使命，并逐步向企业过渡，成为台湾地区广播界最具代表性的广播公司。1949 年 6 月，“中广”以“自由中国之声”的名义开始对台湾岛外播音，承担着国民党对外宣传的任务。1968 年 7 月 31 日，“中广”成立第一座调频电台，将台湾广播带入调频立体声的新纪元。1979 年，“中广”成立“亚洲之声”，对亚洲地区播音。② 1987 年元旦，“中广”首先推出调幅立体广播节目。1994 年 8 月，“中广”音乐网开始启用数字化计算机播出系统。1998 年起，“中广”各频道节目陆续兼以卫星与微波传输至台湾各地，并率先研发数字广播革新方案，步入数字化发展阶段。同年，该公司股票在台湾上市交易。

二、电视业

1959 年 1 月，台湾就成立了“中日电视事业研究小组”，着手电视事业的研究。1962 年 10 月 10 日，台湾第一家电视台“台湾电视公司”（台视）正式开播，它是台湾省营商业电视网。该台每天播出 5 个小时，收视范围只限于北台湾。节目内容上，除新闻外，以进口片为主。1969 年 9 月，台视开始播出彩色电视节目。1970 年 2 月，该台节目实现了全台湾播送。1969 年 10 月，台湾第二家电视台——“中国电视公司”(“中视”）正式开播，它是国民党党营电视网。1970 年 2 月实现了全台湾播出。1971 年 10 月 31 日，台湾第三家电视台——“中华电视公司”(“华视”）正式开播，它是隶属于国民党军队系统的商业电视网。自此，“三台”鼎足而立的电视格局形成。“三台”均是官办的商业电视台，要兼顾政治说教和商业利益。为此，台湾民众和学者强烈要求开办公共电视台，以“改善公众生活，提升社会文化”。1982 年，“新闻局”成立了“公共电视节目制作机构”，制作的节目在“三台”播出，但公共电视台直到 1998 年 7 月 1 日才正式开播。它是为服务公众而成立的一家独立且全民共同拥有的公共媒体，不受任何政府、政党及利益团体

① 陈扬明等：《台湾新闻事业史》，中国财政经济出版社 2002 年版，第 166 ~ 167 页。

② 这两个频率是国民党当局的宣传工具，均于 1997 年停播。

控制。节目强调知识性、服务性、教育性、示范性以及满足弱势族群的需要。

1995 年，台湾第 4 家商业电视台——“民间全民联合无线电视”（民视）成立。它一改国民党党、政、军垄断电视媒体的局面，代表的是以民进党为主的在野和民间政治势力的利益。该台的卫星新闻频道于 1997 年 5 月正式开播，综合台则于同年 6 月正式开播。

台湾的有线电视最早起源于 20 世纪 60 年代末的“共同天线”，直到 1990 年 2 月才出现了第一家有线电视台——民主有线电视台。1993 年 7 月，台湾通过了“有线电视法”，有线电视播送系统逐渐纳入合法管理。1998 年 3 月统计的数据显示，台湾有线电视播映系统共有 110 家，收视用户 420 万户。1997 年，台湾有线电视普及率为 79%。① 经过兼并与整合，台湾形成了 16 个频道家族，如年代、三立、东森、和信、八大、卫视、非凡等，有线电视频道近 140 个。类型主要有综合、新闻、财经、体育、台港电影、西片、戏剧、卡通、音乐、纪录片、宗教、综艺、成人、日本频道等。从资本控制来看，台湾多媒体公司、和信、力霸是三大主导集团，三分台湾有线电视的天下。此时台湾的电视资源已经供过于求。

1999 年，台湾出台“卫星广播电视法”，卫星电视、有线电视业者纷纷成立多媒体公司，从事声音、影像、数据的传输，台湾成为一个卫星电视最密集的地区。1995 年 9 月，“真相新闻网”② 正式开播，是台湾第一个上星的新闻频道。截至 2003 年 2 月，台湾的 24 小时新闻频道有 10 家，居全球之冠。卫星新闻采访 SNG 车共有 59 辆（2001 年数据），大多集中在台北，不到两平方公里就有一部 SNG，③ 数量和密集度也居全球之冠。这两项数据足见台湾电视的发达水平、竞争的激烈程度和电视资源的饱和程度。在这种情况下，各家电视机构为了提高收视率，常常采用庸俗、耸动、煽情等手法，综艺节目如此，新闻节目也是如此。这是值得我们深思的。

第二节 1949 年以后香港的广播电视事业

一、广播业

香港的广播产生于 1928 年 6 月，呼号为 GOW（香港电台的前身），由政府督

---

① 陈扬明等：《台湾新闻事业史》，中国财政经济出版社 2002 年版，第 213～214 页。

② 该台于 2001 年 12 月停办。

③ 雷跃捷、张彩主编：《电视新闻频道研究》，中国广播电视出版社 2003 年版，第 169 页。

办，用英文广播。1948 年，香港电台正式命名为“香港广播电台”，一直作为政府官办电台至今。

1949 年 3 月，港英政府批准“丽的广播公司”（“丽的呼声”）在香港开办有线广播，打破了香港电台一家垄断的局面。至 1959 年，“丽的呼声”听众约 100 万。1965 年，全港收音机用户超过 60 万，收音机 13 万个左右。①

1957 年，港英政府决定发放一张商业无线电台牌照，为“商业广播有限公司”获得，香港商业电台成立，并于 1959 年 8 月正式开播，打破了政府长期垄断电台的局面。根据规定，商业电台必须转播香港电台的新闻，不得自办。这样，商业电台把重点放在广播剧的制作上。从 1972 年起，商业电台无须转播香港电台的新闻，而是由香港电台供稿，本台播报。1974 年，商业电台才争取到自制新闻节目的权利。

1991 年，港英政府又颁发了一张民营电台牌照，为李嘉诚旗下的“新城广播有限公司”获得，并于同年 7 月播出。至此，三足鼎力格局形成。目前，香港共有 15 个广播频率，香港电台占 7 个。

此外，英国驻港部队 20 世纪 70 年代也自办广播电台。1997 年香港回归祖国后停止播音。

今天的香港电台办有 7 个频率：第一台和第三台为新闻及资讯频道，分别用粤语和英语播出；第二台为家庭频道，着重青年、社区活动和音乐，用粤语播出。第四台为香港唯一的古典音乐频道，双语播出。第五台为长者、文化及教育频道，粤语播出。第六台转播 BBC 世界台节目。第七台为香港唯一的普通话频道，新闻、一般节目和音乐分别占 30%、25% 和 42%。②

二、电视业

1957 年，“丽的广播公司”在香港开办有线电视，香港电视业自此发端。开办之初，丽的电视开办有中英文两台，黑白信号。

1967 年 11 月，香港第一家无线电视台（TVB）开始播出，办有一个粤语中文台（翡翠台）和英文台（明珠台），彩色信号。

1970 年，香港电台成立电视部，制作节目供商业电视台播出。

1973 年 4 月，丽的公司在香港注册成立“丽的电视有限公司”，12 月获得经营无线电视广播 15 年的牌照，丽的无线电视中文台开播。1974 年 4 月，丽的电视

① 张振华主编：《中国广播电视概要》，北京广播学院出版社 2003 年版，第 475 页。

② 香港电台网站，http：//www.rthk.org.hk/about/orgchat/Annual%20Plan2008-09_Chinese.pdf。

英文台开播，同时停止了无线电视业务。1983 年，丽的电视更名为“亚洲电视有限公司”（“亚视”），沿用至今。

1975 年 9 月，香港还出现了第三家广播电视机构“佳艺电视”，只设中文台，在晚上黄金时间播出教育节目，但由于收视率一直不高，于 1978 年 8 月停止营业。

1990 年 12 月，李嘉诚旗下的和记黄埔创办卫星电视广播有限公司，并获得为期 12 年的非专利经营牌照，利用卫星向亚洲地区发送电视信号。卫星电视在香港拉开了序幕。后来，新闻集团购得卫星电视的全部股权。1994 年 10 月，TVB 获得开办区域卫星电视，即 TVBS，与台湾“年代”公司合资，主要在台湾落地。1995 年 3 月，卫星电视“华娱家庭台”正式播出。1996 年 2 月，“卫星电视”经办的“卫视中文台”与香港的“今日亚洲”等公司重组为“凤凰卫视中文台”。2000 年 8 月，“阳光卫视”正式开播，内容以文化历史及人物传记等纪录片为主。

有线电视方面。1993 年 6 月，“九仓集团”成立有线电视公司。同年 10 月，有线电视正式开播，开创了香港多频道收费电视的先河。1998 年，该公司更名为香港有线电视公司。2000 年底，该公司开办有 31 个频道，包括体育、新闻、电影、儿童、娱乐等，光缆通达香港 170 万户家庭，用户达 53 万。① 2001 年，特区政府又批准成立了四家公司可以开办收费电视。

尽管电视已经多样化，但传统广播电视仍占据香港电视业的主导地位，历史悠久的“无线”和“亚视”仍是大多数香港人的选择。

第三节　1949 年以后澳门的广播电视事业

由于澳门与香港地域临近，澳门民众主要接收香港的广播电视节目，本地广播电视事业虽然起步并不晚，但发展缓慢、规模很小。1999 年澳门回归之后，广播电视事业有所发展。

澳门的广播电视事业起始于 20 世纪 30 年代。1933 年 8 月，一些无线电爱好者建立了一座实验性广播电台。1948 年，广播电台由澳葡当局经营。直到 1980 年 1 月，才有了“澳门广播电台”（简称“澳门电台”）这个正式名称。1982 年 10 月，澳门广播电视公司成立，负责管理广播电台和电视台。1985 年，澳门电台开始 24 小时全天候广播。1988 年 2 月，澳门广播电视公司接收社会股本，改组为澳门广播电视有限公司，经营澳门电台和电视台，但仍为公营机构。2005 年，澳门电台对节目大改革，根据本地听众口味，推出很多新型节目，以吸引年轻听众。澳门电台目前全天候播音，开设有新闻、娱乐、教育、少儿等节目，新闻是重点节目。1996 年 1 月，澳门卫视成立。目前开播了旅游频道、POP 频道、亚洲频道、生活

---

① 张振华主编：《中国广播电视概要》，北京广播学院出版社 2003 年版，第 478 页。

频道、财经频道和卡通频道。

1950年，澳门有了第二家广播电台——“绿村电台”。初期广播内容主要是娱乐节目。1964年，该台改为全粤语广播，并开始承接广告。此后，该台逐渐成为商业电台，以广告收入为主，主要内容仍是娱乐节目。1994年，该台被东方基金会收购。

1984年5月，澳门电视台正式开播。电视台成立之后一直亏本运营。1989年1月，该台开始接收私人股份，成立了澳门广播电视公司，并进行了一系列改革，以吸引观众，广告收入有所增加，但仍处于亏损状态。1990年9月，该台开始分频道播出，中、葡语分为两个频道独立播出。

因此，回归之前，澳门只有澳门广播电视有限公司管辖的澳门广播电台、澳门电视台。澳门回归之后，广播电视事业有所发展。1999年12月，澳门卫星电视旅游台正式播出。该台是一家综合性股份制商业电视台，以旅游、娱乐、新闻资讯和其他内容为主。

2000年3月，“绿村电台”恢复试播音。目前，该台已成长为一个多元化的商业电台，全天候播音，内容包括赛狗、赛马、新闻、音乐、体育等。

2000年7月，澳门有线电视公司开始运作，向用户提供收费电视服务。2001年，该台的用户约为2万户。

2001年11月，亚洲联合卫星电视（UIV）正式开播，总部在澳门，业务中心设在北京，主要向亚洲地区的华人提供新闻、娱乐、资讯服务。

2002年，由香港丰德丽投资建立的澳门东亚卫视正式播出。开办初期的节目主要由香港亚洲电视提供。该台设有两个频道，一个以年轻消费者为主要对象，一个以资讯为主。该台还兴建了东亚卫视影城，用于摄制节目。

2004年10月，特首何厚铧在“公营广播机构国际年会”中明确指出澳门广播电视公司为澳门市民提供公营广播服务，显示澳广视已正式被政府定位为公营广播机构。

第三编　通讯社史

第十九章
早期通讯社的建立与发展

第一节　路透社远东分社的创办

中国早期的通讯社事业，与近代报业近似，首先是由外国人在中国创办通讯社开始的。

19 世纪中期以后，上海已成为中国对外贸易的中心。由于上海租界的特殊地位，许多报刊在上海创办，先有《北华捷报》出现，后有大名鼎鼎的《字林西报》问世，1867 年更有 4 种报纸在上海开办，加上从香港迁来的报纸，有英文报纸，也有葡萄牙文报纸，还有法文刊物，上海俨然为新闻集散地。这为通讯社的发展提供了良好的基础。

1870 年 1 月 17 日，路透社、哈瓦斯社和沃尔夫社签订新闻通讯的市场分割协议，① 各家通讯社在各自的领域内掌握收集和发布新闻的垄断权，同时相互交换新闻稿以节减经费。远东就在路透社的垄断领域内。

1871 年，路透社派经验老到的柯林斯（Herny W. Collins）远赴上海推广业务，设立路透社远东分社。远东分社的辖区除中国外，还包括俄国的西伯利亚、朝鲜半岛、日本、中南半岛、婆罗洲（今马来西亚）等地区。

路透社远东分社的主要任务是向路透社总社提供有关中国的新闻稿，并向中国境内的英文、中文报纸发稿。路透社在中国的鼎盛时期，除上海分社外，还在南京、北平、天津、哈尔滨、汉口、香港等 7 个地方设有分社，每天向当地的报纸供给新闻。

路透社远东分社除了进行新闻通讯工作外，另一块业务是收集、发布商业、金融信息。电报兴起之初，越洋电报价格奇高，普通商业用户根本无法享受电报带来的好处，但他们又急需获得大量的商业、金融信息，于是路透社找准机会开发商业、金融信息的采集与发布业务，加上路透社本身并非从事商业活动的机构，其消息较易为大家所信任，渐渐各国的商业、金融机构都采用路透社消息。对于远东分社而言，12 小时内，伦敦的银价、证券交易价格、新奥尔良的棉价、欧洲的生丝

---

① 川仓田保雄：《路透其人和路透社》，新华出版社 1980 年版，第 170 页。

价、世界各重要地区的五金价格都可通过电报传到上海、香港以及远东其他重要商埠。由于路透社商业、金融信息准确、及时、公正，远东各地的市场交易活动基本上依靠“路透社电”进行交易，如上海的棉花交易市场就完全靠伦敦的消息进行交易。一次，由于电缆发生故障，路透社远东分社无法提供总社传输过来的交易信息，竟然导致上海棉花交易停市 24 小时。1920 年，国民党元老戴季陶、蒋介石、陈果夫等人在上海开办证券物品交易所从事投机生意时订购路透社经济消息，每月所需费用达 600 两纹银，而订购普通电讯只要 100 两纹银，两者相差达 5 倍之多，而当时 600 两纹银足够买一栋普通住宅。① 由此可见路透社获利之丰厚及受人之欢迎。

路透社远东分社对中国早期通讯社事业产生了重大影响，主要体现在如下两个方面：

其一，路透社远东分社开展的新闻通讯业务打开了国人的视野，使中国人意识到通讯社的重要作用。

自 1872 年路透社远东分社成立后，也有其他国家的通讯社到上海设立分社，但无论是规模还是影响力，均无法与路透社远东分社抗衡。相对而言，路透社远东分社的新闻比较客观、公正，其他西方国家关于中国的报道，大部分由路透社远东分社供稿；国内报刊所刊载的国际新闻，绝大部分由路透社远东分社提供。路透社远东分社为国内报纸提供了大量的新闻报道，扩大了报纸的新闻来源，增加了报纸的信息容量，丰富了报纸内容，加强了报纸新闻的时效性。如英文《字林西报》之所以能在上海的外侨中享有较高的声誉，与其独家拥有路透社所发消息关系很大，这也导致上海另三家英文报纸《益新西报》、《捷报》和《文汇西报》在与《字林西报》的竞争中始终处于弱势，迫使它们不得不采取非常手段以获得路透社消息的供应。

鉴于路透社远东分社的强大实力和影响，上海的报刊竞相采用其稿件。如上海《申报》从 1912 年 6 月 2 日起开辟了一个专栏——《特约路透电》，大量采用路透社电讯。整个 6 月《特约路透电》共采用 218 条消息，平均每天 7.5 条。②

路透社远东分社在上海新闻通讯市场的影响，使国人日益意识到通讯社在提供丰富、快捷新闻中的重要作用，这为后来国人自办通讯社提供了不可或缺的启蒙。

其二，路透社远东分社对中国新闻通讯市场的垄断，直接刺激了国人自办通讯社的诞生。

自 1872 年始，路透社远东分社独占中国新闻通讯市场达几十年之久，不仅当

---

① 常宁文史资料第四辑：《肖同兹和中央通讯社》，1988 年版，第 237 页。

② 来丰，张永贵：《路透社远东分社的创办及对中国新闻通讯事业的影响》，《新闻界》，2002 年第 3 期。

时国内的英文报刊愿意采用其稿件，就连中文报纸也深感路透社消息对报纸扩大发行市场之重要而纷纷采用其发布的消息。路透社远东分社对中国新闻通讯市场的垄断，直接刺激了国人自办通讯社的诞生。

1910年，由《上海时报》、《神州日报》等60多家报纸发起组织的“全国报界促进会”在南京成立，有人在大会上提出《请成立通讯社案》，指出：“报馆记事，贵乎详确捷，今日我国访员程度之卑劣无可为讳。报馆以采访之责付诸若辈，往往一事发生，报馆反为访员所利用。颠倒是非，无所不至。试问各报新闻，能否适合于详、确、捷三字……同人等以为促进会者系全国公共团体，急宜乘此时机，附设一通讯机关，互相通信，先试行于南北繁盛都会及商埠。候办有成效，逐渐推行，使各报馆得以少数代价，得至确之新闻，以资补助而促进步。”①

1920年5月5日，广州《七十二行商报》、《新民国报》等发起组织的“全国报业联合会”在广州召开第二次常会，会议一致决定组织“国际通讯社”。提案称：“国际形势，瞬息万变，外交枢机，尤贵神速……而各国通讯社在吾国中者，其数又多，各本其主旨，任意散布，指鹿为马，入主出奴，混淆庞杂，取信无从”，这必将对中国造成莫大的危害。他们认为，“欲将矫除此弊，使对外之言论趋于一致，非自行创立一通信社，探报各国情形不可。惟兹事非因循敷衍所能奏功，亦非一手一足所能为力，必合群策众思，共同筹谋，始克有成”。“俾对外言论，有所遵循，不至为外电所左右。”②

从1910年“全国报界促进会”到1920年的“全国报业联合会”，国人对通讯社的认识由最初的“详、确、捷”到“不至为外电所左右”，将通讯社的作用与国家的前途、民族的命运联系起来，可以说对通讯社的认识有了更进一步的深化和提升。正是有了这样的认识，一批具有爱国精神的国人，抱着突破西方通讯社的垄断、建立自己的强大通讯社的决心，投身到了我国早期的通讯社事业中。

第二节　国人早期自创通讯社的诞生与发展

1904年初，中国人自办的第一家通讯社——中兴通讯社成立于广州市中华中路（今解放中路）回龙里32号，由老报人骆侠挺任发行人兼编辑。中兴通讯社于1904年1月19日首次发稿，主要面向广州和香港地区的报纸。中兴通讯社发稿手段较原始，主要是译报、剪报、通信等。何时停办时间不详。

1909年三四月间，我国驻比利时使馆随员王慕陶在比利时首都布鲁塞尔以私人名义创办了远东通讯社，其发稿时间一直持续到1913年，这是我国第一家国人

① 戈公振：《中国报学史》，第3版，台湾学生书局1976年版，第340页。
② 戈公振：《中国报学史》，第3版，台湾学生书局1976年版，第340页。

自办的海外通讯社，主要向欧洲各国提供中国通讯，同时也将欧洲重要消息向国内各大报社发稿。由于创办人的特殊身份，该通讯社创办的目的很明确，在于设立一个解析西方动态、组织对外宣传的国际传播机构，以加强国内与西方之间的信息流通来协助外交。在存在的几年中，该通讯社致力于国际传播，在欧洲享有较高的声誉，拥有了一定的话语权，为我国外交活动提供了舆论助力。

王慕陶以创办通讯社来协助外交的想法是随着对西方世界的深刻了解和对通讯社作用的认识确立起来的。初到比利时的王慕陶很快看到："吾国种种情态，诚如所论，即欧西号称文明，亦实以五十步笑百步，人情险诈，势利无耻，迨有过之无不及"，欧洲对中国的态度，不过只想旁观内乱，待国力从内部削弱之后坐收渔翁之利，站在中国的角度审视真实的欧洲，危机感更为强烈："瓜分之祸不酿自内，必酿自外。"① 他并不愿在乱世危难之中持"退之主义"，因此将新闻通信活动与所做的外交工作结合起来，利用国际传播来协助对外交往就成为他的必然选择。

远东通讯社成立之后，王慕陶便开始了协助外交的努力。他运用积累的外交经验，在制造舆论时"分道设法"："于俄则离日交，于英则说以利益，于德则诱其野心，于美则激以荣誉"，② 这样很快就打开了局面，"数月以来，规模渐具，与英法德俄和比瑞士各大报馆通信者三百余处"，③ 他还多次主动表示愿为外交事件提供舆论助力，如曾托汪康年向调任外务部侍郎的汪大燮表示："如愿于外交上有所作用，弟可以欧美言论助之"，④ 还曾自信地说："俄日协约事，弟社颇能助力。"⑤ 事实上，在西藏问题、粤汉借款问题、锦瑷借款问题、东三省日俄问题、湖南饥民问题上，中国外交都得到了远东通讯社的舆论帮助。⑥

远东通讯社的创办得到清朝驻比公使李盛铎的赞助，接受清朝政府外务部的津贴。远东通讯社在国内一些大城市聘有通讯员，如上海雷继兴，北京汪康年、黄远庸等。尤其是汪康年贡献甚大。据汪的胞弟汪诒年回忆："先生年五十岁，某月与湖北王侃叔君（慕陶）合力创设海外通讯社。先生在京主其事，其欧洲方面之事，则王君主之（时在比国使署）。"汪康年十分赞赏王慕陶创办通讯社的思想，汪康年曾说："窃维各国办理外交，所以能应变不穷鲜有败事者，非特其见识之远，制裁之精，布置之密也，于各种方面，尤必布设机关，既以考察各国之趋向，亦使本国与他国交涉之事，先以其事实宣之于各国，使各国瞭然于两国是非曲直之所

① 汪康年：《汪康年师友书札（一）》，上海古籍出版社 1986 年版，第 120 页。

② 汪康年：《汪康年师友书札（一）》，上海古籍出版社 1986 年版，第 131 页。

③ 《使比李盛铎致枢垣外部在比京创办远东通讯社电》，王彦威、王亮：《清季外交史料（八）》，文海出版社有限公司（台湾）1988 年版，第 3657 页。

④ 汪康年：《汪康年师友书札（一）》，上海古籍出版社 1986 年版，第 143 页。

⑤ 汪康年：《汪康年师友书札（一）》，上海古籍出版社 1986 年版，第 143 页。

⑥ 汪康年：《汪康年师友书札（一）》，上海古籍出版社 1986 年版，第 137 页。

在”，所以，他也主张，远东通讯社“专为外交而设”,① 即以通讯社传播活动协助外交。

通讯社的对外宣传一部分是奉官方之命，该通讯社虽由王慕陶私人出面创办，但其一部分经费来自外务部等官方机构，加上为外交助力的出发点，所以视大力协助官方办外交为当然。

① 汪诒年：《汪穰卿先生传记》，中华出局2007年版，第144页。

第二十章 民国时期的通讯社事业

第一节 民营通讯社事业

辛亥革命胜利后，中国发展通讯社的事业被提上了议事日程。

中国通讯社最初为民办。1911 年到 1913 年短短两年内，全国出现了多家民营通讯社，主要有：1911 年，杨实公在广州创办的展民通讯社；1912 年，杨公民在广州创办的公民通讯社，李卓民在上海创办的上海通讯社，冉剑虹在武汉创办的湖北通讯社；1913 年，李抱一、张平子在长沙创办的湖南通讯社，张珍在北京创办的北京通讯社等。自此，中国新闻界结束了报业一统天下的局面。

此后，一批有影响的通讯社陆续成立，主要有以下几家：

东京通讯社 民国初年中国留日学生组织的通讯社。1915 年 7 月成立于东京，负责人邵飘萍。这是邵在东京政法学校读书时创办的，成员由邵与其同学潘公弼等 3 人组成。用中文向国内京、津、沪、汉等地报纸寄发东京通讯，主要报道留日学生和爱国华侨的反袁活动情况，揭露日本帝国主义的侵华野心。曾较早报道日本政府强迫袁世凯政府接受“二十一条密约”的消息，引起国内震动。1916 年，邵、潘等相继返回中国，该社遂解散。

新闻编译社 中国早期民营通讯社。1916 年 7 月成立于北京，创办人邵飘萍。主要业务是采编北京新闻和选译外电，通过手写油印方式，向北京各报、外国驻京记者和上海《申报》等发稿。每日一次，每次几十份，外埠邮寄。由于邵擅长采访，常以内幕、独家新闻取胜，而且时效快捷，故稿件多为中外报纸采用，颇获好评。邵飘萍创办该社的目的，自称是不满于外国通讯社“任意左右我国之政闻”，与当时一般接受军阀政客津贴的私营通讯社相比较，该社独立性较强，带有一定的爱国主义色彩。

平民通讯社 五四运动时期民众团体建立的通讯机构。1919 年 12 月湖南学生组织联合社会各界组成的驱逐张敬尧请愿团到达北京，请求政府撤换湖南督军张敬尧。为了揭露张敬尧的罪行，争取各界同情和舆论支持，请愿团成立了平民通讯社，毛泽东为社长。12 月 22 日起发布驱张新闻，每日油印（也有石印）稿件 150 余份，分送京、津、沪、汉各报，在各地引起强烈反响。当时北京的《益世报》、

《北京日报》、《惟一日报》、《京津太晤士报》，上海的《申报》，汉口的《大陆报》、《正义报》等，均发表社论或时评予以支持，形成强大舆论压力。不久，驱张运动取得了胜利。平民通讯社稿件大多出自毛泽东之手。现存原稿10篇，附件两篇，有《湖南请愿团详记》、《张敬尧私运烟种的大破获》、《张敬尧罪状大纲（25条）》等。1920年4月，毛泽东离京赴沪，平民通讯社亦告结束。

国闻通讯社 中国现代影响较大的私营通讯社。1921年由胡政之创办于上海，9月1日正式发稿。起初受孙中山和浙江军阀卢永祥等的资助，实为反对直系军阀的联合势力的宣传机构。每日以邮寄方式向各地报社发稿。以后陆续在北京、汉口、天津、沈阳、长沙、广州、贵阳、福州、重庆、哈尔滨等地设立分社，或聘请特约访员，大量增加地方通讯和电讯报道，每日发稿由一次改为两次，约六七千字。后陆续增设广告部和英文部。1924年8月发行《国闻周报》，记载每周国内外大事，并加以评论，执笔者有胡政之、张季鸾、陈布雷、叶楚伧、潘公展等。同年10月卢永祥在江浙战争中失败后，胡政之又取得吴鼎昌的支持，重心北移。1925年招聘日本东京通讯员，增加电报传送新闻。1926年9月，胡政之与吴鼎昌、张季鸾联合接办天津《大公报》，国闻通讯社并入，该社人员成为报社编辑部和经理部的主要班底。各地分社也成为《大公报》的分支机构。上海总社于1936年结束。

申时电讯社 中国现代影响较大的私营通讯社。1924年成立于上海，由《申报》经理张竹平创办。初办时主要由《申报》、《时事新报》两报编辑记者，将两报所得中外电讯摘要编译，供外地有关系的报纸采用。稿件分电讯和邮寄两类，受到各地报社欢迎，订稿者日增。1928年增加资本，扩大业务，组成独立通讯机构。社长张竹平，经理夏奇峰。聘请专职人员，内设电讯部、广告部、通讯部、摄影部等。除向外地报社发电讯外，还提供英文稿件和照片。陆续在北平、天津、广州、香港、汉口、南京、重庆等地招聘访员。1932年该社与《时事新报》、《大陆报》（英文）和《大晚报》成立“四社”联合办事处。张竹平任总经理。三报是股份有限公司，申时电讯社为张竹平独资经营。1934年“四社”改组为股份有限公司，董事长杜月笙，董事有张竹平、潘公展、萧同兹、董显光等；经理张竹平，社长米星如。改组后业务又有发展，各地访员增至30多人，每日收发稿件达6万余字。是年10月1日，本埠新闻增发午稿，供各晚报采用。1935年“四社”被孔祥熙劫夺。社长先后由米星如、唐四昌担任。1937年11月上海沦陷前夕停止活动。1946年6月6日恢复活动，经理黄霈，总编辑章苍萍。出版有《报学季刊》等。

新声通讯社 中国现代私营通讯社。1930年8月16日成立于上海，“以宣达社会工商建设等真实消息”为宗旨，由严谔声创办并任社长。次年4月设广告部，主任严鼎镛。1932年又增设摄影部、出版部，增发午稿，扩充人员，聘吴中一任副社长。同年在南京设办事处，1934年4月改为分社，由严服周负责。“九一八”

后两次印发《田中义一侵略满蒙政策》一书，揭露日本帝国主义的侵华阴谋。出版有《民国二十年之新声通讯社》、《新闻法令章规》等书。

全民通讯社 中国共产党领导的以民营面貌出现的通讯机构简称全民社。1937年9月在山西太原成立，社长为李公朴，实际领导为八路军驻太原办事处。其前身为在天津成立的中外新闻学社。1937年12月，全民通讯社迁至武汉，吴寄寒（吴江）主管全局，周勉之任代理社长。1938年9月迁至重庆，宣传上归重庆《新华日报》负责人领导。1939年9月后，全民通讯社被“批准”在成都建社。于是，发稿业务转到成都总社，重庆改为办事处。成都全民通讯社由吴寄寒主持，陈翰伯任总编辑。1940年3月代社长周勉之被捕后，吴回重庆主持工作，成都全民社停止活动。1941年2月由于“皖南事变”后处境更加困难，全民社停止工作。全民社以中共的抗日民族统一战线政策为指针，宣传团结抗日，在艰苦的条件下坚持发稿，以通讯稿为主，油印发行（成都时期改为铅印），每日一次。发稿量初期几十份，后增加到100多份，在重庆还发行英文稿。该社在昆明、贵阳等地聘有特约记者，通讯员遍布各战区。先后办有《我们和你们》、《全民之友》等业务刊物。

国际新闻社 抗日战争时期中国共产党领导下的民间通讯社，简称国新社。1937年卢沟桥事变后，上海进步人士组成国际宣传委员会，发布抗战新闻，不久迁至香港，该会改名国际新闻社。1938年10月20日，以中国青年记者学会会员为骨干组织的国际新闻社成立于长沙，11月迁到桂林为总社，香港为分社，并在重庆设立办事处。随后，在各抗日民主根据地和国民党统治区建立通讯网，宣传团结抗战，向大后方报纸和海外华侨报纸发稿。主要负责人为胡愈之、范长江、刘尊棋、孟秋江、恽逸群、邵宗汉等。1941年“皖南事变”后，桂林总社和重庆办事处被迫关闭。香港分社坚持到太平洋战争爆发后才停止活动。抗战胜利后，国新社于1946年初在香港重建，向国民党统治区以及港澳和海外华侨报刊发稿，揭露蒋介石的反共独裁和发动内战的政策，宣传解放区的建设和人民解放战争的胜利进展。1949年中华人民共和国建立后该社结束工作。①

第二节 国民党通讯社事业

民国时期，官办通讯社最大的当推国民党的中央通讯社。

中央通讯社，简称中央社，1924年4月1日成立于广州，1927年5月迁往南京，隶属国民党中央宣传部。1932年5月改组，萧同兹被任命为中央社社长，实行独立经营，下设编辑、采访、事务三组。1933年4月增设电务组，翌年9月设英文编辑组，编发英文新闻稿，通过电台发到上海、北平、天津三地分社，再转发

① 郑德金：《中国通讯社百年历史回顾》，《新闻记者》，2004年第12期。

当地英文报纸。1935 年 1 月 1000 瓦特功率发报机装竣，用于全国广播。1936 年 1 月总社扩大，分设编辑、采访、英文编辑、征集、电务、事务六部。6 月聘陈博生为东京特派员，成立东京分社。至 1937 年 6 月，中央社在国内建有上海、北平、天津、西安、武汉、南昌、重庆、成都、贵阳、广州等分社及牯岭办事处，国外有东京分社，并在瑞士、印度设特约通讯员。还分别与路透社、美联社、哈瓦斯社、塔斯社等外国通讯社签订交换新闻合约。

抗日战争爆发后，中央社总社迁往汉口、重庆。1939 年中央社设总编辑职，第一任总编辑陈博生。中央社在重庆曾发行英文《中国半月刊》，并播发国内战场、太平洋战场、欧洲战场新闻。1946 年 4 月总社迁回南京。1947 年冬，中央社建成国际发报台，翌年春开始对国外（主要是欧美国家）播发新闻。

内战爆发后，国民党于 1946 年 7 月 7 日在南京创办了军事新闻通讯社，简称军闻社，为国民党军方的通讯社，主要任务是报道国民党军方动态，在重庆、沈阳、北平、兰州、广州等地均设有分社。

1947—1948 年间，国民党的新闻通讯事业进入鼎盛时期。以中央通讯社为例，国内分社从战时的 18 家发展到 43 家，其中战后新创办的有 25 家，另有分社下设的办事处 9 家；国外分社和特派员办事处，从战时的 12 家发展到 25 家，其中战后新建的有 13 家；全社工作人员有 2 653 人，较战前增加一倍。每日对全国广播 2 万余字。

但随着国民党在战场的失败，刚刚发展到顶峰的国民党新闻通讯事业很快就走向崩溃和瓦解。1948 年下半年，中央通讯社开始走下坡路，先后关闭了开封、济南、长春、沈阳等分社；12 月初，南京总社被迫将一些重要电讯器材运往台北，大部分工作人员也撤往台北。1949 年 7 月，“中央通讯社”在台北成立总社办事处，12 月挂出“中央通讯社总社”的招牌。但这时的“中央社”已风光不再，设在大陆的分支机构已全部关闭，国外分社及办事处也仅有 10 家。

随着国民党的全面溃败，军事新闻通讯社于 1949 年底迁至台湾，曾一度停办。1950 年 4 月在台北恢复。

另外，抗日战争时期，1940 年汪伪政权成立后也曾创办过通讯社。主要是上海的伪中华通讯社和伪南京维新政府的中华联合通讯社合并而成的中央电讯社。1940 年 4 月，中央电讯社成立理事会，伪宣传部指定周化仁、林柏生、郭秀峰、赵慕儒、许锡庆等为理事，林柏生为理事长，并特设“交换理事”，由日本人松方义三郎担任。中央电讯社后又增加同盟社的古野为名誉理事，社长为赵慕儒、副社长兼总编辑为许锡庆，5 月 1 日正式发稿。中央电讯社总社设在南京，上海、武汉、广州、香港、杭州、苏州、徐州和蚌埠等地先后设分社。1940 年 11 月 30 日，中央电讯社在日本东京设分社，还同日本同盟社、德国海通社、意大利斯蒂芬尼通讯社等签订交换新闻协定。1944 年 4 月，中央电讯社改组，赵慕儒任理事长，郭秀峰任社长，胡瀛洲任副社长兼总编辑。1945 年 3 月，中央电讯社又改组为社团法人，标榜“以代表国家民族之立场，以国内报业之全体为对象”。日本投降后，中央电讯社被国民党接收。

第三节 共产党革命时期的通讯社事业

一、共产党通讯社事业的创始

中国共产党通讯社事业的始创，主要是为了传播马克思列宁主义，宣传人民革命和工人运动。

华俄通讯社 中国共产党创办的第一个通讯社。1920 年 4 月共产国际代表魏金斯基等经北京到上海后，为宣传马克思主义和介绍俄国革命经验，帮助上海共产主义小组创办了华俄通讯社，7 月 2 日正式发稿。杨明斋（山东人，旅俄时加入俄共，魏金斯基的翻译，上海共产主义小组成员）任社长。初名“中俄通讯社”，中共正式成立后改称“华俄通讯社”。该社大量报道十月革命后俄国政治、经济、文化教育、工人运动等方面的情况以及共产国际的材料。上海《民国日报》从 1920 年 7 月 2 日至 1925 年 8 月 1 日，连续采用该社通讯稿共 100 多篇。《新青年》杂志也刊登过该社的稿件。该社还把中国报刊上的重要消息译成俄文，用电报发往莫斯科。中国共产党成立后，该社转由中共领导。该社为筹建中共作了思想舆论准备，为沟通中俄两国人民之间的相互了解起了一定的作用。

人民通讯社 中国湖北共产主义小组在武汉创办的通讯社，成立于 1921 年春。社长陈潭秋，参加采访和编辑业务的有陈萌林、刘子通、包惠僧等。其任务是沟通武汉地区与全国各地工人、学生革命活动的消息。初创时通讯稿用手抄，后油印，除供给武汉及湖北各报外，还寄上海、北京、广州等地各大报。

劳动通讯社 中国共产党北京党组织早期创办的通讯社，1923 年成立于北京，是《工人周刊》编委会附属的宣传机构。该社设编委会，成员有高君宇、王有德、韩麟符、黄日葵、缪伯英等。发稿负责人刘铭勋。在全国各地聘有特约记者和通讯员，有阮啸仙、赵醒侬等。主要报道各地工人运动的情况，反映工人群众的生活和斗争。稿件为手写油印，除供给《工人周刊》选用外，还向北京《晨报》、上海《申报》等全国大报发稿。该社后期与邵飘萍主持的《京报》关系密切，在业务上得到邵的指导，是当时中国北方较有影响的通讯社之一。1926 年 4 月在奉系军阀对北京新闻界的横暴摧残下，该社被迫停止活动。

国民通讯社 中国共产党创办的第一个具有全国性的通讯社。1925 年 6 月在“五卅”运动高潮中成立于上海，由中共中央宣传部直接领导，第一任社长邵季昂。编辑部与通讯处均同《热血日报》在一起，协同《热血日报》积极进行反帝爱国宣传。为扩大业务，该社在北京、天津、广州、汉口、南京、沈阳、哈尔滨等地招聘特约通讯员。《热血日报》被迫停刊后，国民通讯社担负了中国共产党对外宣传的主要任务。1926 年 9 月淞沪警察厅查封了该社，邵季昂及其工作人员被捕。1927 年初，国民通讯社恢复活动，社长何味辛（后改名何公超）。上海第三次工人武装起义爆发后，中共中央为加强该社力量，将党领导的市民通讯社并入该社。蒋介石发动“四一二”反革命政变后，该社被查封。

1926 年 9 月，第一次国共合作时期，中国共产党人以国民党汉口特别市党部宣传部名义创办了另一个名为“人民通讯社”的通讯社。主要任务是宣传革命形势，报道北伐革命军的胜利消息。社长邵季昂（共产党员），编辑主任邓瘦秋，记者帅元钟、张家驹等。是年 11 月，汉口《民国日报》创办后，该报总编辑宛希俨（共产党员）经常指导该社活动。“七一五”汪精卫叛变革命后，该社被迫停止活动。

中国工人通讯社 中国共产党于十年内战期间在国民党统治区秘密成立的通讯社，1931 年春成立于上海，翌年改称中国工农通讯社。对外曾挂过“时闻通讯社”的牌子。负责人和工作人员先后有林电岩、朱镜我、朱伯深（朱明）、李少石、廖梦醒等。每周或 10 天左右发稿一次，主要用英文发稿，每期寄发国外进步报刊 80 多份；中文稿复写七八份，则秘密发给白区党报和工人报刊，内容主要是宣传中国共产党的政治主张，介绍革命根据地建设和红军战况，揭露国民党政府的黑暗统治等。1933 年该社印发的江西瑞金中华苏维埃共和国临时政府公布的宪法、土地法、劳动法的英文译稿，曾被史沫特莱载入她的著作，并注名 CWC 供稿。1935 年因上海地下党活动遭到破坏，该社被迫停止发稿。

红色中华通讯社 中华苏维埃共和国临时中央政府的机关通讯社，是新华通讯社的前身。1931 年 11 月 7 日，在江西瑞金召开的中华苏维埃第一次全国代表大会开幕声中诞生，向国内外首先报道大会消息、文件、宣言和中华苏维埃共和国宪法大纲、劳动法、土地法等法令，并将共和国临时中央政府对外宣言译成英文播发。该社的新闻广播呼号为 CSR（Chinese Soviet Radio，“中华苏维埃无线电台”的缩写），与临时中央政府的机关报《红色中华》同属一个组织机构。统称红色中华社，简称红中社。通讯社的业务主要是，用无线电明码每天对外播发五六条新闻（后来增至二三千字），有时编成《红中社通讯稿》油印出版；抄收国民党中央社电讯、塔斯社英文广播等，编印《参考消息》（曾用名《无线电材料》、《每日电讯》），按日油印出版，供领导人参考。另外，出版刊物《工农通讯员》，介绍和交流新闻知识和新闻业务经验等。长征中新闻广播基本终止，但抄收电讯工作没有停止。1935 年 11 月在陕西瓦窑堡恢复广播。1936 年 12 月中旬，为宣传和平解决“西安事变”的需要，建立西安分社，次年 3 月结束活动。1937 年 1 月迁到延安，改名为新华社。历届主要负责人有：周以栗、王观澜、杨尚昆、李一氓、沙可夫、瞿秋白、任质斌等。

二、抗日战争期间的新华通讯社

1937年7月，抗日战争全面爆发。在这场民族自卫战争中，中国共产党的通讯社事业经受了战火的洗礼和磨炼，逐步走向壮大和成熟。

1937年1月，为团结抗日计，红色中华通讯社改名为新华通讯社，由临时中央政府西北办事处主席博古兼任社长，向仲华、廖承志负责具体工作。抗日战争全面爆发后，新华通讯社的首要任务是宣传中国共产党正确的政治主张和军事战略策略。1937年7月8日，卢沟桥事变爆发的第二天，新华社发布了《中国共产党为日军进攻卢沟桥通电》，指出："只有全民族实行抗战，才是我们的出路。"随后，陆续播发了中国共产党抗日救国十大纲领等一系列重要文稿。1938年6月，新华社全文播发了毛泽东的《论持久战》，极大地鼓舞和坚定了敌后广大军民争取抗战胜利的信心和决心。

1939年初，中共中央决定将新华社与《红色中华》分开，成为一个独立的新闻通讯机构，社长由向仲华担任，从此结束"报"、"社"一家的历史。新华通讯社走上独立发展的道路，是中国共产党通讯社事业走向成熟的一个重要标志。

新华社改建为独立的新闻通讯机构后，1939年6月对组织机构做了进一步调整和完善，设有编辑科、通讯科、译电科、油印科四个部门。通讯科经常召开各地通讯员大会，并向重庆《新华日报》、《国民公报》副刊、香港进步报纸等提供专稿以及关于中国人民抗日斗争的报道材料。通讯科还创办了业务刊物《通讯》，由毛泽东题写刊名。

为了抗战的需要，按照党中央所提出的意见，新华社一方面将各地通讯社改为新华社的分社，直接加强对各分社的领导，同时将各地具有全党、全军、全国性质的新闻发稿权集中到总社，这样做不仅使党中央的方针政策能够得到正确及时的贯彻，也使全党对外的宣传口径保持一致，防止出现不应有的纰漏。另一方面，统一领导有利于提高干部的业务素质，使新华社的工作质量再迈上一个新台阶，使新华通讯社与《解放日报》等党的报刊一样真正成为党的喉舌，成为抗日战争中的号角。

1940年1月，新华社全文播发了毛泽东的《新民主主义论》等文章，为全国人民指明了中国革命的前途、道路和发展规律，有力地推动了抗日战争和中国革命的发展。延安整风期间，毛泽东等中央领导同志的一系列重要报告和党的重要文件，如《整顿党的作风》、《在延安文艺座谈会上的讲话》，以及后来在党的七大上所做的报告《论联合政府》等，都通过新华社传播到国内外，成为党中央指导工作和各抗日根据地交流经验的重要渠道。

与此同时，新华社通过评论、社论和新闻消息，分析时局和战局，充分报道八路军、新四军和各抗日根据地军民的英勇斗争和各项建设。如平型关大捷、百团大战、各地反“扫荡”斗争、地道战、地雷战、平原游击队等新闻报道，极大地鼓舞了敌后抗日军民的士气。各抗日根据地民主政权建设和精兵简政、减租减息、大生产运动等情况的报道，使敌后抗日军民看到了根据地生机勃勃的景象和中国未来的希望。同时，新华社也报道了正面战场的情况，并广泛报道世界反法西斯斗争的进展。

在抗日战争最艰苦的阶段，面对国民党顽固派掀起的反共逆流，新华社按照党中央提出的“坚持抗战，反对投降；坚持团结，反对分裂；坚持进步，反对倒退”的方针，揭露国民党顽固派消极抗战、积极反共、制造摩擦、挑动内战的反动政策和阴谋行动。皖南事变爆发后，新华社播发了毛泽东起草的中央军委命令，以及中共发言人对新华社记者的谈话，同时配发一系列评论和消息，说明事实真相，揭露国民党顽固派破坏抗日、阴谋反共的罪行。1943 年，面对国民党顽固派掀起的第三次反共高潮，新华社转发毛泽东撰写的《解放日报》社论《质问国民党》，并发表了陕甘宁边区和各抗日根据地军民严阵以待、反对内战的消息和通讯，有力地揭露了国民党顽固势力的丑恶面目，维护了抗日民族统一战线的团结和抗战局面。

抗日战争时期，新华社是党坚持抗日民族统一战线、领导全国抗战的主要舆论武器。在党中央的直接领导下，新华社用永不消逝的电波，传达党中央的声音，反映抗日军民的英勇斗争，揭露顽固派的反动阴谋，打击日本侵略者的嚣张气焰，为全国军民坚持抗战、夺取抗日战争的最后胜利，发挥了重要作用。

三、解放战争中的新华通讯社

抗日战争胜利后，新华社面临的形势和任务发生了重大变化，工作重心由原来主要面向解放区转而面向全国，迎来了自身大发展的时期。1945 年 10 月到 1946 年 4 月，新华社总社内部扩大和充实了编辑部门，分别设立了国内新闻、国际新闻、英文广播、口语广播等部门，在各解放区建立起了总分社，在东北、冀热辽、华中等新解放区和国统区的重庆、北平、南京三大城市建立了分社，形成了“以解放区新闻为基础，进而组织全国的新闻网”的基本格局，为“迎接复杂而艰巨的战斗任务”做好了准备。1946 年 5 月，为适应即将到来的严酷的战争环境，党中央对新华社和解放日报社进行了重大改组，实行社报合一、以通讯社为主的体制，决定将新华通讯社与《解放日报》分别定为党中央的机关通讯社与机关报，隶属于中央宣传部，并在重大问题上受中央书记处的直接指挥。要求以全党办报的精神办通讯社，所有消息出口都经过新华社。6 月，国民党蒋介石发动全面内战，新华社在党中央、毛主席的直接指挥下，投入了紧张而繁重的宣传报道工作中。

1947年3月，国民党军队大举进犯延安。3月18日，党中央主动撤离延安后，新华社肩负起通讯社、党中央机关报、广播电台三项职能，成为党中央、毛主席指挥解放战争，向国内外进行宣传报道的有力工具。

由于战局变化，新华社社长廖承志率领大队人马撤离延安清凉山，经三个多月长途跋涉，从陕北经晋绥、晋察冀、冀中、冀南，转移到太行。同时，新华社总社留下一支40多人的工作队，由范长江率领，代号“四大队”，编入中央纵队，跟随党中央转战陕北，于1948年5月与总社编辑部在西柏坡会合。这期间，新华社许多重要新闻和著名评论、社论，都是由“四大队”电台发到太行总社，再向全国播发。其中有70多篇是毛泽东、周恩来、任弼时等中央领导，以及陆定一、胡乔木等同志起草，或经他们修改后发出的。

新华社在太行时期，正是中国人民革命战争形势发生根本变化的时期。1947年6月30日，刘邓大军在鲁西南强渡黄河，揭开了人民解放军战略进攻的序幕。新华总社全力以赴，播发了一系列新闻和各个战场的胜利喜讯。

随着人民解放战争的胜利推进，1948年3月，中共中央东渡黄河向河北平山县转移，新华总社也开始分批向平山县移动，6月，最后一批人员到达平山县。中共中央恢复了对新华社的直接领导，为了加强对新华社的领导，对其组织机构进行了调整与充实，原来的总社社务委员会扩大为管理委员会，管委会由廖承志、胡乔木、范长江等人组成，廖承志为社长，胡乔木为总编辑，下设编辑部和广播管理部，由范长江、廖承志分别兼任部长。10月，总社又成立编委会，由胡乔木负责，处理宣传方针、编辑业务及对各总分社工作的领导。

经过调整和充实，新华社总社的工作人员到1948年11月共计达到754人，其中编辑人员129人，电务人员215人。各地总分社和分社发展到20多个。经过严格的训练，新华社干部的政治素质和新闻业务水平都有一定程度的提高，为迎接全国胜利和事业发展做好了政治上、组织上和业务上的准备。

为加强军事斗争宣传报道，从1948年8月起，新华社在各野战军建立了四个总分社，在兵团一级建立分社，各军成立支社。新华社记者活跃在各个战场，他们不畏艰险，不惧牺牲，出生入死，在炮火硝烟的战场上采访报道，产生了一大批优秀的新闻作品。特别是毛泽东亲自为新华社撰写的一系列新闻稿件，脍炙人口，广为传诵。他写的消息《我军解放郑州》、《东北我军全线进攻，辽西蒋军五个军被我包围击溃》、《中原我军占领南阳》、《我三十万大军胜利南渡长江》、《南京国民党反动政府宣告灭亡》等，短小精悍，生动鲜明，气势磅礴，挥洒自如，深刻揭示了重大事件的现实意义，令人过目难忘。他写的评论《中国军事形势的重大变化》、《将革命进行到底》、《评战犯求和》、《南京政府向何处去》、《丢掉幻想，准备斗争》等，高屋建瓴，分析深刻，语言通俗生动，风格犀利尖锐，具有极强的战争性和指导性，在国内外引起强烈反响。这些新闻作品已成为中国新闻史上的精品。

在加强军事报道的同时，新华社还充分报道了解放区的土地改革、国统区的爱国民主运动等国内外重要新闻。

1949年3月25日，新华社总社随中共中央迁入北京西郊香山，根据中央决定，逐步调整统一了全国各地的组织机构。6月24日，毛泽东、周恩来批准了新的新华社社委会名单，胡乔木任社长，范长江任副社长，陈克寒任副社长兼总编辑，吴冷西任第一副总编辑，朱穆之任第二副总编辑。9月26日，总社搬入国会街（今宣武门西大街），立即投入中华人民共和国成立的宣传报道。9月29日，新华社发表社论《中国人民对全世界的庄严宣告》指出，即将成立的中央人民政府将致电联合国大会，声明中华人民共和国业已成立，中央人民政府为唯一能代表中国人民的政府。10月1日，新华社向全国、全世界发布了中华人民共和国成立大典盛况的新闻。①

① 据《新闻采编》提供的新闻史料：《新华通讯社》，2007年第4期。

第二十一章 共和国时期的通讯社事业

第一节 中华人民共和国成立初期的通讯社事业

一、社会主义通讯事业网的形成

1949 年 10 月 1 日，中华人民共和国成立。为适应新形势，实现建设集中统一的国家通讯社的目标，党和国家从组织上和业务上对新华通讯社进行了一系列的调整，统一了新华社国内分社的组织，调整了机构。

新中国成立前，新华社地方分社虽然在业务上受总社领导，但组织上仍附属于地方报纸或地方报纸的采访部门，带有地方性和分散性。为此，党中央于 1950 年 3 月发出《关于改新华社为统一集中的通讯社的指示》，规定各地总分社、分社除向总社发稿和印发总社的广播稿件外，不应再单独对外发稿；其所有人员应全部交新华社统一调度和供给。地方党委和政府的领导机关对新华社在地方的机关和人员，在政治上、思想上和生活上仍应负责领导，在工作上给予帮助和监督。根据中央这一批示，新华总社于 1950 年 11 月 21 日举行了第一次全国社务会议。在会议上，时任新华通讯社社长陈克寒约 1 万字的开幕词分为以下 5 部分：（1）问题的提起。新华社是循着中央所指示的统一道路前进，还是返回过去的分散状态？是政治上统一，而组织上和业务上不统一，还是全部统一？（2）新华社实行全部集中统一的必要性分析。（3）新华社组织统一的基础——胜任国家通讯社职务的熟练职业记者。（4）半年来新华社工作的主要缺点——新闻稿不能与全国政局密切配合，不能完全适应实际斗争的需要。（5）新华社走向集中统一的主要困难——新闻稿没有出路或出路很少。这是由于许多分社组织，实际上是地方报纸的采访部，还未成为国家通讯社的完全可靠的基础。① 新华社全国社务会议的召开，标志着新华社改组为一个集中统一的国家通讯社的任务基本完成。

1952 年 12 月，吴冷西被任命为新华社社长。翌年，吴冷西提出：新华社要成

① 《中国共产党新闻工作文件汇编》(中册)，新华出版社 1980 年版，第 97 ~ 111 页。

为全国、全世界的"消息总汇"。所谓"消息总汇"，即反映各方面有价值信息的、具有权威性的消息发布中心。1953 年 3 月，新华社召开编委扩大会议，明确提出了新华社要成为"消息总汇"的总任务和国内外并重的方针。同年 12 月，新华社第三次全国社务会议召开，重点讨论如何宣传党在过渡时期的总路线，认真研究贯彻"消息总汇"方面的重要措施。在业务建设方面，新华社集国内报道、对外报道、国际新闻报道等多种功能于一身，并主办了一系列报刊，如《参考消息》、《参考资料》、《时事手册》、《内部参考》、《新华社电讯稿》、《新闻业务》、《新闻图片》、《摄影业务》等。除文字宣传报道工作外，新华社的摄影报道工作也日益加强，通讯技术手段有了很大的改进，同塔斯社及东欧社会主义国家通讯社的合作也有较大的发展，并同路透社等资本主义国家的通讯社建立了合作关系。

为了更好地向海外华人、华侨介绍新中国，1952 年 9 月 14 日，胡愈之、金仲华、萨空了、王芸生等知名人士发起组建了中国新闻社，由金仲华任社长，总部设在北京，简称"中新社"。"中新社"以海外华侨、港澳同胞、台湾同胞和外籍华人为服务对象，主要介绍中国政府的方针、政策，报道中国的社会主义建设、改革的进程以及悠久历史、壮丽河山等。中国新闻社总社在全国 23 个省、自治区、直辖市和香港、澳门设有分社和记者站，在美国、日本、法国、澳大利亚等国设有分社。

通过对新华通讯社组织机构的调整，再加上中国新闻社的设立，新中国已基本建立起遍及海内外华文媒体的新闻供稿体系，一个覆盖全国的新闻通讯网初步形成。

二、通讯社业务建设初见成效

中华人民共和国成立初期，为了更好地服务于社会主义建设工作，新华社在新闻业务建设方面采取了一系列措施，取得了较好的效果。

首先，新华社总社提出在报道中应"树立全国"的观点，即无论在报道内容和写作形式方面，都应做到适应全国革命斗争和建设事业的需要，满足全国范围读者的要求，能够教育全国的工作干部和广大读者，对全国的革命和建设能起到推动和指导作用。

其次，新华社总社的领导还要求全社的采编人员深入群众、深入实际、调查研究，深入发掘有宣传意义的先进事例、先进人物等，并提出介绍先进人物、先进经验的报道方针。

为了提高采编人员的业务能力，1951 年下旬，新华社还酝酿开展了"练笔"运动。2 月 13 日，新华社颁布了《开展练笔运动的决定》，成立了练笔运动委员会，对旨在消灭稿件中事实错误、文法错误与文字冗长现象的练笔运动做了具体部署；2 月 15 日，副总编辑朱穆之向编辑部全体干部作了动员报告《展开练笔运动》；2 月 21 日，练笔运动正式开始。新华社总编室把练笔运动规定为编辑部的重要任务，指定专人负责指导和解决运动中的日常问题，并制定了全编辑部及各部门消灭错误的目标和进程，规定了检查、登记、统计手续，印制了《技术错误登记表》，组织评奖与竞赛，加强资料核对制度。为配合练笔运动的开展，新华社总社于 3 月 17 日邀请叶圣陶到总社讲解文法；4 月 16 日，朱穆之作了《主词的用法》的讲座。此外，新华社还组织部分同志去出版总署和北京新闻学校听叶圣陶、吕叔湘、魏建功等专家的报告。练笔运动进行了三个月，对提高记者的写作能力、减少错误起了很大的作用。与此同时，新华社还创办了内部刊物《新闻业务》，作为全社编辑记者探讨业务、交流写作经验的阵地。

三、1956 年新闻改革中的新华社

中华人民共和国成立初期，新华社的国际消息几乎全部依赖苏联塔斯社提供。1955 年 12 月，毛泽东批评新华社在国际新闻业务上思想保守，行动迟缓："新华社这几年做了一些工作。但是，驻外记者派得太少，没有自己的消息，有，也太少……应该大发展，尽快做到在世界各地都能派有自己的记者，发出自己的消息。把地球管起来，让全世界都能听到我们的声音。"① 从那时起，新华社开始了建设世界性通讯社的努力。

在 1956 年的全国新闻改革中，新华社就把建设世界性通讯社作为一个重要的战略目标。朱穆之作为当时主管业务的第一副社长，主要负责这方面的工作。在建设世界性通讯社方面，新华社领导们认为，要在可靠的基础上有步骤地进行，将计划分两步走：首先在 5 年到 7 年内建成以报道东方（亚非拉）为权威的世界性通讯社，然后再逐步建成可以在世界范围内与西方各大通讯社相匹敌的世界性通讯社。这是符合主客观实际的。西方大通讯社不重视亚非拉国家的报道，而且常作歪曲报道。这些国家一般也无力对外报道本国实际情况，中国能为它们作报道，替它们说话，并有利于它们相互沟通情况，将受到它们欢迎。因此，我们加强对亚非拉的报道，并以此为特色，成为报道东方国家新闻的权威通讯社，不仅在政治上有利于我国扩大国际影响，特别是发展与亚非拉国家的友好关系，也有利于与西方通讯社在新闻舆论领域争一席之地。自然也是与当时新华社的实际力量相符合的。在报道方针上，改变过去对于国际情况常常只报道进步的、对我有利的消息，而其他方面一般不报道的做法，要全面、客观、公正地报道世界发生的人们关心的重要情况，还要多发西方通讯社不愿播发的、对西方统治集团不利而对世界广大人民有

① 《毛泽东新闻工作文选》，新华出版社 1983 年版，第 182 页。

利，以及能反映我国与西方不同观点的新闻与评论①。

在向世界性通讯社目标迈进的过程中，新华社除了在新闻业务上进行改革外，还在物质技术基础方面进行了革新，努力使新华社的技术和设备达到世界先进水平，实现物质装备的现代化。1958年，新华社乌鲁木齐转播台建成使用，次年又进行了扩建，基本解决了新华社对欧洲地区的广播问题。截至1960年，新华社的国内外广播电路已达24条（套），其中对国内广播电路19条（套），对国外广播电路5条（套）。1961年到1966年间，新华社又增加专线广播电路11条，还增加了4条对外图片传真广播电路。1959年7月，新华社建成具有世界先进水平的收讯台，到1966年，可抄收的国外通讯社电台的数量达80家。为了培养驻外记者，新华社办了外语训练班，后来又与其他单位联合建立了第二外语学院。随着国内、国际广播网和通讯网络的建成，新华社作为世界性通讯社的轮廓已初步显现。

四、中华人民共和国成立初期的失误与教训

中华人民共和国成立初期，新华社与报社、电台等各种社会主义新闻传媒在发挥各自优势的同时协同作战，配合默契，在展示社会主义国家日新月异的面貌、激励人们热爱祖国投身建设的热情方面发挥了很大的作用，但毕竟新中国的通讯社事业刚刚创建，还有许多不成熟的地方，难免会有一些失误。

一是宣传报道中出现了教条化现象。中华人民共和国成立初期，新华社运用消息、评论、通讯等多种新闻文体，突出报道了社会主义建设取得的成就和人们投身祖国建设的热情。但新闻界也出现了脱离中国实际、对苏联经验盲目生搬硬套的教条主义的做法，如强调不犯任何错误、凡是塔斯社的导语就是好导语等。这一时期的新闻报道，过多地强调了新闻的指导性和思想性，指示、教训的口吻偏多，而从群众的角度看问题、立足于满足群众需要的报道不多。

二是对电影《武训传》的批判出现了失误。1951年5月20日，新华社播发了毛泽东亲自撰写的《应当重视电影〈武训传〉的讨论》，以及专论《共产党员应该参加关于〈武训传〉的批判》，揭开思想文化界“改造知识分子”的序幕，以《人民日报》为首的各大报纸参与其中，对电影《武训传》展开讨论。7月下旬，在江青的操纵指挥下，一份长达4.5万字的调查报告《武训历史调查记》出笼。化名为“李进”的作者在调查报告中得出的结论为：武训是一个以“兴义学”为手段，被当时反动政府赋予特权而为整个地主阶级服务的大流氓、大债主和大地

---

① 曾建徽：《风云激荡七十年》之《闪光的思想　非凡的经历（代序）》（作者：朱穆之），五洲传播出版社2007年版。

主。对电影《武训传》的批判，是“非常片面、极端和粗暴的”,① 是当时中央个别领导借助新闻工具进行的政治批判，更是一场别有用心的、针对知识分子的“政治运动”。

三是抗美援朝中出现失实报道。1950 年 6 月，朝鲜战争爆发后，为配合全国抗美援朝保家卫国运动的开展，新闻战线进行了长达三年多的广泛宣传报道。1951 年 1 月，新华社在朝鲜前线成立中国人民志愿军总分社，并派出大量随军记者，及时报道这场正义的反侵略自卫战争。由于战争环境、交通条件的限制，采写十分及时的消息比较困难，因而战地新闻通讯和报告文学在当时被广泛运用。在这些通讯和报告文学中，也出现了新闻失实的报道。如新华社记者石峰、王玉章采写的通讯《马特洛索夫式的英雄黄继光》一文中，运用“合理想象”，凭事后推测黄继光牺牲前的心理活动：

> ……他从极度的疼痛中醒来了。他每一次轻微的呼吸都会引起胸膛剧烈的疼痛……四十分钟的期限快到了，而我们的突击队还在敌人的火力压制之下冲不上来。后面坑道里营参谋长在望着他，战友们在望着他，祖国人民在望着他，他的母亲也在望着他，马特洛索夫的英雄行为在鼓舞着他……②

通讯发表后，在新闻界引发了激烈的关于新闻报道能否“合理想象”的大讨论。

第二节　探索社会主义建设时期的新华通讯社

一、“反右”斗争中的新华通讯社

社会主义改造基本完成后，中国共产党领导全国各族人民进入了全面的社会主义建设时期。全党在“八大”正确路线的指导下，在积极进行经济建设的同时，为了加强党的建设，整顿党的作风，于 1957 年进行了全党整风运动。

1957 年 3 月，毛泽东《在中国共产党全国宣传工作会议上的讲话》中指出：“现在共产党中央作出决定，准备党内在今年开始整风。党外人士可以自由参加，不愿意的就不参加。”③ 4 月 27 日，中共中央向全党发布了《关于整风运动的指

---

① 胡乔木谈话。见《人民日报》1985 年 9 月 6 日。

② 《人民日报》，1952 年 12 月 21 日。

③ 毛泽东：《在中国共产党全国宣传工作会议上的讲话》，《毛泽东文集》，第 7 卷，人民出版社 1999 年版，第 274 页。

示》，对整风运动的主题、内容、方针、政策、方法、措施等问题，都作了明确的规定和论述。5月4日，中共中央还发出了《关于继续组织党外人士对党所犯错误缺点展开批评的指示》，发动党外人士向党提出批评建议。但是面对一些尖锐的意见，毛泽东坐不住了。5月15日，毛泽东写了《事情正在起变化》一文，标志着党中央的指导思想已经发生变化，运动的主题已开始由正确处理人民内部矛盾转向对敌斗争。

6月7日，毛泽东与时任新华社社长的吴冷西以及胡乔木谈话时指出，写文章尤其是社论，一定要从政治上总揽全局，紧密结合政治形势，这叫作政治家办报。6月13日，毛泽东又对吴冷西说：要政治家办报，不是书生办报，就得担风险。①

6月18日，中央发出组织力量反击右派分子进攻的党内指示，同日，《人民日报》发表《这是为什么》的社论，一场全国规模的、急风骤雨式的反右派运动正式开始，并被迅速扩大化，整风运动转向了“反右”运动。

1957年6月24日，第二次新闻工作座谈会在北京召开，历时一个多月，采取大会套小会的办法，揭发与批判新闻界右派的言行。8月1日，新华社发表通稿，批判新闻界前辈王中教授“有纲领、有计划篡改新闻事业的政治方向”，“完全是资产阶级右派在人民新闻事业和文教事业中的代理人”。②

即使是新华社的工作人员，在“反右”运动中也难以幸免于难。时任新华社国际部副主任的李慎之，因主张“大民主”，敢说敢言，被毛泽东“点名”，定为“极右”分子，并被开除党籍。

新华社四川分社老记者多，采访作风深入踏实，过去凡事都要问个明白，时有报道与省委领导看法不同，屡批屡犯。因此，1957年“反右”运动一开始就成了重点。据新华社四川分社一位老记者回忆：宣传部长来坐镇，在全体职工大会上指着社长邵挺军说：“四川分社没有‘右派’，你邵挺军就是‘右派’。”分社17名记者，上级领导指名道姓就划了5个“右派”分子，邵挺军也背上个“邵老右”的恶名。

这位新华社四川分社的老记者回忆1959年的“反右”运动时继续写道：为了反击右倾机会主义对大跃进的“污蔑”，我们奉命蹲点“完成一篇《人民公社好》的调查报告。庐山会议下山前，毛主席给吴冷西、陈伯达、胡乔木写了一封信，宣称‘要向全世界宣战’，用这本书表明反对‘右倾机会主义’和坚持‘三面红旗’（指总路线，大跃进，人民公社）的决心。指定新华社和人民日报社派记者到全国各地调查，至迟三个月交卷，‘文字要既扎实又生动，引人入胜’，书成后，老人家‘准备写一篇万言长序，痛驳全世界反对派’”。“时间紧迫，纪希晨接到指示把

---

① 吴冷西：《忆毛主席》，新华出版社1995年版，第40～45页。

② 引自新华社1957年8月1日电。

任务落实到我们三人身上。我们看着空空如也的粮仓顿顿喝稀粥，饿着肚皮挖空心思做文章，堆砌美好字眼，想尽量放出奇光异彩，文章三易其稿终于脱手。”“没想到12月回到分社，纪希晨和采编主任李策都被打成‘右倾机会主义分子’，撤销党内外一切职务，行政降级，不再过问业务。后来稿件送省委宣传部定夺发出，他们两人也随即发配农村劳动改造。”①

反右派斗争的严重扩大化的后果，是一大批忠贞的中共党员、有才能的知识分子、有长期合作历史的民主党派朋友、政治上不成熟的青年被错划为右派分子。他们被下放进行劳动改造，身心受到严重伤害，不能发挥应有的作用，给党和国家造成严重损失。

二、“大跃进”时期的新华通讯社

1958年，“大跃进”运动在全国范围内展开。在这场运动中，新华社对工农业生产的宣传报道，相当一部分是脱离客观实际的虚假报道，助长了浮夸风。

1958年6月12日，新华社报道了河南遂平县卫星农业社实现小麦亩产3 530斤，放了一颗“大卫星”（凡出现新成绩，当时就叫“卫星”），掀起了“放卫星”的高潮。6月30日，河北省安国县卓头村社放出了小麦亩产5 303斤的“卫星”；接着，西礼县也紧跟效仿，于7月7日在小麦还未收割时就提前报送《大跃进中的丰产喜报》，虚报成集乡国光社0.2亩小麦亩产1 600斤等，一颗颗“卫星”腾空升起。新华社、《人民日报》等中央媒体在报道放“卫星”的同时，还大力渲染思想的威力，“一天等于20年”，“人有多大胆，地有多大产”，这样的口号在报纸上、广播上此起彼伏。

1958年8月6日，毛泽东在视察河南七里营时，随口说了句：“还是办人民公社好”，新华社记者们就让它很快变成了铅字，而且用醒目的大号字做标题。

1958年的大跃进、放“卫星”热潮，曾令当时任新华社国内部主任的穆青十分激动，他也参与采写、编辑了一些稿件。但越来越多的“卫星”、越来越离谱的“跃进”，让穆青深感不安，这些严重背离客观事实和报道规律的“新闻”，使穆青深感芒刺在背。多年后，忆起放“卫星”的稿子，穆青还为自己干过的“错事”而深刻自省：“作为一个共产党员，一个人民的记者，不能不说实话。”②

1958年7月26日，新华社自莫斯科发出一篇通讯，综合报道了苏联社会对中国“大跃进”和总路线的反应，其中有人表示相信并全力支持总路线和工农业并

① 凤凰网：《记者的回忆：“大跃进”中饿着肚皮唱赞歌》，http：//news. ifeng. com/history/1/200612/12。

② 新华网：《当代新闻工作者的楷模——穆青》，http：//www. cjr. com. cn。

举的方针，也有人对具体的目标和任务表示怀疑，如1962年生产5000万吨钢，试验田亩产小麦7000多斤等。中共中央政治局八月扩大会议后，苏联进一步加强了对“大跃进”运动的报道。据新华社统计，仅1958年10月，塔斯社即“发出了约50条关于中国工业、农业和文化大跃进的消息”。

“大跃进”的浮夸风，不仅在工农业生产领域全面劲吹，在文艺领域，也出现了“大跃进”。1958年3月7日，新华社记者采写了《文学创作大跃进倡议书》的通稿，并于3月8日在《人民日报》等媒体上发表。如《人民日报》1958年3月8日使用了这样的标题：《中国作家协会发出响亮号召：作家们！跃进，大跃进！》正文为：

> 新华社7日讯　为了推动文学工作大跃进，中国作家协会7日在题为“作家们！跃进，大跃进！”的一封信里，向全国作家发出响亮的号召。这封信全文如下：
>
> 六亿人民的社会主义大跃进的高潮已到，人人兴奋，个个当先，随时随地出现奇迹。一天的奇迹就够写成许多部史诗、戏剧和小说的。作家、理论家、翻译家同志们，我们怎能不高兴、不狂喜，不想变成三头六臂，眼观六路，耳听八方，双管齐下，快马加鞭，及时报道，及时歌颂，鼓舞更大的干劲，叫前人所不敢梦想的每一天、每一小时、每一分钟，都实现在我们眼前呢！
>
> 去年，全国几百位作家制定了创作计划。在今天的形势下，我们要求这些作家做到：
>
> ……
>
> 同志们，制定计划并马上动手执行计划吧！有困难，克服；要求援助，告诉作家协会。每个作家都有跃进的决心，文学事业才会有真正的繁荣！人民都在忘我地劳动，都切盼得到好的诗歌，好的戏剧，好的散文，好的小说，各种各样的好作品。劳动越积极，越迫切需要文艺。同志们，拿出最大的革命干劲，到群众中去，向人民学习，为人民写作：多写、快写、写的好、写的生动精炼！我们自己带动并帮助别人写。同志们，除了保守思想和官气、暮气、阔气、骄气与娇气五道邪气，没有任何东西能够挡住我们大跃进的……①

作为由党中央直接主管的新华社，与当时的《人民日报》一起，在“大跃进”期间起了非常明显的推波助澜的作用。对于新华社在“大跃进”中的所作所为，吴冷西在后来的回忆中不无愧疚地说，对所有制的报道中，新华社曾经提倡“一切社有”、全民所有、“消灭私有制残余”、“交出全部自留地，并且将全部私有的

① 宋立民：《文学创作大跃进倡议书（1958）》，《天涯》，2005年第1期。

房屋、牲畜、林木等生产资料转为全社所有”，等等。

在农业方面，所报道的各种卫星，最高的冬小麦亩产7320斤（河南），春小麦亩产8585斤（青海），早稻48925斤（河南），中稻60400斤（广东），北方水稻124329斤（天津），红苕25万斤等。宣传过“放开肚皮”“无限量”地吃饭。

在工业、财经方面，把过去的规章制度，一概说成是把职工群众的手捆起来。还公开提倡过无人负责制，赞扬了建华机械厂实行的“八无制度”。

此外，还有什么16个无盲（无文盲）省，54个四无县（无老鼠、麻雀、苍蝇和蚊子），四无医院（外科不疼、皮肤科不痒、妇产科不叫、小儿科不哭），等等。

报道安徽提出文化大普及的标志是：人人能读书，会写会算账；人人学科学，技术个个强；人人看电影，每月两三场；人人能唱歌，歌声满城乡；人人能画画，处处是画廊；人人能舞蹈，男女喜洋洋；人人能表演，百花齐开放；人人能创作，诗文似海洋。这诗一般的描绘确实很美，遗憾的是太浪漫了，很难在现实生活中出现。

这些充满理想、超越现实的报道，表面看来美好动人，但实质是愚弄了人民。新闻的生命是真实，失去了真实，也就失去了宣传的价值。对新华社这种失信于民的情况，毛泽东也感到了问题的严重性。1959年5月他批评说：“现在的问题是改正缺点错误。如果不改，《人民日报》就有变成《中央日报》的危险，新华社也有变成中央社的危险……新华社和《人民日报》，记者和编辑，头脑都要冷静，多开动自己的脑筋，独立思考，不要人云亦云，随声附和。要调查，追根问底。要比较，同周围比较，同前后左右比较，同古今中外比较……记者，特别是记者头子……像你（吴冷西）这样的人，头脑要清醒，要实事求是。”①

三、政策调整时期的新华通讯社

1961年1月，中共中央在北京召开了八届九中全会，着重讨论了国民经济的调整问题。会议通过了对国民经济实行“调整、巩固、充实、提高”的八字方针，并号召全党发扬实事求是的优良传统，大兴调查研究之风，一切从实际出发。1961年5月1日，刘少奇同新华社和《人民日报》的负责人谈话时，明确提出：记者和编辑是调查研究的专业工作人员，报纸上的文章都应当是调查研究的结果。② 在中央“八字方针”和刘少奇谈话精神的指引下，新华社开始对前几年的新闻工作进行总结，把开展调查研究作为搞好宣传报道的关键。

调查研究的开展，改进了新闻作风。新华社的广大新闻工作者深入群众，深入

---

① 转引自张素华《变局·七千人大会始末》，中国青年出版社2006年版。

② 方汉奇：《中国新闻事业通史》，第3卷，中国人民大学出版社1999年版，第289页。

实际，深入采访，用心写作，出现了一批内容翔实、实事求是的新闻通讯和典型报道。

1960 年 5 月至 6 月，新华社报道了我国登山队员第一次从北坡登上珠穆朗玛峰的英雄事迹。新华社记者郭超人采写的长篇连载通讯《红旗插上珠穆朗玛峰》、《珠穆朗玛山中的日日夜夜》，被《人民日报》等媒体转载，真实向读者展示了我国登山队员战胜困难、勇攀高峰的英雄气概和相互帮助的集体主义精神。作为随登山队采访的一名记者，郭超人还在新华社主编的《新闻业务》上介绍他和新华社另外两名记者采写本次登山活动的经验，其中最重要的一点是：与登山队员们一起行动，随行采访，尽可能掌握第一手材料。

在宣传先进典型方面，关于雷锋、大寨、大庆和焦裕禄的报道，是新华社在20 世纪 60 年代完成得比较成功的新闻宣传案例。

1960 年 12 月 13 日，新华社辽宁分社记者佟希文与《人民日报》驻辽宁记者站记者李健羽合写了长篇通讯《红色的战士雷锋》，介绍了一位名叫雷锋的普通解放军战士，在平凡的工作岗位上助人为乐、无私奉献的事迹，有关雷锋事迹的报道由此发轫。半个月后，《人民日报》、《中国青年报》刊登了该通稿，标题为《苦孩子成长为优秀的人民战士》。《解放军报》也发表了这篇通讯，题目是《一株茁壮的新苗》，并配发了照片和短评。随即，各大媒体有关雷锋事迹的报道开始风起云涌。雷锋因公殉职后，1963 年 3 月 4 日新华社总社以《伟大的战士雷锋》为题，同毛主席“向雷锋同志学习”的题词手迹传真，一并播发，次日在全国见报。由此，全国掀起了“向雷锋学习”的高潮。

大寨和大庆，是20 世纪 60 年代涌现出来的两个先进集体。1964 年 2 月 10 日，新华社记者宋莎荫、范银怀采写的通讯《大寨之路》在《人民日报》上发表，介绍了大寨大队同穷山恶水进行斗争，改变山区面貌，发展生产的事迹。由此，“农业学大寨”运动在全国展开。1964 年 4 月 19 日，新华社播发了记者袁木、范荣康采写的通讯《大庆精神　大庆人》，次日《人民日报》全文发表。随后的系列报道，使“自力更生、艰苦奋斗、革命干劲与科学精神相结合”的大庆精神，以及以王进喜为代表的大庆铁人形象广为传颂，“工业学大庆”运动在全国展开。

1966 年 2 月 7 日，由新华社记者穆青、冯健、周原合写的长篇通讯《县委书记的榜样——焦裕禄》在《人民日报》上全文刊发。当日，中央人民广播电台的著名播音员齐越在播发此稿时，曾为焦裕禄的事迹感动得泣不成声。穆青等人采写的通讯真挚感人，将一个不怕苦、不怕死、不图名、不图利、全心全意为人民服务的共产党的干部形象展现在全国人民面前。《县委书记的榜样——焦裕禄》成为新中国新闻史上的名篇之一。

1962 年冬天，正是豫东兰考县遭受内涝、风沙、盐碱三害最严重的时刻。

这一年，春天风沙打毁了20万亩麦子，秋天淹坏了30多万亩庄稼，盐碱地上有10万亩禾苗碱死，全县的粮食产量下降到了历史的最低水平。就是在这样的关口，党派焦裕禄来到了兰考……

第三节 “文化大革命”时期的新华通讯社

1966年5月和8月，中央政治局扩大会议和八届十一中全会后，中国大地上刮起“文化大革命”的风暴。在这场风暴中，新闻界首当其冲。由于对媒介性质的认识出了偏差，新闻界提出了新闻媒介是“无产阶级全面专政的工具”等论点，政治批判运动以新闻工具为主要阵地，采取群众运动的方式进行，各路人物纷纷利用新闻媒介的威望和影响，让中国的老百姓又一次“跟着潮流跑”。新闻媒介的优良传统遭到肆意践踏。

以新华社、《人民日报》为代表的国家宣传机器，在“文化大革命”时期进行了大量论战性和言过其实的宣传，这些思想贫乏的文章绝大部分都被美国驻香港的总领事馆译成了英文并发表在他们的三份杂志上，这三份杂志是：《中国大陆报刊概览》、《中国大陆杂志选》和《当代背景材料》。

1966年5月25日下午2时许，北京大学大饭厅的东墙上，贴出了以校党委委员、哲学系党总支书记聂元梓为首的哲学系7名党员（另外6名是宋一秀、夏剑豸、杨克明、赵正义、高云鹏、李醒尘）署名的大字报：《宋硕、陆平、彭佩云在文化革命中究竟干些什么?》。

被大字报严厉指责的这三个人，分别是当时的中共北京市委大学科学工作部副部长、北京大学校长兼党委书记和北京大学党委副书记。6月1日，毛泽东批示：“此文可由新华社全文广播，在全国各报刊发表，十分必要。北京大学这个反动堡垒从此可以开始打破。”① 在以新华社、《人民日报》等为首的新闻媒体的煽动下，全国“横扫牛鬼蛇神”运动井喷般爆发，北京大学成了全国“文化大革命”的中心。在北京大学的带动下，北京55所大专院校和部分中专及普通中学掀起了揪斗校党委第一、二把手的浪潮，并迅速在全国各大城市蔓延开来。

在毛泽东领导下，1966年5月，中共中央召开了政治局扩大会议；8月，召开了八届十一中全会。两个会议分别通过了“五一六通知”和《中共中央关于无产阶级文化大革命的决定》(即“十六条”)，标志着“文化大革命”的全面发动。

---

① 转引自席宣、金春明《“文化革命”简史》，中共党史出版社1996年版，第99页。

1966年8月，“文化大革命”开始全面展开。8月18日，首都百万群众聚集天安门广场，举行庆祝“无产阶级文化大革命”大会，毛泽东接见红卫兵代表，并佩戴红卫兵袖章。新华社记者吕相友拍摄的毛泽东身着军装臂戴袖章在天安门城楼接见红卫兵的照片，曾作为彩色宣传画被贴在中国城乡千家万户的家中，并成为“文化大革命”初期出版的毛泽东像中印刷数量最多、发行范围最广的一种。

在接下来的两个月中，毛泽东又先后7次接见红卫兵，将红卫兵运动推向高潮。1966年8月30日，新华社的通稿《毛主席接见五十万红卫兵和革命师生》被各大媒体广为转发。在这篇通稿中，对红卫兵们的“革命决心”有这样的描述：

> 有伟大的舵手毛主席给我们掌舵，有光辉的毛泽东思想照亮我们前进的道路，我们什么都不怕。我们完全有信心，有决心，用我们的双手打出一个崭新的世界来。我们要通过这次无产阶级文化大革命，在我们的国家挖掉修正主义的根子，使我们亲爱的祖国永远永远保持鲜红的颜色……红卫兵战士的旗帜是鲜红的，袖章是鲜红的，我们的心也是鲜红的！我们赤胆忠心，永远跟着党，跟着毛主席干革命，干到底……我们红卫兵最听毛主席的话。我们要努力向解放军学习。要认真学习十六条，熟悉十六条，运用十六条，坚持文斗，不用武斗，誓把无产阶级文化大革命进行到底！

由此可见当时红卫兵运动的狂热。

自1966年8月19日开始，红卫兵又在北京掀起了一场轰轰烈烈的“破四旧”运动。在“破四旧”运动中，“长安街”被改为“东方红大路”，“东交民巷”被改为“反帝路”，“西交民巷”被改为“反修路”，“同仁医院”被改为“工农兵医院”，“中国科学院哲学社会科学部”被改为“毛泽东思想哲学社会科学部”。“全聚德”的招牌被砸得稀巴烂，“荣宝斋”的招牌被“人民美术出版社第二门市部”的条幅覆盖。北京的大街小巷，到处都是一派“革命”气象。8月23日，新华社播发了《无产阶级文化大革命浪潮席卷首都街道　“红卫兵”猛烈冲击资产阶级的风俗习惯》，被全国各报刊转载。24日，新华社播发了上海、天津等地红卫兵“破四旧”运动的报道。“破四旧”运动给国家造成了无法估量的损失。1958年第一次文物普查时记载的北京市的6 843处古迹，在“破四旧”运动中就被毁坏了4 922处。

1968年1月，新华社长篇通讯稿《中国人民在无产阶级文化大革命取得决定性胜利的凯歌声中迎新年》，在全国各大报刊全文刊发。①

---

①　程映虹：《毛主义和文革是怎样毁掉新加坡左翼运动的》，中国选举与治理网，http：//www. chinaelections. org/NewsInfo. asp？NewsID = 127200。

为了显示"文革"的世界性影响，抵制对文革的"谣言"和"歪曲"，新华社记者还撰写了一些赞美"文革"的文章。1970年10月，新华社的长篇通讯稿《英国劳动人民热情学习宣传毛泽东思想》，被海外多家媒体转发。

1971年，"九一三"事件发生，林彪集团被粉碎，周恩来于危难之际出来主持党和政府的日常工作。针对生产遭到严重破坏的现实，周恩来贯彻"抓革命，促生产，促工作，促战备"的方针，号召全国人民"鼓足干劲，力争上游，多快好省地完成和超额完成国家计划"；同时，他还主持平反了一些冤假错案，解放了一批老干部，恢复和重申党的一些行之有效的政策，还提出了批极左和反无政府主义的问题。

周恩来领导的恢复旧秩序、批判极左派的努力，引起了江青等人的惶恐不安，他们此时害怕自己的极左面目被揭露，坚决反对批极左，提出批极左就是"右倾回潮"，是修正主义。江青等人的观点得到了毛泽东的支持，1972年12月17日，毛泽东说，林彪是极右，修正主义，分裂，阴谋诡计，叛党叛国。① 毛泽东的讲话使江青等人批判周恩来的"右倾回潮"有了"理论依据"。自1973年初开始，新闻媒体上便开始大量发表反对"右倾回潮"的文章，由批极左变成了批极右。

1973年7月至8月，周恩来多次批评姚文元分管的新华社和人民日报社说："有些东西又臭又长，林彪就搞这一套。你们批林整风就从文风开始。"他尖锐地指出：新华社和人民日报社极左思潮没有批透，极左就是形左实右，搞空洞的、抽象的、形式主义的东西，夸夸其谈，走极端。极左的不批透，还会犯错误。运动就是要落实到政策上，政治挂帅就是要挂在业务上。②

1975年的秋天，江青在大寨大讲党中央有人学宋江，架空晁盖，以此影射周恩来，攻击邓小平。听了有关记者的汇报，时任新华社副社长的穆青顿感风波险恶。他认为，"事关重大，必须向中央反映"。③ 那时的江青，身居要位，飞扬跋扈，反映她的问题要冒天大的风险。被打倒后刚刚恢复工作的穆青和时任新华社社长的朱穆之毅然决定以个人名义反映这个重要情况，请外事记者李琴转送信件。他们3人郑重地在上报信件上签下自己的名字。

穆青、朱穆之等人的勇敢行为，既是一个真正共产党员精神的反映，也是一种真正新闻精神的表现。

---

① 方汉奇：《中国新闻事业通史》，第3卷，中国人民大学出版社1999年版，第366页。

② 史云：《林彪事件后的毛泽东与周恩来》，搜狐读书，http://book.sohu.com/20070417/n249494581_3.shtml。

③ 新华网：《当代新闻工作者的楷模——穆青》，http://www.ha.xinhuanet.com/misc/2004-02/24/content_2993962.htm。

第四节 社会转型时期的通讯社事业

一、向世界性通讯社目标迈进的新华社

1976年，中共中央粉碎了“四人帮”，它标志着结束了十年“文化大革命”的动乱局面。为了拨乱反正，1978年5月11日，《光明日报》刊登了题为《实践是检验真理的唯一标准》的特约评论员文章，文章论述了马克思列宁主义的实践第一的观点，正确地指出任何理论都要接受实践的考验。当日，新华社以通稿的形式向全国媒体转发了这篇文章，引发了关于实践是检验真理的唯一标准问题的讨论。

文章一经发表，立即受到“凡是”派的责难，转发该文的新华社负责人也受到了批评。13日，《红旗》杂志负责人质问新华社社长曾涛：“新华社向全国转发《实践是检验真理的唯一标准》是错误的，这篇文章理论上是荒谬的，在思想上是反动的，在政治上是砍旗的。”① 通过这场讨论，人们开始摆脱“两个凡是”的束缚，促进了思想的大解放，从而为重新确立实事求是的思想路线，纠正长期以来的“左”的错误，实现历史性的伟大转折奠定了思想基础。

> 1978年11月15日夜，新华社副社长穆青等拍板决定，播发《天安门事件完全是革命行动》的电讯……1976年清明节，广大群众到天安门广场悼念我们敬爱的周总理，完全是出于对周总理的无限爱戴、无限怀念和深切哀悼的心情；完全是出于对“四人帮”祸国殃民的滔天罪行深切痛恨，它反映了全国亿万人民的心愿。广大群众沉痛悼念敬爱的周总理、愤怒声讨“四人帮”，完全是革命行动……

这则只有239个字的消息如石破天惊，被称为中国开始拨乱反正历史进程的标志。

随着中国社会走向新的历史时期，新华通讯社也开始走向世界。1983年初，新华社向中共中央提交了关于建设具有中国特色的社会主义现代化的世界性通讯社的报告，并很快得到批复，向具有中国特色的社会主义现代化的世界性通讯社大踏步迈进。

---

① 吴志菲，余玮：《邓小平的最后二十年》，新华出版社2008年版，转引自新华网，http://news.xinhuanet.com/book/2008-02/18/content_7622854_1.htm。

建设世界性通讯社，先进的技术装备是前提。但由于刚经历了十年“文革”，与西方发达国家的通讯社相比，当时新华社的通讯技术有相当大的差距。1984年，在洛杉矶第23届奥运会期间，一位德新社记者在他的报道中曾这样挖苦中国记者：“采访奥运会的7000名记者中，大概只有中国人用手写他们的报道……”① 这样的评价，深深刺痛了全体新华社人的内心。为了解决通讯技术落后的难题，1984年12月5日，新华社召开了第一次全社技术工作会议。会议围绕新华社业务发展的规划，制定了技术现代化的措施，以适应建设世界性通讯社的需要。会上还提出“要建设世界性通讯社，通信技术必须先行”的指导思想，讨论并修改了《1984—1990年新华社技术发展规划》，做出了为确保规划实现的许多重要决定。也正是在1984年，新华社和北京大学、电子工业部等有关单位合作，研制成功了具有先进水平的计算机-激光汉字编辑排版系统（又称“748”工程）。这项工程历时十年，第一次成功地把计算机技术应用于汉字照排，实现了铅与火到光与电的飞跃。1985年5月，这项技术通过了国家级鉴定，在新华社印刷厂建成的第一个试验车间通过国家验收并正式投产。

为与激光照排系统相配套，要求新华社采用计算机通信方式向报社发布新闻。1985年，新华社的技术人员大胆采用了具有80年代水平的微型计算机和局部网技术，在国内有关科研单位的协作下，成功地开发出中文计算机发稿处理系统。这套系统的传输方式是中速数据通信，每秒约传送30个汉字，传输速度比模写广播提高了15倍。新华社新闻稿件的输入、存储、校改、统计、发送等工序都实现了自动化作业。该系统推广到全国各省、市报纸，实现点对点的新闻稿件远程数据通信，为报社早出报和排版印刷自动化创造了有利的条件。《经济日报》用这套系统接收4万字的中国共产党十三大政治报告，20分钟接收完以前需7小时接收的稿子，并马上将软盘插入报社计算机照排系统，很快排好了版面，节省了大量的时间和人力。

在1986年的汉城第10届亚运会上，新华社记者首次在国外重大现场报道中使用了先进的计算机发稿设备，使85%的新华社快讯第一个发出，4%并列第一发出。记者在比赛现场用便携式电脑采写新闻，并直接向新闻中心发送英文稿。中心的编辑人员在电脑终端上编辑、修改收到的稿件，迅速传到北京总社，再经过外文计算机通信系统转发到世界各地。当时，新华社技术人员引进建立的外文计算机编辑处理系统，已经实现了英文发稿的“无纸编辑”。新华社记者结束了在重大现场报道中只能用笔写稿的历史。

1988年汉城第24届奥运会，新华社记者使用了规模更大、水平更先进的多文

---

① 周燕群：《三次飞跃——记新华社新闻通讯技术的发展》，《中国记者》，1994年第12期。

种计算机发稿系统，进行中、英、西班牙三个不同文种的发稿，从而增强了新华社在奥运会报道中同西方大通讯社竞争的实力，不少消息的报道，新华社抢在了他们的前面。

1990年8月20日，新华社技术业务大楼（即新闻大厦）通信工程全面竣工并投入使用，这是新华社建社以来规模最大、技术最复杂的工程，是国内新闻界瞩目的高科技工程之一，也是新华社跻身世界性通讯社的一个新的里程碑。

赶在第11届北京亚运会前夕竣工的新华社技术业务大楼，在亚运会报道中经受了考验。1990年9月23日，即北京亚运会开幕的第二天，新华社用了不到50秒钟时间，就抢先发出了中国举重运动员邢芬获本届亚运会第一枚金牌的快讯，比第二个发稿的合众国际社快了9分钟。为此，《人民日报》9月28日头版以《"新闻战"中的"第一块金牌"》为题发表评论认为，这"证明新华社在快讯时效上已具备了和世界通讯社抗衡的能力"。① 新闻大厦通信工程于1990年12月20日通过了国家验收委员会正式验收，1991年10月7日又荣获1991年度国家优质工程银质奖。国家验收委员会对新闻大厦通信工程的评价是："由新华社技术局自己承担总体设计的通信工程，设计先进合理，施工质量全优，主要骨干工程的技术水平居于国内领先地位，并达到国际先进水平，为建设现代化的世界性通讯社提供了良好的物质基础。"②

1991年11月7日，新华社建社60周年，江泽民等中央领导同志视察新华社计算机房和发稿中心时，充分肯定了新华社在通信技术现代化方面所取得的进步，说新华社"鸟枪换炮了"，看后"放心了"。

二、网络时代的新华通讯社

2000年3月，由新华社主办的专业新闻网站——新华网（www.xinhuanet.com）开通。新华网同时使用6种语言每天24小时滚动发稿，为网民提供包括音频、视频、文字在内的第一时间新闻报道，并实现了重大新闻事件的现场直播。目前新华网的地方频道分布全国31个省市和自治区，记者遍布全世界100多个国家和地区，新华网的传播实力进入全球网站综合排名百强。

2004年9月，"中国新闻技联"新闻资料专业委员会年会暨中文新闻信息分类标准化研讨会期间，收集到了中央、专业和地方媒体有代表性的新闻资料分类表21份，它们中几乎没有完全一致的。如何将海量新闻信息资源的管理由无序变为有序，充分

① 《人民日报》，1990年9月28日。

② 孙宝传：《让新闻插上科学翅膀的领头人——记穆青同志引领新华社走上现代化世界性通讯社的征途》，《难忘穆青》，新华出版社2005年版。

开发和利用其使用价值，是摆在新闻行业面前的一项紧迫任务。在这种情况下，由新华社牵头的国家“十五”重大科技专项——“中文新闻信息技术标准研制”项目正式立项。2005 年 11 月 7 日，该标准通过了科技部和国家标准化管理委员会组织的验收，告别了中国新闻无统一信息技术标准的历史，标志着我国新闻行业第一部国家级分类标准的正式诞生。这不仅是中国新闻史上，也是全球华文媒体发展史上的一件大事。

2006 年 6 月 1 日，新华社与中国移动公司在无线增值领域开展合作，推出移动新闻业务——“新华手机报”彩信版。“新华手机报”结合了新华社权威、准确、及时的新闻资源和中国移动公司强大的市场、技术优势，具有实时更新、动态浏览、接收方便、成本低廉、互动性强等特点。

目前新华社主要担负着四项职能：党和人民的耳目喉舌、国家通讯社、消息总汇和世界性通讯社。履行上述四项职能主要通过三种形式：一是传统形式的报道，包括文字、图片、图表通稿、专线稿、专特稿，国内、国际参考报道等；二是新形式的报道，主要是在新技术条件下兴起的网络、信息、音频、视频、手机短信等业务；三是社办报刊。

文字新闻报道是新华社传统报道形式。它及时、准确、权威地报道党和国家的方针政策及国内外时政、经济、军事、外交、文化等领域的重要新闻，共有 6 条发稿线路：通稿新闻线路、体育新闻专线、服务新闻专线、财经新闻专线、社会文化新闻专线、专特稿新闻专线。6 条发稿线路全天 24 小时滚动发稿，每天播发稿件近 600 条。

在图片新闻报道方面，作为国内最大、最权威的图片采集和发布机构，新华社不仅拥有一支遍布全球的高素质专职新闻摄影队伍，还吸纳了国内外一大批优秀签约摄影师，进一步拓宽了新华社图片稿件来源。每天 24 小时实时播发新闻图片 700 余张，全年发稿 20 多万张。

借助于卫星技术和网络技术，新华社实现了图片拍摄、传输和播发的全面数字化，可通过全球卫星广播网传输图片，从拍摄到传送到用户终端仅需几秒钟。

由新华社和国家档案局双重领导的中国照片档案馆，是目前国内最大的新闻资料图片库，保存 200 余万张资料图片，内容涵盖中国近百年历史和世界重大新闻事件。

在音频、视频新闻报道方面，新华社主要通过实时连线报道和现场录音报道两种业务方式，向国内的电台、电视台、网站等提供关于重大政治、经济、社会、文化、军事、体育等的报道。国内各大媒体也可通过登录新华社多媒体数据库来接收更多的音频、视频新闻报道。目前，新华社多媒体数据库已存储 2000 多万条文字信息，130 万张新闻图片和图表，3000 小时音频、视频新闻信息，并与日俱增，成为中国媒体行业最大的多文种多媒体数据库，也是世界上先进的多媒体数据库。根据国务院授权，新华社对外国通讯社及其所属信息机构在中国境内开展经济信息业务以及外国通讯社在中国境内发布新闻信息业务进行审批。

目前，新华社已形成多渠道、多层次、多功能的新闻信息发布体系，每天24小时不间断用中文、英文、法文、俄文、西班牙文、阿拉伯文、葡萄牙文和日文8种文字，向世界各地播发文字、图片、图表、音频、视频、网络、手机短信等各类新闻和经济信息产品，用户总数达数万家。新华社日均播发文字新闻信息稿11000多条，图片900多张，音频、视频新闻20余条。互联网用户可通过新华网，浏览新华社每天播发的采自全国和世界各地的新闻信息。

新华社目前编辑出版20多种报刊，主要有：《新华每日电讯》(日报)、《参考消息》(日报)、《经济参考报》(日报)、《中国证券报》(日报)、《上海证券报》(日报)、《现代快报》(日报)、《瞭望》(周刊)、《半月谈》(半月刊)、《中国记者》(月刊)、《中国年鉴》(中、英文版）等。2005年，新华社主要社办报刊发行量全面增长，其中《参考消息》日均发行超过300万份，位列全国第一、世界第八；《半月谈》系列刊物发行近200万份。

从1931年成立到现在，新华社走过了70多年的风雨历程。经过几代新华人的艰苦卓绝的努力，新时期的新华社，完成了建设现代化的世界性通讯社的宏伟目标，实现了让中国人的声音传遍世界、让全世界人民了解中国的理想。目前，新华社总社设有11个管理职能部门、10个采编职能部门、20个直属单位，工作人员13 000多人。新华社在全国除台湾省以外的各省、自治区、直辖市以及香港特别行政区、澳门特别行政区设有33个分社，在全国20个大中城市设有支社或记者站，在中国人民解放军、中国人民武装警察部队设有分支机构，在香港、墨西哥城、内罗毕、开罗和布鲁塞尔设有亚太、拉美、非洲、中东、欧洲5个总分社，并在100多个国家和地区设立了分社。

三、中国新闻社的发展

1949年10月中华人民共和国成立时，分布在世界五大洲的华侨约万人，华文报刊近百种。广大侨胞心向祖国，渴望了解祖国发生的翻天覆地的变化以及包括侨务政策在内的祖国的各项方针政策，但由于帝国主义的封锁，无法直接获得来自中国的信息。而海外敌对势力的不实宣传充斥着报刊和广播，因此，全面、正确、及时地向华侨报道中国的情况，驳斥帝国主义和敌对势力的造谣污蔑，促进华侨爱国大团结，成为当时的一项重要工作。

1952年6月，中共中央决定“准备扩充一个专门通讯社，向海外华侨报纸发送新闻与通讯”。① 当年8月，由新闻界知名人士胡愈之、金仲华、萨空了、王芸生、顾执中等开始酝酿筹建中国新闻社的报告，并送请陆定一、王稼祥、刘少奇批准。9

① 郭健：《中国第二大通讯社——中国新闻社》，《对外大传播》，1995年第1期（增刊）。

月 10 日，廖承志同志召集会议宣告中国新闻社正式成立。

中国新闻社成立后，于 1952 年 9 月 22 日开始试播；10 月 1 日，中新社正式向海外报纸播发和航寄新闻稿件。作为中国大陆仅有的两家通讯社之一，中国新闻社的服务对象主要是海外华文传媒。

20 世纪 60 年代，中国新闻社的采编和发稿手段极为原始和简陋。发稿时，中新社的编辑要通过"中国新闻广播电台"向海外播发口语记录的新闻，然后由海外华文报纸编辑在收音机旁一字一句地抄收。这种状况一直持续到 20 世纪的 90 年代初。1995 年，中新社记者参加全国人大、政协两会报道，以及稍后在境外参加世界体育大型赛事的采访报道，目睹了与他们同在现场采访的欧洲、日本等国及台湾、香港等地区的记者利用笔记本电脑撰写稿件并迅速将报道发回编辑部的情形，比中新社的报道提前近 1 个小时见报。这一幕深深刺激了中新社记者。① 在这种情况下，中新社的技术改造与革新被提上议事日程。

1996 年 10 月，中新社的新闻采编系统研发成功，总部采编业务成功实现网络电脑化，一个拥有近百个工作站的采编数据系统平台建成，记者不仅可以在单位上网操作，也可以携带笔记本电脑从新闻事件发生的当地，在第一时间通过远程拨号的形式与在北京的采编系统平台对接，实施实时数据传输，大大增强了中新社稿件在时效性上的竞争力。

到了 1997 年，中国新闻社的大多数分支机构也陆续建成了当地局域网系统，各个当地局域网与中新社总部之间通过远程拨号方式连接，实现实时数据对传。至此，中国新闻社实现了新闻采编业务的全面数字化，中新社记者在外采访、写稿、传输稿件的效率基本上达到当时的先进水平。

1998 年下半年，中新社网络技术实现了因特网化，即各个地方分支机构以及境外分支机构与总部之间的新闻稿传输告别远程拨号，利用信息高速公路实现节省、实时、动态、双向的传输，同时中新社在香港、北京两地分别注册网页，发布及时新闻，接收世界范围内读者的意见和撰稿人的稿件。

在新闻网站建设方面，1995 年中新社在香港上网，成为亚洲最早上网的中文媒体。1999 年 1 月 1 日，中新社在北京总社开办了专业新闻网站——中国新闻网（www. chinanews. com. cn），以其通讯社原创新闻资讯的优势为众多海内外网络媒体所青睐。此外，中新社还创办了大型网站"中国新闻图片网"（www. cnsphoto. com），为海内外媒体和网络受众提供重大新闻和专题新闻图片。

目前中新社出版有《中国新闻周刊》、《中国经济周刊》、《中华文摘》月刊等，一些分支机构在当地还出版了多种报刊。

① 邱江波：《记者要学会数字化生存——中新社近年来采编业务发生的巨变》，《新闻记者》，1999 年第 4 期。

自创办以来，中新社走过了50余年的风雨历程。50多年来，中新社在向海外读者展示新中国的形象，维护华侨的合法权益，促进祖国的统一方面做了很多卓有成效的工作。总结起来主要有以下三个方面：

第一，以大量的篇幅报道我国政治、经济、文化事业和社会主义建设中的新成就、新事物、新气象、新进展，以帮助读者加深对祖国的了解和信任，增强对祖国建设事业必胜的信心。事实证明，海外同胞已不满足于了解自己家乡，他们非常关心祖国各方面情况。为满足读者的这些要求，中新社除了作好日常报道外，努力在重大新闻方面开辟自己的稿源，写出有特色的稿件。如审判林彪、江青反革命集团，全国人大历次会议及人大常委会的一些会议，中新社都以自己的现场报道和自己摘发的会议文件受到海外华文报纸的欢迎。

第二，侨乡、侨务报道，是中新社稿件内容的另一个特色。中新社为海外华侨及归侨、侨眷服务，也为维护他们的正当权益而努力。20世纪50年代末至60年代，亚洲某些国家先后制造排华事件，1978年越南背信弃义，驱赶华侨、华裔。中新社先后多次派记者随接侨船作报道，到边境采访，发出大量稿件，为侨居这些国家的华侨伸张正义，维护同这些国家人民的友谊。在国内，由于林彪、江青反革命集团对归侨、侨眷的迫害和歧视，侨务政策成为扭转乾坤以后必须落实的各项政策之一。冤假错案问题、归侨知识分子的待遇问题等，中新社都给以关注并随着政策的逐步落实作了报道，为增进海外侨胞对祖国的信任感作出了努力。

第三，对台报道是中新社从20世纪50年代末增加的主要业务之一，从20世纪70年代起得到加强。1975年3次释放在押国民党人员的报道，特别是台湾当局拒绝10人回台的报道，引起海外舆论的共鸣。1979年，人大常委会发表了《告台湾同胞书》。进入20世纪80年代以后，促使台湾回归、完成祖国统一大业成为中国人民面临的主要任务之一。为此，中新社加强了关于祖国统一问题和台湾情况的报道和评论。1980年3月，中新社首先报道了邓颖超副委员长关于“台独”问题的谈话。同年秋，叶剑英委员长谈对台九条方针和胡耀邦主席有关讲话发表后，中新社从多方面作了阐释。在纪念辛亥革命七十周年、宋庆龄名誉主席逝世，以及要求台湾当局允许杜聿明子女在杜病逝时回大陆奔丧等事件中，中新社都作了较为集中的报道。在平日，中新社还发出许多台湾归来人士的文章、谈话、书信以及对他们的访问。关于美国里根总统就职前后的美台关系和美国售台武器问题等的评述，宋哲元墓、林森墓、王伯群墓修复的消息等，播发后反响较好。①

① 中国新闻社总编室：《中国新闻社三十年的报道工作》，《新闻站线》，1982年第9期。

第二十二章
1949年后台港澳的通讯社事业

第一节　1949年后台湾的通讯社事业

一、“戒严”时期台湾的通讯社事业

1949年12月7日，蒋介石集团迁往台北。为了巩固其独裁统治，从1950年元旦起，台湾当局就开始严格控制和限禁新闻事业。1951年6月10日，台湾当局发布训令，宣称台湾全省报纸已达饱和点，为节约纸张起见，今后对新申请登记之报纸、杂志、通讯社，应从严限制登记。这种“限证”措施，标志着台湾“报禁”的开始。除“限证”外，“报禁”还有一个重要内容就是“限张”和“限印”，即要求各家报纸减缩篇幅，“不得超过一大张半”；一家报纸只能有一个印刷所和发行所，并且必须在原登记的印刷所和发行所印刷发行，不能随意变更。①

台湾当局在“戒严”时期制定的形形色色的“训令”，主要是针对报纸，对通讯社并未产生实质性的影响，因为当时的通讯社早已为台湾当局所垄断，通讯社的主办及经营权均掌握在台湾当局手中。在“戒严”时期，台湾的通讯社事业有了一定的发展。据统计，截至1987年底，台湾经允许登记的通讯社有37家，遍及各大城市，其中以台北最多，占半数以上，其次为高雄，再次为台中、新竹、基隆等地，其中以“中央通讯社”规模最大。虽然在20世纪70年代台湾当局就被逐出联合国，但“中央通讯社”在海外的分支机构仍有24家之多。1973年，“中央通讯社”改组为股份有限公司，但实际上仍掌握在国民党中央党部的手中。1983年4月1日59周年社庆时，“中央通讯社”开始对岛内报纸、广播电台及电视台以电脑发稿，使台湾新闻通讯事业正式进入资讯时代。

除“中央通讯社”外，台湾还有5家较有影响的通讯社，其中有从大陆搬迁来的，还有一部分是新建的，现将它们的情况介绍如次：

军事新闻通讯社　1949年，军事新闻通讯社人员仅数名，跟随国民党军队到

---

① 方汉奇：《中国新闻事业通史》，第3卷，中国人民大学出版社1999年版，第676页。

台，业务完全停止。1950年，时任台“国防部总政治部主任”的蒋经国决定恢复该社，同年开始在台北发稿。20世纪60年代，军事新闻通讯社开始为电视台制作有关军队情况的专题电视节目和电视新闻，亦摄制电视影片和影带。目前军事新闻通讯社总台设于台北，另在高雄市、台中市、花莲县设有3个分社，在金门、马祖、澎湖等外岛派驻特派员，全省各大县市派驻记者，国民党军队旅以上机构设有通讯员。① 该社主要任务是撰发军事新闻、摄制图片及有关军事方面的电视新闻，以供台湾各报社、电视台及广播电台采用，是台湾较大的通讯社之一。

自由新闻通讯社 创立于1950年12月1日，系一民营新闻通讯社，简称“自由社”。该社创办人和社长袁希光长期从事新闻事业。自由社在报道内容上重视资本市场，每天快速发布证券市场行情与动态，还经常举办证券投资专题演讲会、座谈会等活动，邀上市公司负责人发表业务实况及公司业绩，使得该社由报道综合新闻转化为报道财经、证券市场的专业通讯社。

国际新闻通讯社 简称“国际社”，1953年5月1日在台北成立，设有编辑、编译、采访、业务、发行等部及摄影组与资料组，并在美国和日本设有分支机构，现有员工30余人。该社新闻以经济消息、国际贸易为主，并报道一般商情及国际开标动态，每天发稿量数十页，包括各种新闻图片，供稿对象以台湾当局有关机构、岛内商业团体及外国政府机构和商业团体为主。②

工商征信通讯社 成立于1969年7月1日，以报道产业动态为主，提供迅速的商业资料，每日发行商情信息快报《市场与行情》新闻稿，报道面涵盖十多个市场，成为商业性工商通讯社。主要业务为：日出十六开二十四页《市场与行情》新闻稿，内容包括岛内外经济要闻、财经货币金融市场、投资市场、房地产市场、建材五金市场、纤维市场、化学品市场、金属机械市场、交通运输市场、信息电子市场、食品及一般市场、国际市场、敏感性货品市场等。③

中国经济通讯社 是台湾两大报业集团之一联合报系关系企业，成立于1974年6月1日，简称“中经社”，是专门以英文经济新闻对外发行的通讯社。其宗旨是服务岛内外商、侨商及厂商、贸易商，促进台湾与岛外的经贸关系。该社与路透社数据库连线，通过《经济日报》接收卫星通讯传播的欧美重要商品行情及外汇市场收市行情，经整理编辑传发给岛内工商界订户，并把《经济日报》报道的台

---

① 国家数字文化网:《“军事新闻通讯社”简介》，http：//www.ndcnc.gov.cn/datalib/2004/Organize/DL/DL-20040107134031。

② 国家数字文化网:《“国际新闻通讯社”简介》，http：//www.ndcnc.gov.cn/datalib/2004/Organize/DL/DL-20040107130144。

③ 中国台湾网:《“工商征信通讯社”简介》，http：//www.chinataiwan.org/twrwk/mt/twmt/txsh/200708/t20070801_416295.htm。

湾重要财经新闻译成英文同步刊印，以传真方式发给订户。

二、"解禁"后台湾的通讯社事业

1988年元旦，台湾当局宣布解除"报禁"。"报禁"解除后，台湾当局对新闻媒介的控制发生变化，新闻政策有所调整。调整后的新闻政策放松了对媒体的管制，行政力量对媒体的干预大大减少。"报禁"解除后，台湾又有一批新通讯社建立，其中大道新闻通讯社是台湾开放报禁之后第一家为台湾当局核准登记成立的通讯社，创立于1988年2月2日，简称"大道社"。大道社是台湾大道报系关系企业之一，该报系计有《大道日报》、《大道晚报》、《中国画报》、《财税与工商》杂志、罗氏出版社等多家报纸、刊物。大道社以报道大陆情况为主，每日发行综合性新闻稿《大道新闻稿》，向台湾当局有关机关、团体、公司行号、个人、新闻同业订户、广告客户发稿。

截至1994年，台湾的通讯社已增至176家之多，但其中绝大多数规模较小。除最大的"中央通讯社"为综合性通讯社外，台湾的其他通讯社都朝专业化方向发展，各自业务都有所侧重，而不作各行各业一般性的泛泛报道。另外，台湾各家通讯社中，以报道经济新闻为主的通讯社所占比重最大，大约占总数的1/3。

作为台湾规模最大的综合性通讯社，1995年12月29日"中央通讯社"经台湾"立法院"同意，由原属国民党党营改制为"国营"，成为岛内媒体和海外华侨报业共有、共享的"媒体的媒体"，并于该年4月开设网站（www. cna. com. tw），每日为国际各大报社、广播电台供应岛内过去24小时内发生的重要新闻资讯以及特稿。自2005年起，"中央通讯社"每年固定举办"台湾十大潜力人物"甄选，并将获奖人的事迹刊登在该社每年12月出版的《世界年鉴》上。"中央通讯社"目前已与20多家国际通讯社维持新闻合作关系，包括美联社、法新社、共同社等。

"中央通讯社"目前经营的主要业务项目如下：①

发行方面的业务，包括：（1）向各新闻机构发行中文新闻稿。（2）出版英文《快报》及其经济版。（3）向台湾财经金融机构和工商企业提供经济新闻以及英文"合众商品新闻"和"路边商品新闻"。（4）向各新闻机构及有关部门提供大陆新闻。（5）日出版一期《国际问题》。（6）向台北市各新闻机构及有关部门专线供应合众社、美联社、路透社及法新社的英文电讯。（7）向各新闻机构提供新闻图片。（8）向各新闻媒介提供特稿、译稿和航讯；通过卫星或电传，在日本、马尼拉、曼谷、维也纳、马德里、利马、纽约等地发行中文、英文、日文、德文、阿拉

① 国家数字文化网：《"中央通讯社"简介》，http：//www. ndcnc. gov. cn/datalib/2004/Organize/DL/DL-20040107163915。

伯文和西班牙文新闻稿。

广播方面的业务，包括：（1）对台北市的新闻广播。（2）对金门、马祖和澎湖的新闻专线广播。（3）对韩国、香港、菲律宾、泰国的中文新闻广播。（4）对美国的中文新闻专线广播。（5）对海轮的新闻专线广播。

此外，"中央通讯社"还开辟了对世界各地的英文广播以及对日本、美国、沙特阿拉伯等的英文专线广播，对中南美洲的西班牙文专线广播。目前的业务分为发行新闻稿、新闻播发及新闻收讯三个方面。发行新闻稿方面包括中文稿、英文快报、商情新闻、大陆新闻、特稿及专稿、图片新闻等。新闻播发方面包括三部分业务：第一部分是向本岛客户播发新闻稿；第二部分是对港澳及海外华文报纸发稿；第三部分是对国际传媒服务，以英文、西班牙文、阿拉伯文等向不同地区的外国客户发布新闻。

第二节　1949 年后香港的通讯社事业

一、中华人民共和国成立后香港的通讯社事业

1949 年之后，香港的通讯社事业发展迅速，世界上一些著名通讯社纷纷在香港设立分社及办事机构，这些分社及办事机构成为香港通讯社事业的主要力量。其中比较有影响力的有新华社香港分社和中国新闻社香港分社。

新华社香港分社，成立于 1947 年 5 月，是中央政府于香港派出的机构，同时担负国家通讯社驻港分支机构的新闻职能，第一任社长为乔冠华。新华社香港分社为香港地区规模最大的通讯社，设有港澳新闻部、亚洲太平洋新闻部、新闻摄影部及新中国新闻有限公司等部门和机构。

中国新闻社香港分社，是中国新闻社在大陆外建立的规模最大的分社，也是中国新闻社在大陆外建立的第一个分社，1952 年 9 月 14 日在北京成立。1954 年 9 月，中国新闻社在香港设立"中国新闻代销处"，出版发行港版的《中国通讯》，刊印中国新闻社电讯通稿，代销中国新闻社电讯通稿、图片、专稿。1975 年 5 月，"代销处"被撤销，另注册成立"中国新闻社香港办事处"，1985 年更名为"中国新闻社香港分社"。1994 年，中国新闻社香港分社在香港地区所发的新闻图片稿开始使用数据传输方式发出。1995 年，中国新闻社电讯通稿开始从香港接口进入国际互联网，使中国新闻社成为亚洲地区最早上网的华文媒体之一。1996 年，国家信息中心通过中国新闻社香港分社网络向港澳及海外发布最新经济信息。中国新闻社香港分社目前承担中国新闻社在我国香港、澳门、台湾地区及东南亚各国的图文报道工作，采编前述地区发生的政经社会新闻。

西方通讯社在香港建立的分社，主要有合众社香港分社（1953 年 7 月 30 日成立）、美联社香港分社（1952 年 5 月 16 日成立）、路透社香港分社（1951 年 11 月 14 日成立）、法新社香港分社（1951 年 10 月 26 日成立）等。

1951 年，港英政府通过了立法管制新闻事业，开始实行通讯社登记制度，规定所有的通讯社必须向当时的华民政务司（现名民政司署）登记。1952 年登记的通讯社有 19 家，1975 年达 40 家。注册登记的通讯社中，除了前面提到的一些著名通讯社在香港设立的分社外，还有相当一部分是香港本地的通讯社。香港本地的通讯社主要是在 1952 年以后发展起来的。1952 年 5 月到 7 月间，便有 11 家香港本地的通讯社根据香港法律正式登记成立。它们是：金融通讯社、中联通讯社、华联通讯社、自联通讯社、泛亚通讯社、新亚通讯社、中国新闻社（不是大陆的“中国新闻社”）、时代新闻社、国际新闻社、大众通讯社、大陆通讯社。1975 年，香港本地的通讯社发展到 32 家，但很多只是旋办即停，寿命很短，因此香港本地的通讯社在竞争实力方面似乎不如前面提到的一些著名通讯社在香港设立的分社。1956 年 11 月 13 日，香港中国通讯社注册成立，这是香港本地唯一一家向全球华文媒体同时提供文字和图片资讯的通讯社，亦是香港本地通讯社中实力较强的一家。作为一家立足香港、关注台湾、报道内地和面向海外的民间通讯社，“中通社”积极参与两岸四地重大政治、经济、社会和国际体育赛事的采访报道。特别是在中英联合声明签署到香港特区成立的 10 多年过渡期内，扮演了积极的传媒人角色，扩大了香港中通社在港澳台地区及全球华文传媒中的影响力。

1995 年 7 月 1 日，香港中国通讯社正式接入国际互联网，开始采用计算机数据传递技术向传媒发布新闻。

二、回归后香港通讯社事业的新发展

1997 年 7 月 1 日，香港回到祖国的怀抱。在“一国两制”的政策下，香港保留原有的社会制度不变，但在政治、经济、文化等方面，与内地开始了更多的融合与渗透。回归后的香港新闻体制稳定，享有很大的新闻自由。

鉴于我国政府已经对香港恢复行使主权，为更好地贯彻“一国两制”、“港人治港”、高度自治的方针和基本法，支持特区政府依照基本法施政，保障中央人民政府驻港机构按其授权履行职责，1999 年 12 月 28 日，国务院第 24 次常务会议决定：自 2000 年 1 月 18 日起，新华通讯社香港分社正式更名为中央人民政府驻香港特别行政区联络办公室，并通知香港特区政府。原新华通讯社香港分社内的新闻业务，将由新华通讯社提请香港特别行政区政府注册的新华通讯社香港特别行政区分社承担。新华通讯社香港分社更名后，原正、副社长亦改名为中联办正、副主任，并由当时的新华社香港分社社长姜恩柱，出任中央人民政府驻香港特别行政区联络办公室首任主任。

新华通讯社香港分社更名为中央人民政府驻香港特别行政区联络办公室后，其职责是：(1) 联系外交部驻香港特别行政区特派员公署和中国人民解放军驻香港部队。(2) 联系并协助内地有关部门管理在香港的中资机构。(3) 促进香港与内地之间的经济、教育、科学、文化、体育等领域的交流与合作。联系香港社会各界人士，增进内地与香港之间的交往。反映香港居民对内地的意见。(4) 处理有关涉台事务。(5) 承办中央人民政府交办的其他事项。以上这些，实际上也是香港回归祖国后新华通讯社香港分社的职责，更名后基本上没有变化。①

回归后的香港新闻业格局基本稳定，通讯社事业蓬勃发展。作为香港历史最久的本地民间通讯社，香港中国通讯社在澳门、曼谷、马尼拉、悉尼、纽约、巴黎设有分支机构或聘有总代理，向当地用户提供快捷的信息服务。香港中国通讯社还通过专线向台湾地区以及加拿大、巴西、秘鲁、匈牙利等地的华文传媒供稿。目前采用香港中国通讯社电讯新闻的港澳台、东南亚及世界华文报纸、电台、电视台等固定用户有近200家。

2006年11月17日，香港中国通讯社迎来五十华诞，由香港中国通讯社主办的新闻资讯平台——“中通网”（www.hkcna.hk）经全新改版后，17日也正式开通。目前，香港中国通讯社每天播发文字电讯稿60~80条，图片新闻稿约20幅，内容涉及港澳新闻、台湾新闻、中国内地新闻、海外华人社会新闻及东南亚和国际时事新闻。②

值得一提的还有中国评论通讯社。2005年6月3日，香港中国评论集团③正式注册成立中国评论通讯社。中国评论通讯社是香港首家数字化网络通讯社，除向传统媒体提供信息外，重点是直接为全球华文网络媒体、用户及读者提供网络新闻资讯。中国评论通讯社的创办宗旨是沟通两岸、融会中华；在促进两岸和平统一、加强大中华地区与海外华侨华人的交流合作中发挥独特的网络传媒作用。依托网络媒体的传播优势，中国评论通讯社实行24小时滚动发稿，每天播发网络新闻100条以上，并承办中国评论新闻网（cn.chinareviewnews.com）。④

---

① 《更好贯彻中央方针　按照授权履行职责——姜恩柱就新华通讯社香港分社更名答本报记者问》，见《人民日报》，2000年1月18日，第4版。

② 新浪新闻中心：《香港中国通讯社喜庆成立五十周年》，http://news.sina.com.cn/c/2006-11-18/005910530889s.shtml。

③ 《中国评论》月刊于1998年1月在香港创立。《中国评论》由海协会会长汪道涵先生命名，现已经发展成为综合性的网络型新闻出版集团。中国评论集团总部分别设立在香港、北京、广州，并设立温哥华分社。中国评论集团旗下目前拥有：中国评论通讯社、中国评论新闻网、《中国评论》月刊、中国评论学术出版社。

④ 夏春平主编：《世界华文传媒年鉴》，2006年，第81页。

中国评论通讯社拥有由两岸及港、澳、海外优秀的专家学者组成的评论员队伍，以深度新闻报道见长。在及时迅速报道全球动态新闻的同时，中国评论通讯社能够以中国人的视点和角度，对新闻进行深入的分析和评论。

第三节 1949年后澳门的通讯社事业

一、中华人民共和国成立后澳门的通讯社事业

1949年10月，中华人民共和国成立后，澳门的新闻事业、特别是报业迎来了发展的大好时机，一批由爱国团体创办的进步报刊纷纷出现。但澳门没有自己的通讯社，只有外地通讯社在澳门设立的分社或派出的驻澳记者。据1998年的统计数据，在澳门政府新闻司注册登记的通讯社共有5家，分别是：葡萄牙新闻社澳门分社、葡萄牙新闻社亚太分社、新华社澳门分社、中国新闻社澳门新闻部、葡中通讯社。① 其中，最具规模的是葡萄牙新闻社澳门分社以及与其在同一地点办公的葡萄牙新闻社亚太分社。

葡萄牙新闻社澳门分社为葡萄牙新闻社（路莎社）派驻澳门的分支机构，与澳门政府签署有相关协议，由澳门政府每年拨出款项，支持其运作。葡萄牙新闻社澳门分社每日分别以葡文、中文发稿，除了负责向澳门中文报章译发葡新社总社的电讯稿及专发该分社记者所撰写的澳门新闻稿之外，还负责指导葡新社派驻北京、台北、香港、东京等地的记者。葡新社虽然是非官方通讯社，但由于一些原因，其在澳门发表的消息，有不少是代表官方的言论，带有“半官方”的色彩。

葡萄牙新闻社亚太分社为葡萄牙新闻社澳门分社的领导机构，以澳门政府每年拨出的款项支持运作，在北京、台北、香港、东京、悉尼等地派驻有记者，负责报道当地的新闻并向当地新闻机构转发葡新社的电讯资料。

新华社澳门分社成立于1987年9月21日，首任社长为周鼎任，为中华人民共和国政府及中国共产党在澳门的非正式办事处和喉舌。新华社澳门分社每日除向总社报送供公开或内部发表的澳门新闻稿件及澳门报章上发表的消息和评论外，还负责向澳门各传媒单位转发总社播发的电讯稿和图片新闻，并为澳门传媒单位和北京总社的沟通进行联系。

中国新闻社于1946年在澳门设有新闻部并派有专职记者。中国新闻社澳门新闻部每日除向总社传送澳门新闻外，亦向澳门传媒单位转发总社播发的电讯稿。

此外，美联社、合众国际社、香港电台、香港商业电台、香港无线电视台、香

① 尹德刚：《澳门大众传媒现状与前瞻》，《新闻记者》，1998年第7期。

港亚洲电视台等外地新闻机构也都在澳门派有驻地记者（多为兼职）。若有重大新闻发生，外地新闻机构多会派遣驻港记者就近到澳门采访。至于向澳门政府新闻司登记注册的唯一以澳门为总部的葡中通讯社，则没有开展新闻报道业务。

二、回归后澳门通讯社事业的新变化

1999 年 12 月 20 日，澳门回归祖国。鉴于中国已经恢复对澳门行使主权，为更好地贯彻“一国两制”、“澳人治澳”、高度自治的方针和《中华人民共和国澳门特别行政区基本法》，支持特别行政区政府依照基本法施政，保障中央人民政府驻澳门的工作机构按照授权履行职责，1999 年 12 月 28 日，国务院第二十四次常务会议决定，将中央人民政府授权的工作机构新华通讯社澳门分社更名为中央人民政府驻澳门特别行政区联络办公室。原新华通讯社澳门分社内的新闻业务，将由新华通讯社提请澳门特别行政区政府注册的澳门特别行政区分社承担。

澳门回归后，其新闻事业得到“一国两制”方针和基本法的保障，西式的新闻制度得到了相当程度的保留，各外地通讯社在澳门设立的分社或驻澳新闻机构的基本业务没有发生大的变化。

第四编　新媒体史

第二十三章
新媒体在中国的出现及发展

第一节　关于新媒体的界定

关于何谓新媒体，目前学者们的说法不一。现选取几个有代表性的新媒体定义作一介绍。

闵大洪认为，从技术的角度谈，新媒体一定是数字媒体。新媒体对原有传播格局进行颠覆或者造成重大冲击，主要表现在四个方面：第一，造就了信息完全开放的新局面。第二，造就了打破传播时空制约的新局面。第三，造就了一人一媒体，所有人向所有人传播的新局面。第四，造就了信息爆炸的新局面。①

熊澄宇认为，新媒体是一个相对的概念，“新”相对“旧”而言，新媒体通常是指在计算机信息处理技术基础之上出现和影响的媒体形态。这里有两个概念，一个是出现，是指以前没有出现的；一个是影响，所谓影响就是受计算机信息技术影响而产生变化的，这两种媒体形态是我们现在说的新媒体。②

陆地认为，新媒体也有广义和狭义之分。广义的新媒体包括在传统媒体基础上改造而来的新型媒体和与传统媒体相对应意义上的新兴媒体。狭义的新媒体仅指新兴媒体。所谓新型媒体，是指在传统媒体基础上升级换代、与传统媒体并无本质差异的媒介或媒体，如报纸从铅字、油印再到激光照排、彩印，但报纸还是报纸；广播技术从第一代的调幅广播（AM）到第二代的调频广播（FM），再到第三代的数字音频广播（DAB），本质上都还是广播。所谓新兴媒体，是指在传播理念、传播技术、传播方式和消费方式等方面发生了质的飞跃的媒介或媒体。新媒体/新兴媒体必须至少同时符合以下七个条件：生产主体新；传输通道新；接收终端新；消费方式新；市场规模大；媒介为消费者个人购买、拥有和使用；具有“新思想”(“新思想”的内核是“民主”和“自由”精神，至少是商业“民主”和商业“自由”

---

①　闵大洪于2007年3月22日在北京召开的“2007互联网创新领袖国际论坛——新媒体创新论坛”上的发言。

②　熊澄宇：《中国媒体走向跨界融合》，《北京青年报》，2004年12月4日。

的精神)。①

国家广电总局视听新媒体研究所所长董年初等则认为，关于新媒体有三种界定方式。第一，按时间界定，把近10年内基于技术变革出现的一些新的传播形态，或一直存在但长期未被社会发现传播价值的渠道、载体都称作新媒体。这种划分方式显然强调的是字面上的涵义。前者包括手机电视、IP电视、网络广播、网络电视等，后者包括移动电视（车载移动与手持移动)、分众传媒和巴士在线（二者还不算严格意义上的媒体，因为没有纳入媒体管理范畴）等。第二，按数字技术界定，把传统媒体数字化后的业务形态都叫作新媒体，也称数字新媒体。除上述所涉及的媒体形态外，有线数字电视、直播卫星电视、地面数字电视都属于新媒体。第三，按互联网技术（IP网络协议）界定，把与网络媒体有关的一些视听业务形态叫作新媒体。这种划分方式强调的是交互，广播方式的媒体形态都不属于新媒体。这种新媒体只包括IP电视、手机电视（基于移动通信网)、网络广播、网络电视、博客等。②

本书综合以上关于新媒体的定义，对新媒体作如下界定：新媒体是基于网络技术，通过互联网、宽带局域网、无线通信网等渠道，以电视、电脑或手机为终端，向用户提供视频、音频、语音数据服务等集成信息和娱乐服务的一种传播形式。新媒体的主要特征是“互动性”和“移动性”，主要包括互联网和基于网络技术而衍生的各种媒介形态。根据这一定义，新媒体所包含的具体媒介形态有：互联网、网络电视（又称IPTV，Internet Protocol Television的缩写，以电视或电脑为接收终端)、网络广播、手机媒体（包括手机报纸、手机电视等）等。本章将介绍互联网以及基于互联网的各种接收终端（包括网络电视、网络广播、手机媒体等）作为新媒体在我国的发展状况。

第二节 互联网在中国的出现及其对传统媒体的冲击

从某种意义上来讲，互联网是美苏冷战的产物。1962年，美国国防部为了保证美国本土防卫力量和海外防御武装在受到苏联第一次核打击以后仍然具有一定的生存和反击能力，认为有必要设计出一种分散的指挥系统：它由一个个分散的指挥点组成，当部分指挥点被摧毁后，其他点仍能正常工作；并且这些点之间，能够绕过那些已被摧毁的指挥点而继续保持联系。为了对这一构思进行验证，1969年，美国国防部国防高级研究计划署（DARPA）资助建立了一个名为ARPANET（即

① 陆地：《豆芽理论和新媒体的发展》，http://www.bmedia.com.cn/newshtml/zjjz/20070104103019.htm。

② 董年初，熊艳红：《视听新媒体概述》，《中国广播电视学刊》，2007年第3期。

“阿帕网”）的网络，这个网络把位于洛杉矶的加利福尼亚大学、位于圣芭芭拉的加利福尼亚大学、斯坦福大学，以及位于盐湖城的犹他州州立大学的计算机主机连接起来，位于各个结点的大型计算机采用分组交换技术，通过专门的通信交换机（IMP）和专门的通信线路相互连接。这个阿帕网就是互联网最早的雏形。

一、互联网在中国的发展历程

1994 年，中国接入国际互联网，基础设施的建设在全国范围内全面铺开。互联网在中国的发展历程，可分为以下几个阶段：

第一阶段，1994—1995 年：互联网在中国的诞生。

1994 年 9 月，中国电信与美国商务部签署中美双方关于国际互联网的协议，协议中规定，中国电信将通过美国斯普林特（Sprint）公司开通两条 64K 专线（一条在北京，另一条在上海），中国公用互联网的建设开始启动。

1994 年 10 月，由国家计委投资、国家教委主持的中国教育和科研网开始启动。该项目的目标是，利用先进的计算机技术和网络通讯技术，把全国大部分高等学校和中学连接起来，以推动这些学校校园网的建设和信息资源的交流共享，从而改善我国大学教育和科研的基础设施和环境。

1995 年 1 月 12 日，国家教委主办的《神州学人》正式上网，通过互联网发行其网络版——《神州学人周刊》(CHISA——China Scholars Abroad)。在保留《神州学人》作为国内唯一的留学生刊物特点的同时，《神州学人周刊》的内容与形式均迥异于母媒体《神州学人》，可以说是对母媒体的一种补充。在发行方式上，《神州学人周刊》也尝试开创了新的发行方式：除了向读者提供电子邮件订阅外，还提供了 WWW、FTP、Gopher 等订阅方式。

作为中国第一家走上互联网的传统媒体，《神州学人》的大胆尝试和勇于探索，为后来者提供了经验借鉴。

第二阶段，1996—2000 年：互联网在中国的迅速扩张。

1996 年是中国互联网商业化快速发展的一年，也是网络媒体呈现出强劲发展势头的一年。1 月 2 日，《广州日报 · 电子版》和《中国证券报 · 电子版》在网上正式发行。1 月 13 日，《人民日报》综合数据库国际平台经过 3 个月的调试，开始正常运行，读者可以在互联网上阅读当日出版的《人民日报》、《人民日报 · 海外版》的全文和部分图片。到 1996 年底，有 30 多家报纸在互联网上发行了电子版，另外，有 20 多家杂志也上了网。在广播、电视以及通讯社方面，1995 年中国新闻社香港分社在香港上网，1996 年 10 月广东人民广播电台建立了自己的网站，1996 年 12 月中央电视台建立了自己的网站。

1997 年 1 月 1 日，《人民日报》正式开通自己的网站，定名为《人民日报 · 网络版》。中国新闻社的《华声月报》社于1997年4月申请了自己的独立域名，随即制作了五个专栏共10多万字的网络版，正式定名为"《华声报》电子版"，于5月25日亮相互联网。新华社于1997年11月7日正式开通自己的网站。

1998年，报纸上网掀起了新的热潮。据中国记协报纸电子网络版调研会统计，到1998年底，全国电子报刊总数为127家。到1999年底，全国上网报纸近1000家，上网的广播电视机构近200家。到2000年底，在全国总共一万多家媒体中，共有2000多家媒体上了网。①

此外，还有一些非传统媒体兴办的商业网站也越来越引起人们的关注。门户网站"网易"与"搜狐"于1998年开通了新闻频道，与国内的多家著名媒体建立了合作。新浪网于1998年12月成立后，于1999年4月改版成功，推出了大型的新闻中心。这些网站在国家政策许可的范围内，每天发布并随时更新国际、国内、社会、体育、娱乐、财经等各种新闻信息，页面浏览量迅速增长。此类网络媒体还有FM365、263首都在线等。

值得关注的是，2000年5月，还诞生了两家由某一地方的传统媒体联合而成并试图进入资本市场运作的网络新闻媒体：北京的千龙新闻网和上海东方网。借助于传统媒体的新闻资源与运作经验，它们取得了非凡的业绩，新闻页面的浏览量直线上升。

从以上描述中可以看出，网络媒体经过这短短5年的发展，已初具规模，在整个中国媒体形态格局中，占据了重要一席。

这里需要特别指出的是，中国政府对网络媒体管理，也在这短短的5年中，从无序逐渐走向有序。为了很好地对我国的网络媒体进行管理，国务院新闻办专门成立了网络新闻管理局，负责对网络新闻传播相关事宜的管理。2000年，国家相继出台了《互联网信息服务管理办法》、《互联网电子公告服务管理办法》、《互联网站从事登载新闻业务管理暂行规定》等法规，从而初步实现了对我国网络媒体的规范化管理。2000年12月底，一些商业性门户网站如新浪网、搜狐网、263首都在线等取得了登载新闻业务的许可证。这标志着我国政府对网络媒体的管理进入一个新的阶段。

第三阶段，2001—2003年：互联网在中国的影响力彰显。

受2000年下半年全球范围内网络经济不景气的影响，2001—2002年，互联网业的发展进入低潮，人们开始用"互联网冬天的来临"来形容当时的经济大环境。在大批网站开始裁员，一些小网站难以为继、濒临倒闭的时候，以新浪、搜狐、网易为代表的门户网站开始探索新的盈利模式，以寻求突围之路。

收费，成了2001年最热门的话题。在经历了近2年的摸索中，以三大门户网

① 吴风：《1995—2000：中国网络媒体发展报告》，《现代传播》，2001年第3期。

站为代表的互联网盈利模式已经形成：手机短信订阅、网络游戏、网络广告、电子商务、收费邮箱等为互联网业的经济复苏提供了保障。

2002 年底，三大门户网站传来了好消息。在 2002 年第四季度的财务报告中，新浪和搜狐同时宣布已收支持平；2003 年第一季度，几大门户网站宣布开始盈利。度过漫漫严冬，自 2003 年开始，互联网终于迎来了自己的春天。

在终于找到适合自己的盈利模式，逐步走上良性发展轨道后，2003 年的中国网络媒体，开始彰显了不同于传统媒体的独特的影响力。这种影响力表现在三个层面：

第一层面是对政府及政府决策的影响。

在 2003 年的“非典”时期，人们更多地通过互联网、短信、网上论坛以及 E-mail等新媒体，去了解每天有多少新增病例，如何能更有效地预防 SARS 等，网络成为人们获取和传播信息的主要渠道。“非典”本身是负面事件，但对于互联网来说，却不能说不是一个彰显影响力的契机——网络的巨大影响力，使得政府将信息公开制度提到立法层面。

值得一提的还有 2003 年的孙志刚案件①和刘涌案件②。2003 年 4 月 25 日，《南方都市报》报道了孙志刚被殴打致死事件后，强国论坛当天下午发了一篇转帖，网上舆论一浪高过一浪。5 月 16 日，北京大学法学院三名博士生上书全国人大常委会提交了对“收容遣送办法”进行违宪审查的建议书，人民网发表文章《孙志刚案，是谁在装聋作哑》，将网络舆论推向高潮。最终，相关涉案人员被依法判刑，同时在我国实施了 21 年的“收容遣送办法”被废止，代之以没有强制、摈弃暴力的社会救助制度。因为一个公民之死，导致一部法规的废除，这在中华人民共和国的历史上还是第一次。

2003 年 8 月，沈阳黑社会性质犯罪头目刘涌由“死刑”改判为“死缓”后，舆论大哗，甚至激起普遍的民愤，众多网友在网上发帖，舆论的矛头直指做出改判的辽宁高院。网络论坛上对刘涌案黑幕的持续关注与谴责引起了高层注意，最后最高法院介入审判，刘涌被改判为死刑。可以说，刘涌案的再次改判，网络舆论监督

---

① 孙志刚案件：2003 年 3 月 17 日晚，湖北青年孙志刚因未携带任何证件，在广州市天河区黄村大街被执行统一清查任务的区公安分局黄村街派出所民警错误作为“三无”人员送至天河区公安分局收容待遣所，转送广州市收容遣送中转站。18 日晚，孙志刚称有病被送往广州市卫生部门负责的收容人员救治站诊治。20 日凌晨 1 时 13 分至 30 分期间，孙志刚遭同病房的 8 名被收治人员两度轮番殴打，当日上午 10 时 20 分，因大面积软组织损伤致创伤性休克死亡。

② 刘涌案件：2002 年 4 月，因组织、领导、参加、纵容黑社会性质组织罪和故意伤害罪，沈阳黑社会性质犯罪组织的首要分子刘涌一审被判死刑。2003 年 8 月，辽宁省高级法院终审判决撤销了一审判决中对刘涌故意伤害罪的量刑部分，刘涌由一审时的“死刑”被改判为“死刑缓期两年执行”。

功不可没。一位名叫“夜色很深”的网友在新华网论坛上发帖说：“当面对辩方律师的狡辩，新华论坛的无数理性网友发表了自己的客观看法，部分知道细节的专家更是在网上进行了有理有节的详细辩驳。相信此案中‘发展论坛’为最高层做出最高法院重新提审的决定起了极大的作用，如果我们认为今天的判决是公正的，是维护了法律尊严的话，我想我们一定要记住感谢‘发展论坛’给了大家参与到这个案件中来的机会并引起高层重视的巨大作用。”

在孙志刚案件和刘涌案件中，正是有了网络媒体的参与，使得事件的影响力得到最大限度的扩散与放大，各大网站的留言都最充分地表达了民意，并影响到了政府部门的决策。

第二层面是对普通公民的影响。

这个层面的影响力是以第一层面的影响力为前提的。在2003年之前，人们在遇到无法解决的问题后，首先想到要向上一级政府或相关机构反映，其次是向有影响力的传统媒体反映。而2003年之后，这种情形得到了颠覆式的转变。如在2003年2月发生的黄静案①中，涉案被告被判无罪，黄静父母对判决结果不服，于6月22日在新浪、搜狐、人民网、新华网等有影响的网络媒体上发出求助信，呼吁法律专家和有关人士提供援助，引起网上舆论的关注。当更多的个人和团体通过网络参与到案件中来后，黄静案便从一起普通案件，变为一个公众关注的社会事件。在网民舆论的推动下，黄静案历经五次尸检、六次鉴定后，最终还当事人以公正。黄静50多岁的父母曾是“电脑盲”，面对记者，他们发出了这样的感叹：“如果没有网络，黄静的案子将不会是现在这个样子。”②

黄静案本是一起普通的刑事案件，但同时也是网民利用网络的力量寻求法律公正的一个典型案例。由于受到网民的高度关注，黄静案被称为2003年“中国网络第一大案”。

第三层面是对传统媒体的影响。

在2003年，网络媒体与传统媒体的交互影响越来越多，这种交互影响的最明显后果是逐渐确立了网络媒体的地位与影响力。由于网友的积极参与，网上舆论被放大，在网络空间引起强烈反响，从而为传统媒体设置了报道的“议程”。如2002年底，一位名叫“我为伊狂”的网友在“强国论坛”和“发展论坛”分别贴出《深圳，你被谁抛弃?》的一篇长文，对深圳市政府的效率、治安、二线关口、交

---

① 黄静案件：2003年2月24日，一个寒冷的冬日早上，湖南湘潭临丰小学的音乐教师黄静被发现死于自己的职工宿舍里。当地执法机关与死者家属各执一词，“他杀”还是“正常死亡”争持不下，引起公众的广泛关注。

② 新华网：《网络世界里的女教师裸死案》，http://news.xinhuanet.com/newmedia/2003-09/29/content_1106098_4.htm。

通、城市管理、外来人口、生活压力、诚信、人情、文化等诸多方面提出了批评。这篇近两万字的文章立刻引起众多网友的注意，在BBS上广为流传。2003年1月7日至20日，《南方都市报》先后用50多个版的篇幅推出“深圳：你被抛弃了吗?”的大型系列报道，把网络舆论对深圳城市发展前景的忧虑引向城市发展战略的探讨，产生了广泛的影响。1月19日，时任深圳市市长的于幼军与网文作者“我为伊狂”在广州就文中提及的问题进行了面对面的交流。这是互联网上的“声音”首次引起中国官方的高度关注并得到正面公开回应，也标志着BBS言论和报纸等传统媒体之间的议程互动步入正轨。

2003年，可以说是中国网络媒体确立自身地位和影响力的一年。在这一年，网络媒体迎来了高速发展期，但一些问题同时也暴露出来：虚假新闻、网络侵权、网络色情等。规范与自律，成为摆在网络媒体面前不容回避的问题。2003年10月10日，以“网络媒体的社会责任”为主题的“2003中国网络媒体论坛”在北京举行，论坛通过了由中国各网络媒体代表共同签署的“北京宣言”，倡议在各网络媒体内部开展增强社会责任感的学习教育活动，以“三个代表”重要思想为指导，以增强社会责任感为主题，以学习国家法律法规、建立和完善自律机制、提高从业人员素质为重点，以提高网络媒体的整体素质和社会公信力为目标，切实落实党的十六大提出的“互联网站要成为传播先进文化的重要阵地”的要求。因此，2003年亦被称为网络媒体的“社会责任年”。

第四阶段，2004年至现在：互联网的影响力持续增长。

自2004年开始，网络传播领域发生了很大的变化，互联网的影响力持续增长。这些变化主要表现在以下几个方面：

第一，中国网民的数量进入高速增长阶段。这一点，可以从中国互联网络信息中心（CNNIC）的调查数据中窥见一斑：2005年1月，中国互联网用户为9400万；两年之后的2007年1月，中国互联网用户骤增至1.37亿，增长率为46%，增长速度超过美国；网民绝对数量仅次于美国，居全球第二。截至2008年6月底，我国网民数量达到了2.53亿，首次大幅度超过美国，跃居世界第一位。同时跃居世界第一的还有我国宽带网民数和国家域名注册量。我国已成为名副其实的“网民大国”和“宽带大国”。

第二，互联网传播进入Web2.0时代。2005年，一个新概念“Web2.0”被提了出来。从技术的角度看，Blog、RSS、SNS、Tag、WiKi等与其有着密切关系。在传播学者看来，它们对网络新闻和网络媒体的影响，主要表现在以下几点：（1）非专业人员在新闻生产领域的深层渗透；（2）网络新闻内容结构的变革；（3）网络新闻生产层次的进一步清晰；（4）网络新闻生产专业分工的细化与合作模式的多样化；（5）网络受众新闻消费模式的多元化与社会化；（6）媒体融合局面的不断明朗。随着网络承载能力的不断改善，媒体融合将越来越多地付诸实践。

第三，博客传播风行。自2005年开始，博客在网民中大面积普及，各著名博客网站规模迅速扩大，如“博客中国”获得1000万美元风险投资，在2005年7月7日改版为博客网，全力打造博客门户网站，全方位提供多种博客服务。门户网站亦纷纷进入博客领域，并展开多种推广活动。2005年10月，新浪网独辟蹊径地推出名人博客，一大批著名作家、影视明星、社会知名人士等“入驻”新浪，为新浪赚取了极高的点击率，成为2005年一道独特的网络景观。2005年12月，新浪网又推出了以“关注博客、关注网络新生活”为主旨的首届中国博客大赛，在网民中掀起了一场空前的博客热潮。

第四，网络媒体的报道能量持续增长。2005年国际、国内重大事件和突发事件不断，网络媒体的报道能量又达到新的水平。以“神舟六号”10月发射及返回为例，人民网和新华网经授权对“神六”发射实况进行现场直播。在长达120多个小时的直播中，人民网直播页面共发布信息1209条，平均6分钟1条。在18日3时至8时这个时段，更达到平均不到2分钟便发布1条信息的高频率。在“神六”发射的10月12日，新浪网当天24小时的访问量突破4.5亿页读数，刷新了此前2004年雅典奥运会创造的流量纪录。各大新闻网站和门户网站几乎动用了所有的表现形态，新浪网还独家推出了3D全程模拟动画大片，以令人震撼的效果逼真演示了“神六”从发射到回收的全过程，推出后受到了网民的大力追捧。

2005年11月7日，北京奥组委宣布，搜狐成为北京2008年奥运会互联网内容服务赞助商。这是奥运会历史上第一次设立互联网内容赞助类别。根据协议，搜狐为北京2008年奥运会和残奥会、北京奥组委、中国奥委会以及中国体育代表团提供官方互联网内容服务，并打造官方网站（www. beijing2008. com）。

第五，互联网的舆论动员及组织作用开始发挥。2005年2月28日，美国多个华人团体率先发动反对日本成为安理会常任理事国的“百万人全球签名”活动。3月中旬，国内众多网站加入，签名活动形成了浩大的声势；4月下旬，这次网络大签名的总人数达到4000万（当然不可避免有反复签名、替他人签名的情况）。而此前国内网络签名规模最大的一次是2003年“爱国者同盟”等7家网站针对侵华日军在齐齐哈尔遗留化学武器泄漏事件发起的“对日索赔百万网民签名活动”。反对日本“入常”的签名，原本要打印交联合国，尽管最终没有付诸实施，但这次签名活动对随后的游行示威活动无疑起了舆论动员作用。进入4月，连续三周的周六、周日，国内多个城市举行了反日游行示威活动，互联网和手机的信息传播在其中发挥了集体行动组织者的作用。游行示威集结之快、人数之众、主题之明确、形式之松散、组织者之隐秘的特点，得到前所未有的展现。这说明，虚拟空间作为现实的反映，政治表达、政治动员、政治抗争都会充分地表现出来。

2008年6月20日，胡锦涛在视察人民日报社及其网站后，《胡锦涛同网友在线交流》成为各大媒体的头条新闻。胡锦涛这次对互联网的解读是：“互联网已成为思想文化信息的集散地和社会舆论的放大器。”“我们要充分认识以互联网为代表的新兴媒体的社会影响力，高度重视互联网的建设、运用、管理，努力使互联网成为传播社会主义先进文化的前沿阵地、提供公共文化服务的有效平台、促进人们精神生活健康发展的广阔空间。”① 由此可见，互联网强大的聚合功能，不仅使之成为一种新的社会动员和组织方式，更在一定程度上推动着中国政治民主化的进程，改变着中国政府的执政方式和执政理念。

二、网络媒体对传统媒体的冲击

以互联网为代表的新媒体，以其全新的传播特征，打破了传统报纸、电视、广播三分天下的格局。这种全新的传播特征主要表现在：

首先，互联网传播信息的无限量递增和信息接受方式的快捷简便是传统媒体所无法企及的。传统媒体要受到地域、数量和时间等极大的限制，即使是通过卫星传播的信息，也只能覆盖全球的三分之一的地区。而互联网则为人们获取信息提供了多种不同的渠道和平台：它是贯通全球的交互式网络，基本上是一个没有国界也没有地域限制的虚拟世界，可以实现全球性覆盖，并且突破了时间和空间的限制。

其次，互联网的传播速度也是传统媒体难以企及的。自互联网出现后，对一些重大突发事件的报道，首次发布相关新闻的无一例外地都是互联网，传统媒体最快的报道都出现在互联网之后。

最后，网络媒体强化了受众的参与意识，更新了媒体传播的传统观念。在传统的传播过程中，以传播者的意愿为主体，难以关照个体受众的个性选择和需求，受众对信息的接受形态是被动性的，报纸、电台、电视台提供什么节目信息，受众也只能接受什么样的节目信息，缺少自己选择的余地。而网络媒体的用户可以任意选择自己所需要的各种信息情报，作为受众的同时，他们也可以以传播者的面目出现，把自己认为有价值的信息传播给别人，并随时发表自己的见解。网上的信息形成了发布、反馈、再发布的循环往复的过程，这种传播方式具有交互性，更能满足现代人的参与意识。

也可以说，新媒体的出现，使传统的报纸、广播、电视面临巨大压力。正如全球最大的电脑芯片制造商英特尔公司前总裁葛罗夫所说，传统媒体正面临着网络公司大量掠夺分类广告市场和网络媒体无所不在的信息的两面夹攻②。新媒体对传统媒体所造成的冲击，主要表现在以下两个方面：

---

① 《论互联网与“舆论引导新格局”》，新华网：http：//news.xinhuanet.com/theory/2008-10/15/content_10196326.htm，2008-10-15。

② 吴廷俊：《试论新世纪大众媒体结构的格局》，《现代传播》，2001年第4期。

一是新媒体对传统媒体广告市场的抢占。以因特网的发源地美国为例：美国互联网广告局2006年春发布的统计数字显示，2005年美国网络广告收入连续第三年增长，达到创纪录的125亿美元，比2004年增长了30%，关键词搜索广告则继续保持优势地位，收入达到51亿美元，占美国网络广告总收入的41%，超过杂志和黄页广告收入。2006年，美国网络广告市场继续保持旺盛的增长势头，收入规模比2005年增长了34.6%。与网络广告市场的日渐抢眼形成对比，传统媒体广告市场则在网络广告的强大攻势面前被动应付，市场增长缓慢。

二是新媒体对传统媒体受众市场的抢占。新媒体出现之前，提供新闻是传统媒介报纸、广播和电视的"专利"；新媒体出现后，迅速以其综合性、数字化、网络化的媒介特征和交互性、实时性、小众化的传播特征吸引了广大受众，抢占了传统媒体的受众市场。国外的有关调查表明，网络的发展造成了受众由传统媒体向网络媒体的明显转移。在成为网络用户后，64%的人看电视的时间减少了，48%的人阅读报刊的时间减少了。自因特网出现以来，美国的电视收视率全面下降了30%。2004年国内的调查结果也表明，由于互联网对个人生活的全面渗透，三分之二的受访者表示减少了看电视与读报纸的时间。①

面对新媒体的冲击，传统媒体采取种种措施，积极应对。

首先，开办网络版。为了应对网络媒体的挑战，加盟因特网，在网上拓展自己新的发展空间，是迄今为止绝大多数传统媒体所寻求的一种新的发展途径。先看中国大陆的情况。报纸从1995年10月《中国贸易报》在网上发行电子版起，到2000年共5年间，上网报纸数增加到273家，占全国报纸总数的14.3%；广播从1995年广东电台上网开始到2000年，上网电台数为32家，占全国电台总数的2%；电视从1996年中央电视台上网开始到2000年，上网电视台有48家，占全国电视台总数的2.6%。不仅上网媒体的数量少，而且运行也不尽如人意。在所有上网媒体中，《人民日报》网络版办得最好，这是2000年1月中国互联网络信息中心公布的十大网站之一，也是十大网站中唯一由传统媒体经营的网站。就是这样的网站，每天的访问量也还赶不上在十大网站中排名第一的新浪网，当时新浪网的访问量每天达到280万，远远高于传统媒体的网站。

网络媒体的发源地美国的情况又如何呢？据哥伦比亚大学新闻研究所1999年所做的一项调查，作为传统媒体典型代表的报纸，美国已有58%在网上建有站点，几家经营得比较好的站点访问情况是这样的：《纽约时报》每天访问量为270万，《今日美国报》为250万，《华盛顿邮报》为170万，《洛杉矶时报》为100万，《华尔街日报》为97万。这些数字，如果单独看起来是不少的，但是与AOL、Ya-

① 董广安，郑素侠：《网络传播与社会发展》，《"新世纪网络传播发展国际论坛"会议论文集》，北京广播学院出版社2001年版。

hoo动辄几千万甚至上亿相比，就不可同日而语了。

其次，与网络媒体开展业务合作（联合）。由上面的分析可知，传统媒体的“网上行”并不是它们应对网络媒体挑战的一种理想选择。在传统媒体“网上行”效果不甚理想的情况下，一些传统媒体进一步开放视野，探索与网络媒体联合的“双赢”之路。在美国，早在1995年，微软公司就投资2.2亿美元与全国广播公司（NBS）联合成立“微软-全国广播有线电视公司”（中文简称“微全公司”），该公司的网站，在美国新闻情报类网站中排名第二，超过了《今日美国》、有线电视新闻网、哥伦比亚广播公司等顶级传统媒体所设置的网站。在中国，自1999年开始，传统媒体也与网络媒体进行了初步联合的尝试。1999年9月，新华社与新浪网合作开办庆祝中华人民共和国成立50周年专题网站，由新华社提供信息，新浪网提供技术和资金，该站点火爆一时。1999年12月，《辽宁晚报》与新浪网签约，《辽宁晚报》提供新闻，新浪网以24小时滚动方式在第一时间内播出。

网络媒体强大的技术支撑、雄厚的资金来源与传统媒介强大的新闻采集能力、深厚的新闻品牌资源合二为一，会产生巨大的增值效应。“双赢”之路是传统媒体与网络媒体图谋更大发展的必由之路。

再次，借助新媒体技术，实现媒介融合。传统媒体与新媒体在业务上的合作或联合为后来的媒介融合打下了基础。“媒介融合”这一概念，早在20世纪80年代的美国学术界就被提出。“媒介融合”是指随着传播技术（卫星技术、数字化技术和网络技术）的进步，以及这些技术在报业、广电、通信领域的全方位渗透与应用，使得媒介间的界限逐渐模糊，同时，新媒体层出不穷，媒介终端可实现的功能逐步强大。因此，媒介融合是一种深层次的合作（联合）。媒介融合有两层含义，一是传播技术的融合，即两种或多种技术融合后形成某种新传播技术，新传播技术既有多种技术特点又有其独特性，由融合产生的新传播技术和新媒介的功能大于原先各部分之和。其次，媒介融合也指媒介业务形态的融合，主要表现为传播内容的多媒体化。多媒体内容是对单一媒体技术与资源的一种重组，更是一种创造性的结合。它不仅有助于内容的丰富与深化，也有助于吸引电子媒体环境中成长起来的受众。媒介融合的趋势，在2004年就初露端倪。如：电视技术与网络技术的融合，出现了网络电视（IPTV）；手机（通信）技术与网络技术的融合，出现了手机电视；广播技术与网络技术的融合，出现了网络广播，等等。媒介融合的结果，是新媒介形态的层出不穷。21世纪的大众传播格局，是一种技术融合、媒介融合的格局：在经历了从“触网”到“用网”再到“融网”的蜕变后，传统媒体最终将与网络媒体实现全面的、深度的融合。借助于媒介融合后所产生的新媒介形态，原有的传统媒体和新媒体都实现了从内容到传播方式的全面提升，媒介终端可实现的功能逐步强大化和多样化。

媒介融合在中国的发展，本章的第三节要专门论述，此处不赘述。

第三节 媒介融合与各种新媒介形态的出现

以互联网技术为基础的新媒体的出现，打破了传统媒体报纸、广播、电视三足鼎立的传播格局。新的传播格局，并不是新媒介取代旧媒介，而是各种传播媒介的相互融合与渗透。2005年，一个引人注目的新名词——媒介融合开始出现。所谓媒介融合首先是指传播技术的融合，即两种或多种技术融合后形成某种新传播技术，新传播技术既有多种技术的特点又有其独特性，由融合产生的新传播技术和新媒介的功能大于原先各部分之和。其次，媒介融合也指媒介业务形态的融合，主要表现为传播内容的多媒体化。多媒体内容是对单一媒体技术与资源的一种重组，更是一种创造性的结合。它不仅有助于传播内容的丰富与深化，也有助于吸引电子媒体环境中成长起来的新型受众。本书中所指的“媒介融合”，既有传播技术的融合，也有媒介业务形态的融合。

最早的媒介融合，始于一些传统的纸质报纸通过开办网络版在互联网上拓展新的发展空间，如《人民日报》网络版、《光明日报》网络版等。传统媒体与互联网的“深度融合”，在2005年出现了新局面：2005年2月24日，人民网与中国人大新闻网、中国政协新闻网共同开办的以手机为终端的“两会”无线新闻网站开通；5月25日，上海东方网的无线新闻网站开通；7月28日，中国广播网开通银河网络电台；7月13日，“国际在线”正式开播多语种（汉语普通话、英语、德语、日语）网络电台；8月8日，央视国际网络开通网络电视新闻频道和娱乐频道；8月16日，中青网“青春之声—中国青少年网络电台”开始试播，等等。

网络电视牌照的发放是2005年业界关注的事件之一。这年4月，国家广电总局向上海文广新闻传媒集团发出首张IPTV执照，批准其开办以电视机、手持设备为接收终端的视听节目传播业务。手机电视的发展亦是2005年的一个亮点。自“中国移动”这年9月底全网开通手机电视业务以来，截至11月底，“中国移动”全网的手机电视用户已经突破15万户，上海的实际用户数突破2万户。

近几年来，借助于互联网技术而衍生出的新媒介形态，除了网络电视、网络广播、手机媒体外，还有列车移动电视、楼宇电视等，限于篇幅，本书仅介绍目前被广泛推广的网络电视、网络广播和手机媒体三类。

一、网络电视的出现及发展

网络电视常被简称为“IPTV”，即“Interactive Personal Television”的缩写，直译为：“互联网协议电视”。网络电视是利用宽带网的基础设施，以家用电视机（或计算机）作为主要终端设备，集互联网、多媒体、通信等多种技术于一体，通过互联网络协议（IP）向家庭用户提供包括数字电视在内的多种交互式数字媒体服务的崭新技术。用户在家中可以有两种方式享受网络电视提供的服务：一种是直接用计算机，另一种是IP机顶盒+普通电视机。

世界上最早的网络电视的雏形，可以追溯到1996年。1996年9月，美国一家名叫Web TV的公司大力发展网上电视业务，将部分电视业务移到网上，创建了“万维网电视”（Web TV）。1997年上半年，万维网电视正式推向市场。这种网络电视的最大优势是价格比较便宜，使用方便，用户只需一个机顶盒，通过电话线和普通电视机就可进入Web TV网址，浏览互联网上的信息。美国用户最常用的收看方式是一边看电视，一边通过网站查阅有关的资料。由于Web TV是通过电话线上网，网络的速度及存储容量被大大限制，这影响了Web TV的进一步推广和普及。

2001年，美国CH.I公司推出了将因特网与电视结合在一起的网络电视机。通过网络电视机，用户无需外接电脑，便可直接上网浏览因特网上的内容，收看电视节目，发送电子邮件，在网上购物和聊天。该机设有内置调制解调器，用户可通过局域网、数字用户线（DSL）或有线电视光缆等上网，还能通过该公司的本地化和客户化程序，接收收费的本地化电视频道指南服务，如电影或电视片故事梗概、演员、导演介绍等。

在亚洲，日本是网络电视发展比较快的国家之一。1996年底，在互联网已经进入很多家庭的情况下，日本的夏普、三菱、三洋三家公司合作，研制出了可以上网的电视机。通过这种被称为Internet TV的网络电视机，用户可以通过互联网及时反馈对节目的点播需求，而且可以从互联网上获取更多、更丰富的信息。这种网络电视的最大优势是把网络接收器（即机顶盒）直接装在了电视机内，而且采用了高分辨率的显像管和计算机的VGA显示方式，解决了普通电视机上网出现的显示格式问题，达到了便于显示文字信息的目的。

在我国，最早尝试将电视节目实现“网播”的，是中央电视台。1996年，中央电视台开始在国际互联网上申请了域名，建立了自己的站点。1998年底，我国已有34家电视台上网。1999年1月1日，中央电视台正式开通互联网网站后，“新闻联播”节目当晚就可以上网。如果说电视台的节目通过互联网站实现“网播”，只能称作“网上电视”（或称为“准网络电视”）的话，那么我国第一家网络电视台——“中国虹桥网”于1999年6月1日以交互形式推出的三档现场直播青少年节目《一片新天地》首次在国际互联网上亮相，则标志着完全意义上的“网络电视”正式成立。

2000年底，北京中关村地区推出了中关村网络电视台（chinatvfm.com），中关村地区的数万户家庭成为我国首批使用网络电视的群体。

2006年，中国IPTV商用市场规模启动，电信、网通纷纷开始部署省级规模IPTV商用网络。截至2007年11月底，中国IPTV用户达114.2万户，增长率接近

110%，其中上海用户为12.8万，成为内地用户规模最大的城市。目前IPTV用户主要集中在上海、河南、浙江、黑龙江四个地区，另外江苏、湖北、广东等17个省份也正在积极筹备IPTV业务，成为2008年IPTV产业新的增长势力。①

网络电视所提供的服务功能可分为电视类、通信类和增值类，具体如表23-1所示：

表23-1 **网络电视所提供的服务**

电视类服务	通信类服务	增值业务
广播电视（频道细分）	视频电话	电视购物
点播电视	互联网接入	电视银行
个人视频录制	电视电子邮件	支付水电煤气费用
电子节目指南	股票信息服务	互动广告
个人虚拟频道	电视短信	在线视频游戏
电视回放	远程教育或远程医疗	股票交易
增强电视	即时通信	订票预约
	电视投票	旅游指南
	视频会议	

作为媒介融合浪潮中的先行者，网络电视是互联网技术与电视相结合孕育出的崭新媒体，被称为“第三代电视服务的革命”。在第三代电视革命中，新媒体能否成功，要具备四个条件：（1）电视设备具有录影机功能，让观众收视自主；（2）电视节目内容具有互动性；（3）具备上网功能，如电子邮件、浏览网页及聊天室功能等；（4）可为个别电视观众量身订做电视节目，即电视观看活动的个性化。②从目前网络电视所具备的功能看，已经满足了新媒体成功的四个条件。

与传统电视相比，网络电视的优势主要体现在：

（1）低成本获取宽带服务。用户只需加一台价格便宜的机顶盒，就能实现宽带上网，而不用购买价格昂贵的电脑。

（2）操作简单，使用方便。“电视机＋机顶盒”操作非常简便，使用遥控器进行操作，免去了很多人不会使用电脑键盘、鼠标和学习操作系统的苦恼。

（3）利用电视可以享受互联网的服务。“电视机＋机顶盒”虽然不是很适合网

① 数字广电产业发展中心：《2007年中国IPTV产业年度资讯》，2007-12-05。

② 罗世宏：《数字时代宽频视讯服务市场的管制：公平竞争与公共利益的考量》，“迈向数字时代资讯传播发展研讨会”，台湾新竹：玄奘人文社会学院，2003年。

站浏览，但很适合信息发布、信息查询点播、音乐歌曲欣赏等宽带服务。

(4) 满足用户的个性化业务需求。用户可根据自己的喜好、时间，主动、自由地选择所需的服务。

(5) 更丰富的娱乐服务。通过 IPTV，用户可以得到丰富的信息和娱乐服务。

由此可见，IPTV 打破了传统电视单向传输模式所造成的被动的、约束的电视观赏方式，形成了电视观众与视频服务提供商之间互动的新电视播放格局，是电视传播的革命性开拓，无愧于“第三代电视服务的革命”这一称号。

目前，已有上海文广、央视国际、南方广电传媒、中国国际广播电台四家单位获得广电总局颁发的 IPTV 牌照。

作为一种融合了互联网技术与电视技术的全新的媒体形态，网络电视的发展并非一帆风顺，目前仍有以下问题限制了网络电视的进一步推广：

一是产业政策的限制。网络电视的出现，触发了独立运营的电信与广电企（事）业各个单位之间的利益冲突。迄今为止，广电总局对 IPTV 许可牌照的发放仍旧小心翼翼，目前拥有许可牌照的四家单位全部为广电部门，广电以外部门能否获得 IPTV 牌照，从目前情况看仍是未知数。网络运营商在没有获得牌照的情况下，只能暗地运营或测试建网，从而使得 IPTV 业务的发展充满了不确定性和不可控制性。

二是赢利模式的模糊。目前网络电视运营商大多采取收费模式（月使用费为 30~40 元），但是对于看惯了免费电视的观众来说，一时难以接受收费模式。正如中视网络公司郑家强总经理坦言：“央视网络电视开通的第一天，北京网民当天就有 60 万人申请注册网络电视用户，最多时突破了百万用户。但自从 9 月份开始实行每月 30 元收费后，北京用户直线下降到一个相当低的数值。”① 如何在内容上胜出传统有线电视一筹，进而确立合理的收费和赢利模式，将是网络电视突破发展瓶颈的关键。

三是技术与标准的不统一。目前网络电视存在传输协议标准不统一、信源编码格式不统一的问题，各家 IPTV 系统互不兼容，给节目制作、存储、管理、传输等带来诸多不便。虽然国际标准化组织在这方面推出了 H.264 标准，但是在市场上由 Microsoft 和 Real Networks 等公司推行的专有格式仍占主导地位。可喜的是，国际电信联盟于 2006 年 4 月宣布成立了“网络电视重点小组”，以协调和推动全球网络电视标准的起草与制定。网络电视格式的不统一与技术的不成熟，造成了资源的浪费，阻碍了网络电视规模化、产业化的发展速度。

四是版权保护问题。随着 IPTV 的发展，数字版权问题将日益突出。尤其是对

---

① 赵文侠：《习惯低价看电视　网络电视尚无法与更多观众零距离》，http://www.china.org.cn/chinese/news/859738.htm。

内容提供商而言，版权保护直接涉及内容供应商的切身利益。数字版权管理包括对各种数字版权的描述、识别、交易、保护、监测和跟踪等功能，在不同设备之间提供数字版权管理是IPTV实现可持续发展的最大挑战。

二、网络广播的出现及发展

网络广播（Internet Radio）是媒介融合的又一产物。广播与互联网的结合，即诞生了网络广播。运用流媒体技术，在因特网站点上建立广播服务器，在服务器上运行节目播送软件，将节目播送出去；访问者运用计算机接收软件，访问节目运行站点，收听、收看、阅读广播信息，这就是网络广播。

1995年4月，位于美国西雅图的“进步网络”在其网页上放置了一个Real Audio System的使用版本软件，以提供“音频点播”服务，这标志着网络广播诞生。在我国，广东珠江经济广播电台于1996年12月15日率先开通网上实时广播，可以说是国内最早诞生的网络广播。近几年来，中央人民广播电台、中国国际广播电台、上海东方国际广播电台等相继推出了网络广播。

目前国内的网络广播，主要有以下三类：

第一类是传统的广播媒体入网，如中央人民广播电台的中国广播网（www.cnr.cn）等。登录这些网站，听众不仅可以通过网络与无限频率同步实时收听正在直播的节目，还可以点播收听电台放到网络页面上的以往在无线频率中播出的广播节目录音。这种“音频网络版”模式，在内地广播电台中已经比较常见，几乎每一家地市级以上的广播电台都已经实现了网上点播收听的功能。

除此之外，一些权威的主流媒体还开通了网络广播电台。2005年7月，中国国际广播电台开通“国际在线”（CRI Online）网站，提供中文、英文、德文和日文的网络广播服务。2005年7月，中央人民广播电台的“中国广播网”正式推出“银河台”。这是一个集娱乐、资讯、知识、情感为一体的网络广播电台。

第二类是各类商业网站或互联网服务商开设的网络电台。

随着网络广播的普及，内地门户网站和大型商业网站也努力向网络电台广播方向发展，如2003年10月，原中国最大的电子邮件服务商之一、后来主攻宽带娱乐的“21世纪”网站开通“21世纪网络电台”（http://radio.21cn.com/live/），目前已经招募数十名主持人，与近50家网络电台或传统电台建立了合作关系。腾讯QQ开通的网络广播“QQ之声”（http://fm.qq.com/），将受众目标锁定为25岁以下的青少年，以借助聊天软件的庞大用户群迅速扩大网络电台的听众群，目前人气较高。另外还有千橡互动集团下属的“猫扑网”所办的“猫扑电台”（Radio.mop.com），拥有来自世界各地的优秀网络电台主持人40余人。同一般的网络电台相比，猫扑电台的节目类型更加丰富多样，电影、音乐、谈话、新闻、心情故事、怀旧等类型迥异，尤其是猫扑 BT 文化更是为大家喜闻乐见，创立一年多以来受到听众的广泛喜爱。这些商业网站并不是主攻网络广播，而是将其作为商业网站的一个站点大力推广，用以树立品牌和聚集人气。

第三类为社会专业团体或广播爱好者建设的专门性网络电台。

这类网络电台一般是依托个人网站或大的网络电台社区开设的，既包括一些个人和群体投资建设的网络广播电台，也包括各大高校广播台创办的校园网络电台，数目众多，难以计数。这些网站以音频为主要承载内容，逐渐形成了一定的听众规模。从严格的意义上讲，这类网络电台多数是没有获得许可资格的非法电台，除少数内容为原创外，多数为复制而来。

网络广播有直播和点播两种收听方式。与传统的广播相比，网络广播的优势主要体现在：

（1）传播内容更为丰富。传统广播的信息载体只有声音，再加上信息的稍纵即逝，不易保存，使得它在与报纸、电视的竞争中处于劣势。网络广播的信息载体除了声音外，还有文字和图片，如网站上的广播节目，除了音频文件外，常配有相关图文和背景链接，为受众提供了立体化、多角度的信息资源。

（2）互动性充分发挥。传统广播基本上是单向传播，受众只能通过手中的收音机按钮对广播进行微弱的控制，或者通过电话、信件等方式进行极不充分的反馈。而网络广播由于借助了互联网的功能，可以实现双向互动传播。受众可以根据自己的时间、地点、兴趣主动搜索、选择节目内容，控制节目的播放，这在根本上改变了电台播什么，受众听什么的状况。另外，受众可通过电台开设的论坛或聊天室，参与节目的讨论，或者与电台主持人进行交流，将自己的想法或看法反馈给电台。

（3）传播范围遍及全球。受电台技术条件和用户接受条件的限制，传统广播的覆盖范围较小，能否将信号覆盖到更远的区域，往往成为电台竞争实力的一个标志。而网络广播则超越了传统广播覆盖范围的限制，可以覆盖到更大的地理空间，实现全球化传播。因此从理论上讲，每家电台赢得听众的机会是平等的。

在媒介竞争空前激烈、传统广播的生存空间日益被排挤的今天，网络广播以其独有的优势，将开创“声播”与“网播”互动的现代广播新格局。在今后的发展中，网络广播若能更进一步加强原创内容的制作，以及在新闻采集过程中对原有的媒体新闻进行深度加工，将会迎来更为灿烂的发展前景。

三、手机电视的出现及发展

自 2004 年以来，手机家族中出现了第三代手机——“3G”手机。3G 是“3rd Generation”的缩写，即第三代移动通信技术，指将无线通信与国际互联网等多媒体通信相结合的新一代移动通信系统。

"3G"手机能够处理图像、音乐、视频流等多种媒体形式，提供包括网页浏览、电话会议、电子商务等多种信息服务。在此基础上，以手机为接收终端的手机媒体应运而生，手机报纸、手机电视、手机电影、手机文学、手机（无线）搜索、手机音乐等各种媒体形式开始出现。

第一，手机报纸。继2004年7月18日全国第一家手机报纸《中国妇女报·彩信版》开通后，有不少媒体网站开始尝试探索这一新业务。2005年5月，浙江日报报业集团、浙江移动通信和浙江在线网站联合创办《浙江手机报》；8月，广东移动与新华社广东分社以及《南方日报》、《羊城晚报》、《广州日报》三大报业集团联合推出《南方手机报》；10月，中国移动推出《中国手机报》。另外，《辽宁手机报》、《江西手机报》、《"深圳晚报彩e版"手机报》、《鲁中手机报》，《华西手机报》声讯版、《青岛手机报》、《泉州手机报》等各地的手机报纷纷面世，形成2005年一道靓丽的媒介景观。①

第二，手机电视。2005年1月1日，由上海文广新闻传媒集团和上海移动合作的手机电视"梦视界"试播，该服务提供6套直播电视节目及VOD点播。4月，国家广电总局为上海文广颁发全国首张IPTV执照，准许其开办以电视机、手持设备（手机）为接收终端的视听节目传播业务。截至目前，这是中国唯一一张手机电视运营牌照。9月，中国移动开通全网手机电视业务，截至11月底，其用户已经突破15万户，其中上海的实际用户数突破2万户。11月，山东移动与山东广电推出"广视无限"。②

第三，手机电影。2005年是中国电影诞生100周年，中国电影界各路人士"赶集"手机电影。2005年6月，谢飞、田壮壮、李少红、顾长卫、贾樟柯、王小帅、黄磊、徐静蕾等老、中、青三代电影人宣布将拍摄10部长度3~5分钟的手机电影。7月，王小帅、贾樟柯、孟京辉等8位导演推出手机电影《这一刻》。该片由8部独立的影片组成，每部3分钟。10月，由手机拍摄，通过手机播放的《苹果》诞生，制作者北京电影学院陈廖宇认为这是中国第一部真正的手机电影。12月，冯小刚推出手机电影《手机，打死也不说》。③

第四，手机小说。2005年11月，小说家千夫长继去年将4200字的手机小说

---

① 张建军：《2005年中国手机媒体十大主体事件》，人民网，http://media.people.com.cn/GB/40606/4000543.html。

② 张建军：《2005年中国手机媒体十大主体事件》，人民网，http://media.people.com.cn/GB/40606/4000543.html。

③ 张建军：《2005年中国手机媒体十大主体事件》，人民网，http://media.people.com.cn/GB/40606/4000543.html。

《城外》以18万元的价格卖给移动互联网服务内容供应商之后，又以同样的价格，出售了第二部手机小说《城内》。《城外》不到两个月的时间就为运营商带来了200多万元的收益。2006年8月，中国第一家民间虚拟手机文联——“e拇指手机文学艺术虚拟联合会”在海南成立，会员为来自全国各地的手机文学创作发烧友。2006年12月，何立伟、刘齐、周晓枫等6位作家与相关公司签约，成为国内首批手机文学签约作家。先锋派女作家棉棉和春树也在2006年末与摩登天空有限公司（创立于1997年12月，是目前中国最大规模的新音乐独立唱片公司）签下合约，投身手机文学大潮。2006年，被称为“手机阅读年”。①

第五，手机搜索。2004年，百度推出手机搜索，同时带有贴吧功能，Yahoo也同期推出手机搜索。2005年1月，GOGO北京科技公司推出了其拥有多项专利的CGOO“无线搜索引擎”服务，这是一个实用化的手机无线搜索服务，可以结合手机用户的搜索记录、搜索习惯、个人偏好等进行分析筛选，为用户提供符合个人需求的搜索功能，并可以支持不同国家和地区的无线数据平台，具有全球通用性。此后新浪“爱问”（iAsk）推出有图片、铃声、本地搜索功能的手机搜索引擎。2005年11月，“上海网村”推出“悠悠村（uucun）中文手机搜索引擎”，该搜索引擎提供了网页、图片、铃声、游戏、小说、影音、地图搜索。很快，搜索大鳄Google也在国内推出带有本地搜索功能的手机搜索。如果说2004年是无线搜索技术的开端的话，那么2005年此项技术则更趋于成熟和完善，在内容上亦更趋向于多媒体展现。

---

① 张建军：《2005年中国手机媒体十大主体事件》，人民网，http://media.people.com.cn/GB/40606/4000543.html。

第二十四章
台港澳的新媒体事业

第一节　台湾的新媒体事业

一、台湾传统媒体的“触网热”

1990年，台湾接入国际互联网。自1995年之后，台湾互联网的使用人口大幅增长，网络的中文资源日见增多，网络成为新媒体的代名词。

1995年9月，中国时报全球资讯网（后改称“中时电子报”）正式开通，这是台湾第一家在互联网上建立网站的传统新闻媒体。1998年4月，“中时网路科技股份有限公司”（台湾将Internet译为“网路”）正式成立，标志着在台湾已将网络事业确立为一个全力经营的事业。1999年9月，中时网路科技股份有限公司进行了改组，调整了网络事业的架构，以1000万美元的资金在英属开曼群岛注册海外公司ChinaTimes. com，再由它百分之百转投资中时网路科技股份有限公司（ChinaTimes Interactive），以此对未来海外上市与发展策略联盟铺垫基础。1999年10月，中网宣布成立广告联播网（Cyberone），汇集了数十个网站业者，连同中网所属的分众频道，开始进行代理网络广告销售。这是台湾第一个广告联播网，这种做法可发挥业务人员的规模优势，也解决了中小网络公司推广业务不易的问题，因此得到业界的响应。2000年起，更开始整合中时报系旗下资源，不放过每一个机会迈开大步前进，如1月25日，Cmoney 888理财网推出，其内容之丰富与即时性，使之立刻成为岛内最热门的理财网站；2月初，推出WAP新闻网站，领先进入无线移动传播的领域。6月26日，全球最大门户网站Yahoo与中网共同宣布雅虎投资China-Times. com，雅虎CEO杨致远亲自赴台参加合作合资新闻发布会。中时报系认为“雅虎与中网的结盟，象征着中网获得世界性网路公司的正面肯定，其意义代表着中网已跻身国际网路强势公司行列，对尔后进军世界舞台有极重要的指标意义”。①

① 闵大洪：《从台湾媒体的网络化进程看“大媒体”趋势》，《中国记者》，2001年第2期。

1996 年 4 月，“中央通讯社”正式开通网站（http：//www. can. com. tw），将每日编发的新闻稿件，包括中文新闻、英文新闻、西班牙语新闻和新闻图片等通过网络进行传播。

1999 年 9 月 14 日，台湾地区发行的中文报纸《联合报》开始筹备上网事宜，10 月 23 日，“联合新闻网”（http：//udn. com/news）正式开通。“联合新闻网”每日浏览量居台湾网站的前三名，目前在台湾中文网络电子报中影响力较大。

台湾中华电视公司，简称“华视”，英文简称则为“CTS”，是由“教育部”、“国防部”、企业界人士与侨界领袖等共同投资设立的台湾第三家电视公司，与台湾电视公司、“中国电视公司”并称台湾的“老三台”。“老三台”加上民间全民电视公司与公共电视台，即为台湾仅有的五个无线电视台，简称“无线五台”。1997 年 1 月，华视公司在电子类媒体中率先触网，“华视全球信息网”（http：//www. cts. com. tw/）开通。

1996 年 12 月，台湾第一家民营无线电视台——“民视”与台湾辅仁大学信息管理系合作，筹办“民视全球信息网”。1997 年 3 月，“民视全球信息网”（http：//www. ftvn. com. tw/）开通。

1998 年 3 月 25 日，台湾历史上最悠久的电视台——“台湾电视”触网，开通“台视全球资讯网”（http：//www. ttv. com. tw/）。

2000 年 5 月 15 日，东森电视台创办的《东森新闻报》（ET today. com）正式上线，并定位为全球第一份华文即时视频网络报，向全球华人提供及时、完整、专业的新闻内容，并很快发展成为与《中国时报》和《联合报》两大报系网站齐头并进的专业新闻网站。

自 1995—2000 年，短短 5 年间，台湾各大媒体纷纷触网，掀起了传统媒体上网的一股热潮。

二、《明日报》的停办

受 2000 年下半年开始的网络经济泡沫的负面影响，全球各个地区的互联网业无一幸免。在网络经济不景气的大环境下，2001 年 2 月，台湾第一家网络原生报（指没有印刷版“母体”作为依靠的网络媒体）——《明日报》被迫宣布停刊，成为全球瞩目的事件。

有台湾“第一份网络原生报”之称的《明日报》于 2000 年 2 月 15 日 9 点正式上网。由 PC home 集团与《新新闻》杂志共同投资 1. 4 亿台币创办。PC home 集团是岛内赫赫有名的 IT 业出版集团兼 IT 业网站群，《新新闻》杂志则是岛内具有巨大影响力的新闻周刊。拥有在传统新闻媒体工作近 20 年资历的“老报人”陈裕鑫任《明日报》总编辑，旗下有 200 名记者，40 名编辑，这些人大多有在台湾

“中时报系”等传统媒体工作的经验。

《明日报》将自己定位于“新闻门户”（News Portal）网站。作为网络媒体，为了保证自己每天原创产出的500多则新闻的品质，《明日报》在发稿机制上采取三审制。有无独家报道是一家新闻媒体能否产生影响力的重要因素，在这方面《明日报》也绝不输给任何一家传统媒体。由于旗下聚集了一大批在传统新闻媒体干过的资深记者，无论是岛内新闻还是祖国大陆新闻（《明日报》在祖国大陆设两名长驻记者），《明日报》都能不断刊出引起社会轰动的独家报道，经常令中时、联合等“老”媒体感到很没面子。言论是传统新闻媒体的一个重要组成部分，同样，在《明日报》上每天都有自己的社论和特约撰稿人的言论，同样发挥着引导舆论的作用。

客观公正的新闻报道、雄厚的资金、传统媒体背景、精明强干的采编队伍，再加上对风起云涌的互联网业的巨大热情，使得《明日报》迅速建立了自己的权威性和公信力，崛起于台湾网络界，在宝岛掀起了一场“明日报风暴”。创办不久，《明日报》的网页浏览量就急速攀升，至2000年底，每天页读率已达到近200万，员工增长到300余人，成为与台湾中时、联合早报等传统大媒体比肩的一大媒体。

创办于互联网在全球范围内“发烧”时期的《明日报》，并没有料到会出现一年之后倒闭的结局。

2001年2月21日，《明日报》正式宣布停刊。中午时分，网站原首页撤销，改为《谢谢网友，明日报再见！》的声明。

《明日报》关站无疑是2001年网络媒体界最重大的事件，成为台湾各类媒体报道评论的重点，甚至成为当天的头条新闻。“《明日报》落日”、“《明日报》走进昨天”、“《明日报》不再有明日”……诸如此类的标题撞击着人们的眼球。

《明日报》的倒闭，既有全球网络经济不景气的大环境的影响，也有一些自身原因：

第一，运营成本偏高。《明日报》由于是网上内容原创者，因此它不可能靠从“母体”获得新闻，也不可能主要靠编辑“整合”其他信息源获得新闻，为了保证原创新闻的数量和质量，就必须维持人数可观的记者团队和一定规模的采访活动（例如在内地也轮流派驻记者）。此外，为了体现和发挥网络媒体的特性，不断推出新项目、新服务，《明日报》投入了大量的人力、物力和财力，尽管他们在发展中一直清醒地控制着规模。

第二，赢利模式不确定。《明日报》成立不久，就开始面临网络泡沫破碎的冲击。《明日报》的主要收入来源于网络广告。庞大且极具实力的采编队伍固然给《明日报》带来了急速膨胀的“眼球”，然而，在全球范围内网络广告额下滑的大背景下，《明日报》的“免费新闻—吸引‘眼球’—争取广告—养活自身—赢利”的模式越来越面临“入不敷出”的尴尬境地。据资料显示，2000年，《明日报》

的每月营业收入仅三四百万元台币，而每个月光是花在人事、租金、网络管理等营运成本的支出就将近两千万元台币。也就是说，每个月《明日报》要亏损近一千五百万元台币。要争取更多的广告客户，就要争取网站更大的影响；要提高网站的实力，势必要进一步提高员工的素质，扩充员工队伍，改善服务质量，而这肯定要进一步增加网站的运营成本，给本已亏损的网站雪上加霜。台湾门户网站本就竞争十分激烈，《明日报》至此不可避免陷进了一个“干得越好越赔钱”的经营怪圈中。

《明日报》作为台湾网络媒体发展初期的一个典型个案，尽管结局悲壮，但它所做的探索和努力，以及在短短一年之内所取得的成功，证实了“网络媒体”的巨大威力；它的失败，给台湾“现存”的网络媒体提供了宝贵的探索经验。一家网络媒体的倒下，不能宣告整个网络媒体的末日。

三、台湾新媒体发展现状

经历过互联网经济的泡沫之后，台湾的新闻网站再度崛起。“中时电子报”、“联合新闻网”和《东森新闻报》陆续推出中网新闻、联合知识库和 ET today 全文检索系统，以吸引更多读者。2002 年的网站收入中，中网新闻、联合知识库的收入占总收入的三成以上，而 ET today 全文检索系统也在 2004 年开始走上收费的道路。

开发无线业务，与 GSM 和 GPRS 手机服务商合作，推出短信服务，是新闻网站的又一赢利模式。“联合新闻网”提供 egolife 行动短信，“中时电子报”提供短信发送和图片铃声下载服务，《东森新闻报》目前提供免费新闻快递服务，为会员提供最及时的新闻。

近几年，台湾的新闻网站发展势头迅猛，正迅速成为台湾的主流媒体之一。尼尔森媒体研究（Nielsen Media Research）显示，2000 年台湾地区阅读网络新闻的人数只有 126 万，但 5 年后增长了 131.3%，达到 291.5 万；而阅读报纸的人数 5 年内减少了 12.5%。由此可见网络新闻的影响力不容忽视。

2005 年，新闻网站的收入首次超越了报纸，成为仅次于电视的台湾第二大赢利媒体，使用网络媒体获取信息已是台湾居民生活中不可或缺的一部分。

在网络及有线电视的夹攻下，台湾的传统报业近几年发行量与广告收益直线下滑，面临生死存亡的考验。尼尔森媒体研究指出，台湾报纸阅读率从 1991 年的 76% 掉落到 2005 年的 48%，换句话说，台湾社会中有一半以上的人不看报纸。

台湾梦工厂科技公司的统计表明，2007 年初，台湾拥有网络电视（IPTV）用户 30 万，年底达到 55 万，用户规模超过台湾有线电视四大集团的第三位；而 2008 年 IPTV 用户达到 100 万，直追现在的有线电视第一大集团。而到 2009 年，

IPTV 与有线电视的较量将见分晓。

"中华电信"是目前台湾规模最大的提供网络电视业务的综合电信运营商，主要业务包括固网通信、移动通信以及数据通信三大领域，提供语音服务、专线电路、因特网、宽频上网等各类服务。2006 年 6 月，由"中华电信"控股的爱尔达科技股份有限公司拿下了奥运赛事台湾地区新媒体转播权，台湾受众可通过互联网、手机、网络电视（IPTV）等收看 2008 年北京奥运比赛。

第二节 香港的新媒体事业

一、香港的互联网业

计算机在香港社会的普及，比内地要早很多，起始于 20 世纪 80 年代中期。90 年代初，家用计算机就已经进入香港的很多普通家庭。1993 年之后，香港民间出现了第一家互联网服务供应商，互联网更登堂入室，成为香港社会的潮流新宠。同时，香港人对计算机知识的需求愈见殷切，一时之间，计算机培训中心和各式各样的计算机应用训练班纷纷涌现，市民（特别是年轻一代）多利用课余或工余时间参加这些计算机训练班，学习使用计算机的知识。

但是，受到香港电讯条例的限制，早年的 ISP 大都是无牌照经营。1995 年 3 月 3 日，香港警方商业调查科大举搜查多家无牌经营商之后，领取公共非专利电讯牌照的 ISP 大幅激增。1996 年底，领有互联网服务商牌照的公司，短短一年间，已增加至约 80 家，用户人数达到 20 万户。①

香港的互联网热潮兴起于 1998 年底。短短一年内，香港的互联网站由约 100 个迅速上升为 1000 多个。到 1999 年底，香港共有 159 家互联网服务供应商。拨号上网用户为 173 万多人，网络用户占全港人数的 25%。② 到 2000 年底，香港共有 235 家互联网服务供应商。拨号上网的注册账户达 228 万多个，拨号上网用户占全港总人数的 33%。③

1999 年 5 月，香港政府向立法会提交了《1999 年电讯（修订）条例草案》，旨在精简颁发电讯经营牌照的手续，以适应电讯业的发展，加强保障业内竞争的相关措施等。2000 年 6 月，立法会通过该修改条例。这一条例的实施，为香港互联网业的发展，提供了良好的政策环境。

---

① 2001 年 1 月 27 日香港政府新闻《信息年代是香港经济增长的动力》。

② 1999 年《香港年鉴》，香港政府印务局。

③ 2000 年《香港年鉴》，香港政府印务局。

香港报业的数字化历史，始于20世纪80年代。开始有一些大型的报业集团，考察东南亚报业有关计算机化数字化的经验，计划更新其编采的运作。企业集团内部，首先安装局域网络，令同一公司内的不同部门可以共享一些网络资源，例如文书处理软件等，局域网亦能够提高部门之间处理稿件的速度和准确性，避免人为错误的发生。

香港报业的数字化过程，由最简单的文书处理开始，发展至整份报章的排版和印刷，亦只不过是十多年的时间。现在所有香港出版的报章，从采访到印刷，整个流程都经由计算机及其他数字化技术的处理。

实现了编采工作的数字化后，自20世纪90年代开始，随着互联网技术的成熟和普及，香港报业自1995年开始探索“网上报章”的可行性。个别的资深香港记者如《苹果日报》的李月华等，亲自到美加等地学习和考察当地的网上报章的采编和经营，开发香港本地化的“网上报章”。由于网络平台具有实时性和多媒体应用的特性，“网上报章”可以打破传统平面媒体的时效限制，对纸质媒体和新闻工作者产生了相当大的冲击。

1995年8月23日，《星岛日报》推出全港首份电子报纸*email*，即通过电子邮件来发行报纸。同年，《明报》亦建立了自己的网站，成为印刷传媒中最早拥有网站作宣传的香港报纸。①

根据香港政府出版的《香港年鉴》公布的资料，香港报纸在网上发展的主要数据如下：

1996年，有2份英文日报及3份中文日报出版网络版；1997年，有2份英文日报及6份中文日报分别通过互联网出版；1998年，有2份英文日报及6份中文日报分别利用互联网出版；1999年，有2份英文日报及8份中文日报分别利用互联网出版；2000年，有3份英文日报，以及6份中文日报和6份中英文双语日报，分别上网出版。②

1998年至2000年初，高涨的互联网热潮，带动了传媒网站业务的发展。当时，无线电视、《苹果日报》及《经济日报》都成立了独立部门，专门负责网上的多媒体业务。

受2000年全球范围内网络经济不景气的影响，2000年下半年，香港互联网的经营形势急转直下，网站大批减薪裁员。2000年6月，《南华早报》旗下的“SCMP. COM”宣布裁减18名员工，并将尚未正式向外宣传的实时新闻网站关闭，此举正式拉开了香港互联网站裁员潮的序幕。2000年10月，南华早报集团不得不

---

① 苏狄嘉：《跨世纪走进香港——“香港电台网上广播站”服务回顾及前瞻》，载《传媒透视》2000年第一季，香港电台印制。

② 2000年《香港年鉴》，香港政府印务局。

将旗下的“资本网”结束。2002年2月，该集团还停止了电脑杂志PC HOME的出版业务。

2000年7月，“壹传媒”集团旗下的“壹传媒互动有限公司”及苹果日报网络有限公司亦宣布大幅裁员近100人，占全体员工人数的三分之一。

根据香港政府提供的资料，短短半年间，有10多家与传媒相关的网站相继关闭，1000多名从业人员失业。

经历了互联网的寒冬后，各媒体网站纷纷寻找新的生路。如完全没有传统媒体背景的传媒网站“Cyber日报”以配售新股形式上市，以图获得发展资金。另有一些传统媒体与高科技公司或门户网站进行联合，如《明报》下属的《亚洲周刊》将50%股权出售给香港互联网业的龙头企业Tom. com，希望获得更为强大的财力支持。

网站内容也是各媒体网站开发的一种盈利资源。《东方日报》所属的Orisun. com于2001年6月11日与美国“道琼斯通讯社”（Dow Jones）达成协议，成立“道琼斯东方网讯”实时中文财经信息频道。根据协议，“Orisun. com”每日向“道琼斯通讯社”提供平均约200条财经新闻，而“道琼斯通讯社”则将以“道琼斯东方网讯”为品牌的中文财经信息向本地及国际金融机构销售，双方均可借此扩大公司收益。

目前，内容收费在香港网站较为普遍，仅从新闻收费方式看，就包括对新闻内容收费、对过往新闻收费、对查询新闻服务收费、对专门的电子版收费、对短信新闻收费等。

二、香港的网络广播业

在香港，近几年颇具实力的几家电台都已经“触网”，将全部或部分节目通过网络实现直播或点播。

香港电台 香港电台（Radio Television Hong Kong，RTHK）是香港政府营办的公营广播电台，成立于1928年6月28日，简称港台。香港电台是香港历史最悠久的广播电台，也是香港第一家“触网”的传统媒体。1994年底，香港电台创办网站（www. RTHK on Internet)，将部分内容通过网络传递给听众。2000年，香港电台全面拓展网上广播服务，每天直播全部6个电台频道和所有在黄金时段播放的电视节目，并提供网上即时新闻文本。2001年，香港电台开展为用户提供免费订阅网上新闻速递的服务，并提供电子版本下载，方便用户随时浏览。香港电台网上广播站除提供网上直播外，所有内容均会存盘一年，方便网民重温欣赏。2002年，香港电台推出“中华文化频道”，利用因特网的多媒体特性，通过声音、影像、图像和文字，将中国传统文化传播给香港网民，以唤起香港网民尤其是年轻一辈对中国文化的兴趣。为了吸引更多年轻人的参与，网站在内容设计上花费了颇多心思，在网页设计方面也力求活泼多样和富有趣味性。如设计的“斗快做状元”中华文化常识问答游戏，寓学习于娱乐，让网友测试自己的知识；若能荣登状元榜，则有机会获得网站赠送的纪念品。2003 年 1 月，香港电台网上广播站浏览访问次数已增加到每天 820 万人次，而香港电台全部的电视制作，也可以在网上收看。

香港商业广播电台　香港商业广播电台全名为香港商业广播有限公司，成立于 1958 年，简称商台。其主要频道为商业一台，频率为 FM88.1～89.5，所以又称雷霆 881，以资讯、时事和娱乐节目为主，是全港听众人数最多的电台；另一频道为商业二台，频率为 FM90.3～92.1，因此又称叱咤 903，以青年人为主要目标，经常播放流行歌曲，制作“广播剧”，以轻松、活泼、娱乐及创意为节目方针。香港商业广播电台的网站创建于 2000 年，网站内容包括新闻、音乐、娱乐等，以音频内容为主。

新城电台　新城电台成立于 1991 年，由李嘉诚的长江实业（集团）有限公司和香港的和记黄埔有限公司各持一半股权。新城电台于 2000 年上网，网站内容包括音频、文字和视频，既有即时财经新闻与娱乐内容，又有往期节目点播，还有一定的与节目相关的资讯等。为拓展内地业务，2006 年新城电台与内地以资讯娱乐内容为主的综合门户网站 Tom.com 开展了业务合作。

三、香港的网络电视业

在香港，以互联网技术为基础而衍生的新媒体形态中，以网络电视 IPTV（在香港被称为“宽频电视”）最为繁荣，前景最为看好。

据 Dittberner 公司在 2006 年底发布的“全球宽带用户调查报告”，我国香港地区的 IPTV 电视普及率达到 59.5%，成为全球 IPTV 普及率最高的市场；其中香港电讯盈科有限公司（简称“电讯盈科”）以 63.8 万用户稳居第一大 IPTV 运营商的位置。另外，香港城市宽频网络公司、香港有线宽频通讯有限公司（简称“香港有线宽频”）、香港银河卫星广播公司也都通过独立运营或合作运营的模式大力发展 IPTV 电视。

在这里，有必要介绍一下香港两大 IPTV 运营商——电讯盈科和香港有线宽频。目前这两大运营商已经垄断了香港的大部分网络电视业务。

2003 年 9 月，电讯盈科以“Now”为名开通了宽带电视业务。这一业务自推出以来，成功吸引了 30 多家著名的内容供应商，开设了包括免费和付费电视在内的上百个频道。到 2006 年底，已有 34% 的香港家庭收看“Now”宽频电视，其市场收益达 7.039 亿港元。丰富的内容是 IPTV 成功的关键。电讯盈科为了保证节目源的多样性，与不同的内容提供商签署合约，服务刚推出便可以提供 23 个频道，其中很多频道都是在香港首播的。2006 年，电讯盈科继续增添新频道，还推出自选电影的 VOD 服务，让用户自由选择喜爱的影片。从频道分类可以看出，电讯盈科将日常生活的公益内容像交通、天气这样的信息频道和新闻、儿童等频道免费向用户开放，把 HBO（Home Box Office，家庭影院频道）等电影内容和 ESPN 这样的体育频道以及 Channel［V］音乐频道作为收费项目，向用户收取收视费。

除了电视业务之外，电讯盈科还将宽带电视作为用户家庭信息化的重要组成部分，以加强用户手中遥控器的互动功能，将家中的电视机转化成电子交易工具。

香港有线宽频通讯有限公司成立于 1999 年，是电讯盈科的主要竞争对手，主要利用有线宽带网络发展 IPTV 电视。香港有线宽频也是一家综合性的、横跨电信和电视两大产业的媒体运营商。2001 年 8 月，香港有线宽频启动有线收费电视数字化工程，用户只要购买和安装机顶盒，就可通过电视机收看香港有线宽频子公司——有线电视台自己制作或集成的音视频节目，享受有线宽频旗下 I-CABLE 的宽带上网、语音电话、电子眼和家庭组合等多媒体增值服务，成为香港 IPTV 电视市场的一支生力军。从产业价值链的控制来看，香港有线宽频直接涉足了 IPTV 内容供应、内容集成、增值服务、网络运营多重环节，纵向整合的力度比电讯盈科有过之而无不及。

IPTV 之所以能在香港取得成功，与香港宽松的管制环境分不开。由于香港现行的广电和电信管理体制相互融合，并没有专门的 IPTV 管理政策，只是把 IPTV 业务作为收费电视业务进行监管，没有给 IPTV 的发展造成很大的障碍。另外，香港两大 IPTV 运营商电讯盈科和香港有线宽频的成功还与它们在 IPTV 产业链上所处的地位有关，如电信盈科具有卫星电视的运营背景，本身就不受内容因素的制约，再加上它自己经营网络传送，占据了整个产业链的所有核心环节。

第三节　澳门的新媒体事业

一、澳门的互联网业

澳门的互联网事业在发展之初并没有受到足够的重视。1996 年国际互联网络使用费大幅下降后，澳门的互联网普及率才达到与邻近地区比较接近的水平，各传统媒体才开始创办自己的网络版。目前上网的传统媒体有《澳门日报》、《华侨报》、《市民日报》、《新华澳报》、《讯报》、《体育周报》、澳门电视台、澳门有线电视等。

根据中国互联网络信息中心（CNNIC）的统计报告，截至 2009 年 1 月，澳门共有网民 33.8 万人，占澳门总人口的 66%。在所有已联网的计算机中，97% 为宽带上网，3%为拨号上网，宽带上网已经成为澳门家庭计算机最主要的联网方式，估计不久的将来拨号上网会成为历史。

2008年，在澳门有一个值得注意的现象：无线上网（包括由网络供应商提供的无线网络和用户在WLan网络内架设的无线网络）出现持续增长，虽然增长幅度不大，只由2007年的27%增长至2008年的29%，其中网络供应商的无线网络渗透率有两个百分点的增长，但是，无线上网似乎逐渐成为接入互联网的另一种主要方式。

在澳门，网民的网上活动主要体现在工具性使用方面，以查找信息、人际沟通和阅览新闻为主，消闲娱乐为次。超过75%的网民分别有使用搜索引擎、阅览新闻、使用电子邮件、查找与学习有关的信息的网络经验。其次有50%～70%的网民分别有使用即时通讯软件、网上论坛、下载音乐、上下载图片、网上查找字义或事实、浏览他人的博客和上政府网站等网络经验。值得注意的是，接近30%的网民有网上理财的经验；至于网上购物的经验，则维持在不到20%的水平。

在澳门，网民常去的网站以中文为主，超过80%的网民爱浏览香港的网站；相比而言，浏览本地网站的网民并不是特别多，由此可见香港的网站在澳门网民中的吸引力。而且在近两年，澳门网民浏览内地网站的比例呈现持续增长的趋势；在阅览新闻方面，则以本地新闻及香港新闻为主。

在电子政务方面，在过去三年里，有超过一半的网民很少或从不使用政府的网站；使用者大都以查资料为主，少数是进行双向互动，例如投诉、建议等。调查结果一方面反映出一般澳门网民对政府网站的冷淡，另一方面暗示电子政务的发展停滞不前。

对于澳门网民来说，使用搜索引擎及网上新闻占据最重要的位置，其次是电子邮件和即时通讯，显示互联网已经成为澳门网民日常生活中重要的信息获取和人际沟通的工具。

关于网络管制问题，大多数澳门民众对互联网持审慎怀疑态度，接近70%的民众认为网上信息需要管制，超过80%的民众不愿意在网上提供个人身份或信用卡资料。

二、澳门的网络广播及网络电视业

澳门电视台和澳门电台　澳门电视台和澳门电台同属于成立于1982年的澳门广播电视股份有限公司。2000年，澳门电视台和澳门电台“共用”一个网站（www.tdm.com.mo），同时开展网上业务。在网站首页上，澳门电视台和澳门电台的栏目罗列在一起，仅以不同的颜色加以区分。

澳门电视台在网上开设的主要栏目有：澳视新闻、澳视节目、TDM快讯等。

澳门电台在网上开设的栏目有：电台新闻、电台节目、节目快讯、DJ 档案、广告资讯等。

澳门有线电视公司 澳门有线电视公司于 1999 年 4 月获得澳门政府发放的为期 15 年的特许专营牌照，成为澳门唯一可提供有线电视服务的公司，并于 2000 年 7 月正式投入运营。

澳门有线电视公司于 2000 年 7 月 8 日创建网站，开设有：国际频道、亚洲频道、本地频道、体育频道、生态纪实、电影频道、教育频道、卡通戏剧频道、音乐时装频道及成人频道等。

莲花卫视 莲花卫视全称为“澳门莲花卫视传媒有限公司”，葡文为“Macau Lotus TV Media via Satélite, Limitada”，英文为“Macau Lotus Satellite TV Media Limited”，是澳门特别行政区行政长官批准的拥有 6 个不同卫星频道、提供卫星电视广播电信服务的卫星电视持牌公司。莲花卫视于 2002 年 10 月创建网站 www. lotusbtv. com，节目通过亚洲 3s 卫星发射，覆盖澳门、香港、大陆、台湾、东南亚等 50 多个国家和地区。澳门莲花卫视节目定位为全新经济、文化频道，节目以澳门旅游、会展、文化艺术以及介绍中国大陆投资环境、香港财经信息为主，是目前澳门唯一定位于提供财经、本土历史文化的专业电视频道。

第五编　新闻教育与学术史

第二十五章
早期新闻教育与学术研究

教育是个广义的概念，一切培养人的社会实践活动都可以称为教育。这样一来，新闻产生之时也就有了新闻教育——新闻活动过程中少不了有经验的新闻从业者向新进入者传递经验。第一个参加近代中文报刊编辑、出版工作的中国人梁发（1789—1855），15 岁（1804 年）时到广州打工，学画工及木版印刷，26 岁（1815 年）时随米怜到马六甲帮他印刷出版中文刊物《察世俗每月统记传》，就是这种早期新闻教育的典型表现。但我们一般论述的新闻教育则不是这种“学徒式”教育，而是学校教育，且是高等学校教育，即在大学中设立了专门的机构，有了专门的老师，进行持续性的专门、高级人才的培养。如此，新闻教育的产生必定是在新式大学产生之后。

同样，学术也是个宽泛的概念，任何观察、思考的文字表达都可以视为研究。1834 年 1 月，《东西洋考每月统记传》上刊登了一篇论述新闻的专文——《新闻纸略论》。① 它不仅是一篇新闻研究专文，而且体现了相当程度的系统化。但我们今天所谓的新闻学研究，是指知识系统和方法系统，特别强调其系统化，而不是片段式、零散化的思考。系统化的研究，表现在具体形式上，就是论文和著述。因此，专著的出版在一定程度上代表某一研究的初步成熟。新闻从业人员是早期新闻研究的主体，但学术研究的特性却告诉我们只有当新闻教育产生之后，研究才可能系统化、专门化。所以，教育和学术有一种内在的相关性。1918 年成立的北京大学新闻学研究会既可以视为我国新闻教育的起点，也可以作为我国新闻学术研究的出发站。

第一节 前新闻学时期的新闻教育与学术研究

如前所述，我国新闻学研究的发端可以追溯到 1834 年 1 月发表在《东西洋考每月统记传》上的《新闻纸略论》一文。此阶段的新闻学研究成果往往表现为论述新闻（往往是报刊或报纸）的专文、创办报刊的发刊词（或缘起、启事、说明

---

① 该文发表的具体时间目前尚有争议。1834 年 1 月为李秀云经考证过的说法。参见李秀云《中国新闻学术史（1834—1949）》，新华出版社 2004 年版，第 14 ~ 15 页。

等）等。据统计，这类研究大概有103篇。①

外国传教士是我国第一批报人，他们在中国出版的报刊上陆续发表对新闻的论述，为其办报进行合法性论述。主要文章有花之安的《新闻纸论》(1883)、李提摩太的《论报馆》(1898) 等文。随着商业报纸在中国的发展，在这类报纸上也出现了大量论述报纸的文章。《申报》是其主要代表，刊有《邸报别于新报论》(1872)、《论新闻日报馆事》(1874) 等文。《字林沪报》也刊有不少这方面的论文，如《论报馆立言应实事求是》等。从19世纪70年代起，一批具有改良主义思想的知识分子，开始创办报刊，并著文论述报纸推动社会改革的作用。代表性的有王韬的《论各省会城宜设新报馆》、郑观应的《日报》、陈炽的《报馆》等。

梁启超发表在《时务报》创刊号上的《论报馆有益于国事》(1896) 一文是这一时期的代表。在这篇文章里，他把报纸比喻为"耳目喉舌"("耳目喉舌"论由此发端)，有"去塞求通"、"上通下达"的作用，因此，"阅报愈多者，其人愈智；报馆愈多者，其国愈强"，即：一个国家的报馆越多，它就越强大；一个人阅读的报纸越多，他就越聪明。② 因此，应大力发展报纸。

由此可见，此阶段的研究主要出自报人之手。另外，这些人要么是外国人，要么有海外经历，熟悉欧、美、日报刊状况，在政治上主张学习西方。在他们看来，近代报刊是西方政治制度的一部分。由于近代报刊在当时是个新事物、舶来品，再加上当时清政府对之持禁止态度，所以此阶段新闻学研究的重中之重是大声疾呼报刊之于国、民和社会的功能，即"有利"说。既然"有利"，当然应该积极创办。另外，介绍国外报刊的状况以及报刊的业务操作也是主要内容。就研究方法而言，主要是理论推演法。其基本逻辑是，由西方先进国家报纸普遍很发达这一直观观察和体验，得出报纸是有利于国家和民众的，因此应大力创办报刊。另外，还把中国古代报纸，如邸报、京报等，与源自西方的近代报刊作比较，强调它们并不是一回事。

除上述研究外，此阶段还出现了少许翻译过来的新闻学著述。其中有两本译著不得不提。一是《新闻学》。日本第一本新闻学专著松本君平的《新闻学》(又名《欧美新闻事业》，出版于1899年）于1903年由商务印书馆译成中文在上海出版。这是我国出版的（尽管不是中国人所写的）第一本新闻学著作，对我国新闻学研究颇有影响。梁启超和徐宝璜都曾摘引过其中的内容。③ 全书共36章，主要是关于报馆各机构的职能以及各新闻从业人员在报业管理、采访、写作、编辑等方面工

---

① 李秀云：《中国新闻学术史（1834—1949)》，新华出版社2004年版，第37页。

② 梁启超：《论报馆有益于国事》，载《饮冰室合集》，第1册，中华书局1989年版，第100～103页。

③ 《新闻文存》前言。载《新闻文存》，中国新闻出版社1987年版。

作的叙述，同时也介绍了欧美一些国家（英、美、法、德、俄）新闻事业的现状。二是《实用新闻学》。美国第一本新闻学专著休曼的《实用新闻学》(出版于1903年）于1913年由史青译成中文，由上海广学会出版。全书共16章，6万多字，内容涉及美国报纸的演变历史、新闻从业人员的责任与待遇、新闻采访与写作、怎样办星期日报、广告的制作与刊登、新闻法与版权法等。从这两本书的出版来看，我国新闻学的系统化研究与西方几乎是同步的。另外，由于这两本书基本上是直接或间接地源于美国，所以我国新闻学研究从其开端上来看受美国影响最大。

国人自著的第一本报史资料集是章士钊著《苏报案记事》，1908年由上海文海出版社出版。中国第一本地方报业史专著是姚公鹤著的《上海报业小史》,① 1917年由商务印书馆出版。由于其系统性不够，在学术性上并不比该阶段代表性的研究专文高深多少。但这也昭示着，我国新闻学研究，首先是从历史研究开始的。

新闻教育也开始萌芽。1910年8月，报刊活动家狄楚青（原名葆贤，字楚青，号平子)、于右任等发起建立了“全国报馆俱进会”。1912年，该会在上海召开特别大会，决议设立新闻学校，但未实行。②

第二节　近代新闻学的建立与新闻教育的发端

1918年10月14日，北京大学新闻学研究会正式成立。它是我国第一个新闻学研究团体，也是中国新闻教育的发端。校长蔡元培为该会拟定了简章，规定其宗旨是“灌输新闻知识，培养新闻人才”。研究的主要内容包括新闻的范围、选题、采访、编辑、通讯方法以及报社和通讯社的组织等。会长由蔡元培担任，由留美归国的徐宝璜教授和著名记者邵飘萍任导师。徐、邵等利用星期日上午给会员讲课，传授新闻学知识。该会还出版了《新闻周刊》，这是当时中国唯一传播新闻学知识的报纸。自此，中国新闻教育和学术研究正式步入系统化阶段。

此阶段新闻学研究的成果主要是学术著作，也出版了新闻学术期刊——1927年1月，北京新闻学会出版了中国第一份纯新闻学术期刊《新闻学刊》。

新闻学术专著涵盖了新闻理论、业务和历史三大部分，如任白涛著《应用新闻学》(1922)、黄天鹏著《新闻与新闻记者》(1922)、邵飘萍著《新闻学总论》(1924)、伍超著《新闻学大纲》(1925)、戈公振编译《新闻学撮要》(1925)、蒋国珍著《中国新闻发达史》(1927）等。此外，还有一些译著，如安杰尔著、张友松

---

① 该书先是在《东方杂志》(14卷（1917）第6、7和12号）上发表的。出版时是《上海闲话》中的一篇长文。因此，也可以视为专文，而不是著作。

② 赵建国：《中国报界俱进会与近代报界群体意识的自觉》，《新闻大学》，2007年第4期。

译《新闻事业与社会》(1927) 等。其中，最具代表性的是徐宝璜著《新闻学》(1919)、邵飘萍著《实际应用新闻学》(1923) 和戈公振著《中国报学史》(1927)。三本专著的出版标志着学科意义上的新闻学在我国初步建立。

徐宝璜 (1894—1930) 是我国著名的新闻学家、新闻教育家，在我国新闻史和新闻学史上享有盛誉，被称为"中国新闻界最初的开山祖"。他第一个在大学里讲授新闻学课程，第一个参与创办新闻学研究团体，第一个出版新闻专著。《新闻学》一书，发表时曾名《新闻学大意》，后又改名《新闻学纲要》，于 1919 年由北京大学新闻学研究会出版，是中国最早的新闻学专著。蔡元培称之为"破天荒之作"。邵飘萍评价道："无此书，人且不知新闻为学，新闻要学。"该书共 14 章约 6 万字，内容涉及新闻理论、新闻业务和新闻事业的经营管理等方面，对新闻的定义、要素、价值，新闻媒体的性质、任务、作用，新闻的采访、编辑、写作以及广告等内容都有论述，初步构建了我国早期新闻学的理论体系，标志着我国新闻学正式诞生。

《实际应用新闻学》，又名《新闻材料采集法》，著者为我国民国时期著名记者、报人、新闻教育家、新闻学家邵飘萍。该书于 1923 年由京报馆出版发行，是中国人自己编写的第一部论述新闻采访学的专著。全书共 14 章，约 6 万字，内容包括记者的地位、资格与准备，新闻价值，采访方法、注意事项及新闻写作等。另外，书中还有大量他自己的采访实例。可见，该书非常注重新闻业务（尤其是采访）操作层面的论述，尽管它没有创立一个独立的新闻采访学体系，① 但从学术发展史的角度而言，它仍然是我国早期应用新闻学研究的代表。

《中国报学史》，② 共有 6 章，28 万多字，首版于 1927 年，被认为是第一部系统研究中国报业发展史的专著，新闻史研究的奠基之作，对后世新闻研究产生了深远影响，在国外也有一定影响。著者戈公振是我国 30 年代著名的新闻记者、中国新闻史研究的开拓者和我国早期的新闻教育家。该书以丰富而翔实的材料，首次全面、系统地叙述了中国新闻事业发展的历史，是我国第一部新闻学通史。1925 年，戈氏曾为上海国民大学报学系教授，讲授的就是《中国报学史》，该书也是在讲义基础上形成的。资料翔实、从文化和社会发展以及报刊经营管理的角度来论述新闻史成为我国新闻史研究的传统。

上述三本著作分别从理论、业务和历史三大块初步构建了我国新闻学的理论体系，作为学科意义上的新闻学由此诞生。

---

① 谭启泰：《邵飘萍与〈实际应用新闻学〉》，载《新闻文存》，中国新闻出版社 1987 年版，第 482～487 页。

② 除第一章和第六章简单论述了"报学"外，其余四章都是阐述我国报刊业发展历史的，因此，该书实为中国新闻史或中国报刊发展史。

从研究主体来看，新闻从业人员占据绝对主导地位。以新闻业务研究为主自是难免的。另外，由于此时新闻教育已经在大学中设立，并成立了一些新闻学组织和团体，如任白涛1922年在杭州创立的“中国新闻学社”（《应用新闻学》一书即是以学社名义出版的）、黄天鹏等人发起于1922年在北京成立的“中国新闻学会”（《新闻与新闻记者》也是以该学会名义出版的，该学会还创办出版了《新闻周刊》）。这些研究者大多又是新闻教育者和团体或组织的成员。因此，新闻学研究有了专门的机构。上面述及的三本奠基性著述无一例外地都是在讲义基础上修改而成的。新闻研究和新闻教育的内在关联性可见一斑。此阶段的研究者还大多有海外（主要是日本和美国）留学经历，西方新闻思想和学术经由他们直接成为此阶段我国新闻学术的一部分。在研究思路和方法上，较多地体现为一种“本体意识”，即注重对新闻、新闻现象、新闻事业本身的论述，受意识形态影响较小。此时的中国，军阀混战，各势力集团无暇顾及教育与学术。虽然时有迫害新闻记者、打压新闻自由的事件发生，但从整体上而言，中国新闻界获得了一定的自由空间，政治对新闻实务和学术的干预较少，教育、学术的逻辑得以张扬，为新闻传播学术研究提供了难得的机遇。

新闻教育方面，除北京大学成立新闻学研究会“灌输新闻知识，培养新闻人才”外，还有一些大学陆续开设了相关课程、专业和系科，总计约12家。①

1920年，上海圣约翰大学在普通文科中增设报学系（后称新闻系），聘时任《密勒氏评论报》主笔毕德生（D. D. Ptterson）兼职主持系务。利用晚间授课，选读的学生达四五十人，并出版英文《约大周刊》。该系用英语授课，课程仿照密苏里大学新闻学院的课程，主要有新闻、编校、社论、广告以及新闻学原理、新闻史等。这是中国大学正式创办的第一个新闻系科，也是亚洲第一个新闻学系。②

1921年，美国密苏里大学新闻学院第一任院长威廉博士（Dr. Walter Williams）曾在北京大学发表题为《世界的新闻学》的演讲，并带来了该院同学致北京大学同学的一封公开信，鼓励中国发展新闻教育。这对我国新闻教育的发展有相当促进与鼓舞作用。

1921年，厦门大学设报学系，学生仅1人，1922年增至6人，1923年停办。

1923年，北京平民大学设立报学科，学制四年。徐宝璜任系主任，京报社长邵飘萍等为教授。学生除课堂学习外，还去报馆实习，并成立了新闻学研究会，曾创办、出版《北京平民大学新闻学系报刊》。这是中国人自办的正规大学新闻

---

① 李建新：《中国新闻教育史论》，新华出版社2003年版，第40页。

② 参见1922年7月12日美国新闻期刊 *Editor & Publisher*，转引自罗文辉《密苏里大学新闻学院对中华民国新闻教育及新闻事业的影响》，载《新闻学研究》第41期（1989年4月），第201～210页。

教育。

1924年，北京燕京大学设立报学系（后称新闻系），美国人白瑞华（Britton, Roswell Sessoms）为系主任，聂士芬（Vernon Nash）等为教授。由于学系建制、设施均不完备，仅在文学院开设了用英语讲授的新闻学课程。该系虽受学生欢迎，但一开始选修的只有11人。1927年，白瑞华辞职，该系暂停，直到1929年才正式恢复建系，1952年并入北京大学。

复旦大学中文系于1924年秋开设新闻学讲座，由陈望道主持；1926年扩大为新闻学组，由邵力子主持；1929年建立新闻系，文学家谢六逸为系主任。

1925年，上海南方大学设立报学系，《申报》协理汪英宾兼任系主任，《时报》编辑戈公振讲授访事学。该系分设本科和专修科，必修课程主要有报学原理、广告原理和访事学等。

此外，北京民国大学、国际大学于1924年设立报学系。上海沪江大学、光华大学、大夏大学于1926年创办报学系。另外还有一些函授新闻教育。

至此，我国新闻教育已初具规模。由于此阶段新闻媒体主要是报纸，所以新闻学系多称报学系。创办者主要是教会大学、私立大学。教师主要是来自报刊实务界的报人、编辑、记者，且多为兼职。主要围绕新闻业务，如采访、写作、编辑、广告等开设课程。除理论学习外，还通过自办报刊、直接到报馆实习等方式，强调实践技能的教育。新闻系科、课程虽受学生欢迎，但学生少，规模小，持续时间不长。由于美国新闻从业者、学者和教师直接参与创办了我国早期的新闻教育，又用英语授课，所以我国早期的新闻教育受美国新闻教育模式影响较大。

第二十六章
民国统一时期的新闻教育与学术研究

1928年，南京国民政府建立，中国实现了名义上的统一。国民党政府作为中央政府，是中国政治舞台上的主导力量。同时，五四运动之后，中国共产党作为一股政治力量开始登上政治舞台，并渐渐成长壮大，渐具与国民党抗衡的实力。除此之外，还有走第三条道路的民间势力。在这样一个两极对立的政治生态下，作为意识形态一部分的新闻事业，包括新闻教育和新闻学术研究在内，必定会与相应的政治力量有内在的呼应。新闻教育、新闻学术研究受政治的影响开始逐渐加深。

从历史发展的过程来看，本时期又可以分为几个不同的阶段。第一个阶段从南京国民政府成立到抗日战争爆发，新闻教育和新闻学术都迎来了一个大发展。第二个阶段则是抗日战争阶段，全民抗战，同仇敌忾；在抗战旗帜下，共产党的势力迅速发展壮大。战时新闻学和新闻教育出现，新闻学研究与新闻教育成两极形态。第三个阶段从抗日战争胜利至中华人民共和国成立，国共重开战，阶级矛盾成为最主要的矛盾，新闻学研究与新闻教育艰难发展。

第一节　中国新闻教育和新闻研究的发展

包括新闻教育和新闻学术研究在内的中国新闻事业在20世纪二三十年代迎来了其发展史上的一个好时期。

延续上个阶段出版的新闻著述有：张静庐著《中国的新闻纸》(1928)和《中国的新闻记者》(1928)、周孝庵著《最新实验新闻学》(1928)、郭箴一著《上海报纸改革论》(1930)、陶良鹤著《最新应用新闻学》(1930)、吴定九著《新闻事业经营法》(1930)、李公凡著《基础新闻学》(1931)、杜超彬著《新闻政策》(1931)、季达著《宣传学与新闻记者》(1932)、赵敏恒著《外人在华的新闻事业》(1932)、郭步陶著《编辑与评论》(1933)、胡道静著《上海新闻事业之史的发展》(1935)、梁士纯著《中国新闻教育之现在与将来》(1935)、谢六逸著《实用新闻学》(1936)、刘觉民著《报业管理概论》(1936)、徐润若著《报纸发行学》(1936)等。此外还有新闻学术论文集，如管照微编辑的《新闻学术论》(1933)等。继1927年北京新闻学会创办《新闻学刊》之后，新闻学术期刊陆续创办，如北京新闻学会

1928年创办的《新闻周刊》、1930年上海记者联合会创办的《记者周报》、燕京大学新闻系1932年创办的不定期期刊《新闻学研究》、创办于1934年由申时电讯社主编的《报学季刊》、1935年复旦大学新闻学会发行的《新闻学期刊》等。

此阶段最具代表性的新闻学研究者是黄天鹏。

黄天鹏（1909—1982），名鹏，字天鹏，广东普宁人。青年时代在北京读书，因被北洋军阀追捕而逃亡日本，入早稻田大学攻读新闻学，撰写《中国新闻事业》（1930）一书。1926年发起成立北京新闻学会，主编会刊《新闻学刊》。1928年8月，在北平《全民日报》主编中国新闻学会会刊《新闻周刊》第1～3期。同年年底在沪任《申报》主笔、《时事新报》副刊《青光》主编。1929年3月主编《报学月刊》。1930年开始任复旦大学新闻系教授，创办新闻学研究室，兼任沪江大学、新世纪函授学校教授，先后编写29种新闻学著作、6种新闻学论文集。① 1937年随上海记者团去东北调查。抗日战争爆发后，曾任重庆《时事新报》经理兼中央政治大学新闻系教授。1939年5月，日机滥炸重庆，《中央日报》、《大公报》、《时事新报》等一度联合出版，被推为联合版经理。1945年担任中央印务局总管理处处长。抗日战争胜利后，定居南京，从事侨务工作。1949年去台湾，曾任台湾"国民大会"主席团成员，先后兼任中央大学、政治大学、师范大学、中国文化学院、政工干校、世界新闻专科学校教授。组织中国宪法学会，主编《宪政时代》。1982年3月24日逝世于台北。代表性新闻学著作包括《新闻学概论》(1930)、《中国新闻事业》(1930)、《新闻记者的故事》(1931)《新闻记者外史》(1931)、《怎样做一个新闻记者》(1931)、《新闻学入门》(1933)、《新闻学概要》(1934)等。黄氏以其新闻学著作之多、涉猎面之广、在新闻学研究中所起的组织和带动作用之大，实为该时期新闻学研究的集大成者。他对"商业化"和"国有"两种报业经营方式都不满意，认为报纸应该由合法的团体经营，并组织专门协会对报业进行协调管理，以发挥报纸社会公器的作用。

将此阶段的新闻学研究置于整个新闻学术发展史上来看，除研究成果数量多外，其最明显的特点是研究更加专门化，即不再将新闻或报纸作为一个整体来论述，而是对记者、编辑、评论、新闻教育、外人在华报刊、新闻政策、新闻经营与管理、宣传学等都有专门论述，研究范围进一步扩大。另外，学术研究进一步组织化，出现了新闻学术期刊，核心人物（黄天鹏）以及对学术史的梳理，② 学科意义上的新闻学更加凸显。

---

① 甘惜分主编：《新闻学大辞典》，河南人民出版社1993年版，第731页。

② 如黄天鹏的《新闻运动之回顾——新闻学名论集中代序》(1930) 等。

此阶段新闻教育也有新发展。1928 年，谢英伯①在广州创办中国新闻学院，后更名为中国新闻学校。这是我国目前所知最早的专业新闻学校。次年，该校归广东全省新闻记者联合会主办，并迁往东堤国民党广州市党部旧址。该校秋季起除设预科、本科外，并设附属中学部、华侨新闻学速成科、新闻学函授部。

1928 年 12 月，顾执中②创办上海民治新闻学院，任院长。由于资金不足，校舍简陋，第一届只招收 40 多人，夜间上课；以后开设日班，每期招生 50 多人，最多时招生 100 人。③ 1932 年后该学院改名为民治新闻专科学校。该校出版《新闻记者》月刊，附设中国新闻函授学校。学制两年，课程有新闻采访、新闻编辑、新闻写作、报业管理、印刷、摄影、外文（英、俄、日语）、时事分析、历史、地理，国际公法、写事常识、哲学等。重点是新闻采访、新闻编辑、时事分析及摄影。每学完一个学期，即进行实习。招收的学生大部分没有高中文凭，但也有少数大学毕业生与留学美国的博士生。聘任的教师有严独鹤、李中道、戈公振和日本记者奥宫正澄。1940 年 8 月，顾执中遭汪伪特务枪击负伤出走香港，学校停办。

该阶段创办的新闻系科比较著名的还有：

1929 年秋，上海复旦大学新闻系从原中国文学科独立出来，正式成立，谢六逸④任首任系主任，聘请戈公振、周孝庵、赵君豪担任相应课程，黄天鹏、郭步陶等也曾兼任教授。新闻系教师也去报社兼职，如谢六逸主编过《立报》副刊、《国民月刊》等。学制四年。培养目标定位“养成本国报馆编辑人才与经营人才”，课程设置则“理论与实践并重，教学与科研并重”。因此，非常注重学生实践能力的培养。低年级去报社参观，高年级除实习外，还参与校刊《复旦五日刊》的编辑。1931 年还成立了“复新通讯社”。该系师生还非常注重学术研究。1929 年成立了

---

① 谢英伯（1882—1939），广东梅县人。1902 年担任《亚洲日报》总编辑，1904 年又主办《开智日报》。此后，他先后在《中国日报》、《东方报》、《少年中国报》、《拒约报》、《国民党周刊》、《民国日报》等 20 多个报刊社任职。

② 顾执中（1898—1995），上海人。1923 年进上海《时报》任记者，1926 年任上海《新闻报》采访部主任，1928 年在上海创办民治新闻学院，任院长。1942 年他又在重庆创办重庆民治新闻专科学校。1946 年到 1954 年在上海续办民治新闻专科学校。1983 年、1985 年他又与他的早年学生一道分别在重庆和北京恢复了民治新闻专科学校。

③ 《上海新闻志》，http://www.shtong.gov.cn/node2/node2245/node4522/node5862/node5864/node63748/userobject1ai9037.html

④ 谢六逸（1898—1945），号光燊，字六逸，贵阳人。我国现代新闻教育事业的奠基者之一。1926 年应聘为复旦大学国文科新闻组教授。1929 年该校成立新闻系，担任第一任系主任，历时 10 年，做了大量奠基工作，并提出新闻记者须具备“史德、史才、史识”三条件。此举为全国大学设新闻系之嚆矢。1935—1937 年，兼任上海《立报》文艺副刊“言林”主编。所刊作品文短意长，别具一格，被称为“言林体”。著有《实用新闻学》、《国外新闻事业》、《新闻储藏研究》、《什么是报章文学》等新闻学著作。

复旦大学新闻学会。1930年又由黄天鹏倡议成立了新闻学研究室。还曾创办新闻学刊、举办报刊展览。在这种浓厚的学术氛围下，产生了一批著述，既有学生的（如陶良鹤、郭箴一、杜绍文），也有教师的（如谢六逸著《新闻教育之重要及其设施》、管照微主编的《新闻学论集》等）。

关于新闻教育，戈公振认为新闻学是无条件的一种国民必修科，新闻教育不仅仅要竭力提倡，而且应该十分尊重才是。① 谢六逸认为由于新闻教育缺乏，近代报纸在中国是早已失掉了它的功能，埋没了它的使命。因此，“新闻教育”在当时的中国是最切要的。在他看来，“新闻教育”应当包含两个层面，一是在普通学校（初高级中学及职业学校）开设新闻学的相关课程，讲授新闻学知识，并指导学生为学校办校报等。开设新闻学课程有利于学生写作能力的养成，新闻阅览的研究，新闻好坏的鉴别，还可以为职业教育做好准备，通过报纸上的文字，感受到活鲜鲜的教育。二是在专门及以上的学校开办新闻学系，为报馆培养人才。在大学的文学院开办新闻学系或新闻学专修科，是学校的需要，社会的需要，学生的需要。关于新闻学系设施的问题，他认为应包括三方面：课程、设备和永久的计划。② 他的这些论述既说明了当时我国开办新闻教育的基本背景，又阐释了其必要性以及开办新闻教育的条件。他还提出了在普通学校开设新闻课程的必要性。这些提法和建议一直到今天仍不乏实际意义。

1933年2月，成舍我③创办世界新闻专科学校。先开办附属的初级职业班，不收学费。1935年9月，又办附属高级职业班。1937年开办本科，但因北京沦陷，尚没开学即停办。

1935年创办的国民党中央政治学校新闻系是政党新闻教育的代表。1934年，

---

① 戈公振：《新闻教育之目的》，原载《报学月刊》第1卷第2期（1929年4月），转引自陈桂兰主编《薪继火传——复旦大学新闻传播论文集（1929—1999）》，复旦大学出版社1999年版，第55～61页。

② 谢六逸：《新闻教育之重要及其设施》，原载《教育杂志》第22卷第9期（1930年12月），转引自《薪继火传——复旦大学新闻传播论文集（1929—1999）》，复旦大学出版社1999年版，第11～20页。

③ 成舍我（1898—1992），原名成勋，后名成平。舍我为笔名，湖南湘乡人。早年曾任奉天（今沈阳）《健报》编辑、上海《民国日报》副刊主编等。1918年考入北京大学中文系，并任《益世报》(北京版）主笔，采访主任、总编辑。1924年在北京创办《世界晚报》，次年增出《世界日报》、《世界》画报，并在北京创办世界新闻专科学校。1927年在南京创办《民生报》，1934年被国民党当局查封。1935年赴上海创办《立报》。抗日战争时期，在香港和重庆相继主持《香港立报》和《世界日报》。抗战胜利后恢复出版上海《立报》和北平（今北京）《世界日报》。1952年由香港去台湾，在台湾各大学任教。1956年在台北创办世界新闻专科学校（现名世新大学，是台湾新闻教育历史最悠久、实力最强大两所大学之一）。后任世界书局董事长。1988年在台北创办《台湾立报》。

该校决定在外文系开设“新闻学概论”课程，马星野①主讲。在此基础上，1935年成立了新闻系，程天放任首任系主任，次年由马星野继任。1937年，因战争爆发而一度停办，1943年恢复。作为政党新闻教育机构，该系把“笃信三民主义”作为宗旨之一，主要为国民党政文化宣传机构培养工作人员。课程设置主要参照美国密苏里新闻学院的课程设置。当然“三民主义”也是必修课程之一。除马星野外，陈固亭、俞颂华、潘公展曾担任相关课程的讲授工作。

除上述正规大学新闻教育外，还有函授新闻教育（如1931年创办的济南新闻函授学校）、大学与报社合办的新闻教育机构（1932年创办的沪江大学商学院新闻科就是该校与《时事新报》、《大晚报》、《大陆报》、申时电讯社合办的）、报社自办的新闻教育机构（如1933年创办的申报新闻函授学校）。

总结上述新闻教育的概况，我们不难发现，虽然该阶段有了政党新闻教育，但从整体上而言，此阶段新闻教育基本上延续了1918—1927年间新闻教育的做法，只不过大多数由中国人创办而已。

第二节 战时新闻学和新闻教育的出现及两极新闻学和新闻教育的形成

一、“战时新闻学”的出现

抗日战争的全面爆发标志着中华民族与日本侵略者之间的矛盾成为当时中国社会的主要矛盾。主流报纸，连同新闻论述，都开始围绕着战争展开。受战争的影响，新闻教育机构要么停办，要么颠沛流离，辗转多地，处于极不稳定的状态中。因此，新闻研究和新闻教育都呈现出一种战时特征。

此阶段代表性著作有梁士纯著《战时的舆论及其统制》(1936)、赵占元著《国防新闻事业之统制》(1937)、王新常著《抗战与新闻事业》(1938)、任白涛著《抗

① 马星野（1909—1991），原名允伟，笔名星野，浙江平阳人。1926年，考入厦门大学，次年又考入南京中央党务（后改政治）学校。1931年被派往美国密苏里大学新闻学院深造。1934年秋，应中央政治学校之聘，在该校讲授新闻学概论、新闻事业经营与管理等课；次年负责筹建新闻系，出任系主任。抗战时期，随学校迁往重庆，又在系内添设新闻专修科和专修班；1942年，兼任国民党中央宣传部新闻事业处处长。抗战胜利后回到南京，初任中央宣传部特派员，旋任中央日报社社长。1947年被选为新闻界国民大会代表。次年出席联合国首次世界新闻自由会议，会后访问美国各大报社及通讯社。1949年后，随“中央日报”社迁台湾，继续任社长。1964年，回台北接任“中央通讯社”社长，后改任董事长。1972年当选台湾“中国新闻学会”理事长。曾获美国密苏里大学新闻学院“杰出新闻事业终生服务最高荣誉奖”。

战期间的新闻宣传》(1938)、任毕明著《战时新闻学》(1938)、郭沫若著《战时宣传工作》(1938)、雷乙鸣著《战时宣传技术讲话》(1938)、中国青年记者学会编《战时新闻工作入门》(1939)、刘光炎著《战时新闻记者的基本训练》(1940)、杜绍文著《战时报学讲话》(1941)、孙义慈著《战时新闻检查的理论与实际》(1941)、彭乐善著《广播战》(1943)、田玉振著《战时新闻工作的途径》(1944)等。①

"常规性"新闻著作一般也专设章节论述"战时新闻",如赵君豪著《中国近代之报业》(1937)专设"战时新闻采访"一章;王文彬著《采访讲话》(1938)设有"战时新闻采访法";张西林编著《最新实验新闻学》(1945)设有"战时新闻"一章。

此外,该阶段的新闻研究组织、学术期刊都把"战时新闻"作为核心话题。

"战时新闻学"只是当时"战时"著作大量印行的一个缩影。该阶段还有战时经济学、战时公路交通、战时农民运动、战时文化运动、战时社会行政、战时外交、战时教育、战时文学等大量"战时"研究系列,但以战时新闻和战时经济研究为最多——与社会联系愈紧密,愈容易受到社会动荡的影响。

"战时新闻学"认为,在"战时"这种特定社会历史条件下,新闻是政治斗争的工具。一切学理,包括新闻学在内,本身具有战斗性,是战争中有力的文化武器。学者们呼吁新闻界义不容辞地担负起抗战救国的重担和历史责任。为此,舆论应一致,应该牺牲一定的新闻自由,接受新闻检查。由此可见,这些论述的基本逻辑是将新闻事业、新闻学纳入到整个抗战体系中去,新闻界有力量参与并且应该积极投入到全民抗战中去。这些论述也为战时新闻检查、新闻政策等提供了合法性,为新闻界积极投入到抗战中摇旗呐喊。这显示出中国学者在重大历史关头,勇于担当社会责任的优良传统。

二、"两极"新闻学的出现

"战时新闻学"只是抗战时期新闻学研究的一部分,还有一部分是由于国共两党对立所形成的"两极"新闻学。

1942年之前,共产党人也有一些关于无产阶级新闻学的论述。如李大钊《在北大新闻记者同志会成立会上的演说》(1922年2月12日)、1936年张友渔出版的《新闻之理论与现象》等。共产党领导下的"中国新闻学研究会"在《宣言》中说:"我们除了致力新闻学之科学的技术的研究外,我们更将以全力致力于以社会主义为根据的科学的新闻学之理论的阐扬。"② 但无产阶级新闻学的系统化阐述还是在1942年延安《解放日报》改版以后。

① 参见李秀云《中国新闻学术史(1834—1949)》,新华出版社2004年版,第177页。
② 吴廷俊:《中国新闻传播史稿》,华中科技大学出版社1999年版,第219页。

1942 年 4 月 1 日，《解放日报》在中共中央指导下进行改版（目的是“要使《解放日报》能够成为真正战斗的党的机关报”），并登载了中共中央宣传部《为改造党报的通知》和改版社论《致读者》，论述了党报的党性、群众性、战斗性及组织性原则。这两篇文献，连同毛泽东《在〈解放日报〉改版座谈会上的讲话》，解放日报《党与党报》、《提高一步》，胡乔木《报纸是人民的教科书》，陆定一《我们对于新闻学的基本观点》，陶铸《关于部队的报纸工作》等文献一起，初步奠定了马克思主义新闻学的基本观点、内容和方法。

陆定一的《我们对于新闻学的基本观点》一文首次发表在 1943 年 9 月 1 日延安《解放日报》上。文章对新闻的本源和新闻的真实性等新闻学的基本问题，用马克思主义观点进行了论述。文章阐明，新闻的本源是事实，是对新近发生的事实的报道，事实在先，新闻报道在后，这是唯物论的观点，也是与唯心论在新闻学理论中的一条明确的界线。新闻工作者在采访、编辑中，应力求尊重客观的事实，并与革命立场结合起来，才能成为一个彻底的唯物主义的新闻工作者。文章指出：“只有为人民服务的报纸，与人民有密切联系的报纸，才能得到真实的新闻。”①因此党报必须把专业的新闻工作者与非专业的新闻工作者结合起来；新闻工作者必须时刻勉励自己，做人民的公仆；办党报的人要牢记群众的力量是伟大的，树立群众观点。

从研究主体来看，国共双方的文宣大将开始强势介入新闻学研究队伍中。如前所述，在毛泽东的带领下，共产党许多领导人都介入到新闻学的研究中，文宣战线的领导人更是从学理层面对马克思主义新闻学进行阐释。国民党亦是如此，除了对新闻界实行“党化”政策外，还派出大量官员出任高校领导职务。在党派色彩浓厚的政治大学，历任领导都在国民党内有较高职务。② 新闻教育和学术由于与意识形态的一体化关系，更是得到国民党高层的格外关注。曾任政治大学新闻系主任的程天放、马星野、潘公展、詹文浒分别担任过国民党中央宣传部副部长、国民党中央宣传部新闻事业处处长、中央宣传委员会主任委员、国民党中央机关报《中央日报》副社长等要职，拥有雄厚的政治资本。虽然他们也拥有教育资本（程、马、詹均有海外留学背景，程、詹分获博士、硕士学位）和实务资本（就国民党党派报纸而言，政治资本与实务资本是高度合一的），但政治资本是他们进入学术场域的主要资本。

三、关于新闻学研究方法的论述及学科的进一步发展

关于新闻学研究方法的论述也开始成为学者的必修课。李公凡在《基础新闻

① 《中国共产党新闻工作文件汇编（下）》，新华出版社 1980 年版，第 187 ~ 196 页。

② 李建新：《中国新闻教育史论》，新华出版社 2003 年版，第 128 页。

学》第一章（绪论）中辟专节论述新闻学研究方法。“我们要研究新闻学，要对于新闻学有正确的认识，就须先求得正确的研究方法。”① 他提出的研究方法有：历史法、观察法、比较法和实际的研究法（即理论与实际相结合）。黄天鹏的《新闻学入门》(1933) 主要内容则是研究新闻方法——上篇：研究新闻学的方法；中篇：研究新闻纸的方法；下篇：研究新闻事业的方法。当然，他这里的方法是广义的。他认为新闻学研究必须从科学方法着手，“同时也要并重实际的试验、分析的研究法”。② 研究方法的提出主要受西学的影响，不管是学者的论述还是具体应用都比较稚嫩，但它超越了“文学作品创作法”，甚至出现了定量研究。③ 共产党人的新闻学研究，则是马克思主义的方法，如“事实说”、“党性原则”、“阶级斗争说”等。研究方法得到重视是学科发展和成熟的标志。这个时期新闻研究中对研究方法的探讨，说明新闻学的学科特征更加鲜明。

标志着新闻学学科进一步发展的还有专业学术期刊的创办，如《新闻记者》(中国青年记者学会会刊，1938 年 6 月创办)、《新闻学季刊》(中央政治学校新闻学研究会主编，1939 年 11 月创刊于重庆。后停刊五年，1947 年在南京复刊) 等。

四、战时新闻教育的形成

抗战爆发后，北京、南京、上海、武汉等内地大学纷纷辗转向西南地区迁徙，新闻系科有的暂时停办，多数随大学一起颠沛流离。

1937 年 7 月卢沟桥事变后，燕京大学新闻系并没有南迁，而是假教会大学之便利选择留在北平。校方聘请《益世报》总经理、总编辑刘豁轩担任代理主任、主任。1941 年 12 月太平洋战争爆发后被迫关闭。1942 年 10 月，燕大在成都复课，新闻系也随之复办，系主任为蒋荫恩④。王芸生、王文彬、张恨水、赵超构、张友渔等报界名流均在该系发表过研究成果或举办过讲座。

1942 年春，顾执中回到重庆后着手筹备民治新闻专科学校在渝复办之事。经过一年准备，该校于 1943 年春正式开学。顾执中、陈翰伯、陈尧圣、陆诒、高集、

---

① 李公凡：《新闻学基础（第二版）》，上海复兴书局 1936 年版，第 23 页。

② 徐培汀、裘正义：《中国新闻传播学说史》，重庆出版社 1994 年版，第 417 页。

③ 李秀云：《中国新闻学术史（1834—1949）》，新华出版社 2004 年版，第 96 页。

④ 蒋荫恩（1910—1968），浙江慈溪人。1935 年毕业于燕京大学新闻系，次年任上海《大公报》记者，1937 年转任上海《大美早报》新闻翻译兼文艺副刊编辑。1941 年任桂林《大公报》编辑主任，次年起从事新闻教育，先后于成都、北平任燕京大学新闻系主任、副教授、教授。1948 年去美国密苏里大学新闻学院从事新闻研究。新中国成立后回国，任燕京大学新闻系教授兼系主任。1952 年调至北京大学，历任总务长、大学办公室主任、中文系新闻专业教授。1958 年改任中国人民大学新闻系教授兼副系主任。

彭乐善等担任专业课教学工作。1944 年，顾执中因前往印度办报而暂别民治新专，陆诒任代理校长。抗战胜利后，该校迁回上海。

1938 年 1 月，复旦大学新闻系随学校一起迁至重庆。由于谢六逸留在上海租界，中央日报社社长程沧波代理该系主任，并于 9 月正式兼任主任。程沧波、胡健中、刘光炎、赵敏恒（时任路透社记者）等任教师。1941 年 9 月起，陈望道代理该系主任，并于 1942 年 9 月正式任该系主任，以“宣扬真理，改革社会”作为办系原则，把“好学力行”作为系铭。1943 年 3 月，复办复新通讯社。1944 年 4 月建起“新闻馆”，于右任为该馆题词“复旦新闻馆，天下记者家”。这期间，复旦大学新闻系规模逐渐壮大，在读学生一度达到 200 多人，为复旦大学规模最大的系科。① 1946 年 6 月，新闻系迁回上海。

1937 年，中央政治学校新闻系被迫离开南京，先到湘西芷江，1938 年暑假到重庆。1939 年停止招生，改办新闻专修班，潘公展主持工作。1940 年，扩大为新闻专修科，招收高中生。1943 年，恢复招生，詹文浒任系主任。1946 年迁回南京。

此阶段创办的新闻机构有：上海法政学院新闻专修科（1938 年创办，第二年 7 月停办）、中华新闻学院（中华通讯社于 1940 年在北京创办，管翼贤主持，日伪新闻教育机构）、广州国民大学新闻系（黄铁球主持，后撤退至开平、香港，再撤至曲江）。其中，中国新闻学院（由中国青年记者学会香港分会于 1939 年在香港创办，郭步陶主持，1941 年停办）、中国女子大学（1939 年 7 月创办于延安，1941 年并入延安大学）由中国共产党创办，新华社、延安《解放日报》等也重视新闻人才的培养，但由于条件异常艰苦，这些教育持续的时间都比较短。

因应战时需要，还开办了一些战时新闻教育训练班。1938 年，国民党创办了武汉大学留日归国训练班新闻组，谢然之主持工作，开军中新闻教育之始。1938 年，中国青年记者学会南方办事处在桂林举办了战时新闻工作讲习班，陈纯粹（原国民党中央社天津分社社长）主持。1939 年，重庆军事委员会政治部办有中央训练团新闻研究班。1940 年，中央政治学校新闻系也开设了专门的培训班。

第三节　内战期间的新闻学研究和新闻教育

一、内战时期的新闻学研究

受社会大环境的影响，此阶段的新闻学术研究比较凋零，“在挣扎中求生存”。②

① 李建新：《中国新闻教育史论》，新华出版社 2003 年版，第 109 页。

② 方汉奇主编：《中国新闻事业通史》，第 2 卷，中国人民大学出版社 1996 年版，第 736 页。

值得书写的是学界对新闻学的反思和马克思主义新闻学的发展。

随着学术研究的不断积累，对新闻学本身的反思和探讨开始出现，主要研究以往新闻学的弊端在哪里、究竟什么是新闻学、研究对象是什么等问题，并提出了一些设想。胡博明认为以往的“新闻学概论”实为“报馆学”、“办报指南”，论述的范围虽广，但流于操作性，无学术上的价值。为此，他提出“纯粹新闻学”的概念，认为新闻学应以研究有关新闻本身的理论和工作技术为限；另外，作为一门社会科学，它不仅有原理、原则和方法，还应该有哲学境界。冯烈山（暨南大学新闻系第一任系主任）认为，新闻学应以新闻事业为研究对象，包括理论新闻学和实用新闻学两部分。杜绍文认为，既有的新闻学研究成果多是拾人牙慧的结果，与中国国情格格不入。他认为新闻学应为一种有原理、有条例、有层次的独立的完整的学问，并将这种新闻学命名为“新新闻学”。① 从学术发展史的角度来看，这无疑意味着新闻学的积累已达到一定程度。因为按照学术发展的规律，只有积累到一定程度才可能出现反思。但我们不应高估这股思潮的学术价值，尽管杜绍文构建了一个庞大的“新闻学之新理论的新体系”，② 但总体来看，有限的论述大都停留在设想层面。另外，就当时中国的社会背景来看，这种囿于书斋之内的纯理论建构不可能进展下去。国家和民族的命运当仁不让地成为新闻事业以及新闻学的核心话题。

此阶段比较引人瞩目的是无产阶级新闻学的进一步发展。代表性著作有《新闻学讲话》、《科学的新闻学概论》以及毛泽东《对晋绥日报编辑人员的谈话》、刘少奇《对华北记者团的谈话》。

《新闻学讲话》是恽逸群③根据1946年2月初在华中新闻专科学校的“新闻学概论”讲稿修订而成的一本小册子，1947年7月由冀中新华书店出版发行，是中国共产党夺取全国政权前在解放区出版的唯一的新闻学基础知识著作。全书共分6讲，约4万字。内容包括什么是新闻、新闻怎样取得、怎样写作和传递新闻、怎样

① 李秀云：《中国新闻学术史（1834—1949）》，新华出版社2004年版，第212～213页。

② 李秀云：《中国新闻学术史（1834—1949）》，新华出版社2004年版，第218页。

③ 恽逸群（1905—1978），中国新闻记者、报刊主编、新闻教育家。江苏武进人。1925年肄业于上海大同大学。1926年加入中国共产党后回乡创办逸仙中学，从事党的秘密工作。1932年8月起从事新闻工作，先后在上海担任新声通讯社记者、《大美晚报》编辑、《立报》主笔、《导报》总编辑、《救亡情报》编委、中国青年新闻记者学会秘书主任；在香港协助邹韬奋创办《生活日报》，编辑《二十世纪》，主编《星岛日报》新闻学副刊，主持国际新闻社香港分社工作，兼任中国新闻学院教授。1945年11月进入华中解放区，历任新华通讯社华中分社编委、社长，《新华日报》华中版社长兼总编辑，山东《大众日报》副社长，济南《新民主报》社长，华东局代理宣传部长。中华人民共和国建立后，历任上海《解放日报》（上海）副社长、社长兼总编辑，华东新闻出版局局长，华东新闻学院院长，复旦大学新闻系主任等职。

处理新闻、新闻纸怎样指导社会、新闻机关的组织及其他。

《科学的新闻学概论》是萨空了①站在马克思主义哲学的高度阐述新闻学的一本专著，1946 年在香港出版。他认为，新闻学是一种社会科学，研究新闻的运动法则或因果规律。而“凡世界上新发生的新发现的与人类生存有关的事实与现象”都是新闻。新闻学的研究对象一是报纸的产生、发展及对人类的影响，二是使报纸产生重大作用的制作与管理技术，包括采访、写作、编辑等。由此可见，这本著作的研究方法是马克思主义方法（历史唯物主义、运动的观点等）。

1947 年前后，《晋绥日报》宣传了晋绥土改工作中“左”的错误，在反“客里空”运动中也出现了“左”的偏向。1948 年 3 月，毛泽东与中宣部部长陆定一等到河北平山县途经晋绥时，于 4 月 2 日接见了《晋绥日报》社的同志们并发表了谈话，即《对晋绥日报编辑人员的谈话》。这个谈话，比较系统地论述了党的报纸的性质、任务和作用，以及办报路线、报纸风格及新闻工作者的作风等有关党的新闻工作的一系列基本问题。他说：“报纸的作用和力量，就在它能使党的纲领路线，方针政策，工作任务和工作方法，最迅速最广泛地同群众见面”，“通过报纸加强党和群众的联系”。②

1948 年九十月间，中共中央为了改进和加强新闻工作，在西柏坡召集人民日报社、新华社华北总分社的部分记者进行学习，刘少奇到学习班发表了《对华北记者团的讲话》。刘少奇在讲话中对新闻工作者提出了 4 条要求：要有正确的态度；必须独立地做相当艰苦的工作；要有马列主义修养；要熟悉党的路线和政策。还说：“记者不仅要宣传党的路线、方针、政策，同时有权利考察党的政策对不对，如果有材料证明政策需要修改，就提出来，这是好的”。③

二、抗战胜利后及内战时期的新闻教育

抗战胜利后，多数新闻学系随大学一起迁回原地。

1945 年，燕京大学新闻系从成都迁回北平，系主任仍由蒋荫恩担任，他也是该系唯一的专任教师。因为缺少教师，1946 年才开始专业课。1948 年蒋荫恩去美

---

① 萨空了（1907—1988），中国新闻记者，报刊主编，新闻学家。笔名了了、艾秋飙。蒙古族。原籍内蒙古，1907 年生于四川成都。20 世纪 20 年代开始从事新闻工作。1935 年任上海《立报》总编辑兼经理。1941 年任重庆《新蜀报》总经理。1945 年，在香港任《华商报》、《光明报》总经理。1949 年 6 月《光明日报》在北京创刊，任秘书长。中华人民共和国建立后，任中央人民政府新闻总署副署长。1960 年加入中国共产党。1983 年后，曾任《人民政协报》总编辑等职。

② 《中国共产党新闻工作文件汇编（下）》，新华出版社 1980 年版，第 233～237 页。

③ 《中国共产党新闻工作文件汇编（下）》，新华出版社 1980 年版，第 248～263 页。

国后，天津《新星报》张隆栋代理系主任。

1945年，陆诒回到上海，即恢复民治新闻专科学校的课程。教师有顾执中、陆诒、陈翰伯。该校还在香港设立分校，1949年春停办。

1945年11月，成舍我在北平恢复了北平新闻专科学校，任校长，办有印刷和编采两个班。但只办了两年多，于1956年转至台北复办。

1946年，中央政治学校迁回南京，1948年与中央干部学校合并为国立政治大学，马星野任新闻系主任。政大新闻系分普通科和专科。时任国民党中央宣传部副部长的董显光、国际宣传处处长都曾到该系任教。1949年迁至台湾，1954年复办，目前是台湾地区历史最悠久、实力最强的新闻系。早期的政治大学新闻系党派色彩鲜明，要求学生信仰三民主义，要有为国民党及其新闻事业服务的志向。在新闻教育中注意向学生灌输“本党宣传政策”等方面的内容。

1946年6月，复旦大学新闻系从重庆迁回上海，陈望道仍任系主任。

也有一些新闻系创办。1945年8月，国立社会教育学院（四川璧山）设立新闻系，俞颂华任系主任。1946年随校迁至苏州。1947年，俞颂华病逝，改由马荫良任系主任。1952年停办。其他如中国新闻专科学校（1945年创办于上海）、上海暨南大学于1946年开设新闻系（1949年停办）、创建于1947年的西南学院设有新闻系（位于重庆，1949年12月停办）。

共产党也创办了一些新闻教育机构。1946年3月，华北联合大学新闻系在张家口创办，内战时曾转移至山西广灵。专业课主要由《晋察冀日报》的各级负责人讲授，教材主要是《列宁的新闻学》。公共课开有毛泽东文艺思想等，同样体现出鲜明的党派色彩。同年10月，国民党占领张家口，学生有的参军，有的到地方报社工作，新闻系随之停办。

1946年2月，原附设于华中建设大学的华中新闻训练班改为华中新闻专科学校，范长江任校长。学校分编辑通讯、电务和经理三科。除范长江外，教师还有恽逸群、谢冰岩等。各科的教学内容都一直贯穿着“全心全意为人民服务”的思想。该校于1950年4月停办。

1947年初，华东新闻干部学校创办，匡亚明任校长，为后来扩大解放区准备了新闻干部。

总的来看，抗战胜利后及内战期间，我国的新闻教育仍以此前创办的新闻系科为主，它们在国共两党对峙中选择站在第三方立场上，获得了一定程度的发展。国共两党都创办了一些新闻教育机构，尤其注重培养新闻干部，体现出鲜明的党派色彩。

第二十七章
共和国时期的新闻教育与学术研究

第一节　系列政治运动中新闻学术研究和新闻教育的迂回发展

1949年10月中华人民共和国成立，先是进行社会主义改造，随后进行一系列政治运动，斗争而不是建设和发展成了一种基本思维方式，直至"文化大革命"结束。在此背景下，新闻学术研究和新闻教育发展缓慢，甚至出现过迂回和倒退。

一、新闻学研究的迂回发展

1950年3月29日至4月16日，第一次全国新闻工作会议召开。时任新闻总署署长的胡乔木发表了长篇报告，论述了共和国新闻工作的方针、政策。他指出，报纸应在联系实际、联系群众、批评与自我批评三个方面加以改进。①

20世纪50年代，全国新闻界大举学习苏联新闻工作的做法，基本上全面接受、移植了苏联新闻工作的模式。新闻观、新闻理论等也全盘苏化。1950年9月，三联书店出版了《新闻工作丛书》，包括《怎样领导党报》、《报纸编辑部的群众工作》等，系人民日报《新闻工作》双周刊文章集结而成。1954年，《人民日报》、中央广播事业局、新华社先后派人到苏联学习，回来后编印了《真理报》、苏联广播、塔斯社工作经验介绍。此后翻译出版了苏联的一些新闻学著述，如《论新闻报道》(1954)、《怎样组织报纸编辑部的工作》(1954)、《报纸中的文化问题》

---

① 《关于目前新闻工作中的两个问题》，载于《胡乔木文集》，第2卷，人民出版社1993年版，第324～344页。

(1955)、《报纸是党的有力武器》(1955)。其中，李龙牧①做了大量引介、翻译工作。较早翻译出版的苏联新闻学著作是《新闻学研究提纲》(扎斯拉夫斯基编，1949 年出版)。虽然名为“新闻学研究提纲”，其实仍以苏联报刊史为主要内容。另外，新闻总署办公厅编译了系列《联共（布）高级党报新闻班讲义选译》；中国人民大学新闻系编辑了《马克思恩格斯论报刊》、《马克思主义经典作家报刊评论选》等文集。

20 世纪 50 年代初期翻译的苏共报刊史以及模仿苏共报刊史编写于 1956 年初的《中国报刊史教学大纲（草稿）》奠定了今天所谓的新闻史写作的“革命范式”。它的特征包括：以政治形势的变化为依据划分报刊发展的历史时期；基本内容是阐释党和其他进步报刊的历史，别的报刊涉及不多；以阐释报刊在政治斗争、思想斗争和社会发展中的作用为主；史论结合，理论色彩很重。② 20 世纪 50 年代末，按照这种模式，中国人民大学新闻系报刊史教研室编写了系列《中国现代报刊史讲义》。这一模式既成就了我国新闻史研究的辉煌，又成为进一步发展的思想桎梏。

1956 年，《人民日报》改版。7 月 1 日改版当天特意发表了社论《致读者》。③社论认为，《人民日报》是人民的公共的武器，公共的财产；是党的报纸，也是人民的报纸。过去工作中仍然有很多缺点，决定着重从以下三方面改进：第一，扩大报道范围。第二，开展自由讨论。报纸是社会的言论机关。读者发表的文章并不一定都代表编辑部的意见。第三，改进文风。除了很少的例外，报纸上的文章总是越短越好。

以《人民日报》改版为代表的这次改革是在由革命到建设、从全面学习苏联到开始独立自主、从视知识分子为异己到重新看待、重视知识分子并提出“百花齐放、百家争鸣”方针的大背景下进行的。它在理论上的探索是极具学术价值的。

---

① 李龙牧（1918—1996），北京市人。1938 年起在武汉和江西前线从事抗日救亡宣传工作。1942 年起，先后任湖南衡阳《大刚报》、《力报》编辑、编辑主任，昆明《云南日报》编辑，汉口《大刚报》主笔。1946 年到上海参加筹备出版《新华日报》、《群众》杂志工作。1946 年担任上海《文汇报》、《文萃》杂志编辑。1947 年起在长沙担任《新潮日报》、《湖南日报》、《晚晚报》、《实践晚报》主笔。1949 年 1 月加入中国共产党，同年 8 月至 1950 年 1 月任长沙《大众晚报》总主笔，1950 年 1 月—1954 年 11 月，先后在新闻总署、中央宣传部、政务院工作。1954 年 11 月—1957 年 11 月任中共中央党校新闻班讲师。1957 年 12 月调入复旦大学新闻系工作。1961 年 12 月—1966 年 6 月期间，任新闻系副主任。1978 年 8 月—1980 年 11 月再次担任复旦大学新闻系副主任。主要新闻学著作有《中国新闻事业史稿》等。

② 丁淦林：《中国新闻史研究需要创新——从 1956 年的教学大纲草稿说起》，《新闻大学》，2007 年第 1 期，第 28 ~ 32 页。

③ 《人民日报》，1956 年 7 月 1 日，第 1 版。

这些理论探索主要体现在改版准备阶段所做的读者调查、报送中央的改版报告，以及改版实施阶段的社论《致读者》、《中共中央批转〈人民日报〉编辑委员会向中央的报告》(1956 年 8 月)。其中改版报告“是对传统新闻学理论的一次重大突破”,① 即对 1942 年延安解放日报改版以来所形成的“完全党报”模式的突破，探索如何在新的形势下充分发挥报纸的功能。

《人民日报》的改革与新闻理论研究有契合之处。这个时期，我国新闻理论研究最具代表性、最前沿的探索是王中提出的一系列观点和命题，如“办报人要有读者观念”、报纸具有宣传工具和商品两重性、报纸发展的几个规律等。实际上在《人民日报》改版之前，王中已提出报纸的两重性问题：“所以，我说报纸还是两重性，在中国共产党的报纸决议当中提到，共产党的机关报是党的报纸也是人民的报纸，《人民日报》改版后，也这样讲，第一句话就是我们是共产党的报纸，也是人民的报纸。”②

余家宏、丁淦林认为，由于教学改革和新闻改革的需要，王中开始研究新闻理论。王中主张，“报社一有动作，新闻系教师就能对它作理论分析，并预见它的发展趋向”。③ 王中关于新闻理论研究的第一个阶段集中在 1956 年初至 1957 年 7 月，与以人民日报为代表的新闻改革是同步的。1956 年 7—8 月间，王中率领新闻系部分教师赴无锡、南京、济南、青岛等地考察，回来后撰写《新闻学原理大纲》，主讲《新闻学概论》。④ 丁淦林认为，王中的新闻观点和主张，“是为当时的新闻改革开路的，他是名副其实的新闻改革理论家”。⑤ 虽然我们不能从相关文献中直接找出这次改版与王中的新闻观点和理论有直接关系，但从王中的论述和《人民日报》改版的时间来看，仍然可以认为二者有密切关系，包括改版的失败和王中新闻观点被错误批判。专业新闻研究者的研究直接促进新闻改革，这是 1942 年延安《解放日报》改版中所没有的。虽然“凡事皆有术而后有学”,⑥ 但一旦把握住事物发展的一般规律，新闻理论研究仍可以预测、指导新闻实践。这也是理论研究的根本目的之一。

在“反右”及接下来的“文化大革命”政治运动中，正常的学术争鸣被无限上纲上线，知识分子一时噤若寒蝉，要么明哲保身，要么被批斗，甚至付出生命的

---

① 钱江:《〈人民日报〉1956 年改版》，《新闻研究资料》总第 43 辑（1988 年 9 月），第 1～47 页。

② 《王中文集》，复旦大学出版社 2004 年版，第 95 页。

③ 《王中文集》，复旦大学出版社 2004 年版，第 399～400 页。

④ 《王中文集》，复旦大学出版社 2004 年版，第 396 页。

⑤ 《王中文集》，复旦大学出版社 2004 年版，第 396 页。

⑥ 蔡元培：《北大新闻学研究会成立演说词》，载于《蔡元培选集（下）》，浙江教育出版社 1993 年版，第 1056～1057 页。

代价。这种状况到“文革”期间发展到登峰造极的程度。新闻事业成了江青、林彪一伙篡权夺位的“大喇叭”，新闻媒介成了阶级斗争的工具，新闻教育几近被取消，新闻学术研究遭遇了有史以来的最大打击。北京市朝阳区工农通讯员、北京大学中文系新闻专业七三级工农兵学员编的《新闻理论讲话》(1975) 竟成了罕见的新闻理论著述。

新中国成立之初，面临着国内外复杂的形势，统一思想和行动，巩固无产阶级政权是当务之急。斗争，作为一种最基本的思维方式得以延续。再加上全面学习苏联，导致新闻业务、教育和学术都陷入“五性两论”（即片面强调报纸的阶级性、思想性、指导性、群众性、战斗性和“阶级斗争工具论”、“无产阶级专政工具论”）教条化的泥潭。新闻事业成了阶级斗争的工具，高校新闻学专业课程的设置、新闻学研究无不深深打上了这一烙印。期间虽有短暂的、部分的调整，但总体来看变化不大，并一直保持至“文革”结束，甚至到今天还不难发现其残留。目前仍活跃在新闻传播学术舞台上的老一辈学者就是在这一时期进入新闻学术场域的，如王中、甘惜分、方汉奇、何微等。这一阶段，除了历史资料的收集整理、翻译的一些苏联的教科书外，有影响力和号召力的新闻学研究都是革命导师和主要领导人的讲话，少数有独立思考和判断的学者遭到批判。这说明，新闻实务场域、教育和学术场域事实上已被政治场域的逻辑所支配。于是，“新闻无学论”甚嚣尘上；新闻史几乎等同于片面的“革命史”、思想史或者无产阶级报刊史，外国新闻史则以批判资产阶级报刊及其思想为主要内容；凡被认为是资产阶级的课程如广告、经营等一律删除。① 不过，这一时期进入新闻学术场域的人大多成为我国新时期第一代新闻学者，大多数至今仍活跃在学术舞台上，尤其是他们培养的硕士、博士，是现今新闻传播研究的主力干将，他们的一些观点得到了继承和发展。

二、新闻教育的迂回发展

中华人民共和国成立伊始，创办了一些新闻学系，如上海华东新闻学院、北京新闻学校、中央宣传干部训练班等，② 但主要是对旧教育的接管，然后在 1952 年

① 李建新：《中国新闻教育史论》，新华出版社 2003 年版，第 212 页。

② 上海华东新闻学院创办于 1949 年 7 月上海刚解放时，恽逸群任院长，主要是对学员进行革命基本理论学习和思想改造，也有专业知识训练。该学院 1951 年 10 月停办，共招收两期学员。北京新闻学校创办于 1949 年 10 月，前身是新华社办的新闻训练班，是中央人民政府政务院新闻总署直属的新中国第一所高等新闻学校，副署长范长江任校长。该校 1951 年停办，共办两期。中央宣传干部训练班创办于 1951 年 10 月，由中央宣传部主持，时任新闻总署署长的胡乔木担任总班主任。该班于 1953 年 5 月停办。这三所新闻教育机构主要都以培训，尤其是干部培训为主，注重政治理论学习，为我国输送了一批新闻宣传骨干干部。

至1953年间进行了高等院校院系大调整，之后，中国高等教育进入了一个相对稳定发展的阶段。新闻教育也经历了这些阶段。

在院系调整过程中，上海华东新闻学院、暨南大学新闻系、圣约翰大学新闻系、中国新闻专科学校等先后并入复旦大学新闻系。北京的燕京大学新闻系并入北京大学中文系，改设编辑专业，后称新闻专业。苏州社会教育学院新闻系、上海民治新闻专科学校分别于1950年底、1953年秋停办。

1954年中共中央发布的《关于改进报纸工作的决议》要求扩大现有大学新闻系的学生规模，新闻教育迎来了中华人民共和国成立后第一个发展高潮，创办了一批新闻系科。1954年，马列学院（即后来的中央高级党校）设立了新闻班，主要培训省市级机关媒体的干部，学制两年。复旦大学新闻系招生人数从1954年的96名扩大到1955年的112名。1955年，中国人民大学新闻系创办，1958年，北京大学新闻专业并入中国人民大学新闻系。1958年至1960年我国创办的新闻教育机构还有：北京广播学院、杭州大学新闻系、江西大学新闻系、暨南大学新闻专业、安徽大学新闻系、南京大学附属新闻学校、西北政法学院新闻系等。1961年，复旦大学新闻系曾招收过两名新闻学研究生。1961年，新建的新闻教育机构有所调整，大多数停办、合并。在课程设置上，政治课增多，专业课减少。新闻学概论、编辑等合并为《新闻工作理论与实践》，新闻史几乎等同于革命史。

其中，中国人民大学新闻系和北京广播学院的创办过程具有代表性，可以一窥当时的情形。

1954年，时任新闻总署署长的胡乔木找到人民日报社副总编辑安岗，要他去创办中国人民大学新闻系。在中央宣传部、中国人民大学校长吴玉章、新闻界老前辈（如胡愈之、萨空了、顾执中）等领导、支持和帮助下，人大新闻系于1955年春正式挂牌，9月正式开学，学制四年。安岗任系主任。何洛、章南舍、蒋荫恩、甘惜分、方汉奇、汪溪、刘爱芝、张隆栋、蓝鸿文、郑兴东等为骨干教师。前两年的学生基本上都是新闻机构的在职人员，从第三年起才开始逐渐招收高中毕业生。除课堂学习外，还让学生去报社实习，创办有教学报纸——《新闻与出版》。1958年，北京大学新闻专业并入人大新闻系。1966年“文化大革命”开始，人大新闻系停止招生。1972年中国人民大学被解散，新闻系并入北大中文系，直到1978年才恢复建制。

1956年5月，刘少奇提议创办培养广播干部的高等学校。1958年9月，中央广播局在原有的广播技术人员训练班的基础上创办了北京广播专科学校。学制两年，设立发送、传音、电视三个专业。同年11月设立了波斯语专业本科班。1959年9月，北京广播专科学校扩建为北京广播学院，设立新闻系、无线电系和外语系，共11个专业。首任院长周新武。1964年扩大办学规模。至1966年该院共有

30个专业。[1]“文化大革命”期间被撤销。1973年恢复。

“文革”期间，新闻教育属于被“彻底砸烂”之列，认为新闻系“根本培养不出革命的战斗的新闻工作者，可以不办”，甚至出现了要求“堵死”从大学培养新闻记者道路的文章。[2] 人大和复旦新闻系先后停止招生，其他新闻系基本上也都销声匿迹。其中，北京广播学院1973年恢复办学；江西大学从1974年起开办新闻干部进修班；广西大学新闻专业1972年创办。

第二节 改革开放以来新闻学术研究和新闻教育

改革开放以来的新闻传播学术研究和新闻教育可以分为以下几个阶段：第一阶段（1978—1982年）为逐步恢复期；第二阶段（1983—1988年）为新闻改革引发的新闻学术研究和教育繁荣期；第三阶段（1989—1991年）为曲折前行期；第四阶段（1992—1996年）为再次启动期；第五阶段（1997年至今）逐渐迈向多元化与多样化。

一、新闻学研究与新闻教育的逐步恢复

在“文革”十年中，新闻传播研究几乎停滞，没有一本研究性专著出版。1976年10月，持续了十年之久的“文化大革命”宣告结束，但其遗留下来的各领域的混乱秩序仍没有得到有效更正，“两个凡是”成为新的思想桎梏，直到1978年底党的十一届三中全会召开。会前关于真理标准的大讨论以及会后“解放思想、实事求是”指导思想的确立为我国各项事业的拨乱反正提供了理论和思想基础。学术研究更是如此。因为学术研究的终极追求是探寻事物的规律，是求“是”，检验规律正确与否的标准只能是实践，而不能是一些抽象的条条框框或教条式的语录。政治和社会步入正常轨道，为新闻传播学术的恢复和发展提供了稳定的大环境。

与整个社会拨乱反正同步进行的是新闻传播事业的恢复与发展。1979年3月，被称为我国“新闻工作改革开放的起点”[3] 的全国新闻工作座谈会召开。此后，新闻界一方面继续深入拨乱反正，纠正“左”的错误，一方面开始把工作中心转移到报道社会主义经济建设上来，推出了一系列影响较大的经济宣传报道，为全社

---

① 赵玉明：《中国广播电视通史》，北京广播学院出版社2004年版，第252~253页。

② 转引自李建新《中国新闻教育史论》，新华出版社2003年版，第222页。

③ 陈力丹：《中国新闻工作改革开放的起点——纪念1979年全国新闻工作座谈会20周年》，《新闻学论集》，第18辑（1999年12月）。

会重心的转移奠定了思想和舆论基础。一些在“文革”中被打倒的著名新闻工作者（包括学者），如范长江、邓拓、王中等，相继得到平反。与此同时，不少报纸纷纷恢复出版，如《工人日报》(1978 年 10 月)、《北京晚报》(1980 年 2 月)、《新民晚报》(1982 年 1 月)。新闻传播实践是新闻传播的基本研究对象，只有新闻传播事业本身有了可供研究之处，新闻传播学术才有恢复的可能与发展的空间。

1. 新闻教育的恢复和发展

1977 年全国高等学校恢复统一招生制度，北京大学、复旦大学、北京广播学院和广西大学等高校的新闻系、新闻专业开始招生。1978 年，中国人民大学复办，北大新闻专业并入人大新闻系。北京国际政治学院①、河北大学、四川大学、郑州大学、安徽大学、厦门大学、江西大学、西北大学、天津师范学院等高校也开设、开办新闻学课程、专业或学系。1982 年底，全国大学高等学校新闻专业点已有 16 个，在校生（包括专科生）1685 人，基本恢复或略超过“文革”前的教育规模。②

在课程设置上，压缩政治类课程，增加专业课程，如报业经营管理、大众传播、广告学、广播电视、心理学、社会学等，不少都属于在“文革”中被取消的课程，还开设了一些选修课，如伦理学专题、中外政论家研究、摄影表现手法等。总的来看，比较重视文化基础课，尤其是文学基础课的开设，政治理论课程所占比例依然很高，中国人民大学新闻系所开设的课程中，政治理论课占 21.5%，文化基础课占 54.6%，新闻专业课占 23.9%。③ 作为新闻教学的一个重要环节，实习也得到普遍重视，一般要安排一个学期的实习。

除培养本、专科生外，中国社会科学院研究生院新闻系、中国人民大学新闻系、复旦大学新闻系从 1978 年开始培养硕士研究生。北京广播学院从 1979 年开始招收研究生。有相当多的研究生毕业后从事新闻教学、科研工作，④ 成为学术研究的后继力量，学术发展的持续性得到保证。

新闻干部的培训也在积极进行。中央党校恢复了新闻培训班。中国人民大学、复旦大学、中国社科院研究生院、北京广播学院新闻系均从事过新闻培训工作。一些省市院校和新闻单位也开办过各种形式的培训活动。

2. 新闻学研究的恢复

在机构上，除高等教育机构外，专门的新闻传播科研机构、学会也纷纷成立。1978 年 8 月，国家级新闻研究机构——中国社会科学院新闻研究所成立。该所在

① 该校于 1984 年更名为中国人民警官大学，1998 年与中国人民公安大学合并。

② 李建新：《中国新闻教育史论》，新华出版社 2003 年版，第 234 页。

③ 李建新：《中国新闻教育史论》，新华出版社 2003 年版，第 235 页。

④ 资料显示，1981—1983 年三届毕业的 218 名新闻学研究生中有 55 名毕业后从事教学、科研工作，占总人数的 25%。参见《中国新闻年鉴》(1984)，第 50 页。

新闻资料搜集整理、新闻传播研究、组织、交流和人才培养上都为我国新闻传播学术发展做出了不小贡献。北京广播学院于1980年9月成立了新闻研究所。部分省市也建立了一批新闻研究机构，如吉林省新闻研究所（1979年3月成立）、黑龙江省新闻研究所（1980年2月成立）、甘肃省新闻研究所（1981年12月成立）等。除此之外，媒体内部也成立了一批专门研究机构，如人民日报新闻战线编辑部（新闻战线杂志社1978年12月复刊）、新华社新闻研究部（1980年成立）、中国青年报社研究部（1981年2月成立）以及《天津日报》、《辽宁日报》、《大众日报》设立的研究所、研究室等。资料显示，至1981年，我国专业新闻研究机构已达33个,① 1982年底和1983年底分别为近40个和50多个。②

与此同时，研究者的组织——学会和交流园地——学术刊物也纷纷恢复或成立、创办。1980年2月，北京新闻学会正式成立（1984年改称首都新闻学会）。它是我国解放后第一个新闻学术团体。该学会办有《新闻学会通讯》和《新闻学刊》,. 设有新闻理论组、新闻法规组等11个学术组，并多次召开学术研讨会、进行了大量新闻调查、开展了一系列中外学术交流活动，在20世纪80年代我国新闻传播学界具有重大影响力和号召力。除北京新闻学会外，天津市、河北省、河南省、湖北省等也恢复或成立了新闻学会。

1980年8月，在"文革"中被迫停止活动的中华全国新闻工作者协会（简称中国记协）恢复活动。此后各地记者协会纷纷恢复活动或成立，它们的业务范围也包括学术研究。

1980年12月，中国新闻学会联合会正式成立。学会的任务之一是在马克思主义、毛泽东思想的指导下，组织和推动新闻学术研究，对新闻理论、新闻实践以及新闻事业史、干部培训中的问题进行探讨，组织国内外新闻学术交流，以促进社会主义新闻事业的发展和繁荣。

新闻学术期刊方面。人民日报社主办的《新闻战线》于1978年12月复刊。它一直是全国性新闻工作和新闻业务理论研究和经验交流的重要刊物。中国人民大学新闻系主办的《国际新闻界》于1979年5月复刊，1980年起改为16开本的季刊。社科院新闻所主编的《新闻研究资料》于1979年8月创办，前5辑为不定期出版，1981年起改为季刊。复旦大学新闻系主办的《新闻大学》于1981年创刊。其他新闻传播研究刊物还有《北京广播学院学报》(北京广播学院主办，1979年9月创办，内刊)、《新闻学习》(《湖北日报》主办，1980年8月创办)、《新闻广播电视研究》(北京广播学院新闻研究所主办，1981年创办，1984年公开发行)、《新闻采编》(山西省新闻工作者协会主办，1982年1月复刊）等。该阶段的新闻传播

---

① 参见洪一龙《新中国的新闻教育事业概况》，载于《中国新闻年鉴》(1982)，第59页。

② 《中国新闻年鉴》(1984)，第28页。

学术期刊大多以经验交流、业务探讨、史料整理为主，理论研究较少，但它们的恢复或创办为新闻研究者提供了一个交流和探讨的园地，有利于学术研究的进步和发展。

由于“文革”期间新闻教育、研究的中断，导致研究队伍断层，造成此阶段新闻传播研究人员以“文革”前的老一代为主,① 再加上有新闻实务经验的新闻工作者以及刚刚毕业的“新手”。以实力最强的几个教学、科研机构为例,② 中国社会科学院新闻研究所共有40多名科研人员，整个北京广播学院有专任教师280人，人大新闻系有教职工60多人，复旦大学新闻系有专任教师51名，教职工合计400多人。全国新闻传播专业的副教授、教授加起来才25人。③ 除社科院新闻研究所外，高校新闻学系、专业的教师基本上以教学为主，科研大多围绕教学展开，成果较多地表现为史料汇编、教材、讲义等。专门的、深入的研究匮乏。据统计，从党的十一届三中全会至1982年，我国出版的有关新闻学的论著、译著共240余部，而1983年一年就出版100部以上。④ 这表明新闻传播学术研究虽在恢复，但研究仍非常有限，不过恢复和发展的速度非常快。

在研究内容上，以新闻工作恢复和发展过程中出现的问题为主，大多属于实践领域的业务研究。这是由当时特定的背景所决定的。新闻工作在“文革”中遭到极大破坏，一批优秀老报人被打倒，长期积累的有益经验被抛弃，新闻界的形象和尊严荡然无存。因此，步入新时期的新闻界在起点上连零点都算不上，实际上是处于负起点上，所以不得不从最基本的问题着手开始研究。这种状况反而为学界提供了诸多研究课题，也是造成有实务经验的新闻人成为研究主体的原因之一。

除传统理论、业务、历史三大块外，边缘学科的初步研究也于1983年底开始了，如新闻与政治、新闻与宣传、新闻与美学、新闻与哲学、新闻心理学等。1982年4月，有“传播学集大成者”之称的施拉姆（Wilbur Schramm）先生访问我国。同年11月，社科院新闻研究所在北京召开关于研究西方传播学的座谈会。中国人民大学、复旦大学、暨南大学、厦门大学、国际政治学院、北京广播学院新闻系和新华社、新闻战线编辑部等代表参加。座谈会主要讨论了传播学产生的历史背景和社会条件、目前的研究对象、内容、理论和基本方法以及我们对传播学应采取的态度：“系统了解，分析研究，批判吸收，自主创造。”会议内容结集成《传播学（简介）》一书，于1983年1月出版。这是我国关于传播学介绍和研究的第一本著

---

① 1983年的统计资料显示，人大、复旦、暨南大学新闻专业第一线的教师的平均年龄都在50岁以上。参见《中国新闻年鉴》(1984)，第62页。

② 数据来自《中国新闻年鉴》(1982) 第393~395、399页。

③ 数据来自《中国新闻年鉴》(1983)，第53页。

④ 数据来自《中国新闻年鉴》(1984)，第30页。

作，标志1978年以来，对我国传统新闻学影响最大的一种外来思想、理论和方法——传播学开始从零星介绍转为系统化、组织化和专门化研究。边缘学科、传播学的研究表明进入新时期以来的新闻学，一边在逐步恢复，一边又在不断生成新的特质。所谓"传统新闻学"既是时间上的概念——1978年传播学导入之前的新闻学统称传统新闻学，又有特定含义。张昆认为传统新闻学，"是以报刊等印刷媒介为主要研究对象，偏重于新闻理论、新闻业务、新闻历史三板块研究的新闻学体系"，"就其阶级性质而言，又可以称之为中国无产阶级新闻学"，① 形成于20世纪40年代。在他看来，中国传统新闻学的重大缺陷有：（1）满足于定性研究，忽视了定量分析；（2）满足于对现有新闻体制的论证，放弃了对现有传播体制的剖析和未来新闻传播的科学预测和设计；（3）满足于对新闻工作的经验总结，缺乏理论思辨性；（4）满足于孤立地分析新闻现象与新闻规律，忽视了新闻现象同现实背景及其他社会现象之间的相互关系；（5）满足于新闻学本身的研究，忽视了交叉学科、边缘学科的建设；（6）习惯于单独研究个别新闻媒介，忽视了对不同媒介的综合研究；（7）满足于传者研究，忽视了受众分析；（8）重视传播内容的研究，忽视了传播过程与效果分析；（9）过分强调新闻的政治性，忽视了新闻传播的其他属性与功能；（10）片面强调新闻工作的党性原则，忽视了新闻机构与党的正常关系的研究。②

甘惜分、方汉奇、艾丰在新闻理论、新闻史和新闻业务方面的研究是此阶段代表性的研究成果。

甘惜分著《新闻理论基础》正式出版于1982年，是我国解放后正式出版的第一部新闻理论著作，第一部以马克思主义观点阐释新闻现象的理论著作，也是对中国社会主义新闻学的第一次系统化表述。该书成为当时大多数院校新闻学专业的教材，并被国家教委指定为全国自学考试必读书籍。该书在10多年发行的高峰期，销售20多万册，称之为新时期之初最有影响的新闻理论著作并不过分。从学术发展史的角度来分析该书的意义，最重要的是它证明了"新闻有学"。该书不是泛泛、零散的经验总结，而是有一定理论体系的著作。全书以"新闻"作为理论体系的逻辑起点，解剖"新闻—传播者—受众"三者之间的关系，从而引出"新闻控制者—广大受众—不断变动着的现实世界"三者的关系。③ 新闻事业与党的关系始终是该书关注的焦点，④ 被称为"中国共产党党报理论形成以来，系统地建构

① 张昆：《传播观念的历史考察》，武汉大学出版社1997年版，第294页。

② 张昆：《传播观念的历史考察》，武汉大学出版社1997年版，第301～305页。

③ 徐培汀：《中国新闻传播学说史（1949—2005）》，重庆出版社2006年版，第129页。

④ 甘惜分：《一个新闻学者的自白》，香港未名书社2005年版，第107页。

'党报'新闻学理论体系的第一部著作"。① 影响大，争论也大。甘本人也总结过它的不足：一是理论体系还不够完善；二是还没有完全摆脱"左"的思想的影响；三是个别论点不一定正确，或不完全正确，或不必强调得过分。② 不过，从历史的角度看，其在新闻传播学术发展史上里程碑式的意义是无法抹杀的。

1981 年出版的《中国近代报刊史（上、下）》（方汉奇著）被认为是"继戈公振《中国报学史》之后出版的一部中国新闻史的重要学术著作"。③"欲了解中国新闻史者不可不读此书。"④ 1987 年，该书荣获吴玉章奖金新闻学一等奖。新闻史料的收集和基于史料的判断始终是新闻史研究的主题，也是我国史学研究的传统。该书材料丰富、体制恢弘，订正前人研究的谬误达 200 多处，是一部信史。同时，运用马克思主义观点和方法，得出了许多新的见解。

应该说，在我国纷繁芜杂的新闻传播研究中，新闻业务类研究最多，其中又以经验总结为主。这类著述虽然可以称为"研究"，但从学术发展的角度来审视，又很难冠之以"理论"或"科学"，因为其缺乏必要的抽象和概括。艾丰著《新闻采访方法论》（1982）以马克思主义唯物辩证法为基本分析工具，分析新闻采访的规律，把我国新闻业务研究第一次上升到理论的高度，被称为"新闻哲学"。艾丰在申报吴玉章奖金时曾自评该书是"中国采访学研究最高水平"、"世界采访学的最高水平"、"对马克思主义认识论有若干新见解"。⑤ 由于没有做足够和细致的比较，我们很难断定其是不是中国和世界采访学的"最高水平"，但其对新闻业务的理论化和抽象程度，以及其在新闻业务研究领域的影响力和认可度，直到今天仍无人超越。

"文革"期间，片面的、教条的、语录式的"贴标签"法和"映射史学"等成了人们思考问题的常用方法（还谈不上是研究方法），因此，研究方法的突破和改进对新闻传播学术的发展意义重大。上述三本代表性著作，在研究方法上比较突出的特点，是强调恢复真正的马克思主义方法论，为恢复马克思主义方法论在新闻传播研究中的应用作出了一定贡献。1983 年 10 月、12 月分别召开的"纪念马克思逝世 100 周年全国新闻学术研讨会"和"纪念毛泽东同志诞辰 90 周年全国新闻学术讨论会"更是使学界经受了两次马克思主义及其方法论的洗礼，有利于早日摈弃教条主义，掌握和应用马克思主义方法。另一方面，马克思主义方法的恢复和回

① 沈莉：《中国新闻学科理论建构的反思——改革开放十八年（1979.1—1996.12）新闻理论专著与教材的宏观考察》，复旦大学博士论文，1997 年 5 月。

② 甘惜分：《一个新闻学者的自白》，香港未名书社 2005 年版，第 108 页。

③ 甘惜分主编：《新闻学大辞典》，河南人民出版社 1993 年版，第 862 页。

④ 甘惜分：《新闻学术著作获奖后赘言》，《新闻战线》，1988 年第 1 期，第 33～34 页。

⑤ 成思行：《一个记者能走多远？——艾丰评传》，北京大学出版社 2007 年版，第 9 页。

归仍是初步的。上面提及的三本代表性著作都还带有那个时代的印记，还没有摆脱“左”的思想的影响。① 由此也可以看出该阶段新闻传播研究的异常艰辛和不易。

与此同时，一些知名学者深感学界普遍不知如何开展新闻学研究的状况，发表了一系列文章，阐述研究、科学研究及研究方法问题，做了一些常识的普及工作，以促进、加强新闻学研究。如王中写于1980年的《谈谈新闻学的科学研究》、《新闻学研究中的三个问题》和《谈谈研究生的科学研究》，宁树藩写于1981年的《中国新闻事业史研究方法的若干问题》和方汉奇写于1982年的《消除新闻史研究工作中的“左”的影响》等。

总之，改革开放之初，随着全国拨乱反正的进行，新闻教育、新闻研究，包括机构、队伍和专业期刊得以恢复。在新闻理论、新闻史、新闻业务等领域分别出现了的里程碑式研究成果，有力地驳斥了“新闻无学”的论调。传播学也开始从零星介绍到系统研究。这些都为此后新闻传播研究的持续开展做好了准备。新时期之初，我国新闻传播研究虽然起点低，但在短短5年时间内的进步还是巨大的。

二、新闻改革引发新闻学术研究和新闻教育繁荣

1984—1988年是我国全面改革最火热的阶段之一。社会的全面改革开放为新闻事业改革提供了大环境，新闻改革只是整个社会改革的一个缩影。新闻改革起始于业务层面，并很快进入关于媒介功能定位、舆论监督、新闻自由、媒介制度等体制层面。改革的结果首先表现在内容上，即信息量增大，以提供信息为主的媒体增多；相应地，媒介的功能和结构都有了变化；接着，媒介体制②开始有所松动。1985年广播电视事业被列入第三产业；同年，《洛阳日报》开始自办发行；1988年前后开启了媒介可以办公司的先声。1988年新闻出版署对15个省市的175家报社的调查统计显示，已经开展多种经营的报社占54.2%。③ 从总体上看，媒体获得了改革开放以来的首次大发展。最能代表新闻改革成就的新闻法也于1988年完成了起草工作，尽管至今仍没出台，但它标志着当时新闻改革的推进程度。受新闻改革的影响，新闻研究和新闻教育都获得了一次大发展。

1. 新闻教育的第一次大规模发展

1983年5月28日，中宣部、教育部联合召开建国以来第一次全国新闻教育工作座谈会，分析了新闻事业发展的形势和对新闻人才的需求，作出了大力加强新闻

---

① 参见方汉奇《中国近代报刊史（下）》，山西人民出版社1981年版，第760页；甘惜分《一个新闻学者的自白》，香港未名书社2005年版，第108页的有关论述。

② 包括经营管理、舆论监督、新闻自由、新闻法等问题。

③ 《中国新闻年鉴》(1990)，第4页。

教育工作的决定。会议认为我国新闻教育发展缓慢，招生数量过小，只能满足每年平均需要数的9%，因此，要加速发展新闻教育，增加新闻专业数量，1985年前各大行政区至少应有一所高等院校设置新闻专业；扩大招生规模，1983—1985年每年平均至少招生800名。会议还认为，以报学为主的新闻专业设置与新闻事业的发展很不适应，国际新闻、新闻事业管理、新闻摄影和广告学都还没有设置。因此，要积极增设新的专业。此外还提出了多层次培养干部、加强在职新闻干部的培训工作，加强师资队伍建设，大力开展新闻学研究等要求。

受此政策的直接影响，吉林大学、兰州大学、新疆大学、宁夏大学、武汉大学、华中工学院（今华中科技大学）于1983年增设新闻系或新闻专业。其中，华中工学院新闻系的创建，开全国理工科院校办新闻系的先河——以往新闻系往往由文科或综合性大学开办。该系提出的口号就是"文理结合，交叉见长，特色取胜"。这表明，新闻传播事业的发展，特别是新闻传播手段的高科技化，对新闻教育提出了新的挑战。至此，全国设有新闻专业的院校达21个。全国高等学校新闻类专业点由1983年的16个，增加到1988年的74个。① 1987年10月，在四川成都召开的高校新闻教育改革讨论会上，已经开始呼吁坚持质量第一的原则，切忌片面地追求速度、追求数量。这从反面说明，本、专科层次的新闻教育在此阶段获得了超常规的发展，规模迅速膨胀。

除高等院校外，新闻业余教育和继续教育蓬勃发展。1987年，新华社在职业培训的基础上成立新闻学院，招收第二学士学位生并开展职业培训，随后开始招收硕士研究生。1984年，安徽日报社开办新闻刊授大学。同年，中央广播电视大学设立新闻专业并开始招生。1986年，国家教委成立全国高等教育自学考试指导委员会，制定新闻学专业自学考试计划。

标志着我国新闻传播教育迈入一个新台阶的是博士教育的开始。1984年1月16日，国务院学位委员会下达第二批博士和硕士学位授予单位名单，新闻学专业首次列为博士学位授予专业。中国人民大学新闻系和复旦大学新闻系获得授予权，并从1985年开始招生。首批博士生导师为甘惜分、方汉奇和王中。博士点的开设，是新闻传播学术发展和学科成熟的标志之一。1988年，复旦大学新闻学院和中国人民大学新闻学院相继成立。同年7月，中国人民大学新闻学院新闻学专业被列为高等教育重点学科点，也是我国首个新闻学重点学科。至此，以人大、复旦为龙头的新闻教育在我国高等教育体系中已经占据了重要位置。教育规模的扩大意味着师资力量的增加。据1989年12月统计，专任教师880人，比1982年增加400多人。高职称教师数量明显增多，其中，教授40多人，副教授240人。②

---

① 《中国新闻年鉴》(1989)，第12页。

② 《中国新闻年鉴》(1990)，第14～15页。

2. 新闻改革引发学术论争，论争促进学术繁荣

科研机构在数量增加的同时不断向高层次迈进。1987年，新闻传播学研究团体发展到150个。① 中国新闻教育学会、中国新闻学会联合会、中国广播电视学会相继成立，分散的学术组织得以整合。由复旦和人大自设的研究机构——复旦大学文化与传播研究中心和中国人民大学舆论研究所也于1986年先后成立，这标志着高等院校新闻院系在承担培养人才任务的同时，科学研究正逐渐成为其重要功能之一。继1983年新华社成立研究所后，人民日报也于1986年成立研究所。从1986年起，全国哲学社会科学规划领导小组设立社会科学基金，并设立新闻学方面的课题。② 人文社会科学领域影响较大的“吴玉章奖金”也设有新闻学科奖，这是“我国新闻界和新闻学界的大喜讯，是前所未有的大事”，它再一次向社会宣告，新闻学是一门科学，对繁荣我国新闻学研究将起巨大的推动作用。在1987年第一次评奖中，《中国近代报刊史》(方汉奇)、《新闻采访方法论》(艾丰) 分获一等奖和优秀奖。跻身社会科学界重大基金资助体系表明，新闻传播研究已经突破新闻学界这个小圈子，开始立足于中国社会科学之林——最起码在体制上如此。

新闻改革，观念先行。新旧观念的冲突反映在学术上就是学术论争；争论反过来有助于新观念的扩散，进而推动新闻改革。这是该阶段新闻改革与新闻研究高度互动的体现。争论的话题涉及新闻定义、新闻价值、新闻真实性、新闻的指导性、新闻的党性与人民性、新闻与宣传的关系等。这些争论自改革开放以来一直在断断续续地进行着。随着新闻改革的逐步深入，争论开始集中爆发。从1985年到1989年，连续4年出版的《中国新闻年鉴》均开设了“专题讨论综述”栏目。《新闻学刊》也设有“争鸣”栏目。从历史发展的角度看，有些问题经过争论初步达成共识，如新闻真实性问题、新闻的指导性与服务性问题等；而有的问题一直延续到今天，如新闻的定义等。对新闻传播学术发展史而言，争论的内容当然值得关注，但争论背后的语境以及由此折射出的思维方式更值得研究。

什么是新闻？或者说新闻的定义、本质是什么？这与人们的新闻观（对新闻的基本看法）密切相关，又是新闻传播研究和学科建设中的基本问题。该阶段出现的诸多新闻的定义可以概括为三类：一是事实说，二是报道说，三是信息说。③ 它们分别以范长江1961年提出的“新闻，就是广大群众欲知、应知而未知的重要事实”，陆定一1942年提出的“新闻是新近发生的事实的报道”，宁树藩1987年提出的“新闻是经报道（或传播）的新近事实的信息”为依据，或扩展，或补充，

---

① 《中国新闻年鉴》(1988)，第12页。

② 全国哲学社会科学规划领导小组成立于1983年，“六五”期间设立的项目中并无新闻学。

③ 徐培汀：《中国新闻传播学说史：1949—2005》，重庆出版社2006年版，第58页。

或完善。不管赞成或反对哪一种定义，论争者的出发点却大体是一致的：一是要与“文革”期间“事实为观点服务”、“新闻是阶级斗争工具”的说法和做法划清界限，这是根本问题；二是都注重用马克思主义的唯物主义方法来定义新闻，与资产阶级的定义划清界限，这是方法论问题，更是立场问题；三是都讲究逻辑规定性（定义 = 属 + 种差）、科学性，与泛泛而谈的简单化描述划清界限，这是研究或学术表述问题。

新闻事业性质的讨论，主要围绕“阶级斗争工具论”与“社会舆论工具论”展开。通过广泛讨论，看法渐趋一致，持前一观点的日渐减少，而持后一观点的日益增多。这也反映出“阶级斗争”这种思维方式开始为人们所摒弃，思想解放的进度有所加快。

新闻价值争论的焦点有两个：一是“先后”问题，二是主、客观问题。“先后”是指新闻价值到底是作者衡量、选择事实的依据（在新闻作品之前），还是评价新闻作品的标准（在新闻作品之后）。主、客观问题是指新闻价值是主观的、客观的，还是主客观统一的？1957 年“反右派”运动之后，新闻价值因被视为资产阶级新闻观而一度成为研究的禁区。① 此时又重新进入学术争论的视域，实际上是要解决：如何看待西方新闻界关于新闻价值的论述，尤其是我们社会主义的、马克思主义的新闻学如何对待所谓西方资产阶级的新闻学这个深层次问题。新闻价值是这一深层次问题的集中反映。与 1957 年相比，这次参与争论的研究者不管持何观点，都能“由简单地排斥变为科学的探讨”，② 这是认识上的一个飞跃，也是学术上的一大进步。它表明，我们开始承认新闻学中有一些知识（如规律）是可以超越阶级性的，是普适的。这一认识的转变，为我国新闻学术继承以往的研究扫清了思想认识上的障碍。可以继承的研究，不光是无产阶级的，还包括国共两党对立时期资产阶级的新闻学研究。中国的新闻传播研究开始重新融入世界新闻传播研究的版图。

新闻的真实性是个恒久话题，争论已久，尤其是在 1985 年，“讨论广泛而深入”。讨论的焦点是所谓“现象真实”和“本质真实”问题，即如何做到真实，怎样才算做到真实。真实不真实在新闻操作中本来有个简单的判断标准（多方核实），但在新闻传播研究中却成了一个似乎谁也说不清的问题，原因是真实性这个问题负荷太重了。真实性被加上各种别的意思，如本质真实与现象真实，特别是在错误路线盛行时，哲学变成了玄学，辩证法变成了变戏法，一时搅得人们晕头转

① 徐培汀：《中国新闻传播学说史：1949—2005》，重庆出版社 2006 年版，第 58 页。
② 何湘：《关于新闻价值的讨论情况综述》，载《中国新闻年鉴》(1985)，第 71 页。

向。① 这表明“左”的思潮依然紧箍着人们的头脑，简单地排斥所谓资产阶级新闻学，用哲学范畴代替新闻学范畴的思维方式依然存在。

关于新闻与宣传的关系，有四种主张：一是包容说，即宣传包括新闻，新闻是手段，宣传是目的；二是并列说，认为新闻与宣传是两种不同的社会现象；三是无差别说；四是交叉说，认为两者既有区别，又有联系。② 随着新闻改革的深入，交叉说逐渐成为共识。这表明，在人们的观念中，新闻事业开始初步有了独立性。

党性与人民性之争是该阶段所有争论中最具影响力的。争论的焦点是新闻事业应该坚持党性第一还是人民性第一。如此，其有个基本前提：党性与人民性是可以分开的。而在意识形态的论述中，党性与人民性从来都是一体的。这样，问题就必须转移到什么是党性、什么是人民性上。于是，问题一下子又转移到意识形态的论述上了。就新闻事业而言，党性与人民性之争要解决的关键问题是舆论监督，尤其是报纸监督同级、甚至上级党委的问题。

1985年初，时任中共中央总书记的胡耀邦发表《关于党的新闻工作》的讲话，明确了党的新闻工作的性质、任务、真实性等问题。新闻界的争论得到中央高层的关注，同时，这篇讲话也为上述争论定了性。总的来看，应树立的新闻观念包括：破除单一的党报观念，树立以党报为核心的多层次、多种类的报业观念；破除单一的功能观念，确立多功能观念；破除“舆论一律论”，确立舆论不一律的观念，让新闻媒介在坚持四项基本原则的前提下，发出多种声音；破除只传播不反馈的观念，充分发挥新闻媒介的舆论监督作用；增强新闻信息观，加大新闻媒介的信息量；破除“平面”新闻观念，提倡“立体式”报道；破除大造舆论、大打宣传战的观念，确立按新闻规律办事，使新闻报道做到潜移默化，“润物细无声”。③ 这些在学界达成共识的观念，实际上是以大众传播的功能、体制、操作方式等为参考标准的，这反映出学界构建大众传播体系的构想，这是与当时各条战线上突飞猛进的改革相一致的。后来的发展实践证明，这些超前的构想在当时实现起来是不可能的。

通过该阶段新闻学术争论的叙述，我们可以得出以下几点结论：第一，争论的根本起因是各种思潮之间的冲突和碰撞，这是由当时改革开放之初的那个特殊年代所决定的。它表明，尽管思想解放已数年，但陈旧的思维方式、习惯依然存在。第二，争论繁荣了学术，推进了改革。站在今天的角度回顾该阶段的一些争论，我们会发现，它们几乎都是当今新闻教科书中的必备问题，尽管尚有部分问题没达成共

① 旭培整理：《关于新闻真实性的讨论情况综述》，载《中国新闻年鉴》(1985)，第74页。

② 徐培汀：《中国新闻传播学说史：1949—2005》，重庆出版社2006年版，第63页。

③ 参见《中国新闻年鉴》(1988)，第12～13页。

识，但没有这些争论，我们就无法从更多的角度去思考它们。1991 年，几乎每次重大论争都参与了的甘惜分教授有一篇文章，题目就是《争论有益于新闻科学的发展》。他认为争论澄清了一些问题，即使对一些问题无法定论，通过争论也发掘出了一些有待解决的问题；争论开阔了人们的视野，打破了死气沉沉的局面；争论锻炼了队伍，人员大增，研究所林立，专著有一百多种，刊物达数十种，这是前所未有的新现象。①

在研究方法上，开始逐步摆脱单一的哲学思辨方法，系统论方法开始成为新闻传播研究的方法之一。1985 年 9 月，邓小平为《经济参考》题词"开发信息资源，服务四化建设"，全国掀起一股信息热。由于新闻媒体是信息的基本载体，"信息"一词顺理成章地成为新闻传播研究中的热门词汇之一；扩大信息量，提供信息服务也成为媒体改革的方向之一。我们知道，"信息"是传播学的核心概念，信息科学和系统论方法分别是传播学的学科来源之一和基本研究方法。从整个新闻传播学术发展进程而言，传播学此时逐渐发展壮大，对传统新闻学的影响日益深化。1985 年，首都新闻学会成立了传播学研究组。复旦大学"文化与传播研究中心"、中国人民大学舆论研究所分别于 1984 年、1986 年成立，传播研究有了专门的机构。1986 年 8 月，第二次传播学学术讨论会在黄山举行，提出了"建设有中国特色的传播学"的学科发展目标。研究成果上，1986 年出版了居延安著《信息·沟通·传播》一书；1988 年"中国大陆第一部传播学教材"《传播学原理与应用》(戴元光等著）出版。另外，还有诸多传播研究的硕士论文。传播学的成长，给传统新闻学以理论、方法和视野上的启发，令新闻学研究耳目一新。信息概念的借鉴与融入、系统论方法的运用就是最好的体现。1988 年，《新闻学论集》第 13 辑为"系统科学与新闻学专辑"，可以看做新闻学界运用系统科学方法研究新闻学、探究二者关系的一次集中展示。同年，刘卫东著《信息论与新闻》一书出版，标志着系统论方法开始运用到新闻学理论体系建构中。

也是在 1988 年，"全国首届新闻学新学科学术讨论会"在武汉举行。五十多篇交流论文涉及多种新闻学新学科和交叉学科，如新闻心理学、新闻经济学、新闻哲学、新闻伦理学、新闻管理学、新闻社会学、新闻法制学、新闻广告学、新闻美学、新闻统计学等。这表明，传统意义上以"报学"为代名词的新闻学，无论在内涵上，还是在外延上，都开始有所更新。

此一阶段另一引人瞩目的研究是新闻调查。1978 年以来具有里程碑式意义的新闻调查（或曰受众调查）是 1982 年"北京读者、听众、观众调查"。20 世纪 80 年代中后期的新闻调查很大程度上充当了民意调查的角色，关注的是民众对新闻改革的态度和看法，如"七届全国人大代表和政协委员对新闻改革的态度"调查、

① 甘惜分：《一个新闻学者的自白》，香港未名书社 2005 年版，第 31～32 页。

“全国新闻界对新闻改革态度的调查”等。如果把这些调查看做量化研究的话，方法是次要的，为新闻改革服务是其主要目的。

新闻改革意味着创新与突破，新情况、新问题带来新观念、新研究，新闻研究又反过来促进新闻改革。由于该阶段新闻改革如火如荼，新闻传播研究自然发展迅速。这种发展直接表现在著作的出版上。1978 年至 1988 年间，共出版新闻传播学著作 1 050 种。① 1988 年是改革开放的第 10 个年头，1989 年则是中华人民共和国成立 40 周年。稍后出现了对新闻传播研究的阶段发展状况的总结文章，如《我国新闻学研究的现状及发展趋势》(何光先)、《10 年新闻理论研究综述》(童兵)、《中国的新闻学研究》(丁淦林)、《成果丰硕，任重道远——我国新闻理论研究 10 年回顾》(陈力丹) 等。这些文章普遍认为，改革开放 10 年来新闻学研究在很短的时间内取得了一定的成就，这些成绩的取得来之不易；同时，新闻学研究“任重道远”。

该阶段代表性的研究成果是由首都新闻学会骨干成员如胡绩伟、何光先、戴邦、钱辛波等做出的，主要内容仍是对党性与人民性、新闻自由、舆论监督等问题的辨析。大多数观点和主张都多多少少涉及新闻体制的改革，在政治体制改革没有同步进展的情况下很难实现。新闻史研究由于与新闻体制改革没有直接的关联，一直在有条不紊地进行，很多大型研究项目（如《中国新闻事业通史》的编撰等）已经启动。

三、曲折前行的新闻学研究

在 1989 年春夏之交发生的政治风波中，中共中央认为，极少数新闻媒介在舆论导向上出现了严重错误。反思与清理错误言论成为当时党的新闻工作的主要内容之一。1989 年 11 月，中宣部在北京举办全国省、自治区和直辖市党委机关报总编辑新闻工作研讨班，江泽民、李瑞环代表党中央分别发表了《关于党的新闻工作的几个问题》和《坚持正面宣传为主的方针》的重要讲话，重点阐述了党的新闻工作的性质、地位与基本方针。讲话强调新闻事业是党、政府和人民的喉舌，它的基本方针是为社会主义服务、为人民服务；新闻工作是党的整个事业的重要组成部分，必须坚持党性，要反对所谓人民性高于党性的主张；新闻宣传必须在政治上与党中央保持一致，必须旗帜鲜明、坚持不懈地反对资产阶级自由化。

新闻传播研究受政治风波影响也较大。从 1989 年下半年起，个别学术刊物（如《新闻学刊》）停办或整顿、调整，一些新闻传播学术活动不能正常举行，理论探讨气氛受到破坏，直到 1990 年下半年才逐渐重新活跃起来。期间，围绕中央

① 《中国新闻年鉴》(1990)，第 16 页。

领导同志讲话的研究成了这一阶段新闻传播研究的主要内容之一。研究主体是各大新闻机构的负责人，如邵华泽、穆青、范敬宜、吴冷西、徐光春、林枫等。研究的主要内容是批判一些过激的观点以及如何贯彻中央的有关精神，加强党对新闻事业的领导和舆论导向，坚持正面宣传为主，反对资产阶级自由化，并对以往关于“党性与人民性”、“新闻自由”、“舆论监督”等问题有了新的认识；并且认为新闻学研究必须坚持正确方向，坚持党性原则，坚持为人民服务、为社会主义服务的基本方针。

由于前期积累的结果，该阶段仍有一些有分量的学术著作相继出版。新闻理论方面，王益民著《系统理论新闻学》(1989）和江柳著《系统基础理论新闻学》(1991）把用系统科学构建新闻学理论体系推向了一个新的高度。新闻史方面，姚福申著《中国编辑史》(1990）后来获吴玉章奖金优秀奖；韩辛茹著《新华日报史》(1990）对我国革命历史上一份重要报刊做了详尽的个案研究。传播学方面，心理学学者沙莲香主编的《传播学——以人为主体的图象世界之谜》，“一是力图阐明传播学是一门学科，为这一学科的存在理由做些陈述；二是力图开拓另外一些研究角度”。① “另外一些研究角度”包括“文化与传播”、“中国的传统传播方式及特点”、“信息传播的内在机制”等，这都是以往传播学著述中所忽略的。

从学者的构成看，1991年之前的新闻传播学者（特别是新闻理论研究者）大多来自实务界，以对实践的观察、提出自己的观点见长。如火如荼的新闻改革实践也为这种“观察和思考”式的研究提供了巨大的空间。此后新闻改革虽然绵延不断，但像20世纪80年代那样突飞猛进式的改革几乎没有了。1991年之后，原来以教学为中心（包括为了教学的需要而编著教材的研究）的高校新闻传播专业教师更多地转向学术研究。一批经过正规学术训练的硕士、博士开始登上新闻传播学术舞台，如陈力丹、孙旭培、李良荣、童兵、刘建明、郭镇之等，他们中的大多数虽然不乏实务从业经历，但更大程度上凭借的是教育和学术资本，这也是导致学术研究旨趣发生转向的原因之一。

四、新闻学研究与新闻教育的再次启动

短暂的风波很快结束。随着邓小平南方讲话的发表和“反和平演变”运动暂时告一段落，以经济建设为中心的新一轮改革开放成为全社会的重心。1992年10月召开的党的十四大明确提出经济体制改革的目标是建立社会主义市场经济体制。根据这一目标，整个社会的中心和重心都转移到了市场经济建设上。新闻传播事

---

① 沙莲香：《传播学——以人为主体的图象世界之谜》，中国人民大学出版社1990年版，第1页。

业、新闻教育和新闻学术研究都迎来了一个相对平稳的发展阶段。

信息观点已经从新闻传播观念转变为新闻传播实践，我国新闻传播事业除了完成宣传教育中心任务外，开始不断丰富和扩展。市场经济带给新闻传播界的冲击和影响还反映在从业人员的心态变化以及职业操守和伦理道德上。市场经济与新闻事业的关系是该阶段新闻传播研究的主要内容之一，如有偿新闻、新闻侵权、新闻商品性和职业道德等。关于新闻商品性的讨论集中在1993—1994年，1995年有所减少。针对市场经济发展之初出现的诸多不良现象，新闻伦理道德研究开始深入化。1996年4月23日，中国记协学术部与中国新闻学院在北京联合举办了《新闻伦理学纲要》暨新闻职业道德建设研讨会。《新闻伦理学纲要》(1995年9月由新华出版社出版）是我国第一部系统研究社会主义新闻道德现象、规范新闻工作者和新闻从业人员行为的著作，填补了新闻伦理学专著方面的空白。当然，除了对这些现象的研究外，还包括对新闻事业如何适应社会主义市场经济的分析。随着媒介结构的变化，党报的影响力和地位有所削弱，党报如何发挥应有的功能和影响成了一个问题。1995年出现了党报研究热。稍后出现的新闻策划之争也是市场经济对新闻传播实践冲击在学界的反映。

新闻传播教育发展迅速。1993年，全国新闻类专业教学点为66个,① 1997年则发展到120多个,② 五年实现了翻番。第五批（1993）和第六批（1996）合计批准了12个新闻学硕士授予点。③

研究机构也有增加。截至1996年底，全国已有100多家新闻研究机构。④ 1992年6月11日，中国新闻史学会成立大会暨首届学术讨论会在北京召开，选举方汉奇为首任会长。该学会在我国新闻史研究中起到了很好的组织作用，在学术界产生了深远影响。由于新闻史是一门历史学科，其研究方法和模式比较固定化，新闻史学会成员之间有较高的共识，即对于如何研究、什么是有价值的研究有大概相同的认识和判断标准，所以它在诸多新闻传播学术组织中成为最具学术共同体的特征的一个组织。1994年5月25日，中国首届新闻心理学研讨会在北京广播学院举行。这是改革开放后我国举办的第一次新闻心理学的专题学术会议。1995年11月，中国人民大学传播媒介管理研究所成立。这是我国第一家专门从事传媒管理方面的学术研究机构。研究机构越来越专业化是知识不断专门化和学术研究注重精耕细作的必然要求和外在表现。

专业刊物和辞书编撰更加注重学术性。社科院新闻所主办的《新闻研究资料》

---

① 李建新:《中国新闻教育史论》，新华出版社2003年版，第249页。

② 《中国新闻年鉴》(2002)，第59页。

③ 数据来自李建新《中国新闻教育史论》，新华出版社2003年版，第334页。

④ 《中国新闻事业编年史》，福建人民出版社2000年版，第2457页。

于1993年4月更名为《新闻与传播研究》(季刊）继续出版，所载文章也从以史料收集整理为主转变为以发表高层次的新闻传播研究论文为主。1993年5月，甘惜分主编的《新闻学大词典》出版。它是我国目前收入条目和文字最多的一部新闻学辞书，学术性非常强，“标志着新闻学研究的一个新的起点，为新闻学研究的进一步发展开辟了道路”。① 1996年3月，《中国新闻实用大辞典》出版。它是一部百科全书式的新闻传播专业辞书。

市场经济对高校教师队伍也有影响。1995年6月19～28日，由国家教委高教司主持的高校新闻专业教学内容和课程体系改革研讨会在武汉召开。这是近年来少有的一次高规格、高层次的新闻教育研讨会，也是一次涉及21世纪新闻人才培养目标与业务要求、教学方案定位的会议。会议分析到，新闻传播教师队伍存在老化、断层，中青年教师流失过多，高学历、高质量的人才引进困难等现象。主要原因是新闻专业教师与新闻从业人员在住房、收入等待遇上反差太大。这是当时知识分子“下海”经商热、“脑体倒挂”等社会现象在高校教师身上的必然反映。在这样的社会背景下，作为知识分子的高校教师面临着两种选择，要么沉下心去扎扎实实教书、研究，要么离开教育界甚至新闻界，研究队伍开始出现分化。

继续从事教书、研究的教师在自我意识和定位上也发生了变化。由于新闻与政治联系紧密，大多新闻传播研究者都是在一定程度上参与政治，整个80年代更是如此。1989年发生的政治风波在很大程度上把新闻传播研究者从一个通过对新闻改革的论述来直接、积极参政的启蒙知识分子扭转为一个通过对知识本身的发现和创造来博取学术资本的“知识人”（王全林，2005），② 学术生态因此而改变。在这种情况下，新闻传播研究呈现出的面貌可以这样描绘：一是对相关政策的积极表态和论述，阐释其合理性以及如何实现；二是放弃新闻改革的奔走呼号，转向知识本身的精耕细作，提倡“为学术而学术”。前者如1994年1月24日，江泽民《在全国宣传思想工作会议上的讲话》提出了“以正确的舆论引导人”的指示精神，各刊物发表了大量有关的研究文章，强调正确引导舆论的意义。从此，关于舆论导向的研究长盛不衰，除了大量表态性、经验性研究外，直到1996年、1997年，对此的研究才开始有一定深度。③ 后者带来的结果是新闻传播知识本身的增长、体系的严谨、科学化以及学术共同体的成熟。另外，一批经过严谨学术训练的新闻学硕士、博士开始成为学术研究的中坚力量，并以自己的博士论文奠定了其在学术界的基本地位，如童兵、刘建明、喻国明、郭镇之、尹韵公、秦绍德、李良荣等。这也

---

① 甘惜分主编：《新闻学大辞典》，《序言》，河南人民出版社1993年版，第2页。

② 这种转变是由研究者的自觉和国家的引导机制共同造成的。课题、项目的设立即可以看做引导机制之一。

③ 《中国新闻年鉴》(1998)，第44页。

使得新闻传播学术研究入门门槛不断提高，高校、科研机构的学术研究与业务界的研究不断分化。从学术的视角来审视以上变化，无疑意味着一次质的提升。

学术生态上的转换加上前期的积累，该阶段涌现出一批有分量的著作，为新闻传播学可以成为一个学科奠定了基础。

马克思主义新闻思想研究方面，1993 年出版的陈力丹著《精神交往论——马克思恩格斯的传播观》一书，是系统研究马克思主义新闻思想的代表作之一。作者前后花了 10 年时间，通读了 50 卷《马克思恩格斯全集》和有关资料，作过 10000 多条名目索引、3000 多张卡片和一本提要笔记，① 把分散的、零星的材料系统梳理、整合起来，并创造性地用“精神交往”这个概念加以统合，将马克思恩格斯关于信息传播的诸论点理论化、体系化。这一重大创新性研究得到了学界的认可。中共中央编译局研究员张奇方评价其是研究马克思的新视角，“尚没有人像陈力丹这样全面而有系统地就这两位思想家关于精神交往的学说，从整体上进行阐发”。②

新闻史研究方面，1992 年，《中国新闻事业通史》第一卷由中国人民大学出版社出版发行，方汉奇任主编，宁树藩、陈业劭任副主编。三卷本《中国新闻事业通史》为“七五”期间国家重点社科课题，规划于 1987 年。全书共 3 卷 25 章，约 263 万字，共有 24 个单位的 50 位作者参与了写作。时间跨度为公元前 2 世纪至 20 世纪 80 年代，是目前时间跨度最大、资料最翔实、最权威的中国新闻通史著作。个案研究方面，吴廷俊著《新记〈大公报〉史稿》于 1994 年出版。作者花了四年时间翻阅了新记《大公报》23 年的全部报纸，摘录了几百万字的原始资料，订正了不少前人研究中史实上的错误，并且不掩过、不溢美，如实评价其得失，还历史以本来面目。该书是诸多大公报研究中的一部力作，“最为翔实，也最见功力”，③ 标志着有关《大公报》历史的研究，已经达到了新的高度。④

上述研究成果都具有一个共同特点，即耗时长，需要研究者沉下心去精耕细作，这是以上两个阶段所不具有的。

新闻理论方面，1995 年 5 月出版的黄旦著《新闻传播学》，被认为是我国第一部以传播学重构新闻理论的著作。它把传播理论融入新闻学体系的建构中，以“新闻的传播”作为逻辑起点，在一定程度上对以“党报”、“新闻事业”为中心

① 陈力丹：《写在前面》，载《精神交往论——马克思恩格斯的传播观》，中国人民大学出版社 2008 年版。

② 转引自徐培汀《中国新闻传播学说史：1949—2005》，重庆出版社 2006 年版，第 93 页。

③ 方汉奇：《1949 年以来大陆的新闻史研究（二）》，《新闻与写作》，2007 年第 2 期，第 32～37 页。

④ 参见方汉奇为《新记〈大公报〉史稿》写的《序》，武汉出版社 1994 年版。

概念的新闻学体系有所突破。"以传播学的框架重构新闻学"的思路得到学界的普遍认同和效仿，之后以"新闻传播学"为名的著作又出版了近10部。

综上所述，从学术构成要素来看，该阶段的新闻传播研究被迫放弃了20世纪80年代集中论述、倡导新闻改革的思路，转向离敏感地带较远的知识领域进行深入探究，诸多看得见、摸得着的基础性研究为新闻传播学学科的跃升打下了坚实基础。

五、新闻教育和新闻学研究的多元化与多样化发展

1997年6月，我国第二次颁布《授予博士、硕士学位和培养研究生的学科、专业目录》，在文学门类中新增设了一个一级学科——新闻传播学，下设两个二级学科：新闻学和传播学。新闻传播学在整个中国人文社会科学体系中地位的提升，对促进整个学科的发展具有里程碑式的意义。新闻传播学学科评议组已经单列。新闻传播学的独立性得到国家认可。新闻传播学术研究也进入一个新的阶段。与新闻传播事业、教育的特点相一致，该阶段的新闻传播学术研究呈现出多元化的特点。所谓"多元化"，一是指研究内容多样化、分散化；二是指研究方法的多样化，尤其是实证研究不断增多；三是指研究机构、研究主体的构成也渐趋多样化。

1. 新闻教育狂飙猛进，超常规发展

1998年7月，中国人民大学、复旦大学设立传播学博士学位授予点，我国实力最强的两个新闻学院拥有了新闻传播学一级学科博士学位授予权。继拥有本科、硕士、博士教育之后，1999年11月，复旦大学新闻学博士后流动站正式挂牌成立，完整的新闻传播教育体系至此得以建立，标志着我国新闻传播学科建设已进入新的更高阶段。此外，新闻学重点学科也有增加。2002年，教育部批准北京广播学院新闻学为重点学科，复旦大学传播学为重点学科。2007年，教育部又批准复旦大学新闻传播学（包括新闻学与传播学）为重点学科，中国传媒大学传播学为重点学科。重点学科的设立和保持，一是说明新闻传播学科在国家整个学科体系中占据了一席之地；二是说明，起码在官方看来，新闻传播学科获得了与其他学科同等的地位。这无疑为新闻传播学的发展提供了必要的外部空间。2002年度（第四届）"全国百篇优秀博士论文"中首次出现了新闻传播学博士论文的身影，中国人民大学新闻学院蔡雯的博士论文《新闻传播的策划与组织——宏观新闻编辑研究》入选。2003年、2006年又有两篇新闻传播学论文入选"全国百篇优秀博士论文"。① 虽然与其他传统优势学科相比，获奖的博士论文数量还非常少，但它说明

① 分别是《新闻事实论》（杨保军）、《花环与荆棘——中国网络媒体的第一个十年》（彭兰）。

新闻传播学科起码经得起整个人文社会科学界的检验和审视了。

资料显示，1994 年以前，全国新闻学类专业点共 66 个。1995—1999 年，5 年增加 58 个，平均每年增加 10 个左右。随着 1999 年全国高校扩大招生规模，2000—2002 年，新闻学类专业点增加了 204 个，平均每年增加 68 个。其中仅 2003 年就新增 100 多个。2004 年专业点总数约 470 个。2005 年在教育部备案的新闻学专业点达到 661 个。另有统计资料显示，全国共有新闻与传播学硕士点 123 个，其中新闻学 60 个、传播学 63 个；博士点 19 个，其中新闻学 10 个、传播学 9 个；一级学科博士学位授权点 6 个，博士后流动站 3 个。当前新闻传播专业在校学生约 10 万人，教师约 1 万人，教授约 1000 人。总体而言，各专业的师资状况呈现出高职称、高学历和年轻化的特点；在研究方向设置及专业课程设置上，普遍呈现多样化的特点，研究方向设置宽、窄不一，而且仍有扩展的趋势。① 2001 年和 2002 年，北京大学和清华大学相继成立新闻传播学院。由于这两所大学特有的影响力，进一步刺激了新闻传播教育的持续升温。

新闻教育界另一个值得注意的现象是，从 2002 年开始由传媒或政府相关机关领导人士出任新闻传播学院院长。2002 年 4 月，清华大学新闻与传播学院成立，范敬宜出任院长。范曾任《经济日报》、《人民日报》总编辑。2002 年 5 月，刚成立一年之久的北京大学新闻与传播学院聘任邵华泽为首任院长。邵曾任解放军报社副社长、解放军总政治部宣传部部长、人民日报社总编辑、社长。2004 年 6 月，赵凯被聘为复旦大学新闻学院院长。赵曾任上海市广播电视局书记、文汇新民联合报业集团党委书记等职。2005 年 11 月，原国务院新闻办公室主任赵启正走马上任中国人民大学新闻学院院长。2006 年 12 月，暨南大学聘请南方报业传媒集团党委书记、董事长范以锦为该校新闻与传播学院院长。2007 年 4 月 11 日，张铭清正式就任厦门大学新闻传播学院院长。张铭清曾任国务院台湾事务办公室新闻局局长、中新社新闻学术研究中心副主席等职。虽然他们不乏新闻传播教育资历，但“高管”、“高官”是他们进入新闻传播学术场域的主要资本。《瞭望东方周刊》把此类现象作为高级官员退休以后开始有“和以前不同的选择”来解读——以前除了进人大、政协外，还包括“下海”，或者进入各种带有官方色彩的行业协会及学术机构。② 这些资深新闻从业人员，具有丰富的实务经验和人脉资源，可能会在学院整体发展方向，尤其是与政府、实务界的关系处理中彰显自己的能量，但由于缺少必要的学术产品，如在学界认可度较高的学术期刊上发表论文或出版学术专著等，对

---

① 张晓锋、马汇莹：《新闻传播学研究生教育现状与挑战——“中国社会与中国新闻传播教育”高层圆桌会议综述》，《新闻记者》，2007 年第 1 期，第 62～64 页。

② 张悦：《赵启正改任背后的官员退休通道》，《瞭望东方周刊》，总第 106 期，2005 年 11 月 24 日。

新闻传播学术的影响较小，更大意义上是一种精神象征。

新闻传播教育规模的扩大，师资力量的增加，意味着研究队伍的壮大，再加上国家的积极引导，新闻传播研究气氛空前浓厚。

2. 新闻传播研究渐趋多样化与多元化

1998 年 5 月 4 日，时任中共中央总书记的江泽民在庆祝北大建校 100 周年大会上向全社会宣告："为了实现现代化，我国要有若干所具有世界先进水平的一流大学。"为贯彻落实党中央科教兴国战略和江泽民同志的号召，教育部决定实施"面向 21 世纪教育振兴行动计划"，提出加强高等学校科研工作，积极参与国家创新体系建设和创建若干所具有世界先进水平的一流大学和一批一流学科等目标。2002 年 6 月 28 日，科技部和教育部下发《关于充分发挥高等学校科技创新作用的若干意见》，指出"应当进一步发挥高等学校科技创新的作用，促进科技与教育结合"。为此，将选择一批研究力量强的高校，进行创新基地建设试点。通过高校科研体制改革，加大科研基础设施建设的投入力度，充分发挥高校多学科交叉和人才资源丰富的优势，进一步提高它们在基础研究和应用基础研究领域承担国家科研任务和培养高水平科研人才的能力，逐步形成一批具有较强科研力量和较高科研水平的研究型大学。① 顾名思义，科学研究将在高等教育体系中扮演越来越重要的角色。2004 年 1 月，中共中央出台《关于进一步繁荣发展哲学社会科学的意见》，表明哲学社会科学研究越来越受到中央和政府的重视。政策的出台、目标的提出和逐步实施，为包括新闻传播学在内的学术研究创造了浓烈的社会氛围，同时也对学术发展起着导向作用，并为未来的发展规划了蓝图。

1997 年 11 月，中国记协成立新闻学术委员会并召开第一次会议。同时，新闻论文首次列为我国综合性年度新闻评选最高奖——中国新闻奖的评选项目。新闻界最具号召力的半官方组织设立学术委员会无疑表明其对学术研究的重视。1998 年 3 月，广州日报报业集团建立了教育科研战线以外的、也是全国新闻实务界第一家企业博士后科研工作站。南方日报报业集团、上海文广新闻传媒集团、宁波日报报业集团也分别于 2004 年、2006 年和 2007 年设立博士后科研工作站，开辟了大众传媒机构从事高层次研究、培养高层次人才的新领域。这说明，随着新闻传播事业的不断发展，如集团化所带来的人力资源开发、媒介资源整合、资本运作等，其本身变得比较复杂，需要高层次的研究以科学决策。高校方面，2000 年 9 月，"中国人民大学新闻与社会发展中心"、"北京广播学院广播电视研究中心"被教育部正式批准为普通高等学校人文社会科学重点研究基地。之后，"复旦大学信息与传播研究中心"（2000 年 12 月）、"武汉大学媒体发展研究中心"（2004 年 11 月）也相继

① 科学技术部、教育部：《关于充分发挥高等学校科技创新作用的若干意见》（国科发政字［2002］202 号）。

被批准为重点研究基地（俗称"小基地"）。从名称上我们不难看出，四个研究基地在研究内容上虽各有偏重，但从其具体成果看仍是比较多元的。2006 年 3 月，复旦大学新闻传播与媒介化社会研究国家哲学社会科学创新基地建立。该基地既是一个跨学科、跨部门、国际性的研究实体，也是一个与相关学术机构资源共享、与相关政府部门良性互动的开放性研究平台。中国人民大学、武汉大学、清华大学也获准设立国家"985"工程国家哲学社会科学创新基地（俗称"大基地"）。"大基地"这种跨学科、跨部门研究机构的成立在一定程度上反映出新闻传播研究的多元化趋势。

除上述体制化研究机构外，原有民间学会、研究会、学术会议（如全国传播学研讨会）继续存在并定期举行学术活动，一些新的民间学术组织、会议不断创办，并朝高规格、高层次、固定化、细分化发展。期间创办的较有影响的学会有：中国都市报研究会（1998）、中国传播学会（全称"中国高等教育学会新闻学与传播学专业委员会传播学研究分会"）（2002）、中国传播学会（全称"中国新闻文化促进会传播学分会"）（2006）。较有影响的、定期举办的学术会议有："全国传媒伦理与社会发展研讨会"（1999 年 11 月①）、"中国传播论坛"（2001，北京广播学院广播电视研究中心主办）、"新世纪新闻舆论监督"研讨会（2001 年 12 月）、"中国传播学论坛"（2001 年 12 月，复旦大学信息与传播研究中心主办）、"中国新闻传播学科研究生学术年会"（2003 年 10 月）、"中国网络传播学年会"（2004 年 5 月）。

从研究内容和研究成果上看，该阶段的新闻传播学术研究也呈现出多元与发散的特点。

新闻理论方面，传播学理论、方法进一步融会到传统新闻学中。一是以"新闻传播学"命名的教材、著述陆续出版，如徐小鸽著《新闻传播学原理与研究》（1996）、李广增著《新闻传播学》（1997）、童兵著《理论新闻传播学导论》（2001）、李元授著《新闻传播学》（2001）、蔡铭泽著《新闻传播学》（2003）等。二是新闻传播事业的发展深度改造着新闻学，大众媒介、网络传播、受众、经营管理等成为新闻传播学的基本语汇。三是传播学的迅速发展使其地位不断上升，只要谈论新闻学就无法撇开传播学，以至于出现"新闻传播学"、"新闻学与传播学"、"新闻与传播学"等暧昧有加的名称，二者处于"剪不断、理还乱"的胶着状态。这些名称见于官方的正式文件中，在学界更是畅通无阻。这充分表明传播学对传统新闻学的影响是多么巨大。

马克思主义新闻学研究一以贯之。除了关于马克思恩格斯新闻思想的纪念研讨会（如 2001 年 6 月 17 日举办的"纪念中国共产党成立 80 周年——马克思主义新

---

① 此时间为第一届会议时间。下同。

闻思想研讨会”)、一般研究性文章和教材的出版和修订(如陈力丹著《马克思主义新闻思想概论》辟专章论述了毛泽东、刘少奇、邓小平、江泽民的新闻宣传思想)外，一项规模浩大的“马克思主义理论研究和建设工程”于2004年开始实施。是年4月，“中央实施马克思主义理论研究和建设工程工作会议”在京召开，决定重新编撰马克思主义三个组成部分(即哲学、政治经济学和科学社会主义)的教科书以及政治学、社会学、法学、史学、新闻学、文学等哲学社会科学重点学科教材。2004年12月，全国马克思主义理论研究和建设工程新闻学教材编写课题组等联合举办“马克思主义与中国新闻学”学术研讨会，重点讨论了马克思主义理论研究和建设工程新闻学教材的编写问题。目前系列教材正在陆续出版中。另外，在“八五”和“十一五”哲学社会科学国家重点课题规划中，该方面的研究占据非常重的分量。党的第二代和第三代领导人邓小平、江泽民的新闻宣传思想也得到了及时总结和研究。代表性的研究成果有：康荫、杜丽华著《邓小平新闻宣传思想概论》(1999)、李雪著《邓小平新闻理论与中国新闻改革》(2003)、陈富清著《江泽民舆论导向思想研究》(2003)、雷跃捷主编《邓小平新闻宣传理论研究》(2005)等。中国共产党新闻思想研究方面，比较有影响的是郑保卫主编《中国共产党新闻思想史》(2004)以及丁柏铨等著《改革开放以来中国共产党新闻思想研究》(2006)。此领域的大量研究，反映出国家意识形态的有意引导。另外，由于思想的解放，学界不再仅仅把它们作为抽象的条条框框，而是按照学术的基本规则(如实事求是、客观评价等)来研究。

《中国共产党新闻思想史》是我国第一本系统、全面研究中国共产党新闻思想发展历程及主要观点的理论专著。它系统地梳理了中国共产党新闻思想形成和发展的历史脉络，全面地论述了党在各个不同历史时期新闻思想的基本内容，并且对党的新闻思想的知识框架和理论体系作了总体的概括和评述，具有重要的史料价值。另外，该书注重从正反两方面，全面地总结党的新闻工作的经验和教训。特别注意对党的新闻事业发展历史过程中一些关键时期的新闻事件、新闻人物、新闻媒体的真实情况，尤其是其中的失误和教训，进行实事求是的描述、概括和评价，① 体现了客观求是的科学精神和学术勇气，为中国当代新闻史的书写提供了可供借鉴的话语方式。

这些论著强调党的三代领导人的新闻思想是马克思主义新闻思想的延续，更强调论述的是他们如何根据中国国情进行创造性的继承和发展，因此，虽多为历史研究，但仍不失对当下中国新闻传播的现实关怀。

新闻传播史研究也是异常繁荣。随着积累的不断增多，通史、综合史的研究余地已经很小，地方史、专门史、个案史研究成了一种必然选择，这将引导着新闻传

---

① 参见方汉奇为该书写的《序》，福建人民出版社2005年版，第2~3页。

播史研究朝精细化、深入化发展。

该阶段出版的通史著作主要是专门史研究。2004年1月，赵玉明主编的《中国广播电视通史》出版，它是我国第一部完整的中国广播电视通史著作，填补了一个空白。以往的新闻史几乎都属于报刊史的范畴，这部专门史的出版标志着广播电视新闻学的研究迈上了一个新台阶。2005年3月，金冠军、戴元光主编的四卷本《中国传播思想史》出版。它对中国5000多年来传播思想进行了全面的、多学科视角的、立体的扫描，具有深广的历史视野，并且对各个时期的传播学成果进行了重新评价。地方新闻史研究开始繁荣，如《香港报业纵横（当代香港报业史）》（陈昌凤，1997）、《太原新闻史》（《太原新闻史》编委会，2000）、《东北新闻史》（黑龙江日报社新闻志编辑室，2001）、《山西新闻史：新闻传播与山西社会发展》（王醒，2001）、《福州新闻史略》（潘群主编，2005）等。除新闻传播事业史这个中心外，广告史、管理史、思想史、学术史、教育史等"外围"史研究成了该阶段新闻史研究中的亮点。如胡太春著《中国报业经营管理史》（1998）、戴元光等主编七卷本《20世纪中国新闻学与传播学》（2001）、李建新著《中国新闻教育史论》（2003）、郑保卫主编《中国共产党新闻思想史》（2004）、李秀云著《中国新闻学术史（1834—1949）》（2004）、杨海军著《中国古代商业广告史》（2005）、徐培汀著《中国新闻传播学说史：1949—2005》（2006）等。从目前研究形态来看，虽然多为专门史研究，但仍属通史的范畴。在新闻史的叙述形式上，也做了新的尝试，如2000年9月出版的方汉奇主编三卷本《中国新闻事业编年史》，不仅把时间延续至1997年，更是中国第一部新闻编年史著作，填补了编年史出版的空白。丁淦林主编《中国新闻图史》、方汉奇主编《中国新闻事业图史》也分别于2002年、2006年出版。

传播学研究方面，除了大量、全面的引介①外，在地意识②开始张扬并沿着不同的路径持续深入。一是对中国传统文化中传播思想的梳理和挖掘。最具代表性的是孙旭培主编《华夏传播论——中国传统文化中的传播》（1997）一书。四年之后，郑学檬主编《华夏传播研究丛书（全三册）》出版。二是把一些传播理论在中国作验证，以期检验本土情境是否适用，试图对原有理论提出修改或完善。代表性的研究是张国良教授指导的几篇博士论文，如龙耘著《中国大众传媒涵化功能研究》

① 如周宪、许均主编的"文化和传播译丛"、李陀主编的"大众文化研究译丛"、张一兵主编的"当代学术棱镜译丛（媒介文化系列）"、常昌富主编的"传播与文化译丛"、黄旦主编的"传播·文化·社会译丛"等，不仅数量大，且涵盖美国、欧洲传播学研究经典著作，不再以美国为主，政治经济学、文化学、符号学等传播流派得以引入国内。

② 区别于按照西方已有的框架、理论和方法的验证性研究，而是关注自我，甚至建构自己的理论体系。

(2003)、丁未著《社会结构与媒介效果——“知沟”现象研究》(2003)、王玲宁著《媒介暴力对青少年影响的实证研究》(2004)、王昊著《上海居民收看电视新闻形态研究》(2005)等。但从目前发展状况来看，传播学仍停留在观念、理论和方法层面，除上述两类本土化研究外，创造性的研究仍然较少，理论体系的建构更是无从谈起。

传播科技的发展及网络传播时代的到来，改变了传媒的结构和格局，当然引起了学界的高度关注，甚至成为该阶段新闻传播学术研究中最热闹的领域。1996年国家社科基金设立“多媒体技术与新闻传播”重点资助项目，表明国家对网络传播研究的重视。网络传播研究，初始多为介绍、描述和前瞻性研究，随后陷入无法深入的尴尬境地，发表的论文数量也开始下降。① 经过2000年的转折，网络传播研究不再限于“媒体”这一单一范畴，开始关注网络对社会的影响，视野打开了，研究随之深入。2000年6月，全国新闻媒体网络传播研讨会召开。中国记协向全国新闻媒体发出创办“中国传媒网络论坛”的建议。2002年7月，社科基金重点课题成果《网络新闻传播导论》(屠忠俊、吴廷俊)出版，被称为是“迄今为止，有关网络新闻传播最全面最有分量的研究成果”。② 2004年5月，“第一届中国网络传播学年会”召开。这是国内新闻传播学界首次就网络传播专题进行全方位、深入的交流，它的成立标志着学界开始对此开展制度化的研究。2005年7月，系统总结中国网络媒体发展的专著《中国网络媒体的第一个十年》(彭兰)出版，并获第五届“吴玉章奖金”一等奖。该书是在作者博士论文的基础上修改而成的，该论文被评为2006年度全国百篇优秀博士论文，标志着网络传播研究在整个新闻传播学术版图中开始占据一定地位。

新闻传播研究规范和方法得到充分讨论。1998年第3期、第4期《新闻大学》连载了时任社科院新闻研究所所长喻权域的《对新闻学中一些基本问题的看法》一文，引起了学界几个来回的争论。争论的内容除了观点、主张外，还涉及研究规范、方法问题。孙旭培、刘建明、张允若、姚福申在争论文章中都提及学术研究中的概念、逻辑、规范、方法等问题。由于固守传统思维方式、缺乏严格的学术规范训练（早期硕士、博士课程中没有相关课程）、研究主体的多样化以及研究内容倾向于实用性对策式研究等原因，我国新闻传播研究一直比较随意，有论点无论证，或者仅仅限于举例论证，很多都是一些感想或体会，造成学术研究长期以来无法深入，少有理论、规律的提出。关于研究方法和规范从1978年以来，尤其是1992年

① 赵莉：《十年来我国网络传播研究的进步与不足》，《国际新闻界》，2006年第11期，第54～58页。

② 方汉奇对该成果的鉴定意见。参见《网络新闻传播导论》，华中科技大学出版社2002年版，第1页。

之后，一直有零星的论述，如孙振斌《方法论与新闻学研究》(1983)、黄旦《突破“记者式”研究的框式——对新闻理论研究现状的思考》(1994)、《还是先回到历史去——对提高新闻理论研究水平的建议》(1996) 等，但没有引起足够的重视。1998 年的这场论争无疑是一次研究方法的启蒙与普及。在我国人文社会科学界，学术规范“从边缘话题到主流话语”起于 1991 年 11 月《学人》的创刊。① 之前经济学界、音乐学界和国际关系学界已率先开展过讨论，之后则波及各个学科。学术规范讨论蔚然而成“90 年代中国的一大学案”。② 相比较而言，新闻传播研究规范和方法的提倡，在整个社会科学界是比较滞后的。研究规范和方法的提倡，也与传播学的影响日益深入、研究的不断积累等有关。

1998 年论争之后，关于研究方法的探讨一直就没有停止过。2004 年 6 月，教育部社会科学委员会通过了《高等学校哲学社会科学研究学术规范（试行)》，表明国家开始重视学术规范，并将其制度化。2005 年夏天，首届“复旦大学中外新闻传播理论研究与方法暑期讲习班”举办，针对青年教师和在读博士生进行研究方法培训。具有里程碑式的事件是《新闻大学》在 2007 年开办专栏“中国新闻史研究的体例、视野和方法——中国新闻史研究现状笔谈”。该刊编辑在第 1 期《编者按》里写道：“改革开放三十年来，中国新闻史的研究进展迅猛，成就卓著，无论是其深度还是广度，都达到了一个前所未有的高度，同仁们无不为此而感到欣喜和自豪。然而，从更高的要求看，中国新闻史的研究仍然有不尽如人意之处。大而言之，尤其在其体例、对象、视野、方法等方面，颇有进一步讨论之必要”。③ 该笔谈共刊载了新闻史学界 10 多位著名学者的笔谈文章，再次把新闻传播研究方法问题推向一个新的高潮。可以预见的是，随着研究方法的进一步规范，新闻传播研究必将走向深入。

---

① 杨玉圣、张保生主编：《学术规范导论》，高等教育出版社 2004 年版，第 25 页。
② 杨玉圣、张保生主编：《学术规范导论》，高等教育出版社 2004 年版，第 30 页。
③ 《新闻大学》，2007 年第 1 期，第 28 页。

第二十八章
1949年后台港澳的新闻教育与学术研究

第一节　1949年后台湾的新闻教育与新闻学术研究

一、新闻教育

台湾新闻教育的发展经历了如下几个阶段：第一个阶段（1951—1968年）为“新闻系”的恢复与创建。以1949年从大陆迁移过去的新闻系科恢复为主，以与报业对应的新闻教育为主，表现在名称上就是系名一般用“新闻系”。起步阶段的台湾新闻教育基本上以美国大学新闻教育为参考标准。第二个阶段（1969—1990年）为“大众传播学系”兴起。台湾新闻事业的发展，已经超越了以往以报学为核心的“新闻学”阶段，“大众传播学系”兴起，新加入的高校和传统新闻学系开始开设广播电视、广告等专业。第三个阶段（1990年至今）为“传播学院”普遍设立期，几乎所有的高校都设有新闻系科，且纷纷成立“传播学院”，专业设置进一步多样化。下面我们结合几所有代表性的高校新闻系科来呈现台湾新闻教育的发展历程。

台湾的正规新闻教育起始于1951年7月军事学校——政工干部学校的创办。受时任“总政治作战部”主任的蒋经国特别指示，该校设有新闻系，四年制本科，谢然之担任第一任系主任，从高中毕业生中招收学员，毕业后全部到国民党军队中去从事新闻或政工工作。该系办有实习报，并主持学校的新闻广播。谢毕业于密苏里大学新闻学院，当时任《台湾新生报》社长。这基本上奠定了台湾新闻教育和新闻研究的传统，即沿袭美国新闻教育和研究的模式。政工干部学校于1970年10月更名为政治作战学校，2006年9月1日改为隶属于台湾“国防大学”之下，并更名为政治作战学院。该校新闻系于1956年改为三年制；1959年又改为四年制本科；1976年兼收大众传播科三年制专科学生；1983年成立新闻研究所，为台湾第三家新闻研究所；1989年系所合一。

台湾编辑协会曾于1953年力促台湾大学开办新闻系，但遭到自认“以哈佛为师”的台大的拒绝，理由是新闻无学，台大不需要设立新闻科系。直到1986年台湾大学才成立新闻研究所，初设于法学院，直接开展新闻研究生教育，至今仍没有本科层次的新闻教育。新闻所刚成立时，每年招生仅12人，报考者则每年均超过三百人。为因应报考需求，新闻所于1997年8月将招生人数增加到24人。同时，学生正式分为“研究组”与“专业组”，“专业组”又分为“电视媒体实务”与“网络媒体实务”，并配合开设相关系列课程。

1954年10月，政治大学新闻研究所成立，这是台湾当时唯一的新闻研究机构。1955年，大学部恢复招生，新闻系复建。这是台湾第二家大学新闻教育机构。1983年，新闻学系增设博士班，为台湾新闻传播领域的第一个博士班。1987年，新闻学系将“公共关系及广告组”独立出来成立广告学系，以满足台湾工商业对广告研究及实务人才的需求以及广告专业发展趋势。广告系于1996年增设硕士班，1997年开始招生。广播电视学系也成立于1987年，1988年开始招生，为台湾地区第一个广播电视学系。广播电视学系于1994年增设硕士班，1996年开始招生。1989年，政治大学传播学院成立，包括新闻系、广播电视学系、广告系，以及《新闻学研究》、《广告学研究》、《广播与电视》等学术期刊。首任院长为阎沁恒教授，现任院长为钟蔚文（2007），历任院长包括：潘家庆教授（1992）、郑瑞城教授（1995）、王石番教授（1998）、翁秀琪教授（2001）、罗文辉教授（2004）。政治大学传播学院（尤其是新闻系）是目前台湾新闻教育、研究实力最强的机构，为台湾各大学新闻教育单位输送了大量骨干教师，为促进华人新闻传播研究界的联系、提升华人传播研究水准做出了很大贡献。《新闻学研究》是两岸三地华人新闻传播学界认可度最高的专业学术期刊之一。

此后，陆续成立的新闻系科包括：台湾师范大学社教系新闻组（1956）、私立世界新闻专科学校（今世新大学，参见本书前面的介绍）、台湾“国立艺术专科学校”夜间部广播电视科（成立于1963年，1968年成立日间部）、中国文化大学新闻系（成立于1963年，同年成立大众传播学系；1984年成立新闻研究所，开始硕士生培养；1986年成立广告系，为台湾第一家广告系）。其中，世新大学新闻传播学院9个系所：传播研究所；新闻系、所；传播管理学系、所；资讯传播学系、所；图文传播暨数位出版学系、所；公共关系暨广告学系、所；口语传播学系、所；广播电视电影学系、所；数位多媒体设计学系，是台湾实力最强的新闻教育机构之一。

以1963年成立的中国文化大学大众传播学系为起点，20世纪70年代后台湾成立的新闻系科，差不多均以“大众传播学系”命名，专业设置呈现多样化。1971年，辅仁大学日间部成立大众传播学系（1983年开办硕士班）；1976年，世界新闻专科学校成立“观光宣导系”；1980年，铭传商专成立大众传播科（1989年设立大众传播系）；1983年，淡江大学成立大众传播学系。

1989年，中国文化大学新闻暨传播学院成立，是台湾第一家新闻与传播学院。

同年，政治大学成立传播学院。传播学院的成立标志着台湾新闻教育进入又一个发展阶段。新闻学系纷纷升级为传播学院，更多的学校设立广告、广播电视、传播管理、网络传播等专业、研究所，硕士生教育规模扩大。从1954年到1991年近40年间，全台湾只有21个新闻传播系、所成立；但是在1991年至2000年的10年间新成立的新闻传播系、所达到49家。① 1991年，交通大学成立传播科技研究所（1994年更名为传播研究所）；同年，中正大学设立电讯传播研究所。1994年，世新大学设立传播研究所（1997年设立博士班，成为台湾第一所私立大学，同时也是第二所传播领域中授予博士学位之研究所）；同年，元智大学成立资讯传播科技学系。1995年，淡江大学成立传播研究所；同年，铭传大学设立传播管理研究所。1997年，中山大学成立传播管理研究所。

二、新闻学术研究

根据台湾传播学者林丽云的研究，台湾新闻传播研究可以分为三个阶段。②

第一个阶段为"威权"时期（1954—1969年），以1954年政治大学新闻研究所成立为起点。国民党当局把新闻事业视为有力的武器，新闻研究主要是为此提供合法性论述，强调配合当时的政治情势。研究者都是国民党的文宣大将，有着丰富的政治资本，如谢然之、曾虚白、王洪钧、徐佳士、余梦燕、郑南渭等。而与当局文宣及媒体并不亲近的黄天鹏并没有获得进入主流话语圈的机会。在研究内容上，20世纪50年代初以论述新闻自由为核心，以"台北编辑人协会"创办的《报学》为对话平台。但从20世纪50年代底被迫开始修正新闻自由的概念，使它与当局的新闻管制概念互不矛盾。于是，安全、社会责任、自律与避免商业恶性竞争成为核心话题，并以此呼应当局的新闻体制。1967年政治大学新闻系《新闻学研究》创刊，并成为这套话语体系的基本载体。民间新闻学者则以社会责任为理论基础，主张发展公共电视制度。此阶段代表性成果有曾虚白著《中国新闻史》(1966）等。20世纪60年代中期之后，基于行为主义的大众传播研究开始引入到台湾新闻学界，大众传播、研究方法、研究效果等概念成为台湾新闻学术研究的关键词汇。1964年，施拉姆的学生朱谦在《报学》期刊上发表了《大众传播理论体系》一文。稍后，徐佳士著《大众传播理论》一书出版。至此，美国主流的大众传播学正式被引入，但并没有被普遍采用。

---

① 翁秀琪：《台湾传播教育的回顾与愿景》，《新闻学研究》，第69期（2001年10月），第29～54页。

② 林丽云：《台湾传播研究史：学院内的传播学知识生产》，巨流图书有限公司2004年版，第66～67页。

第二个阶段（1969—1989年）为“发展”时期。由于“反攻复国”的失败，台湾当局转而实行现代化发展计划。新闻事业和教育学术被视为促进发展的工具。而基于行为主义的美国传播研究正暗合了这种需求，于是新闻传播研究者“扶老携幼学习由美国进口的现代化理论与行为科学方法，以分析大众传播媒体的效果与功能”。① 1969年，徐佳士担任政治大学新闻学研究所所长，开始大规模引进和实施量化研究方法，大众传播研究方法被列为必修科目之一。石永贵、陈世敏、潘家庆、李瞻等从美国学成归来的传播学博士在台湾开展一系列的传播效果调查，传播实验和内容分析。1970年至1989年政大新闻所222篇硕士论文中，只有13篇属于哲学、历史与制度的研究，其他基本上都属于传播效果的研究。② 这种范式至今仍是台湾新闻传播研究的主流范式之一。20世纪70年代末，传播学界发现美国式传播研究并不适应台湾本土情境，也无法解决台湾自身的问题，于是出现了一股对过去研究反思的思潮，本地化或曰中国化问题开始浮出水面。部分华人传播学者开始着手开辟“中国传播学”研究，台湾新闻传播研究开始向在地文化转向。徐佳士、关绍箕等既是提倡者，又是实践者，关绍箕的《中国传播理论》则是杰出代表。但质疑之声至今未断。20世纪80年代中后期，台湾发生的一系列事件使得传媒功能研究受到越来越多的质疑，再加上此时台湾社会科学界开始引入西欧批判理论与方法，传播学批判学派也经由美国传至台湾。陈雪云、张锦华、冯建三等接触到不同于传统经验学派理论的学者开始在岛内介绍这些理论。陈世敏、郑瑞城等也曾到英国研究。虽然批判理论处于被引介阶段，但上述因素预示着主流的传播功能效果研究一统天下的局面行将被打破。

第三阶段（1989年至今）为多元发展阶段。1987年台湾“解严”，奉行新自由主义③政策，传媒开始逐渐自由化，新闻传播教育注重实用性，新闻事业被视为提高竞争力的利器。科技与资讯的发达使得传播科技、资讯管理迅速成为新闻传播研究中的热门领域。同时，批判学派逐渐壮大，在学术界争得了一定的话语权，对前一阶段的研究进行反思和批判，并很快成为传播学著述中必不可少的一部分。翁秀琪著《大众传播理论与实证》(1992) 一书以专章介绍批判学派的理论和方法。一时，传播政治经济学、法兰克福学派、布迪厄结构化理论、文化霸权、文化研究

① 林丽云：《台湾传播研究史：学院内的传播学知识生产》，巨流图书有限公司2004年版，第125页。

② 林丽云：《台湾传播研究史：学院内的传播学知识生产》，巨流图书有限公司2004年版，第154页。

③ 指20世纪30年代凯恩斯革命以来出现的一股企图复兴传统自由主义的经济思潮。其基本理论观点是：极力主张私有制，反对公有制；主张自由经营，反对国家干预；提出“自然失业”理论，反对工会组织；坚持健全财政原则，反对通货膨胀；宣扬自由贸易，鼓吹经济全球化。

学派、女性主义等都能在台湾传播学界找到对应的研究。除批判学派外，传播学本地化继续向前推进。1997 年，两岸三地华人传播学者参与完成的《华夏传播论——中国传统文化中的传播》出版。2000 年，关绍箕的另一力作《中国传播思想史》出版。2002 年，《中华传播学刊》创办。不仅如此，传播学界还与社会组织结盟，提出自己的传播政策和规划，并向政府施压，如公共电视正名化运动、无线电视民主化联盟、媒体改造学社等。显示出新闻传播学术研究对于新闻传播政策和体制的特有意义。当然，经验学派并没有销声匿迹，它依然是台湾新闻传播研究的主流之一，这也是不应该被忘记的。

第二节　1949 年后香港的新闻教育与新闻学术研究

一、新闻教育

香港的新闻教育起步晚，且不受重视，学生少，办学时间短。

1927 年，香港新闻学社成立，是香港第一家新闻教育学校。学社由当时任职于《大光报》的黄天石等共同创办。该校属业余性质，学制 2 年，学生是在报社工作的青年和对新闻有兴趣的青年。各报负责人分别授课。课程有新闻学概论、报业管理、社论写作、出版法、采访学、中国新闻史等。该校办有“南中国电讯社”，自设电台，接收电讯，是香港通讯社的鼻祖。该校只有两届毕业生，1931 年因经济困难而停办。

1932 年，原新闻学社副社长、《工商日报》副社长关楚璞联合其他人创办了“生活新闻学院”。在组织和施教方面与香港新闻社相同。创办时仅 30 余名学生，半个月后少了一半，半年后仅剩下 7 个人。学院设有实习性“阳秋通讯社”。学生白天到《循环日报》练习校对、写稿、编辑等。学院后来更名为“香港文化事业社”，出版《廿世纪周刊》，承办《循环日报》的副刊《香港文艺》和《儿童周刊》。①

1939 年，“中国青年记者学会”在香港成立。4 月，该学会创办的“中国新闻学院”正式开课。院长郭步陶，副院长金仲华。董事长为许世英，副董事长为陶行知。教师则由新闻文化界的知名人士担任。该学院 1941 年 12 月因日军入侵而暂停，1946 年 5 月恢复，1949 年又停办。

1949 年，钱穆等在香港创办新亚书院，设有四年制新闻系。1964 年该学院成为新组建的中文大学的一部分。

---

① 李家园：《香港报业杂谈》，香港三联书店 1989 年版，第 182～183 页。

1950年后，香港报业规模有所扩大，教育水平有所提高，新闻教育渐受重视。

为了满足大量内地来港的青少年的教育需求，香港教育司于1951年开办了"高级汉文夜学院"，设有新闻科。这是政府办新闻教育的开端。该学院后来更名为"官办文商专科学校"，学制三年，招收高中毕业生。上课时间仍为晚上。袁永昶、谭维汉等内地各大学名教授任教师。课程有新闻采访、电讯翻译、报业法规等。该校于1956年停办。此后由广州来港的文化大学校长吴康续办，与华侨大学等其他四所院校组成"联合书院"，新闻系也相应续办。教师都是广东的资深名报人，如李伯鸣、陈锡余等。1963年，联合书院并入政府新开办的中文大学，新闻系被撤销，学生并入社会学系。1965年，中文大学开办"新闻传播系"，学制四年，并设立传播研究中心及两年制硕士研究所。余也鲁任新闻系主任和研究所所长。1977年，建立研究部，招收两年制硕士生。1993年又首次在港招收博士生。现在，香港中文大学已成立新闻与传播学院。

1953年，黎嘉潮创办远东文商专科学校，先后设有新闻速成班及新闻系。后者学制两年，直到1987年2月还在招生。

1968年9月，香港浸会学院开办传理系，余也鲁任主任。该系1990年升级为传理学院，1992年9月起招收硕士研究生，1996年开始招收博士生。

1971年，私立树仁学院创办，设有新闻系。首任系主任为香港知名新闻人胡仙女士。

20世纪90年代中后期香港新闻教育有所发展，相关研究中心也纷纷设立。

香港大学新闻及传媒研究中心成立于1999年，旨在培养具有国际水平的新闻人才。中心提供本科学士、硕士及博士研究生课程。专业型新闻硕士（Master of Journalism，MJ）学制一年；研究型哲学（新闻）硕士（MPhil）学制二年，硕博连读四年。

香港中文大学于2004年成立了传播研究中心（CUCCR）。2006年12月，香港中文大学新闻与传播学院传播研究中心和香港浸会大学传播学院媒介与传播研究中心联合创办了《传播与社会学刊》中文学术期刊，宗旨在于鼓励原创性的传播理论探索并发表原创及优秀的研究成果；同时为大陆、港澳台地区及海外华文传播研究者提供一个知性探讨的平台；并倡导跨学科传播学研究，促进华语传播学术主体的发展。

2008年7月，香港城市大学将原有的"英文与传播系"分拆成"英文系"和"媒体与传播系"。独立后的媒体与传播系包括现有的两个本科专业("媒体与传播"和"整合策略传播")、一个传播与新媒体硕士专业、一个传播学哲学硕士和博士点、一个传播研究中心。此外，该系计划增设与创意媒体学院合办的"数码电视传播"本科专业、与市场营销系合办的"整合营销传播"硕士专业，以及其他硕士或更高学位的研究生专业。联合相关院系，创办新型新闻传播专业是其发展趋势。

二、新闻学术研究

香港的新闻传播研究比新闻教育起步更晚。大概可以分为两个阶段:① 第一个阶段（1970—1990 年）为起始阶段，第二个阶段（20 世纪 90 年代至今）为发展期。

1969 年之后，在香港中文大学任教或访问的外国学者发表了一些关于香港传媒状况的研究文章。1977 年，余也鲁、朱立编撰的《亚洲传媒与妇女》(论文集）出版。1980 年，李金铨著《传媒帝国主义再思考》在香港出版。1985 年至 1990 年，李金铨又发表了研究香港新闻运作的研究论文。学术期刊方面则主要是朱立主编的《亚洲信使》。该期刊从 1975 年至 1982 年共出版了 16 期，内容以中国大陆的传播研究为主。以上著述、论文和刊物皆用英文出版。研究者几乎都是来自港外的学者。

20 世纪 80 年代末，香港本土的传播研究人员开始出现并渐成气候。陈韬文、苏钥机、李少南、梁伟贤等都是在香港的大学（主要是中文大学）读完硕士后到美国攻读博士学位，然后回到香港任教和从事研究工作的。研究的内容除香港传媒外，还包括政治传播、传播科技、新闻专业主义、新闻法规、媒介批评等。代表性著作有李金铨的《传媒帝国主义》(1985)，李少南的《国家传媒与发展》(1986)、《国际传播》(1994)，李金铨、陈韬文的《大众传媒与政治过渡》(1991)，梁伟贤、陈文敏主编的《传播法新论》(1995）等。20 世纪 90 年代中后期以来，香港新闻传播学者与内地学者联合开展的研究也比较多。

第三节　1949 年后澳门的新闻教育与新闻学术研究

澳门直到 1981 年才成立私立澳门东亚大学，1991 年更名为公立澳门大学。1993 年左右，澳门大学人文与社会科学学院先后设立英文传意（communication）专业和中文传意专业。这是澳门唯一的大学新闻教育机构。

2001 年，澳门大学的传播与新媒体硕士和博士课程开办，旨在培养兼具专业能力和学术素养的传播界菁英。硕士学制 2 年，开设的必修课有：大众传播理论、传播研究方法、大中华地区传播模式与文化、国际和跨文化传播、舆论研究和新媒

---

① 《香港传播学教育与研究概况——访香港中文大学新闻与传播学院院长李少南》，载袁军等主编《传播学在中国——传播学者访谈》，北京广播学院出版社 1999 年版，第 352 ~ 356 页。

体传播研究；选修课有：新闻业务与电子新闻专题、广告专题研究、公共关系专题研究、大众传播法规、传播与社会变迁、媒介功能与管理、多媒体设计与应用和英语专业写作。学生要在第一年修读并通过全部课程，第二年完成硕士论文写作和答辩。传播学博士研究生学制3年，研究方向分别为传播效果和跨境传播研究、传播与文化研究。

澳门科技大学于2008年9月成立人文艺术学院，设有新闻传播学学士专业，四年制本科，下设“新闻学”、“传播学”、“广告学”三个方向。该专业是在通识教育的基础上，向学生讲授新闻学、传播学及广告学的专业理论并提供实务训练机会，致力于培养兼具历史感、使命感与责任感，专业知识精熟，沟通表达能力良好，具有人文关怀精神及良好的文化素养，具备独立思考与创意探索能力的学生。另外，该专业还鼓励学生积极拓展国际视野，并为学生学习多国语言文化创造便利条件。该专业特别注重通识课程的开设。必修的通识科目包括大学英语、大学语文、高等数学、中国文化通论、西方文化通论等。选修的通识类课程又分为科学与技术类、社会科学与人文科学类、文学艺术及语言文字类①。

澳门的传播研究者主要有陈怀林、张荣显等。研究内容集中在传播效果、跨文化传播等方面。在学术传统上，基本上沿用的是美国经验学派的套路。

① 参见 http：//www.must.edu.mo/MA04/2400Art1-02.jsp。

后　记

大约在2005年上半年，武汉大学出版社准备组织出版一套新闻学本科专业教材，热情邀请我主编《中国新闻事业史》，盛情难却，我答应了。但是时间过去近两年，我还没有动笔，2007年底，编辑部的王雅红和陶洪蕴老师打电话给我说，其他几本都出版了，唯独新闻史这本还没有交稿。也许是她们顾及我这张老脸，话说得很客气，但我还是感到脸上发烧，只好连连道歉。

之所以如此，一方面是我当时杂务缠身，时间比较紧张，主要原因还是肚子里没有新东西，既无新史料，又无新观点。虽说是编教材，但也不能完全炒现饭，总得要有点创新，以区别以往出版的教材。如果一点创新都没有，那样的书就失去出版的意义了。

承诺了的事情就得兑现，接受了的任务就得完成，并且得完成好，这是我做人的原则。于是从2008年3月开始思考如何完成这部教材的编写任务。挖掘新史料，不是说有就有的，那需要从做个案开始；新观点，也不是心血来潮，拍脑袋就出来了的，没有对史料的重新解读，不可能有新观点。思前想后，认为如果要有所创新的话，那只能在编写体例上有所突破！已经出版的中国新闻史专著和教材，一般都是按革命斗争史为标准划分时期，建构编写框架，我以前出版的两部新闻史著作也是如此。这次，我打算按媒体为单位建构编写框架——从报纸到新媒体，一部新闻事业史，实际是一部媒体发展演变史——将全书分为报刊史、广播电视史、通讯社史、新媒体史，另外加上新闻教育与学术史，共计5编。在报刊史下，再分为官报史、民报史和党报史3部分。

我把这个想法拿出来与我的几个在读博士生一起讨论。大家认为这样的体例不仅可行，还有下面几个好处：一是突出研究主体，避免以往新闻史著作出现的所谓“主体缺失”问题；二是以媒体为单位分别修史，每一编都可以单独成书，便于不同专业教学选用——新闻专业选用报刊史和通讯社史，广电专业选用广播电视史，网络传播专业选用新媒体史，有学术兴趣的学生可以自学新闻教育与学术史；三是在中国新闻史的编写中首次使用，会给人面目一新的感觉。

我的这几位在读博士生张振亭、阳海洪、郑素侠、裴晓军、陈志强等人全都是高校老师，并几乎都是所在学校新闻史的主讲教师，有2位在攻博之前就已经有副教授职称，攻博期间，他们也表现出较高的学术水平和较强的科研能力。于是，我邀请他们参与本教材的编写工作。

协商分工，说干就干。除由我负责拟定写作纲目、撰写绪论、审稿和统稿外，其他写作分工是这样的——阳海洪：第一编的官报史部分、民报史部分；陈志强：第一编的党报史部分；张振亭：第二编（广播电视史）、第五编（新闻教育与学术史）；郑素侠：第三编（通讯社史）、第四编（新媒体史）。

抓紧进行，进展顺利。2008 年 4 月，我拟出编写提纲和写作要求；从 2008 年 5 月至 10 月大家分头撰写初稿，并要求随时把写好的初稿通过电子邮件发给我，由我一章章审阅并提出修改意见，然后返回作者进行修改；我最后一遍审稿、统稿的时间是 2009 年 1 月至 2 月。3 月 2 日，全部书稿交到出版社。从 2008 年 3 月到 2009 年 3 月，前后整整一年时间。

"有闻必录"是 19 世纪西方新闻界提出的一种关于新闻真实性的主张，反对新闻虚构和主观想象，强调全面、客观地报道新闻事实。以上那些话，如实记录了本书编写的全过程，权且作为后记。

感谢武汉大学出版社的信任！感谢编辑部王雅红老师、陶洪蕴老师的辛勤劳动！

吴廷俊　于武昌喻家山下

2009. 3. 2